천재 시인,
백광홍을 다시 읽는다

시와사람

천재 시인,
백광홍을 다시 읽는다

책을 펴내며

『천재 시인, 백광홍을 다시 읽는다』를 펴내며

기봉 시인은 영호남 신진들의 시부대회에서 장원을 차지해 문명을 크게 드날렸다.

『선조실록』에서 팔문장으로 공인받았고, 현대에 이르러 조선의 기행가사 효시로 공인받은 '관서별곡'을 창작, 그의 문명(文名)은 조선 팔도를 들어 올릴 만큼 지고지선의 경지에 이르렀다.

그러한 기봉 백광홍 시인이 사후에는 왜 저평가되었을까?

이는 35세로 단명, 더 이상의 문학 활동이 이어지지 못한 데다 그의 대표작 '관서별곡'을 비롯해 150여 편 시문의 유문집이 간행되지 못해서였다. 사후 세월이 흐르면서 기봉 시인은 문단이나 세간에서조차 점점 잊혀가는 존재가 되었고, 몇십 년 후에는 아예 실체 없는 그림자와도 같은 존재가 되면서 묻혀 있을 수밖에 없었다.

기봉의 41여 년 후인으로, 가사 작가이기도 했던 이수광(李睟光,1563~1628)이 『지봉유설』에서 가사 작가 백광홍이라는 이름 석 자와 '관서별곡'이라는 가사의 제목만 언급한 것도, '관서별곡'의 실체를 확인하지 못했기 때문이었다. 그가 기봉의 시(詩) 하나,

그것도 일부만 간신히 소개할 수 있었던 것도 그 시(詩)가 기봉이 기녀에게 써준 시로 기녀를 통해 필사된 시를 확보했기 때문이었을 것이다.

기봉 시인의 39년 후인으로 기봉과는 거의 동시대에 살았던 가사 작가 조우인(曺友仁,1561~1625)이 '관동별곡'을 극찬하고 동시에 '관서별곡'은 비하하며 '관서별곡'은 자기 작품 '출관사'에 비해 별 나을 것이 없다고 평가한 것은, 정철은 당대 생존 작가로 활동 중이었고, 기봉은 이미 반세기 전쯤에 사망하고 유고집도 없는, 즉 실체 없이 잊혀가는 존재여서 기봉에 관한 한 아무것도 거칠 게 없었기 때문이었을 것이다.

기봉 시인의 사후 48년 후에 태어나 시 1,500여 수를 남긴 김득신(金得臣,1604~1684) 시인이 '관동별곡'은 극찬하고 '관서별곡'은 다른 가사들과 함께 '관동별곡'의 아류쯤으로 평가했던 것도, 따지고 보면 그가 '관서별곡'의 실체를 확인하지 못했기 때문이었을 것이다.

기봉의 시문집 『기봉집』이 1899년 출간되기 전까지 기봉의 시문은 무려 343년 동안은 철저히 묻혀 있어 부정적인 평가를 받고, 작품마저 비하당할 수밖에 없었던 것이다.

기봉 시인의 '관서별곡'이 현대 한국 문학사에서 본격적으로 소개되기는 이상보(李相寶) 교수가 1963년 『국어국문학』 제26호에 '백광홍의 관서별곡 연구'라는 학술 논문을 발표하면서부터이다.

이후 김동욱(金東旭)이 1965년 『국어국문학』(제30호)에 '관서별곡의 고이(攷異)', 1967년 고경식(高敬植)이 『국어국문학』(제36호)에 '관서별곡과 출관사(出關詞)', 1978년 정익섭(丁益燮)이

『기봉집』(1899년 초간본 속간 부록2)에 '관서별곡과 조선조 가사문학'를 발표하는 등 국내 국문학계에서 '관서별곡'을 소개하는 논문들이 잇따라 발표되면서 기봉의 '관서별곡'은 '우리나라 기행가사의 효시'로 공인받기에 이르렀다.

기봉의 '관서별곡'이 이처럼 현대 국문학계에서 확보한 '기행가사 효시'로서 공인은 1987년 11월 장흥군 부산면 호계리 운치(雲峙)에 '전국가비동호인회'에 의하여 '기봉(岐峯) 가비(歌碑)'가 세워진 데서도 확인이 된다. 지자체 장흥군의 지원이나 수원백씨 문중의 지원으로 설립된 가비가 아니었다. 당시 전국에서 저명한 문학박사, 작가, 시인, 교수 등 133 명이 후원하고 협찬하여 세워진 가비였다.

이 가비 비문에는, "… 가사 관서별곡(關西別曲)은 기행가사의 효시로서 널리 애송되고 훤자(喧藉)되어 차종 가사문학의 선도적 역할을 하였다. 송강 정철의 관동별곡(關東別曲)의 모체가 된 이 가사는 문학적 가치는 물론 그 사적 의의로도 높이 평가되었다. …"라고 적시 되었다.

기봉 시인의 문학이 제대로 평가되기 시작한 지는 고작 반세기 밖에 지나지 않는다고 할 수 있다. 그런 이유 등으로 그동안 기봉 시인의 작품 소개는 대부분이 가사 '관서별곡'에 국한되었고, 그의 시문과 관련된 논문 등은 몇 편에 지나지 않았다. 특히 그의 시인으로서 삶이나 성정(性情), 품성(稟性), 사상(思想) 등의 정신세계를 조명하는 일은 전무하다시피 하였다.

그러므로 이제부터라도 기봉 시인의 문학을 제대로 이해하기 위해서는 작품론 외에 공의 삶과 정신세계도 조명하는 작업도 필요하다. 공의 행력을 들여다 볼 수 있는 연보도 1899년 목판 초간본 『기봉집』에도 빠져 있었다. 기봉 시인이 남긴 것은 전적으로 작품뿐이었다. 그렇다면 그 작품들을 통해서라도 기봉 시인의 사상이며 정신세계를 제대로 조명할 필요가 있다. 더구나 사후 공에 대한 평가에서 일부 오해를 전제로 한 부정적인 전거들이 여전히 남아있는 상황이어서 더욱 그러하다.

다시 말하면, 기봉 시인에 대한 문학적, 역사적인 평가에서도 올바르게 평가받도록 해야 한다면, 이제부터라도 공의 작품을 통한 공의 진정한 정신세계도 제대로 고찰하고 조명하는 작업이 필요하다. 이는 진정으로 기봉 시인의 위대한 작품성과 그 작품에 담겨 있는 '인간 백광홍'의 이해도를 제고하기 위한 수단이 될 수도 있기 때문이다.

작품은 작가의 정신을 반영한다. 작가는 작품을 창조해낸 주체자이기 때문이다. 정신뿐만이 아니다. 작품은 그 작가의 품성이며, 사상이며, 삶의 철학도 반영한다. 그러기에 작품을 통해서 작가의 진정한 삶에 보다 가까이 접근할 수도 있게 되는 것이다. 작품들은 그 작가의 모든 심정(心情)과 사정(事情), 모든 사유(思惟)와 철학을 필연적으로 담기 마련이기 때문이다.

이번에 기봉 시인을 공부하며, 공의 정신적인 부문, 즉 공의 사상과 철학이 잘 구현된 부(賦) 작품들을 주로 고찰한 것도 이 때문이다. 이번에 기봉 시인의 삶과 정신을 고찰한 작품은 공의 부(賦) 6편과 장시 1편에 지나지 않는다. 그러나 그 7편 모두 기봉 시인의 품성, 사상 등 정신세계를 극명하게 드러낸 대표적인 작품들이다. 칠언율시 '옥루(屋漏)'도 마찬가지다. 시 '옥루'를 포함해 부(賦) 작품 6편의 고찰을 통해 기봉 시인의 정신세계 고찰과 탐구를 추진한 것도 이 때문이다.

그런데 지금까지 기봉 시인의 품성이며 성정, 정신세계를 제대로 고찰한 논문이나 글이 전무한 실정에서, 자칫 필자의 부족한 식견이나 깊이가 부족한 공부로 인하여 또 다른 오류와 곡해의 단초가 되지는 않을지 우려가 되긴 한다. 또 작품을 그릇되게 고찰함으로써 자칫 또 다른 곡해를 야기할 수도 있다는 점도 우려된다.

필자는 기봉 시인으로부터 거의 5세기쯤의 후인이다. 그러므로 필자가 기봉을 아는 것이라곤 그간의 사적(史的) 전거 등에 의한 기봉 시인의 흔적들과 편린들, 공이 남긴 작품을 통해서일 뿐이다. 그래서 필자는 공에 대한 오인(誤認)과 곡해할 수 있는 부문도 충분히 있을 수 있다는 점도 인정한다. 그럼에도 불구하고 누군가는 기봉의 정신세계에 대한 조명작업을 추진해야 한다는 점에서, 또한 이번 필자의 작업이 기봉 문학의 부활을 촉진하고 나아가 전문 학자나 고매한 식자들의 기봉의 정신세계 조명에 대한 단초가 될 수도 있다는 점에서, 기봉 시인 부활의 촉매제가 될 수 있다면 그것만으로 보람 있을 것이라는 기대로 이번 집필 작업을 추진했음을 밝혀 둔다.

아무쪼록 송연함을 무릅쓰고 뜻 있는 이들의 질정과 더불어 혜량도 기대한다.

이번 작업으로 '위대한 천재 시인 기봉'의 후인이요 장흥인으로서 얻은 필자의 이 글이 자긍심이 많은 장흥인에게 공유되어지길 기대한다. 적지 않게 부족할 테지만, 부족한 대로 이 책이 기봉 시인의 문학을 널리 알리는 데 조금이나마 보탬이 되길 바란다.

그동안 이 작업에 적잖이 도움을 준 백수인 시인을 비롯하여, 격려해준 백광철 의원, 마동욱 사진작가, 유용수 작가, 김동옥 장흥문인협회 회장, 백형갑 씨에게 깊이 감사드린다.

2025년 11월 1일

억불산 기슭에서 金 善 旭

차례

차례

제3장 기봉의 편린을 기억하며 · 439

1

기봉의 위대한 정신과 사상

1. 기봉의 품성
2. 기봉의 구인(求仁) 정신(1)
3. 기봉의 구인(求仁) 정신(2)
4. 기봉의 위대한 꿈, '안빈낙도·풍광제월'
5. 치열한 극기(克己)·수양(修養) 궁행에 최선
6. 구도자(求道者) 희구하다
7. 부(賦) '동지(冬至)'와 기봉의 인생·우주론

1. 기봉의 품성

유학자로서, 구도자로서, 시인으로서, 선비[군자(君子)]로서 기봉의 품성은 어땠을까.

기봉의 품성에 대한 평가의 전거는 호불호가 갈렸다.

기봉의 사후 평가
– 이수광 · 신흠 · 고상안의 평가

조선 중기 학자로 조선 최초의 백과사전인 『지봉유설』을 편찬했던 이수광(李睟光,1563~1628)[1)]은, "(평안 평사 기봉은) … 영변의 기생을 아꼈다. 병으로 인해 체직되어 돌아온 뒤에 관서로 놀러 가는 사람을 전송하는 시에서, '그대 백상루(百祥樓) 아래 가서 물어보면, 아가씨 중 응당 몽강남(夢江南)이 있으리라.'라고 하였다. 얼마 못가서 세상을 떴다. 대저 뜻 높은 선비로 여자에게

---

1) 이수광(李睟光,1563~1629) : 왕실 종친의 후손으로 본관은 전주(全州), 자는 윤경(潤卿), 호는 지봉(芝峯) · 동원(東園), 시호는 문간(文簡)이다. 선조 · 광해군 · 인조 세 임금 밑에서 병조좌랑, 안변부사, 순천부사, 도승지, 대사간, 대사헌, 이조참판, 공조참판, 이조판서에 이르기까지 내외직을 두루 역임했고, 사신으로 세 차례나 명나라에 다녀왔으며, 관리로서 임진왜란과 정묘호란을 모두 치렀다. 실학의 선구자로 불기기도 한 이수광은 다양한 분야의 학문을 연구하고 실생활에 유용한 학문을 섭렵하고 정리하는데 일생을 바쳤다 '지봉'이라는 호를 딴 『지봉유설』은 이러한 고민과 연구의 결과물이다.

마음에 이끌려 이처럼 마음을 쏟았지만, (이는) '십 년 만에 한 번 양주 꿈을 깨고 보니(十年一覺楊州夢)'라고 한 것과 또한 다르다 하겠다. 지금도 관서의 기생들은 (기봉의) 풍류를 사모하여 백서기(白書記) 백서기라고 한다."[2]고 하였다.

이수광이 여기서, "십 년 만에 한번 양주 꿈을 깨고 보니 十年一覺楊州夢"[3]라는 시구를 인용하고 이것과 다르다고 하였는데, 이는 당나라 시인 두목(杜牧)[4]이 틈만 나면 기생집에 드나들어 구설이 있었던 것과는 다르다는 의미다. 즉 두목이 방탕으로 놀이 삼아 기생집에 드나든 데 반해, 기봉은 기녀를 참으로 마음을 주어 사랑했다는 뜻이다. 두목에게는 이른바 기녀 놀음으로 "박정하다는 기생집 평판뿐이었는데(占得青樓薄倖名)" 이와 달리 이수광은 "지금도 관서의 기생들은 그 풍류를 사모하여, "백서기(白書

2) … 眷寧邊妓 因病遞還 後送人遊關西詩曰 君到百祥樓下問 笄中應有夢江南 未久而卒 夫以不羈之士 而惑於尤物. 惓惓若此 與十年一覺楊州夢者 亦異矣 至今關西妓生慕其風流 必曰白書記白書記云 詩中笄字未穩 (『지봉유설』'권14, 文章部七', '여정麗情').

3) 두목(杜牧) '회포를 풀다 遣懷' : "뜻 잃은 초라한 몸으로 강호에 노닐 때는 술 달고 다니며 落魄江湖載酒行 / 옛 초나라 미녀의 여리고 가는 허리도 품어 보았다네 楚腰纖細掌中輕 / 지난 10년간 호기로웠던 양주의 꿈에서 깨어나 보니 十年一覺揚州夢 / 남은 건 유흥가의 무정한 건달이라는 이름뿐이라네 贏得青樓薄倖名 (번역-백수인. 원문 : 『唐詩三百首』,'293 遣懷', 동서문화사).

4) 두목(杜牧,803~852) : 중국 당나라 후기의 시인이다. 경조부(京兆府) 만년현(萬年縣 : 지금의 산시성 시안시) 사람으로 자는 목지(牧之), 호는 번천(樊川)이다. 『통전』의 저자로 유명한 대학자 두우의 손자로, 마찬가지로 당나라 후기의 시인으로 꼽히는 두순학은 그의 서자로 알려져 있다. 중당 시대의 시인 두보와 작풍이 비슷하며, 노두(老杜) 두보와 구별하기 위해 소두(小杜)라고도 부르며, 동시대의 시인 이상은(李商隱,812~858)과 함께 '만당의 이두(李杜)'로 통칭된다.

記), 백서기라고 한다."면서 두목과 기봉을 비교한 것이다. 따라서 이수광은 기봉이 기녀를 사랑한 것에 대하여 두목의 방탕한 기생집 출입과는 다른 차원 즉 기봉의 진정한 사랑, 참으로 마음을 주며 사랑했을 것이라는 기봉의 진정한 사랑과 풍류를 칭송하였다고 볼 수 있다.

이와는 달리, 신흠(申欽,1566~1628)[5]은 그의 저서 『상촌집』에서 "(기봉은) … 서관(西關 평양)에서 주색에 빠져 노닐다가 끝내는 그 길로 죽었다 在西關. 溺於花酒. 竟以此死."(『상촌집』 '상촌선생집 제60권, 청창연담하晴窓軟談下')며 기봉을 부정적으로 평가했다.

또 임진왜란 때 의병장 출신이었던 고상안(高尙顔,1553~1623)[6]도 "… 만약 그가 몇 년을 더 수양을 쌓았다면 그 재능은 시단에 독보적일 수 있었다. 관서의 평사였다. 그런데 요물(妖物)

---

5) 신흠(申欽,1566~1628) : 조선 후기의 문신. 자는 경숙(敬叔), 호는 현헌(玄軒)·상촌(象村)·현옹(玄翁)·방옹(放翁), 시호는 문정(文貞), 본관은 평산이다. 도승지, 병조참판, 부제학, 대사성, 대제학을 지냈다. 광해군이 즉위하자 대사헌으로서 세자 책봉 주청사가 되었고 선조로부터 영창대군을 보필하라고 부탁 받은 7대신 중의 한 사람이 되었다가 1613년 계축옥사 때에 유배되었다. 1614년(광해군 6년) 8월 27일 위성원종공신 1등(衛聖原從功臣)에 책록 되었다. 인조 반정 후 다시 등용되어 이조판서와 대제학을 거쳐 우의정을 지냈으며(1623-1626), 정묘호란 때 좌의정(1627)으로서 세자를 모시고 전주에 피난갔다가 돌아와서 영의정이 되었다. 저서로 『상촌집』·『산중독언』·『야언구정록』 등을 남겼다.

6) 고상안(高尙顔,1553~1623) : 자는 사물(思勿), 호는 태촌(泰村). 조선 중기에, 함창현감, 풍기군수 등을 역임하였으며, 임진왜란이 발발하자 함창에서 의병 대장으로 활약하다가 벼슬을 그만두고 전원생활을 하던 중에 '농가월령가'를 지었다고 추정된다. 문집으로 6권 3책의 『태촌집(泰村集)』이 있다. 그의 행장(行狀)에 의하면, 농사에 밝고 문장이 능하며, 농군을 가르치고 농사에 관한 저술을 남겼다고 한다.

에 현혹되어 스스로 그 장수를 재촉하였다."[7]고 평가했다.

이수광의 표현처럼 기봉이 기녀와의 사랑도 진심을 다한 사랑을 했을 만큼 고매한 성품의 소유자였을까. 신흠 · 고상안 등의 표현처럼 난봉꾼에 불과했을까.

결론으로 말하면, 기봉은 고매한 품성을 갖춘 정통 유학자요 진정한 군자행(君子行)을 실천 궁행하였을 것으로 추정된다.

홍직필, 기봉의 평가
"죽을 때까지 숨어 맑게 자기 닦는 일을 기원했다"

홍직필(洪直弼)[8]은 『기봉집』에 실린 '묘갈명 병서(墓碣銘 幷序)'[9]에서 기봉의 품성을 능히 추정할 수 있는 내용 몇 가지를 언

---

7) "若加以數年培養 才華則可獨步騷壇 而爲關西評事 惑於妖物 自促其壽 最可惜也."(『泰村先生文集』'卷之五, 效嚬雜記下, 餘話. 白光弘之詩才')

8) 홍직필(洪直弼,1776~1852) : 본관은 남양(南陽). 초명은 홍긍필(洪兢弼). 자는 백응(伯應) · 백림(伯臨), 호는 매산(梅山). 재능이 뛰어나 7세 때 이미 한자로 문장을 지었다. 17세에는 이학(理學)에 밝아 성리학자 박윤원(朴胤源)으로부터 오도유탁(吾道有托 : 올바른 도를 맡길 만함.)이라는 찬사를 받았다. 1810년 돈녕부참봉에 제수되었으나 나아가지 않다가, 1814년 익위사세마(翊衛司洗馬)로 제배되었다. 이때 동궁(東宮 : 뒤의 翼宗)이 새로 세자에 올라 당시의 유명 인사들을 뽑아 매일 서연(書筵)을 열 때 발탁되었다. 1822년 장흥고봉사에 임명되었으나 물리쳤다. 1838년(헌종 4)에 이조에 재학(才學)으로 천거되어, 이듬해 장악원주부 · 황해도도사에 임명되고, 1840년에는 군자감정에 제수되었으나, 모두 사양하였다. 다음 해 경연관(經筵官)에 천거되고, 이어 지평을 거쳐 집의에 이르렀다. 후에 성균관좨주를 비롯해 1851년(철종 2) 대사헌에 전후 두 차례나 특배되고, 이듬해에는 지돈녕부사에 승배되었으나, 끝내 나아가지 않았다. 그해 7월 형조판서에 제수된 뒤 얼마 되지 않아 졸하였다. 개천의 경현사(景賢祠)에 배향되었으며, 저서로 『매산집(梅山集)』 52권이 있다. 시호는 문경(文敬)이다.

9) 백광홍(정민 역), 『국역 기봉집』, 기봉백광홍기념사업회, 2018, 38쪽.

급하였다.

"공(기봉)은 타고난 자질이 빼어나고, 뜻과 학업이 우뚝하였다. 효성과 우애에 바탕을 두고, 내행(內行)을 순수히 갖추었다. 성동(成童)이 되고부터 과거 시험 공부하기를 즐기지 않고 이렇게 말했다. '독서란 장차 자기를 위하려는 것이다. 만약 오로지 나아가 벼슬에 오르는 것에만 뜻을 두어, 한갓 심장적구(尋章摘句)[10]만 일삼는다면 무엇에 힘입어 경륜을 펼쳐 우리 임금을 요순(堯舜)[11]에 이르게 할 것인가?' 이에 일재 선생의 문하로 들어가 오로지 성리학에 정심(精深)하여 경전의 깊은 뜻을 두루 캐낸 뒤에야 (독서를) 그만두었다."[12]면서 "성장하면서 내행(內行)을 순수히 갖추었다.", "과거 시험 공부하기를 즐기지 않았다.", "성리학에 정심(精深)하여 경전의 깊은 뜻을 두루 캐냈다."라고 지적하고, 기봉이 학업에서 내면에 대한 수양과 당대의 핵심 가치관인 유학·성리학에 대한 경전의 깊은 뜻을 정심으로 궁구했다고 밝혔다.

또 공에 대해 "타고난 자질이 도에 가까워, 마음을 오로지 하여 배움에 향하였다. 公天資近道, 專心向學雅言"라고 평한 홍직필은 그래서 "… 공은 숨어 맑게 스스로를 닦으면서 장차 죽을 때까지 계속할 듯하였는데, 부친의 명에 따라 과거에 응시하였다. 하지만 즐거워하는 바는 여기에 있지 않았다. 공은 학문을 함에 있어 상

---

10) 심장적구(尋章摘句) : ①자그마한 장(章) 하나, 구(句) 하나를 깊게 파헤쳐 알려고 하거나 연구한다. ②옛사람의 글귀를 따서 시문을 짓는 일을 가리킨다.

11) 요순(堯舜) : 중국의 고대 요임금과 순임금이 덕으로 천하를 다스리던 태평한 시대를 요순시절로 평가한다. 요순시대를 치세(治世)의 모범으로 삼는다.

12) … 公天資穎粹 志業卓犖 而本之孝友 內行純備 纔成童不屑擧業曰 讀書將以爲已 若專意進取 而徒事尋摘則 何所藉手 展布經綸 致吾君於堯舜乎? 仍依歸一齊 專精性理之學 經傳蘊奧 探賾乃已.

실무본(尙實務本) 즉 실질을 숭상하고 바탕 공부에 힘을 쏟았다. 일찍이 '좌우명'을 지어 이렇게 말하였다. '부(富)는 구할 수가 없고, 귀(貴)도 도모할 수가 없다. 구하지도 않고 꾀하지도 않으며 하늘 뜻에 따라 하리. 가난해도 근심할 것 없고, 천하여도 슬퍼할 것 없네. 담담히 빈 집에서 광풍제월(光風霽月) 벗삼으리. 내가 누구를 믿을까? 저 높으신 상제(上帝)일세."[13]라고 하면서 "숨어(살며) 맑게 스스로를 닦았다(장차 죽을 때까지 계속할 듯하였다)." "부귀(富貴)도 구하지도 꾀하지도 않고 … 가난해도 근심하지 않고 (오로지) 하늘 뜻에 따라 (살았다)", "가난한, 무욕의 선비도를 실천 궁행하였다."고 밝혔다.

홍직필은 이러한 기봉에 대한 총평 같은 것으로 서두 부문에서 양응정(梁應鼎)[14]의 만사를 인용하며, [양응정(梁應鼎)은 …가정 병신년에 공이 세상을 뜨자 일재(一齋) 선생께서 통탄하며 다

13) … 公潛靖自修, 若將終身, 因親命赴擧. 而所樂不在焉. 公爲學尙實務本. 嘗作座右銘曰. 富不可求, 貴不可謀. 不求不謀, 順天所爲. 貧不足憂, 賤不足悲, 澹然虛室, 風光月霽. 吾誰恃乎, 有皇上帝. 又作屋漏詩五穀賦, 用驗愼獨求仁之功. 而浴沂行采薇歌, 亦可以見公之志也.

14) 양응정(梁應鼎,1519~1581) : 본관은 제주(濟州). 자는 공섭(公燮), 호는 송천(松川). 동래부사 양응태(梁應台)의 아우이다. 1540년(중종 35) 생원시에 장원으로 합격하고, 1552년(명종 7) 식년문과에 을과로 급제하여 검열(檢閱)이 되었다. 공조좌랑으로 1556년 중시문과에 장원으로 급제하여 호당(湖堂 : 독서당의 다른 이름으로 신하들에게 학문을 권장하기 위하여 독서할 수 있도록 만든 장소)에 들어갔다. 그 이듬해 공조좌랑으로 있을 때 당시 권신이었던 윤원형(尹元衡)에 의하여 김홍도(金弘度)와 함께 탄핵을 받고 파직당하였다가, 1560년에 복직되었다. 그 뒤 수찬(修撰) · 진주목사를 거쳐 1574년(선조 7) 경주부윤으로 재직 중, 진주목사로 있을 청렴하지 못하였다는 대간의 탄핵으로 파직되었다. 1578년에 공조참판으로 기용되어 성절사로 명나라에 갔으며, 후에 대사성에 올랐다. 시문에 능하였고 효행으로 정문이 세워졌다. 저서로는 『송천집』 · 『용성창수록(龍城唱酬錄)』이 있다.

음과 같이 말했다고 인용하였다.] "대유(기봉)의 재주와 행실이 그 짝을 보기 힘들었는데, 불행히 명이 짧으니 능히 크게 펴지 못함이 애석하구나.[15]"라고 말하고, '짝을 보기 힘들 만큼 재주(문학성)와 행실(바른 行實)이 뛰어났다.'는 데 방점을 둔 평을 하였다.

고봉(高峯) 기대승(奇大升)[16]은 '조상화 찬 遺像贊'에서 "일재(一齋) 선생 스승 삼아 / 문장으로 이름 났네. / 배움(학문)에 연원(淵源, 근원) 있어 / 벼리(뼈대)[17]를 꽉 잡았지. / 홀(笏)[18]을 들고 조정에 들어서면 선비들이 뒤따랐지. / 남을 비방하지 않으니 원망받을 일 없네. 宗師一齋 鳴世文章 學有淵源 提挈維綱 立朝正笏 士類有依 訐直則無 怨仇用希."라고 읊었다.

기봉의 5년 연상이었던 기대승은 '초상화 찬 遺像贊'을 통해 단적으로 기봉의 인품을 말했다. 특히 '벼리를 꽉 잡았다', '남을 비방하지 않으니 원망 받을 일 없네'의 두 구절은 기봉이 외유내강(外柔內剛)의 인품을 소유했음을 표현하였다고 할 수 있다.

---

15) 挽詞[松川梁應鼎 … 嘉靖丙辰, 公卒, 一齋痛歎曰], "大裕之才行, 尠見其儔, 不幸短命, 惜乎其不能大施也."

16) 기대승(奇大升,1527~1572) : 조선 전기 성균관 대사성, 대사간, 공조참의 등을 역임한 문신이다. 학행(學行)을 겸비한 사유(士儒)였다. 자는 명언(明彦), 호는 고봉(高峯) · 존재(存齋), 시호는 문헌(文憲)이다. 1558년 서울에 와 있던 이황을 찾아가 사단칠정(四端七情)에 대한 의견을 나눈 후 12년동안 이황과 서신을 교환하였고 특히 1559년에서 1566년까지 8년간 이루어진 이황과의 사칠논변(四七論辨)은 조선 유학사에 깊은 영향을 끼쳤다. 학문에서는 사단칠정론에서 이황과 쌍벽을 이루었다. 저서로 『논사록』 · 『왕복서(往復書)』 · 『이기왕복서』 · 『주자문록(朱子文錄)』 · 『고봉집(高峯集)』 등이 있다.

17) 벼리 : 그물의 위쪽 코를 꿰어 놓은 줄. 잡아당겨 그물을 오므렸다 폈다 한다. 일이나 글의 뼈대, 핵심을 말한다.

18) 홀(笏) : 관료들이 국가의 중요한 의례에서 손에 드는 상아, 나무 등으로 만든 좁고 긴 판이다.

기봉의 친구로 알려진 김홍도(金弘度,1524~1557)[19]는 기봉이 관서로 부임할 때 전별문을 써 주었는데, 여기에는 기봉의 품성을 추정케 하는 내용이 나온다.

"그대는 나의 벗이다. 내가 일찍이 평소 그대를 살펴보니 귀한 자질을 타고나서 터럭만큼의 찌꺼기가 없어, (그대는) 가는 것으로 오는 것도 알 수 있다. 선배의 수치를 (바르고 곧은) 그대가 아니고 씻을 자가 누구겠는가? 서쪽 지방에도 눈이 있어 반드시 고쳐 보는 자가 있을 것이다."[20]

여기서 김홍도는 기봉이 "터럭만큼의 찌꺼기가 없이 곧고 바른 사람"으로 평가했다. 뒷 부문의 "선배의 수치를 그대가 아니고 씻을 자가 누구겠는가?"라는 말은, 이 전별문 앞 부문에서 "근래 들어 변방에 경보를 알리는 북소리가 그치지 않고, 그곳 백성은 수렁에 빠짐을 근심한다. 그런데도 변방의 장수가 군대를 가지고 노니는 것은 진실로 탄식할 만하다. 近來邊 塞, 有警桴鼓未息, 南北之民, 溝壑是虞, 而邊將玩兵, 良可歎已."라고 언급한 대목이 있는데, 기봉이 이들 선배(장수)들의 그런 수치스러운 일을 바로 잡기를 충고하는 말이다.

기봉과 과거 급제 동반으로(1549년 식년시), 누구보다 기봉과 친교가 깊었던 홍진(洪縝)[21]은 기봉이 갑작스럽게 별세한 후 지은

19) 김홍도(金弘度,1524~1557) : 본관 안동(安東). 자는 중원(重遠), 호는 남봉(南峯) · 내봉(萊峯). 대사헌을 지낸 김희수(金希壽)의 손자이며, 첨지중추부사(僉知中樞府事)를 지낸 김로(金魯)의 아들이다. 청주목사 등을 역임했다.

20) 吾子吾友也. 吾嘗平日觀 其人, 金相玉膓, 乏一毫塵滓, 以其去知其來. 前輩之恥, 非吾子雪之誰 也. 西方有眼, 必有改觀者矣.

21) 홍진(洪縝) : 본관 나주, 자(字) 사밀(士密), 거주지 능주(綾州). 1549년(명종(明宗) 4년) 식년시(式年試) 생원에 3등(三等) 5위로 입격. [1549년(明宗 4) 己酉 式年試 生員 :「嘉靖二十八年己酉九月初九日司馬榜目」]. 부(父)는

'만사(挽詞)'에서, 친구 기봉 시인을 먼저 보냄으로써 참담해진 심사를 토로하였다. 또 기봉의 도의(道義)와 절조 등 훌륭한 인품(사람됨)을 지적하기도 하였다. 이 만사에는 기봉을 기억하는 홍진의 진심이 담긴 아픔이 곳곳에 배어있는 듯했다. 만사 주석에 "기유년(1549년)에 함께 (기봉과) 급제했고, 동갑이다. 호는 연봉이다. 詞[洪縝 己酉同蓮榜 又同庚 號蓮峯."고 적혀 있다.

(상략)
그대는 도의가 있어 / 子有道義兮
맑은 절조 깨끗하게 닦았지 / 淸修雅操
그대 문장은 / 子之文章
천고에 남을 보석 / 千古遺寶
마음가짐 화평하여 / 其秉心和平
사람들이 원망하고 미워하는 일이 없었지 / 則人無怨惡
(그대) 성품은 바르고 곧아서 / 其植性公直
선비의 훌륭한 본보기[表儀]가 되었지 / 則士有表儀
이제는 그대 있지 않으니 / 今不復有子兮
내 누구를 좇을 것이랴 / 吾安從之
사람들은 그대 위해 곡을 하지만 / 人爲子哭兮
나는 이 시대를 위해 곡을 하노라 / 我哭斯時
그대가 인간 세상으로 내려왔을 땐 / 子來兮下土
어찌 기약해 둔 바가 없었으리 / 豈無其期
(그대) 용마루[棟隆]가 될 마음을 품고 / 懷棟隆[22]之具兮

홍계호[洪繼浩, 품계 봉직랑奉直郎, 관직은 전남포현감前藍浦縣監]. [기봉 백광홍도 1549년(28세, 명종 4)에 응거應擧, 1등 2위로 합격했으며, 1552년(31세, 명종 7) 식년 문과에도 병과로 급제하여 홍문관 정자(弘文館 正字)에 제수되었다.]

22) 동융(棟隆) : 지붕의 중앙에 가장 높이 있는 마루를 용마루라고 하는데 동융

만인[蒼生]이 기댈 바를 자임했었지 / 任蒼生之倚

세상에서 할 수 없음 알아 떠나니 / 知世之不可以去兮

그 흰 바탕은 온전히 했구려 / 全其素履

그대가 밑바닥에 있을 때부터 / 自子之在根荄兮

나는 그 인품을 알아보았지 / 余知其品矣

(중략)

(목숨은) 이미 스스로 얻을 수 없고 / 已不自得兮

그럼에도 풍토(평안도 땅)를 살펴 대비치 못했음에랴 / 况不審備乎風土

그대 죽음 병 때문이라고 말이 많지만 / 人多異說以病君兮

다만 그 운명을 알지 못했을 뿐이었구려 / 殊不知其命

나는 그대와 같은 해에 태어나서 / 辱我之同年生兮

나란히 (과거시험) 급제하는 기쁨을 맛보았네 / 又聯萼之有幸

소매 여며 (정중히) 그대의 말 들으며 / 斂袵[23]聽君兮

식견이 그대만 못하여 부끄러워했었지 / 愧賞識之不似

(그럼에도) 깊은 은혜 손을 끌어 함께 힘을 쏟았으나 / 感荷提携[24]以勉勵[25]兮

(지금은) 그대 모습 그 목소리 접할 길이 없구려 / 義不忝子音容

그 따스함은 영영 멀어졌구려! / 永隔其溫溫

이 참담한 심정 견딜 길이 없으니 / 羌不堪其慘毒

그대 어찌 이리 바람 앞에 날 목메게 하나요? / 子焉如兮使我臨風而鳴咽

은 용마루가 높이 가로 놓여있는 것을 의미한다. 동융(棟隆)은 『주역』('28괘 대과괘, 효사')에 나온다. 즉, "구사는 마룻대가 위로 솟았으니 길하다. 九四 : 棟隆吉 有宅吝 / 구사는 기둥이 높아져 있어 길하다. 다른 것을 두면 부끄럽다(인색하다). 象曰, 棟隆之吉 不橈乎下也."

23) 염임(斂袵) : 예의(禮儀)를 차리어 남을 대함의 비유하는 의미.

24) 제휴(提携) : 서로 붙들어 도와준다는 뜻이다.

25) 면려(勉勵) : 어떤 일(선행 등)을 권장하고 독려한다는 의미.

함께 공부하며 늘 서로 격려하고 권장하고 배려하였던 절친으로, 돈독한 우애로서 교감했을 기봉의 친구 홍진은 기봉 시인을 "도의가 있어, 맑은 절조를 깨끗하게 닦았던", "마음가짐이 화평하여 사람들이 원망하고 미워하는 일이 없었던", "성품이 바르고 곧아 선비의 훌륭한 본보기[表儀]가 되었던", "식견이 자신보다 윗길이었음에도 늘 겸손하고 정중히 말하고 자신을 이끌고 권장하고 독려하고 삶을 공유하였던" 친구였으며, 용마루[棟隆]가 될 웅지를 품고 있었고 만인을 위해 크게 헌신하리라는 기대를 가지게 한 사람으로 기억하고 있었음을 유추할 수 있게 된다.

기봉의 품성, 정신, 철학 …
수많은 부(賦) 작품에 투영

기봉 시인이 활동하던 시대는 유가(儒家)의 사상이 개인 · 사회의 기본 윤리, 나아가 국가의 통치 이념으로 굳어 있었다. 기봉은 유학(儒學)을 공부한 유학자며 유학에서 제시한 구도(求道)와 구인(求仁)을 궁리, 궁행하던 구도자요 군자였으며 시문(詩文)을 즐겨 쓰던 시인이었다.

그가 비록 35세의 젊은 나이에 요절하였지만 짧은 삶 속에서도 수많은 작품을 남겼다. 오늘날 우리에게 『기봉집(岐峯集)』을 귀중한 유산으로 남긴 것이다. 그는 16세기 초반 조선 팔도를 들어 올렸던 팔문장(八文章)이요, 기행가사의 효시로 평가받은 '관서별곡(關西別曲)'이라는 명작을 남긴 당대의 천재 시인이었다.

흔히 작품은 작가의 정신과 사람됨을 반영하기 마련이다. 이는 그 작품 속에 그 작가의 정신과 사람의 품성이 내재되어 있기 때문이다. 기봉은 『기봉집』 부장편(賦長篇)에 9편의 부(賦)를 남겼다. 부(賦)는 비교적 짧게 정형화된 시문과 달리, 오늘날의 산문시 같은 형식으로 작가의 사상과 정신세계를 담기가 용이하다. 특히 기봉의 부(賦) 작품의 경우, 해당 부(賦)에서 자기가 전개하는 어떤 주제의 내용에 비추어, 반드시 자아의 입장이나 처지를 고백하며 기술하였다.

예컨대 구인(求仁)을 하나의 주제로 내세운 부(賦) 작품의 경우, 과연 지금의 나의 구인(求仁)의 상태는 어떠한가. 나는 어떻게 구인을 실천해 왔으며, 지금의 나는 어떤 처지인가 하는 현재 자신의 처지와 입장을 진솔하게 고백하고 있다. 이러한 글에서는 거짓이나 과장된 사실을 기록할 수는 없다. 글은 시인의 순수한 고백록이 되기 때문이다. 그리하여 우리는 부(賦) 작품에서 기봉 시인의 인격이며 품성도, 그가 추구하고 궁리했던 사상이며 철학의 세계도 능히 가늠할 수 있는 것이다. 필자가 『기봉집』을 통해 기봉을 공부하며, 기봉의 부(賦) 작품들을 고찰하게 된 이유이기도 하다.

인간은 어느 시대든 치열하게 자기 삶을 영위해간다. 기봉 시인도 그러한 삶을 대표할 수 있는 위인이었다. 이렇게 살아간 사람들은 대부분은 '마치 신들린 듯이', 혹은 '절로 신명 나서 치열하게 살았던' 사람들이었다.

기봉 시인도 결코 예외는 아니었다. 아니 특별하다 할 정도로 치열했다. 이는 그가 남긴 작품들이 웅변해주고도 남는다. 그의 그러한 삶은 참으로 역동(力動)이요 열정(熱情)이었다. 기봉은 신(神, 천성天性)이 자기 안에, 자기가 신(神, 天道) 안에 있는 물아

일체(物我一體), 혼연일체(渾然一體)의 무아적(無我的)인 경지를 기대하고 꿈꾸며 살았다고 할 수 있다.

기봉 시인은 유독 그런 면에서 참으로 대표적인 위인이었다고 할 수 있다. 평생 불사른 공부에서, 미칠 듯 매달린 신독(愼獨)과 극기(克己)의 자기 수련에서, 치열한 구도 · 구인의 궁리와 궁행에서, 그 어디에서든 무엇을 하든 자기 삶의 대부분을 치열하고 열정적으로 실천 궁행하였던 고매한 선비였으며 고독한 구도자요 정도(正道)의 자기 생을 불태워간 시인이었다.

이제 겸허한 마음으로, 기봉 시인의 삶을, 그의 품성을, 그의 정신과 철학을 더듬어 본다.

2. 기봉의 구인(求仁) 정신 (1)

- '오곡종지미(五穀種之美)'- 구인(求仁)의 경지 이르는 길 제시

글을 시작하면서

당대 유교가 사회 국가를 지배하고, 유가(儒家)의 가치관이 최상이었던 조선에서 가장 중요한 가치관은 구도(求道)와 구인(求仁)이었다. (구도求道는 구인과 같은 의미여서, 이제부터 구인求仁으로 통칭한다.)

유교 종조(宗祖)인 공자는 선(善)의 근원이자 행(行)의 기본을 인(仁)으로 규정하였다. 유가에서도 인(仁)을 실천 윤리의 기본 이념으로 삼으면서, 인(仁)은 유가의 대표적인 목표점이자 대표적인 상징어가 되었다. 공자는 인(仁)의 개념보다 실천을 통해 인(仁)이 구해진다는 의미에서 인(仁)의 실천을 보다 강조하였다. 이처럼 실천 윤리로서도 인(仁)이었기에, 인(仁)은 유가의 최선의 덕목이 되었다. 그러므로 그 인(仁)에 이르는 길을 따지자면 인(仁)을 추구하고 궁행 실천하는 구인(求仁), 인(仁)을 얻어 성현의 경지에 이르는 득인(得仁)으로 구분할 수 있을 것이다. 그런데 보편적으로, 유가에서 구인은 성현의 목표점이지만 그 목표에 이르는 과정과 수단이기도 하기 때문에 구인을 더욱 중시하지 않을 수 없었다. 구인의 덕목으로 자기 수양이나 신독(愼獨)을 더욱 중요시하는 이

유였을 것이다.

기봉은 시문에서 유독 '구인의 정신'을 강조하여, 거의 모든 부 작품이나 장시 등의 시문에서 인(仁)의 덕목과 구인의 중요성을 거듭 설파하였다. 그의 평생 학문의 궁구(窮究)요 최고 지표요 종지(宗旨)가 바로 이 인(仁)이요, 구인(求仁)이었다고 해도 과언이 아닐 것이다.

구인(求仁)이 기봉에게 어떤 의미였는지는 그의 부(賦) 여러 편에서 잘 드러난다. 기봉은 '하늘의 운행은 굳세다 天行健'에서, "(공자는) 문하 제자에게 인(仁)에 대해 가르치시며 教爲仁於門弟 / 엎어진 잠시라도 지키라셨지 必顚沛而造次"[26] 라고 읊으며, 공자의 말을 빌려와 항시 매사에서 아주 짧은 시간에도, 인행(仁行)은 실현되고 지켜져야 한다고 강조하였다. 즉 유가에서 교육적 인간의 이상으로 제시하는 군자(君子)의 이상은 자기 수련과 수양이라는 실천을 통해서만 이루어지는 것이었는데, 기봉 시인도 이점을 강조한 것이다.

그런데 이러한 극기보다 더욱 구체적이고 실천적인 덕목으로 제시된 것이 신독(愼獨)이었다.[27] 내면적인 도덕성을 강조하는 덕

26) 전패조차(顚沛造次) : 아주 짧은 순간을 말한다. "군자는 밥을 먹는 동안에도 인(仁)을 떠나지 않으니, 짧은 시간에도 반드시 인(仁)으로 하며, 엎어지고 자빠질 때에도 반드시 인(仁)으로 한다. 君子無終食之間違仁 造次必於是 顚沛必於是." (『논어』 '이인')

27) "자기 자신을 이기고 예로 돌아가는 것이 인이다. 예가 아니면 보지 말고, 예가 아니면 듣지 말고, 예가 아니면 말하지 말며, 예가 아니면 행동하지 말라. 克己復禮爲仁 非禮勿視 非禮勿聽 非禮勿言 非禮勿動."(『논어』 안연)라고 공자는 극기의 실천 방법을 설했다. 여기서 예는, 사람과 사람 사이에 이렇게 저렇게 지켜야 하는 정형화된 형식적 틀이 아니고 오로지 하늘이 명한 내면의 밝은 성품인 명덕(明德)이 그때그때 처한 상황 상황에 맞게 발현되는 것이라고 할 수 있다. 이러한 예를 추구하는 것이 바로 신독이었고 그러므로

목이 극기라면, 이러한 극기보다 보다 구체적인 실천 요강으로 강조되는 덕목이 바로 신독이었던 것이다.

신독은 이처럼 자기 수양 · 수신(修身)의 실제 의미라고 할 수 있었다. 그러므로 유가에서 구인(求仁)이 최선의 목표점으로 정신성을 강조한 내면적이고 상징적인 의미였다면 신독은 그 목표점에 이르기 위한 보다 구체적인 실천 윤리였던 것이다. 즉 유가에서 구인과 신독은 주체와 대상과 같은 최선의 의미였으며 유가에서 핵심적인 도덕률이었고 중심적인 가치관이었다.

먼저, 군자가 인(仁)에 이르는 구인(求仁)의 의미가 기봉의 부(賦) 작품에서 어떻게 반영되었는지 보자. (여기서는 신독에 대한 고찰은 생략하기로 한다. 후술되는 118쪽 '치열한 극기·수양에서' 참조하길 바란다.)

기봉 시인이 인의 실현, 곧 구인(求仁)을 위한 구체적이며 실천적인 내용을 설한 부가 바로 '오곡종지미(五穀種之美)'이다.[28] 이 부의 제목 자체는 『맹자』('고자 상')[29]의 '오곡종지미(五穀種之美)'

인을 위한 극기행은 바로 신독행을 가리키는 것이었다.

28) 이 부(賦) '오곡종지미(五穀種之美)'는 "白光弘 著, 鄭珉 譯, 『국역 기봉집』, 2018, 기봉백광홍선생기념사업회, 61-66쪽"을 텍스트로 활용하였다.

29) 맹자가 말하였다. "오곡은 씨앗 중 아름다운 것이지만, 만약 익지(성숙하지) 않으면 피[이패(荑稗) : 가라지, 쭉정이]만도 못하다. 인(仁) 또한 그것을 성숙시킴에 있을 뿐이다. "孟子曰, 五穀者, 種之美者也. 苟爲不熟, 不如荑稗. 夫仁亦在乎熟之而已矣." … 이 원문의 집주에서, "이패는(荑稗)는 풀인데 곡식과 비슷하여 열매는 또한 먹을 수 있다. 그러나 오곡의 아름다운 것과 같을 수 없다. 도리어 다른 도(道)가 성취되는 것만 못하다. 이런 이유로 인(仁)을 행함은 반드시 성숙하게 되는 것을 귀하게 여겨야 한다. 다만 씨앗의 좋음만을 믿어선 안 된다. 그 또한 인을 성숙시키기 어렵다고 하여 다른 도(道)의 성숙함을 달갑게 여겨선 안 된다. 荑稗, 草之似穀者, 其實亦可食. 然不能如五穀之美也. 則反不如爲他道之有成. 是以爲仁必貴乎熟. 而不可徒恃其種之美. 又不可以仁之難熟. 而甘爲他道之有成也."라고 하였다.

에서 비롯되었을 것이다.

오곡(五穀)을 통해 구인의 의미 제시

본 부(賦)의 고찰에 들어가기 전에, 맹자의 '오곡종지미(五穀種之美)'의 의미부터 살펴보자.

맹자는 "오곡은 씨앗 중 아름다운 것이지만, 만약 익지 않으면 이피(荑稗 : 곡식과 비슷한 것)의 열매도 먹을 수 있지만 곡식만 못하다. 인(仁) 또한 그것을 성숙시키는 데 있을 뿐이다. 孟子曰 : 五穀者, 種之美者也. 苟爲不熟, 不如荑稗. 夫仁亦在乎熟之而已矣." 라고 하였다.

맹자의 이 말은, 오곡이 아름답지만, 익지 않으면(성숙하지 않으면) 이피(荑稗)보다 못하듯이, 비록 인(仁)이 행해진다고 하여 다 인이 되는 것은 아니다. 그것은 인이 제대로 성숙되지 못하면 다른 인(다른 유사한 仁)을 이룸보다 못하다는 의미다. 즉 인(仁)도 오곡처럼 제대로 성숙해야 한다는 것이다.

이처럼 인(仁)이 성숙하도록 하여 구인(求仁)이 되는 방법론, 즉 제대로 된 정도(正道)의 구인(求仁) 방법론을 설하고 있는 것이 바로 이 부(賦) '오곡은 종자 중 아름다운 것 五穀種之美'이다.

그러므로 이 부는 기봉 시인이 구인의 경지를 얼마나 강렬히 추구하고 궁구했는지를 여실히 보여준 작품이라고 할 만하다. 더불어 이 작품은 기봉 시인의 구인관(求仁觀)을 확실히 들여다 볼 수 있는 작품이기도 하다는 점에서는 의심할 여지가 없다.

이제, 작품 '오곡종지미'를 살펴보자.

이 부는 37연 54구, 1구 6자로 구성되었으며, 전체 형식은 도입부, 전개부, 결말부 3단 구성이다. 다만 결말부에 이어 13구의 잠언(讖言)의 시(詩)를 추기하여 마무리한 독특한 구성이다.

(도입부는 10연인데, 편의상 5연씩 2단락으로 구분하였다.)

첫 단락은 오곡의 씨앗이 뿌려지고 자라기 시작하는 과정을 표현하였다.

도입부 – 처음 오곡 농사 지은 후직(后稷)
'하늘에서 오곡의 종자 내려주시다'

저 조화의 공은 복잡 다단하여서 / 伊造化之多端
온갖 씨앗 번식함이 무성도 하다. / 藹庶種之繁殖
어지러이 싹을 틔워 열매 맺으니 / 紛以苗而以實
백성들 먹거리에 보탬이 된다. / 咸有賴於民食
하지만 정미하고 거친 현미는[30] 버려진다(죽는다) / 然精糲之有殊
오곡 씨앗의 어여쁨만 못하도다. / 莫五穀之種美
좋은 씨앗 처음으로 하늘에서 내리니[31] / 俶嘉種之誕降
성생(成生)의 화기(和氣)가 모여들었지. / 鍾成生之和氣
씨앗 담궈 싹 틔워서 심어 두고선 / 旣方苞[32]於樹藝
김매고 북돋아 생기 있게 자라났네. / 實函活於耘耔

---

30) 정려(精糲) : 정(精)은 '쓿은 쌀'이라는 의미다. '쓿다'는 거친 쌀 따위의 곡식을 깨끗이 되도록 다시 찧는 것을 의미한다. 려(糲)는 겨 층을 완전히 벗겨내지 않은 쌀로 '핍쌀', '매조미쌀', '현미'라고 한다. 정려는 현미쌀로 풀이할 수 있다.

31) 가종탄강嘉種誕降) : 『시경』('대아, 생민지십生民之什')에 나온다. "하늘에서 좋은 곡식 씨를 내려주셨다. 검은 기장, 좋은 씨앗, 붉은 차조, 흰 차조, 검은 기장, 좋은 씨앗 두루 심어, 거두어서 밭에 쌓아놓고, 붉은 차조 흰 차조 두루 심어서, 어깨로 메고 등으로 져다가 돌아와 제사 지내셨다. 誕降嘉種, 維秬維秠, 維穈維芑. 恆之秬秠, 是穫是畝. 恆之穈芑, 是任是負以歸肇祀."

32) 방포(方苞) : 방(方)은 방(房)이고, 포(苞)는 껍질이 아직 터지지 않은 것으로 이는 씨앗을 물에 담근 것을 말한다.

도입부의 첫째 단락이다. 우선 4연 출구(出句) "좋은 씨앗 처음으로 하늘에서 내리니 俶嘉種之誕降"에 대한 설명이 필요하다. 이 '가종탄강嘉種誕降)'의 예화는 『시경』(대아,'생민지십生民之什')에 나오는 고사이다.[33] 이 고사에서는 하늘이 처음으로 후직(后稷)[34]에게 좋은 종자를 내려주셨다고 기록하였다. 이것은 "이 종자를 백성들에게 내리니, 『서경』('呂刑')에, '후직이 뿌릴 씨앗을

---

33) '백성을 내다(生民之什)'라는 후직의 '난생(卵生) 설화'에, "그 처음 백성을 내신 분이 바로 강원님이다. 백성을 어떻게 낳으셨을까. 정결히 제사 지내시어, 자식 없는 나쁜 징조 쫓아내시고 상제 엄지발가락 자국 밟고 마음 기뻐서 그 자리 쉬어 머무셨다. 곧 아기 배어 삼가시고, 아기 낳아 기르시니, 이 분이 바로 후직이다. 厥初生民. 時維姜嫄. 生民如何. 克禋克祀. 以弗無子. 履帝武敏歆. 攸介攸止. 載震載夙. 載生載育. 時維后稷." 이어 장성하여 농사를 짓게 된다.(설화는 계속 된다.) "[후직(后稷)이] 콩을 심으셨다, 콩은 너풀너풀 길게 자랐고, 벼도 탐스럽고 예쁘게 줄지어 자랐다, 삼과 보리도 무성하게 되었고, 오이 덩굴도 쭉쭉 자라나게 하였다. 蓺之荏菽. 荏菽旆旆. 禾役穟穟. 麻麥幪幪. 瓜瓞唪唪." 이어 농사를 처음 지었던 후직에게 하늘이 좋은 곡식을 내려주셨다는 설화를 기록하고 있다. 즉 "하늘에서 좋은 곡식 씨를 내려주셨다. 검은 기장, 좋은 씨앗, 붉은 차조, 흰 차조, 검은 기장, 좋은 씨앗 두루 심고 거두어서 밭에 쌓아놓고 붉은 차조 흰 차조 두루 심어서 어깨로 메고 등으로 져다가 돌아와 제사 지내셨다. 誕降嘉種. 維秬維秠. 維穈維芑. 恆之秬秠. 是穫是畝. 恆之穈芑. 是任是負. 以歸肇祀." (『詩經』'大雅' '生民之什')

34) 후직(后稷) : 전설상의 주나라 희씨의 조상. 신농과 함께 중국의 농업의 신으로서 숭배되고 있다. 『사기』('주 본기')에 따르면, 제곡의 정비인 강원이 들에 나가 거인의 발자국을 밟아 임신해 1년 만에 아이를 낳았다. 강원은 그 갓난아이를 길에 버렸지만 소와 말이 밟으려 하지 않고 숲에 버리려 했지만 우연히 산림에 인파가 많았기 때문에 버리지 못하고 얼음 위에 버렸지만 새들이 갓난아이를 따뜻하게 했으므로 이상하게 생각해 아이를 기르기로 했다. 기(弃)라고 이름 붙여졌다. 기는 기(棄)와 같은 의미의 글자이다. 기는 성장하면서 농경을 좋아해 삼이나 콩을 심고 기뻐했다. 순을 섬기며 농사에 근무했다. 또 후직이라는 직책을 맡기고 태(邰)에 봉했으며 '후직'이라고 불렀다. 사후에 아들인 부줄이 뒤를 이었다.

내렸다.'는 것이 이것이라. 賦也 降 降是種於民也 書曰稷降播種." (『시경』'大雅-生民之什')를 차용한 표현이다, 또 여기에는 처음으로 농사 짓는 후직에게 농사를 돕는 도(道)가 있다고 설해졌는데, 기봉 시인은 이 부에서 농사에 적용된 도(道) 즉 인(仁)의 수용을 많이 차용했다.[35)]

도입부, 둘째 단락
오곡 농사 좋은 결실 - 선조께 제향드려

도입부 둘째 단락도 5연, 10구이다.

곡식을 거두어들이고, 방아 찧고, 그렇게 결실이 된 곡식으로 아침저녁 끼니 때우고, 이어 길일을 정하여 선조에게 제향하기까지를 그리며, 당대의 농사짓는 농가에서 행해지는 농사의 일상을 보여주고 있다.

---

35) 후직의 농사를 돕는 도(道)로서 사람의 힘을 다하여 도움이 되는 상태를 도(道)의 형태로 표현하였다. 즉 여기서 농사짓는 과정에서 각 부문별 돕는 도(道)의 상태가 나온다. 부문별로 돕는 도(道)의 형태는 불(茀), 종(種), 황무(黃茂), 방(方), 포(苞), 종(實種), 유(褎), 발(發), 수(秀), 견(堅), 영(穎), 율(栗), 태(邰)였다. 즉 "불(茀)은 다스림이라. 종(種)은 뿌림이라. 황무(黃茂)는 아름다운 곡식이라. 방(方)은 방이다. 포(苞)는 껍질이 아직 터지지 않음이다. 이것은 그 종자를 물에 담금이라. 종(實種)은 껍질이 벌어져 가히 종자가 되는 것이다. 또 유[褎='옷 잘 입을 유, 나아갈 유' 또는 '소매 수'자]는 점차 자라나는 것이다. 발(發)은 다 발육함이고, 수(秀)는 비로소 이삭이 나옴이라. 견(堅)은 그 열매가 단단하고, 호(好)는 모양과 맛이 좋음이라. 영(穎)은 실로 번성하고 커서 끝을 아래로 드리움이라. 율(栗)은 쭉정이가 없으니 이미 거두어 들임에 그 열매가 모두 알차서 쭉정이가 없음을 본다는 것이다. 태(邰)는 후직 어머니의 집이다. 茀厥豐草 種之黃茂 實方實苞 實種實褎 實發實秀 實堅實好 實穎實栗 卽有邰家室."라고 하였다. (『시경』 '대아, 생민지십生民之什')

비의 은택 힘입어서 이삭이 패이더니 / 資雨澤而滋穟
서리 이슬 적시어서 이삭이 영근다네. / 洽霜露而登穗
백성들 베어내어 거두어들여서는 / 民是刈而是獲[36)]
기쁘게 방아 찧고 절구에서 퍼낸다네. / 羌或舂而或揄[37)]
기색(氣色)도 따스하고 깨끗함 어여쁜데 / 美氣色之溫潔
그 맛도 향기롭고 윤기가 흐르누나. / 而厥味之香腴
백성의 아침저녁 밥거리로 꼭 맞으니 / 適饔飧於民腹
진실로 양생하는 크나큰 보배로다. / 固養生之大寶
또 길일 택하여서 술과 밥을 마련해 / 又吉蠲而爲糦[38)]
공손히 선조께 효성스레 제향한다. / 恭孝享於祖考

오곡 농사는 하늘이 부여해 준 삶을 위한 가장 큰 은혜요 축복이었다. 하늘이 오곡의 씨앗을 인간 세상에 내려주었기 때문이다.

인간은 그 오곡의 씨앗을 공력을 들여 잘 심고 가꾸어 그 결실로 얻은 열매로 끼니를 이으며 삶을 연명할 수 있었다. 그러므로 사람들이 오곡의 씨앗을 내려준 하늘과 오곡 농사를 시작하고 후

---

36) 시예시획(是刈是獲) : 베고 거두어들인다는 뜻이다. '시예(是刈)'는 『시경』('국풍 갈담')에 나온다. ("… 베어다가 가늘고 굵은 갈포옷 짜니 싫어하지 않네 是刈是濩 爲絺爲綌 服之無斁 / 스승께 아뢰어서 친정에 가려고 아뢰었다네. 言告師氏 言告言歸. …" ['갈담'의 '모시서毛詩序'에 "'갈담'은 후비(后妃)의 근본이다. 후비가 부모의 집안에 있으면 여자의 집안일에 뜻을 두고 몸소 검소하고 절약하여 깨끗이 빨래한 옷을 입으며, 사부를 존경하여 높이면 친정 부모에 편안히 돌아갈 수 있음이 바로 천하를 교화하는 아내의 도(道)다." 라고 적혀 있다.]

37) 혹용혹유(或舂或揄) : 방아 찧고 절구에서 퍼낸다는 뜻이다.

38) 길견위치(吉蠲爲糦) : 길(吉)은 좋은 날을 택하는 것이고, 견(蠲)은 제계하고 씻는 등 몸을 청결히 하는 것이며, 치(糦)는 술과 밥을 의미한다. 『시경』('소아小雅' '천보天保')에 "길일을 잡아 정결히 주식(酒食)을 장만해 이를 효성으로 제향한다. 吉蠲爲饎, 是用孝享."라고 하였다.

계를 잇게 해 준 선조들에게 제사를 지내는 이유는 너무나 당연한 순리 같은 것이었다.

이 도입부 둘째 단락은 바로 그러한 오곡 농사로 인간이 삶을 유지하고, 더불어 그 하늘과 선조들에게 제향하는 내용을 담았다.

전개부 셋째 단락
오곡 농사 성과는 오직 재배 공력 여하에 달려

이 오곡[39]은 곡식 중에 지극한 보배이니 / 玆穀中之至寶
어떤 다른 종자를 여기에 견주리오. / 孰他種之與比
아! 이 다섯을 보배로 삼는 것은 / 噫五者之爲寶
진실로 열매 맺어 여물기 때문일세. / 諒實栗[40]之所致
혹시나 사람의 힘 이르지 못하여서 / 倘人力之未至
황무지에 뿌려져서 익지 못할 수 있다. / 俾荒穢而靡熟
비록 좋은 종자라도 어디에 쓸 것인가 / 雖美種以何用
도리어 피만도 못하게 될 것일세. / 反荑稗[41]之不若

---

39) 오곡은 우리나라 경우 쌀, 보리, 조, 콩, 기장이 오곡이었다. 『세종실록지리지』에는 조 대신 '직稷'이란 곡식이 들어가 있다. 이 직은 '수수'라는 설이 있지만 정확히 무슨 곡식인지는 밝혀지지 않았다. 중국은 시대마다 달랐다. 『주례(周禮)』 기록에는 삼[麻]·찰기장[黍]·메기장][稷]·보리[麥]·콩[豆]이, 『맹자집주(孟子集註)』에는 찰기장[黍]·메기장[稷]·대두[菽]·보리[麥]·벼[稻]가 오곡이었다. 일본에서는 쌀·보리·조·팥·콩(대두)이, 인도에서는 밀·깨·쌀·보리·콩이 오곡이었다.

40) 실률(實栗) : 이미 성숙한 것을 거둠에 그 열매가 모두 단단하여 쭉정이가 없는 상태이다.

41) 제패(荑稗) : 『맹자』('고자상')에 나온다. "오곡이란, 씨앗 중에 아름다운 것이지만, 만약 익지 않으면, 피보다 못하다. 무릇 인(仁)도 또한 성숙해지는(익숙해지는) 것에 달렸을 뿐이다. 五穀者 種之美者也 苟爲不熟 不如荑稗 夫仁亦在乎 熟之而已矣."

참으로 그 곡식의 참맛은 얻기가 쉽잖으니 / 寔厥味之難得
다스리는 공력이 어떤가에 달렸다네. / 在治功之何如
차분히 이 이치를 묵묵히 깨달아서 / 潛斯理以默諭
제 몸에 돌이켜서 구해야 하리. / 反吾身以求諸

이 단락은 1, 2연에서 오곡이 중요한 곡식으로써 "지극한 보배(穀中之至寶)"라고 전제하고, 오곡을 보배로 삼은 것은 열매를 맺는데 여문 열매를 맺기 때문이라고 표현하였다. 이는 오곡이 낟알을 맺으므로 곡식으로 삼을 수 있었기 때문으로 풀이 된다.

3연에서는 "사람의 힘이 미치지 못하여 설혹 황무지에 뿌려지며 익지 못할 수 있다."면서 농사지으면서 좋은 결실을 얻을 수 없는 불가피성도 지적하였다.

4연에서는 3연의 결과에 대해, '당초 비록 좋은 종자였어도 결실이 부실하면 어디에도 쓸 수 없으므로 도리어 피만도 못하게 될 것'이라면서, 오곡 농사에 정성을 들여야 하는 이유와 오곡의 풍토 배경의 중요성을 강조하였다.

5연에서는 "참으로 그 곡식의 참맛은 얻기가 쉽잖으니 / 다스리는 공력이 어떤가에 달렸다네."라고 표현하였다.

5연 출구(出句)에서는 좋은 종자라도 그 종자를 제대로 키워 좋은 열매를 맺고, 그 종자에 담긴 본연의 참맛을 얻는 일은 결코 쉬운 일아 아니라고 표현하고, 이어진 대구(對句)에서는 그 종자의 결실로서 얻는 그 참맛의 여하는 그 종자를 다스리는 공력, 곧 그 종자를 재배하는 공력이 어떤가에 달려 있다고 표현한 것이다.

넷째 단락, 구인(求仁) …
'진정한 효제(孝悌)'에서 시작된다

오직 인(仁)의 도는 지극히 크거니와 / 惟仁道之至大
또한 단전[42]의 좋은 곡식 된다네. / 亦丹田之美穀
이 인(仁)의 좋은 뿌리 제대로 심어 두고 / 植此仁之善根
유연히 아름답게 새싹을 틔워 내어, / 暢悠然之美蘖
흙을 넓고 두텁게 북돋워 주고 나서 / 培信土之博厚
지혜의 샘 넘쳐나게 물길을 대어주면, / 灌智水之沃潑
일원(一元)의 낳고 기름 드넓어져서 / 博一元之生養
온갖 선(善)이 다다르는 근간이 될 것일세. / 幹萬善之條達[43]
마침내 어버이 섬김을 열매로 삼아 / 竟事親以爲實[44]
자신에게 쓰고서 남에까지 미친다면, / 用己及於長物
이는 온갖 선의 뿌리가 될 것이니 / 斯衆善之根荄
한 마음의 온전한 덕 위대하도다. / 偉一心之全德

이제까지는 종자를 심고 가꾸어 열매가 맺기까지, 실로 지극한 정성과 공력으로써만이 훌륭한 결실도 얻고, 나아가 당초 종자가 가진 곡식의 참맛을 얻을 수 있는 참된 농사법을 설하였다면, 이 단락에서는 그러한 오곡 농사법과 비교하며 구인(求仁)이 사람(군

---

42) 단전(丹田) : 배꼽 밑 아랫배 부위로 호흡하는 곳이다. 인체 내 오장육부 중 가장 중요한 부위를 가리킨다.

43) 조달(條達) : 나뭇가지가 자라는 것 같이 사방으로 퍼져 통한다는 의미다.

44) 사친이위실(思親以爲實) : 출전은 『맹자』('이루 하')이다. "맹자가 말했다. '인(仁)의 실제는 어버이를 섬기는 것이고, 의(義)의 실제는 형을 따르는 것이고, 지혜의 실제는 사친(事親)과 종형(從兄)의 두 가지를 떠나지 않는 것이다. 예(禮)의 실제는 이 두 가지를 품격에 맞게 하고 문채가 나도록 해야 한다는 것이다. 악(樂)의 실제는 이 두 가지를 즐거워하는 것이다. 즐거워하면 생기고, 생기는데 어찌 그만둘 수 있겠느냐. 그만 둘 수 없으면 발이 리듬을 밟고, 손이 춤추는 것을 알지 못한다. 孟子曰, "仁之實 事親是也 義之實 從兄是也. 智之實 知斯二者弗去是也. 禮之實 節文斯二者是也 樂之實 樂斯二者 樂則生矣. 生則惡可已也 惡可已 則不知足之蹈之 手之舞之."

자)한테 어떻게 실현될 수 있는지를 설하고 있다. 즉 오곡의 좋은 종자(하늘이 내려준 종자)를 구인(求仁)에 비유한 것이다.

비로소 시인의 시선이 오곡 농사에서 군자에게 돌아온 것이다.

시인을 1연에서 "오직 인(仁)의 도(道)는 지극히 크다 惟仁道之至大 / 또한 단전의 좋은 곡식 된다. 亦丹田之美穀"고 설하였다. 단전은 인체에 가장 중요한 오장육부가 호흡하는 곳이다. 이 호흡이 기능을 하지 못하면 인체 기능이 마비된다. 인(仁)의 도는 사람에게도 인체의 단전 같은 곡식이 된다는 의미이다. 그런데 여기에서 단전의 곡식이 된다는 것은 인(仁)의 도야말로 사람의 가장 중요한 내적인 마음 곧 정신의 기능에 가장 중요한 역할을 하도록 하는 요소가 된다는 의미가 함유되어 있다.

2연에서 "이 인(仁)의 좋은 뿌리 제대로 심어두고 植此仁之善根 / 유연히 아름답게 새싹을 틔워 내어, 暢悠然之美蘖"라고 표현한 데 이어, 3연에서는 "흙을 넓고 두텁게 북돋워 주고 培信土之博厚 / 지혜의 샘 넘쳐나게 물길을 대어준다. 灌智水之沃潑"고 설하였다.

2, 3연은 농부가 종자를 심어 공력을 들여 종자를 제대로 가꾸는 방법이다. 이와 같이 사람도 자기 안에 인(仁)의 뿌리를 심어주고 그 인(仁)이 유연히(침착하고 여유 있게), 순조롭게 돋아 나도록 하고, 땅에 뿌려진 종자에 흙을 두껍게 덮어주고 좋은 물길도 지혜롭게 대주듯이, 인(仁)의 씨앗에다 인(仁)이 커지는데 절대 필요한 덕목들, 이를테면 인의예지신(仁義禮智信) 같은 유가의 핵심 윤리 등을 수용하고, 더불어 인이 성숙되도록 유가의 지혜들도 궁행한다는 의미이다.

4연에서 시인은 "일원(一元)을 낳고 기름이 드넓어져서 博一元

之生養 / 온갖 선(善)이 다다르는 근간이 될 것이리. 幹萬善之條達"라고 읊었다. 여기서 일원(一元)은 처음에 자기 안에 심은 하나의 도(道)요 인(仁)이다. 이 4연의 출구에서는 (앞의 2, 3연에서처럼 인을 성숙시켰듯이) 당초에 자기에게 가져왔던 일원(一元)으로서 인(仁)의 생겨남[生]과 자라게 하는[養] 것들로 인하여 즉 '인(仁)의 생양(生養)'이 크게 드넓어진다[博]는 의미다. 이어 4연의 대구에서는 '그리되면 그러한 자기 안의 인[一元]은 마치 나뭇가지가 자라면서 사방으로 퍼져가듯이[條達] 사방으로 퍼져가며 만선(萬善)의 줄기[幹]가 된다.'고 읊었다.

이어진 5연에서 시인은 "마침내 어버이 섬김을 열매 삼아 竟事親以爲實 / (그 열매가) 자신에게 쓰고서 남에까지 미친다면 用己及於長物"이라고 전제하고, 이어진 6연에서는 "이는 온갖 선의 뿌리가 될 것이므로 斯衆善之根荄 / 한 마음의 온전한 덕(求仁으로 얻어진 德)은 위대하다."고 표현하였다.

맹자는 "인(仁)의 실제는 어버이를 섬기는 것이다. 仁之實 事親是也", "의(義)의 실제는 형을 따르는 것이다. 지혜의 실제는 사친(事親 : 어버이를 섬기는 일)과 종형(從兄 : 형을 따르는 일), 이 두 가지를 떠나지 않는 것이다. 義之實, 從兄是也. 智之實, 知斯二者弗去是也."(『맹자』 '이루 하')라고 설하였다. 그리고 정이천(程伊川)[45]은 맹자의 이 말에 대한 집주(『논어』 '학이' 집주)에서, "효제(孝悌)가 집안에서 행해지고 나면 그 인애(仁愛)가 사물에 미

45) 정이천(程伊川,1033~1107) : 북송(北宋) 시대를 살았던 유학자 정이천의 본명은 정이(程頤)이고, 자(字)는 정숙(正叔)이며 이천은 그의 호(號)이다. 형인 정명도(程明道)와 함께 유교에 철학적 기초를 다진 사람으로 유명하다. 그 형제의 학설을 '이정(二程)의 학'이라 하는데 이는 주자(朱子)에게 큰 영향을 주어 주자학을 이루게 하고 정주학(程朱學)을 형성하였다.

치게 되어, 이른바 친한 사람을 친하게 대하고 나아가 백성에까지 인을 베풀게 된다. 그러므로 인을 행하는 데는 효제를 근본으로 삼는다."고 설하였다.[46)]

결국 효제(孝悌)에서 시작되는 인(仁)은 가족 친지는 물론 만백성에 대한 인으로 확충되는 것이라는 의미다.

그래서 시인도 6연에서 "인은 사친은 물론 종형 그리고 만백성에까지 확충되는 것이므로 이렇게 확충되는 인이야말로 온갖 선의 뿌리가 되지 않을 수 없으므로, 한마음의 온전한 덕[德=仁]이 위대하지 않을 수가 없다."고 표현한 것이다.

지금까지 1연에서 4연까지 설한 내용이 바로 구인(求仁)을 위한 본질적이고 근본적인 것들이다. 이러한 구인(求仁)은 결국 효제의 윤리에서 시작된다는 점을 강조하였다고 할 수 있다. 여기서 시인은 1연에서 4연까지 설한 구인(求仁)의 대상자를 군자로 명시하였다. 그러므로 이제까지는 군자의 구인(求仁) 방법론을 설한 것이 된다.

다섯째 단락
기봉의 구인(求仁) 정신, 예도(藝道) 정신으로 표현

46) 정자가 말하기를, "효와 제(孝弟)는 덕을 따르는 것이다. 그러므로 윗사람 능멸하기를 좋아하지 않으면, 어찌 다시 이치를 거스르고 일상을 어지럽히는 일이 있겠는가. 덕에는 근본이 있다. 근본이 서면 그 도가 차고 커진다. 효제(孝悌)가 집에서 행해지고 나서, 인애(仁愛)가 사물에게 미치니, 이른바 가까운 사람을 친하게 대하면 백성을 사랑할 수 있다고 했다. 그러므로 인을 실천함은 효제로써 근본을 삼는다. 성품을 논하자면, 인을 효제의 근본으로 삼는 (이유인) 것이다. 程子曰 : 孝悌, 順德也, 故不好犯上, 豈復有逆理亂常之事. 德有本, 本立則其道充大. 孝悌行於家, 而後仁愛及於物, 所謂親親而仁民也. 故爲仁以孝弟爲本. 論性, 則以仁爲孝悌之本." (『논어집주』'학이 1~2')

하지만 격물치지(格物致知) 연유함이 있나니 / 然格致之有由
실로 깊이 익혀서 스스로 얻음일세. / 諒純熟以自得
만약에 그 근본이 서지 않는다면 / 苟厥本之不立
또한 조장(助長)하는 해로움에 이를지라. / 又底害於助揠[47)]
결실 맺지 못하는 재앙을 개탄하니 / 慨無實之不祥
비록 실로 곱다 한들 무슨 보탬 있으리오. / 雖信美而何益
하물며 인(仁)의 지극한 공 베풀어서 / 肆爲仁之極功
힘입어 잘 기르면 성취함이 있으리라. / 賴善養以有成
아름답다 군자가 근본에 힘씀이여 / 懿君子之務本[48)]
그 예를 정밀히 해 도타이 행하누나. / 純其藝以篤行
몸소 힘써 농사 지어 가을에 추수하니 / 躬力穡而有秋

47) 조알(助揠) : 싹이 자라기를 조장하여 뽑아 올린다는 의미다. 출전은 『맹자』('공손추 상')다. "송(宋)나라 사람이 한 것처럼 하지 말아야 한다. 송나라 사람 중에 자기가 심은 곡식의 싹이 자라지 않는 것을 걱정하여 싹을 뽑아 올린 이가 있었다. 그는 지쳐 돌아와 집안 사람들에게 '오늘은 피곤하다. 내가 싹이 자라는 것을 도와주었다.'라고 말했다. 그 아들이 달려가 보니 싹이 모두 말라 있었다. 이 세상에는 이렇게 싹을 뽑아 올리는 일을 하는 자는 많지 않다. 호연지기(浩然之氣) 같은 것은 무익하다고 해서 내버리는 자는 곡식을 심고 김매지 않는 자이다. 곡식을 억지로 자라게 돕는 자는 싹을 뽑아 올리는 자이다. 이런 일은 유익함이 없을 뿐만 아니라 도리어 해로운 것이다. 宋人有閔其苗之不長而揠之者. 芒芒然歸. 謂其人曰,'今日病矣 予助苗長矣.' 其子趨而往視之. 苗則槁矣. 天下之不助苗長者寡矣. 以爲無益而舍之者. 不耘苗者也, 助之長者. 揠苗者也. 非徒無益. 而又害之." (『맹자(孟子)』'공손추公孫丑')

48) 무본(務本) : 근본에 힘쓴다는 의미다. 여기서는 효제(孝悌)에 힘쓰는 것을 말한다. 출전은 『논어』('학이')다. "유자[공자]가 말했다. '그 사람됨이 효성스럽고 공경하면서 윗사람을 범하기를 좋아하는 사람이 드물다. 윗사람 범하기를 좋아하지 않으면서 난을 일으키기를 좋아하는 사람은 있지 않다. 군자는 근본에 힘쓰니, 근본이 서면 도가 생겨나므로 효제(孝弟)는 인을 행하는 근본이다.' 有子曰 其爲人也 孝弟 而好犯上者 鮮矣 不好犯上 而好作亂者 未之有也 君子務本 本立而道生 孝弟也者, 其爲仁之本與."

인(仁)의 덕이 이 내 몸을 윤택하게 하리라. 富仁德之潤身

전개부 다섯째 단락이다.

시인은 '구인(求仁)의 경지'는 앞 단락에서는 효제(孝悌) 정신에 있다고 밝힌데 이어 이 단락에서는 격물치지(格物致知)의 근본이 된다고 설하고 있다. 즉 효제의 정신과 더불어 격물치지도 구인의 경지에 이르는 중요한 수단인 것을 밝힌 것이다. 또 이 단락에서 시인이 구인(求仁)의 경지의 하나로 예도(藝道)를 표현했다는 점에서 큰 의미가 있다.

1연에서 시인은 "하지만 격물치지(格物致知)의 연유함이 있나니 然格致之有由 / 실로 깊이 익혀서 스스로 얻음일세. 諒純熟以自得"라고 표현하였다. 이는 앞 단락에서 논의한 인, 곧 '한마음의 온전한 덕'을 얻는 데는 격물치지(格物致知)[49]의 수용도 있었는

---

49) 격물치지(格物致知) : 『대학(大學)』에서 유래한 학문적 원칙이다. 사물의 이치를 물의 극진처까지 연구하여 지식을 성장시키는 것을 의미한다. 『대학』의 팔조목(八條目 : 格物, 致知, 誠意, 正心, 修身, 齊家, 治國, 平天下)에 나온다. 이중 '격물' '치지'의 두 조목에 대해서는 해설이 없다. 여기에 주자의 학설과 왕양명의 설이 대표적이다. '주자'의 설은, "만물은 모두 한 그루의 나무와 한 포기의 풀에 이르기까지 각각 '이(理)'를 갖추고 있으므로 '이'를 철저히 궁구(窮究)해 가면 어느 땐가는 활연(豁然 : 환하게 터진 모양)히 만물의 겉과 속 그리고 세밀함[精]과 거침[粗]을 명확히 알 수가 있다. 이것이 격물치지다."는 설로 요약된다. 또 '왕양명'의 설은 "격물(格物)에서 '물'이란 사(事)이다. '사'란 어버이를 섬긴다든가 하는 마음의 움직임, 곧 뜻이 있는 곳을 말한다. 그 '사'에는 마음이 있고, 마음 밖에는 '물'도 없고 '이'도 없다. 격물의 '격'이란 '바로 잡는다'라는 뜻이다 그러므로 '사'를 바로잡고 마음을 바로잡는 것이 '격물'이다. 본연의 마음을 바로잡음으로써 사람은 마음속에 선천적으로 갖추어진 양지(良知 : 배우지 않고 태어날 때부터 가진 타고난 지능)를 명확히 할 수가 있다. 이것이 지(知)를 이루는[致] 것으로 '치지'이다."고 요약된다.

데, 그 격물치지(格物致知)는 스스로 깊은 궁행으로 인하여 얻어진 덕이므로 곧 "한마음의 온전한 덕이요 구인(求仁)이었다."라고 설한 것이다.

2연에서는 "만약에 그 근본이 서지 않는다면 苟厥本之不立 / 또한 조장[助長=조알(朝謁)]하는 해로움에 이를지라. 又底害於助揠"라고 설하였다. 여기서 그 근본[厥本]은 앞에서 지적한 '한마음의 온전한 덕[仁]'을 말한다. 그리고 그 '한마음의 온전한 덕'은 효제와 1연에서 설한 격물치지가 더해진 덕이었다. 그리고 그 덕은 근본(根本)에 서도록 한 덕이었음을 밝히고, '(그러한) 근본이 서지 않는 데'는 '그 근본의 덕인 인(仁)이 자라도록 하는데 있어 (허위로) 조장하였기 때문'이라고 설하였다. 즉 인위적으로, 가식으로 인(仁)의 성숙을 조장하였다는 것이다.

3연에서는 "결실 맺지 못하는 상서롭지 않는 일(근본, 곧 '온전한 덕'을 조장으로 얻은 일)을 개탄하니 慨無實之不祥 / 비록 실로 곱다 한들 무슨 보탬 있으리오 雖信美而何益."라고 표현하였다.

이는 조장하여 얻은 인(仁)이므로, 그 인은 당연히 부정 · 부도(不道)한 결실로 얻어진 구인(求仁)이어서, 당연히 상서롭지 않은 일이기에 개탄할 수밖에 없는 일이 아닌가. 물론 그것이 비록 조장으로 이루어진 것이라도 어떤 면에서는 '겉치레로서 아름다움'을 보여줄 수도 있겠지만, 진정으로 구인(求仁)해야 할 진정한 군자에게는 과연 그것이 무슨 보탬이 되겠느냐는 의미다.

4연에서 시인은, "하물며 인(仁)의 지극한 공 베풀어서 肆爲仁之極功 / 힘입어 잘 기르면 성취함이 있으리라. 賴善養以有成"라고 표현하였다.

4연의 출구는 앞에서 논한 '한마음의 온전한 덕'이요 진정한 구인을 얻는 데는 그만큼 지극한 공의 베풂이 있지 않고서는 안 되는 일이므로 당연히 지극한 공력으로 그 인(仁)을 베풀어야 한다는 의미다. 이어진 대구에서는 '온전한 덕'인 인(仁)을 베푸는 데서 더 나아가 잘 성숙시키면 진정한 구인을 성취함이 있을 것이라는 기대와 희망을 표현하였다. 이 대구의 표현은, 출구에서 언급한 인, 즉 지극한 공력으로 구인하려 힘쓰는 군자가 인을 베푸는 데서 더 나아가 (아무리 어렵고 힘이 들더라도 오로지 '한마음의 온전한 덕'에 의지하여) 자기 안에 심고 뿌려진 인을 조장하거나 하는 일이 없이 제대로 잘 성숙시키면 진정한 구인을 얻게 되는 성취가 있을 것이라고 충고하는 의미로도 읽혀진다.

5연에서 시인은 아주 중요한 구인의 경지를 읊었다. 이는 시인만의 독특한 '구인(求仁)의 경지'에 대한 이해로 읽혀졌다. "아름답다 군자가 근본에 힘씀이여 懿君子之務本 / 그 예를 정밀히 해 도타이 행하누나. 純其藝以篤行"라고 표현한 연이 그것이다.

5연 출구에서는 근본 즉 '한마음의 온전한 덕'을 위해 힘쓰는 군자를 칭송하였다. 그런데 대구에서는 시인이 칭송한 그 군자는 "그 예(藝)를 정밀히 해 도타이 행한다."하고 표현하였다.

여기서 군자가 힘쓰는 근본 중의 하나로, 유가에서 중요히 여기는 덕목의 하나로 인(仁)과 짝을 이루는 예(禮)[50]가 아니고 예술

50) 공자와 유가(儒家)를 대표하는 핵심의 두 가지는 예(禮)와 인(仁)이다. 이 중 예는 공자가 중시했던 주나라의 통치 질서, 즉 주례에서부터 기원한 개념으로 공자는 주례의 보편성을 인정, 자기의 사상으로 수용한 것이다. 공자가 꿈속에서 주례를 완성했다고 전해지는 주공(周公)을 못 보았다고 한탄했을 정도로, 주공에서 비롯된 예는 공자에게 핵심적인 가치였다. 예와 인의 관계에서 예가 외재적(外在的) 덕목이라면 인은 내재적(內在的)인 덕목으로 인이 밖으로 드러날 때는 예가 되는 것이다. 공자는 극기복례(克己復禮)를 실천하면 누구나 인자(仁者)가 될 수 있다고 주장했는데, 공자에 의하면 복례

이나 기예에 속하는 예(藝)[51]였다. 다시 말하면, 구인(求仁)과 짝을 이루는 예도(禮道)가 아닌, 예(藝) 즉 예도(藝道)였다는 것이다.

예(藝)는 예술, 기예(技藝)를 의미한다. 기예의 장인(匠人) 정신 같은 것을 말한다. 기봉 시인은 거문고 타기를 좋아한 시인으로 잘 알려져 있는데, 거문고 타는 것 역시 예(藝)에 속한다. 기봉 시인이 시문을 즐겨 쓰는 것도 하나의 예(藝)이다. 예(藝)의 의미에서 중요한 것은, 예(藝)에 반드시 수반되는 것의 하나로 낙(樂)이요 풍류요 즐거움이라는 것이다. 군자들이 서도를 즐기고 거문고 등 음악을 즐기고 풍류를 즐기는 등 예(藝)가 행해질 수 있는 이유도 이 때문이다.

그런데 여기서 기봉이 설한 예(藝)는 단순한 예술이나 기예 차원의 예(藝)가 아니다. 예는 구인, 구도를 획득한 군자의 행(行)으로 나타나는 예이므로 이 예는 한마디로 예도(藝道)로서의 예인 것이다.

결국 기봉 시인에게 구인(求仁)의 진정한 의미의 하나는, 인생의 진정한 즐거움의 산물이기도 한 예도(藝道)를 즐기는 것으로 이해하면 된다. 그런 이유로 기봉 시인의 경우, '구인(求仁)을 실

가 곧 인자(仁者)에 이르는 길인 것이다. 즉 우리 마음에 예를 내면화하게 되었을 때 자연히 드러나는 모습이 바로 인(仁)인 것이다. 이처럼 공자나 유가에서 예(禮)는 중요한 덕목이었던 것이다.

51) 예(藝)는 '풀 초(++) 자'에 '계통 맥(殳)자'가 합해진 글자로, 원래는 밭에서 곡식이나 풀을 가꾸는 기술을 의미했지만, 후에 '노력과 수련을 통해 갈고 닦은 솜씨나 능력'을 의미하게 되었으며 한 분야(서예, 그림, 음악 등)에서 재능을 계발하고, 연마하여 창의성을 나타내는 예술로서의 의미를 가지게 되었다. 그러므로 예에는 당연히 낙(樂) 등 즐거움을 동반하며, 후에는 군자나 선비들도 풍류를 좇게 하는 고유의 즐거움도 동반하게 되는 예도(禮道)의 의미로 확장되었다.

현한 진정한 군자는 즐거움을 즐기는 예도(藝道)를 행하기도 한다.'는 의미로 표현하였으므로 "(그) 예(藝)를 도타이 행한다."고 표현한 것으로 추정된다.

이 대목은 바로 기봉 시인의 구인(求仁)에 대한 철학, 즉 기봉 시인의 독특한 구인(求仁)정신이요, 그 구인(求仁) 정신에 결합된 예도(藝道)의 정신이라 할 만하다.

6연에서 시인은 "몸소 힘써 농사 지어 가을에 추수하니 躬力穡而有秋 / 인(仁)의 덕이 이 내 몸을 윤택하게 하리라. 富仁德之潤身"라고 설하였다.

이 연은 성실하게 공력을 다하여 농사를 지음으로써 삶을 윤택하게 하듯이, 인의 덕을 잘 수용하여 잘 성숙시키면 자기의 정신을 윤택하게 한다는 의미이다. 곧 공력을 다하여 짓는 농사처럼 공력을 들여 구인(求仁)을 실현시키는 일은 매우 중요하다고 강조하고 있는 것이다.

이 연에서 시인의 시선이 자기에게로 옮아 왔음을 앞에서 언급하였다. 결국 시인은 이 연에서 자기에게 가장 중요한 일이 구인(求仁)으로 인하여 자기 신체뿐만 아니라 자신의 삶을 보다 윤택하게 하는 일이라고 표현한 것이다.

여섯째 단락
군자도 구인 위해 노력하지 않으면 안 된다

어찌 저 사람은 농사일에 게으른가 / 何彼哉之惰農
그 밭을 버려두고 김을 매지 않는구나! / 舍其田而不耘
아! 선의 싹이 없어져 버렸으니 / 喟善萌之牿亡
하물며 열매 맺기 바랄 수 있으리오? / 矧成實之可冀

이에 있어 곡식이 여물지 않는다면 / 玆乃穀之不熟
강아지 풀[52]과 다를 것이 하나도 없네. / 與稂莠而不異
나는 본시 어짐을 좋아하여 / 曰余質之好仁
마음으로 아름다운 곡식을 아끼노라. / 愛美穀於方寸[53]
밤기운의 윤기를 흠씬 적셔주고 / 滋夜氣之淸潤
낮에는 그 뿌리를 북돋워 길러주네. / 日涵養其根本
꽃과 열매 저리도 무성히 자랐으니 / 冀華實之茂密
머지않아 장차 쓰게 되기를 바라노라. / 庶日至乎將用

이 단락은 전개부 마지막 단락으로 결말부에 바로 앞선 단락이다.

1, 2, 3연에서 시인은 온 공력을 들여 농사 짓지 않은, 게으른 농부[惰農]를 강하게 질타하는 표현을 하였다.

1연에서 "어찌 저 사람은 농사일에 게으른가? 何彼哉之惰農 / 그 밭에서 머물러[舍] 김도 매지 않는구나. 舍其田而不耘"라고 읊은데 이어, 2연에서는 "아! 선의 싹[萌善]이 없어져 버렸으니 萌善萌之牿亡 / 하물며 어찌 열매 맺기 바랄 수 있으리오? 矧成實之可冀"라고 안타까운 마음으로 게으른 농부를 질타했다.

"게으른 농부, 게을러서 김도 매지 않은 농부, 그리하여 결국(좋은 결실을 맺을 수 있는 종자인 '선(善)의 싹[萌善]'도 죽어버린 농토, 그 땅에서 어찌 좋은 결실의 열매 수확을 바랄 수 있겠는

52) 낭유(稂莠) : 논에 자생하여 벼에 해가 되는 잡초로 가라지, 강아지풀을 이른다. 이러한 의미를 차용하여 성현(聖賢)이나 양민(良民)을 해치는 자를 의미하기도 한다.

53) 방촌(方寸) : 사방의 한 치 넓이를 의미한다. 사방 한 치 넓이의 뜻과 마음, 가슴 속이라는 의미다. 더 확대되는 의미로 '마음이 한 치 사방의 심장에 깃들인다'의 뜻으로 쓰인다.

가?"하고 좋은 종자를 죽게 한 것이나 다름없는 게으른 농부를 강하게 질타한 것이다.

3연은 "이에 있어 곡식이 여물지 않는다면 玆乃穀之不熟 / 강아지풀과 다를 것이 하나도 없네. 與稂莠而不異"라고 읊었다. 강아지풀은 논에 자생하여 벼에 해가 되는 잡초로 가라지를 이른다. 이러한 강아지풀은 선현(先賢)이나 양민(良民)을 해치는 자를 의미하기도 한다.

1, 2, 3연을 군자의 구인(求仁) 과정으로 비유하면 좋은 사례가 될 수 있다. 더 구체적으로 풀이한다면, "게으른 군자(사람), 게을러서 인(仁)을 행하지 않는 군자는 자기 수양과 극기 등으로 노력하면 능히 구인(求仁)에 이를 수 있는 성과를 얻을 수 있음에도 오히려 구인에 이르는 온갖 덕목들을 다 죽여버렸는데, 어찌 구인에 이를 수 있겠는가." 하는 교훈으로 받아들일 수 있다.

특히, 2연은 "구인(求仁)을 위한 군자로서 노력이 전혀 없었는데도 어찌 구인(求仁)되는 것을 바라느냐"며 허황된 꿈을 꾸는 군자를 질타하는 것으로 이해할 수 있다.

3연은 또 "구인(求仁)에 이르는 성과를 얻지 못한다면, 좋은 농토에 좋은 결실을 방해하는 강아지풀처럼 그러한 군자도 진정으로 구인을 얻기 위해 노력하는 군자들을 방해하는 소인배나 다름없는 존재가 될 수 있다."는 것으로 이해 할 수 있을 것이다.

4연에서 시인은 "나는 본시 어짐을 좋아하여 曰余質之好仁 / 마음으로 아름다운 곡식을 아끼노라. 愛美穀於方寸"고 표현하였다. 4연 대구에서 표현된 방촌(方寸)은 '마음이 한 치 사방의 심장에 깃들인다'의 뜻으로 해석할 수 있다. 그러므로 이 의미를 살려 4연을 직역하면, "말하길, 나의(余) 성질(質)은 인(仁)을 좋아한다 / 아름다운 곡식[美穀]은 내 마음속 한 치 사방의 심장에 깃들인다."라는 표현이 될 것이다. 여기 대구에서 '아름다운 곡식'은, 이 부(賦) 처음에, 농부가 농사짓는데 절실히 필요했던, 하늘이 내려준 곡식을 일컫는다. 농부의 공력을 다한 정성으로 좋은 결실을 얻을 수 있는 곡식의 씨앗이 바로 아름다운 곡식이다. 이를 달리 표현하면, 이것은 당초 하늘이 농부(사람)의 가슴에 심어준 구인(求仁)의 씨앗이다. 농부가 공력을 다한 정성으로 좋은 결실을 얻을 수 있듯이, 군자도 가슴 속에 심어진 구인(求仁)의 씨앗을 공력을 쏟아 길러야 한다는 것이다. 극기와 자기 수련 그리고 여기에 공력을 보탠 정성이 이어지게 되면 그 결실로서 구인(求仁)에 이를 수 있는 씨앗이 될 수 있다는 것이다. 기봉 시인은 사람들이 이렇게 아름다운 결실을 맺을 수 있는 종자를 좋아하듯 그 자신도 그런 구인(求仁)의 씨앗을 좋아한다고 표현한 것이다.

5연, 6연에서는 "밤기운의 윤기를 흠씬 적셔주고 滋夜氣之淸潤 / 낮에는 그 뿌리를 북돋워 길러주네. 日涵養其根本", "꽃과 열매 저리도 무성히 자랐으니 冀華實之茂密 / 머지않아 장차 쓰게 되기를 바라노라. 庶日至乎將用"라고 표현하였다.

이는 이 부(賦)의 처음에서 '오곡의 재배'를 표현하고 오곡을 심은 밭에서 오곡의 재배와 양육 상태를 표현하였는데, 이제는 자아에게 돌아와 자신의 마음 밭에 뿌려놓은 구인(求仁)의 상태를 상징적으로 표현한 것이다. 그리하여 밤에는 윤기를 흠뻑 적셔주고 낮에는 잘 자라도록 뿌리를 북돋워 길렀고(5연), 그 결과 꽃과 열매가 무성히 자라, 정차 좋은 열매로서 쓰기를 기대할 수 있게 되었다(6연)고 표현한 것이다.

이는 곧 자아의 마음 밭에 구인(求仁)의 씨앗을 심고 그동안의 공력으로 구인(求仁)의 경지가 나름대로 성숙해졌으니, 장차 이룩하게 될 지극한 구인(求仁)의 경지가 기대된다는 점을 상징적으로 표현한 것이다.

결말부, "아름다운 곡식 열매 맺히길, 내 구인(求仁) 밭에 잡초 무성하지 않기를"

처음엔 효제(孝悌)에서 실마리를 열고서 / 初開端於孝悌
또한 넓게 베풀어 백성을 구제하리. / 又博施而濟衆[54)]
그러나 잠시라도 소홀히 한다 하면 / 然少頃之或忽
나의 밭은 잡초로 무성하게 뒤덮이리. / 致我田之蕪穢
좋은 곡식 열매 맺지 못할까 염려하여 / 恐美種之不實
애오라지 잠(箴)[55)]을 지어 스스로를 경계하네. / 聊作箴而自戒

---

54) 박시제중(博施濟衆) : 은혜를 널리 베풀고 많은 사람을 구제한다는 의미다. 『논어』('옹야')에 나온다. "자공이 물었다. '백성들에게 널리 베풀어서 많은 사람들의 삶을 유족하게 만드는 사람이 있다고 한다면 어떻겠습니까? 그 사람을 인하다고 말할 수 있겠습니까? 子貢曰. "如有博施於民而能濟衆, 何如? 可謂仁乎?" / 공자가 말하였다. '어찌 인(仁)한 정도이겠는가? 그 사람이야말로 반드시 성인이라 부를 만하다. 요 · 순도 이를 오히려 어렵게 여겼을 것이거늘, 대저 인(仁)한 자는 자기가 서고자 하면 남도 서게 하며, 자기가 달성코자 하면 남도 달성하게 해 준다. 능히 가까운 데서 자기 몸으로 깨달을 수 있는 것을 취할 줄 알면 그것은 바로 인(仁)을 실천하는 방법이라 말할 만하다." 子曰, "何事於仁. 必也聖乎. 堯舜其猶病諸. 夫仁者, 己欲立而立人, 己欲達而達人. 能近取譬, 可謂仁之方也已." 『논어(論語)』('제6편 옹야雍也')

55) 잠언(箴言) : 자기 자신이나 타인을 경계하기 위한 목적으로 지은 실용적 성격의 한문 문체. 한나라 때 허신(許愼)이 지은 『설문해자(說文解字)』에 의하면, 잠(箴)은 원래 '침(鍼)'자였다고 한다. 의원이 침으로 병을 치료하듯이, 잠언(箴言)으로써 사람의 잘못을 예방하고 치유도 한다는 의미에서 붙여진 말이다.

결말부는 3연, 6구로 구성되었다.

시인은 그동안 시선을 오곡을 대상으로 오곡 농사에 두었다. 이어 이 시선은 군자에게로 옮아가 군자의 구인(求仁)의 성숙 과정을 표현하였다. 그런데 이 부 결말부에서 시인은 비로소 시선을 자아에게 돌린다. 즉 자기의 마음 밭에 심어둔 구인(求仁)에 대하여 고찰한 것이다. 이 단락 2연 대구의 "나의 밭(我田)은 잡초로 무성하게 뒤덮이리. 致我田之蕪穢"라고 읊은 데서 이 사실은 확연해진다.

1연에서 시인은 "처음엔 효제(孝悌)에서 실마리를 열고서 初開端於孝悌 / 또한 넓게 베풀어 백성을 구제하리. 又博施而濟衆"라고 표현, 자아의 마음 밭에 심은 구인(求仁)을 목표로 한 효제의 윤리가 이 부를 쓰게 된 단초가 되었음을 고백하였다.

주지하다시피, 유교 윤리의 출발은 '효제(孝悌)'에 비롯된다. 흔히 효(孝)가 친친(親親 : 아버지와 자녀간, 부부간, 형제간의 관계를 말한다.)의 근원적 연속성을 의미한다면, 제(悌)는 종형(從兄 : 형을 따르는 일)과 그의 연대성으로 인해 형성되는 모든 인간관계에서의 도덕의 기준 원리를 말한다.

그렇기에 공자도 효제를 실천하는 것이 바로 인(仁)을 실천하는 근본이라고 하였다. 그만큼 효제는 유가에서 도덕의 근원으로서 가족은 물론 이웃, 사회, 국가에 이르기까지 확장되는 것이다. 그러므로 '효제'는 인륜에서 가장 기초적이고 본질적인 질서가 된다. 효제의 윤리는 구인(求仁)에서도 절대 필수적인 윤리로 관여되지 않을 수 없게 되어 있는 것이다.[56] 그러한 연유에서 시

56) 『대학』('전10장')에도 설하고 있다. 즉 "이른바 천하를 평안하게 하는 것이 자기 나라를 다스리는데 달렸다는 것은, 윗사람이 노인을 노인으로 대접하면 백성이 효심을 일으키고, 윗사람이 어른을 어른으로 대접하면 백성이 공

인은 1연에서 자기에게 내재한 구인(求仁)에서, 효제가 기본적인 실마리로 작용했음을 고백한 것이다.

시인은 1연 대구에서 "또한 넓게 베풀어 백성을 구제하리. 又博施而濟衆"라고 표현하였는데, 이는 효제 윤리를 기반으로 한 구인(求仁)이 사실인즉 널리 백성을 구제하는 원리로 작용한다고 설했는데, 이는 『논어』('학이學而')[57]의 구절을 차용한 것으로 추정된다.

2연 출구에서 시인은 "그러나 잠시라도 소홀히 한다면 然少頃之或忽"이라고 표현, 자기 마음 밭에 심어놓은 구인(求仁)이 잠시라도 소홀히 하면 무너질 수 있는 불안한 상태임을 다시 한번 고백하였다. 그렇기에 2연 대구에서는 "(잠시라도 소홀히 하면) 나의 (마음) 밭은 잡초로 무성하게 뒤덮이리."라고 함으로써 스스로에게 경계하는 표현을 구사하였다.

그리고 3연 마지막 연 출구에서, "좋은 곡식 열매 맺지 못할까 염려하여 恐美種之不實 / 애오라지 잠(箴)[58]을 지어 스스로를 경계한다. 聊作箴而自戒"라고 읊었다. 여기서 '좋은 곡식'은 곧 '자

경을 일으키고, 윗사람이 고아를 구휼하면 백성이 배반하지 않는다는 것이다. 이 때문에 군자에게는 혈구지도(絜矩之道 : 곱자를 가지고 정확한 치수를 재듯이 '내 처지를 생각해서 남의 입장을 헤아린다')가 있다. 所謂平天下在治其國者. 上老老而民興孝. 上長長而民興弟. 上恤孤而民不倍. 所謂平天下在治其國者. 上老老1)而民興孝. 上長長而民興弟(悌). 上恤孤而民不倍. 是以君子有絜矩之道也."

57) 군자는 근본에[本] 힘쓰고 근본이 서야 도가 생겨난다. 효도와 공경이란 것은, 아마도 인을 행하는 근본일 것이다. 君子務本 本立而道生. 孝弟也者 其爲仁之本與. (『논어집주』('학이學而 1-2') || 천 권의 경전과 만 권의 책에 많은 말이 있어도. 결국은 효제(효도와 공경)가 우선이다. 효도와 공경은 인을 실천하는 근본이다. 千經萬典 孝弟爲先. 孝弟也者, 其爲仁之本與. (『증광현문(增廣賢文)』('千經萬典 孝弟爲先')

58) 앞 53쪽 각주 52) 참조.

기 마음 밭에 심은 구인(求仁)'을 의미하고 열매는 곧 '구인(求仁)의 경지'를 의미한다.

구도자요 유학도로서 기봉 시인은 구인(求仁)의 경지에 드는 것이 최종 목표이자 자기 삶의 중요한 의지와 희망이었다. 그리하여 자기의 모든 궁리, 궁행도 바로 이를 위한 것이었다고 할 수 있다. 그러므로 설혹 구인의 경지에 들지 못할 것을 우려하여, 혹시 구인의 경지에 드는 공부에 나태해질 것을 우려해서 스스로를 경계하는 잠(箴)을 지은 것으로 추정된다.

잠언(箴言) - 인(仁)의 성숙이 중요하다
구인(求仁)도 익지 않으면 천한 인(仁)이 된다

잠(箴)에 말하기를, / 箴曰
온갖 씨앗 꽃 가운데 / 百種之華
오곡이 가장 아름답네. / 五穀之美
모든 선의 으뜸이고 / 衆善之長
인(仁)이 가장 존귀하다. / 惟仁最貴
오곡도 안 익으면 / 穀之不熟
어여뻐도 예쁘잖코 / 美者不美
인(仁)이 익지 아니하면 / 仁之不熟
귀한 자도 천하다네. / 貴者不貴
정조(精粗)[59]가 비록 다르지만 / 精粗雖間
그 이치는 하나라네. / 理無不同
선인 교훈 본받아서 / 式遵前訓
어찌 삼가 안 따르랴. /曷不篤恭

59) 정조(精粗) : 정미한 쌀과 정미하지 않은 쌀. 면밀한 것과 거친 것을 의미한다.

위 잠언의 6~10구에서 시인은, "오곡도 안 익으면 穀之不熟 / 어여뻐도 예쁘잖코 美者不美 / 인(仁)이 익지 아니하면 仁之不熟 / 귀한 자도 천하다네. 貴者不貴 / 정조(精粗) 비록 다르지만 精粗雖間 / 그 이치는 하나라네."라고 표현하였다.

이는 '오곡이 익지 않으면 아름답지 않듯이, 인(仁)도 익지 않으면 천하게 되는데, 이는 분명한 하나의 이치다.'는 뜻이다.

즉 '오곡이 비록 익지 않은 상태가 아름답거나 아름답지 않거나 간에 그 정도의 차이가 있을 수가 있다. 인(仁)도 마찬가지로 익지 않으면 천한 것이 된다. 다만 그것이 면밀한 의미나 또는 거친 의미에 따라 그 천한 것에 대한 정도의 차이는 있을 수 있다. 그럼에도 불구하고 분명한 것은 '오곡이 익지 않으면 아름답지 않고, 인(仁)도 성숙되지 않으면 천한 것이 되는 것만은 하나의 어김없는 이치다.'라고 강조한 표현이었다.

글을 마치면서

부(賦) '오곡종지미(五穀種之美)'는 기봉 시인이 오곡이라는 곡식 농사를 구인(求仁)에 대치시켜 구인의 방법론을 제시하고, 구인(求仁)의 의미를 고찰한 작품이다.

농사의 시작이 될 수 있었던 오곡은 하늘이 내려준 곡식의 씨앗으로, 농부가 씨를 기름진 농토에 잘 심고, 씨앗에 흙을 잘 북돋워 주고 물도 잘 주면서 온 공력을 들이고 관리하면 아름다운 열매라는 튼튼한 결실을 얻게 된다. 그러나 당초 하늘이 내려준 아름다운 씨앗이긴 하지만, 부실한 농토에 씨를 심거나 제대로 관리하지 않으면 제대로 익지 않아 피보다 못한 결실을 얻을 수 있다.

기봉 시인은 구인(求仁)의 과정, 구인의 경지를 이러한 오곡 농사에 비유하였다.

"오곡의 씨앗처럼, 인간에게도 당초부터 천명(天命)이요 천도(天道)라는 본성이 하늘로부터 부여되었다. 이 본성은 물론 하늘이 부여한 천도였고 인(仁)의 본질이었다. 이 인(仁)의 씨앗을 가슴에 심고, 마치 오곡의 씨앗을 심고 온 공력을 들여 가꾸듯이, 온 정성을 들여 인의 씨앗을 제대로 성숙시키면 아름다운 결실인 구인(求仁)의 경지를 들 수 있다."고 설하였다.

그렇지만 "곡식의 씨앗이 익지 않으면 피보다 못하듯이, 인의 씨앗이 제대로 성숙되는 과정이 없으면 부실한 인(仁)의 결실이 되어, 다른 도의 결실만도 못하게 된다."면서 "가슴에 심어진 그 인(仁)은 어버이의 섬김과 형제를 공경하는 효제의 윤리가 기본이 되어 성숙되어야 한다. 그 효제는 만백성에까지 확충되는 윤리로 온갖 선의 뿌리요 '한마음의 온전한 덕'의 결실로 나타나는 윤리이다.", "효제의 윤리로 구현되는 그 인(仁)은 조장하여 얻게 되는 즉 부정(不正) · 부도(不道)한 결실로 얻어진 구인(求仁)이어서는 안 된다.", "구인(求仁)의 진정한 의미의 하나는 인생의 진정한 즐거움의 산물이기도 한 예도(藝道)를 즐기는 구인이어야 한다", "마음 밭에 심어놓은 구인(求仁)은 잠시라도 소홀히 하면 무너질 수 있는 불안한 상태의 인이므로 정도(正道)의 인으로 가는 길이 유지되도록 항상 삼가고 제대로 성숙시키기에 공력을 들여야 한다."는 등 구인(求仁)에 이르는 길을 설하였다.

시인이 이처럼 구인(求仁)의 길을 제시한 대상은 시인 자아는 물론, 군자들 그리고 군왕에 이르기까지였다. 그러므로 구도자요 유학도인 기봉 시인이 구인(求仁)의 경지에 드는 것은 그의 최종 목표이자 자기 삶의 중요한 의지와 희망이었다. 그리하여 자기의 모든 궁리, 궁행도 바로 이를 위한 것이었음을 고백하기도 하였다.

결국 기봉 시인은 부 '오곡종지미(五穀種之美)'에서 "인(仁)의 성숙으로 획득한 구인(求仁)의 경지가 그만큼 중요하므로 나도 그러한 구인의 경지에 들고자 전력투구하고 있다."고 밝히고 있다. 또한 "이처럼 구인(求仁)을 위하여 걷는 나의 길은 불변의 신념이고 소신이며 또한 간절히 희구하는 것이다."면서 자신의 굳은 의지를 천명하였다.

3. 기봉의 구인(求仁) 정신 (2)

– '효도와 공경 孝悌' … 효제는 인(仁)의 출발, 제선(諸善)의 으뜸

효제(孝悌)는 부모에 대한 친애의 감정[孝]과 형제간의 우애·공경심[悌]을 의미한 용어이다. 이는 비단 유가(儒家)에서 뿐만 아니라 보편적인 인간의 정서에서 선천적으로 갖는 기본적인 정감으로 유가에서 이를 도덕적 원리로 수용하여 유가의 원리로 정리한 것이다. 그런데 유가에서는 이 효제의 원리를 가족에서 사회는 물론 국가에까지 영역을 넓힘으로써 혈연적인 가족 너머의 모든 타인과의 관계를 맺는데 가장 기본적인 관계의 원리로 확충시킨 것이다.

사실상 인류의 거의 모든 기본 윤리를 고유한 유학으로 발전시킨 공자는 당연히 이 효제 역시 기본적인 유학의 원리로 정리하지 않을 수 없었다. 그런 이유로 『논어』에서도 효제를 당연히 인(仁)의 근본으로 삼기에 이른 것이라 할 수 있다. 공자 이후 맹자는 "인의 실질은 어버이를 섬기는 것이요, 의의 실질은 형을 순종하는 것이다. 仁之實事親是也 義之實從兄是也."[60] 라고 설한 이래

60) "인(仁)의 실질은 어버이를 섬기는 것이요, 의(義)의 실질은 형을 순종하는 것이다. 지(智)의 실질은 이 두 가지를 알아서 버리지 않는 것이요, 예(禮)의 실질은 이 두 가지를 절문하는 것이요, 낙(樂)의 실질은 이 두 가지를 즐거워하는 것이다. 仁之實事親是也 義之實從兄是也 智之實知斯二者弗去是也

로 유가에서는 개인의 내면적인 관계의 총칭으로서 인의 표상을 효(孝)로 내세우고 외면적인(사회적인) 관계의 총칭으로서 그 표상을 제(悌)로 내세우는 원리를 규정하여 효제는 인의 기본으로서 가족에서 사회로까지 수용되는 확장성을 가지게 되었다고 할 수 있다.

그렇지만 이러한 효제의 윤리는 당대에서도 지극히 보편적이고 일반적인 성향이 강하여 시문(詩文)이 아닌 부(賦)와 같은 작품에서도 수용되기가 용이하지 않았던 주제였다. 효제에서 시인만의 독특하고 신선한 논리, 즉 차별화된 고유한 주제로 작품화하기가 여간 쉽지 않는 일이었기 때문이었을 것이다.

그렇다면 기봉 시인의 경우 어떤 동기에서 효제를 주제로 내세워 60연으로 이루어진 장부(長賦)를 작부(作賦)하게 되었을까.

이는 '효제(孝悌)'의 33연부터 38연까지 설한 내용에서 나온다.[61)]

" … 백성들이 모두 다 효제(孝悌)로 일어나 / 어른과 부모를 열심히 섬긴다면 / 세도(世道)가 어이 쇠미하며 교화가 어이 타락하리 / 슬프다! 이 백성이 본성 잃고 말았도다 / 이 도리(효제의)의 도(道)가 너무 높아 행하기 어렵다 말을 하니 / (정작은) 쉽고 가까운데 있음을 모르기 때문이다 / 혹은 부자간에 서로 해침에

禮之實節文斯二者是也 樂之實樂斯二者."(『孟子』 '離婁上')

61) '효도와 공경 孝悌'은 『기봉집』(2018), 효도와 공경, 72-80쪽을 기본 텍스트로 하였다.

이르니[62] / 부모가 심은 나무[63]라도 공경해야 하는 것을 / 그 형에게 크게 공손하지 않으면서 / 어른 위해 가지조차 못 꺾겠다 하는구나[64]) / 백성 윤리 이지러짐이 안타깝기 그지없구나 / 내가 이

---

62) 부모와 자식 간에 서로 해치게 되는 예가 『맹자』('이루 상')에 나와 있다. "공손추가 여쭈었다, '예로부터 군자는 자기의 친자식을 직접 가르치지는 않는다는데, 그것은 뭔 이유에서 그러합니까?' 맹자가 말하였다. '자연스러운 감정의 흐름이 그렇게는 흘러가지 않은 것이다. 가르친다고 하는 것은 반드시 바른 도리로써 해야 한다. 그것이 잘 행하여지면 아무 문제가 없지만, 바른 도리로써 하는데 자식이 그 가르침을 실천하지 못하면 반드시 분노가 일게 마련이다. 분노가 일게 되면 오히려 자식을 해치게 된다. '(선생님이, 夫子가) 나를 바름으로 가르쳤는데, 선생님의 (행동이) 바름에서 나오지 않는다면 이것은 부모와 자식이 서로 해치는 것이다. 부자가 서로 해친다면 나쁘다.' 하였다. 公孫丑曰 君子之不敎子 何也? 孟子曰, 勢不行也. 敎者必以正, 以正不行, 繼之以怒, 繼之以怒, 則反夷矣." (『맹자』'이루상')

63) 이와 연관된, 부모가 심은 나무 곧 '상재(桑梓)'에 대한 설이 『시경』('소반小弁')에 나와 있다. "어버이가 심어 놓으신 뽕나무와 가래나무[상재桑梓 : 뽕나무와 가래나무. 고향의 구택에 부모님이 심은 나무를 뜻한다.]도 반드시 공경해야 하는 법이다. 그런데 하물며 우러러 볼 분으로는 아버지 말고 다른 사람이 없으며, 의지할 분으로는 어머니 말고 다른 사람이 없는데 더 말해 뭐하겠는가. 維桑與梓 必恭敬止 靡瞻匪父 靡依匪母." (『시경』'告子章' '소반小弁')

64) 절지(折枝) : 어른을 위해 나뭇가지를 꺾는 것을 뜻한다. 『맹자』('양혜왕 상')에 나온다. : 맹자가 말하였다. "태산을 겨드랑이에 끼고 북해를 뛰어 건너는 것을 사람들에게 '나는 못한다'라고 말한다면 이것은 진실로 못하는 것이다. 어른을 위해 나뭇가지를 꺾는 것을 사람들에게 '나는 못한다'라고 말한다면, 이것은 안하는 것이지 못하는 것이 아니다. 그러므로 임금께서 왕도를 하지 않으심은 태산을 겨드랑이에 끼고 북해를 건너는 종류가 아니라, 임금께서 왕도를 하지 않으심은 나뭇가지를 꺾는 종류와 같은 것이다. … 挾太山以超北海, 語人曰'我不能', 是誠不能也. 爲長者折枝, 語人曰'我不能', 是不爲也, 非不能也. 故王之不王, 非挾太山以超北海之類也 : 王之不王, 是折枝之類也. / 우리 집의 어른을 어른으로 대우하여 남의 집 어른에게까지 이르게 하며, 우리 집의 아이를 아이로 대우하여 남의 집 아이에게까지 이르게 한다면, 천하를 손바닥에 놓고 움직일 수 있다. 老吾老, 以及人之老 : 幼吾幼, 以及人之幼.

리 슬퍼함은 마땅하다."[65)66)]

기봉 시인은 상기와 같이 효제가 무너지는 현실을 목도하면서, 효제 윤리를 주제로 한 부를 작부하게 되지 않았을까 싶다. 이 역시 당연히 자기가 추구하는 구인(求仁) 정신의 발현에 다름이 아니라 생각하였을 터였으므로.

이 부(賦)는 60연, 120구로 이루어진 장부(長賦)다. 이 연 전체를 고찰하는데 쉽지 않아, 기봉 시인의 효제 정신이 중점적으로 구현된 네 단락만 고찰하고자 한다.

주요의 첫째 단락
"효제는 모든 선행(善行)의 뿌리"

효제(孝悌)는 온갖 선의 근저(根柢)[67)]라 할 것이니 / 斯萬善之根柢
진실로 사람 도리 우선으로 할 바라. / 諒人道之所先
어여쁘라! 군자가 근본[무본(務本)][68)]에 힘씀이여 / 美君子之務本[69)]

天下可運於掌." (『맹자』'양혜왕 상').

65) 직황사홍(職怳斯弘) : 근심만 크게 넓혀준다는 뜻. 『시경』('대아 소민')에 나온다. "옛날에는 부유해서 이와 같지 않았는데, 지금의 곤란함은 이런 적이 없었네. 저 (소인과 군자의 차이는) 거친 쌀과 도정된 쌀과 같은데, (소인들은) 어찌해서 스스로 물러나지 않는고. 오로지 슬픔을 이에 길게 하노라. 維昔之富 不如時 維今之疚 不如茲 彼疏斯粺 胡不自替 職兄斯引."

66) 이의 원문이다. " … 民咸興孝而興悌 奔走事厥長厥考 奈何世衰而教墜 哀斯民喪厥性矣 謂斯道高遠難行 昧在易而在邇 或父子至於相夷 矧桑梓之敬止 大不克恭乎厥兄 曰折枝之不能 慨民彝之汨亂兮 宜君子職怳斯弘 …"

67) 근저(根柢) : 사물(事物)의 뿌리나 밑바탕이 되는 기초(基礎).

68) 무본(務本) : 사물의 근본에 주력하다는 뜻이다.

69) 군자무본(君子務本) : 군자로서 무본 곧 효제의 도리를 의미한다. '군자무본'은 『논어』('학이 2')에 "군자는 근본에 힘쓰니 근본이 서고 나서 도가 생긴다. 효도와 공경이 인을 행하는 근본이다. 君子務本 本立而道生 孝弟也者 其

언제나 들고 나는 것이 여기에 있는 것을. / 恒出入乎在玆
제 몸에 돌이킴을 성심(誠心)으로 하여서 / 反諸身而皆誠
마땅히 직분으로 해야 할 바 다하누나. / 盡職分之當爲
핏덩이의 그 마음을 잃지 아니하고 / 心不失其赤子
길이 애(愛)와 경(敬)을 법도로 삼는도다. / 永言典夫愛敬
크게는 뜻을 이어 사업을 펼치고 / 大而繼志述事
작게는 계절 따라 부모를 봉양하네. / 小而溫凊定省[70)]
어른의 뒤에서 천천히 뒤따르고 / 徐其行兮後長[71)]
일 있을 때는 그 수고를 내가 대신 하는구나. / 服其勞於有事[72)]

爲仁之本與."라고 한 데서, 생겨난 말이다.

70) 온청정성(溫凊定省) : 자식이 부모를 겨울에는 따뜻하게, 여름에는 시원하게 봉양하고 아침저녁으로 부모의 안부를 물어서 살피는 것이다. 『예기』('곡례상')에 나온다. "곡례에 이르길(曲禮曰), 무릇 자식 된 사람의 예는 겨울에는 따뜻하게 하고 여름에는 시원하게 하고, 밤에는 (잠자리를) 정돈하고 새벽에는 안부를 살피는 것이다. 曲禮曰 凡爲人子之禮 冬溫而夏凊 昏定而晨省."

71) 서기행후장(徐其行後長) : 어른의 뒤를 천천히 따른다는 뜻이다. 『맹자』('고자하')에 나온다. "천천히 걸어서 장자를 뒤따르는 사람을 공경한다고 하고, 빨리 걸어서 장자를 앞서는 사람을 공경하지 않는다고 한다. 무릇 천천히 가는 것이, 어찌 사람이 할 수 없는 것이라고 하겠는가. 요순의 도는(堯舜之道)는 효제일 뿐이다(孝弟而已矣). 徐行後長者謂之弟 疾行先長者謂之不弟 夫徐行者 豈人所不能哉? 所不爲也 堯舜之道 孝弟而已矣."

72) 복지노유사(服其勞有事) : 『논어』('위정')에 나온다. "자하가 효에 대해 묻자, 공자께서 말하다. "항상 밝은 얼굴로 부모를 대하는 일은 어렵다. 일이 있을 때는 아랫사람이 그 수고로움을 대신하고, 술이나 음식이 있을 때는 윗사람이 먼저 드시게 하는 것을 가지고 효도라고 할 수 있겠느냐? 子夏問孝, 子曰, 有事弟子服其勞 有酒食先生饌 曾是以爲孝乎?" ['표정 관리를 잘하고 술과 음식으로 봉양할 때 단지 먼저 드시게 하는 것만으로 효도를 다 하였다고 생각하지 말라'는 의미다.]

상기 연은 11연에서 16연까지다.

시인은 이 단락 1연에서 "효제는 모든 선의 근저"라고 설하고, 효제는 사람의 도리이므로 인륜에서 최우선으로 행해져야 한다." 라고 표현하였다. 이어 2연 출구(出句)에서는 '군자무본(君子務本)'을 표현하였다. 공자는 "군자는 근본에 힘쓴다. 근본이 서야 비로소 도가 생긴다. 근본은 무엇이냐? 효도와 공경이다. 효도와 공경은 인(仁)을 행하는 것이기에 효제, 곧 효도와 공경이 인의 근본이 되는 것이다. 君子務本 本立而道生 孝弟也者 其爲仁之本與."(『논어』 '학이學而') 라고 설했다. 시인은 공자의 이 말을 빌려와 '군자는 무본(務本)에 힘쓰기에 어여쁘다'고 설한 것이다.

2연의 대구(對句)에서는 "언제나 들고 나는 것이 여기에 있는 것을. 恒出入乎在玆"라고 설했다. 군자에게 무본의 중요한 핵심은 출입에 있다고 설한 것이다.

출입은 곧 진퇴를 의미한다. 군자에게 진퇴는 중요한 윤리다. 진퇴(進退)란, 상황에 따라 나아가고 물러나는 것을 조절하는 태도를 뜻한다. 공자는 '천하에 도(道)가 있으면 나아가 능력을 발휘하고, 천하에 도(道)가 없으면 조용히 물러나 수신에 힘써야 한다. 天下有道則見, 無道則隱.'[73]라고 강조했다.

군자는 나아갈 때와 물러날 때를 정확히 알아서 처신해야 한다

---

73) 공자가 말하였다. "(성인들의 가르침에 대한) 두터운 믿음을 가지고 배우기를 좋아하며, 죽음으로써 선한 도(道)를 지켜야 한다. 위태로운 나라에는 들어가지 않고 어지러운 나라에는 머물지 말아야 한다. 천하에 도가 행해지면 세상에 모습을 드러내고, 도가 행해지지 않으면 조용히 숨어 살아야 한다. 나라에 도가 행해지는데 가난하고 천하게 산다면 부끄러운 일이며, 나라에 도가 행해지지 않는데 부귀를 누린다면 이 또한 부끄러운 일이다. 子曰, "篤信好學 守死善道 危邦不入 亂邦不居 天下有道則見 無道則隱 邦有道 貧且賤焉 恥也,邦無道 富且貴焉 恥也." (『논어』'태백')

는 논리다. 어린이가 배우는 『사자소학(四字小學)』('경장편敬長篇')에서도 "어른 앞에서는 나아가고 물러날 때 반드시 공손히 해야 한다. 長者之前 進退必恭."라고 가르쳤다.

맹자도 군자의 진퇴 윤리를 강조하였다. 즉 "… 군주를 맞이할 때 공경을 다하는 예(禮)가 있다. 장차 그의 말을 행하겠다고 말하면 나아가고, 예모(禮貌 : 예복을 입을 때 격식에 맞추어 쓰는 모자. 사람이 반드시 지켜야 할 도덕적인 것을 의미한다.)가 쇠하지는 않았으나 그의 말이 행해지지 않으면 떠났고, (제왕이) 비록 그의 말을 행하지는 않으나 맞이할 때 공경을 다하여 예가 있으면 나아가고, 예모가 쇠하면 떠났다."[74]면서, 군주의 진퇴 의미를 강조하였다.

3연에서 시인은 "제 몸에 돌이킴을 성심(誠心)으로 하여서 反諸身而皆誠 / 마땅히 직분으로 해야 할 바 다하누나. 盡職分之當

74) 맹자의 제자 진자(陳子)가 말하였다. "옛날 군자들은 어떤 경우에 벼슬하였습니까?" 맹자가 말하였다. "벼슬에 나아가는 경우가 세 가지이고, 떠나는 경우가 세 가지였다. 군주가 맞이할 때 공경을 다하는 예(禮)가 있다. 장차 그의 말을 행하겠다고 말하면 나아가고, 예모(禮貌)가 쇠하지는 않았으나 그의 말이 행해지지 않으면 떠났다. 그 다음으로는 비록 그의 말을 행하지는 않으나 맞이할 때 공경을 다하여 예가 있으면 나아가고, 예모가 쇠하면 떠났다. 그 다음으로는 아침도 먹지 못하고 저녁도 먹지 못하여 굶주리고 배고파 문을 나갈 수 없을 때, 임금이 이 말을 듣고 말하기를 '내 크게는 그의 도를 행하지 못하고 또 그의 말을 실천하지 못해서 내 땅에서 굶주리고 배고프게 했으니, 내 이를 부끄러워한다.'면서, 구원해준다면 또한 받을 수 있지만 죽음을 면하는 정도에 그칠 뿐이다."고 하였다. 陳子 曰古之君子 何如則仕. 孟子 曰所就三 所去三. 迎之致敬以有禮 言將行其言也則就之 禮貌未衰 言弗行也則去之. 其次 雖未行其言也 迎之致敬以有禮則就之 禮貌衰則去之. 其下 朝不食 夕不食 飢餓不能出門戶 君聞之曰吾 大者 不能行其道 又不能從其言也 使飢餓於我土地 吾恥之. 周之亦可受也 免死而已矣. (『맹자』'고자하' / 『맹자집주』'고자장구 하')

爲"라고 설하면서, 군자는 자기 몸의 극기와 수련에 성심을 다하면서 군자로서 직분에 충실히 수행한다고 표현하였다.

4연에서는 "핏덩이의[75] 그 마음을 잃지 아니하고 心不失其赤子 / 길이 애(愛)와 경(敬)을 법도로 삼는도다. 永言典夫愛敬" 라고 표현, 3연의 설을 이어받아 군자로서 직분을 수행하는 도리를 설하였다. 즉 군자는 당초의 적자(赤子) 즉, 갓난아기의 마음을 잃지 않아 애(愛)와 경(敬)를 법도로 삼는다고 강조한 것이다. 갓난아기의 마음은 곧 순수한 천성(본성)을 가진 마음을 뜻한다. 맹자도 "대인이란 어린아이의 마음을 잃지 않은 사람 大人者 不失其赤子之心者也"이라면서 "순진하고 거짓이 없는 어린아이의 마음을 온전히 지키는 것이 중요하다."라고 설했다.[76]

5연에서 시인은 "크게는 뜻을 이어 사업을 펼치고 大而繼志述事 / 작게는 계절 따라 부모를 봉양하네. 小而溫凊定省[77]"라고 표

75) 적자(赤子) : 어린아이. 몸이 붉은 색을 띠기 때문에 신생아를 적자(赤子)로 표현한다. 『서경書經』에는 적자를 백성이라는 의미로 사용하기도 했다. 그런데 적(赤)의 뜻에는 아무 것도 없는 상태이나 옷을 걸치지 않고 몸을 드러낸다는 뜻도 있어 보통 갓난아기를 상징한다. 『맹자』('이루하')는, 도덕적 인격을 갖춘 대인은 남들이 믿어주기를 바라지도 않고, 어떤 결과를 바라고 행동하지 않으며, 의(義)의 기준에 따라 행동하는 사람이라고 말하고, '대인이란 어린아이의 마음을 잃지 않은 사람(大人者 不失其赤子之心者也'이라면서 '순진하고 거짓이 없는 어린아이의 마음을 온전히 지키는 것이 중요하다'고 했다.

76) 대인은 그 적자(赤子)의 마음을 잃지 않은 자이다. 孟子曰, '大人者, 不失其赤子之心者也.'(『맹자집주』'이루장구 하').

77) 온청정성(溫凊定省) : "자식이 부모를 겨울에는 따뜻하게, 여름에는 시원하게 봉양하고 아침저녁으로 부모의 안부를 물어서 살피는 것이다." (『예기』'곡례상') … "곡례에 이르길(曲禮曰), 무릇 자식 된 사람의 예는 겨울에는 따뜻하게 하고 여름에는 시원하게 하고, 밤에는 (잠자리를) 정돈하고 새벽에는 안부를 살피는 것이다. 曲禮曰, 凡爲人子之禮, 冬溫而夏凊, 昏定而晨省."

현, 군자의 수행 도리를 또 설하였다. 여기서는 군자는 밖에서 행동으로 부모를 봉양하는 윤리가 바탕이 되어야 한다는 점을 강조한 것으로 추정된다.

6연에서는 "어른의 뒤에서 천천히 뒤따르고 徐其行兮後長"에 이어 "일 있을 때는 그 수고를 내가 대신 하는구나. 服其勞於有事"로 표현하였다. 이 6연도 5연의 대사회 윤리에 이은 또 하나의 효제 윤리로서, 바깥에서 어른을 대하는 윤리를 설한 것이다.

그런데 여기서 기봉 시인은 『맹자』('고자하')의 '서기행후장(徐其行後長)'과 『논어』('위정')에 나오는 '복지노유사(服其勞有事)' 의미를 모두 차용하였다. 즉 어른을 공경하는 마음으로 어른을 뒤따라야 하고(『맹자』'고자하'), 어른에게 술과 음식을 먼저 드시게 하는 것 외에도 매사에서도 어른을 위한 배려와 봉사를 행해야 한다(『논어』'위정')고 하는 것이 기본적인 윤리 수행임을 강조한 것이다.

이 단락에서 기봉 시인은 군자가 마땅히 수행해야 할 윤리로서, 가족에서부터 대사회 관계에 이르기까지 효제의 윤리로서 수양과 그 실천 윤리를 강조한 것이라고 할 수 있다.

주요의 둘째 단락
"효제, 제가치국(齊家治國), 평천하(平天下)까지 확충"

내 부모 봉양함이 남의 부모까지 미쳐 / 老吾老而及人之老[78]

라고 했다.

78) 노오노급인지로(老吾老 及人之老) : 『맹자』('양혜왕 상')에, "내 집 어른을 어른으로 섬기는 마음이 남의 집 어른에게 미치게 하고, 내 집 아이를 아이로 사랑하는 마음이 남의 집 아이에게 미치게 한다면 천하를 손바닥 위에서

인(仁)의 도가 이로부터 말미암아 확충되네. / 仁之道由是而擴充

다른 어른 섬김 내 어른 섬김에서 비롯되니 / 長彼長而自我長之

의(義)의 쓰임 어찌해 이것을 벗어나리. / 義之用豈越乎此中

이는 바로 근본 서매 도(道)가 생겨남이니 / 斯本立而道生[79)]

아! 백성 덕이 두터움에 귀의하리. / 懿民德之歸厚[80)]

이 일 어이 몸 닦는 데만 그치고 말겠는가 / 事豈止於修身

아! 그 쓰임은 실로 풍부하도다. / 誕厥用之是富

제가치국(齊家治國)[81)] 나아가 평천하(平天下)[82)]에 이르리니 / 家齊國治天下平

움직일 수 있을 것이다. 老吾老, 以及人之老. 幼吾幼, 以及人之幼. 天下可運於掌."(『孟子』('梁惠王章句上 7장')라고 하였다. 이 구절을 용사한 것이다.

79) 본립도생(本立道生) : 『논어』('학이 2')에 나온다. "유자가 말하였다. 그 사람됨이 효성스럽고 공순하면서 윗사람을 범하기 좋아하는 사람이 드물지만 윗사람을 범하기 좋아하지 않으면서 난을 일으키는 사람은 있지 않느니라. 有子曰 其爲人也孝弟 而好犯上者鮮矣 不好犯上 而好作亂者 未之有也."

80) 민덕귀후(民德歸厚) : 『논어』('학이 9')에 나온다. "증자가 말하였다. 종(초상)을 삼가서 치르고 먼 조상을 추모하면 백성의 덕이 후한 데로 돌아가게 되리라. 曾子曰 愼終追遠 民德歸厚矣."

81) "이른바, 나라를 다스림에는 반드시 먼저 그 집을 다스리는 데에 있다는 것은, 그 집을 가르치지 못하면서 남을 가르칠 수 있는 사람은 없기 때문이다. 그러므로 군자는 집을 나서지 않고도 가르침을 나라에 이루는 것이다. 효(孝)는 임금을 섬기는 원인이 되고, 제(弟, 悌)는 어른을 섬기는 원인이 되며, 자(慈)는 무리를 부리는 원인이 되니라. 효는 임금을 섬기는(事君) 도(道), 제는 어른을 섬기는(事長) 도(道), 자는 백성을 다스리는(使衆) 도(道)인 것이다. 所謂 治國必先齊其家者 其家不可教 而能教人者無之 故君子 不出家而成教於國 孝者所以事君也 弟者所以事長也 慈者所以使衆也." (『大學』('전문 9장')

82) "사물의 이치가 이른 후에 지식이 지극해지고, 지식이 지극해진 후에 뜻이 성실해지고, 뜻이 성실해진 후에 마음이 바르게 되고, 마음이 바르게 된 후에 몸을 닦고, 몸을 닦은 후에 집안이 가지런해지고, 집안이 가지런해진 후에 나라를 다스릴 수 있고, 나라를 다스린 후에 천하가 고르게 평해진다. 物格而后 知至 知至而后 意誠 意誠而后 心正 心正而后 身修 身修而后 家齊 家齊而后 國治 國治而后 天下平." (『대학』'전문 10장')

크도다 미루어 변화하는 지극한 그 공이여! / 大哉推化之極功
효제(孝悌)의 아름다운 그 덕 실로 위대하니 / 偉孝悌之懿德
이는 온갖 선의 으뜸이 되는도다. / 是衆善之攸宗

이 단락은 18연부터 23연까지다.

1연에서 시인은 "내 부모 봉양함이 남의 부모까지 미쳐"라고 표현, 가정에서 제 부모 봉양이 남의 부모 봉양으로까지 미친다는 효제 의미의 확충을 설했다.

이처럼 효제가 남의 부모로까지 확충될 수 있는 것은 대구(對句)에서, "인(仁)의 도가 이로부터 말미암아 확충되네. 仁之道由是而擴充"라고 설한 표현처럼, 효제가 인(仁)으로부터 비롯되기 때문이다. 이는 "내 집 어른을 섬기는 마음은 남의 집 어른을 공경하게 하고, 내 집 아이를 사랑하는 마음이 남의 집 어린아이에게까지 미치게 하면 천하를 손바닥 위에서 움직이게 할 수 있다."(『맹자』(‘양혜왕 상’)는 맹자의 말을 인용한 것이다.

2연 출구(出句)에서 시인은 다시 한번 효제의 확충된 의미를 상기시키며, "다른 어른 섬김도 곧 내 어른 섬김에서 비롯된다." 라고 설하고 대구에서는 "의(義)의 쓰임 어찌해 이것을 벗어나리. 義之用豈越乎此中"라고 표현, 의(義)의 활용을 언급하고, 의가 효제의 윤리에 기반하고 있음을 설하였다.

유가에서 인간의 본래 모습을 회복하여 사회 질서를 확립하기 위한 인(仁)의 실천 방안으로 설하는 덕목이 바로 의(義)였다. 인간의 사회생활에서 첫 번째 덕목, 즉 ‘마땅한 삶의 길’을 위한 덕목이 의(義)였던 것이다

공자는 "군자의 생활에서 이렇게 해야 한다든지, 이렇게 하지 말아야 한다든지 하는 고정된 행동 원리를 벗어나 오직 의(義)에

따라 행동해야 한다. 君子之於天下也 無適也 無莫也 義之與比."(『논어』'이인')라고 주장하면서 의(義)가 인륜의 대사회적인 관계에서 기본 생활 원리임을 강조하였다.

맹자도 "의(義)는 사람이 떳떳하게 걸어가야 할 옳은 길 仁人之安宅也 義人之正路也."(『맹자』'이루 상')이라고 말하였다. 맹자는 또 "옳지 못함을 부끄러워하고 착하지 못함을 미워하는 마음은 의(義)의 단서가 된다. 羞惡之心 義之端也."(『맹자』'공손추 상편')라고 설하였는데, 맹자로 인해 표현된 이 의(義)의 사상이 바로 유가(儒家)의 효제 윤리의 기반이 되었던 것이다.

맹자는 공자의 인(仁)을 인간 본연의 도(道)와 인(仁)의 실현을 위한 첫 번째 덕목으로 이해하였다. 맹자가 보는 '인간 본연의 도(道)'는 하늘에서 부여받은 고귀한 것이었고(夫仁 天之尊爵也), 이를 실현함으로써 하늘의 뜻[天道]과 인간의 뜻이 하나가 되는 것이었다.

맹자는 또 현실의 인간 관계에서 가장 원초적이고 본래적인 관계인 부자(父子)는 둘이 아닌 하나, 형제도 둘이 아닌 하나(親親仁也)[83]라고 하는 효제 윤리가 필연적으로 요구되는데 이것이 바로 의(義)라고 주장하였다. 그러므로 맹자에게 의(義)는 하늘에서 부여받은 고귀한 '인간 본연의 도'를 실현하는 실천적인 윤리요, 부자와 형제를 하나의 관계로 만들 수 있는 기본적인 윤리였던 것이다. 특히 부자간의 관계를 잘 유지하기 위해서는 부모를 매개로 하여 성립되는 형제 관계에서도 더욱 구체화되었고, 그래서 더욱 형에게 순종하는 효제의 윤리를 강조하지 않을 수 없었다. 그

83) 맹자는 "부모를 친애하는 것은 인이고(親親, 仁也), 어른을 공경하는 것은 의다(敬長, 義也). 다른 것이 아니라 통하는 것이(達之) 천하에 이른다."고 하였다. 親親 仁也, 敬長 義也. 無他 達之天下也. (『논어』'학이')

런 이유로 맹자는 의(義)의 실체를 "형(兄)을 따르는 데 있다."[84] 라고 말하였던 것이다.

기봉 시인도 이런 맹자의 효제 윤리를 전적으로 수용하였다. 기봉 시인도 사회생활에서 사람으로서 지켜야 할 마땅한 도리였던 의(義)를 효제 윤리의 확장으로 보았던 것이다. 그리하여 2연의 "의(義)의 쓰임 어찌해 이것을 벗어나리." 하는 표현이 가능했을 것이다.

3연에서 기봉 시인은 "이는 바로 근본이 서매 도(道)가 생겨남이니 斯本立而道生 / 아! 백성의 덕이 두터움에 귀의하리. 懿民德之歸厚"라고 설하였다.

시인은 3연의 출구, 대구를 모두 『논어』에서 차용하였다. 출구에서는 "그 사람됨이 효성스럽고 공손한데 그런 사람이 윗사람에게 대들기를 좋아하는 경우는 드물다. 有子曰 其爲人也孝弟 而好犯上者鮮 / 윗사람에게 대들기를 좋아하지 않는데 그런 사람이 난(亂)을 일으키길 좋아하는 경우는 없다. 不好犯上 而好作亂者未之有也 / 군자는 근본에 힘쓰니, 근본이 확립되면 도(道)가 생기는 법이다. 君子務本 本立而道生 / (그러므로) 효성과 공경은 인(仁)을 행하는 근본이리라. 孝弟也者 其爲仁之本." (『논어(論語)』('학이(學而) 2장') 라는 공자의 말을 인용하였다. 대구도 증자(曾子)의 "초상을 삼가 치르고 먼 조상을 추모하면 백성의 덕이 두터워진다. 曾子曰 : 愼終追遠, 民德歸厚矣." (『논어집주(論語集注)』'학이(學而) 1-9') 라는 말을 인용하였다.

84) "맹자가 말하였다. 어짊[仁]의 알맹이[實體]는 어버이를 섬김이고 의로움[義]의 실체(實體)는 형(兄)을 따름에 있으며, 지혜[智]의 실체(實體)는 이 두 가지를 알고 떠나지 않음에 있다. 孟子曰, 仁之實, 事親是也.義之實, 從兄是也.智之實, 知斯二者弗去是也." (『맹자』'이루상離婁上')

효제의 윤리는 결국 근본의 도(道)가 생겨나, 윗사람을 공경하게 되고, 나아가 그 효제의 덕으로 백성을 후덕하게 만든다고 표현한 것이다.

4연에서 시인은 "이 일 어이 몸 닦는 데(修身)만 그치고 말겠는가 事豈止於修身 / 아! 그 쓰임은 실로 풍부하도다. 誕厥用之是富"라고 표현하였다. 효제의 윤리는 제 몸 수련에서 그치는 게 아니라 더 나아가 활용하는 정도가 풍부하다고 표현한 것이다. 그런데 이러한 설은 다음 5연 표현의 전제된 표현으로 설했다고 할 수 있다. 즉 5연의 '제가치국(齊家治國)'과 '평천하(平天下)'의 앞선 단계인 '수신(修身)'을 설한 것이기 때문이다.

그리하여 5연에서는 4연의 '수신(修身)'에 이어지는 순서로 '제가치국, 평천하'를 설하기에 이르렀다고 할 수 있다.

그동안 시인은 이 단락에서 1연은 '내 부모 봉양이 남의 부모까지 미친다'는 효제의 확충성을 제기하였고, 2연에서는 '내 어른 섬김이 다른 어른 섬김으로 이어지고, 나아가 이러한 대사회적인 윤리에서 요구되는 윤리가 의(義)의 윤리라면서, 의(義)의 윤리를 효제의 확충으로 의미화하였다. 또 3연에서는 '윗사람을 공경하고 초상을 삼가 치르며 먼 조상을 추모하는 것이 사회 · 가정의 기본 윤리가 된다.'면서 효제의 의미를 더하였고. 4연에서는 드디어 제가(齊家) · 수신(修身)의 기본 윤리로서 기반이 되는 효제의 윤리가 더욱 확충되고, 이어 그것이 5연의 "제가치국(齊家治國) 나아가 평천하(平天下)에 이르리니 家齊國治天下平 / 크도다 미뤄 변화하는 지극한 그 공이여! 大哉推化之極功"라는 표현으로 이어진 것이라고 할 수 있다.

여기서 '제가치국(齊家治國)'[85]과 '평천하(平天下)'[86]는 모두 『대학』[87]의 '전문 9장'과 '전문 10장'의 이른바 8조목(八條目)에

85) 제가치국(齊家治國) : 이른바 나라를 다스림에 반드시 먼저 그 집안을 가지런히 하여야 한다. 그 집안을 가르치지 못하면서 남을 가르칠 수 있는 사람은 없기 때문이다. 그러므로 군자는 집을 나서지 않고도 나라에 가르침을 이루는 것이다. 효(孝)는 임금을 섬기는 방법이고, 제(悌)는 어른을 섬기는 방법이 되고, 자(慈 : 慈愛)는 백성들을 부리는 방법이 되는 것이다. 『서경』(강고康誥)에, "갓난아기를 보호하듯 하라."고 하였으니 마음으로 정성되이 구하면 비록 들어맞지는 않으나 멀지는 않을 것이다. … 요임금과 순임금은 천하를 거느리는데 인(仁)으로써 하셨는데 백성들이 그를 따랐다. 所謂治國 必先齊其家者. 其家者不可敎而能敎人者無之. 故君子 不出家而成敎於國. 孝者所以事君也. 悌者 所以事長也. 慈者 所以使衆也. 康誥曰, 如保赤子. 心誠求之. 雖不中. 不遠矣 … 堯舜 率天下以仁. 而民從之. … 시경에 또 말하기를, "형과 아우를 화합케 한다."고 하였으니 형과 아우가 화합한 뒤에야 나라 사람들을 가르칠 수 있는 것이다. 詩云 宜兄宜弟. 宜兄宜弟而后. 可以敎國人 … 부자와 형제가 되어 족히 본받을 만한 뒤에라야 백성들이 그를 본받는 것이다. 이것을 나라를 다스림이 그 집을 가지런히 함에 있다고 하는 것이다. … 其爲父子兄弟足法而后. 民法之也. 此謂治國. 在齊其家. (『대학』'傳文')

86) 치국평천하(治國平天下) : "이른바 천하를 화평케 함이 그 나라를 다스림에 있다. 위에서 노인을 노인으로 대접하면 백성들에 효도가 일어난다. 위에서 어른을 어른으로 대접하면 백성들에 공손함이 일어난다. 위에서 외로운 이들을 불쌍히 여기면 백성들은 배반하지 않게 된다. 군자는 '혈구지도'를 지니는 것이다. 所謂平天下在治其國者. 上老老而民興孝. 上長長而民興弟. 上恤孤而民不倍. 是以. 君子有絜矩之道也."(『대학』'傳文10, 治國平天下') || 혈구지도(絜矩之道) : 내 마음을 잣대 삼아 남의 마음을 재고, 내 처지를 생각해서 남의 입장를 헤아린다는 뜻이다. 『대학』에서 '혈구지도'를 다음과 같이 설명하고 있다. "윗사람이 내게 해서 싫은 것을 아랫사람에게 하지 말고, 아랫사람이 내게 해서 싫어하는 바로써 윗사람을 섬기지 않는다. 오른편에서 싫어하는 것을 왼편에 건네지 않고, 왼편에서 싫어하는 바를 오른편에 건네지 말아야 한다. 이를 일러 혈구지도라 한다. 所惡於上毋以使下 所惡於下毋以事上 所惡於右毋以交於左 所惡於左毋以交於右 此之謂絜矩之道."

87) 『대학(大學)』은 삼강령(三綱領) · 팔조목(八條目)으로 구성되어 있는데, 삼강령은 모든 이론의 으뜸이 되는 큰 줄거리라는 뜻으로 명명덕(明明德) · 신

서 인용되었다.

'치국(治國)'은 임금을 섬기고[事君], 어른을 섬기며[事長], 무리를 이끄는[使衆] 국가적 도리를 말한다. 이러한 도리로 나라를 다스리는 것이 곧 치국(治國)이다. 결국 효제의 윤리가 마지막에 이르러 국가적인 윤리로 확충된 것이다.

'평천하(平天下)'는 평화롭고 살기 좋은 세계를 이룬다는 의미다. 그 도리는 멀리 있는 것이 아니고 제가의 도리 즉 효(孝), 제(悌), 자(慈)로 이루어진다. 효(孝)는 노인을 노인으로 섬기고(老老), 제(弟)는 어른을 어른으로 대접하고[長長], 자(慈)는 외로운 이를 불쌍히 여기는 [恤孤] 것이니, 이것이 곧 평천하(平天下)의 기본인 것이다.

그러므로 수신(修身)에서 그 이상의 단계인 제가(齊家), 치국(治國), 평천하(平天下)에 이르기까지의 모든 기본 윤리는 효(孝), 제(悌), 자(慈 : 사랑, 仁)인 것이다. 이 세 가지 기본 윤리로 집안의 화목과 질서를 바르게 하는 일이 제가(齊家)요, 이 세 가지 도리를 기본으로 나라를 다스리는 것이 치국(治國)이고, 이 세 가지 도리로 평화롭고 살기 좋은 세계를 이루는 것이 평천하(平天下)인 것이다.

다시 말하면, 결국 『대학』에서 주장하는 '평천하'는 대학의 8조목에서 시작된다고 할 수 있다. 즉 "사물의 이치에 이른[格物] 후에 지식이 지극해지고[致知], 지식이 지극해진 후에 뜻이 성실해지고[誠意], 뜻이 성실해진 후에 마음이 바르게 되고[正心], 마음이 바르게 된 후에 몸을 닦고[修身], 몸을 닦은 후에 집안이 가지

민(新民, 親民) · 지어지선(止於至善)이 이에 해당되고, 팔조목(八條目)은 격물(格物) · 치지(致知) · 성의(誠意) · 정심(正心) · 수신(修身) · 제가(齊家) · 치국(治國) · 평천하(平天下)를 말한다.

련해지고[齊家], 집안이 가지런해진 후에 나라를 다스릴 수 있고[治國], 나라를 다스린 후에 천하가 고르게 평화로와진다[平天下]."고 하는 내용이 바로 8조목 윤리의 구현으로써 이상국(理想國)인 '평천하'를 이룰 수 있다는 논리인 것이다.

기봉 시인은 이렇게 이 단락에서 효제의 윤리가 가족의 윤리에서 나아가 평천하까지 이를 수 있는 핵심적이고 기본적인 윤리라고 설한 것이다.

이러한 이유로 시인은 6연에서 "효제(孝悌)의 아름다운 그 덕은 실로 위대하니 偉孝悌之懿德 / 이는 온갖 선의 으뜸이 되는 도다. 是衆善之攸宗"라고 설한 것이다. "자기 수련과 효제 윤리의 궁행이 정도(正道)의 사회와 국가의 치세를 이루는 근본이 되니 어찌 효제의 윤리가 더없이 아름답고 온갖 선의 으뜸이 되지 않을 수 있겠는가."하고 설한 것이다.

주요 셋째 단락
"공맹, 효제 윤리로 인륜의 기본 질서 세워"

> 들어가면 효도하고 나와서는 공경하라 / 入則孝兮出則悌[88]
> 공자께선 그 문하의 제자들을 가르쳤지. / 夫子之敎其門弟
> 어버이를 친애하고 어른을 공경하라 / 其親兮長其長[89]

88) 입즉효출즉제(入則孝出則弟) : 『논어』('학이')에 나온다. "공자가 말하였다. 제자는 집에 들어가서는 효도하고 출타하여서는 공손하며 근신하고 신의를 지키며 널리 여러 사람을 사랑하고 어진 사람을 가까이 하라. 이를 행하고도 여력이 있으면 비로소 글을 배워야 한다. 子曰 弟子入則孝 出則弟 謹而信 汎愛衆 而親仁 行有餘力 則以學文."

89) 친기친장기장(親其親長其長) : 『맹자』('이루 하')에 나온다. "맹자가 말하였다. 도는 가까운 데 있는데 먼 데서 구하고, 일은 쉬운 곳에 있는데 어려운

맹자께선 당시에 이런 훈계를 하시었네. / 氏之訓於當世

묵자(墨者)의 치상(治喪)을 박상(薄喪)이라며 (관계를) 끊으시고 / 絶墨者之薄喪[90)]

원양(原壤)이 불손하자 정강이를 때리셨지. / 叩原壤[91)]之不遜

데서 구한다. 사람마다 자기 부모를 부모로 대접하고(親其親), 자기 어른을 어른으로 대접하면(長其長而) 천하가 평안하다. 孟子曰, 道在爾而求諸遠 事在易而求之難 人人親其親 長其長而天下平."

90) 묵자박상(墨者薄喪) : 묵자(墨者)는 상(喪)을 다스림에 박하게 하는 것을 도(道)로 삼는다는 뜻이다. 『맹자』('등문공 상')에 나온다. … "묵가[묵자(墨者)의 창시자 묵적(墨翟,BC 468~376)은 사랑을 중시하지만 개인적 사랑이 아닌 차별 없는 겸애를 주장했고 유학(유교)이 비실용적이고 화려한 장례로 생업을 해친다고 비판했던 사람이었다.]의 문도인(墨者) 이지[夷之=夷子 : 이지는 묵가 사상의 신봉자. 결사단체 묵자(墨者)의 일원]가, 서벽(徐辟 : 맹자의 제자)을 통하여 맹자를 만나기를 원했다. 맹자가 말하길 '내가 진실로 보기를 바랐지만, 지금 내가 병이 있으니, 병이 나으면 내가 장차 가서 볼 것이므로, 이지는 오지 말아라.'라고 했다. 나중에 또 맹자를 만나기를 원했다. 맹자가 말하길, '내가 지금이라면 볼 수 있다. (말이) 바르지 않으면 도(道)가 드러나지 않으니, 내가 또한 그를 바르게 할 것이다. 내가 듣기로 이지는 묵자가(墨者家) 라고 했다. 묵자는 상을 치르는데 박한 것을 도(道)로 삼는다. 이자(夷子)가 이것으로 천하를 바꾸려고 생각하니(以易天下), 어찌 이것을 옳다고 여기고 귀하게 여기겠는가? 더구나 이자(夷子)가 그 어버이를 후하게 장사 지냈다. (후하게 치르는 장례를 묵가에서 천하게 여긴다. 그런데도 이자는 자기 어버이 장례를 후하게 지냈다.) 이것은 (묵가에선) 천하게 여기는 것으로 어버이를 모신 것이다.'라고 했다. [집주에서, 이와 관련, " … 묵자가는 상을 치르는 데 박하게 하는 것을 도(道)로 삼는데, 이는 곧 역천하(易天下), 천하의 풍속을 옮기고 바꾸는 것을 말한다(謂移易天下之風俗也). 이자(夷子)가 묵씨에게 배우고 그 가르침을 따르지 않은 것은, 그 마음에 반드시 불편함이 있는 것이다. 그러므로 맹자가 이것을 따라서 그를 비난했다."고 설했다.]

91) 원양(原壤) : 원양은 공자의 친구로 어머니가 죽자 노래를 불렀으니, 노자(老子)의 무리로서 스스로 예법의 바깥에서 방탕한 자이다. 공자는 그가 인륜을 무너뜨리고 풍속을 어지럽히기에 원양의 정강이를 찬 것이다. 『논어』('헌문')에 나온다. … "원양(原壤 : 공자의 옛 친구)이 앉아서 공자를 기

비록 그 가르침 세상 교화 못했어도 / 縱厥敎未能化俗
만민의 완성된 법 이뤄지게 되었도다. / 作萬民之成憲
우리의 바른 윤리 되돌아 볼진대 / 顧我人之秉彛
어찌 근본 세움을 독실하게 하지 않을손가? / 盍慥慥[92]乎立本
자신에게 성실하여 어버이 기쁘게 하고 / 宜誠身而悅親
자신을 공경하고 어른 섬김 마땅하다. / 又恭己而事長

이 단락은 40연에서 46연까지다.

시인은 이 단락 초입부에서 효제의 윤리를 주창한 공맹(孔孟)의 설을 들고 나왔다. 아마 효제의 윤리를 본질부터 살펴보겠다는 의도가 깔려 있는 것으로 추정된다.

1연에서 "들어가면 효도하고 나와서는 공경하라 入則孝兮出則悌" / "공자께선 그 문하의 제자들을 가르쳤지. 夫子之敎其門弟"라고 표현하였다. 집으로 들어가니 집안이지만[家] 나오니 집밖이다. 집안에서는 효(孝)의 윤리가, 집밖에서는 제(悌)의 윤리가 적용된다는 말이다. 이를 공자가 제자들에게 가르친 것이다. 시인은 이러한 예화를 여기서 인용한 것이다.

2연에서는 "어버이를 친애하고 어른을 공경하라 其親兮長其長" / "맹자께선 당시에 이런 훈계를 하시었네. 氏之訓於當世"라

다렸다. 공자가 말하였다. "원양이 걸터앉아 공자를 기다렸다. 공자께서 말씀(책망)하셨다. "어려서는 겸손하지도 공경하지도 않고, 장성해서는 칭찬할 만한 일이 없고, 늙어서 죽지 않으니 이것이 바로 도적이로다. 原壤夷俟. 子曰, 幼而不孫弟, 長而無述焉, 老而不死, 是爲賊. 以杖叩其脛." (『논어』'憲問篇 14-44')

92) 조조(慥慥) : 독실(篤實)한 모양을 뜻한다. 『중용』('비은편 13장')에 나온다. "… 말은 행동을 돌아다 보아야 하고 행동은 말을 돌아다 보아야 할 것이니, 군자는 어찌 독실하지 않을 수 있겠는가? 有餘 不敢盡 言顧行 行顧言 君子胡不慥慥爾."

고 표현하였는데, 이 역시 효제의 윤리와 관련된 맹자의 말을 인용하였다. 당시 맹자는 "사람마다 자기 부모를 부모로 대접하고(親其親), 자기 어른을 어른으로 대접하면(長其長而) 천하가 평안하다."(『논어』 '學而第1장')면서 효제의 정신을 강조하였다.

3연에서 시인은 출구에서 "흑자(墨者)의 치상(治喪)의 박함을 나무라며 (관계를) 끊으시고 絶墨者之薄喪"로, 대구에서는 "원양(原壤)이 불손하자 정강이를 때리셨지. 叩原壤之不遜"라고 표현하였다.

출구에서 활용한 이른바 '묵가 예화'는 조금 복잡한 예화이다. 묵가(墨家)는 당시 유학의 장례가 허례라며 장례의 간소화를 주창하고 자기들의 상례의 도(道)로 세상을 바꾸겠다는 학파였다. 이 파에 속한 사람이 맹자를 보기를 원했지만 맹자는 만나지는 않았다. 이 사람은 부친 장례는 원칙적으로 천하게 지내야 한다는 묵가의 도리를 무시하고 장례를 성대하게 지내 언행의 불일치까지 보여준 사람이었다. 그래저래 맹자는 이 사람에 대하여 비난했다는 예화가 기봉 시인이 인용한 예화였다.

시인은 여기서 맹자가 묵가의 사람과 관계를 끊었다고 표현하였는데, 이는 묵가에서 부모 장례며 상례를 천시하는 경향을 그렇게 해석한 것으로 추정된다. 또 유가의 효제 윤리에 의하면, 부모 장례는 천하게 지내는 것은 효제의 윤리에 어긋나는 일이므로 맹자가 장례를 천하게 지내는 묵가를 인정할 수 없어, 묵가를 비판했다는 식으로 이 예화를 인용한 것으로 추정된다.

공자는 "자식이 태어난 지 3년이 된 뒤라야 비로소 부모의 품을 떠나는 것이다. 대체로 삼년상은 천하의 공통된 법이다."[93]라고

93) 子生三年, 然後免於父母之懷. 夫三年之喪, 天下之通喪也. (『논어』'양화편')

설하였다. 이처럼 부모에 대한 장례며, 3년상은 자식의 지극한 정성의 발로여서 당시 유가에서 효제 윤리를 기반으로 부모의 장례며 부모상을 3년상으로 정성껏 치러야 하는 당위성이 있었다.[94)]

3연 대구에서 시인은 "원양(原壤)이 불손하자 정강이를 때리셨지. 叩原壤之不遜" 라고 표현하였다. 이는 사람을 공손히 대해야 한다는 효제 윤리에 어긋난 일이기에 소개된 예화일 터였다. 공자의 옛 친구 원양(原壤)은 예법에서 방탕한 자로 공자가 다가오는 것을 보고도 퍼질러 앉아 공자를 맞았다. 사람이 사람을 대할 때는 예법에 의해 공손히 맞아야 한다는 게 효제의 윤리였다. 그런데 퍼질러 앉은 채로 공자를 맞은 것이다. 그래서 공자는 원양의 발을 지팡이로 가볍게 쳤다는 것이 원양의 예화였다.

시인은 여기서 사소한 원양의 예화를 빌려 와 사람과 사람 사이의 공손하지 못한 것도 그르다며 효제의 기본 윤리의 중요함을 강조한 것이다.

4연에서 시인은 "비록 그 가르침 세상 교화 못했어도 縱厥教未能化俗 / 만민의 완성된 법 이뤄지게 되었도다. 作萬民之成憲"라고 표현, '공맹이 교훈으로 남긴 효제의 윤리가 비록 온전한 세상으로 교화하지는 못했을지라도 만민을 위한 예법이 완성되도록 하였다.'면서 인륜에서 효제 윤리의 성과를 높이 평가한 것이다.

이어 5연에서는 "우리의 바른 윤리 되돌아볼진대 顧我人之秉彝 / 어찌 근본 세움을 독실하게 하지 않겠느냐."며 효제의 윤리가

---

94) 증자(曾子)는 삶을 마무리하는 태도와 조상에 대한 예의를 지키는 것이 사회적으로 중요한 가치라고 강조했다. 신중하게 조상을 공경하는 태도가 사회의 덕을 두텁게 만든다는 의미였다. "증자가 말하기를, 초상 치르기를 신중하게 하고 먼 조상(遠)을 추모하면, 백성의 덕(民德)이 두터운 데로 돌아간다. 曾子曰, 愼終追遠 民德歸厚矣."(『논어집주』'학이')

더욱 돈독하고 독실하게 세워져야 하는 필요성을 주장하였다.

6연에서 시인은 "자기에게 성실하여 어버이 기쁘게 하고 宜誠身而悅親 / 자신을 공경하고 어른 섬김 마땅하다. 又恭己而事長" 라고 표현, 거듭 효제 윤리의 중요성에 대한 의의를 상기시켰다. 즉 "효제는 자기에게 충실함(효제의 근본)이고 어버이를 기쁘게 하는 일이다. 그러므로 자기를 공경하여 어버이를 섬기는 일은 마땅한 도리다."라고 효제의 의미를 거듭 강조한 것이다.

결말부 … 자아(自我)로 돌아 온 시인, "삼가 내 몸 닦아 효제 철저히 궁행하리"

시냇가서 쑥을 뜯는 노래를 부르면서 / 歌采蘩兮澗之中[95]
사방의 들판 길에서[96] 길을 양보하리라. / 行者讓路於四野

---

95) 채번혜간지중(采蘩兮澗之中) : 『시경』('국풍편 2장 소남편' '채번')에 나온다. "어디 가서 다북쑥을 뜯으리. 그곳은 시내 물가이다. 어디에다 그것을 사용하리. 공후(군주가 하사한 땅을 다스리던 공작과 후작)의 제사이다. 어디서 다북쑥을 뜯으리. 그곳은 산골짝 물가이다. 어디에 그것을 사용하리. 공후의 묘당에서다. 단정히 머리하고 아침부터 밤까지 묘당에 있었다. 아름다운 머리하고. 묘당에서 돌아왔다. 于以采蘩. 于沼于沚. 于以用之. 公侯之事. 于以采蘩. 于澗之中. 于以用之. 公侯之宮. 被之僮僮. 夙夜在公. 被之祁祁. 薄言還歸."

96) 『시경』('대아편, 문왕지십, 제3장 면緜 9절')에 나온다. "우(虞) 나라와 예(芮) 나라가 시비를 가리려 와 화해한 것은 (주나라) 문왕(文王)이 덕(德)으로 그들 마음을 감동시켜서였다. 생소한 사람도 천하게 어울리고, 먼저 사람은 뒷사람을 이끌어준다, 부지런히 다니며 섬기고, 다른 나라의 업신여김도 막아주었다. 虞芮質厥成, 文王蹶厥生. 予曰有疏附, 予曰有先後, 予曰有奔奏, 予曰有禦侮." [이 원문의 부에서 다음과 같이 기록하였다.] … 우와 예의 임금이 서로 토지로 다투어 오래도록 화평치 못하였다. 이에 서로 함께 주(周)나라에 입조(入朝)하여 그 경계에(주나라 안으로) 들어가니, 밭가는 자는 밭 두둑을 양보하고, 행인은 길을 양보하고, 그 읍(邑)에 들어가니 남녀는 길을 달

서생이 산해간에 베옷을 입고서도 / 書生之山海布衣

(그것을) 삼가 몸을 닦기를[97] 아침저녁 노력하리. / 愼厥身修庶幾夙夜

내 부모에 효도하여 내 정성을 다하고 / 孝吾親兮竭吾誠

내 어른을 공경하되 내 공손함 다하리라. / 悌吾長兮盡吾敬

이 마음을 붙들고서 깊이 있게 나아가서 / 此心而深造

잠시라도 게으르지 않기를 기약하리. / 不懈於俄頃

이 두 가지 즐김을 어찌 그만 두겠는가 / 樂斯二者惡可已

그 사람됨 또한 군자라 할 수 있네. / 其爲人也君子

효로 백성 순종케 하고 교화로 백성 화목케 하니 / 孝民順兮敎民睦

바라건대 교화의 이치 저버리지 말기를. / 庶幾無負於化理

리하고, 반백자(斑白者, 노인)은 짐을 끌고 다니지 아니하였다. 조정에 들어가 보니 사(士, 선비)는 대부(大夫) 자리를 양보하고, 대부(大夫)는 경(卿, 벼슬)의 자리를 양보하였다. (이를 본) 두 나라의 임금이 감동하여 서로 이르기를 "우리들은 소인(小人)이니 군자(君子)의 국경을 밟을 수 없다."라고 말하고 이에 서로 양보하여 그 분쟁하던 토지를 한전(閒田, 노는 땅)으로 삼아서 물러났는데, 천하 사람들이 이 말을 듣고 (주나라로) 귀의(歸依)한 자가 40여 국(四十餘國)이었다. 소씨가 말하기를, "우는 합주의 평륙을 끼고 있고, 예는 동주의 풍익에 같이 있다. 평륙에 한가로운 들판이 있으니 곧 우와 예가 사양한 것이다."하였다. … 우와 예가 와서 (문왕이) 그 송사의 분쟁을 바로 하니 이에 주나라에 돌아온 자가 많아서 (주나라)와 문왕이 이로 말미암아 그 흥기하는 세력을 가질 수 있었다. 賦也. 虞芮 二國名. 質正 成平也. 傳曰虞芮之君 相與爭田 久而不平乃相與朝周 入其境. 則耕者 讓畔 行者 讓路 入其邑 男女異路 斑白 不提挈 入其朝 士 讓爲大夫 大夫讓爲卿. 二國之君 感而相謂曰我等 小人. 不可以履君子之境 乃相讓以其所爭田 爲閒田而退. 天下聞之 而歸者 四十餘國. 蘇氏曰虞 在陝之平陸 芮在同之馮翊. … 言混夷旣服而虞芮來質其訟之成 於是 諸侯歸周者衆 而文王 由此動其興起之勢.

97) 서기숙야(庶幾夙夜) : 『시경』('주송편 신공지십 3장, 진로 2절')에 "바라건대, 아침저녁으로 열심히 해서, 길이 마무리지어 명성을 얻기를 바란다는 뜻이다. 庶幾夙夜 以永終譽."라고 나와 있다.

이 단락은 55연부터 60연까지다.

기봉 시인은 비로소 시선을 자아에게로 향하였다. 자기에게 돌아온 시인은 자기의 효제 윤리 궁행에 대한 다짐과 효제 윤리 구현에 대한 기대와 희망을 읊은 것으로 이 부 '효제'를 마무리하였다.

1연에서는 "시냇가서 쑥을 뜯는 노래를 부르면서 歌采繁兮澗之中" / "길이 사방으로 뚫린 들녘에서 길을 양보하리라. 行者讓路於四野"라고 읊었다. 시인은 이 두 구절을 『시경』의 ('다북쑥[98] 캐다')의 시와 『시경』의 주나라 문왕(文王)[99]의 예화를 인용하였다. '시

98) 국화과의 여러해살이풀. 높이는 60~120cm이며, 잎은 어긋나고 달걀 모양이다. 7~10월에 분홍빛이 도는 흰색 꽃이 피고 열매는 수과(瘦果)이다. 어린 잎은 식용하고 줄기와 잎자루는 약용한다.

99) 주(周)나라 문왕(文王,기원전 1152~1056) : 중국 상나라 말기 주(周) 씨족의 수령이다. 성은 희(姬), 이름은 창(昌)이다. 둘째 아들인 서주 무왕이 주나라를 세운 후 문왕으로 추숭했다. 후세에선 도통(道統)의 전인(傳人)들 중 하나로 보기도 한다. 일찍이 우(虞), 예(芮) 두 나라의 쟁단을 해결해 주었고, 병사를 내어 견융(犬戎), 밀수(密須), 려(黎), 한(邘)을 공격했고, 또한 숭(崇)을 쳐 멸했다. 풍읍[豐邑 : 지금의 섬서성(陝西省) 후이구(戶縣)]을 수도로 정했으며, 세력을 넓혀 강수(江水), 한수(漢水), 여수(汝水) 등의 유역까지 이르렀다. 상나라를 멸망시키기 위하여 준비하면서 제후들이 모두 문왕에게 복속하였는데, 전해오는 말로는 그의 만년에 이미 셋으로 갈라진 천하 중 둘을 취한 국면이었다고 한다. 상나라의 시대가 끝나고 주나라의 시대가 되자 국가가 모시는 신관(神觀)도 변경했다. 상나라가 숭배하던 신은 제(帝) 혹은 상제(上帝)였으나, 주나라는 천(天), 즉 하늘을 섬겼다. 그런데 하나의 성읍 국가에서 중국 전역을 주관하는 봉건제로 통치의 성격이 달라지고 범위가 확장되어, 신의 성격 또한 '통치 계급만의 신'에서 '세계 질서의 신'으로 재확립되었던 것이다. 이에 따라 '천'은 통치자에게 운명 혹은 사명을 수여하게 되었는데, 이를 천명(天命)이라고 했으며, 왕은 천으로부터 천하(天下)를 부여받아 천자(天子)로서 통치를 수행하게 되었다. 봉건제 아래에서 주나라 왕은 자신을 천자라 부르고 덕치주의를 강조하였다. 무력이 아니라 덕으로써 통치한다는 뜻이다. 천자는 '하늘의 명령에 따라 자신이 백성을 다스린다'는 천명사상을 가지게 되었던 것이다. 당시 문왕은 주나라에서 선정

냇가서 쑥을 뜯는 노래를 부르면서'라는 구절은 얼핏 농촌 어디서나 볼 수 있는 한가한 풍경이지만, 이 출구에는 큰 의미가 있다. 이 구절이 인용된 『시경』의 시 '채번'에는 시냇가나 산골짜기 물가에서 다북쑥을 캐는데, 공후(公侯)의 제당 제삿상에 올리기 위하여 쑥을 캔다는 내용이기 때문이다. 그러므로 기봉 시인은 선조 제삿상에 올리는 음식을 위해 쑥을 캐며 노래를 부른다는, 즉 노래를 부르는 즐거운 마음으로 사소한 쑥 캐는 이미지를 표현, 선조의 제사를 즐거운 마음으로 자내겠다는 선조에 대한 숭조의 의미를 담은 것이다. 이는 효제 윤리에 대한 시인의 소신일 수 있어 의미가 있다.

1연 대구에서 "길이 사방으로 뚫린 들녘에서 길을 양보하리라."고 읊은 것도 의미가 크다. 이 예화는 덕치(德治)로 인해 '주나라의 성왕(聖王)'으로 존칭 받는 문왕의 예화를 인용했기 때문이다. 더구나 이 예화가 있는 『시경』('문왕지십文王之什 3장, 면緜, 9절')에는 "문왕(文王)이 덕(德)으로 그들 마음 감동시켰다. (문왕의 주나라는) 생소한 사람도 친하게 어울리고 [우(虞)와 예(芮) 임금 입장에서] 먼저 사람은 뒷사람 이끌어준다, 부지런히 다니며 섬기고, 다른 나라의 업신여김도 막아준다."라고 소개되어 있다. [앞 80~81쪽 각주 96) 참조]

이 문왕의 예화는 한마디로 효제의 윤리가 사회적으로 잘 구현된 것과 다름없는, 어찌 보면 '치국(治國) 평천하(平天下)'의 상태였다고 할 수 있다.

그래서 기봉 시인은 이 예화를 용사하여 "사방의 들판 길에서 길을 양보하리라."라고 표현하였을 것이다. 사방의 들판은 단순

을 펼쳐서 성인으로 불리기도 했다. 공자도 대덕(大德)을 실현한 이는 문왕이었고 그런 이유로 문왕을 성왕으로 인정할 정도였다.

히 문자적 의미 외에도 어디로 가야할지 막막한 네 방향의 길이란 의미도 있다. 즉 일상이나 대사회 관계에서 모든 것을 의미하기도 한다. 그 모든 일상에서 또는 대사회적이고 대정치적인 만사(萬事)에서 양보하겠다는 것이다. 이 양보에는 효제의 윤리가 기반이 된 공경과 배려의 의미가 담겨 있다. 이처럼 양보와 공경과 배려의 미덕의 수행으로 효제의 윤리를 궁행하겠는 것이 여기서 기봉 시인의 의지로 표현된 것으로 추정된다.

2연에서는 "서생이 산과 바다에서 베옷을 입고서도 書生之山海布衣 / 삼가 몸을 닦아 거의 (庶幾) 밤낮으로(夙夜) 노력하리. 愼厥身修庶幾夙夜"라고 표현하였다. 2연 출구의 서생(書生)은 기봉 시인 자신이다. 또 베옷을 입었다[布衣]에서 포의는 서민의 옷으로, '벼슬이 없는 선비'를 비유(比喩)하여 이르는 말이기도 했다.

그러므로 시인은 벼슬을 하지 못한 서생이지만(기봉 시인 자신) 비록 산과 바다에서 노닐거나 시문을 읽거나 하더라도 늘 삼가 몸을 닦는 일, 곧 효제의 도(道) 궁행에 정성을 다하겠다는 의지를 표현한 것이라 할 수 있다.

이어지는 3연에서 시인은 "내 부모에 효도하여 내 정성을 다하고 孝吾親兮竭吾誠 / 내 어른을 공경하되 내 공손함 다하리라. 悌吾長兮盡吾敬"라고 표현한 데 이어, 4연에서도 "이 마음을 붙들고 깊이 있게 나아가서 操此心而深造 / 잠시라도 게으르지 않기를 기약하리. 期不懈於俄頃"라고 표현, 효제의 윤리를 더욱 굳게 지켜 나갈 결의를 내비친 것으로 추정된다.

앞의 2, 3연에서 자아에 머물렀던 시인의 시선이 결말부에 이른 5연에서 군자에게로, 또 6연에서는 군왕으로 돌아간다. 이는 효제의 윤리가 자기는 물론 모든 군자에게 이르고 더 나아가 군왕에까지 이르러, 효제의 윤리가 실현된 사회, 더 나아가 국가 전반에까지 확산되어 효제의 치국(治國)과 평천하(平天下)가 이루어지기를 기대하고 희구하는 시인의 의지에서 비롯된 것으로 추정된다.

5연에서 시인은 “이 두 가지 즐김을 어찌 그만 두겠는가 樂斯二者惡可已 / 그 사람됨이 또한 군자라 할 수 있네. 其爲人也君子”라고 읊었다. 여기서 두 가지는 효와 제이다. 이 효제는 억지로 실현하는 것이 아니라 자처해서 즐기면서 행해지는 효제이고 이 효제를 즐기는 것이 군자라고 설한 것이다. 즉 즐기며 궁행되는 효제 윤리가 자아는 물론, 사회를 이끌어가는 모든 군자들의 도가 되어야 한다는 게 시인의 의지로 표현된 것이다.

6연에서 시인은 “효로 백성을 순종케 하고 교화로 백성을 화목케 하니 孝民順兮教民睦 / 바라건대 교화의 이치 저버리지 말기를. 庶幾無負於化理”이라고 설한다. 이 연은 주체가 군왕이다. 군왕은 능히 효제로 백성을 순종하게 한다. 『효경』에도 군왕이 가르침으로 백성을 순종하게 하고 교화시킬 수가 있다고 설하고 있다.[100] 군왕은 능히 백성을 교화시킬 수가 있다는 것이다.

기봉 시인의 설과 같은 유사한 기록이 율곡[101]의 『성학집요(聖

100) “선왕(先王)의 가르침이 백성을 교화시킬 수 있음(教之可以化民也)을 보았다. 이 때문에 선왕이 넓은 사랑을 쓰니 백성 중에 누구도 자기 부모를 버리지 않았다. (대신이) 덕과 의를 진술하니(펼치니) 백성이 일으켜 행한다. 선왕이 공경과 양보를 쓰니 백성이 다투지 않는다. 예와 악으로 이끌면 백성이 화목해진다. (선을) 좋아함과 (악을) 싫어함을 백성에게 보여주면 백성이 금지할 줄 안다. 先王見教之可以化民也. 是故先之以博愛. 而民莫遺其親. 陳之於德義. 而民興行. 先之以敬讓. 導之以禮樂. 而民和睦. 示之以好惡. 而民知禁.” (『효경』 ‘三才章’)

101) 『율곡전서』(연보)에 “(율곡) 선생이 경전과 사서(史書) 중에서 학문을 닦고 정사를 돌보는 데 있어서 요긴하다고 생각되는 중요한 말들을 묶어 5편으로 차례를 정해 나누고 차(箚)를 붙여 『성학집요』를 진상하였다.”고 기록되어 있다. 그가 홍문관 부제학으로 있을 때의 일이다.… 이이(李珥)는 『성

學輯要)』('正家,孝敬')[102]에도 나온다.

기봉 시인은 이처럼 이 연에서 "군왕은 효제의 윤리로 백성을 순종하게 하면서 교화시킬 수 있다."면서 군왕에 대한 기대를 설한 것이다.

이는 효제 윤리로 사회와 나라에 이어 평천하가 이루어지기를 바라는 시인의 기대와 희구가 반영된 것으로 추정된다.

글을 마치며

인(仁)을 바탕으로 한 효제(孝悌)의 윤리는 부모에 대한 친애의 감정[孝]과 형제간의 우애·공경심[悌]에서 나아가 이웃과 사회 전반 그리고 국가 영역에 이르기까지 적용되는 유가(儒家)의 핵심 윤리이다. 효제를 바탕으로 하여 유교의 이상인 '수신제가

학집요(聖學輯要』의 '정가(正家), 효경(孝敬)'에서, 조선의 정치와 윤리의 근본은 가정의 질서와 효도, 공경의 실천에서 비롯된다고 강조하였다. 특히 '정가(正家)를 가정의 질서와 화목을 바로 세우는 것으로 위정(爲政)'의 근본으로 삼았고 그런 연유로 이이는 '정가'의 8가지 조목 중 하나로서 『효경(孝經)』을 가장 앞에 두면서, 『효경』은 가정과 사회 질서의 근간이 된다고 주장하였다. 즉 이이는 가정과 사회의 조화를 이루고 나아가 인간 본연의 도리를 완성하는 핵심 가치로 『성학집요』에서 '정가, 효경'을 핵심적인 가치로 제시한 것이다.

102) 공자(孔子)가 말하기를, "사랑하는 것이(효) 부모로부터 시작한다는 것은 (군왕이) 백성에게 화목(和睦)함을 가르친다는 것이요, 공경(제)을 심을 곳이 웃어른으로부터 시작한다는 것은 백성에게 따르도록 가르친다는 것이다. 자애와 화목으로 가르치면 백성들은 부모를 모시기를 좋아할 것이요, 어른을 공경함으로써 가르치면 백성들은 명령을 받들기를 좋아할 것이다. 효도로 부모를 섬기고 순리로 명령을 받든다면, 그것을 천하에 베풀더라도 행해지지 않는 것이 없을 것이다."라고 하였다. 孔子曰 立愛自親始 教民睦也 立愛自親始 教民睦也 教以慈睦 而民貴有親 教以敬長 而民貴用命 孝以事親 順以聽命 錯措諸天下 無所不行. (『聖學輯要』'正家,孝敬')

치국평천하(修身齊家治國平天下)'를 선도하고 실현시킬 수 있는 기본 윤리가 바로 효제의 윤리인 것이다. 특히 구도자와 군자들에 있어, 효제 윤리는 아주 중요한 가치요 실천, 궁행해야 할 당위의 도덕률이기도 하였다.

기봉 시인은 부(賦) '효도와 공경 孝悌'에서 이러한 효제 원리를 바탕으로, 그 의미의 확장성이 어떻게 인륜(人倫)에서 가장 중요한 가치로 활용되는 지를 구체적으로 표현, 진정한 효제 원리의 중요성을 강조하였다.

기봉 시인은 이 부에서, 효제는 인(仁)의 근본이어서 군자가 만사에서 마땅히 수행하고 궁행의 도리로서 가족에서 나아가 대사회의 모든 관계에 이르기까지 실현되게 함으로써 인륜의 도가 유지되고 있다고 설하였다. 기봉 시인은 또 인(仁)과 함께 천도(天道) 수행의 실천 윤리인 의(義)의 윤리도 사실상 효제 윤리를 바탕으로 하고 있어, 의(義)도 효제 윤리와 함께 대사회적인 관계에서 기본적인 원리로 활용되는 구도(求道)·구인(求仁)의 도리임을 강조하였다. 이러한 효제의 원리는 수신(修身), 제가(齊家)의 원리에 의해 유가의 이상국인 '제가치국(齊家治國)'과 '평천하(平天下)'를 실현을 위한 근본의 원리가 된다고 설하였다.

기봉 시인은 이처럼 효제(孝悌)는 자기 수련과 정도(正道)의 사회, 국가의 치세(治世)를 이루는 근본이 되기에 더없이 아름답고 온갖 선의 으뜸이 된다고 설하기도 했다.

기봉 시인은 이 부(賦) 효제의 결말부에서 효제 윤리의 중요성을 인지하고, 자신의 효제 윤리 궁행에 대한 다짐과 실천 궁행할 것을 다짐하였다.

특히, 기봉 시인은 "시냇가에서 선영 제사에 쓰일 쑥을 즐거운 마음으로 노래 부르며 캐겠다. [시냇가서 쑥을 뜯는데 노래 부르면서]", "벼슬을 하지 못한 서생이지만, 비록 산과 바다에서 노닐거나 시문을 읽거나 하더라도 늘 삼가 몸을 닦고 효제 궁행에 정성을 다하겠다. [서생으로 산해간에 베옷을 입고서도, 삼가 몸 닦기를 아침저녁 노력하리]", "어디로 가야할지 막막한 모든 일상이나 대사회적이고 대정치적인 만사(萬事)에서 더 양보하고 배려하며 나가겠다. [사방의 들판 길에서 길을 양보하리라]", "내 부모의 효도, 형제 이웃의 공경[悌]에 정성을 다하겠다. [내 부모에 효도하여 내 정성을 다하고, 내 어른을 공경하되 내 공손함을 다하리라]", "이러한 구인과 효제, 의행의 마음을 붙들고서 깊이 있게 나아가고 잠시라도 게으르지 않기를 기약하리라. [이 마음을 붙들고서 깊이 있게 나아가서, 잠시라도 게으르지 않기를 기약하리]"고 표현하며 효제의 윤리를 더욱 굳게 지켜 나갈 결의를 내비쳤다.

그리고 마지막으로 "효(孝)와 제(悌) 이 두 가지를 즐기는 일은 모든 군자의 즐거움이다."면서 효제의 윤리를 실천, 궁행하는 일은 모든 군자의 사명이라고 강조하고, 나아가 군왕도 부디 "효로 백성을 순종토록 하고 교화로 백성을 화목하도록 하는 그 교화의 이치를 실현해주기를 간절히 바란다."라고 기원하며 이 부를 마무리하였다.

이는 기봉 시인이 명약관화(明若觀火)하게 믿고 자신도 실천, 궁행하려고 노력하는 효제의 윤리였기 때문이다.

기봉 시인은 이러한 효제 윤리의 실현으로 당대 사회에서 모든 사람과 모든 이웃이, 모든 사회와 국가의 인륜이 참으로 정화되기를 바랐을 것으로 짐작된다.

4. 기봉의 위대한 꿈, '안빈낙도 · 풍광월제'
- 부(賦) '부귀재천(富貴在天)' 톺아보기

필자는 이 부(賦)에 대한 고찰을 상당한 부담으로 접근하였다.

기봉 시인도 이 작부(作賦)에 대한 부담감이 있었을 것으로 추정되기도 해서였고, "부귀는 재천이다, 부귀는 하늘에 달렸다."는 식의 운명론적인 사상을 필자가 수용하지 못해서이기도 하였다. 그럼에도 이 부(賦) 결부에 나타난 기봉 시인의 꿈, 천명에 순응하기를 노력하는 한편으로 안빈낙도(安貧樂道)의 삶, 풍광월제(風光月霽) 같은 구도자가 되기를 기원하는 시골 선비로서의 소박한 꿈을 확인하고 더불어 이 부의 작부(作賦)에 대한 시인의 고민도 읽을 수 있었기 때문에, 결국 이 부를 세세히 더듬어 보기로 하였다.

궁핍한 선비였던 기봉 시인은 당시 현실에서 '부와 가난' 사이에서 상당한 사유와 고민이 있었던 것으로 추정된다.

천명에 순응하지도 좇지도 않으면서 가식과 위장의 삶, 사도(私道)와 부도(不道), 부정(不正)에 매몰된 사람들의 실태를 다양하고 집요하게 표현하는 시인의 작부(作賦) 태도에서 시인의 깊은 고민이 읽혀졌다.

그럼에도 시인이 가진 현실과 꿈은 여전히 청빈의 삶이었고, 안빈낙도의 삶이었다. 그런 구도자적인 삶에서 더욱 긍정적인 것은, 그가 한편으로 '광풍제월(光風霽月)' 같은 인품의 사람이기를 간절히 꿈꾸었다는 것이다.

이제 기봉 시인의 '부귀재천(富貴在天)' 속으로 함께 들어가 보자.

도입부, 부귀는 천명을 수용하고 천명을 좇는 데서 찾아든다

'부귀(富貴)는 하늘에 달려있다 富貴在天'[103)104)]는 이 부는 총 29연 58구와 시 5연이 결합된 독특한 구성으로 이루어져 있다. 고부(古賦) 형식을 따른 이 부는 도입부, 전개부, 결말부 등 3단 구성이지만, 이를 세분하면 5단락으로 나눌 수 있다. 한 구의 글자 수는 6언이 기본이다.

상제께서 백성 살핌 몹시 환하여 / 赫帝監[105)]之孔昭
이에 널리 인간 세상 명을 펴셨네. / 誕敷命於下土
천명 좇아 행한 선과 악의 행동에 따라 / 隨秉爲[106)]之臧否
재앙 주고 신이 돕는 차이 생기네. / 異降殃與神佑

---

103) 이 부 '부귀재천 富貴在天'은 "白光弘 著, 鄭珉 譯, 『국역 기봉집』, 2018, 기봉백광홍선생기념사업회, 64-71쪽"을 기본 텍스트로 활용하였다.

104) 부귀재천(富貴在天) : 『논어』('안연')에서 공자는 "죽고 사는 것은 운명이다. 부귀도 하늘에 달려있다. 死生有命, 富貴在天."고 하였다. 이 말은 오만한 부귀는 영원하지 않음을 충고하는 말일 뿐, 노력이 필요 없다는 운명론은 아니다. 성실한 사람에게는 즉 "사람이 할 일을 다 한 후에 하늘의 명을 기다린다."는 말이 적용되는 함의가 들어 있기 때문이다.

105) 제감(帝監) : 상제가 백성을 살핀다는 의미. 『서경』('제29 여경')에 나온다. "상제가 백성을 살펴보니, 향기로운 덕이 있지 않고 형벌로 들어나 들리는 것은 더러운 것뿐이었다. 上帝監民, 罔有馨香德, 刑發聞惟腥."

106) 병위(秉爲) : 백성이 작심하고 행동하는 것을 말한다. 『서경』('주서 다사')에 나온다. "상제가 천명을 주지 않은 것은 우리 하민들이 작심하고 행하는 것이 선하지 않기 때문이다. 惟帝不畀 惟 我下民 秉爲."

부귀는 하늘에 달림 진작 깨달아 / 悟富貴之在天
선현의 바른 말씀 느껴야 하리. / 感前修之格說
진실로 얼굴 꾸밈 안 될 일인데 / 諒不可乎容爲
구차히 얻기를 사람들은 왜 꾀하나? / 豈人謀之苟得

도입부는 4연 8구이다. 이 서사부에서는 주제 '부귀(富貴)'의 원천을 규명하고 있다.

부의 제목이 '부귀는 하늘에 있다 富貴在天'이다. 부귀의 원천이 무엇인지를 이 부 제목에서 확실히 천명하였다.

1연 출구(出句)에서 "상제께서 백성 살핌 몹시 환하여 赫帝監之孔昭"라는 표현에서 '제(帝)', 곧 '상제(上帝)'[107]는 보통 임금, 황제의 의미도 있으나 도교의 도(道), 주역의 태극(太極)과 같이 이 세계를 창조하고 주재한다고 믿어지는 초자연적인 절대자로, 자연의 모든 현상을 지배, 감독하고 길흉화복마저 부여하는 천명(天命), 천도(天道)를 상징하는 존재라는 의미도 있다. 그러므로 1연에서 설하는 제(帝), 곧 상제는 이러한 의미의 존재라고 할 수 있다. 이러한 존재의 상제가 인간 세계를 관장하고 운행하면서 빚어진 선악, 부귀의 현상을 2, 3, 4연에서 설하고 있다.

1연 대구(對句)에서 "널리 인간 세상에 명[天命]을 펴셨네. 誕敷命於下土"라는 표현은 상제 곧 천도의 의지가 천명(天命)으로서 인간 세계에 펼쳐졌다는 의미다.

2연 출구의 "천명을 좇아 행한 선과 악의 행동에 따라 隨秉爲之臧否"라는 표현은 천명을 수용하는 것은 선이요 천명을 수용하지

107) 상제(上帝) : 초인간적인 지고무상의 지위의 천신. 중국 고대에서의 상제는 천계(天界)를 조율하면서 동시에 지상(地上)을 감시하여 지상의 만물을 생성, 변화시키는 조물주 같은 신격화된 인격신으로 믿었다.

못하는 것은 악이다는 표현이다. 대구의 "재앙 주고 신이 돕는 차이 생기네. 異降殃與神佑"는 천명을 수용하지 못한 자에게 재앙이 내려지고 천명을 수용한 자는 신[天神]이 돕는 결과로 나타난다는 의미다.

3연과 4연에서 시인은 비로소 인간의 보편적인 욕망 중에서 가장 강렬한 욕망으로 이 부의 주제인 '부귀(富貴)'를 들추어냈다.

3연의 "부귀는 하늘에 달려 있음을 진작 깨달아 悟富貴之在天 / 선현의 바른 말씀 느껴야 하리. 感前修之格說"와 4연의 "진실로 얼굴 꾸미는 일은 안 될 말인데 諒不可乎容爲 / 구차히 (부귀) 얻기를 사람들은 왜 꾀하나? 諒不可乎容爲"라고 하는 표현이 그것이다.

시인은 3연 출구에서 "부귀는 하늘에 (천명에) 달려있다"고 천명한다. 그러므로 이러한 천명을 진작 깨달아야 한다고 주문한 것이다. 이어진 대구에서는 선현의 바른 말씀은 곧 천명이라고 정의하고 그 "선현들이 한 말을 이제라도 느껴야 한다."라고 설한다.

그런데 이러한 천명을 깨닫고 숙지하지 못한 사람들은, 4연에서 "(부귀가 따르지 못하였기에) 얼굴을 꾸미는 일에, (그럼에도 부귀 얻는 일에) 구차히 매달린다."라고 지적한다. 부귀를 얻지 못한 그 원인을 찾지 않고, 현실의 자기를 (천명에 따르는 양) 거짓으로 포장하고 위장을 한다는 것이다. 또 천명에 따르지 못하였기에 부귀가 따라오지 못하고 있는 데도 구차스럽게 부귀라는 헛된 욕망에 사로잡혀 애를 쓴다는 지적이다.

이 부 도입부는 이처럼, 부귀는 천명에 달렸으므로, 이 천명을 성실히 수용하고 천명에 따라야 한다는 의미를 그리고 부귀는 본디 원초적인 인간의 욕망이지만 천명을 수용하지 못한 사람들도 자기를 거짓으로 위장하고, 천명을 좇지 못했음에도 부귀를 얻고

자 구차히 애를 쓴다면서, 천명을 따르지 못한 자들을 중심으로 한 보편적인 세태의 양상을 표현하였다.

전개부, 첫 단락 - 부귀 이룬 자는 성인
백성이 우러르고 명성은 우주에 드날린다

아! 부귀가 세상에 빛남이여 / 猗二者之輝世
실로 모든 사람들 다들 좋아 하누나. / 固衆情之咸利
크게는 사해와 제후의 나라요 / 大四海[108]與侯國
작게는 후한 녹과 천승의 수레라네. / 小萬鍾[109]及千駟[110]
명예 지위 높고 귀함 보기도 좋커니와 / 儼名位之尊顯
하사받은 봉토는 무겁고도 후하도다. / 而爵土之重厚
백성들 우러러 보며 삼가 예를 표하고 / 聳觀瞻於衆望
화려한 그 명성은 우주에 드날리네. / 華聞譽於宇宙
일을 했다 하면 이루지 못함 없어 / 事無求而不就
진실로 넉넉하여 여유가 넘쳐나네. / 誠綽綽乎有裕[111]

---

108) 사해(四海) : 고대 중국의 지리 개념 중 하나. '(관념상) 4개의 큰 바다'를 일컫는다. 그러나 즉 천지 네 방향을 둘러싸고 있다고 믿었던 큰 바다를 지칭하는 것으로, 중원에서 세상 끝 바다에 이르기까지의 모든 지평, 즉 천하 온 세상을 가리키는 단어로 쓰이기도 한다.

109) 만종(萬鍾) : 주로 '만종의 녹(萬鍾祿)'으로 쓰인다. 만종에 해당하는 봉급이라는 뜻이다. 1종(鍾)은 쌀 1섬, 쌀 1섬은 144kg, 즉 만종은 1,440,000kg (1,440톤), 가마니 (80kg)로 환산하면 18,000 가마니에 해당된다.

110) 천사(千駟) : 말 사천 마리. 사(駟) : 수레 한 대를 끄는 데 필요한 네 마리의 말.

111) 작작호유유(綽綽乎有裕) : 넉넉하고 여유가 넘치는 모양. 『맹자』('공손추 하')에 나온다. "맹자가 말하였다. '내가 들으니 관직을 수행하는 사람은 직책을 이행할 수 없으면 떠나고 말의 책임이 있는 사람은 말을 할 수 없으면 떠난다고 한다. 나는 직책을 맡지 않았고 말의 책임도 없으니 나의 나아감과 물러남이 어찌 한가롭게 여유있지 않겠는가? 官守, 以官爲守者. 吾聞

이쯤 되면 부유하고 또 귀한 것이니 / 斯既富而且貴
그 누군들 이에 이름 뜻 두지 않으리오. / 孰不志乎致此

전개부 첫 단락은 6연, 12구로 구성되었다.

이 단락은 '부귀'의 의미와 그 가치에 대하여 설하고 있는 단락이다.

물론 그 부귀는 천명을 좇아, 그 천명 수행으로 일구어 낸 부귀다. 그래서 이 단락 4연에서, 그렇기에 그 부귀를 누리는 사람들을 백성들이 우러러 보고, 그의 명성이 우주에 드날린다고까지 극찬하고 있다.

1연은 "아! 부귀가 세상에 빛남이여 猗二者之輝世 / 진실로 모든 사람들 다들 좋아 하누나. 固衆情之咸利", 2연은 "크게는 사해와 제후의 나라요 大四海與侯國 / 작게는 후한 녹과 천승(千乘)의 수레라네. 小萬鍾及千駟", 3연은 "명예 지위 높고 귀함 보기도 좋커니와 儼名位之尊顯 / 하사받은 봉토는 무겁고도 후하도다. 而爵土之重厚", 4연은 "백성들 우러러 보며 삼가 예를 표하고 聳觀瞻於衆望 / 화려한 그 명성은 우주에 드날리네. 華聞譽於宇宙", 5연은 "일을 했다 하면 이루지 못함 없어 事無求而不就 / 진실로 넉넉하여 여유가 넘쳐나네. 誠綽綽乎有裕"로 표현하였다.

이른바 당대 현실 세계에서, 부귀로 인하여 이루어지는 호화로운 현상과 부귀가 가져온 명예스러운 결과에 대해 읊고 있다.

그리고 6연에서는 "이쯤 되면 부유하고 또 귀한 것이니 斯既富而且貴 / 그 누군들 이에 이르기를 뜻하지 않으리오. 孰不志乎致此"라고 표현, '부귀를 이루면 우주까지 그 이름이 드날리는데, 어

之也 有官守者 不得其職則去 有言責者 不得其言則去 我無官守 我無言責也 則吾進退 豈不綽綽然有餘裕哉."

찌 모든 사람들이 그러한 부귀에 이름 석 자를 올리기를 희망하지 않겠느냐' 며, 부귀를 추구하는 당연한 인륜의 세태를 읊었다.

전개부 둘째 단락
- 극기(克己) · 수신(修身)으로 부귀 얻어진다

하지만 천명 나뉨(분배) 이미 정해졌나니 / 然分命之已定
요행으로 어이 얻고 함부로 취하리오. / 詎倖得而冒取
다만 자신의 극기수신(克己修身)에 달렸으니 / 但在己之克修
부귀는 이와 함께 절로 옴을 알겠네. / 信彼與之自至
혹 처음엔 가난해도 나중엔 부자 되고 / 或前貧而後富
예전에 천했는데 지금은 귀함 있네. / 有昔賤而今貴
이렇게 되는 까닭 끝내 알지 못함은 / 羌不知其使然
진실로 위 사람들 때문이라 할 수 있네. / 亮在上之攸致
순 임금은 그림 옷에 거문고를 연주하며[112] / 被袗衣而鼓琴[113]

---

112) 순(舜) 임금은 거문고 연주에도 뛰어났을 뿐만 아니라 작곡도 잘했던 것으로 알려졌다. 순 임금이 지은 곡조를 '소(韶)' 또는 '소소(簫韶)'라고 한다. 소는 선율이 진선진미(盡善盡美)하기가 그지없었다. 공자도 제(齊) 나라에서 소를 듣고 석 달 동안 고기 맛을 잊어버릴 정도였다고 했다. 순 임금은 또 오현금(五絃琴 : 거문고)를 처음 만들고 남풍가(南風歌)를 지어 불렀다. "남풍이여 향기롭게 불어오소서 南風之薰兮 / 우리 백성들의 고초를 씻어줄 수 있으리니 可以解吾民之慍兮 / 남풍이여 때맞춰 불어오소서 南風之時兮 / 우리 백성들의 재물을 늘려줄 수 있으리니. 可以解吾民之慍兮." (『공자가어』 '변악해')

113) 의이고금(衣而鼓琴) : 이 구절은 『맹자집주』('진심장구 하 제6장')를 인용한 것이다. 맹자가 말하였다. "순 임금이 마른 밥을 먹고 풀을 먹을 때는 죽을 때까지 그럴 것 같더니, 천자가 됨에 이르러선 그림을 수놓은 진의(袗衣)를 입고 거문고를 타며 요 임금 두 딸의 시중을 받으니 마치 본래부터 그런 듯했다. 孟子曰 舜之飯糗茹草也, 若將終身焉 : 及其爲天子也, 被袗衣, 鼓琴, 二女果, 若固有之." … 주석에서, "성인의 마음은 빈천하다 해서 외적인

스스로는 마른 밥과 채소를 드셨다네. / 自飯糗而茹草
탕 임금은 이윤을 신(莘) 땅으로 세 번 찾아 / 三湯聘於莘耕[114)]
만민의 스승으로 자리를 내주었지. / 位垂師之師保[115)]

도입부 둘째 단락에서 시인은, 첫째 단락에 이어 다시 부귀의 의미를 설하고 있다.

1연에서 시인은, "하지만 천명 나뉨(분배) 이미 정해졌다 / 然

것을 사모하지 않고 言聖人之心, 不以貧賤而有慕於外 / 부귀하다 해서 내면이 동요되지 않으며 不以富貴而有動於中 / 만나는 상황에 따라 편안하고 자신에게 관여함이 없음을 말했으니 隨遇而安, 無預於己 / 본성의 본분이 정해져 있기 때문이다. 所性分定故也."라고 하였다. 이는 순 임금이 환경이 변해도, 즉 천자가 되었어도 예전의 모습을 한결같이 지키며 자신의 본분을 지키던 모습을 맹자가 설한 것이다.

114) 삼탕빙어신경(三湯聘於莘耕) : 탕 임금이 밭갈이 하는 이윤을 세 번이나 찾아갔다. 마침내 이윤은 탕 임금을 도와 하(夏)나라를 정벌하고 백성을 구제하였다는 것으로, 『맹자』('만장 상')에 나온다.

115) 사보(師保) : 만민의 스승을 의미하는데 여기에서는 이윤(伊尹)을 지칭한다. 『서경』('태갑')의 '旣往 背師保之訓'에 나온다. 상나라 탕왕이 이윤이 현명하다는 소문을 듣고 다섯 번이나 사람을 시켜 맞아들였다고 한다. 그래서 후세 사가들은 이윤이 신야(莘野)에서 농사짓고 백이(伯夷)와 태공(太公)이 바닷가에서 은거할 때 세상에 탕왕과 문왕이 없었다면 그대로 인생을 마쳤을 것이고 공명을 이루지는 못했을 것이며, 탕왕과 문왕 역시 일국의 제후로 일생을 마감했을 뿐 성군(聖君)으로서의 창업 군주가 되지는 못했을 것이라고 평가할 정도였다. 한비는 "이윤은 패왕의 술을 터득한 자로 오직 나라를 강하게 하는 일에 힘을 다했으며, 세속의 언설에 구속받지 않아 백리의 땅을 가진 탕왕이 천자가 되게 했다."고 하였다. 『논어』('안연顔淵')편에는, "순 임금이 천하를 소유함에 고요(皐陶)를 들어 쓰고, 탕 임금이 천하를 소유함에 이윤을 들어 쓰니 불인(不仁)한 자들이 사라졌다."고 하였다. 이것이 이른바 곧은 자로 하여금 부정(不正)한 자를 바르게 한다는 의미고 또 양심인 본성(本性)을 회복한 사람만이 할 수 있는 것으로 수신(修身)이 되어 자연스럽게 수 · 제 · 치 · 평(修齊治平)으로 나가는 유교의 이상적 교화를 실현한 좋은 예로 보고 있다.

分命之已定"면서 부귀는 이미 천명으로 이미 분배되어 있다고 설한다. 그러므로 1연 대구에서 "요행으로 얻을 수도, 함부로 취할 수 없다."라고 단호하게 설한다.

그렇다면 천명으로 부귀를 분배받지 못한 사람은 어떻게 해야 하는가. 그에 대한 답이 2연에서 제시된다. 즉 "다만 자신의 극기수신(克己修身)에 달렸으니 但在己之克修 / 부귀는 이와 함께 절로 옴을 알겠네. 信彼與之自至"라는 표현이 그것이다.

'극기수신(克己修身)'의 원문은 "기지극수(己之克修)"다. 거의 같은 의미다. '극기(克己)'는 자기의 본성을 회복하여 자기 사욕을 극복하고, 과도한 욕망이나 감정을 이겨낸다는 뜻이다. 여기에 닦는다는 '수(修)'가 첨가되었으니, '극기수신(克己修身)은 본성을 회복하고 사욕을 극복하려는 자기의 수련을 의미한다. 결국 그 극기수신이야말로 천명을 받기 위한 전제 조건인 셈이다. 즉 극기수신은 천명을 따르는, 천명을 수용하는 일이라는 것이다.

그러므로 그러한 조건을 수행하면 절로 부귀가 자기에게도 스스로 온다고 시인은 설하고 있다. 이러한 연유로 인해, 3연에서 설한, "혹 처음엔 가난해도 나중엔 부자 되고 或前貧而後富 / 예전에 천했는데 지금은 귀함 있네. 有昔賤而今貴"의 새로운 결과도 빚어진 것이라고 시인은 설하고 있다.

4연에서는 3연에서 표현한 그러한 결과에 대한 그 원인을 설했다. "이렇게 되는 까닭을 끝내 알지 못함은 羌不知其使然 / 진실로 위 사람들 때문이라 할 수 있네. 亮在上之攸致"라고 단정적으로 설한 내용이 그것이다.

4연 대구에서 표현한 "위 사람들 때문(上之攸致 -'유攸'는 다스리다, '치致'는 끝까지 다하다, 궁구하다 의 뜻)"은 곧 "윗사람들(군왕, 나라 관리들)이 천명의 도에 대한 사명을 다하지 못했기 때문이라는 의미다. 즉 모든 백성들도 부귀에 이르고자 하지만 극기와 수신을 통해 얻어질 수 있다는 것을 백성의 윗자리에 있는 사람들이 실천하는 모범을 보여주지 않아서 그리 되었다는 의미다.

이어진 5, 6연에서는 그럼에도 불구하고 윗자리 있었던 분으로 극기와 수신을 통한 천명의 사명을 수행한 '순 임금'과 '탕 임금'을 불러 와 그들이 보여준 천명에 의한 행실의 모범적인 사례들을 표현하였다. 즉 출구에서 "순 임금은 그림 옷에 거문고를 연주하며 被袗衣而鼓琴"하고 읊었고, 대구에서는 "스스로는 마른 밥과 채소를 드셨다네. 自飯糗而茹草"라고 표현하였다.

이는 순 임금에 대한 『맹자』('진심하盡心下')에 나오는 순 임금의 예화를 가져온 것이다. "순 임금이 마른 밥을 먹고 풀을 먹을 때에는 장차 거기에서 몸을 마칠 듯이 하더니, 그가 천자가 되는 데에 미쳐서는 그림을 그린 옷을 입으며 거문고를 연주하며 두 아내가 모시는 것을 마치 본래 그것을 가진 것처럼 하였다."라는 예화가 그것이다.

순 임금의 예화에 이어 6연에서는 탕 임금의 예화도 가져왔다. 즉, "탕 임금은 이윤을 신(莘)의 땅으로 세 번 찾아 三湯聘於莘耕 / 만민의 스승으로 자리를 내주었지. 位垂師之師保"라는 표현이 그것이다.

이 단락에서는 이처럼 '부귀는 천명에 의하여 분배되고, 그 천명을 받는 자는 극기수신을 이룬 자이다. 그리하여 그러한 극기수신의 결과에 의하여 처음엔 가난하고 천해도 나중에는 부귀를 얻을 수 있는 데도 사람들이 이러한 사실을 알지 못한 것은 군왕이며 윗사람들이 천명을 따르는 본을 보여주지 못했기 때문이다.'면서 천명을 좇아 부귀를 얻은 자의 예로 태평치세를 이루었던 순임금과 탕왕의 예화를 비교하는 표현으로 부귀의 의미를 설하였다.

전개부 셋째 단락
- 성인들, 천명 수용으로 절로 부귀 얻었다

이 어찌 마음에 꾀함 있어 그랬으리 / 此豈有心圖爲
의도하지 않았는데 절로 그리 된 것이라. / 莫之致而自然
아! 성철(聖哲)은 하늘 명을 미리 알아 / 懿聖哲之知命
시종일관 하늘 뜻에 귀를 기울였도다. / 惟終始乎聽天
이익을 도모함에 급급하지 않았고 / 無汲汲於謀利
가난을 지키느라 근심치도 않았다네. / 不戚戚於守貧
공자는 위경(衛卿)으로 명을 말해 주었고 / 孔言命於衛卿[116)]
맹자는 제인에게 부끄러움 일깨웠지. / 孟譬羞於齊人[117)]
채찍을 잡는데도 구할 수가 없나니 / 不可求於執鞭[118)]

116) 위경(衛卿) : '위 나라에서 벼슬'에 대해, 공자는 예의로써 진퇴할 뿐이지 얻고 얻지 못하는 것은 천명에 달려 있기에 '위 나라 벼슬'도 천명이라고 한 부분이다. 『맹자』('만장상')에 나온다.

117) 수어제인(羞於齊人) : 맹자가 부귀영화를 바라는 사람들의 욕망을 제나라 사람을 비유로 말한 것으로, 『맹자』('이루 하')에 나와 있다.

118) 집편(執鞭) : 공자가 부유함을 구할 수만 있다면 채찍이라도 잡겠다고 말한 것으로, 『논어』('술이')에 나온다. 즉 공자가 말하기를, "부자가 되는 것을 구할 수 있다면 비록 채찍잡이의 일이라도 나는 또한 하겠지만, (만일) 구할 수 없는 것이라면 나는 좋아하는 것을 좇겠다. 子曰 富而可求也 雖執鞭之士 吾亦爲之 如不可求 從吾所好."고 하였다.

어찌 조맹에게 구멍 뚫게 하겠는가? / 寧鑽穴[119)] 乎趙孟[120)]
어이하여 저들은 이다지도 미혹하게 / 何彼哉之惑惑
매양 지혜 팔아 요행을 바라는가? / 每售智而徼倖

기봉 시인은 이전 단락 5, 6연에서 극기와 수신으로 성인 반열에 오른 순 임금과 탕왕(湯王)을 예시하였다. 그리고 이 셋째 단락 1, 2, 3연에서는 성인이 천명을 수용하여 성인이 된 과정을 설하고, 4연에서는 성인의 대표인 공맹(孔孟)까지 불러 온다. 그리

119) 찬혈(鑽穴) : 본래 담장에 구멍을 뚫는 것인데, 사사롭게 함을 의미한다. '찬(鑽)'은 구멍을 내다의 뜻도 있지만 술책이나 청탁으로 사사롭게 벼슬길을 찾는다의 뜻도 있다. 여기서 찬혈은 부정한 방법으로 벼슬길의 구멍을 찾는다, 즉 벼슬 구멍을 뚫는다로 풀이된다.

120) 조맹(趙孟) : 진(晉) 나라의 관리로 세력이 막강하여 다른 사람의 귀함을 좌지우지할 수 있었다. 조맹(趙孟)의 본명은 조순(趙盾)이고 맹(孟)은 자(字)이다. 일명 조맹(趙孟) 또는 조간자(趙簡子, 조앙趙鞅)로도 불린다. 춘추시대 진(晉)나라의 정경(正卿)으로, 육경(六卿) 중의 한 사람으로. 진나라 말기 최대 실권자이자 최대의 영토를 보유했다. 그의 자손들로는 조문자(趙文子, 조무趙武), 조양자(趙襄子, 조무휼趙無恤) 등이 있는데, 모두 조맹을 세습하였다. 『맹자』('고자 상')에 나온다. 춘추 시대 말기 진(晉)나라 세도가였던 조맹(趙孟)이라는 호칭은 맹자의 글에서 볼 수 있다. 즉 '조맹이 귀하게 만든 것을 조맹이 천하게 만들 수 있다. 趙孟之所貴, 趙孟能賤之' 라고 하였다. 진나라를 섬기던 조나라의 왕 조무휼(조양자)이 그 진왕을 죽이고 조나라의 새로운 기반을 잡았다. 진나라 말엽인 기원전 452년, 지(智) · 한(韓) · 위(魏)씨의 세 가문과 함께 세력을 과시했는데 지씨가 멋대로 권력을 휘두르려 하자 한 · 위와 힘을 합쳐 지씨를 멸하고, 세 가문이 함께 진의 영토를 나누어 가져 조나라의 시초를 만들었다. 이를 삼가분진(三家分晉)이라 하는데, 흔히 춘추 시대와 전국 시대를 구분하는 분수령 중 하나로 꼽힌다. 이는 『한비자』 '십과(十過)' 편에서 '지나치게 욕심을 부리다 패망하는 사례'로 꼽기도 했다. 이후에 전국 시대로 넘어가게 되고 조양자를 일컬어 조씨의 첫 번째라는 뜻으로 조맹(趙孟)이라 부르게 된다. 사기 조세가에 의하면 조양자의 재위 기간은 33년에 달한다.

고 천명을 수용하지 못한 자들의 안타까운 모습도 표현하고 있다.

시인은 1연에서 "이 어찌 마음에 꾀함 있어 그랬으리 此豈有心圖爲 / 의도하지 않았는데 절로 그리 된 것이라. 莫之致而自然"라고 표현, 성인이 된 데는 어떤 의도성이 있었던 것이 아니고 절로 성인이 되었다고 설한다.

그리고 절로 된 이유를 2연에서 밝혔는데, 그 이유를 "아! 성철(聖哲)은 하늘 명을 미리 알아 懿聖哲之知命 / 시종일관 하늘 뜻에 귀를 기울였도다. 惟終始乎聽天"라고 설하였다. [성철(聖哲)은 성인(聖人)과 철인(哲人)을 아울러 이르는 말이므로 여기서는 성인으로 통칭한다.]

시인은, "성인은 하늘의 명, 곧 천명을 미리 알았다."고 하였다. 그리고 "시종일관 천명의 뜻에 귀 기울였다."고 하였다. 단순히 귀를 기울이기만 했을까. 아니다. 하늘의 뜻을 궁구하고 실행하였다. 그래서 성인이 된 것이다.

3연에서 시인은, 성인이 실천한 덕목 두 가지만을 단적으로 제시하였다. 그것이 "이익[私的 이익]을 도모함에 급급하지 않았고 無汲汲於謀利 / 가난을 지키느라 근심하지도 않았다. 不戚戚於守貧"가 그것이었다. 이익을 추구하고 가난을 벗어나 부유해지려는 것은 보편적인 인간의 가장 중요한 욕망이다. 가장 중요한 이 욕망에서 성인은 초연했다는 것이다.[121]

4연에서는 유교를 대표하는 공맹(孔孟)까지 불러왔다. 그리고 "공자는 위경(衛卿)으로 명을 말해 주었고 孔言命於衛卿 / 맹자

121) 군자는 도를 얻는 것을 즐거워하고 소인은 욕망을 얻는 것을 좋아하니, 도로써 욕망을 제재하면 즐거우면서도 어지럽지 않고, 욕망으로써 도를 잊으면 미혹하고 즐겁지 못하다. 君子 樂得其道 小人 樂得其欲. 以道制欲 則樂而不亂 以欲忘道 則惑而不樂. (『심경부주(心經附註)』'제2권 예기禮記')

는 제인에게 부끄러움 일깨웠다. 孟讐羞於齊人"는 예화를 표현하였다. 공자에게 위나라 벼슬 문제를 제기하였을 때 공자가 설한 천명은 성인이 지키는 가장 핵심적인 정신이다. 실로 천명에 순응하고 천명에 따르는 사람이 곧 성인이기 때문이다.

4연 출구에서 적시한 명(命)은, 곧 천명(天命)을 의미한다. 당시 공자는 군왕의 명(命)도 천명(天命)으로 이해하였다.[122] 공자가 설한 명, 천명을 좀 더 이해하기 위해서는 공자의 위나라 벼슬(卿)이 나온 『맹자』('만장상')을 살펴볼 필요가 있다.

> 누군가 말하길, 공자가 위나라에서 옹저(癰疽)를 주인으로 삼았고, 제나라에서 내시 척환(瘠環)을 주인으로 삼았느냐고 물었다. (공자는) 위나라에서, 안수유(위나라 현명한 대주)를 주인으로 삼았다. 미자의 아내와 자로의 아내는 자매다. 미자가 자로에게 말하길, "공자가 나를 주인으로 삼는다면 위나라의 벼슬을 얻을 수 있다."라고 했다. 자로가 (이를) 공자에게 고했다. 이에 공자는 "명이 있다[有命]. 예로써 나아가고[進以禮], 의로써 물러나고[退以義], 얻고 얻지 못함에도[得之不得] 명이 있다."고 말했다. 또 이어서 "옹저와 내시 척환을 주인

122) 당시 천자(天子)의 나라는 주(周)나라였다. 원래 은(殷)의 제후국이었던 주나라는 무왕 때 은나라를 멸망시키고 새로운 왕조를 세우면서 그 명분으로 천명(天命)을 들고 나왔다. 주나라는 전쟁으로 은나라를 멸망시켰지만, 천명(天命)을 그 증표로 삼았다. 그런 이유로 천자(무왕)는 해마다 천지 신에 제사를 지내고, 덕업을 쌓아 왕권의 기틀을 마련한 조상들을 추존하며 배향하고 제를 올렸다. 이것은 오직 천자만이 올릴 수 있는 제사였다. 공자도 주나라가 설정한 천명(天命)이라는 증표를 믿었다. 하늘이 왜 주(周) 왕조에게 천명을 주었는가? 무왕의 조상들이 복덕(福德)을 쌓았고, 마침 은나라의 주(紂)왕이 민심을 잃었기 때문이다. 주나라가 수용한 천명은 주(周)나라의 조상들이 복을 지은 것에 대한 일종의 보답이지만, 민심을 잃지 않은 한에서만 유효하였다. 그런 이유로 당시 공자도 주나라뿐 아니라 여러 왕조의 군왕에 대한 천명(天命)을 의심하지 않았던 것이다.

으로 삼았다면(主癰疽與侍人瘠環), 이것은 의가 없고 명이 없는 것이다."라고 말했다. (『맹자집주』 '만장상)'.[123]

여기서 공자는 군왕의 명뿐만 아니라 자기의 진퇴 행위 모두가 천명에 의한 것임을 밝히고 있다. 즉 "(나에게는) 명이 있다[有命]. 예로써 나아가고[進以禮], 의로써 물러나고[退以義], 얻고 얻지 못함에도[得之不得] 명이 있다."라고 설하고 있는 것이 그 예이다.

4연 대구에서는 맹자가 부끄러움에 대하여 설하였음을 표현하였다. 이와 관련된 '수어제인(羞於齊人)'에 대한 기사가 나온다. 『맹자』('이루 하')를 살펴보자.

제나라 사람 가운데 처와 첩을 두고 집에 사는 사람이 있었다. 그 남편이 나가면 반드시 술과 고기를 배불리 먹고 나서 그 처가 함께 먹고 마신 사람을 물으면 모두 부유하고 귀한 사람이었다. 그 처가 그 첩에게 말하길, "남편이 나가면 반드시 술과 고기를 배불리 먹고 나서 돌아오는데, 그가 함께 마시고 먹은 사람을 물으면 모두 부유하고 귀한 사람이라고 하였다. 그러나 일찍이 부유하고 귀한 사람이 온 적이 없으니, 내가(吾) 남편이 가는 곳을 엿볼 것이다."라고 했다. 일찍 일어나서, 몰래 남편이 가는 곳을 따라가니, 도성 안을 두로 돌아다니는데 함께 말하는 사람도 없었다. 마침내 동쪽 성곽의 무덤 사이에서 제사 지내는 사람에게 가, 남은 것을 구걸하고, 모자라면 또 돌아다니며 다른 곳으로 가니, 이것이 그가 배부르게 하는 방법이었다.

그 처가 돌아와 그 첩에게 말하길, "남편이란 우러러 보면서 생을 함께 마칠 사람인데, 지금 이와 같구나."라고 했다. 그 첩과 함께 그

123) 萬章問曰 : 或謂孔子於衛, 主癰疽, 於齊, 主侍人瘠環, 有諸乎? 於衛, 主顏讎由. 彌子之妻與子路之妻, 兄弟也. 彌子謂子路曰 : 孔子主我, 衛卿可得也. 子路以告. 孔子曰 : 有命. 孔子進以禮, 退以義, 得之不得曰 有命, 而主癰疽與侍人瘠環, 是無義無命也.

> 남편을 원망하며 서로 집안에서 울었다. 그런데 남편은 이것을 알지 못하고, 의기양양하게 밖에서 돌아와서, 그 처와 첩에게 교만하게 굴었다. 군자로서 이것을 본다면 그 처첩처럼 부끄러워하지 않고 서로 울지 않을 사람이 거의 없을 것이다. (『맹자』'이루하離婁下/齊人有一妻一妾章'(墦間章)[124]

『맹자』('이루하')에 대한 '집주'에서는, "맹자가 말하였다. 맹자가 군자로서 본다면, 지금 부귀를 구하는 사람은 모두 이와 같은 사람일 뿐이라는 것이다. (만일) 그 처첩으로 하여금 이것을 보게 한다면 부끄러워하지 않고 울지 않을 사람이 적을 것이니, 부끄러움이 심할만하다는 뜻이다. 조씨가 말했다. '지금의 부귀를 구하는 자들이 모두 부정한 방법으로 어두운 밤중에 애걸하여 그것을 구하여 사람들에게 낮에는 교만하니, 이 사람과 어찌 다르겠는가?'라고 하였다."[125]

『맹자』'이루하'의 이 예화는 부끄러움이 무엇인지를 잘 가르쳐 주고 있다. 기봉 시인도 이 점을 알고 있어. 여기에서 용사하였을 것이다.

시인은 5연 출구에서 "채찍을 잡는 데도 구할 수가 없나니 不可

---

124) 齊人有一妻一妾而處室者, 其良人出, 則必饜酒肉而後反. 其妻問所與飮食者, 則盡富貴也. / 其妻告其妾曰 : "良人出, 則必饜酒肉而後反 : 問其與飮食者, 盡富貴也, 而未嘗有顯者來, 吾將瞯良人之所之也. / 蚤起, 施從良人之所之, 徧國中無與立談者. 卒之東郭墦間之祭者, 乞其餘 : 不足, 又顧而之他, 此其爲饜足之道也. / 其妻歸, 告其妾曰 : "良人者, 所仰望而終身也, 今若此." 與其妾訕其良人, 而相泣於中庭. 而良人未之知也, 施施從外來, 驕其妻妾. / 由君子觀之, 則人之所以求富貴利達者, 其妻妾不羞也, 而不相泣者,希矣.

125) 孟子言自君子而觀, 今之求富貴者, 皆若此人耳.使其妻妾見之, 不羞而泣者少矣. 趙氏曰 : 言今之求富貴者, 皆以枉曲之道, 昏夜乞哀以求之, 而以驕人於白日, 與斯人何以異哉?

求於執鞭"라고 하였다.

이 예화에서는 공자가 전제한 '부유함'이 빠졌다. 공자는 '부유함'을 구할 수만 있다면 채찍질이라도 하겠다고 하였다. 그리고 기봉 시인이 여기서 용사한 '집편(執鞭)'은 공자의 '집편지사(執鞭之士)'를 줄인 표현이다. 즉 공자의 '집편'과 관련된 『논어집주』('술이述而)' 원문에는 '집편지사(執鞭之士)'로 나오기 때문이다.

당시 중국에서 집편지사(執鞭之士)는 왕후의 행렬이 지나가도록 앞길을 정리한 미천한 일꾼을 이른다. 『논어집주』('술이')에도 "집편은 천한 사람이다. 執鞭, 賤者之事."라고 나온다. 또 "가설하여 부자가 되는 것을 구할 수 있다면, 비록 몸소 천한 일을 하여 그것을 구하겠으니, 또한 사양하진 않는다. 設言富若可求, 則雖身爲賤役以求之, 亦所不辭."고 하였다.

그러므로 5연 출구의 의미는, 인간에게 존귀한 것은 곧 인의(仁義)라고 하는 것과 불의 · 부정한 방법에 의한 부의 추구는 안 된다고 하는 교훈을 가르쳐주고 있다고 할 것이다.

사실 부유해지고 싶은 것은 모든 인간의 보편적인 욕망일 것이다. 그러나 불의(不義)를 저지르면서까지 부(富)를 추구해서는 안 된다는 교훈을 공자는 이 장(章)에서 가르친 것이고, 기봉 시인도 이러한 점을 고려하여 공자의 '집편지사(執鞭之士)' 예화를 가져온 것으로 추정된다.

5연 대구에는 "어찌 조맹에게 구멍 뚫게 하겠는가? 寧鑽穴乎趙孟"라고 표현하며, 『맹자』('고자상')에 나오는 조맹(趙孟)에 관한 예화[126]를 끌어 왔다. 조맹(趙孟)은 당대 최고의 세도가요 권력가

126) 맹자가 이르기를, 존귀해지고 싶은 것은 사람의 같은 마음이다. 그러나 사

로 당대 모든 사람들의 부귀며 존귀를 좌지우지하던 사람이었다. 이런 사람에게 찬혈(鑽穴 : 벼슬길을 구하는 일)하게 한다는 것은 비리, 부정, 부도에 날개를 달아준 것이나 다름없는데, 어찌 그런 일을 하겠느냐고 시인은 반문한 것이다.

맹자는 이 장(章)에서, "진실로 나를 귀하게 하는 것은 인의(仁義)"라고 하였다. 즉, "이미 덕(德)에 배부르다."라고 했으니, 인의(仁義)에도 배부르다는 말이다. 旣飽以德. 言飽乎仁義也."라고 하였다. 이에 대한 주석에서 인의(仁義)가 충족되고 명예가 드러남은 모두 "진실로 귀한 것 仁義充足而聞譽彰著, 皆所謂良貴也."이라면서 우리 인간에게 과연 무엇이 존귀한 것인가를 설하였다. 『맹자』('고자상')

그러므로 5연에서 시인은 "채찍을 잡는 데도 부유함은 구해지지 않는다."면서 존귀를 목메듯 희구하고, 최고의 권력가에 벼슬길을 찾는, 곧 부정한 방법을 동원해서까지 부귀함을 좇는 사람들과 그 현실을 가감없이 풍자한 것으로 추정된다.

그리하여 6연에서 시인은 "어이하여 저들은 이다지도 미혹하게 何彼哉之惑惑 / 매양 지혜 팔아 요행을 바라는가? 每售智而徼▨"

람들이 (이미) 자기에게 존귀한 게 있음에도 (그런 사실을) 생각하지 못할 뿐이다. 사람들이 귀하게 여기는 것은 진실로 존귀한 것이 아니다. 남들이 (나를) 귀하게 만들어준 것이라면 그것은 진실로 귀한 것이 아니다. 조맹이 귀하게 만들어 준 것은 또 조맹이 충분히 천하게 만들 수도 있다. 시(詩)에 이르기를, '이미 술로 취하고, 이미 덕으로 배불렀다. 인의(仁義)로 배불러서 그것으로 (그것 때문에) 남의 기름진 음식의 맛을 원하지 않는다. 훌륭한 소문과 널리 퍼진 명예가 자신에게 베풀어지고, 그것으로 (그것 때문에) 남의 아름다운 옷(文繡)을 원하지 않는다.' 하였다. 欲貴者 人之同心也 人人有貴於己者 弗思耳. 人之所貴者 非良 貴也 趙孟之所貴 趙孟能賤之. 詩云 : 旣醉以酒 旣飽以德. 言飽乎仁義也, 所以不願人之膏粱之味也 ; 令聞廣譽施於身, 所以不願人之文繡也. (『맹자』 '고자 상')

(『기봉집』 원문에도 결자로 나온다.)라고 읊으며, 5연에서 설한 당대의 현실, 즉 '부도(不道) · 부정(不正)한 세태'를 고발하며, 매우 안타까워하였다.

결말부,
선현의 높은 자취 우러르며 안빈낙도 기원한다

파리떼와 개떼 마냥 어지러이 붙좇으며 / 紛蠅營而狗苟[127]
편안히 지내면서 천명 기다리잖네. / 罔居易而俟命
계자(季子)가 황금 많음 그것을 사모하고 / 慕季子[128]之金多
풍환(馮驩)이 칼자루 침 위로를 하는도다. / 勞馮生[129]之彈鋏[130]

---

127) 승영구구(蠅營狗苟) : 파리가 분주히 이리저리 날아다니듯이 사소한 이익을 얻으려고 악착같이 노력하는 것과 개가 먹을 것을 찾아 헤매듯이 이익을 좇아 조금도 부끄러움을 모르는 것을 말한다.

128) 계자(季子) : 본래 이름은 소진(蘇秦,?~기원전 317)이고 자는 계자(季子)이다. 동주(東周)의 낙양(洛陽)에서 태어났다. 전국 시대의 도가 사상가이자 병법가인 귀곡자의 제자로 당시 강국 진나라에 대적하기 위해 나머지 6국이 연합하는, 이른바 6국이 서로 힘을 합해야 한다는 합종설을 주장하였다. 여섯 나라는 합종을 이루고 굳게 단결하였으며 소진은 합종의 책임자가 되었고 여섯 나라의 재상을 겸임하였다. 6국 연합을 이루는 과정에서 많은 수레와 황금, 비단 등을 얻었다. 금의환향한 그는 천금을 풀어 일족과 친구들에게 나누어 주었다고 한다.

129) 풍생(馮生) : 풍생(馮生)은 풍환(馮驩)으로 중국 전국 시대 제나라 사람이다.

130) 탄협(彈鋏) : 탄협가(彈鋏歌). 칼을 두드리며 부르는 노래. 재주를 가지고서도 등용되지 못하는 것을 탄식할 필요가 없다는 뜻. 제(齊)나라 사람 풍환(馮驩)은 맹상군(孟嘗君)의 문객이 되어 중용되지 못하자 세 번이나 자기의 칼자루를 두드리면서 노래를 불렀는데, 첫 번째는 "긴 칼아 돌아갈지어다. 밥상에 고기가 없구나." 하고, 두 번째는 "긴 칼아 돌아갈지어다. 외출함에 수레가 없구나." 하고, 세 번째는 "긴 칼아 돌아갈지어다. 살 집이 없구나." 하였다. 그러자 맹상군이 그때마다 그가 요구하는 것을 다 들어주었다. 이에 풍환이 맹상군을 위해 온 마음을 다해 일하였다. (『史記』'卷75,

부귀가 하늘 달림 모르기 때문이니 / 是自昧夫在天
이익 찾는 마음만 가득함을 슬퍼하네. / 哀利心之充塞
여기 하늘가에 어떤 사람 다시 있어 / 若有人兮天涯
여러 해를 강호에 묻히어 지내었지. / 處江湖其幾年
자연에 순응하여 편안하게 살면서 / 順自然而晏如
선현의 높은 자취 우러러 사모하네. / 仰高躅於前賢
뒤주가 자주 비어도 즐거움 고치잖코 / 樂不改乎屢空[131)]
제문(齊門)에서 즐거이 거문고를 타는구나. / 肯操瑟乎齊門[132)]
저 옳지 않은 부귀는 / 彼不義之富貴
나에겐 뜬 구름으로 허망할 뿐이라네. / 其於我乎浮雲"

결말부는 7연으로 구성되었다. 1연에서 2, 3연까지 시인은 거

孟嘗君列傳')

131) 불개호루공(不改乎屢空) : 공자의 제자 안회는 뒤주가 자주 비어도 자신의 즐거워하는 바를 바꾸지 않았다는 고사에서 나온 것이다. 『논어』('옹야')에 나온다.

132) 조슬호제문(操瑟乎齊門) : 제문(齊門 : 제나라 왕의 대궐 문)에서 거문고를 탄다는 것은 자신이 좋아하는 바를 할 뿐이지 복록을 위해 그 즐거움을 바꾸지 않는다는 의미이다. 한유(韓愈)의 『唐宋八代 家文抄』('答陳商書')에 나온다. 제(齊)나라 왕은 피리를 좋아하는데, 제(齊)나라에 벼슬을 구하는 자가 비파를 가지고 가서 제왕의 궁문 앞에 서서 3년을 기다렸으나 들어가지 못하자, 꾸짖어 말하기를, "내가 비파를 타면 귀신을 오르내리게 할 수 있고, 내가 비파를 타면 그 음조가 헌원씨(軒轅氏)의 율려(律呂)에 맞는다." 라고 하였다. 어떤 나그네가 꾸짖어 말하기를, "왕께서는 피리를 좋아하는데 그대는 비파를 타니, 비파 타는 솜씨가 아무리 뛰어난들 왕께서 좋아하지 않으니 어찌하겠는가?"라고 하였다. 이것이 이른바 "비파를 타는 데는 뛰어났으나, 제나라에서 벼슬을 구하는 데는 서툴렀다."는 의미다. 齊王好竽, 有求仕於齊者, 操瑟而往. 立王之門, 三年不得入, 叱曰 : '吾瑟鼓之, 能使鬼神上下, 吾鼓瑟 合軒轅氏之律呂' 客罵之曰 : '王好竽而子鼓瑟, 雖工, 如王不好何 ? ' 工於瑟而不工於求齊也. (『고문진보후집』'전당문, 答陳商書-韓愈')

듭 천명을 순응하지 못한 세태를 고발하며 안타까워한데 이어 4, 5, 6연에서 이 부(賦) 결론으로서 안빈낙도(安貧樂道)를 기원하는 자신의 처지와 꿈을 표현하고 마지막 7연에서 부정한 부귀를 좇는 것을 뜬구름에 비유하며 마무리 했다.

1연은, "파리떼와 개떼 마냥 어지러이 붙좇으며 紛蠅營而狗苟 / 편안히 지내면서 천명을 기다리지 않는구나. 罔居易而俟命"라고 표현, 전개부 마지막 단락에서 천명에 순응하지 못한 세태에 대한 고발을 다시 언급한다. '사도(私道) · 부도(不道)'에 빠진 자들을 '파리떼와 개떼'로 표현하고, 이들이 파리떼, 개떼가 된 데는 천명을 기리지 않아서였다고 표현한 것이다.

1연 출구에서 사용된 승영구구(蠅營狗苟)는 '냄새나는 곳을 찾아 앵앵거리며 날아드는 파리'를 의미하는 '승영(蠅營)'[133]에 먹이를 보고 딴 놈이 가로챌까 두려워 허겁지겁 먹어치우는 구차한 개의 모습을 비유한 '구구(狗苟)'가 합쳐진 성어이다. 이 성어는 당(唐) 나라의 문인 한유(韓愈)가 '송궁문(送窮文)'[134]이란 글

---

133) 승영(蠅營) : 『시경』의 '소아(小雅)-청승(青蠅)'이라는 시에 나온다. "쉬파리 앵앵 날더니 울타리에 앉았네, 의젓한 군자여 참소를 믿지 말지어다 營營青蠅 止于樊. 豈弟君子, 無信讒言." 말썽만 일으키고 시비 따지기에 급급한 간신배를 얄미운 쉬파리에 비유하고 아둔한 임금을 풍자한 시다.

134) 중국에서는 정월 그믐날에 궁귀(窮鬼 : 가난을 가져오는 귀신)를 물리치는 풍속이 있었다. 당나라 때의 문인 한유는 811년 정월 그믐날에 궁귀를 의인화하여 '송궁문(送窮文)'을 지어, 자신을 어렵게 만드는 지궁(智窮) · 학궁(學窮) · 문궁(文窮) · 명궁(命窮) · 교궁(交窮)의 5가지 궁귀에게 자신에게서 떠나 달라고 해학적으로 묘사하였다. 그 다섯 귀신에 대해 "나를 굶주리게 하고 헐벗게 하며, 있는 말 없는 말로 비난을 받게 하며, 나를 미혹시키지만, 사람들은 간섭하지 못한다. 아침에 그런 행동을 후회하지만, 저녁이면 또 다시 그러하니, 쉬파리처럼 앵앵거리며 날아다니고 개처럼 구차하여 쫓아버려도 다시 돌아온다."라고 묘사하였다. 여기서 "쉬파리처럼 앵앵거리며 날아다니고 개처럼 구차하다 蠅營狗苟"는 말이 유래된 것이다.

에서 먹을 것을 찾아 앵앵거리고 이리저리 날아다니는 파리의 모습인 '승영(蠅營)'이라는 말에, 허겁지겁 먹어치우는 개의 구차한 모습인 '구구(狗苟)'를 덧붙인 데서 유래하였다. 즉 '승영구구(蠅營狗苟)'는 파리처럼 날아다니고 개처럼 구차하다는 뜻으로 수단을 가리지 않고 명리를 추구하는 파렴치한 사람을 비유하는 말인 것이다.

1연 대구에서는 1연 출구에서 제시한 공자의 천명을 끌어 와, '승영구구'하는 사람들은 결코 천명을 편안히 기다리는 법이 없다며 그러한 세태를 바라보는 시인의 안타까운 심사를 드러내 보였다.

2연에서는 "계자(季子)가 황금 많음 그것을 사모하고 慕季子之金多 / 풍환(馮驩)이 칼자루 침 위로를 하는도다. 勞馮生之彈鋏"라고 읊었다. 이는 시인의 시야에 들어 온 또 다른 부정한 세태, 즉 금력가는 더욱 금력을 사모하며 금력을 추구하고 출세하지 못한 선비는 자기 출세 가도를 위해 더욱 자기 영달을 추구하는 비정상의 세태를 읊은 것이다.

3연에서 시인은 "부귀가 하늘 달림 모르기 때문이니 是自昧夫在天 / 이익을 찾는 마음만 가득함을 슬퍼하네. 哀利心之充塞"라고 표현하였다.

부귀가 하늘에 달려 있음을 모르는 사람들, 그리하여 천명을 순응하지도 기다리지도 좇지도 않는 사람들, 그리하여 사욕(私慾)과 사리(私利)만을 추구하는 사람들을 보며 "슬퍼한다"며 안타까움을 토로하였다.

그렇다면 나는 과연 어떠한가? 이에 시인은, 비로소 자기 처지와 자기가 추구하는 바를 솔직하게 털어 놓은 것으로 이 부(賦)를 종결하였다. 그것이 4, 5, 6연에 표현된 시인의 자성이요 현실이며 기원하는 꿈이었다. 일종의 간단한 '자기 고백문'이다.

4, 5, 6연의 표현은 한 마디로 '안빈낙도(安貧樂道)'[135]에 다름 아니다. 자연에 순응한다, 곧 천명에 순응한다, 선현(성인)을 우러르며 사모한다, 뒤주가 자주 비워도 즐거움이 끊이지 않는다, 임금에게 아부하지도, 사람들에게 아부하지도 않고, 즐거이 거문고를 탄다. … 이런 생활이라면 '안빈낙도'를 만들어낸 안회의 그 무욕의, 그 청빈의, 그 구도자적인 삶이나 하나도 다름이 없지 않은가.

시인은 "여러 해를 강호에 묻히어 지내었지. 處江湖其幾年 / 자연에 순응하여 편안하게 살면서 順自然而晏如 / 선현의 높은 자

---

135) 안빈낙도(安貧樂道)는 "구차하고 가난하지만 마음을 편히 하고 걱정하지 않으며 도를 즐긴다."는 뜻으로 빈곤 속에서도 뜻을 굽히지 않고 도(道)를 찾고 배우며 얻는 것이야말로 최대의 즐거움임을 비유하는 말이다. '안빈낙도'는 공자의 수제자 안회(顔淵, 顔回)에 대한 공자의 평가에서 유래한 성어다. "어질도다, 안회여! 한 소쿠리의 밥과 한 표주박의 물로 누추한 곳에 지내면서도 다른 사람은 그 근심을 견디어내지 못하거늘 너(안회)는 즐거움을 잃지 않는구나. 어질도다, 안회여! 子曰 "賢哉 回也. 一簞食 一瓢飮, 在陋巷 人不堪其憂, 回也. 不改其樂 賢哉, 回也." (『논어』('제6 옹야편'). 공자가 "어질도다, 안회여!"를 2회나 반복할 만큼, 안회를 극찬했다. 과연 어느 누가 대소쿠리에 담긴 깡보리밥, 표주박에 담긴 물 한모금, 허물어지고 누추하기 짝이 없는 오두막살이를 좋아하겠는가? 안회가 그랬다. 그렇게 가난하게 살았어도 '도(道)'에 순응하고 도(道)를 궁행하는 즐거움으로 살았다. 천명(天命)이라는 뜻이 더 높고 큰 곳에 있었기 때문이었을 것이다. 오죽했으면 스물아홉에 백발이 되었을까. 결국은 영양 실조에 걸려 일찍 죽고 말았다. 안회가 죽자, 공자가 말하길, "아(噫)! 하늘이 나를 버렸구나(天喪予)! 하늘이 나를 버렸구나(天喪予)! 噫! 天喪予! 天喪予!"라고 장탄식했다. '안빈낙도(安貧樂道)'와 함께 공자의 안회에 대한 말 중의 "대그릇의 밥과 표주박의 물 一簞食一瓢飮"이란 구절에서 '단사표음(簞食瓢飮)'이란 성어가 생겨나 우리나라 선비의 이상적 정신 자세를 가늠하는 척도가 될 정도가 되어 왔다.

춰 우러러 사모하네. 仰高躅於前賢 / 뒤주가 자주 비어도 즐거워 움은 바뀌지지 않네 樂不改乎屢空 / 제문(齊門)에서 즐거이 거문고를 타는구나. 肯操瑟乎齊門"라고 표현하였다.

6연 출구에서 '낙불개(樂不改)'를 '즐거움 고치잖코'로 번역하였는데, 이는 "즐거움을 바꾸지 않았다"는 의미인 것이다.

6연 대구에서 시인은 "제문(齊門)에서 즐거이 거문고를 탄' 것으로 기술하였다. 이와 관련된 내용으로 한유(韓愈)의 '답진상서(答陳商書)'를 보면, 제나라 궁궐문인 제문(齊門) 앞에서 왕은 피리를 좋아하는데 굳이 피리가 아닌 비파를 3년간이나 불어 아무런 반응이 없었다는 내용을 기술하고 있다. 이 예화가 함의한 바는, 그 비파를 연주한 선비가 벼슬을 원하지만 이를 빌미로 임금에게 결코 아부하지는 않았다는 것이다.

그러므로 시인도 상징적으로 임금에게 결코 아부하지 않았던 그 제문을 끌어 온 것이다. 그리고 그 제문(齊門)에서 군자도의 상징인 거문고를 즐거이 켠다고 하였다. 이는 임금이나 그 누구에게도 아부하지 않고 또 그들이 좋아하는 사도(私道)나 부도(不道)와 아무런 상관없이, 오로지 자기가 추구하는 천명에 순응하고 천명에 따르는 삶을 영위하겠다는 시인의 의지와 소신 그리고 간절한 꿈을 밝힌 것으로 추정된다.

그리고 7연의 결연에서 "저 옳지 않은 부귀는 彼不義之富貴 / 나에겐 뜬 구름으로 허망할 뿐이라네. 其於我乎浮雲"라고 표현하며 이 부(賦)를 마무리하였다.

7연 대구의 '뜬구름(浮雲)'은 『논어』('술이')에서 용사하였다. 『논어집주(論語集注)』('술이述而')에 보면, "공자가 말하길, 거친 음식을 먹고 물 마시고, 팔 굽혀 베고 지내니, 즐거움이 또한 그

가운데 있다. 의롭지 않으면서 부유하고 귀한 것은, 나에게 뜬구름과 같다(如浮雲). 子曰 : 飯疏食飮水, 曲肱而枕之, 樂亦在其中矣. 不義而富且貴, 於我如浮雲."라고 하였다. 이 원문에 대하여, 정자(程子)는 "거친 밥과 물 마시는 것을 즐긴다는 것이 아니라, 비록 거친 밥과 물 마시는 것이라도, 그 즐거움을 바꿀 수 없다(不能改其樂也). 의롭지 않은 부귀는(不義之富貴), 뜬구름처럼 가볍게 여긴다(輕如浮雲然). 程子曰 : 非樂疏食飮水也, 雖疏食飮水, 不能改其樂也. 不義之富貴, 視之輕如浮雲然."라고 주석하였다

시편(詩篇)으로 마무리 …
꿈은 '안빈낙도'와 '풍광월제(光風月霽)'

잇대어 말하기를, / 係曰
부유함은 못 구하니 / 富不可求
내 또 어이 구하리오. / 吾又何求
귀함도 못 꾀하니 / 貴不可謀
내 또 어이 꾀하리오. / 吾又何謀
못 구하고 못 꾀하니 / 不求不謀
하늘 뜻에 따르리. / 順天所爲
가난은 근심거리 못되고 / 貧不足憂
천함도 슬퍼할 것 아닐세. / 賤不足悲
고요히 텅빈 마음 / 澹然虛室
광풍제월(光風霽月)[136] 꼭 같아라. / 風光月霽
내 누굴 믿겠는가? / 吾誰恃乎

---

136) 풍광월제(風光月霽)[원문] : 광풍제월(光風霽月). 비가 온 뒤의 맑은 바람이 불고 달이 뜬 깨끗한 풍광을 뜻한다. 또 광풍은 고상하고 고매한 인품의 소유자를 뜻하기도 한다.

오직 상제 뿐이로다. / 有皇上帝

시인은 추기한 이 시로 자기의 꿈을 분명히 밝히고 있다.

마지막으로 기봉 시인은 이 시를 통해. 자신의 꿈은 풍광월제(風光月霽)요, 오로지 상제(上帝) 곧 성인을 존숭하고 성인의 길을 좇겠다는 것이라고 밝히고 있다. 또한 그러한 꿈을 꾸며 그것을 궁행하려고 노력하는 자기의 현실을 진솔하게 설하고 있다.

여기서 원문의 풍광월제(光風月霽)는 곧 '광풍제월(光風霽月)'이다. 이 말은 비 온 뒤의 맑은 바람이 불고 달이 뜨는 깨끗한 풍광이라는 뜻이지만, 고상하고 고매한 인품의 소유자를 뜻하기도 한다.

이 말은 원래 주돈이(周敦頤)[137]의 인품을 형용한 말이다. 송나라 황정견(黃庭堅)의 『산곡집(山谷集)』 '염계시서(濂溪詩序)'에 "용릉의 주무숙(周茂叔)은 인품이 매우 고매하였다. 흉중이 쇄락하기가 마치 비 갠 뒤의 온화한 바람과 깨끗한 달빛 같다. 舂陵周茂叔 人品甚高 胸中灑落 如光風霽月[염계(濂溪)는 주돈이 호, 무숙(茂叔)은 주돈이의 자(字)다.]"고 하였다.

염계(濂溪)[138] 주돈이의 인품과 관련, 주희(朱熹)도 주돈이의

---

137) 주돈이(周敦頤,1017~1073) : 자는 무숙(茂叔), 호는 염계(濂溪)다. 성리학의 기초를 닦았으며, 그를 존칭하여 주자(周子)라고도 한다. 송나라 시대 유학의 형이상학적 사유는 주돈이에 의하여 시작되었다고 말해지곤 한다. 그의 저서 『태극도설(太極圖說)』·『통서(通書)』 등은 제자 정호(程顥,1032~1085)·정이(程頤,1033~1107)의 2정자(二程子)를 통해 계속 이어져 송나라 도학(道學)의 방향을 설정하는 단초가 되었다.

138) 주돈이는 여산(廬山)의 연화봉(蓮花峰) 아래에 은거하고 집 근처의 개울을 염계(濂溪)라 이름 붙이고 자신을 '염계 선생'이라 칭했기에 후에 염계는 그의 호가 되었다. 그가 살았던 용릉(舂陵)은 호남성(湖南省) 영원현(寧遠縣)의 지명으로, 한(漢)나라 광무제(光武帝) 유수(劉秀)가 살았는데 그곳

인품과 기상을 기려, "맑은 바람 밝은 달은 끝없이 펼쳐지고, 뜰 가운데의 풀은 무성히 푸르렀네. 風月無邊 庭草交翠"라고 하였다. 여기서 첫 번째 구절은 앞에서 황정견(黃庭堅)이 주돈이를 두고 "비 갠 뒤의 맑은 바람이나 밝은 달과 같다. 如光風霽月"고 한 말을 취한 말이고, 두 번째 구절은 주돈이가 살던 곳 창 앞에 풀이 무성히 자라도 베지 않았던 뜻을 두고 이른 말이다.(『栗谷全書』卷26 : 聖學輯要 聖賢道統, 韓國文集叢刊 44輯) 이와 관련 『근사록(近思錄)』('卷14')에는 더 구체적인 내용이 나온다. 주돈이가 자신의 집 창 앞의 풀이 무성해도 베지 않은 것(窓前草不除去)에 대해 제자인 정호(程顥)가 그 까닭을 묻자, 주돈이는 "나의 뜻(의지, 의사)과 같다. 與自家意思一般."라고 하였다. 이 말은 풀의 살려는 뜻[生意]이 자신의 살려는 뜻과 같기 때문에 베지 않는다는 뜻이다. 주돈이는 풀을 통해서 천지가 생생(生生)하는 뜻을 보았던 것이다. (『近思錄』'권14')

우리나라에서도 더없이 고매하고 고상한 인품의 소유자를 광풍제월로 비유하기도 하였다. 율곡(栗谷) 이이(李珥)는 하서(河西) 김인후(金麟厚)를 가리켜 "맑은 물의 연꽃이요 淸水芙蓉 / 맑은 바람에 갠 달이다 光風霽月"(『栗谷全書』'卷32 語錄下')이라고 읊기도 하였다. 서거정(徐居正)의 '고의(古意)'라는 시에도, "갠 바람 갠 달처럼 지취는 깊기도 하여라 / 風光月霽趣深深" 라고 한 표현이 보인다. (『四佳詩集』'卷之五十二, 第二十五')

기봉 시인은 이 부 결부에서 '안빈낙도'의 삶을 추구하고 그런 삶이 되기를 기원하였다.

을 바라보면 아름다운 기운이 싸고 있다고 하여 '용릉(舂陵)의 가기(佳氣)'라는 고사도 생겨났다고 한다.

그리고 이 시 말미에 또 하나의 꿈이 '풍광월제'임을 토로하였다. 결국 기봉 시인이 추구한 성인은 안회의 안빈낙도(安貧樂道)와 구도자인 주돈이의 '광풍제월(光風霽月)' 같은 품격의 군자였던 것이다.

기봉은 한반도 최남단 궁벽의 벽지 장흥의 기산마을에서 참으로 위대한 '안빈낙도'와 '풍광월제', 곧 '광풍제월'의 꿈을 꾼 위대한 시인이었던 것이다.

글을 마치며

이 부(賦)의 주제인 '부귀'에 대하여 기봉 시인은 작부(作賦) 자체가 상당한 부담으로 작용했을 것으로 추정된다. 당대의 유교적인 가치관에서 '부귀는 하늘에 달려 있다'는 정의를 전제로 이 부를 짓지 않을 수 없었기 때문이다.

그리하여 결론으로 선택한 솔직한 자화상이자 자기 현실이기도 한, 또한 자기 꿈이기도 한 안빈낙도(安貧樂道)의 삶을 표출한 것으로 추정된다. 즉 부귀에 초연하며 청빈한 군자로서의 삶을 추구하는 꿈을 표현한 것으로 보인다. 그럼에도 이러한 작부(作賦)에 대한 일종의 부담감을 끝내 떨쳐내지 못한 듯, 마지막으로 시 한 편을 추기(追記)한 듯싶다.

이 추기한 시(詩) 형태의 기사를 통해 시인은 이 부(賦)에서 설한 내용을 압축하고 거듭 군자도를 궁행 실천하며 청빈과 안빈낙도를 꿈꾸고 추구하겠다는 강한 의지를 천명하고 있다.

당대 기봉 시인은 반도의 외진 시골의 가난한 선비였다. 그가 과시에 계속 도전하여, 1549년 28세 때 사마양시(司馬兩試)에 합격하고 이어 3년만인 1552년 31세 때 식년문과에 을과로 급제했다는 점에서 그가 당대의 주요 학문인 유학(儒學)에 얼마나 치열하게 매달렸을지 짐작이 가고도 남는다. 그가 32세 때인 1553년 영호남 문사들이 총동원된 시부회(詩賦會)에서 당당히 장원하고, 호당(湖堂)에 뽑혔다는 그 자체만으로 그의 문장가로서 명예와 고급 관료로서 출세의 길은 훤히 열렸다고 할 수 있었다.

그럼에도 그는 아마 과시 합격 전후 즈음에 작부(作賦) 했을 것으로 추정되는 이 부(賦)를 통해 자신의 생의 활로가 무엇인지, 자기의 꿈이 무엇인지를 명약관화(明若觀火)하게 천명하였다.

기봉 시인의 꿈은 내적로는 천명(天命)을 좇는 것이요, 외적으로는 안빈낙도(安貧樂道)요 풍광월제(風光月霽)이였다. 이러한 그의 꿈을 표현한 것이 부(賦) '부귀재천(富貴在天)'이다. 그래서 그의 '부귀재천'은 다시없는 명작이요 그의 꿈은 위대하고 참으로 아름다운 꿈이라고 할 수 있다.

5. 치열한 극기(克己) · 수양(修養), 궁행에 최선

– '옥루', 기봉의 치열한 '신독 정신'이 반영된 명시

1) 신독을 추구한 유학자들

유가(儒家)에서는 구인(求仁)의 구체적인 실천 덕목의 하나로 '홀로 있을 때 삼가야 한다'는 의미의 신독(愼獨)을 내세운다. 즉 유가에서 신독은 내면적 도덕성으로는 거의 첫째가는 덕목이었던 것이다. 『대학』·『중용』에서도 수신(修身)보다 신독을 더 강조하고 있는 이유이기도 했을 것이다. 신독은 『대학』(제6장)과 『중용』(제1장, 제33장)에서 나온다.

신독의 의미

자신의 뜻을 성실히 한다는 것은 스스로를 속이지 않는 것이며, 악(惡)을 미워하기를 악취를 싫어하듯이 하고, 선(善)은 여색을 좋아하듯이 하는데 이를 일러 스스로 겸손하다(스스로 쾌족하다) 한다. 그러므로 군자는 반드시 그 자신이 홀로 있을 때 삼가야 한다. 所謂誠其意者 毋自欺也 如惡惡臭 如好好色 此之謂自謙 故君子 必愼其獨也.

소인이 한가할 때 불선을 행함이 이르지 아니하다가 군자를 보고 난 뒤에 슬며시 그 불선(不善)을 가리고 선을 드러내지만, 남들이 자기를 알아봄이 마치 나의 폐장과 간장을 보는 듯할 것이다. 그렇다면 어찌 유익하겠는가. 이를 일컬어 '속마음에 성실하면 밖으로 드러난다'고 하는 것이니, 그러므로 군자는 반드시 그 홀로 되었을 때 삼가야 한다. 小人閒居 爲不善 無所不至 見君子而后 厭然揜其不善 而著其善 人之視己 如見其肺肝 然則何益矣 此謂誠於中 形於外 故君子 必愼其獨也. (『대학(大學)』'제6장')

도(道)라는 것은 잠시도 떠날 수 없는 것이므로 떠난다면 그것은 도가 아니다. 이런 이유 때문에 군자는 보이지 않는 곳에서 경계하고 삼가며, 들리지 않는 곳에서 두려워한다. 숨겨진 것보다 드러나는 게 없으며, 미세한 것보다 나타나는 게 없기 때문에 군자는 홀로됨에서 삼가하는 것이다. 道也者, 不可須臾離也, 可離, 非道也. 是故君子戒愼乎其所不睹, 恐懼乎其所不聞. 莫見乎隱, 莫顯乎微, 故君子愼其獨也. (『중용』'제1장')

시경(詩經)에 이르길, 고기가 비록 물속에 엎드려 있어도 역시 훤하게 그 모습이 보인다고 하였다. 그러므로 군자는 안으로 살펴 부끄러움이 없어야 한다. 군자가 가진 것에 미치지 못하는 것이 사람들이 보지 않는 곳에서도 오직 자신을 삼가하는 것이다. 시경에 이르길, "그대 홀로 방에 있는 것을 살펴보면 오히려 보이지 않는 곳에서 부끄러움이 없구나."라고 하였다. … 詩云, 潛雖伏矣, 亦孔之昭. 故君子內省不疚, 無惡於志, 君子之所不可及者, 其唯人之所不見乎. 詩云, 相在爾室, 尙不愧於屋漏. (『중용』'제33장')

이처럼 유가(儒家)의 두 사서(史書)에서 신독을 유독 강조하고 있다. 그러므로 유가의 최선이 인(仁)이라고 할 때, 그 구인(求仁)

의 길은 신독에 있다고 할 수 있다. 유가에서는 이처럼 모든 것을 자신 속에서 찾기 때문에 자아수양(自我修養)과 자아실현(自我實現)을 강조하는데, 이것이 한 마디로 '신독행(愼獨行)'인 것이다. 군자는 누가 보든 보지 않든, 누가 듣든 안 듣든 상관없이 언제 어디에서든 변함없이 오로지 정일(精一)한 성심(誠心)으로 생각하고 행동하도록 가르치는 것이다.

물론 유가의 최선 · 최상의 덕목은 당연히 인(仁)이다. 그런데 그 인(仁)으로 가는 길의 최선은 신독이었다고 할 수 있다는 것이다. 이렇게 조선 성리학자들이나 중국의 유자(儒者)들은 수기안인(修己安人)[139]을 위해 수준 높은 신독을 실천하는 것을 삶의 지표로 삼았던 것이다. 보이든 안 보이든 신중히 행동할 것을 수신(修身)의 기본 자세로 여겨 자신을 철저히 절제하고 흐트러질 때마다 신독의 자세로 돌아가기 위해 자신을 다독이며 신독을 궁행 실천하려고 노력하였을 것이다.

신독은 이처럼 바로 진정한 유학자들에게는 끊임없는 자기 수련의 심화였고, 위성(衛聖)의 길이었으며, 수신(修身) · 수양(修養)의 최선의 도(道)였고, 구인(求仁)의 경지에 드는 최선의 덕목이었던 것이다.

신독의 상징, '옥루'의 시편들

139) 수기안인(修己安人)과 수기안백성(修己安百姓)은 흔히 수기치인(修己治人)으로 줄여 말한다. 공자는 군자의 '학문의 궁극적인 목표'를 수기안인(修己安人)으로 보았다. 수기안인(修己安人)이나 수기치인(修己治人)은 같은 말로서 '나를 먼저 닦은 후에야 다른 사람을 편안하게 해 줄 수 있다'는 말이다.

역대 문인, 명사들의 수많은 기문(記文)·시문에서 몇 가지 사례를 통해 신독을 상징하는 '옥루'가 어떻게 활용되었는지를 살펴보자.

이이(李珥,1537~1584)[140]는 『성호사설』에서, "증자(曾子)가 『대학』의 전(傳)을 짓고, 자사(子思)가 『중용(中庸)』의 전을 지었는데, 다 홀로 있을 때에 삼가는 것[愼獨]으로 요점을 삼는다. … 『시경(詩經)』에, 오히려 옥루에 부끄럽지 않아야 한다 尙不愧于屋漏."[141][142]라고 하였다.

이항복(李恒福,1556~1618)[143]은 율곡의 비명에서 김장생(金長

140) 이이(李珥,1536~1584) : 자는 숙헌(叔獻), 호는 율곡(栗谷), 석담(石潭), 우재(愚齋), 시호는 문성(文成). 조선의 대문신이자 성리학자다. 관직은 이조판서(吏曹判書)에 이르렀다. 서인(西人)의 영수로 추대되었다. 이언적, 이황, 송시열, 박세채, 김집과 함께 문묘 종사와 종묘 배향을 동시에 이룬 6현 중 하나다. 아홉 차례의 과거에 장원급제하여 구도장원공(九度壯元公)이라는 별칭을 얻었다. 그의 업적은 성리학에서의 이기일원론의 학문을 밝힌 것으로 잘 알려져 있다. 저서로 『성학집요(聖學輯要)』·『동호문답(東湖問答)』·『경연일기(經筵日記)』·『천도책(天道策)』·『격몽요결(擊蒙要訣)』·『만언봉사(萬言封事)』 등이 있다.

141) 『시경(詩經)』('대아大雅 억抑')에, "視爾友君子 輯柔爾顔 不遐有愆 相在爾室 尙不愧于屋漏 無曰不顯 莫予云覯 神之格思 不可度思 矧可射思."에서 인용한 것으로서 위무공[衛武公 : 기원 전(852~758)에 재위한 위(衛)나라 11대 군주. 그는 형 위공백을 제거하고 군주가 되었지만, 국가를 안정시키고 주나라 평왕을 도와 서주 동천(수도를 낙읍으로 옮기는 일)에 기여한 인물로 평가받았던 인물이었다.]이 자신을 경계한 시다. (『類選』'卷6上 經史篇1 經書門')

142) …曾子傳大學子思傳中庸皆以愼獨爲要如小人閒居之戒猶是歇後必也夫婦袵席之間無絲髮違理方是精切功夫詩曰相在爾室尙不愧于."(『성호사설』'제25권, 경사문經史門, 불괴옥루不愧屋漏')

143) 이항복(李恒福,1556~1618) : 본관은 경주, 자는 자상(子常), 호는 백사(白沙)·동강(東岡)이다. 고려 후기의 대학자 이제현(李齊賢)의 후손이다. 임진왜란 당시 선조를 수행하여 의주까지 몽양을 다녀왔으며, 호성공신 1

生)[144]의 말을 빌어, "율곡은 옥루에서도 부끄러움이 없었다."라고 평가했다. 즉, " … 나의 친구 사계(沙溪) 김장생(金長生)이 스승의 법도를 고치지 않고 능히 그 설(說)을 굳게 지키고 있는데, 그가 말하기를, "그(율곡)의 학문은 수심양성(收心養性)을 근본으로 삼아 주정(主靜)에 전일하여 천인성명(天人性命)의 은미함과 수기치인(修己治人)의 도리에 이르기까지 연구하지 않은 것이 없었다. 그리하여 분화(芬華)한 가운데서도 스스로의 지킴이 더욱 엄격하였고, 옥루(屋漏)의 은밀한 데서도 홀로 있을 때를 삼가는 데에 부끄러움이 없었다."[145]라고 하였다.

등으로 오성부원군(鰲城府院君)에 봉해졌다. 참판, 우의정, 좌의정을 거쳐 1600년 영의정에 이르렀다. 광해군의 인목대비 폐모 및 영창대군, 임해군 처단을 반대하다가 유배되어 유배지에서 중풍으로 병사하였다. 저술로는 1622년에 간행된 『사례훈몽(四禮訓蒙)』 1권과 『주소계의(奏疏啓議)』 각 2권, 『노사영언(魯史零言)』 15권과 시문 등이 있으며, 이순신(李舜臣) 충렬묘비문을 찬하기도 하였다. 시호는 문충(文忠)이다.

144) 김장생(金長生,1548~1631) : 본관은 광산(光山). 자는 희원(希元), 호는 사계(沙溪). 학문적으로 송익필 · 이이 · 성혼 등의 영향을 함께 받았다. 하지만 예학(禮學)을 깊이 연구해 아들 김집에게 계승시켜 조선 예학의 태두로 예학파의 한 주류를 형성하였다. 이이와 성혼을 위해 서원을 세우고 1만 8000여 자에 달하는 이이의 행장을 짓기도 하였다. 공조참의, 공조참판, 가의대부 등을 역임했다. 저서로 『상례비요(喪禮備要)』 4권을 비롯, 『가례집람(家禮輯覽)』 · 『전례문답(典禮問答)』 · 『의례문해(疑禮問解)』 등 예에 관한 것이 있고, 『근사록석의(近思錄釋疑)』 · 『경서변의(經書辨疑)』와 시문집을 모은 『사계선생전서(沙溪先生全書)』가 전한다. 1688년 문묘에 배향되었으며, 연산의 돈암서원(遯巖書院)을 비롯해 안성의 도기서원(道基書院) 등 10개 서원에 제향되었다.

145) … 吾友金莎溪長生. 不改師法. 能持其說. 其言曰. 其學以收心養性爲本. 而一於主靜. 至於天人性命之微. 修己治人之道. 無不研窮. 芬華之中. 自持逾嚴. 屋漏之隱. 謹獨無愧. (『백사집』'제4권, 비명(碑銘), 栗谷先生碑銘')

김시습(金時習,1435~1493)[146]은 시 '탑명 榻銘'에서, " … 어둔 방에 처해서도 從居闇室 / 큰 손님을 대한 듯이 하며 如對大賓 / 옥루에도 부끄럽지 않고 不愧屋漏 / 신명을 제사 하듯하며 如在祭神 / 한가지 목표만을 위주로 하니 主一無適 / 마음 가짐 굳고 단단하네 惺惺堅硬 (『동문선』 '속동문선 제11권, 명 銘, 탑명 榻銘')"라고 읊으며 큰 손님 대하듯 신명을 제사하듯 삼가한다는 의미로 옥루를 설했다.

이색(李穡,1328~1396)[147]은 시 '잠명 箴銘'에서, " … 사람이 안 보는 곳과 사람이 모인 그곳에서 屋漏廣庭 / 하늘의 덕을 기르고 왕도 정치를 행할지니 王道天德"(『목은문고』'제12권, 잠명 箴銘')라고 하면서 사람이 안 보이는 장소를 옥루로 대체하였다.

조선 중기 문신이던 신흠(申欽,1566~1628)도 '연거잠 燕居箴'이라는 시에서, "부정한 마음 생기면 私邪或起 / 닦고 다시 씻어 내

146) 김시습(金時習,1435~1493) : 본관은 강릉, 자(字)는 열경(悅卿), 호는 매월당(梅月堂) · 동봉(東峰) · 벽산청은(碧山淸隱) · 췌세옹(贅世翁), 불교 법명은 설잠(雪岑)이다. 조선 초기의 학자이자 불교 승려이고 문인이다. 생육신의 한 사람이다. 수양대군이 자행한 단종에 대한 왕위 찬탈에 불만을 품고 은둔생활을 하다 승려가 되었으며, 벼슬길에 오르지 않았다. 일설에는 그가 사육신의 시신을 몰래 수습하여 경기도 노량진(현재의 서울 노량진 사육신 공원)에 암장했다고 한다. 『매월당집』 · 『금오신화』 · 『만복사저포기』 등 20여 권의 저서를 남겼다.

147) 이색(李穡,1328~1396) : 고려후기 대사성, 정당문학, 판삼사사 등을 역임한 문신이자 학자이다. 1352년 전제개혁, 국방계획, 교육진흥, 불교억제 등 시정개혁에 관한 건의문을 올렸다. 고려의 향시와 원나라의 과거에 모두 합격하고 관료의 길을 걸었다. 성균관 대사성으로서 신유학의 보급과 발전에 공헌하여 조선 초 성리학 부흥의 길을 열었다. 위화도 회군으로 우왕이 쫓겨나자 조민수와 함께 창왕을 옹립하고 이성계 세력과 맞섰다. 조선 건국 후 이성계의 출사 종용을 끝내 고사했다. 저서에는 『목은문고(牧隱文藁)』와 『목은시고(牧隱詩藁)』 등이 있다.

야 乃澡乃淪 / 저 옥루를 보더라도 瞻彼屋漏 / 부끄러움 없게 되리 庶幾無怍"(『상촌선생집』'제31권, 잡저(雜著), 연거잠燕居箴')라고 읊으며 옥루가 자신의 부끄러움의 유무를 결정하는 대상으로 인식하였다.

계곡(谿谷) 장유(張維,1587~1638)[148]의 시에도 옥루가 등장한다. 장유는 '신독잠 愼獨箴'이라는 시에서, "… 사람과 짐승의 갈림길 人獸之分 / 행복과 불행의 분기점 吉凶之幾 / 어두운 저 구석[옥루屋漏]을 屋漏在彼 / 내 스승 삼으리라 吾以爲師"(『계곡선생집』'제2권, 잠箴, 명銘-찬贊, 신독잠愼獨箴') 라고 읊으며, 옥루가 자기 스승임을 고백하였다.[149]

옥루를 스승이라고 밝힌 것은 숙종의 교서[잠箴][150]에도 나온다.

---

148) 장유(張維,1629~1630) : 자는 지국(持國), 호는 계곡(谿谷) 또는 묵소(默所). 인조반정에 가담해 정사공신 2등에 녹훈되고 이조좌랑, 이조정랑, 1624년 대사간, 대사헌 등을 역임하였으며, 이괄의 난 때 왕을 공주로 호종한 공으로 신풍군(新豊君)에 책봉되었다. 1626년 대사간, 이조참판, 대사헌, 1627년 이조판서, 원접사, 1628년 대제학, 정헌대부를 거쳤고, 이후 대사헌, 좌부빈객, 대제학, 예조판서를 거쳐 1637년 우의정을 역임했다. 송시열(宋時烈)이 "그는 문장이 뛰어나고 의리가 정자(程子)와 주자를 주로 하였으므로 그와 더불어 비교할 만한 이가 없다."고 찬하였음이 전한다.

149) 장유는 또 '회정당기晦靜堂記)' 기문에서 "… '남이 보지 않을 때에 삼가 단속하며 남이 듣지 않는 곳에서 두렵게 생각한다.'고 한 것과 '행동을 취하지 않아도 공경하는 마음을 불러일으키고 말을 하지 않아도 믿게끔 하면서 옥루(屋漏)에 부끄럽지 않도록 해야 한다.'고 한 것은 조용히 있을 때에 기르는 도리를 말해 주는 것이다. …其曰戒愼乎不睹. 恐懼乎不聞. 不動而敬. 不言而信.而不愧于屋漏者. 養乎靜之道也. 與靜. 無二道也. 修與養. 非二法也." (『계곡선생집』'제8권, 기(記), 회정당기晦靜堂記')라고 하면서 옥루는 자신을 부끄럽지 않게 하는 장소임을 밝히기도 하였다.

150) 잠(箴) : 잠(箴)은 '경계 잠'이라는 한자로, '경계(警戒)'를 뜻한다. 그리하여 자기 자신이나 타인을 경계하기 위한 목적으로 지은 실용적 성격의 한문 문체를 잠(箴)으로 분류하기도 했다.

즉 숙종이 세자에게 내린 열 가지 잠(箴)인 '깊숙이 홀로 있을 때 삼가는 잠 謹幽獨箴'에서 숙종은 장유와 유사한 옥루의 의미를 설파했다.

즉 "(근유독잠謹幽獨箴에 이르기를), 혼자 있을 때엔 마음대로 할 수 있기에 幽獨得肆 / 이 마음이 쉽게 방종한다네 此心易放 / 아는 이 없다고 말하지 말라 莫謂無知 / 밝은 하늘이 위에 있다 明明在上 / 언제나 생각하고 경건한 자세를 가지고 克念克敬 / 반드시 널리 확충시킬 수 있게 하라 必擴充之 / 옥루가 가까이 있으니 屋漏在邇 / 모름지기 스승으로 삼으라 須以爲師"(『열성어제』 '제16권, 숙종대왕, 文, 賜世子儆戒十箴, 謹幽獨箴')라고 하였다.

우의정을 역임한 허목(許穆)[151]도 자신의 '연보'에서, "… 새벽부터 밤늦게까지 두려운 마음으로 夙夜祗懼 / 하늘에 계신 천신(天神)을 대하고 對越在天 / 옥루에도 부끄러움 없게 하여 不愧屋漏 / 허물을 없애리라 庶無咎愆."(『미수 연보』'제2권, 연보, 허뢰 許磊')라고 읊었다.

이상의 몇 가지 기문과 시를 통해 옥루가 어떻게 의미화 되었는지를 살폈다.

이처럼 역대 수많은 문인, 유학자들은 옥루를 신독(愼獨)의 의미로 시(詩) · 기문(記文) 등을 짓거나 설(說)하였던 것이다.

여기서 역대 시인들은, "옥루에 부끄럽지 않아야 한다"(이이),

151) 허목(許穆,1595~1682) : 거의 평생을 재야의 학자로 지내다가 81세 때 우의정으로 발탁된 고령의 정치가. 호는 미수(眉叟). 1660년 66세로 사헌부 장령이 되었을 때 한 장의 상소가 임금의 마음을 울려 우의정에 전격 발탁되었다. 그의 유집 『기언(記言)』은 93권에 달하는 거대 문집인데, 그것도 1689년 숙종의 명으로 간행된 책이다. 『기언』의 연보는 5대손 허뢰(許磊)가 1772년에 간행하였다.

"(율곡은) 홀로 있을 때 삼가고 부끄러움이 없었다"(이항복), "신명을 제사하듯 (삼가한다)"(김시습), "(옥루는) 사람이 안보이는 곳이지만 (거기서 하늘의 도를 기른다)"(이색), "(부정한 마음을) 닦고 다시 씻어 내야 옥루에서 부끄러움이 없어진다"(신흠), "옥루가 내 스승이 된다"(장유), "옥루는 스승이 될 수 있다"(숙종), "옥루에서 부끄러움 없어야 허물을 없앨 수 있다"(허목) 등으로 옥루의 의미를 표현했다.

그렇다면, 기봉 시인은 옥루에서 신독의 의미를 어떻게 표현하고 설하였는지를 살펴보자.

2) 기봉의 '옥루'에 나타난 신독의 의미

옥루(屋漏)[152]

사람 귀신 갈림길은 성광(聖狂)으로 나뉘나니 / 人鬼關頭聖狂分
한 마음을 삼감은 지키는 바 연유한다. / 一心戒忽由所守
평소 생활 간혹 가다 삿된 생각 한번 해도 / 閒居苟或一念邪
어지러이 뭇 욕심이 폭주(輻輳)하듯 몰려 오리. / 紛然衆欲來輻輳
신독(愼獨)의 핵심은 무자기(毋自欺)에 있거니와 / 謹獨要在毋自欺
내성(內省)은 옥루(屋漏)에도 부끄럽지 않아야 하네. / 內省須無愧屋漏
옥루(屋漏)는 안 보여도 또한 아주 환하거니 / 屋漏雖幽亦孔昭
군자는 부끄럽지 않음으로 기약하네. / 君子所以期不疚
은미하여 저만 홀로 안다고 하지 말라 / 隱微莫道己獨知
열 손 열 눈 어지러이 손가락질 만나리라. / 十手十目紛指覯
하물며 그대 집 감춰진 곳에도 / 何況爾室莫顯處
또한 귀신 있어 좌우에 임해있네. / 亦有鬼神臨左右
성실하게 가는 곳마다 능히 실천하게 되면 / 慥慥到處能踐形

152) 백광홍 저(정민 역), 『기봉집』, 2018, 159-160쪽.

부앙(俯仰) 함에 우주에도 부끄럼이 없으리라. / 俯仰終無愧宇宙
경신(敬信)은 말과 행동 기다리지 않나니 / 敬信不待言與動
어느새 하늘 덕에 능히 절로 나아가리. / 闇然天德能自就
자기 위한 수신 공부 외려 절로 꼼꼼해져 / 爲己之功轉自密
안팎을 성찰함에 잘못됨이 없게 되리. / 內省外察無差謬
요순의 도리는 이것 밖에 있잖으니 / 堯舜之道不外是
정일(精一)한 공부 이로부터 전수하게 되리라. / 精一從此相傳授
나날이 망해가는 무리들 탄식하니 / 堪嗟的然日亡輩
억지로 드러낸 덕은 구하기가 어렵다네. / 厭然表德終難救
부끄러움 어찌 홀로 옥루에 그치리오 / 忸怩豈獨屋漏已
곧지 않은 삶이란 금수(禽獸)와 같은 것을. / 罔之生也同禽獸
나 또한 천재(千載)에 성실하게 이를 지켜 / 余亦千載誠之者
옥루에서 소리와 냄새 없기를 구하리라. / 屋漏庶求無聲臭
- 시 '옥루(屋漏)' 전문

기봉과 신독

천재 시인이면서 정통 유학자였던 기봉에게도 구인과 신독의 의미는 각별했고 신독에 대한 그의 철학과 가치관이 그의 시편에 자주 묻어나오고 있다. 이는 그만큼 기봉이 정도(正道) 유학자로서 극기(克己)와 자기 수양에 철저했음을 웅변한다고 할 수 있다.

그의 시(詩) 중 절창이라 할 수 있는 작품 '옥루 屋漏'를 보면, 그가 신독의 궁행(躬行) · 궁리(窮理)에 얼마나 철두철미했고, 그 신독을 실천하기 위해 얼마나 깊이 성찰했고 노력했을 지를 능히 가늠하게 된다.

기봉의 이 시의 제재는 '옥루'이지만 주제는 신독이다. 본시 옥루 자체는 신독이 아니다. 다만 보통 옥루의 의미 부여에서 옥루를 신독의 의미로 기술하기 때문에 옥루가 대체적으로 신독과 동의어로 쓰일 수 있었을 뿐이다. 그러므로 보통 옥루의 의미는 단순하지만, 신독의 의미는 다양하고, 그 의미는 확장 · 확충성을 가진다. 바로 기봉의 옥루가 이를 증거하고 있다.

이 시에서 기봉은 '옥루=신독'으로 작시(作詩)했다. 그동안 역대 수많은 시편 중에서 '옥루' 자체를 제재로 한 시는 드물다. 대체로 시편을 통해 한두 구절에서 옥루를 차용하거나 옥루의 의미를 신독과 같은 의미로 차용한 시편이나 부(賦)는 많았지만, 옥루 자체를 제재로 내세우며 여기에 신독의 의미까지 시화(詩化)시킨 시(詩)나 부(賦)는 드물다. 그런 면에서 옥루를 제재로 하여 신독을 주제로 내세운 기봉의 시는 문학적인 가치로서 의의가 크다고 할 수 있다.

옥루(屋漏)는 본래 집안 실내(室內)의 서북쪽 모퉁이에 장막을 치고 신주[오신(奧神)]을 모시던 곳을 이르는데,[153] 후세에 '외부인이 쉽게 볼 수 없는 실내에서 가장 깊숙한 곳', '아무도 모르는 자기의 마음 속'이라는 의미로 쓰였다. 이러한 근거는 『시경』('대아大雅 억抑')에 "혼자 방 안에 있을 때, 남들 눈에 띄지 않는 곳(옥루(屋漏 : 으슥한 방구석)에서 더더욱 부끄러움이 없도록 해야 한다. 相在爾室, 尙不愧于屋漏."라고 한 데서 비롯된 것으로 추정된다. 그리하여 많은 문인들이 '부끄럽지 않아야 하는 곳', '홀로 있을 때도 사악한 마음이 조금도 없어 자신에게 부끄럽지 않아야 하는 곳', '자기만 아는 내면 공간인 마음에서도 삼가하는 것' 등의

153) 실내의 "서남쪽 모퉁이를 아랫목인 오(奧)라 하고 西南隅謂之奧 / 서북쪽 모퉁이로 집에서 가장 깊숙한 곳인 옥루(屋漏)라 하고 西北隅謂之屋漏 / 동북쪽 모퉁이를 이(宧)라 하고 東北隅謂之宧 / 동남쪽 모퉁이를 구석인 요(窔)라고 한다. 東南隅謂之窔" (『이아주소爾雅註疏』'東西牆謂之序')

의미로 옥루가 차용되곤 하였다.

그런 이유로, 앞에서 소개한 수많은 시편이며 기문에서도 옥루를 그러한 의미로 표현하였지만, 이러한 표현들은 대체적으로 여러 기문 · 시편 등에서 보듯, 한두 구절이나 한두 단락에서 옥루를 표현하거나 설하는 것에 지나지 않았다.

그러므로 기봉처럼 옥루를 제재로 장시(長詩)를 짓는 경우는 극히 드물었다. 역대 시문 · 기문 중에 거의 유일하게 옥루 자체를 제재와 주제로 내세워 장시(長詩)로 옥루를 읊었던 이는 오직 기봉뿐이었다.

기봉의 시(詩) '옥루'를 살펴보자.

시 옥루는 『기봉집』의 11편의 칠언고시(七言古詩) 중 1편으로, 모두 26구로 구성된 시다.

[편의를 위해 임의로 26구를 4구씩 한 단락으로 끊어 고찰하기로 한다.]

인귀관두(人鬼關頭)와 성광(聖狂)

> 사람 귀신 갈림길은 성광(聖狂)으로 나뉘나니 / 人鬼關頭聖狂分
> 한 마음을 삼가함은 지키는 바에 연유한다. / 一心戒忽由所守
> 평소 생활 간혹 가다 삿된 생각 한번 해도 / 閒居苟或一念邪
> 어지러이 뭇 욕심이 폭주(輻輳)하듯 몰려오리. / 紛然衆欲來輻輳

이 시 도입부는 1구에서 4구까지다.

도입부 첫 번째 출구로 "사람 귀신 갈림길은 성광(聖狂)으로 나뉘나니 人鬼關頭聖狂分"라고 표현한 부문은 의미심장하다. 이 첫 구에서 표현한 '성광(聖光)'의 성(聖)은 도(道)의 경지인데, 이를 첫 구절에서 성(聖)으로 제시한 것이고, 또한 시 마지막 구인 "옥루에서 소리와 냄새 없기를 구하리라. 屋漏庶求無聲臭"의 결구와 연결되기 때문이다. 즉 여기서 제시한 성(聖)은 바로 도(道)의 경지를 실현한 자를 의미하는 것이라고 할 수 있기 때문이다. 이처럼 이 도입부는 '성인은 신독으로 도를 실현할 수 있다'는 의미를 담고 있어, 이 시 '옥루' 전체를 이해할 수 있는 단초가 되고 있다.

"인귀관두성광분 人鬼關頭聖狂分"에서 '인귀'는 글자 그대로 풀이하면 사람과 귀신이다. 그리고 인귀(人鬼)는 죽은 사람의 영혼 곧 귀신을 가리키는 말이다. 고대 사람들은 자연을 신으로 공경했을 뿐만 아니라 그들의 선조들도 사후에 승천하여 신령한 존재가 되어 하늘에 있다고 믿었다.

그런데 인귀에 '관(關)'을 붙이면 '인귀관(人鬼關)'이, '관두(關頭)'를 붙이면 '인귀관두(人鬼關頭)'의 성어가 된다. 인귀관(人鬼關)이나 인귀관두(人鬼關頭)는 곧 '인귀(人鬼)의 관문'이라는 의미다. 이는 한 마디로 사람과 귀신, 즉 군자와 소인으로 나뉘는 갈림길이라는 의미다.

『대학(大學)』의 '전6장'을 '성의장(誠意章)'[154]이라고 한다. 이는 주자(朱子)가 이 장(章)에서 성의(誠意)의 공부를 어떻게 하느냐에 따라 사람이나 귀신으로 갈린다고 하였기 때문이다. 이는 또 성의를 몽각관(夢覺關), 또는 인귀관(人鬼關)이라 하여 선악의 분기점이라는 의미로 썼던 것이다. 주자는 이 장(章)에서 '뜻을 성

154) 성의장(誠意章)을 성의정심(誠意正心)이라고도 한다. 여기서 "성의(誠意)는 뜻을 정성되게 한다, 마음을 속이지 않는다"는 의미다. 성의에 이어진 정심(正心)은 "몸을 관장하는 마음을 바르게 한다, 즉 희노애락 등의 특정한 감정에 치우치지 않는다."는 의미다. 격물치지를 이룬 뒤, 성의정심을 추구하여 수신의 기틀을 잡는다는 것이 이 '전 6장'에서 주자의 설이었다.

실히 하는 공부'를 관문에 비유한 것이다.

주자는 이 성의장(誠意章) 설명에서, "이 관문을 통과하면 바야흐로 도(道)의 깨달음이 확고해진다. 過此關 方得道理牢固."라고 하였다. 이어 "성의는 선악관(善惡關)이므로 뜻을 성실히 하면 선해질 것이고, 뜻을 성실히 하지 못하면 악하게 된다. 또 성의는 인귀관(人鬼關)이니, 뜻을 성실히 하면 사람일 것이고, 뜻을 성실히 하지 못하면 귀신인 것이다."[155]라고 하였다.

즉 주자는 성의(誠意)의 관문을 통과하면 사람이요 그렇지 못하면 귀신이라는 의미로 성의(誠意) 공부의 여하를 인귀관(人鬼關)으로 설했다. 그래서 이 하나의 관문 즉 "성의(誠意)의 인귀관(人鬼關)을 통과해야만 비로소 전진할 수가 있다."라고 주장하였다.

'인귀관두(人鬼關頭)'에 이어진 '성광(聖狂)'의 의미도 인귀관(人鬼關)의 의미와 크게 다르지 않다. 즉 성의(誠意)의 관문을 통과하면 군자(선한 사람)요, 그렇지 못하면 귀신(악한 사람)이라는 주자의 인귀관의 의미와 같기 때문이다. 다만 사람, 또는 군자라는 의미의 사람을 '성인(聖人)'으로, 귀신을 광인으로 달리 표현했을 뿐이다.

예전부터 생각을 하지 않으면 미혹자(迷惑者 : 미치광이)가 된다고 하였다. 사람(군자)과 미혹자(소인, 미치광이)의 구분은 "능히 생각을 하느냐 하지 못하냐에 달려 있다."라고 믿었다. 이러한 논리는 『서경』('多方')에서, "성인도 생각함이 없으면 미치광이가 되고, 미치광이도 능히 생각하면 성인이 된다. 惟聖罔念作狂, 惟狂

---

155) 誠意是善惡關 誠得來是善 誠不得只是惡 誠意是轉關處 誠意是人鬼關 誠得來是人 誠不得是鬼. (『朱子語類』'卷15 大學二, 經下')

克念作聖." (『서경』'주서周書, 다방多方')라고 한 말을 원용한 데서 비롯된 것으로 추정된다. 아무리 성인이라고 하더라도 생각이 바르지 않으면 지속적인 본래의 모습을 유지하지 못할 뿐만 아니라 광인이 되고, 아무리 광인이라고 하더라도 올바른 생각을 통해 자신을 바꾸어 나간다면 능히 성인도 될 수 있다는 의미로 풀이할 수 있다.

기봉 시인은 2구에서 "한 마음을 삼가함은 지키는 바에 연유한다. 一心戒忽由所守"라고 표현하였다. 여기서 일심(一心)은 곧 일념(一念)이고 한 생각이다. 곧 '성의(誠意)'의 의지다. '성의(誠意)'에 의해 사람과 귀신으로 갈라지듯, 성인은 성의(誠意)라는 하나의 생각을 지키는(유지하는) 데서 연유한다는 것이다. 이러한 기봉의 표현과 유사한 시의 표현이 있다.

기대승(奇大升,1527~1572)[156]도 '목백의 시에 차운하다 次牧伯韻'의 시 3, 4구에서 "… 한 생각에 성광(聖狂) 됨을 정밀히 살펴야 하니 一念聖狂須密察 / 마귀와 사람의 관문이 처음 갈라지네 鬼人關外路初分"(『고봉집』'제1권, 시詩, 次牧伯韻')라고 읊었다. 기대승은 또 다른 시 '극념당 시에 차운하다 次克念堂韻'의 시 7, 8구에서도 " … 성인과 광인은 한 생각에 나누어지니 聖狂分一

156) 기대승(奇大升,1527~1572) : 나주 출신. 본관은 행주(幸州). 자는 명언(明彦), 호는 고봉(高峯) · 존재(存齋). 조선 전기 성균관 대사성, 대사간, 공조참의 등을 역임한 문신이다. 자는 명언, 호는 고봉, 존재, 시호는 문헌이다. 1558년 '천명도설'을 얻어 보고 서울에 와 있던 이황을 찾아가 사단칠정에 대한 의견을 나누었던 일은 잘 알려진 일화이다. 그 뒤 12년에 걸쳐 이황과 서신을 교환하였다. 1559년에서 1566년까지 8년간 이루어진 사칠논변(四七論辨)은 조선 유학사에 깊은 영향을 끼쳤다. 기대승은 광주의 월봉서원에 제향되었다. 저서로는 『논사록』· 『왕복서(往復書)』· 『이기왕복서』· 『주자문록(朱子文錄)』· 『고봉집(高峯集)』 등이 있다.

念 / 노력의 약하고 강함에 있는 걸세 用力在柔强"(『고봉속집』'제 1권, 시詩, 次克念堂韻')라고 읊었다. 전자의 시에서 기대승은 성인과 미치광이를 인귀관으로 연결하여 성광의 의미를 정의하였으며, 후자의 시에서는 노력[성의(誠意)에 대한 의지]의 여하에 따라 성인과 광인이 구분된다고 표현하였다.

그래서 기봉은 다음 구절에서 그 한 생각하지 못한 결과를 고백하였으니, "평소 생활에서 간혹 가다 삿된 생각 한번 해도 閒居苟或一念邪 / 어지러이 뭇 욕심이 폭주하듯 몰려온다. 紛然衆欲來輻輳"라고 읊었다.

신독(愼獨)은 '무자기(毋自欺)'다

> 신독(愼獨)의 핵심은 무자기(毋自欺)에 있거니와 / 謹獨要在毋自欺
> 내성(內省)은 옥루(屋漏)에도 부끄럽지 않아야 하네. / 內省須無愧屋漏
> 옥루(屋漏)는 안 보여도 또한 아주 환하거니 / 屋漏雖幽亦孔昭
> 군자는 부끄럽지 않음으로 기약하네. / 君子所以期不疚

두 번째 단락은 5~8구까지다. 이 단락에서부터 시인은 신독(愼獨)에 대한 뜻을 풀이하고 있는데, 시인은 여기서 신독(愼獨)을 무자기(毋自欺)로 풀이했다.

말[言] 무(毋) 자(字), 스스로 자(自) 자, 속일 기(欺) 자인 '무자기(毋自欺)'는 "스스로를 속이지 말라"는 뜻이다. 『대학』에서도 실천 윤리로 제시된 것이 바로 '스스로 속이지 말라. 毋自欺'와 '그 홀로를 삼간다는 신독[愼獨=愼其獨]'이었다.[157]

---

157) "이른바 그 생각을 정성스럽게 한다는 것은 자신을 속이지 않는 것(毋自欺)이다. (악을 미워하기를) 악취를 미워하는 것처럼 진심으로 미워하고, (선

조선의 유학에서도 수많은 선비(유학자)들이 무자기와 신독을 조존(操存)[158] 성찰의 요체로 삼았으며 인격 수양의 중요한 핵심으로 궁리했다.

조선 예학의 선구자 김장생(金長生)은 자기 자신을 속이지 않는 것을 인생의 가장 중요한 좌우명으로 새기고 살았다고 한다. 그는 "나 자신을 속이지 말라는 무자기의 이 세 글자는 내 평생에 가장 힘써서 실천하고 있는 목표다. 毋自欺三字 是吾平生所自勉者." (『사계유고沙溪遺稿』'沙溪先生遺稿卷十三')[159]라고 하였다.

을 좋아하기를) 어여쁜 여자를 좋아하는 것처럼 진심으로 좋아해야 한다. 이처럼 스스로를 속이지 않는 것을 일러 '스스로 만족하는 것'이라 한다고 이른다. 그러므로 군자는 반드시 그 '홀로 아는 자리(愼其獨)'를 진실하게 해야 한다. 所謂誠其意者 毋自欺也 如惡惡臭 如好好色 此之謂自謙 故君子必愼其獨也." (『대학장구』'전傳 6장')

158) 조존(操存) : 자신에 대한 조절 통제. 자신의 마음 · 본성을 보존하는 것이라는 의미다.

159) 『沙溪先生遺稿』('卷十三, 附錄[下]') … (사계 김장생) 선생은 항상 말하기를, "자신을 속이지 않는다는 뜻인 무자기(毋自欺) 세 글자는 바로 내가 평생토록 스스로 노력하는 바이다."라고 하였다. 선생은 수양이 이미 깊어진 뒤에는 완전한 덕성이 얼굴에 드러나고 등 뒤까지 흘러넘쳐, 멀리서 바라보면 높고 깊고 넓고 커서 끝이 없는 것 같았으나, 가까이 다가가면 온화한 기운이 훈훈하여 마치 봄바람 속에 앉아 있는 것 같았다. 이에 그 외면을 보면 도가 안정되고도 이루어졌다고 할 만하였다. 그런데도 선생은 한사코 겸손해 하면서 마치 도를 보지 못한 듯이 하면서 날로 새롭게 하고 또 날로 새롭게 하여 조금도 게을리하지 않았다. 또한 평소에는 침착하고 부드러워서 가부간에 아무런 생각이 없는 듯하였으나, 일의 시비를 논하고 선악을 분별함에 미쳐서는 엄격하고 강직하여 맹분(孟賁)과 하육(何育)처럼 용맹스러운 자라 하더라도 빼앗을 수 없는 굳은 절개가 있었으므로, 사방의 선비들이 공과의 면식이 있거나 없거나를 막론하고 모두들 태산북두(泰山北斗)처럼 우러러 보았다. … 常曰. 毋自欺三字. 是吾平生所自勉者. 充養旣深. 德性渾全. 粹面盎背. 望之崇深紘偉. 不可涯涘. 而卽之和氣薰然. 如坐春風中. 觀其外則可謂安且成矣. 而先生方且謙謙如未之見. 日新又新. 不容少

조선 중기의 문신이자 학자인 김우옹(金宇顒,1540~1603)[160]도, "… 먼 변방의 배소(配所)에서 액운을 겪고 있을 때도 반드시 퇴계 선생이 써 주신 '사무사(思無邪) · 무불경(毋不敬) · 무자기(毋自欺) · 신기독(愼其獨)' 열두 글자를 벽에 걸어 두고 조석으로 보고 반성하였다." (『갈암집』'제20권, 서序, 동강東岡, 서序')라고 하였다.

조선 후기의 문신인 허목(許穆,1596~1682)[161]도 '자경사잠 自警四箴'이라는 시에서, "스스로 삿된 자는 남을 속이니 自私者欺人 / 하늘의 이치 환히 드러나네 天理昭著 / 남을 속일 수 없고 人不可欺 / 자기를 속일 뿐이네 徒自欺耳 / 그러므로 그 몸을 성실히 함은 故誠其身 / 반드시 자기를 속이지 않음으로 시작하니 必自毋自欺始 / 이것을 써서 스스로 경계하노라 書之以自警" (『기

解. 平居油油若無可否. 及其論事是非. 辨別淑慝. 嚴毅直截. 有雖賁. 育不能奪者. 四方之事. 無問識與不識. 皆仰之如山斗."

160) 김우옹(金宇顒,1540~1603) : 조선의 문신. 학자. 남명 조식의 제자. 기축옥사가 일어났을 때 정여립과 함께 남명 조식의 문하에 있었다는 이유로 회령에 유배되었다가 임진왜란이 일어나자 사면되어 병조참판을 역임하였고, 명과의 외교에서 명과의 외교에서 일익을 담당하였다. 선현 표창과 학문 진흥에 힘써, 이황(李滉)에게 시호를 내릴 것을 청하고 조광조를 제향한 양주 도봉서원에 사액을 내릴 것을 청하였다. 또한 이이가 탄핵받았을 때에 그의 입장을 두둔하기도 했다.

161) 허목(許穆,1596~1682) : 조선 후기 성균관제조, 이조판서, 우의정 등을 역임한 문신. 과거를 보지 않고 학문과 글씨에 전념해 독특한 전서를 완성했다. 예론에 뛰어나 두 차례 예송 논쟁에서 서인의 영수 송시열을 대상으로 남인의 주장을 대변했다. 현종 대에는 서인의 주장이 관철되면서 좌천되었으나 숙종 대에 남인의 주장이 채택되어 대사헌을 거쳐 우의정에 올랐다. 저서로 『동사(東事)』 · 『방국왕조례(邦國王朝禮)』 · 『경설(經說)』 · 『경례유찬(經禮類纂)』 · 『미수기언(眉叟記言)』이 있다. 나주의 미천서원(眉川書院), 창원의 회원서원(檜原書院)에 제향되었다. 시호는 문정(文正)이다.

언記言』'제67권, 자서속편自序續編, 자경4잠')라고 읊으며 무자기에 대한 의미를 설하였다.

기봉은 이 5~8구에서 신독의 핵심은 '스스로를 속이지 않는다' 곧 '무자기(毋自欺)에 있다'면서, 이와 관련되는 의미들인 내성(內省), 옥루(屋漏), 군자(君子)의 의미를 끌어왔다.

내성(內省)은 인체 내부(內部) 즉 속 마음이라는 뜻으로, 마음 중에서 더 깊숙한 마음을 살펴본다는 의미도 있다. 이같이 깊은 성찰로 시인은 '옥루'에서도 부끄럽지 않아야 한다고 설한 것이다. (內省須無愧屋漏). 그러기에 시인은 (자신의) 옥루는 안 보여도 아주 환하다, 즉 자신의 옥루는 당당하다고 읊은 것이다. (屋漏雖幽亦孔昭). 또 그러기에 시인은 군자는 부끄럽지 않기에 (道를) 기약할 수 있으며 부끄럽지 않기에 '(道를) 기약한다는 희망을 끌어온 것(君子所以期不疚)'으로 추정된다.

이처럼 이 단락의 모든 구절(5~8구)은 '무자기'라는 '신독행'으로 이루어질 수 있는 것들이고 기봉은 여기서 무자기로 이루어질 수 있는 신독의 현상들을 정리한 것으로 여겨진다.

은미(隱微)는 옥루, 신독은 도심(道心)

은미하여 저만 홀로 안다고 하지 말라 / 隱微莫道己獨知
열 손 열 눈 어지러이 손가락질 만나리라. / 十手十目紛指覩
하물며 그대 집 감춰진 곳에도 / 何況爾室莫顯處
또한 귀신 있어 좌우에 임해있네. / 亦有鬼神臨左右

세 번째 단락은 9~12구이다. 여기서 기봉은 신독의 의미로 은미(隱微)와 무소부재(無所不在)의 신(神, 鬼神)의 존재를 설했다.

9구에서 "은미하여 저만 홀로 안다고 하지 말라 隱微莫道己獨知"라며 은미(隱微)의 의미를 제시하였다. 은미(隱微)는 은밀하고[隱] 미세하다[微]는 뜻이다. 즉 "겉으로 드러나는 것이 거의 없다. 묻히거나 너무 작아서 알기 어렵다."의 뜻이다. 이 어휘는 『중용』('제12장')에서 나온다. 『중용』에서 은미(隱微)는 "세상에 어떤 일이든 가장 은밀한 곳이 가장 잘 보이는 곳이고, 가장 미세한 일이 가장 잘 드러나는 일"이라는 뜻으로 사용되었다.

본래의 원문은, "은밀한 곳보다 더 확연히 잘 보이는 곳은 없다 莫見乎隱 / 미세한 일 보다 더 잘 드러나는 일은 없다 莫顯乎微 / 그러므로 군자는 아무도 안 보고 안 듣는 곳에서 더욱 조심하고 삼가야 한다 故君子愼其獨也."였다. [바로 '홀로 있을 때 더욱 조심하고 경계해야 한다'는 신독(愼獨)의 윤리도 여기서 비롯된 것이다.]

그런데 『중용』 '제12장'의 장구 해설에서 주자는 "은(隱)은 어두운 곳이다. 隱暗處也 / 미(微)는 작은 일이다. 微細事也 / 독자란 사람들이 알지 못하지만 獨者人所不知而 / 자기가 홀로 아는 곳이다. 己所獨知之地也 / … 인욕이 장차 자라날 것을(싹 트려고 할 때) 막아야 하는 까닭은 所以遏人欲於將萌 / 은미한 중에 잠기듯 불어나고 은근히(몰래) 자라나니 而不使其潛滋暗長於隱微之中 / 도를 떠나서 멀어지는 것에 이르지 않도록 해야 한다. 以至離道之遠也."라고 하며, '은미'의 의미를 사용하였다.

즉 이 제12장의 원문을 간단히 해설하면, "은미한 곳에서 군자는 홀로 될 때 삼가는 것이다."라는 의미로 은미를 규정지은 것이다.

이처럼 본시 신독(愼獨)은 '은미'한 곳과 연관된 의미이고, 이는 곧 '옥루'와도 연관된 단어였으며, 신독의 의미 또한 여기서 비롯된 것이다.

도(道), 곧 군자의 도[道, 道心]가 은미하다는 것은 『서경』에도 나온다. 즉 『서경』에서, "인심은 위태하고, 도심은 은미(희미)하니, 오직 정일(精一) 하여야 진실로 그 중(中, 中道)을 얻게 되리라 人心惟危 道心惟微 惟精惟一 允執厥中."(『서경』'대우모편大禹謨篇')라고 하였다.

이 말은 중국 고대의 순(舜) 임금이 자신의 임금 자리를 우(禹) 임금에게 넘겨주면서 도심은 은미하므로 '진실로 그 중(中)을 잡아라'라고 경계하는 말이었다. 즉 왕위에 올라 정사에 임할 때 마음이 어느 한 곳에 치우치지 말고 오로지 도심에 의해 그 중심을 잡아 모든 일을 처리하라는 뜻이었다. 순 임금이 우 임금에게 왕위를 물려주면서 인심(人心)보다는 도심(道心)을 갖도록 하는 차원에서 그 중(中)을 잡아야 함을 강조하였던 것으로 추정된다. 그런데 이 열여섯 글자에 담긴 뜻이 매우 함축적이지만 의미가 깊어, 주자(朱子) 등 송유(宋儒)가 이를 '요(堯) · 순(舜) · 우(禹) 세 성인이 서로 도통(道統)을 주고받은 십륙자심전(十六字心傳)'이라고 강조한 뒤로부터, 이 16자는 모든 유자(儒者)들의 도덕 수양과 치국(治國)의 원리로 숭상되어 왔던 구절이 되기도 하였다. 여기서 '도심유미 道心惟微'라는 어휘에서 미(微)는 주로 은미(隱微)로 풀이된다. 결국 여기서도 곧 도심(道心)은 은미(隱微)임을 강조한 것이라고 할 수 있다.

결국 이처럼 기봉이 차용한 '은미'는 곧 '옥루'를 상징하고 '신독행'을 의미했으며, 잘 드러나지 않은 도심(道心)이기도 하였던 것이다.

그런 연유로 기봉 시인은 "은미하여 저만 홀로 안다고 하지 말라 隱微莫道己獨知 / 열 손 열 눈 어지러이 손가락질 만나리라. 十手十目紛指覩 / 하물며 그대 집 감춰진 곳에도 何況爾室莫顯處 / 또한 귀신 있어 좌우에 임해있네. 亦有鬼神臨左右"라고 읊었던 것이다. "집안 깊숙이에 감춰진 곳 즉 옥루에서도 귀신이 존재한다."면서 "홀로 있다고 하여 삿된 마음을 품거나 삼가하지 않으면 안 된다."는 의미로 기봉은 이 단락을 읊었던 것이다.

위기지학(爲己之學), 요순의 도(道), 정일히 전수

> 자기 위한 수신 공부 외려 절로 꼼꼼해져 / 爲己之功轉自密
> 안팎을 성찰함에 잘못됨이 없게 되리. / 內省外察無差謬
> 요순의 도리는 이것에서 벗어나지 않으니 / 堯舜之道不外是
> 정일(精一)한 공부 이로부터 전수하게 되리라. / 精一從此相傳授

네 번째 단락은 13~16구이다.

13구, "자기 위한 수신 공부 爲己之功"는 곧 "자기를 위한 학문 爲己之學)"이다. 이 '위기지학(爲己之學)'의 네 글자는 유자들에게 금과옥조(金科玉條) 같은 명언이었다. 그런데 이 말도 『논어』에서 비롯되었는데, 당초 공자의 이 네 글자 원문은 '위기(爲己)'였다. 유가의 후인들이 '위기'의 앞뒤 의미를 보태 '위기'에 '지공(之功)', '지학(之學)'을 보태 '위기지공, 위기지학'으로 만든 것이다.

공자는 『논어(論語)』의 '헌문(憲問)'에서, "옛날에는 자신을 위해 학문했는데, 오늘날에는 남에게(사람에게) 보여 주기 위한 학문을 한다. 古之學者爲己, 今之學者爲人"라고 하면서 학문하는 방법으로 "자기를 위한 공부 學者爲己", 즉 '위기지학(爲己之學)'과 "남에 보여주기 위한 공부 學者爲人"라는 '위인지학(爲人之學)'으로 구분하였다. 위기지학은 자기 자신을 위해 학문을 하는 것으로, 이는 학문을 통해 자신을 성찰하고 인격을 수양하여 자신의 도덕적 완성을 추구하는 것을 목적으로 하는, 즉 공부 그 자체가 목적이 되는 것이다. 먼저 자기 몸과 마음을 바르게 가다듬고, 집안을 돌본 후에, 나라를 다스리고 천하를 평정한다는 이른바 공자의 성어인 '수신제가치국평천하 修身齊家治國平天下'의 '수신(修身)'인 것이다. 이와 유사한 표현으로 "학문하는 것이란 잃어버린 마음을 다시 구하는 것이다."고 말한 맹자(孟子)의 '구방심(救放心)[162], 『대학(大學)』에서 인간이 원래 간직하고 있던 덕을 다시 밝힌다는 '명명덕(明明德)[163]'이 있다.

위기지학과 대비되는 개념이 바로 '위인지학'이다. 이는 자신을 드러내고 다른 사람에게 인정을 받기 위해 학문을 하는 것을 가리킨다. 즉 공부가 목적이 아니라 수단으로 사용되는 것으로, 이때의 학문 목적은 곧 입신양명과 부귀영화를 얻기 위한 것이 된다.

15구의 요순지도(堯舜之道)[164]는 요(堯) · 순(舜)의 '높은 도덕의 정치'를 가르킨다. 이러한 요순지도 역시 위기지학(爲己之學)

---

162) "… 학문하는 방법은 다른 것이 없다. 그 잃어버린 마음을 찾는 것일 뿐이다. … 學問之道無他 求其放心而已矣." (『孟子』 '告子上')

163) "큰 배움의 길은 밝은 덕을 밝히는 데 있으며, 백성을 친하게 하는 데 있으며, 지극한 선(善)으로 나아가는 데 있다. 大學之道 明明德 親民 止於至善." (『대학大學』 '경經 1장')

164) "요순의 도(道)라 할지라도 그것이 어진 정치로써가 아니면 천하를 태평하게 다스리지 못할 것이다. 堯舜之道 不以仁政 不能平治天下." (『맹자』'이루離婁'), "요순의 도는 효제(孝悌)일 뿐이다. 堯舜之道 孝悌而已矣." (『孟子』 '告子章句下')"고 하였다.

곧 위기지공(爲己之功)에 지나지 않는다는 뜻이다.

그런데 15구에서 '요순의 도'가 나온데 이어 16구에서는 정일(精一)한 공부와 그 전수(傳授)라는 말이 나온다. 이 두 구절은, 아마도 요 임금이 순 임금에게 선위(禪位)할 때, "오직 정밀하고 한결같아야 진실로 중도를 잡을 것이다. 惟精惟一, 允執厥中"라는 말로 전수하였는데, 여기서 그 설화와 의미를 다시 한번 상기시킨 것으로 추정된다.

조조(慥慥) · 성의(誠意)의 실천과 도덕의 일용성

성실하게 가는 곳마다 능히 실천하게 되면 / 慥慥到處能踐形
부앙(俯仰) 함에 우주에도 부끄럼이 없으리라. / 俯仰終無愧宇宙
경신(敬信)은 말과 행동 기다리지 않나니 / 敬信不待言與動
어느새 하늘 덕에 능히 절로 나아가리. / 闇然天德能自就

다섯 번째 단락은 17~20구이다.

17구 "성실[독실]을 가는 곳마다 능히 실천하게 되면 慥慥到處能踐形"에서 나오는 '조조(慥慥)의 의미가 특별하다. '조조(慥慥)는 독실(篤實)', '성의(誠意) 있는 모양' 등을 가르킨다.

부앙(俯仰)은 원래는 '머리를 조아리거나 머리를 들어 하늘을 올려다 본다'는 뜻이지만 때로 심사숙고한다, 세속 사람의 뜻과 같이하기를 싫어한다는 의미도 있다.[165] 여기서는 문자 그대로 '머

165) 이비(吏批) : 참판 이기(李墍)는 사람됨이 충성되고 너그럽고 맑고 깨끗한 지조로 한 점 흐트러짐이도 없으며 곧은 도리로 행하여 세속을 따라 부앙(俯仰)하지 않았다. 吏批 : 參判李墍, 爲人忠謹寬厚, 氷淸蘗苦, 無一點滓穢, 直道而行, 不與世俯仰. (『선조실록』'선조 28년, 7월 18일, 3번째 기사, 이비가 정무의 부담을 아뢰다')에서 부앙은 세속인의 뜻을 따르는 것을 의미했

리를 조아리거나 머리 들어 하늘을 올려다 본다'로 해석하는 것이 옳다. 이 부앙에서는 경건함이 필수적이다. 경건하게 하늘을 우러를 때 우주에도 부끄럽지 않아야 한다고 하였는데, 이는 곧 옥루, 신독의 의미와 상통한다.

다음 구절(19구)에 나오는 경신(敬信)은 '공경하며 믿는다'는 의미다. 그런데 여기 "경신(敬信)은 말과 행동 기다리지 않는다."의 '경신불대언여동 敬信不待言與動'은 『중용장구(中庸章句)』(『중용』 제33장에 대한 주자의 장구 해설)에 나오는 '말과 행동을 기다리지 않고 경신하게 (존경받고 믿게) 된다 不待言動而後敬信'는 구절을 차용한 말이다.[166] 그러므로 이 구절은, "말과 행동을 기다린 후에야 존경받고 믿게 되는 것이 아니므로(군자는 말과 행동 이전에 그러하지 않을 때가 없어야 하므로), 군자는 항상 어느 때나 백성들에게 존경받고 믿을 수 있어야 한다."는 의미를 담고 있다. 이른바 도덕[道, 道意]의 항상성을 강조한 것이다. 시인은 그런 연후에야 비로소 "어느새 하늘 덕[天德]에 능히 절로 나

다.

166) 『중용』 제33장의 원문과 이에 대한 장구를 보면 다음과 같다. 원문은 "시에, 집에 있을 때 보니 오히려 옥루(서북쪽 귀퉁이의 은밀한 장소)에서도 부끄러운 것을 하지 말라고 했다. 그러므로 군자는 움직이지 않아도 사람들이 공경하고, 말하지 않아도 사람들이 믿는다. 詩云 相在爾室, 尙不愧于屋漏. 故君子不動而敬, 不言而信." 라고 하였다. 이에 대한 주자의 장구는, "시는 대아 '억'의 편이다. 옥루(屋漏 : 방의 서북 모퉁이)를 본다. 윗 문장을 이어 또(承上文 又), 군자의 계근공구(戒謹恐懼 : 경계하고 삼가고 두려워하는 것)와 무시불연(無時不然 : 그렇지 않은 때가 없다)을 말했다. 말하고 행동하는 것으로 기다리지 않고(不待言動而後), 공경하고 믿게 해야 한다. 그러한즉 그 행위(無時不然한 행위)는 자기를 위한 공부(爲己之功)를 더하고 더 정밀하게 하는 것이다. 詩 大雅「抑」之篇. 相 視也 屋漏 室西北隅也. 承上文又言君子之戒謹恐懼, 無時不然. 不待言動而後敬信. 則其爲己之功益加密矣."였다.

아가게 된다. 闇然天德能自就"라고 읊은 것이다.

이 단락 역시, "조조(慥慥 : 지극한 정성, 성실誠實, 성의誠意, 독실篤實)을 실천하면 하늘을 우러러 부끄럼이 없게 되고 어느 때나 항상 백성들에게 존경받고 믿을 수 있는 군자가 되어 천덕(天德)에 이르게 된다."는 신독의 의미를 설파한 단락이었다고 할 수 있다.

부도(不道) · 부정(不正)한 세태는 '금수(禽獸)의 세상'

> 나날이 망해가는 무리들 탄식하니 / 堪嗟的然日亡輩
> 억지로 드러낸 덕(도)은 구하기도 어렵다네. / 厭然表德終難救
> 부끄러움 어찌 홀로 옥루에 그치리오 / 忸怩豈獨屋漏已
> 곧지 않은 삶이란 금수(禽獸)와 같은 것을. / 罔之生也同禽獸

여섯 번째 단락은 결말부 첫 단락으로 21~24구로 구성되었다.

이 단락에서는 시인은 당대 타락되고 부조리한 세태를 읊었다.

21구 "나날이 망해가는 무리들 탄식하니 堪嗟的然日亡輩"에서 '감차[堪嗟 : 견딜 감(堪), 탄식할 차(嗟)]'는 탄식하다, 탄식을 견디다의 뜻도 되지만, 감당하기 어려운 슬픔을 의미하고, 때로 '아하' 등의 감탄사로 쓰이기도 한다. 그러므로 "나날이 망해가는 무리들이여!"하며 탄식하는 식으로 풀이할 수도 있다.

22구 "억지로 드러낸 덕은 … 厭然表德"에서 '염연(厭然)'은 "의지가 억눌려 닫고 감추는 모양새나 싫어하는 듯하다"의 뜻인데 『대학』[167]에 나온다.

---

167) "소인이 한가로이 거처할 때에 불선한 짓을 하되 이르지 못하는 바가 없다가, 군자를 본 뒤에(見君子而后), 겸연쩍게 억지로 시치미를 떼고(厭然), 그

23구 "부끄러움 어찌 홀로 옥루에 그치리오 忸怩豈獨屋漏已"에서 '뉴니(忸怩, 축니)'는 부끄럽고 창피하다의 뜻으로, 부끄러움이 어찌 옥루(삶의 심판대)에서 그치겠는가, 하고 안타까워 한다는 표현이다.

24구 '곧지 않는 삶 罔之生也'은『논어』에 나오는 구절이다. 즉, "사람이 살아가는 이치는 곧아야(정직해야) 한다, 곧지(정직하지) 않으면서도 사는 것은 (죽음을) 요행으로 모면하는 것이다. 人之生也直 罔之生也 幸而免."라고 『논어』('옹야,17장')에서 나온다. [여기서 직(直)은 '곧다, 올바르다'의 뜻으로 정직 혹은 성(지극 정성, 誠)과 통한다. 망(罔)은 '없다'는 뜻의 부정어이다.]

그러므로 이 구절은 '곧지 않은, 바르지 않은 삶은 곧 금수(禽獸)다'는 의미이다. 그래서 기봉 시인은 "곧지 않은 삶이란 금수(禽獸)와 같은 것을. 罔之生也同禽獸"이라고 표현하고, '망해가는 무리들, 옥루에서 부끄러운 무리들, 곧지 않은 삶은 곧 금수(禽獸)다.'면서 이들을 통렬히 지적한 것으로 추정된다.

결말구 - 도(道)의 경지 추구하다

나 또한 천재(千載)에 성실[誠 : 지극 정성]을 지켜 / 余亦千載誠之者

불선을 가리고(揜其不善而) 선함을 드러낸다(著其善). 남들이 자기를 보기를 자신의 폐부(肺腑)를 보듯이 할 것이니, 그렇다면 무슨 유익함이 있겠는가. 이것을 일러 '중심(中心)에 성실하면 외면(外面)에 나타난다.'라고 하는 것이다. 小人閑居, 爲不善, 無所不至, 見君子而后厭然揜其不善, 而著其善, 人之視己, 如見其肺肝然, 則何益矣? 此謂誠於中, 形於外."(『대학』'전6장'). [여기서 주자(朱子)는 '염연(厭然)'을 "힘 잃고 덮어 감추는 모습 銷沮閉藏之貌 朱子曰, 厭然 銷沮閉藏之貌"이라고 해설하였다. (『心經附註』'第2券,大學1, 誠意章')

옥루에서 소리와 냄새 없기를 구하리라 / 屋漏庶求無聲臭

25~26구는 전 단락에 이어진 연속된 결말구이다.

25구 "나 또한 천재(千載 : 천년의 세월, 오랜 세월을 의미)에 성실하게 이를 지킨다 余亦千載誠之者"에서 시인은 전구에서 제시한 '금수가 되지 않기 위해 오래도록 성실을, 지극한 정성(精誠)을 지킨다.'는 자신의 의지를 다시 한 번 언급하고 있다. 이제까지 설한 옥루와 신독의 삶을 지극 정성[誠]으로 지키겠다는 의지와 희구의 표현이라고 할 수 있다. 그것이 다음 마지막 26구에서 이 시의 결어로써 거듭해서 강조되고 있다. 즉 '옥루에서 신독으로 내 삶의 그 희구하고 의지하는 것이 곧 도(道)의 경지'라는 것으로, "옥루에서 소리와 냄새 없기를 구하리라. 屋漏庶求無聲臭"로 표현된 것이다.

'소리와 냄새가 없는 것 無聲臭'은 곧 이상 세계인 도(道)의 세계를 일컫는다.

"소리와 냄새가 없다 無聲臭"에서 '무성취(無聲臭)'는 '무성무취(無聲無臭)'의 약자이다. 이 무성무취는 『시경(詩經)』('대아大雅 文王')에서 나오는 말이다. 『시경』에서 "상천의 일은 소리도 없고 냄새도 없다. 上天之載 無聲無臭."라고 하였다. 그리고 『중용』('제33장')에서도 이를 인용하여, "상천의 일은 소리도 없고 냄새도 없다고 하였으니 지당하도다. 上天之載, 無聲無臭 至矣."라고 하였다.

여기서 "상천의 일은 소리도 없고 냄새도 없다."는 의미는 조용히 운행되는 천지의 이치를 묘사한 것이다. 그러므로 무성무취(無聲無臭)는 '도(道)' 자체를 의미하기도 하고 '도의 경지, 도를 체득한 경지'로 이해되고 있다. 대표적인 예로 이색(李穡)과 기대승

(奇大升)이다.

이색은 '순중설(純仲說)'에서 "하늘의 명은 심원하여 그치는 때가 없다. 그러므로 하늘의 일은 소리도 없고 냄새도 없다(無聲無臭)고 할지라도, 항상 운행하면서 쉬는 일이 없고 광대하게 보살피면서 하나도 빠뜨리는 일이 없는데 어찌 거기에 주재(主宰)하는 것이 없다고 할 수 있겠는가."라고 하였다.[168]

또 기대승도 '성인과 맹자론'에서 "천지간에 존재하는 도는 천지가 형성되기 이전에 숨어 있었고 또 이미 형성된 뒤에도 행해져서 체와 용이 한 근원이요 드러남과 은미함에는 간격이 없다. 그 오묘함을 미루어 보면 '충막무짐(沖漠無朕)'이고, 그 지극함을 연구해 보면 '무성무취'하다."[169]고 설하였다.

그러므로 시인이 "옥루에서 소리와 냄새 없기를 구하리라. 屋漏庶求無聲臭"라고 표현한 것은 곧 "옥루에서 무궁한 도(道)의 세계를 구하리라"라는 의미로 풀이할 수 있는 것이다.

---

168) 雖曰無聲無臭. 然所以 運而不息. 大而不遺. 豈曰無所主宰乎." (『牧隱文藁』 '卷之十,說,純仲說')

169) "천지간에 있는 도는 천지가 형성되기 이전에 숨어 있었고 또 이미 형성된 뒤에 행해져서 체(體)와 용(用)이 한 근원이요 현(顯)과 미(微)가 간격이 없다. 그 묘함을 미루어 보면 충막무짐(沖漠無朕)이고, 그 지극함을 연구해 보면 무성무취(無聲無臭)하다. 높이 있고 낮게 있는 사이에 천지의 형체를 드러내고 있어서, 앞으로 맞이해 보아도 그 시작을 볼 수 없고 뒤를 따라도 그 끝을 볼 수가 없다. 도가 천지간에 있는 것을 내 진실로 알 수가 없으니, 내 이미 알 수 없는 데도 도가 천지간에 있다 하는 것은 심한 망상이 아니겠는가. 夫道之在天地也. 隱於未象未形之先. 而行於旣象旣形之後. 體用一源也. 顯微無間也. 推其妙則沖漠之無朕也. 究其至則聲臭之無物也. 混淪磅礴於窿然頹然之間. 迎之而不見其首也. 隨之而不見其後也. 道之在天地者. 吳固不得而知之也, 吳旣不得而知之. 而以爲道在乎天地者. 不亦罔象之甚乎." (『고봉전서』 '고봉집 제2권')

3) 신독행으로 도(道)의 경지 희구하다

'신독(愼獨)의 장'[170]으로 불리는 『중용』 마지막 장인 제33장은 '무성무취'라는 이른바 신독이 추구하는 도의 경지를 밝히면서 종결을 맺는다. 『중용(中庸)』은 제1장 '천명지위성(天命之謂性 : 하늘로부터 품부받은 것이 성性이다.)'으로부터 시작해서 마지막 결론으로 신독(愼獨)으로 종지부를 찍은 것이다. 신독(愼獨), "홀로 있을 때 삼가라"는 말은 인간의 내면적 세계, 자기의 수양을 말하는 것이다. 이 신독을 거쳐야 비로소 성의(誠意)요 무자기(毋自欺)요 무성무취(無聲無臭)의 세계인 도의 경지를 완성할 수 있는 것이다.

결국 기봉은 『중용(中庸)』이 가르친 원리를, 즉 제일 마지막에서도 강조한 '인간이 홀로일 때 삼가하는, 즉 철저한 내면의 성찰[신독愼獨]'의 궁리 궁행을 통하여 '무성무취'의 도의 세계로

170) 이성보(李城輔) : "선유(先儒)가 이 장(章 : 중용의 제33장)을 한 부의 작은 『중용(中庸)』이라 하였는데, 그 가운데 가장 절요(切要)한 뜻은 오로지 신독(愼獨) 두 글자에 있다. 소리도 없고 냄새도 없다[無聲無臭]는 것은 곧 드러나지 않는 공경[不顯篤恭의 신묘함을 형용한 말이고, 드러나지 않는 공경이란 곧 천도(天道)의 극치를 형용한 말이다. 그러므로 하늘의 일(上天之載)이란 말로 결론을 지었는데, 그 근본을 궁구해 보면 실로 신독으로부터 나온 것으로서, 호홀(毫忽 : 지극히 짧은)의 사이에 쌓고 또 쌓고, 기미(幾微 : 어떤 일을 알아차릴 수 있는 눈치, 조짐)의 사이에 스스로 성찰하여 한 생각도 조금이나마 소홀함이 없는 다음에야 비로소 천도에 부합할 수 있을 것이다. 城輔曰 : 先儒以此章, 爲一部小『中庸』, 而其中切要之旨, 專在於愼獨二字. 無聲無臭, 所以形容不顯篤(工)〔恭〕之妙, 不顯篤恭, 所以形容天道之極致. 故以上天之載結語, 而究其根本, 實自愼獨上出來, 積累於毫忽之間, 省察, 於幾微之際, 一念之發, 無或少忽, 然後始可以合於天道矣."[李城輔(1738~1811) : 순조 정조 때 공조참판, 도승지, 대사헌 등 역임] (『정조실록』'48권, 정조 22년 4월 5일, 2번째기사, 衙熙政堂, 朝講兼行次對')

이르는 길을 간절히 희구하였기에 명시 '옥루'가 탄생할 수 있었다고 추정된다.

시인 윤동주는 "죽는 날까지 하늘을 우러러 한 점 부끄럼이 없기를" 기원했다. 퇴계 이황(李滉)이나 백범 김구(金九)도 신독을 평생의 좌우명으로 삼았다고 한다. 이로써 우리 조상들이 신독을 얼마나 중요시 했는지 감히 짐작할 수 있다.

기봉은 시 '옥루(屋漏)'에서 신독(愼獨)을 주제로 내세웠다. 시 '옥루'는 '신독'이 주제이다. 그런데 시 구성에서 특이할 점은 '옥루=신독' 의미의 확대 · 확충으로 구성했다는 점이다. 그렇기에 이 '옥루'에서는 인귀관두(人鬼關頭), 성광(聖狂)을 시작으로 무자기(毋自欺), 부끄럽지 않는 군자도(君子道), 보이지 않는 곳에서도 부끄러움이 없다는 불괴옥루(不愧屋漏), 천도(天道), 자기 위한 공부(爲己之功=爲己之學), 요순의 도리(堯舜之道), 은미(隱微), 무성취[無聲臭=무성무취(無聲無臭) 등 옥루+신독과 연관된 의미이면서 유가에서 가장 중요시 되는 실천 덕목들을 거의 다 끌어냈다. 이는 결국 '옥루(屋漏)'의 시로서의 완성도는 물론, 옥루가 지향한 신독의 다양한 의미 구현과 함께 작문(作文)의 경지를 드높이고 주제인 '옥루=신독'의 새로운 의미의 확충을 표현할 수 있었다고 여겨진다.

이는 한마디로 시인(기봉)이 신독에 얼마나 철두철미하게 궁구(窮究) · 궁리했는가를 잘 보여준다고 할 수 있으며, 이는 또 기봉이 유가의 기본 실천 윤리인 신독행에도 철저히 궁행(躬行)했음을 보여준다고 할 수 있다. 시 '옥루'는 이처럼 신독을 주제로 내세워 시화(詩化)했다는 점에서 문학사적인 의미도 큰 것으로 평가할 수가 있을 것이다.

6. 구도자(求道者) 희구하다

– '천행건', 치열한 구도(求道) · 구인(求仁) 정신 구현

『주역』에서 설한 태극(太極), 음양(陰陽), 오행(五行)의 이치는 '훈민정음' 창제의 기본 원리가 되었다. 이는 『훈민정음 해례』의 서두 첫 문장부터 강조하고 있는 데서 확인된다.

> 천지 자연(우주)의 원리는 음양 오행뿐이다. 곤(坤)과 복(復)의 사이가 태극(太極)이 되고 (곤괘와 복괘의 사이에서 태극이 생겨나서), (이 태극이) 움직이고(動) 멎고(靜) 한 다음에 음(陰)과 양(陽)이 (우선) 생겨나는 것이다. (그러니) 무릇 하늘과 땅 사이에 목숨 갖고 존재하는 것들이 음양을 버리고 어디로 가겠는가. 그러므로 사람의 말소리[有聲音]도 다 음양의 이치가 있는 것인데 사람이 살피지 못할 뿐이다. 이제 정음(훈민정음)을 만든 것도 애초부터 슬기로써 마련하고 애씀으로써 찾은 것이 아니다. 다만 그 성음을 바탕으로 하여 (성음의 원리에 따라서) 그 이치를 다한 (규명한) 것뿐이다.
> (『訓民正音 解例本』'訓民正音解例, 制字解')[171]

'한글'은 우리 문화사상 '가장 으뜸가는 자랑거리'라고 할 수 있

---

171) 天地之道 一陰陽五行而已. 坤復之間爲太極. 而動靜之後爲陰陽. 凡有生類在天地之間者. 捨陰陽而何之 故人之聲音. 皆有陰陽之理. 顧人不察耳. 今正音之作. 初非智營而力索. 但因其聲音而極其理而已 ….

다. 실제로 오늘날 세계 여러 언어 학자들도 이구동성으로 한글은 독창성과 과학성을 지닌 뛰어난 문자라는 사실을 한결같이 인정하고 있다. 특히 '문자가 만들어진 날'을 기념하는 국가는 지구상에서 오직 대한민국밖에 없다는 사실도 크나큰 민족적 긍지가 되어 왔다.

그런데 이처럼 세계 유일의 독창적인 문자로 창제된 한글[훈민정음(訓民正音)]의 기본 원리가 바로 『주역(周易)』의 기본 원리인 '태극(太極)·음양(陰陽)과 오행(五行)[172]의 이치'를 활용하였다는 데서 더욱 놀라지 않을 수 없게 된다.

한글이 『주역』의 음양, 오행의 원리를 기본으로 창제되었다고 밝힌 '훈민정음의 해례 제자해(制字解)'의 글은 당시 조선국에서 『주역』의 음양, 오행의 이치가 당대 사회에서 불변의 중심 가치관이었음을 증거해 주는 한 사례라고 할 수 있을 것이다.

세계에서 가장 독창적인 한글이 이처럼 『주역』의 원리를 수용해 창제되었듯이, 기봉 시인의 부(賦) '천행건(天行健)'도 『주역』

172) 오행(伍行) : 오행설은 우주 만물의 변화 양상을 목(木) · 화(火) · 토(土) · 금(金) · 수(水) 라는 5종의 요소 및 기(氣)로 압축해서 설명하는 이론이다. 음양설과 오행설은 원래 독립되어 있었으나 기원전 4세기 초 전국시대에 음양오행설로 결합, 우주 만물 및 자연계의 여러 가지 현상들을 설명하는 틀로 사용되었다. 특히 성리학은 우주 만물의 법칙과 원리를 규명하면서 음양오행설을 적극 수용하였다. [주돈이(周敦頤)의 『태극도설 太極圖說』과 주희의 『태극해의(太極解義』 등 …주돈이는 '태극도설'을 통해 『주역』의 음양설에 오행설을 확장하였고, 주희는 주돈이 태극설을 정미하게 발전시켰다.] 특히 주돈이는 "태극이 움직여 양을 낳고, 움직임이 극도에 이르면 고요하게 되는데, 고요하여 음을 낳는다. … 양이 변하고 음이 합치되어 수 · 화 · 목 · 금 · 토를 낳는다."라고 하여 '태극—음양—오행'의 구도를 정립하였다. 이러한 성리학의 음영오행설은 조선시대 지배 사상으로 구축되면서 생활 구석구석까지 막대한 영향을 미치며 적극 보급되었다. 훈민정음도 『주역』의 음양론과 주돈이의 '오행설'을 바탕으로 창제될 정도였다.

의 원리를 수용하여 작부(作賻)되었다는 점이 아주 놀랍다.

'천행건(天行健)'[173]은 『주역』에, "하늘의 운행은 굳세고 강하니 군자는 그것을 본받아 스스로 강하도록 하기 위하여 쉬지 않는다. 象曰 天行健 君子以厚德載物(乾卦)."라는 구절에 나온다. 그러므로 이 부는 『주역』을 바탕으로 하여 써진 것이다.

그런데 '천행건'에 이어진 구절이 바로 '지세곤(地勢坤)'이다. 지세곤은, "땅의 기운은 푸근하다. 위대한 군자여, 이 땅의 푸근한 마음을 본받아 후덕한 마음으로 세상의 모든 문제를 포용해 주어야 한다."라고 설했다. 이로써 '천행건'이 천도를 의미한다면 '지세곤'은 자연과 인간의 윤리의 본질적인 이치를 정의하고 있는 것이라고 할 수 있다. 그러므로 기봉이 이 부(賦)에서 제목으로 『주역』의 '천행건(天行健)'을 적시하였지만, 실제 작품 내용은 '지세곤(地勢坤)'의 의미까지도 포함하는, 즉 『주역』의 기본 원리를 통째로 주제로 하여 작성되었다고 할 수 있다.

결국 기봉은 이 부(賦)를 통하여, 천지 운행의 원리를 담은 『주역』의 천도(天道)를 자연 섭리 원리와 인륜의 윤리에 적용하여, 마치 훈민정음이 『주역』의 원리를 바탕으로 창제되었듯이, 이 부(賦)도 『주역』의 원리와 조화롭게 합일된 인간의 바람직한 삶의 원리를 규명하고 활용하여 특히 진정한 구도자로서 올바른 궁행(躬行)이 어떠해야 하는 지를 밝히고 있어, 더욱 주목되는 작품이다.

---

173) 이 '부 천행건'은 "白光弘 著, 鄭珉 譯, 『국역 기봉집』, 2018, 기봉백광홍선생기념사업회, 41-55쪽"을 텍스트로 활용하였다.

1) '천행건'에 나타난 기봉의 치열한 구도(求道) 정신

이 부의 제목은 '하늘의 운행은 굳세다 天行健'이다.

이 부는 기본적으로 도입부[서사(序詞)], 전개부, 결말부의 3단 구성이고, 전체는 30연(聯), 1구(句)는 6자(六字), 전체 60구로 구성되어 있다. 도입부부터 살펴보자.

도입부, 『주역』의 근본 원리와 천도(天道) 규명

> 아, 저 하늘의 광막함이여! / 猗玄渾之冲漠
> 오묘한 그 운행 다함이 없네. / 玅運用之不窮
> 진실로 주재자가 그 안에 있어 / 寔主宰者在中
> 시종(始終)을 한 가지 이치로 꿰뚫었도다. / 貫一理乎始終
> 아주 짧은 순간도 쉬임이 없이 / 靡少頃[174]之或息
> 위대한 그 운행 굳세기도 해. / 偉厥行之至健

도입부는 3연, 6구이다.

시인은 도입부 첫 단락에서 『주역』의 '천행건'이 의미하는 천리 운행, 즉 천도(天道)를 설했다.

1연 출구(出句)에서 "아, 저 하늘의 광막함이여! 猗玄渾之冲漠"라고 설했다. 이를 직역하면, "아무런 조짐이 없는 흐린 하늘이 아름답다"로 표현할 수 있다. 대구는 "오묘한 그 운행 다함이 없네. 玅運用之不窮"라고 표현되었다. 이로써 1연은 광막한 하늘, 흐린 하늘의 운행이 무궁무진하며 다함이 없어 참으로 오묘하다는 표현이다.

---

174) 소경(少頃) : 잠시 지나간 동안. 잠깐 사이를 의미한다.

1연에서 이처럼 하나의 태초의 천지 모습을 표현한 그 현상의 주체가 2연에서 등장한다. "진실로 주재자(主宰者)가 그 안에 있어 寔主宰者在中 / 시종(始終)을 한 가지 이치로 꿰뚫었도다. 貫一理乎始終[175]"의 표현에서 주재자에 의해 이 우주의 처음과 끝이 한 가지 이치로 꿰뚫어졌다고 표현한 것이다.

사실 시인이 1연 출구의 "아무런 조짐이 없는 흐린 하늘이 아름답다"라고 표현할 수 있었던 것은, 그 하늘이 아무런 조짐이 없는 충막(冲漠)한 상태지만 그 가운데 삼라만상이 빼꼭히[삼연(森然)] 갖추어 있는 현상이었기 때문이다. 그런데 그 충막(冲漠)은 『근사록』에서 용사된 어휘다. 곧 충막은 태극(太極)을 가르키는 의미였다. 『근사록』에서 정이천(程伊川)은 "충막은 태극이다"라고 설했고, "태극은 충막무짐한 가운데 만상이 빼곡이 갖추어져 있다. (삼연森然히 수많은 물상物象이 죽 나열되어 있다.)"고 설했다. 즉 충막무짐은 지극히 고요하여 아무런 조짐이 없는 상태인데, 이는 바로 (태극) 본연(本然)의 성(性, 성품), 즉 본연의 태극의 현상을 표현한 것이다. 다시 말해 태극은 본래부터 이미 만상을 갖추고 있었던 것이다. 그러므로 삼라만상 현상의 주재자요 주체자는 태극이었고 그 태극의 본성에는 삼라만상의 창조 이전부터 이미 삼라만상의 이치를 갖추고 있었던 것이다.(『近思錄 卷1』)

이러한 이유로 시인은 1연 출구에서 태극으로 인해 비롯된 삼라만상의 현상을 비유하여 "아무런 조짐이 없는 흐린 하늘이 아

175) "시종(始終)을 한 가지 이치로 꿰뚫었도다"와 유사한 표현으로, 정이천은 『근사록』에서 "(태극에는) 삼라만상이 다 갖추어져 있다. 萬象森然已具." 면서 "(태극은) 백 척이나 되는 큰 나무가 밑뿌리로부터 가지 끝 잎까지 다 하나로써 연결되어 있다. 如百尺之木 自根本至枝葉 皆是一貫."라고 설한 대목이 있다. (『근사록』 권1)

름답다."고 표현할 수 있었던 것이다.

그리고 2연에서는 1연에서 삼라만상의 그 현상을 창조한 주체를 '천도의 주재자'라고 명명하면서 암묵적으로 태극의 존재를 끌어 온 것이다

이로써 시인이 이 부 첫머리부터 만물과 만상의 시작이요 우주 근원인 '태극'[176]을 등장시켰는데, 이는 이 '태극'을 시작으로 하여 음양이 분화되면서 만상이 형성되는 『주역』을 풀어헤쳐 보겠다는 의도를 보여 준 것으로 추정된다.

3연에서는 "아주 짧은 순간도 쉬임없이 靡少頃之或息 / 위대한 그 운행 굳세기도 해. 偉厥行之至健"라고 표현하여 1연, 2연에서 설한 태극 천도의 운행, 즉 주재자 태극의 천도의 섭리가 아주 짧은 순간순간에도 쉬임없이 운행되므로 "그러한 굳센 운행이기에 그러한 천지 운행이 참으로 위대하다."고 표현한 것이다.

전개부, 첫째 단락
『역경』의 궁리로 천도(天道)의 원리 규명

도입부 단락에서 시인은 천지 만상의 근원으로서 '태극(太極)'을 끌어 왔고, 그 '태극'의 천도에 의해 다함이 없이 펼쳐지는 천도의 운행과 그 운행의 위대함을 설파하였다. 이제부터는 그 '태극'에 의해 음양, 사상, 팔괘로 분화되며 펼쳐지는 자연의 섭리,

176) 『주역』('계사상전繫辭上傳')에서, "역(易)에는 태극이 있고 태극(太極)이 양의(兩儀)를 낳으며, 양의가 사상(四象)을 낳고 사상이 팔괘(八卦)를 낳는다. 易有太極 是生兩儀 兩儀生四象 四象生八卦."면서, 태극을 정점으로 한 우주 생성론적(生成論的)인 도식을 기술하고, 태극(太極)을 우주의 근본 즉 만물을 생성하고 본원(本源)으로서 만물이 생성되기 이전부터 존재하는 궁극적 실체임을 설하였다.

인륜의 법칙을 들여다 보게 된다.

희경[羲經[177], 역경(易經)]을 보며 궁구하자니 / 玩羲經而窮象
잠김 속에 은미하게[178] 드러남이 있네. / 嗒潛在夫微顯
음양의 깊은 이치 줄기로 삼아 / 幹二儀[179]之玄機
사덕(四德)[180]의 묘한 변화 펼치는구나. / 敍四德之玅變
원(元)[181]회복해 억조창생 생기어 나고 / 兆生生於復元
형(亨)[182]을 키워 큰 변화가 이루어지네. / 彰化化於復元泰亨
이(利)[183]를 써서 거둬들임 결실을 맺고 / 肅收實於用利
정(貞)[184] 바탕해 되돌아 봄 굳세어지리. / 默反固於幹貞
정(貞)은 원(元)에 마치어 동(動)과 합하고 / 貞終元而合動
원(元)은 정(貞)서 비롯되어 정(靜)을 발하네. / 元始貞而發靜
영고성쇠(榮枯盛衰) 피고 짐이 번갈아 들고 / 枯榮[185]開落之互代

---

177) 희경(羲經) : 『역경(易經)』, 『주역(周易)』의 이칭이다. '희경(羲經)'은 복희씨(伏羲氏)가 처음으로 팔괘(八卦)를 만들었다고 하는 데서 유래한다. 『역경』은 중국에서 오경의 필두에 있는 유교의 경전이다. 『역경(易經)』은 『주역』의 경문에 대한 새로운 해석을 제시하는 책으로 『주역』의 원문 자체만을 다루고 있다.

178) 은미(隱微) : 은밀하고 미세하다.

179) 이의(二儀) : 하늘과 땅. 곧 음과 양이다.

180) 사덕(四德) : 『주역』의 건괘에서는 '원형이정'(元亨利貞)이 사덕이다.

181) 원(元) : 으뜸이다는 뜻. 모든 선(善)의 으뜸을 의미하는데 천도(天道)의 네 덕(德) 중 하나이다. 천지인(天地人) 삼재(三才)가 문을 열고 밖으로 나오는 봄의 뜻이 들어 있다.

182) 형(亨) : 형통하다는 뜻. 만물이 자라는 시기인 여름을 상징하고 주역의 천도(天道) 네 덕(德) 중 하나이다.

183) 이(利) : 만물을 이롭게 한다는 뜻. 천도(天道)의 네 덕(德) 중 하나이다. 오곡백과(五穀百果)가 무르익어 추수(秋收)하는 가을의 뜻이 들어 있다.

184) 정(貞) : 바르다는 뜻. '정'(貞)은 만물이 땅속에 숨어 쉬는 추운 겨울의 뜻이 들어 있다. 천도(天道)의 네 덕(德) 중 하나이다.

185) 고영(枯榮) : 성쇠(盛衰), 영고(榮枯)의 뜻이다.

낮과 밤, 밝음, 어둠, 차례로 오네. / 晝夜晦明之迭更

전개부의 첫째 단락은 6연, 12구로 구성되었다.

이 단락은『주역』의 '희경(羲經 = 역경易經, 주역周易)'을 용사했다. 따라서 이 단락에서 시인은『주역』의 원리, 그 의미와 그 정신을 설하고 있다.

그래서 1연 출구에서 "희경[羲經, 주역周易]을 보며 궁구하자니 玩羲經而窮象"라고 표현, 희경 곧 역경(주역)을 궁구하게 되었다고 설하여, 이 부가 역경을 궁구한 내용으로 쓰여진 부라는 사실을 은연 중에 드러냈다.

1연 대구에서 "잠김 속에 은미하게 드러남이 있네. 嗒潛在夫微顯"라고 설하였다. 이는『주역』의 태극이 그 본질은 잠겨있지만 은미하게 드러나 있다고 설한 것이다.

여기서 중요한 어휘는 '부미현(夫微顯)'이다. 이는 곧 '부미지현(夫微之顯)'이다. 이 말은『중용장구』('제16장')에 "무릇 은미함이 드러나서, 성(誠之)을 가릴 수 없는 것이 이와 같구나. 夫微之顯, 誠之不可揜如此夫."에 나오는 말로, 이를 용사한 것이다.

『중용』제16장 첫머리에서 공자는 "귀신의 덕 됨이 지극하다고 말한다. 曰 鬼神之爲德 其盛矣乎 / 보려 해도 보이지 않고, 들으려 해도 들리지 않지만, 모든 사물에 깃들어 있어 빠뜨리지 않는다. 視之而弗見, 聽之而弗聞, 體物而不可遺."라고 하면서 귀신의 성정 등을 밝히고, 마지막에 "(귀신의 덕 됨이) … 은미하지만 명확히 드러나니, 성(誠)이란 가릴 수 없는 것도 (은미하지만 명확히 드러나므로) 이와 같다. 夫微之顯, 誠之不可揜如此夫."라고 설했다. 귀신이나 성(誠)이란 것도 은미하지만 분명하게 존재한다고 밝힌 것이다.

그래서 시인은 1연 출구에서 '태극(太極)'이라는 존재도, 『중용』('제16장')의 귀신이나 성[誠之]처럼 은미하지만 분명히 드러나는 존재로 표현한 것으로 추정된다.

2연에서 시인은 "음양의 깊은 이치를 줄기로 삼아 幹二儀之玄機 / 사덕(四德)의 묘한 변화 펼치는구나. 敍四德之玅變"라고 표현하였다. 이는 1연의 '은미하지만 분명히 드러난 존재'인 태극이, 2연에서는 "음양의 깊은 이치로 인하여 4덕의 묘한 변화를 일으킨다."라고 설한 것이다. 이처럼 태극에서 비롯된 '음과 양'의 깊은 이치가 '4덕'의 묘한 변화 곧 사상(四象)을 일으킨다고 표현한 것인데, 이 '4덕'의 변화 곧 [사상(四象)의 변화는] 다음 3연과 4연에서 설해지는 '원형이정(元亨利貞)'과 봄 · 여름 · 가을 · 겨울의 4계절 변화를 가르키는 것이 된다.

사덕(四德)과 원형이정(元亨利貞)

3연에서 시인은 "사덕(四德)의 묘한 변화 펼친다."라고 표현하였다. 여기서 사덕은 '원형이정(元亨利貞)'을 말한다. 『주역』에서도 사덕을 '원형이정(元亨利貞)'으로 표현하였다.

원형이정은 『주역』('건괘, 괘사卦辭')에서 유래한 말이다. 이에 대하여 여러 해석이 있다. 특히 『주역』('문언전文言傳')에서, "원(元)은 선(善)의 으뜸이다. 형(亨)은 미(美)의 으뜸이다. 이(利)는 의(義)의 조화(調和)이다. 정(貞)은 사(事)의 주간(主幹)을 나타낸다."고 하였다. 이어서 자연의 사덕(四德)을 군자의 덕(德)에 연결시켜 인(仁), 예(禮), 의(義), 지(智)의 순서로 풀이하고 건괘(乾卦)에서는 전형적인 천지 자연의 질서를 반영하여 봄 · 여름 · 가을 · 겨울 사계를 연관시켰다.

송나라 유학자 정이(程頤)도 『정씨역전(程氏易傳)』(권1)에서, 원형이정(元亨利貞)을 각각 봄 · 여름 · 가을 · 겨울 등 사계와 결부시켜, "원(元)은 만물의 시작이요(봄), 형(亨)은 만물의 성장이요(여름), 이(利)는 만물의 이룸이요(가을), 정(貞)은 만물의 종결이다(겨울)."라고 설명하였다.

그런데, 이와 관련한 '원형이정'의 독특한 해설로 돋보이는 것으로 조선 초 학자 권근(權近)[186]의 해설이 있다. 그는 "천도(자연)에서는 '원형이정'이 되고 사람에게는 인의예지(仁義禮智)가 된다. … 군자는 이 네 가지 덕을 실천하는 사람이다. 그러므로 '건(乾)을 원형이정'이라 한다는 것은 사람에게 있는 것(네 가지 덕)이 하늘에 있는 것과 합치된다는 뜻이다. 군자가 실천하는 덕이 바로 건(乾)의 네 가지 덕이므로 하늘과 사람이 합하여서 하나가 되는 까닭을 의미한다고 할 수 있다."[187]고 설했다.

---

186) 권근(權近,1352~1409) : 본관이 안동이고 초명은 진(晉)이며, 자는 가원(可遠)인데 뒤에 사숙(思叔)으로 고쳤다. 양촌(陽村)은 그의 호이다. 목은 이색(李穡,1328~1396)의 문인으로 정몽주 · 김구용 · 박상충 · 이숭인 · 정도전 등 당대 석학들과 교유하였다. 17세에 성균시에 합격하고, 1369년(공민왕 18년) 18세에 문과에 급제하여 춘추관검열이 되었다. 1374년(공민왕 23) 성균관 직강(直講), 예문관 응교(應敎)에 임명되었으며, 공민왕이 죽자 정몽주·정도전 등과 함께 위험을 무릅쓰고 배원친명(排元親明)을 주장하였다. 고려가 망하고 조선이 개국되자, 태조 이성계의 명으로 1393년(태조2) 정총(鄭摠)과 함께 정릉(定陵)의 비문을 짓고 중추원사가 되었다. 저서로 『상대별곡(霜臺別曲)』 · 『오경천견록(五經淺見錄)』 · 『입학도설(入學圖說)』 등이 있다.

187) 권근이 문언전(文言傳)에서 말하였다 : "'원'은 선의 으뜸이다(元者善之長也) … 그러므로 건(乾)은 크게 형통하고[元亨], 바르면 이롭다[利貞]라고 하였다. … 하늘에 있어서는 '원 · 형 · 이 · 정'이 되고 사람에 있어서는 인(仁) · 의(義) · 예(禮) · 지(智)가 된다. '군자는 인을 체득하다' 이하

'훈민정음' 창제 원리를 규명한 『훈민정음 해례본』 편집진들도 이러한 원형이정의 의미를 근거로 하여, "일원(一元)의 기운은 두루 흘러 다함이 없고, 사시(四時, 사계절)의 운행은 순환하여 끝

의 글은 그것이 사람에게 있음을 말한 것이다. '군자는 이 네 가지 덕을 실천하는 사람이다. 그러므로 건이 원 · 형 · 이 · 정이라 한다.'는 것은 사람에게 있는 것이 하늘에 있는 것과 합치된다는 뜻이다. 군자가 실천하는 덕이 바로 건의 네 가지 덕이므로 하늘과 사람이 합하여서 하나가 되는 까닭을 말한 것이다. 인 · 예 · 의로 이름을 바꾸면서 '정(貞)'을 '지(智)'라 하지 않고, '바르고 굳다[貞固]'라고 한 것은 오상(五常)의 '믿음[信]'을 겸해서 말한 것이다. 천도가 '정(貞)'이 되고 나서 '원'으로 복귀함은 본래 쉼이 없기 때문이다. 사람에게 있다 함은 '바름[正]'을 알아서 굳게 지킨 뒤에 스스로 힘쓰고 쉬지 않아[自强不息] 건도에 합치할 수 있음을 경계한 것이다. '지혜[智]'는 앎을 위주로 하지만 여기서는 실천을 위주로 말하므로 '바르고 굳다[貞固]'라고 하였다. 만일 '지혜'가 '바름'을 알기에 충분하지만, '믿음[信]'을 굳게 지킬 수 없다면, 인욕이 그것을 가려 천리가 멈추게 되니 어찌 건의 덕에 합치할 수 있겠는가! '간사함을 막고 그 정성을 보존한다'는 것은 마음으로 말한 것이고 '말을 가려서 하고 그 정성을 세운다'는 것은 일로 말한 것이니, 안과 밖이 서로 양육한다는 뜻이다. 마음으로 말하면 실제의 이치는 본래 가지고 있는 것이므로 '보존한다[存]'라 하였고, 일로 말하면 실제의 덕은 권면해야 함에 있으므로 '세운다[立]'라 하였다. '보존한다'는 것은 본래 그러한 것을 바탕으로 지키는 것이고, '세운다'는 것은 마땅히 그렇게 해야 할 것을 극진히 하여 이르도록 하는 것이다. 文言, 元者善之長也 [止] 故曰乾元亨利貞.… 在天爲元亨利貞, 在人爲仁義禮智. 自君子體仁以下, 言其在人者也. 君子行此四德者, 故曰乾元亨利貞者, 在人者合乎在天者也. 言君子所行之德, 卽是乾之四德也, 所以合天人而一之也. 仁禮義易其名, 而貞則不曰智, 而以爲貞固, 是兼五常之信以言之也. 天道旣貞而復元, 自無息也. 在人者, 須當戒以知正而固守, 然後自强不息, 可合於乾道矣. 智主知, 而此主行言, 故以貞固言之. 若智雖足以知正, 而信或不能固守, 則人欲蔽之, 而天理或息矣, 豈能合於乾德乎. 閑邪存其誠, 以心而言, 修辭立其誠, 以事而言, 內外交相養也. 以心而言, 則實理其所固有, 故曰存, 以事而言, 則實德在所當勉, 故曰立. 存者, 因其本然而守之也, 立者, 盡其當然而致之也. (『韓國大全』('주역천견록周易淺見錄', 권근)

이 없으므로 정(貞)은 다시 원(元)이 되고, 겨울은 다시 봄이 된다."[188)189)]고 설명하였다.

이처럼 시인은 3연 출구에서 "원(元)을 회복해 억조창생이 생겨나고 兆生生於復元"(봄을 표현), 대구에서는 "형(亨)을 키워 큰 변화가 이루어지네. 彰化化於復元"(여름을 표현) 라고 하면서,

---

188) 『훈민정음 해례본』에 나오는 '원형이정'에 관한 부분은 다음과 같다. " … 일원(一元)의 기운이 두루 흘러 다하지 않고 사시(四時)의 운행이 돌고 돌아 끝이 없는 까닭에 원형이정의 이치에 따라, 정(貞)에서 다시 원(元)이 되고 一元之氣, 周流不窮. 四時之運, 循環無端, 故貞而復元 / 겨울에서 다시 봄이 되는 것이니, 초성이 다시 종성이 되고 종성이 다시 초성이 되는 것은 역시 이와 같은 뜻이다. 冬而復春. 初聲之復爲終, 終聲之復爲初, 亦此義也 / 이는 아마도 하늘이 성군(세종대왕)의 마음을 여시고, 그 솜씨를 빌려주신 것이 아니겠는가? 是殆天啓聖心 而假手焉者乎 / 천지(우주)의 화성(化成)은 본래 한 기운 天地之化本一氣 / 음양과 오행이 서로 처음이며 또 끝이고 陰陽五行相始終 / 둘(하늘과 땅) 사이의 만물이 (음양오행의 조화로) 형(形)과 성(聲)이 있으나 物於兩間有形聲 / 근본에는 둘이 없으니 이(理)와 수(數)가 통한다. 元本無二理數通" (『訓民正音解例 2』 制字解)

189) 다음은 『훈민정음 해례解例』에서 원형이정에 관한 내용의 앞부분에서 설하고 있는 내용들로서, 한글이 주역의 음양과 오행의 의미를 활용하여 창제되었음을 밝히고 있는 내용들이다. "… 음양은 하늘의 이치(道)이고 강유는 땅의 이치다. 陰陽, 天道也. ▨剛柔, 地道也. / … 또한 만물이 땅(地)에서 처음 나서, 다시 땅으로 돌아감을 볼 것이다. 亦可見萬物初生於地, 復歸於地也. / … 동(動)이란 하늘(天, 초성)이요, 정(靜)이란 땅(地, 종성)이며, 동과 정을 겸한 것은 사람(人, 중성)이다. 動者, 天也, 靜者, 地也. 兼乎動靜者, 人也. / … 대개 오행이 하늘에 있어서는 신의 운행이요, 땅에 있어서는 바탕의 이룸이다. 盖五行在天 則神之運也. 在地 則質之成也. / … 사람에 있어서는 인(仁) · 예(禮) · 신(信) · 의(義) · 지(智)가 신(神)의 운행이요 간장(肝), 심장(心), 비장(脾), 폐장(肺), 신장(腎)이 바탕(質)을 이룸이다. 在人 則仁禮信義智 神之運也, 肝心脾肺腎 質之成也. / … 이것을 또한 하늘과 땅이 만물을 낳고 이룩해도 그 재성(財成, 조정)과 보상(輔相, 보충)은 반드시 사람(人)에게 힘입는 것과 같은 것이다. 亦猶天地生成萬物, 而其財成輔相 則必賴互人也." (『訓民正音解例 2』 制字解)

'원형이정'의 원(元)과 형(亨)의 의미를 표현하였다.

4연에서도 "이(利)를 써서 거둬들이는 결실을 맺고 肅收實於用利"(가을을 표현) / 정(貞) 바탕해 되돌아 봄 굳세어지리. 默反固於幹貞"(겨울을 표현) 등으로 표현, '원형이정'의 이(利)와 정(貞)의 의미도 표현하였다.

이처럼 시인은 2연에서 4덕의 그 미묘한 변화를, 3연과 4연에서 봄, 여름, 가을, 겨울 순으로 원형이정(元亨利貞)과 짝을 지워 그 의미를 표현하였다. 즉 시인은 2연의 '음양'으로 인한 4덕의 변화를 3, 4연에서 '원형이정'의 4덕과 자연계의 4계절의 변화에 적용하여 표현한 것이다.

자연의 동정(動靜) – 음양 이론에 결정적으로 영향

시인은 5연에서 음양의 동정(動靜) 의미를 가져와 음양 이론의 의미를 보다 확충한다.

"정(貞, 겨울)은 끝나며 동(動)과 합하고 貞終元而合動 / 원(元, 봄)은 시작하며 정(貞, 겨울)에서 비롯되어 정(靜)을 발하네. 元始貞而發靜"라고 설하여, 원형이형 중 정(貞)과 원(元)에서의 동정(動靜)의 이치를 표현하였다. 즉 5연 출구에서, 정(貞)의 동(動)과의 관련성을, 대구에서는 원(元)의 정(靜)과의 관련성을 표현하였는데, 이는 4계절 변화와 순환에서 동정(動靜)의 이치가 정(貞)과 원(元)에서 어떻게 구현되는 지를 표현한 것으로 추정된다.

춥고 음기가 성한 겨울 절기에는 정(靜)의 움직임이 강세이고 따뜻하고 양기가 성한 여름 절기에는 동(動)의 움직임이 성할 수 밖에 없다. 그런데, 시인은 5연 출구에서, "[정(靜)의 기가 성하고 동(動)의 기가 약한 겨울을 의미하는] 정(貞, 겨울)은 끝나며 동(動)의 기와 합한다."고 설하고, 대구에서는 "[동(動)의 기가 점점 성해지고 정(靜)의 기가 약해지는 봄을 의미하는] 원(元, 봄)은 정(靜)의 기운을 발하기 시작한다."고 표현하였다. 이는 『주역』에서 동정(動靜)의 의미를 파악하지 않으면 상식적으로 쉽게 이해하기 어려운 구절의 내용이 아닐 수 없다.

『주역』의 동정(動靜)의 의미를 더 살펴보자.

주돈이(周敦頤)의 『태극도설』에 의하면, "무극(無極)인 태극(太極)이 있으니, 태극이 동(動)하여 양(陽)을 낳고 동이 극(極)에 이르면 정(靜)이 되고, 정(靜)하여 음(陰)을 낳고, 정(靜)이 극에 이르면 다시 동(動)이 된다. 한 번 동(動)하고 한 번 정(靜)함이 서로 뿌리가 되어 음과 양으로 나뉘면서 양의(兩儀)가 확립되었다. 동과 정은 끝이 없고 음과 양은 시초가 없다."라고 설했다.[190)191)]

이처럼 동정(動靜)은 태초에 태극이 음양(陰陽)이 분화될 때부터 적용된 이치여서 음양의 이치와 아주 밀접하게 관련을 갖는다. 특히 『주역』의 핵심이 되는 음양을 당초에 탄생시키는 과정을 동정(動靜)이 직접 간여하였기에 사실상 음양의 이치는 곧 동정(動

---

190) 太極動而生陽, 動極而靜. 靜而生陰, 靜極復動. 一動一靜, 互爲其根. 分陰分陽, 兩儀立焉, 動靜無端 陰陽無始 (『太極圖說述解』)

191) 태극이 동(動)하여 양(陽)을 낳는다(太極動而生陽)"고 한 것에 대해 주희는 "태극이 동하여 양을 낳고 정하여 음을 낳는다는 것은 동(動)한 뒤에야 비로소 양을 낳는 것이 아니다. 이는 동(動)하자마자 양에 속하고 정(靜)하자마자 음에 속하는 것이다. 동(動)하여 양을 낳는다는 것은, 그 처음은 본디 정(靜)한데, 그 정(靜)한 위에서 또 동(動)하는 것이다. '동하고 정함이 끝이 없다.'는 것은 이 때문이다. 極動而生陽, 靜而生陰, 不是動後方生陽. 蓋纔動便屬陽, 靜便屬陰. 動而生陽, 其初本是靜, 靜之上, 又須動矣. 所謂動靜無端, 今且自動而生陽處看去."(『朱子語類』'卷94 太極圖')라고 해설하였다.

靜)의 이치에서 비롯된 이치라고도 할 수 있다. 그러므로 따지고 보면, 음양의 원리[192]는 큰 틀에서 동정의 이치와 같은 이치로 볼 수 있다는 것이다.[193]

사상(四象)에 대한 독창적인 자연 철학을 수립했던 소옹(邵雍)[194]은 계사전의 음양(陰陽) · 동정(動靜) · 강유(剛柔) · 천지(天地) 개념을 철학으로 발전시켰던 인물이었다. 그의 학설에 의하면, "천(天)은 동(動), 지(地)는 정(靜)에서 생겨났다. 동(動)과 정(靜)이 교차하여 천지(天地)의 변화가 이루어진다. 동(動)이 시작되어 양(陽) · 동(動)이 극하면 음(陰)이 발생하고, 정(靜)이 시작되어 유(柔) · 정(靜)이 극하면 강(剛)이 발생한다."고 하여 동(動)에서 천(天-하늘)의 음양 운동이 발생하고 정(靜)에서 지(地-땅)

192) 『주역』의 음양 법칙에서, 양(陽)과 음(陰)은 반대되는 존재이지만, 서로 상호 의존적으로 조화와 균형관계이다. 즉 음과 양은 서로 반대되는 존재이지만 서로 없으면 존재할 수 없는 주제와 대상의 관계인 것이다. 그러므로 음과 양은 서로에게 필요한 존재로 음이 없으면 양도 존재할 수 없고, 양이 없으면 음도 존재할 수 없다는 상호 의존적인 관계이고, 더 나아가 서로 상반된 성질이지만 서로 조화와 균형적인 관계로 존재하게 된다. 이러한 균형 관계에서 만유와 만상이 안정적으로 유지, 발전될 수 있는 것이다. (한쪽이 지나치면 다른 쪽이 부족해지며 결국 균형이 깨지게 된다.)

193) 『주역』('계사전繫辭傳')에 "음(陰)이 되었다가 양(陽)이 되었다가 하는 것을 도(道)라고 한다. 一陰一陽之謂道."라고 설하였다. 동정(動靜)으로 볼 때 음(陰)은 정(靜)이고 양은 동(動)이다. 그러므로 『주역』의 원리에서 "음이 되었다가 동이 되었다가 … " 하는 것은 곧 음양이 반복된다는 의미이고, 이는 곧 동정(動靜)도 음양처럼 반복된다는 의미로 파악할 수 있다.

194) 소옹(邵雍,1011~1077) : 중국 송나라의 사상가. 중국 북송의 5대 현자 중의 한 명으로 소강절 또는 소요부(邵堯夫)라고도 한다. 성리학의 이상주의 학파 형성에 큰 영향을 주었다. 자는 요부(堯夫), 시(諡)는 강절(康節). 범양(范陽) 출신이다. 소옹의 집은 대대로 은덕(隱德)을 본지로 삼아 벼슬하지 않았다. 그도 몇 번인가는 소명을 받았지만 끝내 관도(官途)에 나아가지 않았다.

의 강유(剛柔)의 변화가 발생한다고 하였다.

이처럼 『주역』에서 보는 자연 운행은 일정한 불변의 법칙이 있다. 자연의 이 법칙은 곧 "잎이 피면 반드시 시들고, 낮이 지나면 반드시 밤이 찾아 든다."는 순환 같은 어김없는 법칙이고 이러한 순환의 법칙은 곧 음양과 동정(動靜)의 순환에 따른 법칙인 것이다.

거듭 밝히자면, 시인은 5연에서 동(動)과 정(動靜)의 이치가 정(貞)과 원(元)에서 어찌 표출되는 지를 설하였다. 5연 출구에서는 "[(정(靜)이 성한 겨울에서] 정(貞, 겨울)은 원(元)에 마치어 동(動)과 합하고 貞終元而合動"라고 설하였다. 여기에는 [앞에서 설명한 동정(動靜)의 이치대로, 겨울은 정(靜)의 극점이고 여름은 동(動)의 극점이 되므로, 정(靜)의 극점(겨울)이 봄에 이르면서 동(動)으로 변하기 위해 동(動)과 합한다. 동을 발한다는 의미가 담겨 있다. 즉 겨울은 동(動)과 합할 수밖에 없는 처지[정(靜)의 극점에서 동(動)을 발해지므로]라는 그 이치를 표현한 것이다.

5연 대구에서는 "원(元, 봄)은 정(貞)에서 비롯되어 정(靜)을 발하네. 元始貞而發靜"라고 설하였다. 여기에서 표현된 봄[元]은 동(動)이 점차 성해지면서 정(靜)은 점차 약해지는 절기다. 그런데 동(動)이 극점(여름)이 되기 위해서는 반드시 거쳐야 하는 절기가 봄이고, 정(靜)도 극소화되기 위해서는 반드시 거치야 하는 절기가 봄이라는 절기다. 그러므로 겨울에서 극점이었던 정(靜)은 봄을 맞아서 미약한 것이라 할지라도 여전히 정(靜)을 발하지 않을 수가 없다는 의미가 함유되어 있다.

이처럼 시인은 3연, 4연에서 '원형이정'의 의미를 구체적으로 설했다. 그리고 5연에서 동정(動靜)의 이치를 가져와 정(貞)과 원

(元)의 동정(動靜)과의 관련성만 설했다. 시인이 굳이 정(貞)과 원(元, 봄 의미)과의 동정(動靜)만을 표현한 근거는 주희의 다음의 글에서도 밝혀진다.

"… 따지고 보면 동(動, 움직임) 이전에는 또 정(靜, 고요함)이 있고 정(靜) 이전에는 또 동(動)이 있었다. '음했다, 양했다' 하는 것을 도(道)라고 한다. [주희에게는 음양은 기氣이고 음양 순환이라는 현상을 만들어내는 원리는 도이다. 그래서 음양이 도가 아니라 '일음일양위도一陰一陽之爲道'라고 한 것이다.] '그것을 이어서 계속하는 것이 선(善)이다.' 같은 경우, 이렇게 '이어서 계속한다'는 것이 동(動)의 단서(시작점)이다. 만약 한 번 열렸다 닫혔다 하고 그 뒤로 이어지지 않는다면 그냥 닫히고 천태 만상이 (온 우주가) 끝나버린다. … 정(靜)의 끝은 동(動)의 시작이다. 사계절로 말하자면, 겨울철에 이르러 만물은 모두 보금자리로 돌아가 버린다. 만약 다시 생겨나지 않으면 내년에는 모두 종식되어 버릴 것이다. 대개 정(貞)에서 원(元)이 다시 태어나니 정(貞)은 겨울의 덕(德)이고 원(元)은 봄의 덕(德)이다. (여기서 덕은 속성 정도의 뜻이다.) 온 세계가 이렇게 이어지니 이로써 끝이 없다."[195]

위 글에서 주희의 주장은, '동정(動靜)의 이치가 계속되어야 천지만상의 운행도 지속 된다', '음양과 동정의 이치 구현의 지속성 여부는 정(貞, 겨울)과 원(元, 봄)에 달려 있다', '정(靜)의 끝은 동(動)의 시작이다.', '정(貞)에서 원(元)이 다시 태어나므로 (동정

195) … 若論著動以前又有靜, 靜以前又有動, 如云 : '一陰一陽之謂道, 繼之者善也.' 這' 繼' 字便是動之端. 若只一開一闔而無繼, 便是闔殺了." … "是靜之終, 動之始也. 且如四時, 到得冬月, 萬物都歸窠了 : 若不生, 來年便都息了. 蓋是貞復生元, 無窮如此." (『주자어류』'권1 理氣上')

의 이치는) 끝없이 운행된다'는 내용으로 요약될 수 있다. 한 마디로 "겨울인 정(貞, 겨울)에서 봄인 원(元, 봄)이 태어나기 때문에 정(貞)과 원(元)은 천지의 운행, 동정(動靜)의 이치에서 가장 중요하다."는 의미가 된다.

기봉 시인도 아마 이런 사실을 인식하여 5연에서 정(貞)과 원(元)에서 동정의 의미만 설했을 것으로 추정 된다,

그리하여 동정의 이치 구현을 위해 정(貞)에서 동(動)과 합하고, 원(元)에서 정(靜)을 발하게 되는 의미로 5연을 표현한 것이다. 다만, 5연 대구의 원(元)에 대한 표현에서는 한 구절로 표현해야 할 불가피성으로, 형(亨, 여름)과 이(利, 가을)를 뛰어넘어 정(貞, 겨울)에서의 정(靜)과의 연관성만 표현한 것으로 추정된다.

이처럼, 시인은 이 단락에서 음양 이치에 의한 원형이정(元亨利貞)의 이치. 동정(動靜)의 의미를 통해 절대 불변의 원리로 운행되는 천지 자연 운행을 설한 것이다. 이러한 자연 법에 주목한 시인은 이 단락의 결어로서 6연 출구에서 "영고성쇠라는 피고 짐이 번갈아 들고 枯榮開落之互代"라고 표현한 데 이어, 대구에서 "낮과 밤, 밝음 어둠이 차례로 찾아온다. 晝夜晦明之迭更"라고 표현하였다.

기봉 시인은 이처럼 이 단락에서는 『주역』의 원리를 궁리하여, 천지 운행의 묘미, 자연 4계절의 순환 원리를 적절히 묘사한 것이다.

이러한 『주역』의 원리는 『주역』에서 설하는 우주 형성론의 원리이기도 하다. 즉 『주역』('계사전繫辭傳')에는, "역에 태극이 있으니 양의(兩儀)를 낳고 양의는 사상(四象)을 낳고 사상은 팔괘(八卦)를 낳는다. 易有太極 是生兩儀 兩儀生四象 四象生八卦."라

고 하여, 팔괘는 태극 · 양의 · 사상의 단계를 거쳐 형성된다는 사실을 설명하였다. 사상(四象)은 태양(太陽), 소음(少陰), 소양(少陽), 태음(太陰)인데 이들이 각각 양의(陽儀)를 만나 더해져서 네 개의 괘[건(乾), 태(兌), 리(離), 진(震)]가 만들어지고 사상이 또 각각 음의(陰儀)를 만나 더해져서 네 개의 괘가 만들어져 합해 팔괘가 만들어졌다. 이 팔괘는 다시 서로 거듭해서 64괘를 이루니, 이것이 바로 주역 64괘이다.

그런데 『주역』('계사전상')에서 "역(易)에 사상(四象)이 있는 것은 곧 보이고자 하는 것이기 때문이다. 易有四象 所以示也", "상(象)을 본받는 것은 천지보다 큰 것이 없고, 변하여 통하는 것은 사계절보다 큰 것이 없다. 是故法象莫大乎天地. 變通莫大乎四時."고 하였다. 사상은 이렇듯 보다 구체적이고 가시적인 자연 현상으로 발현되니 그것이 바로 춘하추동(春夏秋冬)의 사계절이고 이 사계절이 사상(四象)을 상징하게 되었던 것이다. 그래서 우주 형성에 기본적인 사상(四象)의 표현이 이 단락에서 원형이정(元亨利貞)의 4덕에 관한 표현으로 나타났다고 할 수 있다.

전개부 둘째 단락
기봉이 추구한 궁극은 무엇인가

처음부터 궁극[196]이란 있지 않으니 / 初未有夫窮極
어이해 잠시라도 놓을 수 있나. / 豈或舍於暫頃[197]
부지런히 화육(化育)의 도를 다하여 / 藹化育之盡道
훌륭하게 한 해의 일 이루었구나. / 懿歲功之得成

196) 궁극(窮極) : 어떤 과정에서 마지막이나 끝을 의미한다.
197) 잠경(暫頃) : 잠(暫)은 '잠깐 잠'이므로 잠경은 잠깐 사이이다.

이 같은 즐거움이 끝이 없으니 / 玆於穆而不已[198]
진실로 그 성(誠)을 벗어남 없네. / 諒不外乎其誠
내 성품 속마음을 돌아보건대 / 顧吾人之性衷
어이해 하늘 본떠 공부 않으리. / 盍用功之體天
군자의 한결같음 아름답구나 / 美君子之惟一
저녁이면 늘 두려워 더 노력하네. / 恒夕惕而乾乾[199] 5
이 마음 간직하여 잃지 않고서 / 操此心而不失
힘 쏟아 행하여서 극에 이르리. / 要力行而極到

전개부의 둘째 단락은 6연, 12구로 구성되었다.

시인은 앞 단락에서 표현된 『주역』의 천지 운행, 자연의 순환 원리에 자신도 순응하고 합일하려고 노력한다는 삶의 자세와 의지를 이 둘째 단락에서 밝히고 있다.

1연 출구에서 "처음부터 궁극이란 있지 않았다 初未有夫窮極" 라고 표현하였다. 여기서 표현된 '궁극'은 천도 · 천리나, 태극(太極) 등의 경지를 이르는 것이 아니다. 인간의 수련과 수양을 통해서 이를 수 있는 '성(誠)의 경지' 같은 것을 이르는 표현이다. 2연에서 표현된 '화육(化育)의 도(道)'나 3연의 '기성(其誠)', 5연의 "한결같이 아름답구나"로 표현된 정도의 '군자도(君子道)' 같은 것으로 볼 수 있다.

이러한 경지는 태극 · 천도처럼 처음부터 본체로서 존재한 궁

198) 어목불이(於穆不已) : 깊고 멀어서 (심원해서) 그치지 아니한다. 『시경』(주송 '유천지명')에 "하늘의 명은, 아아! 심원하여 그치지 않네. 維天之命 於穆不已."라고 나온다.

199) 석척이건건(夕惕而乾乾) : 『주역』 '건괘' : "구삼은, 군자가 종일토록 힘쓰고 힘써 저녁까지도 두려워하면 위태로우나 허물이 없을 것이다 九三, 君子終日乾乾, 夕惕若, 厲, 无垢."고 하였다. 군자가 하루 종일 덕업을 닦고, 저녁에 되어서도 여전히 신중하게 반성하니 허물이 없을 것이라는 의미다.

극은 아니었다. 인간의 노력에 의해서 도달할 수 있는, 인간이 노력의 결실로서 얻어질 수 있는 궁극이었다. 시인도 자신이 설정한 이 궁극이라는 것도 처음부터 있는 것이 아니고 자신이 도달해야 하는 궁극으로 파악했으므로 그것을 강조하는 의미로 "처음부터 궁극은 없었다."라고 표현한 것으로 추정된다.

따라서 그러한 궁극은 1연 대구의 "잠시라도 놓을 수 없는 豈或舍於暫頃" 경지 같은 것이었고, 2연 출구처럼 "부지런히 화육(化育)의 도(道) 실현"으로, 즉 최선을 다하면 이룰 수 있는 경지로서 궁극이었을 것으로 여겨진다.

'화육(化育)'의 원리 - 인도(人道)에 합일되어야

2연에서 시인이 자기 수련 덕목에서 천지 자연의 도라고 할 수 있는 '화육(化育)'을 끌어 온 것은 참으로 심오한 의미로 읽혀진다.

화육(化育)은 하늘과 땅의 자연스러운 이치로 모든 생명, 자연 만물을 생성하고 성장시키는 것을 의미한다. 그러므로 이 화육이라는 말은, 천지 자연의 생성, 대자연의 조화, 자연의 이치 등에서만 사용될 수 있는 용어인 것이다.

이러한 화육은 『중용』('제22장')에서 용사된 표현이다. 즉, "오직 천하에 지극한 정성[至誠]이어야 그 본성(性)을 다할 수 있게 된다. 그 본성(性)을 다할 수 있으면 다른 사람의 본성을 다할 수 있고, 다른 사람의 본성을 다할 수 있으면 사물의 본성을 다할 수 있다. 사물의 본성을 다할 수 있으면 천지의 화육을 도울 수 있고, 천지의 화육을 도울 수 있으면 천지와 더불어 나란히 할 수 있을 것이다."[200]라고 설해진 경문이 그것이다.

앞 단락에서 필자는 『주역』의 '원형이정'을 설명하면서, "천도(자연)에는 '원형이정'이 네 가지 덕이 되고 사람(군자)에게는 '인의예지(仁義禮智)'의 네 가지 덕이 된다. 군자는 이 네 가지 덕을 실천하는 사람이다. 즉 군자는 '원형이정'이라는 네 가지의 덕을 사람에게 있는 네 가지 덕으로 합일시키려는 사람이다."라고 설명하면서, "진정한 군자는 천지의 도(道)와 인륜의 도(道)를 합치시키는 사람이다."고 언급 한 바 있다.

따라서 사람이 천지의 도(道)인 화육(化育)과 합일시키려는 것이야말로 진정한 군자라 할 수 있을 것이다. 그런 점에서 기봉 시인이 화육의 의미를 이 부(賦)에서 끌어온 것은 참으로 큰 의미가 있다고 할 수 있다.

이처럼 기봉 시인은 2연에서, "부지런히 화육(化育)의 도를 다하여 藹化育之盡道 / 훌륭하게 한 해의 일 이루었구나. 懿歲功之得成"하고 자찬하고, 3연 출구에서는 "이와 같은 즐거움이 끝이 없구나. 玆於穆而不已"하며 화육의 도를 성취함으로써 얻은 느낌으로 즐겁다고 읊은 데 이어, 3연 대구에서도 "진실로 그 성(誠)을 벗어남이 없네. 諒不外乎其誠"라고 읊으며, 1연에서 표현된 '궁극'의 하나가 바로 '그러한 성[其誠]의 경지'였음을 표현하였다.

"천명은 무궁하여 아름답구나" - 어목불이(於穆不已)

기봉 시인은 이처럼 2연, 3연에서는 천리 운행의 도(道)와 자연

---

200) 惟天下至誠 爲能盡其性 能盡其性 則能盡人之性 能盡人之性 則能盡物之性. 能盡物之性 則可以贊天地之化育 可以贊天地之化育 則可以與天地參矣. (『중용』 '제22장')

의 원리가 합일되는 참된 군자의 길이요 참된 인륜(人倫)의 길에 대한 의미를 소개하면서, 더불어 자신이 그 길을 걷기 위해 노력해 온 사실에 자부심으로 느꼈다고 표현하였다. 이어 4연부터 6연까지는 완전히 자아로 돌아와 자기 현실을 직시하며 자성과 함께 구인(求仁) · 구도(求道)의 궁행에 더욱 노력하겠다는 의지, 즉 천도에 비춰진 자화상을 지켜보며 천도와 합일하려고 더욱 매진하는 노력의 과정을 표현하고 있다.

4연의 출구에서 표현된 '어목불이(於穆不已 : 깊고 멀어서 그침이 없다)'의 출처는 『중용장구』('제26장')이다.

"『시경(詩經)』에 이르기를, '오직 하늘에서 내려준 천명이 오호! 깊고 멀어서 그치지 아니한다.'라고 했다. 이는 모두 다 하늘이 하늘 된 까닭을 말하는 것이다. 詩云維天之命 於穆不已. 蓋曰天之所以爲天也. / '아! 뚜렷이 나타나지 않는가? 於乎不顯 / 문왕의 덕(德)이 순수함이여! 라고 했으니, 이것은 다 문왕이 문왕이 되신 까닭을 말씀하신 것으로 (문왕의) 순수한 것이 또한 그치지 아니한다는 것이다. 文王之德之純, 蓋曰 文王之所以爲文也 純亦不已."라고 하였다.

『중용』에 인용된 이 글은 사실 『시경』(周頌 '유천지명')에 나오는 글로, 후인들이 문왕에게 제사를 올리면서 천하가 태평함을 고(告)하는 시(詩)다. 즉 인간이 "천명의 어목불이(於穆不已)"와 "문왕 덕의 순수함[文王之德之純]"를 지향해서 살아갈 때 자신은 물론 가족과 나라가 두루 사람답게 살아갈 수가 있어 평온할 것임을 천명하는 명언이라고 할 수 있다.

모든 인간의 삶이 "(천명은) 깊고 먼 곳에서도 그침이 없으며, 또한 (문왕의 순수한 덕 같은) 순수한 것도 그침이 없음"을 바라

보고 산다는 것은, 오로지 불멸의 진리를 탐구하고 그 배운 바를 실천하면서 살아가야 하다는 의미에 다름이 아니다. 그러므로 여기에는 '다른 어떤 세상적인 욕심을 모두 배제하고 즉 모든 탐심(貪心)을 극복하고 살아가라.'는 의미를 함유하고 있다.

저녁이면 더 두려워, 더욱 천도(天道) 수련에 매진

4연 출구에서 시인은 "자기 속마음(자기 성품)을 돌아보니"라고 제시하고, 대구에서 자기 속에도 (천도와 연결돼 있음을 알았는데), "어찌 그 하늘을 본떠 공부하지 않겠느냐."면서 천도를 공부하지 않을 수 없는 이유를 표현하였다.

5연 출구에서는 "군자의 한결같음이 아름답다"라고 제시하고, 그 대구에서는 "(군자로써 그 아름다움을 알지만 그것을 지키기에 홀로 되는) 저녁이면 두려워져 더욱 노력한다."는 자신의 현실(자기 처지)를 표현하였다.

6연의 출구에서는 (이러한 마음이 두렵지만 한편으로 이는 더욱 정진하려는 마음이므로) "이 마음을 간직하여 잃지 않겠다"고 다짐하고, 6연 대구에서 "힘 쏟아 행하여서 극에 이르리. 要力行而極到"라면서, "(두렵지만) 더욱 궁극에 이르도록 힘을 더 쏟고 행하여서 극(궁극)에 이를 것을 다짐한다."며 자신의 수양에 대한 강한 의지를 표현하였다.

이 단락은, 시인 자기는 두렵지만 그럼에도 더욱 전진하려는 마음을 잃지 않는다면 1연에서 설정해 놓은 극, 곧 '궁극(窮極)'에 이를 수 있을 것이라는 희망적인 기대와 그에 대한 강한 의지를 표현한 것으로 풀이할 수 있다.

전개부 셋째 단락
천도 수련, 아침 낮 얽매이지 않는다

대문에서 놓아 기른 닭을 거두고 / 收放鷄於人關
길에서 달아난 말을 몰아와 / 馭奔馬於中道
저물녘 집에 들어 편히 쉬면서 / 入宴息於嚮晦
고요히 한 바탕을 보존하노라. / 靜以存夫一本
나가도 아침 낮에 얽매지 않고 / 出不梏[201]於朝晝
움직임에 온갖 만물 살피는도다. / 動以察夫萬散

전개부의 셋째 단락은 3연으로 구성되어 있다.

이 단락에서는 가사(家事)의 현실, 즉 낮에 행해지는 가사와 한낮에 이루어지는 일상 그리고 그 가사와 천도의 관련성을 표현하였다.

1연은 동(動)의 시간이고 2연은 정(靜)의 시간이다. 3연은 다시 동(動)의 시간이다.

1연은 "대문에서 놓아 기른 닭을 거두고 收放鷄於人關 / 길에서 달아난 말을 몰아온다. 馭奔馬於中道"로, 2연은 "저물녘 집에 들어 편히 쉬면서 入宴息於嚮晦 / 고요히 한 바탕을 보존하노라. 靜以存夫一本"로, 3연은 "(밖에) 나가도 아침 낮에 얽매지 않고 出不梏於朝晝 / 움직이며 온갖 만물 살핀다. 動以察夫萬散"로 표현하였다.

시인은 2연의 쉼의 시간인 정(靜)의 시간에서도 한바탕[根本]을 보존한다. 3연의 동(動)의 시간에도 아침 낮에 얽매이지 않고 만물을 살핀다. 이것이 기봉 시인의 일상이다.

여기서 시인은 『주역』의 동(動), 정(靜)의 의미를 가져온 것이

201) 불곡(不梏) : 얽매이지(구속되지) 않는다는 뜻이다.

다. 시인은 이처럼 자기의 소소한 일상에서도, 『주역』의 정신이기도 한 동(動)과 정(靜)의 의미, 자연과의 합일을 추구한다는 『주역』의 원리인 천도를 가져와 가사(家事)에서도 천도를 떠날 수 없는 자기의 일상을 표현하였다.

이 부를 읽는 독자들은 이 단락에서, 천도(天道)가 시인의 집에서 숨 쉬는 모습을 그려보게 되고, 또 기봉 시인의 자연스러운 모습을 그려보게 된다. 내연으로는 참으로 고요하고 외연으로는 참으로 치열한 구도(求道)의 그 양면성도 들여다보게 된다. 바로 그러한 기봉 시인의 독특한 일상이 바로 눈앞에 훤히 그려 보이는 듯하다.

전개부 넷째 단락
삼덕(三德) 체득, 사단(四端) 확충, 오행(伍行) 원리 징험도

비록 도에 못 미침을 근심하지만 / 雖閔道之莫及[202)]
곁에 누가 있는 듯 두려워하네. / 儼戒懼[203)]之若臨
삼덕(三德)을 체득하여 때로 이기며 / 體三德[204)]而時克

---

202) 도지막급(道之莫及) : 세상 어느 누구도 그와 겨뤄 이길 수 없다는 뜻. 노자의 『도덕경』에 나온다. '도지막급(道之莫及)'과 비슷한 뜻의 구절로는 '고천하막능여지쟁(故天下莫能與之爭 : 오직 경쟁하지 않기 때문에 천하가 그와 경쟁할 수 없다.) (『도덕경』제22장)고 나온다. 그런데 이 구절의 의미에서, '막급(莫及)'은 '~에 이르지 못하다'의 뜻이어서 '도지막급'은 '도에 이르지 못하다'로 해석되었다.

203) 계구(戒懼) : 삼가고 두려워하다.

204) 삼덕(三德) : 삼덕은 정직(正直)과 강(剛)과 유(柔)를 말한다. 『서경(書經)』 '홍범의 글'에, "삼덕의 첫째는 사(邪)와 곡(曲)이 없는 정직이요, 둘째는 강함으로 극복하는 것이요, 셋째는 부드러움으로 극복하는 것이다. 평화롭고 안락한 자에게는 정직으로 대하고, 강경해서 따르지 않는 자에게는 강

양(陽)의 기운 폄에 따라 음(陰)을 누르네. / 順舒陽而慘陰
사단(四端)[205]을 채워서 잘 확충하여 / 充四端而善擴
오행의 통변(通變)을 징험하리라. / 驗五行[206]之變通[207]

함으로 극복하고, 유화하여 굽신거리는 자에게는 부드러움으로 극복한다. 그리고 조금 부족한 듯하면서 뒤로 물러나 숨으려 하는 자에게는 강함으로 극복하고, 조금 지나친 듯하면서 높이 드러내려 하는 자에게는 부드러움으로 극복한다. 三德 一曰正直 二曰剛克 三曰柔克 平康正直 彊不友剛克 燮友柔克 沈潛剛克 高明柔克."고 하였다. (『書經』'周書, 洪範篇')

205) 사단(四端) : 사람의 본성에서 우러나는 네 가지 마음씨. 곧 인(仁)에서 우러나는 측은지심(惻隱之心), 의(義)에서 우러나는 수오지심(羞惡之心), 예(禮)에서 우러나는 사양지심(辭讓之心), 지(智)에서 우러나는 시비지심(是非之心)의 네 가지를 가리킨다. 『맹자』('공손추 하')에 나온다. "맹자께서 말하였다. '사람이 다 사람에게 차마하지 못하는 마음이 있다. 선왕께서도 사람에게 차마하지 못하는 마음으로 사람에게 차마하지 못하는 정치를 하셨다. 사람에게 차마하지 못하는 마음으로 사람에게 차마하지 못하는 정치를 행한다면, 그건 천하 다스리기를 손바닥에 올려놓고 움직일 수 있는 것처럼 쉽다. 그런 마음이 생기는 것은 어린 아이의 부모와 친해지고 싶어서도 아니고, 마을의 어른들과 친구들에게 칭찬을 받고 싶어서도 아니고, 비난의 소리를 싫어해서 그렇게 한 것도 아니다. 사람이 다 사람에게 차마하지 못하는 마음이 있다는 것은 다음의 상황을 통해 알 수 있다. 이제 사람이 어린 아이가 장차 우물로 들어가려 하는 것을 잠깐 보고서, 모두 두려워하며 측은한 마음이 생긴다. 이것을 단서로 확대해 보면 측은지심(惻隱之心)이 없는 사람은 없으며, 수오지심(羞惡之心)이 없는 사람은 없으며, 사양지심(辭讓之心)이 없는 사람은 없으며, 시비지심(是非之心)이 없는 사람은 없다. 孟子曰, 人皆有不忍人之心. 先王有不忍人之心, 斯有不忍人之政矣. 以不忍人之心, 行不忍人之政, 治天下可運之掌上. 所以謂人皆有不忍人之心者, 今人乍見孺子將入於井, 皆有怵惕惻隱之心. 非所以內交於孺子之父母也, 非所以要譽於鄕黨朋友也, 非惡其聲而然也. 由是觀之, 無惻隱之心, 非人也; 無羞惡之心, 非人也; 無辭讓之心, 非人也; 無是非之心, 非人也."

206) 오행(五行) : 만물을 생성하는 금(金) · 목(木) · 수(水) · 화(火) · 토(土)의 5 원소(元素). 오행상생(五行相生)과 오행상극(五行相克)의 이치로 만물을 지배한다고 한다.

207) 통변(通變) : 변통(便變). 일의 형편에 따라 막힘없이 적절하게 잘 처리한

전개부 넷째 단락도 3연으로 구성되어 있다.

이 단락에서 기봉 시인은 일상에서 『주역』의 정신이 어떻게 발현되고 있는 지를 그리고 자기 현실에서 『주역』의 정신을 구현하는데 결핍된 것들이 무엇인지를 성찰하여 보여주고 있다.

1연 출구에서 시인은 "(자기는 아직도) 도에 미치지 못한다. 雖閔道之莫及"고 자성하고, 그렇기에 대구에서는 "곁에 누가 지켜보는 것 같아 두려워한다. 儼戒懼之若臨"고 솔직하게 고백하고 있다.

2연 출구에서는 "(그런 과정에서 수련과 수양 등의 노력으로) 삼덕(三德)을 체득하여 때로 (그 두려움을) 이긴다. 體三德而時克"라고 하며 자신이 처해진 상황을 읊었다.

삼덕의 체득은 무엇이었을까. 삼덕은 정직(正直)과 강(剛)과 유(柔)를 말한다. 삼덕의 의미로 보아 "(때로는) … 사(邪)와 곡(曲)이 없는 정직으로, (때로는) 강함으로, (때로는) 부드러움으로, 천도를 수련하는데 따르는 자기의 두려움을 극복하는 삼덕"이었을 것으로 추정이 된다.

그리하여 2연 대구는 "양(陽)의 기운을 폄에 따라 음(陰)을 누른다. 順舒陽而慘陰"라는 표현이었다. 이 대구는 음의 기운, 즉 사도(私道)와 부정(不正), 불선(不善) 등을 음양의 원리를 응용한 삼덕의 정직과 강유(剛柔)의 정신으로 극복한다는 의미였을 것이다.

송시열은 '농수정기(籠水亭記)'에서 "… 양(陽)이 화창하고 음이 쓸쓸함이 옳지만, 진실로 양이 화창하지 않고 음이 쓸쓸하지 않으면 틀린 것이다. 陽舒而陰慘者是也. 苟或不能舒不能慘則非也."라고 설하였다.[208] 또, 『사마법직해(司馬法直解)』에서도 송시열

다는 뜻.

208) "양(陽)은 화창하고 음은 쓸쓸함이 옳은데, 진실로 양이 화창하지 않고 음이 쓸쓸하지 않으면 그르다. 하물며 인사(人事)의 잘하고 잘못함과 물리(物

은, "천지(天地)의 도는 양(陽)이 펴지고 음(陰)은 음험(陰險)하여 음이 죽고(陰事) 양(陽)이 생겨난다. 天地之道 陽舒而陰慘 陰殺而陽生."[209]라고 설하였다.

이처럼 『주역』의 음양 원리에서는 본시부터 양의 기운이 강성해지면 음은 사라지거나 미약해지게 되어 있다. 2연의 표현은 바로 이러한 음양의 원리를 생활에서 체득하여 표현한 것으로 추정된다.

이어진 3연의 출구에서는 앞선 2연 출구에서 체득하였다는 3덕에 이어 "사단(四端)까지 채워서 잘 확충한다 充四端而善擴"면서 자기 공부(학문 수행)의 정도를 제시하였으며, 이어진 3연 대구에서는 "오행의 통변(通變)을 징험하리라. 驗五行之變通"라고 읊어, 오행의 원리와 그 정신까지도 체득하겠다는 강한 의지와 기대, 희망을 표현하였다. (오행의 원리를 징험하는 것도 당대 유학자들의 소중한 일이었다.)[210]

理)의 순(順)하고 어김에 있어, 어느 것이나 옳음과 그름이 있지 않겠는가. 만약 그렇다면, 그 사람의 마음에 있는 것을 비록 깎아 녹이고 갈아 없애고자 한들 어찌 될 수 있겠는가. … 陽舒而陰慘者是也. 苟或不能舒不能慘則非也. 況於人事之得失. 物理之順違. 何莫非是非之所在也. 若然則其在人心者. 雖欲銷鑠磨滅而何可得也." (『송자대전』'卷一, 百四十三, 記, 籠水亭記')

209) "천지(天地) 도는 양(陽)이 펴고 음(陰)은 음험(陰險)하여 음이 죽고(陰事) 양(陽)이 생겨난다, 천자(天子)도 천지의 (이러한) 도(道)를 본받고 덕(德)을 닦아서 정치를 행하고 형벌을 시행하여 형벌이 한번 느슨해지는 것을 본받아야 한다. 天地之道 陽舒而陰慘 陰殺而陽生 天子亦法天地之道 修德而行政 明刑而愼罰 一張一弛也." (『사마법직해(司馬法直解)』'天子之義 第二, 제2편 天子의 道理')

210) 임금이 "석씨(釋氏)의 도를 천하 사람이 모두 믿는 것은 반드시 참[眞]이라 생각하기 때문이다." 하니, 지경연사(知經筵事) 권근(權近)이 말하였다. "사람이 형상을 받아서 태어나는 것은 오행(五行)의 이치가 있기 때문입니다. 오행(五行)의 이치가 마음에서는 오상(五常)이 되고, 오행의 성쇠(盛

전개부, 다섯째 단락
체용(體用) 사상 수용, "천도(天道)가 함께 자란다"

오랠수록 끝없음을 기약하나니 / 期愈久而無疆
어찌 잠시 그침인들 용납하리오. / 詎作輟之敢容
어렴풋이 체(體)가 서고 용(用)이 행해진다 / 沕體立而用行[211]
위육(位育)의 깊은 공이 이루어지리. / 致位育[212]之玄功

衰)로 명(命)을 알고 오행의 실상(失常)으로 병(病)을 아니, 이것은 현연(現然)한 밝은 징험입니다. …" 임금이 옳게 여겼다. 又曰 : "釋氏之道 天下之人皆信之者 是必以爲眞也" 知經筵事權近曰 : "人之受形以生者 以有五行之理也 五行之理 在心爲五常 五行盛衰 以之知命 五行失常 以之知病 此現然之明驗也." 上然之. (『정종실록』'3권, 정종 2년 1월 24일 己丑 3번째 기사/ 書雲觀上言') / 오상(五常) : 오상이란 떳떳한 사람이 되는데 필요한 다섯 가지 요소를 말한다. 이 오상을 인예의지신(仁禮義智信)으로 보는 견해도 있지만 본래는 『서경(書經)』('홍범편 洪範篇')에 나오는 오사(五事), 즉 첫째 사람으로서의 모양(貌 : 모양 모)과 둘째 말하는 것(言 : 말씀 언)과 셋째 보는 것(視 : 볼 시)과 넷째 듣는 것(聽 : 들을 청)과 다섯째 생각하는 것(思 : 생각하는 사)을 가리킨다. 구체적으로 말하자면, 사람이 '모언시청사' 이 다섯 가지를 가지고 나와서 다섯 가지로 살다 가는데, 이 오사(五事)의 근원은 수화목금토(水 · 火 · 木 · 金 · 土)인 오행(五行)이고, 이 사람에게 필요한 다섯 가지를 오상이라 한다는 것이다.

211) 체립이용행(體立而用行) : 체(體)가 확립된 뒤에 용(用)이 행해진다는 의미다. 조선 후기 학자요 문신이 김매순(金邁淳,1776~1840년)의 『대산집』(卷二十三/書)에도 나온다. "똑같은 곳으로 가는데 길이 다르고, 결과는 한가지인데 백 가지로 생각한다는 것은 공자의 일이관지(一以貫之)와 자사(子思)의 대덕(大德)과 소덕(小德)처럼 하나에서 만 가지로 나뉘고 체(體)가 확립된 뒤에 용(用)이 행해지는 것이다. 同歸殊塗, 一致百慮, 如夫子之 一貫, 子思之 大德, 小德. 自一而之萬, 體立而用行." (『대산집大山集』'卷二十三,書')

212) 위육(位育) : 길러진다는 의미다. 이 말은 '중화위육(中和位育)'과 같은 의미로 쓰인다. 『중용장구』(제1장)에, "중화(中和)를 지극히 하면 천지가 자리 잡히고 만물이 길러진다. 致中和 天地位焉."고 하였는데, 여기서 '중화

이 진실로 성(誠)의 큰 보람이거니 / 斯誠誠[213]之極效
천지와 더불어 큼이 같도다. / 與天地乎同大

전개부의 다섯째 단락이다.

이 단락에서 시인은 자기 수양의 정도와 수준 그리고 그 성취의 기대에 대한 희망을 읊었다.

1연 출구에서 "오랠수록 끝없음을 기약한다."라고 제시했는데, 이는 자기 수양에는 끝이 없다는 것과 또 그렇게 되길 기대한다는 의미가 포함되었다. 그러므로 1연의 대구에서는 "(끝이 없는 자기 수양을) 어찌 잠시라도 그치는 것을 용납하겠느냐."며 자기를 더욱 강하게 질타하며 다짐하고 있다.

2연 출구에서는 "어렴풋이 체(體)가 서고 용(用)이 행해지고 있어 다행이다."라고 자신감을 표현하였다.[214] 이어 2연 대구로 "위육(位育)의 깊은 공이 이루어지리. 致位育之玄功"라고 기대를 표현하였다.

체용(體容) 사상도 수용하다

2연의 체용(體用)과 위육(位育)은 유가(儒家)에서 아주 중요한

(中和)'에, 천지가 자리 잡는다(天位)는 '위(位)', 만물이 길러진다(萬物育焉)의 '육(育)'이 결합되어 '중화위육(中和位育)이라는 성어가 생겨났다.

213) 성성(誠誠) : 성(誠)이 강조된 말(지극한 성). 또는 '성성(誠誠)' 2글자 중 1자인 성(誠)이 연어로 생각할 수 있어 생략할 수 있다.

214) 체(體)는 사물의 본체나 본질을 의미하고, 용(用)은 사물의 작용이나 현상을 의미한다. 체(體)는 사물의 근본적인 것이고, 용(用)은 사물의 파생적인 것이다. 체(體)는 원리 (법칙)이고, 용(用)은 응용이다. 체(體)는 본질적인 것으로서 형이상학적이고 용(用)은 현상적인 것으로서 형이하학적이다.

용어이다.

먼저 체용의 의미를 보자. 체(體)는 도(道)나 성(誠)과 같은 본질적이고 근원적인 것을, 용(用)은 그 체(體)가 실현되고 있는 작용(활동)으로 인한 현상 같은 것을 의미한다. 사실은 체(體)와 용(用)은 각각의 단어인데, 이 두 단어를 합성하여 '체용(體用)'으로, 또는 '체용사상'으로 부르고 있다. 이 체용(體用)은 이미 『중용』에서 '비은(費隱)'의 개념으로 표현되고 있음을 발견할 수 있다.[215] 즉 체용에서, 은(隱)은 체(體)에서 은미함으로, 비(費)는 용

---

215) 『중용』 제12장에서, "군자의 도에서 작용은 광대무변하지만 본체는 은미하여 겉으로 드러나지 않는다. 君子之道 費而隱."고 하였다. 이에 대한 장구 해설에서 주자는. "비(費)는 용(用)이 광대한 것이요(用之廣也), 은(隱)은 체(體)가 은미한 것이다(體之微也)."고 하였다. 즉 도가 널리 쓰이긴 하지만 매우 조심해 쓰이기 때문에 혹은 너무도 당연한 것이기에 사람들이 관심을 갖지 않기에 잘 드러나지 않는다는 의미다. 그리고 이 장(章)의 말미의 본문에, "시에 이르길, 솔개가 날아 하늘 높이 솟고, 물고기가 연못에서 뛴다."고 했다. 이는 그 위와 아래에 (모두) 드러난다는 말이다. 詩云 鳶飛戾天, 魚躍于淵. 言其上下察也."고 하였다. 이에 대한 주자는 장구해설에서, "시는 대아 한록의 편이다. 大雅旱麓之篇 / 연은 솔개류다. 여는 지극함이다. 찰은 드러남이다. 鳶鴟類 戾至也 察著也著也 / 자사가 이 시를 인용해서, 낳고 기름이 널리 행해져 상하에 드러나 상하에 드러나 子史 化育流行上下昭著 / 무엇도 이 이치의 쓰임이 아닌 것이 없음을 밝혔으니 이것이 이른바 비다. 非此理之用 費也 / 그럼에도 그러한 까닭인 것은 其所以然者則 / 눈과 귀가 미치는 것이 아니므로 이른바 은이다. 非見聞所及隱 / 그러므로 정자가 말하길 '이 한 구절은 程子曰此一節 / (자사 - 중용의 저자)가 중요하게 여겨 사람들을 위해 (여기에) 두었으니, 생동감이 넘치는 것이다. 子思 爲人 活潑潑地'라고 했다. 독자는 그것을 지극하게 생각해야 한다(致思焉)"고 하였다.

솔개가 하늘에서 날고 고기가 연못 속에서 뛰고 있다는 것은 성군(聖君)의 정치로 정도(正道)에 맞게 움직여지는 세상을 표현한 것이다. 새는 하늘에서 날아야 자연스러운 것이며, 물고기는 물에서 놀아야 자연스럽다. 이는 천지의 조화 바로 그 자체인 것이다. 이러한 천하의 상하(上下)의 이치가

(用)에서 넓기에 광대함으로 나타난다는 논리가 그것이다.

일반적으로 체(體)는 주로 사물의 본체나 근본적인 것을 뜻하고, 용(用)은 사물의 작용이나 현상(現像), 체(體)로 인하여 파생적인 것을 뜻한다. 그런 이유로 혹자는 체(體)가 형이상학적 세계에 속하고, 용(用)은 그것[體]의 한정적인 작용이나 현상으로 형이하학의 세계에 속한다고 파악하기도 한다.

이 '체용(體用)'에서 체와 용은 불이(不二) 즉 둘이 아니다. 즉 다른 두 실체를 가리키는 것이 아니라 서로 상대적이면서도 표리일체(表裏一體)의 불가분의 관계에 있다고 할 수 있다. 체를 떠나서 용이 있을 수 없고, 용을 떠나서 체도 있을 수 없는, 이른바 상호 불가분 같은 주체와 대상과의 관계인 것이다. 개념상으로 둘을 분류할 수 있어도 실제로는 분류할 수 없는 합일적 존재이기도 하다. 다만 체용을 설명하기 위하여 추상적 범주로서 체와 용으로 구분한 것이라고 할 수 있다. 무극(無極)과 태극(太極)의 관계로 치환하면, 무극이 체이면 태극은 용이다. 태극이 체라면 음양은 용이다. 음양이 체라면 사상(四象)이 용이고, 사상이 체라면 당연히 팔괘가 용이다.

이처럼 체용의 의미를 체득하고 있었을 기봉 시인은 2연 출구에서 "체(體)가 서고 용(用)이 행해진다."라고 표현하였다. 이는 곧 도(道) · 성(誠)에 대한 자기의 궁극에 대한 사상이 정립되니,

---

밝게 드러남이 바로 용(用)의 비(費)인 것이다. 그런데 그러한 비(費)의 상태는 잘 드러나지 않은 것(감추어져 있는 것, 눈과 귀가 미치는 것이 아니므로)은 은(隱)인 것이다. 솔개와 물고기가 태평세월을 만나 두려움 없이 자유롭게 노니는 모습으로 세상 천지 조화의 작용이 그지없이 오묘함을 일컫는 현상인데, 이것 자체는 드러날 수 있기에 비요, 또 감추어져 있음으로 은(隱)인 것이라는 게 『중용』 제12장에서 제시한 비은(費隱)의 의미인 것이다.

그에 따라 절로 '그것들[道. 誠 등]의 원리에 대한 작용이며 실천 방법들이 실현된다.'는 의미로 이 연을 표현하였을 것이다.

중화위육(中和位育), '성현의 길' 추구

2연 대구에서는 체용 원리의 실현으로 "위육(位育)의 깊은 공이 이루어지리."라고 표현되었다.

여기서 '위육'은 『중용』('제1장')에 나오는 용어이다. 이 어휘도 단독적인 어휘로서가 아니라 의미가 결합된 단어로 나온다. 즉, 『중용장구』('제1장')에서 "중화(中和)를 지극히 하면 즉 중(中)과 화(和)를 이루면 천지가 자리잡히고 만물이 길러진다. 致中和 天地位焉 萬物育焉."고 하였다. 이 구절은 이른바 '천인합일(天人合一)'의 의미로 '경(經)'을 일상에서 지속적으로 실천하면 곧 하늘의 마음[천심(天心)]이 되고, 하늘 사람[천인(天人)]이 된다는 비전을 제시하고 있는 명구이다. 그런데 이 구절의 '치중화 致中和'에서 '중화', '천지위언 天地位焉'에서 '위', '만물육언 萬物育焉'에서 '육' 자(字)를 결합하여 '중화위육 中和位育'이라 한 것이다.

그래서 보통 이 『중용』의 말을 인용할 때는 '중화위육'으로 표현하고, 축약의 의미로 '위육(位育)'으로 표현되기도 한다. 또 보통 '중화위육'의 의미를 설할 때, "중화위육(中和位育)은 성인의 지극한 공효(功效)"라고 표현된다.[216] 즉 성인이 지극한 도(道) ·

---

216) ■ … 정일집중(精一執中)의 공부와 중화위육(中和位育)의 공효를 간곡하게 진언하였다. 惓惓乎精一執中之工.中和位育之功. (『무명자집 문고』'제9책, 전책殿策, 中庸') ■ … 재상이 진실로 어질면 중화위육(中和位育)의 공효가 이로부터 비롯될 것이다. 相苟賢矣, 則中和位育之功, 可自此而治也 (『중종실록』'32권, 중종13년 3월 16일,1번째 기사') ■ … 성실함이 쌓이고 오

성(誠)을 열심히 추구한 뒤에 얻는 효과, 즉 성인의 지극한 공효(功效)로 얻어지는 경지라는 의미로 중화위육을 활용하는 것이다.

목은 이색(李穡)도 성인의 경지인 '중화위육'인 '위육'에 대한 표현을 여러 시편에서 차용하였다. "… 한 집안도 역시 천지이고 一家亦天地 / 그 위육은 나의 성실로 말미암는구나 位育由吾誠 "(『목은시고』'권16, 詠懷'), " … 몸과 마음은 위육의 일에 꽤 참여하였지만 頗驗身心參位育 / 덕업(德業)은 정미함이 결여되어 도리어 부끄럽구나. 還慚德業欠精微 (『목은시고』'권34, 天明').

목은은 전자의 시에서 '천지' 앞에 '일가(一家)'를 붙이며 '한 집안도 천지'로 표현했다. '한 집안'도 결국 천지 운행에서 비롯된 것이라는 의미를 부여한 것이다. 목은 시인은 자기 집안을 돌보고 살피고 운용하는 것을 이른바 '위육의 구현을 위한 정신'으로 표현하고 이를 실현해 왔음을 고백하고 있는 것이다. 그럼에도 후자의 시에서는 "자기의 그 '위육'의 실현을 위한 노력들이 정미(精微)하지 못하여 부끄럽다."고 고백하고 있다.

기봉 시인도 여기서 "자신이 위육(位育)의 깊은 공이 이루어졌다"는 의미로 표현한 것이 아니다. 다만, (아직은) 성인이 되지 못한 필부인 자신도, 끊임없이 노력하면 '위육(位育)의 깊은 공'이 이루어질 것으로 기대하고 희망하는 의미로 표현했을 뿐이다.

래도록 힘을 쏟아 중화위육(中和位育)의 공을 이루게 되면, 이른바 "천지, 만물이 본래 나와 일체이다."라는 것을 비로소 말할 수 있다. 及其眞積力久.致中和位育之功. 則所謂天地萬物本吾一體者. (『대산집』'제11권, 서(書), 答金退甫') ■ … 계구 근독(戒懼謹獨)의 공(功)이나 중화 위육(中和位育)의 효험 같은 것은 일부(一部)의 『중용(中庸)』으로서 선유(先儒)들이 이미 자상하게 논하였다. 若乃戒惧謹獨之功. 中和位育之效. 一部中庸. 先儒論之詳矣. (『백사집』'백사별집, 제2권, 계사')

또 그러한 희망 때문에 3연 출구에서 "진실로 성(誠)의 큰 보람이거니 斯誠誠之極效"라고 표현, 그동안 성(誠)을 추구해 온 사실을 보람으로 여기고 있었음을 추정하게 한다.

이어진 대구에서 "천지와 더불어 큼이 같도다. 與天地乎同大"라고 읊으며 그동안 천도(天道)를 추구해 와 그 천도와 더불어 성장했다는 점도 보람으로 여기고 있다고 당당하게 읊고 있다.

그런데 3연 출구에서 '사성성지극효 斯誠誠之極效'라고 표현였다. 여기서 '성성誠誠'으로 표현한 것은, 성(誠)을 강조한 것으로 볼 수 있지만, 문맥상 앞의 '성誠' 1자는 연문으로 보거나 또는 허사(虛辭)의 의미로 볼 수 있어 굳이 의미를 부여하지 않을 수 있다. 여기서는 성(誠)을 강조한 의미로 추정된다.

또 시인이 특히 3연 대구에서 "천지와 더불어 與天地"라고 표현하였는데, 이는 이 부(賦)의 제재가 『주역』에 뿌리를 둔 '천행건'이어서 자신의 구도(求道)의 성격이 바로 '천지(天地)' 섭리와 그 원리, 즉 천도(天道)에 있음을 거듭 강조한 것으로 추정된다.

전개부 여섯째 단락
성인의 길, 독공(篤恭) · 숭상 · 체득에 노력

하지만 힘써 행함 근본 있나니 / 然力行之有本
공경하여 안을 곧게 해야 하리라. / 敬作所以直內[217)]

---

217) 경작소이직내(敬作所以直內) : 경이직내(敬以直內). 이는 공경(恭敬)으로 안을 바르게 한다는 뜻이다. 『주역』('곤괘/文言/六二爻')에 "(공자가) 말하기를 '군자는 경[恭敬]으로 안을 곧게 하고, 의로움으로 밖을 바르게 한다. 경(敬)과 의(義)가 확립되면 덕이 외롭지 않다.' 君子 敬以直內 義以方外 敬義立而德不孤."고 하였다.

앞선 성인 독공(篤恭)[218] 실천을 우러르면서 / 仰前聖之篤恭
이를 모두 체득하여 굳세어지리. / 咸體此而自强
주고받음 공경으로 삼가 잡아서 / 欽允執於授受
왕이 훈계한 함유일덕(咸有一德) 아름답구나. / 美咸一[219]於訓王
문왕의 순함 또한 크게 드러나 / 文純亦而丕顯
무왕이 삼가 이어 진실로 이끄네. / 武敬承而允迪
이 모두 하늘 운행 굳셈 본받아 / 玆皆則天之行健
아래위를 통틀어 덕(德)과 합하네. / 徹上下而合德

전개부 여섯째 단락은 5연으로 이루어졌다.

이 단락에서도 기봉 시인은 자기 수양의 정도와 수준 그리고 그 성취 노력을 위한 시인 자신의 상태와 희망을 읊으며 자기도 성인에 대한 독공(篤恭)과 공경(恭敬)[220]을 실천하겠다는 강한 의지를

218) 독공(篤恭) : 독실하고 공경한다는 뜻. 성인(聖人)의 몸가짐[容]을 표현한 말이다. 『중용장구』(‘제33장’)에, “시에 크게 나타나는구나. 덕이여! 뭇 제후들이 그것을 본받도다.”라고 했다. 그러므로 군자는 독실히 공경하면 천하가 평정된다. 詩曰 不顯惟德! 百辟其刑之. 是故君子篤恭而天下平.”고 하였다.

219) 함일(咸一) : 함유일덕(咸有一德). 시종일관 삼가하고 덕을 갖추는 것, 즉 순일무구(純一無垢)의 덕을 갖추는 것을 의미한다. 『서경』의 편명으로 이윤(伊尹)이 다섯 가지 덕인 ‘함유일덕’을 지어 왕을 훈계한 내용에서 나온다. 이윤은 “①임금은 백성이 아니면 부릴 사람이 없다 ②백성은 임금이 아니면 섬길 사람이 없다 ③임금 스스로 크다 하여 남을 편협하게 여기지 말아야 한다 ④필부가 자신의 성의를 다 바치지 못하게 하면, ⑤백성의 임금된 자가 자기의 공을 더불어 이룰 수 없게 될 것이다. 后非民罔使 民非后罔事 無自廣以狹人 匹夫匹婦不獲自盡 民主罔與成厥功.”라고 설했다. (『서경』(‘상서, 함유일덕’)

220) 경(敬)은 공경함 · 엄숙함, 또는 삼가다 등의 뜻으로, 왕이나 군자가 지녀야 할 도덕적 정신을 가리키는 대표적인 용어이다. 경은 원래 유학에서 강조되는, 생활 전반에 걸쳐 그 밑바닥 정신으로 갖추어야 할 빼놓을 수 없

표현하였다. 앞 단락에서 자기에게로 시선을 되돌렸던 시인의 시선은 이 단락 1연, 2연까지 이어지며 시인 자기에 대한 성찰도 함께 이어진다.

1연은 "하지만 힘써 행함 근본 있나니 然力行之有本 / 공경하여 안을 곧게 해야 하리라. 敬作所以直內"라고 표현했다. 자기가 추구하는 독공과 공경의 궁행은 근본이 있는 덕목이므로 더욱 공경에 힘써 자기의 내면을 더욱 곧게 하겠다는 강한 의지를 표현한 것이다.

여기서 "공경(恭敬)으로 안을 바르게 한다"는 '경작소이직내(敬作所以直內)'은 전적으로 『주역』('곤괘, 文言, 六二爻')에서 용사한 구절이다. 그러므로 시인은 "경작소이직내(敬作所以直內), 곧 경이직내(敬以直內)는 자신의 근본이요 자기 행위(행함)라고 하면서 자기의 '근본'이 곧 경(敬)임을 밝힌 것이다.[221]

는 도덕적 정신으로서 이해되고 있다. 『논어』에는 "경으로 자신을 닦는다.", "처소에 기거함에 공손하고 일을 집행함에 경으로 한다.", "행동은 돈독하고 경건해야 한다."고 설하고 있다. 경에 관한 그 개념의 외연 확장을 밝힌 문헌은 『주역』의 '문언전(文言傳)'이다. 즉 "군자는 경으로써 안을 곧게 하고, 의(義)로써 밖을 방정히 하여 경과 의가 확립되면 덕(德)은 외롭지 아니하다."는 설에서, 경을 의(義 : 외심)와 견주어 내심(內心)의 정신으로 규정하고 있다. 특히 주희(朱熹)는 주(註)에서 "경 공부는 성인(聖人)이 되는 학문에서 첫째가는 것이다."며 경의 중요성을 강조했다. 경은 이른바 유가사상에서 '참되고자 노력하는 자아실현의 정진'과 '성인으로 가는 길'에서 필수불가결한 마음가짐인 것이다.

221) 『논어』('학이편')에서도 공자는 천승(千乘)의 제후국을 통치하는 방법으로서, "그 일을 공경하고 인민들에게 신임을 얻어야 한다. 敬事而信."고 했는데, 이에 대해 주자(朱子)는 주(註)에서 "경이란 주일무적을 이른 것이다. 敬者 主一無適之謂."라고 하였다. '주일무적'은 정신을 한 가지에 집중한다는 뜻이다. 조선조 성리학에서도 '경이직내'와 '주일무적'은 대표적인 수양의 표어처럼 여겨져 나왔다.

성인의 독공(篤恭), 공경(恭敬)과 함유일덕(咸有一德)

시인은 2연의 출구로, "앞선 성인의 독공(篤恭)의 실천을 우러른다"로 제시하고, 대구는 "(이 성인들의 독공을) 모두 체득하겠다."라고 하면서 다시 한번 독공에 대한 강한 의지를 밝혔다. 이러한 자기의 경공과 독공의 궁행을 다짐받기 위해 3연에서 성인들의 독공 · 경공의 예시를 가져온 것으로 보인다.

즉 "(성인들은 그 독공을 체득하는 방법으로) 주고받은 공경을 삼가 잡는다."고 제시한 데 이어 3연의 대구에서 "(그렇게 전수받은 공경은) 왕에게 훈계한 함유일덕(咸有一德)이었고, 그 덕은 아름다운 덕이었다."라고 표현하였다.

이러한 표현들은 모두 필부로서, 치열한 성인에 대한 공부와 궁리(窮理), 성인의 정신과 사상을 계속 궁구(窮究) · 궁리하겠다는 대단한 각오와 결단이 있지 않으면 표현할 수 없는 내용들이다.

시인은 앞 3연 대구에서, 임금과 신하가 더불어 순일무구한 덕(德), 곧 순일무구한 경(敬)을 함께 실현하기를 간절히 희망하였던 이윤(伊尹)[222]의 '함유일덕(咸有一德)'의 예화를 상기시켜 놓았다. 그런데 다음에 이어진 4연에서는 (그 함유일덕의 정신을 전승하였을) 문왕의 순함이 크게 드러났다고 제시하고, 이어진 대구에서는 "(문왕 다음의 왕인) 무왕(武王)도 그 덕을 이어받아 치

222) 『사기(史記)』와 『서경(書經)』에 따르면, 본명은 '지(摯)' 혹은 '아형(阿衡)'이다. 이윤(伊尹)은 걸을 망하게 하고 탕을 도와 왕도정치를 펴서 상나라를 부흥시킨 재상(宰相)이다. 이윤은 상이 하를 멸할 때에도 활약했고 상 왕조 성립에 큰 역할을 하였으며 탕왕을 보좌해 수백 년동안 이어지는 상 왕조의 기초를 굳혔다. 탕왕의 사후에 태정의 아들 태갑(太甲)을 옹립했다. 탕왕의 손자 태갑이 즉위한 후에도 이윤은 계속해 이를 보좌하였다. 이윤은 태갑의 아들 옥정의 시대에 죽었다고 한다.

세하였다"고 표현하였다.

그런데 '함유일덕(咸有一德)'의 예화가 기봉 시인에게도 전해진 아름다운 예화이긴 했지만, 사실상 이윤 당대에는 무위로 끝나고 만 예화였다.[223] 그런데 실제로 그처럼 실현되지는 못했지만, '함유일덕'이 뜻하는 덕치(德治)를 전승하여 덕치 세상을 구현한 자가 문무왕(文武王)이었다.

그리하여 시인은 4연 출구에서 "그 순수한 덕이 크게 드러났다."라고 표현한 데 이어, 4연 대구에서는 무왕이 이를 계승하여 "삼가 진실로 이끌었다."라고 표현했다. 주지하다시피 무왕은 강력한 무력으로 치세[强治]했지만, 문왕과 더불어 성군(聖君)으로 칭송받았던 대표적인 인물이었다.

이어진 5연은 이러한 경, 독공에 대한 전승의 성격을 표현한 구절이다. 즉 출구에서 "이 모두 하늘 운행의 굳셈을 본받아 玆皆則天之行健"라고 표현하였다. 이는 이러한 전승(문왕, 무왕의 전승)의 바탕에는 '하늘 운행의 굳셈'을 주제로 내세운 이 부 제목이기도 하였던 『주역』의 '천행건'을 본받은 것이었다고 읊은 데 이어, 이 대구에서 (그것은) "아래 위를 통틀어 덕(德)과 합하네 徹上下

223) 이윤이 탕왕의 손자 태갑(太甲)을 상나라 왕위에 복위시킨 후에, 태갑은 많이 뉘우치기는 하였으나, 아직도 군왕으로서의 덕이 부족하여 많이 흔들렸고 인재등용이 부실했다고 한다. 특히 태갑은 왕이 된 후 3년이 지나도 왕도를 깨닫지 못하고 포악해졌으며, 이전 탕왕의 법도를 지키지 않고 덕을 어지럽히자 재상 이윤은 태갑을 끝내 폐위하여 동궁(桐宮)으로 내쫓고 3년 동안 섭정으로 나라를 다스리기도 했다. 태갑이 나중에 복위되기는 했지만 당시 상나라는 덕치의 세상은 아니었다. 이에 이윤은 노년에 접어 들어 은퇴하기 직전에, 태갑에게 덕치를 위해 교훈하기 위해 쓴 기록이 '함유일덕'이다. 그러므로 이윤의 '함유일덕'의 예화는 당대(이윤과 태갑시대)에는 실패한 예화라고 할 수 있었다.

而合德"라고 표현하였다. 이는 강한 힘으로 치세하였던 무왕의 경우, 문왕으로부터 전승된 덕(德)이 가미된 덕(德)이었기에 시인은 무왕시대도 사실상 아래 위 모두가 함께 이룬 이른바 덕치(德治)의 시대였다고 여겼던 것으로 추정된다. 또 기봉 시인이 추구한 그 독공(篤恭)도 '문왕의 순일무구한 덕(德)과 무왕의 천행건의 정신이 가미된 덕(德)이 조화를 이루어낸 덕치(德治)' 같은 독공이었을 것이다.

한편, 이 단락의 4연부터 '함유일덕'의 예화와 함께 등장한 문왕 · 무왕과 관련하여, 앞에서 설명한 것처럼 독공(篤恭) 전승의 과정과 그 성과의 의미로 풀이되기도 하지만, 이 단락이 다음 단락의 결말부 바로 앞에 위치해 있어, 그 결말부에서 등장시킨 공자를 문무왕(文武王)과 비교하기 위한 숨은 의도의 조치로도 읽혀진다.

시인에게 문왕과 무왕의 경우는 덕의 정치를 조화시켰던 인물이었다. 이는 치세(治世)로 보면, 가장 이상적인 경지였고, 이를 실현한 군왕이었기에 문무왕은 성군으로 평가 받았다. 이는 당연히 기봉 시인도 희구하는 인류의 이상이었을 것이다. 그러나 그 경지는 기봉 시인의 궁극은 아니었다. 기봉 시인은 공자의 경지에 이르기를 희망하고 노력하는 도학자(道學者)요 구도자(求道者)였기 때문이다. 그러한 이유로 시인은 결말부에 등장하는 공자와 대비하는 인물로 문왕 · 무왕을 공자 앞에 등장시킨 것으로 추정되기도 한다.

결말부, 공자의 구인(求仁) 정신
– 시인도 구인(求仁) · 인행(仁行) 추구 의지 밝혀

냇가에서 흐르는 물 탄식하시며 / 歎逝者於川上[224]
늙음 장차 이름도 모르셨다네. / 不知老之將至[225]
문하 제자 인(仁)에 대해 가르치시며 / 敎爲仁於門弟
엎어진 잠시라도 지키라셨지. / 必顚沛而造次[226]
진실로 배움의 급선무이니 / 信爲學[227]之先務
우리들 어이 감히 힘쓰지 않으리. / 敢小子之罔勗
원컨대 밤낮으로 마음에 새겨 / 庶夙夜[228]而服膺[229]
차례차례 얻음 있기를 기약하노라. / 期循循[230]而有得

이 단락은 결말부다. 결말부는 4연, 8구로 이루어져 있다.

이 단락은 이 부(賦)의 결론이다. 시인은 공자와 공자가 설한 구인(求仁) · 인행(仁行)의 의미, 그러한 공자의 가르침을 철저히 실천 궁행하겠다는 시인 자신의 강한 의지를 천명한 것으로 결론

---

224) 탄서자어천상(歎逝者於川上) : 냇가에서 흐르는 물에 탄식하다. 『논어』('자한')에 "子在川上 曰 逝者如斯夫 不舍晝夜."라고 나온다.

225) 부지노지장지(不知老之將至) : 늙으면 장차 이름도 모른다. 『논어』('술이')에, "진리를 터득하지 못하면 발분하여 먹는 것도 잊어버리고, 진리를 터득하면 즐거워서 걱정도 잊어버린 가운데, 늙음이 장차 닥쳐오는 것도 알지 못한다. 其爲人也 發憤忘食 樂以忘憂 不知老之將至 云爾."라고 나온다.

226) 전패조차(顚沛造次) : 아주 짧은 순간을 말하는 것으로, 『논어』('이인')에, "군자는 밥을 먹는 동안에도 인(仁)을 떠나지 않으니, 짧은 시간에도 반드시 인(仁)으로 하며, 엎어지고 자빠질 때에도 반드시 인(仁)으로 한다. 君子無終食之間違 仁 造次必於是 顚沛必於是."라고 나온다.

227) 신위학(信僞學) : 진실로 자기를 위한 배움이라는 뜻이다.

228) 숙야(夙夜) : '아침 일찍부터 밤늦게 까지'의 뜻이다.

229) 복응(服膺) : 심중(心中)에 각인하여 잠시도 잊지 않는다.

230) 순순(循循) : 차례차례.

을 짓고 있다.

1연에서 공자의 등장은 놀라운 발상이다. 전개부의 전개 과정에서 표현된 글의 논리로 보아 이 결말부에서의 공자의 등장은 당연히 자연스런 것이긴 해도, 그것도 『논어』 등의 공자의 말을 차용한 것이 아닌, 당대 공자의 실제 상황을 끌어오는 방법으로 공자를 등장시킨 것 자체가 참으로 놀라운 발상이 아닐 수 없다.

기봉의 삶에서 가장 최정점의 본보기는 역시 공자였다. 시인이 전 단락 결말부 4,5연에서 등장시킨 문왕 · 무왕에 대비한 인물로 성인(聖人)인 공자를 끌어온 이유였을 것이다.

1연의 예화는 공자의 구도(求道), 구인(求仁)의 자세와 그 정신을 극적으로 보여주는 사례의 표현이 아닐 수 없다.

시인은 1연에서, "냇가에서 흐르는 물 탄식하시며 歎逝者於川上 / 늙으며 장차 이름도 모르셨다네. 不知老之將至"라고 표현하였다.

1연 출구로 표현된 이 구절은 『논어집주(論語集注)』('자한子罕, 不舍晝夜')에서 용사한 것이다. 이 구절의 원문은 "(공자가) 냇가에서 (물을 보며) 말하길, 가는 것이(逝者) 이와 같구나(如斯夫). 밤낮을 그치지 않는구나. 子在川上 曰 逝者如斯夫 不舍晝夜."였다.

여기서 중요한 구절은 "밤낮을 그치지 않는다 不舍晝夜."이다. 그런데 기봉 시인은 공자의 이 현상을 어떤 의미로 파악했을까. 이 첫 연의 출구는 이 부(賦)의 결론을 시작하는 첫 구이므로 아주 중요한 의미를 가진다. 그러므로 이 구에 대한 보다 확실한 추정은 이 구의 앞뒤 구들의 의미 규정을 통해서만이 보다 이 구의 사실적인 의미 규정이 가능해질 것이다.

기봉 시인은 이 결부 앞 전개부에서 유난히 천지조화를 여러 군

데에서 강조하였다. 이 부(賦)의 제목을 『주역』의 '천행건'을 내세웠기 때문이기도 하지만, 그럼에도 불구하고 시인은 『주역』에서 강조하는 '천지 운행'의 정신, 즉 '천지조화'에 대한 의미를 거듭 강조하였고, 성왕으로 칭송받는 문무왕의 예화까지 등장시켜 그 천지의 원리가 인간에게도 발현되고, 그렇기에 진정한 군자도(인간의 윤리) 역시 천지 원리와 합일되어야 한다고 강조하였다.

기봉 시인이 보는 이러한 천지의 운행은 결코 어느 한순간도 멈추지 않는다. 그러므로 기봉은 이 결말부 1연에서 '냇물의 흐름'을 천지 운행의 원칙으로 보았다고 여겨진다. 그렇기에 공자가, 이 구절에서 냇물을 예로 들어 천지 운행의 원리를 보여주면서, 이 장면을 "인간(군자)도 끊어지지 않는 냇물의 흐름처럼 늘 성찰하고 내성(內省)의 본질을 자각하여 도(道, 誠 등)에 이르는데 즉 천지 운행과의 조화에 잠시도 끊어짐이 없도록 해야 한다."는 의미로 보고, 이러한 의미가 담긴 위의 장면을 가져왔을 것으로 추정된다.

이처럼 기봉 시인은 1연 출구에서 공자가 촌음도 아끼지 않은 구인(求仁) 정신을 강조하는 예화를 끌어 온 것인데, 이러한 표현은 이 결론부 내용을 결정짓는 동기가 되므로, 1연의 표현은 중요한 의미를 함유하고 있다고 추정된다.[231]

231) 이에 대한 주석에서 정자(程子)는, "이것은 도의 본체다 / 하늘이 운행해서 그치지 않고 / 해가 가면 달이 오고 / 추위가 가면 더위가 오고 / 물이 흘러 쉬지 않고 / 만물이 생겨나 다함이 없는 것이 / 모두 도(道)와 더불어 체(體)가 되고 / 밤낮으로 운행해서 그친 적이 없다 / 이 때문에 군자는 그것을 본받아 / 스스로 노력하고 멈추지 않는다 / 그 지극함에 이르러서는 순수하고 / 또한 그치지 않는다. 程子曰 : 此道體也. 天運而不已, 日往則月來, 寒往則暑來, 水流而不息, 物生而不窮, 皆與道爲體, 運乎晝夜, 未嘗已也. 是以君子法之, 自强不息. 及其至也, 純亦不已焉." (『논어』'자한 集註')라고

1연 대구로 제시한 것도 역시, "늙으면 장차 이름도 모를 것이네 不知老之將至"였다. 이 구절의 '부지노지장지(不知老之將至)'는 『논어』('술이')의 "진리를 터득하지 못하면 발분(發憤)하여 먹는 것도 잊어버리고, 진리를 터득하면 즐거워 걱정도 잊어버린 가운데, 늙음이 장차 닥쳐오는 것도 알지 못한다."[232]에서 원문을 그대로 차용해 온 표현이다.

이 원문에 대한 간단한 해석은 "(공자는) 공부에 몰두하면 배고픔도 잊고, 배움이 즐거워 근심도 잊는다. 심지어 나이 드는 것도 잊을 지경이다."이다. 이 구절은 한 마디로 공자의 대단한 몰두력과 집중력을 설한 것으로 추정된다. 이에 관련한 한 예화가 있다.

(당시 고기가 흔치 않았을 텐데) (공자가) 제나라에 있을 때 소악(韶樂)을 듣고는 석 달 동안을 고기 맛을 잊고 "음악이 이런 경지에 이를 줄은 내 미처 생각지 못하였다."고 말했다. 子在齊聞韶, 三月不知肉味, 曰, "不圖爲樂之至於斯也." (『논어』'술이') 그러므로 1연의 대구는 공자의 넘칠 만큼의 대단한 호학(好學)과 치열한 구도(求道)의 열정을 표현한 것이라고 할 수 있다.

이처럼 결말부 1연에서 시인은, 결코 끊어지는 일이 없는 냇물의 흐름이라는 대자연의 이치를 가져 왔고, 이어 도(道, 誠 등)의 경지에 이르는데 잠시도 끊어짐이 없도록 해야 한다는 공자의 말도 빌어온 것은 구도(求道)와 구인(求人)의 항상성 유지가 매우 중요함을 강조하려는 의도에서 비롯되었다고 추정이 된다. 게다가 더 이어서, 배고픔도 잊고 근심도 잊고 나이 드는 것도 잊을 만큼 배움에 몰두하고 집중하는 공자의 배움에 대한 그 치열한 열정

하였다.

232) 發憤忘食 樂以忘憂 不知老之將至 其爲人也 發憤忘食 樂以忘憂 不知老之將至 云爾.

도 용사해 왔는데, 이러한 표현들은 바로 시인 자신도, 모든 군자들도, "공자처럼 하지 않으면 안 된다"는 교훈을 표현하기 위해서였던 것으로 추정된다.

2연은 "문하 제자에게 인(仁)에 대해 가르치시며 教爲仁於門弟 / 엎어진 잠시라도 지키라셨지. 必顚沛而造次"하고 설했다.

여기서 시인은, 출구에서 공자가 제자들에게 가르친 것이 인(仁)(그 인은 공자의 핵심 사상으로 공자가 평생을 지향하여 성취한 도였다.)이었음을 천명하고, 대구에서는 그러한 인을 구하고 행하는데 "엎어진 잠시라도 인을 지키라고 했다."는 공자의 말을 다시 가져와, 다시 한번 구인(求仁) 추구에서의 일관성·불변성을 거듭 강조하였다.

여기서 "엎어진 잠시"는 『논어』('이인里仁') 편에서 유래된 말이다. 논어의 분문은 다음과 같다.

"공자가 말하였다. '부(富)와 귀(貴)는 사람이 원하는 것이지만 올바른 방법으로 획득한 게 아니면 처하지 않고(不處也), 가난함과 천함은 사람이 미워하는 것이지만 올바른 방법으로 획득한 게 아니어도 버리지 않는다. 子曰 富與貴是人之所欲也, 不以其道得之, 不處也. 貧與賤是人之所惡也, 不以其道得之, 不去也. / 군자가 인을 버리면 어찌 이름(명예)을 이루겠는가? 君子去仁, 惡乎成名? / 군자는 밥을 먹는 동안에도 인(仁)을 떠나지 않으니, 짧은 시간에도 반드시 인(仁)으로 하며, 엎어지고 자빠질 때에도 반드시 인(仁)으로 한다. 君子無終食之間違仁, 造次必於是, 顚沛必於是."

주자(朱子)는 이 구절의 주(註)에서, "군자가 인을 행함에 있어 부귀(富貴)와 빈천(貧賤)과 취사(取舍)의 사이로부터 言君子爲仁自富貴 貧賤 取舍之間 / 밥 먹는 것, 잠깐 사이, 위급한 상황의 시간에 이르기까지 以至於終食 造次 顚沛之頃 / (때와 처소에 상관없이 어느 때 어디에서든)(無時無處) 항상 그 힘(求仁)을 쓰지 않으면 안 된다. 無時無處而不用其力也." (『논어집주』'里仁 편')고 하였다.

이처럼 2연에서 공자의 구인(求仁)과 인행(仁行)의 참된 의미를 설한 기봉 시인은, 3연과 4연에서 "(3연 출구) 진실로 배우는 것(求仁 · 仁行)이 급선무인데 / (3연 대구) 감히 우리가 어찌(求仁 · 仁行) 노력하지 않겠는가 / (4연 출구) 원컨대 밤낮(아침부터 저녁까지) 심중에 아로 새겨 / (4연 대구) 차례차례 얻어지기를 기원하며 기약한다."면서 이 부(賦)를 종결했다.

이 부는 제목이 '천행건(天行健)'이었고 부의 내용으로 천행건의 도, 즉 천도(天道)의 이해에 주력하였지만 종결은 그 천도를 수용한 군자(인간)의 윤리와 그 윤리의 실천을 강조한 '지세곤(地勢坤)'으로 맺은 것이다.

지세곤이 의미하는 천도의 실현으로 그 최상의 덕목은 공자의 인(仁)이었다. 군자는 그 인을 구인(求仁)하고 인행(仁行)하는 사람이었다. 군자로서, 구도자로서 구인(求仁)을 위한 노력이 바로 기봉 시인의 삶이었다. 그런 연유로 이 부의 결말에서 시인은 공자의 구인(求仁)의 정신과 궁행의 사례들을 가져왔고, 시인 자기도 그러한 공자를 닮기 위해 노력하고 그 노력을 더욱 충실히 실천하겠다는 의지의 표현으로 이 부를 종결지었다고 할 수 있다.

2) 군자도 궁행 실천, 기원
- 구인행(求仁行) · 구도행(求道行) 추구하다

『주역(周易)』('乾卦, 九三, 爻辭')에, "군자가 해가 지도록 건실한 자세를 지니고 해가 진 뒤에도 두려워하는 마음으로 조심하면 위태로운 지경을 당해도 허물이 없을 것이다. 君子終日乾乾 夕惕若 厲無咎."[233]라는 구절이 나온다.

기봉 시인의 삶은 바로 이러한 구도 생활을 추구하고 도(道)와 인(仁)를 실행하려고 애써 노력하는 삶이었을 것이다. 자신이 최상으로 지향하는 것이 공자의 인(仁)이었고, 그 인을 구하는 구인(求仁)과 구도(求道)가 자기 삶에서 최상의 궁극이었으며 가장 중요한 가치요 기본 철학이었음을 시인은 이 부(賦)를 통해 명징하게 드러내 주었다.

그런데 앞에서도 언급했지만, 이 부는 제목이 의미하는 '천행건'이 주제였음에도 결부는 '지세곤(地勢坤)'으로 매듭을 지었음을 강조한 바 있다. 이는 기봉 시인의 궁극은 바로 '지세곤'에 있었기 때문으로 풀이된다.

'천행건'의 최상위는 무극이요 태극이다. 그 존재는 인간에게는 이상(理想) 중의 이상이다. 그런데 '지세곤'의 최상위는 공자이고, 공자가 설한 인(仁)의 구현이 최상위 개념이었다. 즉 인간(군자)의 길로서 최종점에 서 있는 존재가 공자였지만 더불어 공자는 현

233) 九三曰 君子終日乾乾夕惕若厲无咎 何謂也. 子曰 君子 進德修業 忠信 所以進德也. 修辭立其誠 所以居業也. 知至至之 可與幾也 知終終之 可與存義也. 是故 居上位而不驕 在下位而不憂. 故 乾乾 因其時而惕 雖危无咎矣, 終日乾乾 行事也 終日乾乾 與時偕行 九三 重剛而不中 上不在天 下不在田. 故 乾乾 因其時而惕 雖危无咎矣. (『주역』'건괘. 九三, 효사')

실이기도 했다. 공자도 실제 인물로, 더구나 기봉과 하나도 다를 것이 없는 왕정 시대에 이 땅의 현실에서 존재하였던 인물이었기 때문이다.

특기할 점으로, 이 부 전반부에서 『주역』의 정신, 곧 천지 운행의 원리를 끌어왔고 그 천도가 사람의 윤리인 인도(人道), 곧 군자도와 합일돼야 한다는, 즉 자연과 인간의 합일 정신, 자연과 인륜의 조화 정신을 강조하고 있는 점에서 이 부(賦)의 의미가 깊다.

그러면서 결부로서 자기의 길은 인간으로서 천도마저 극복한 공자가 궁극이었음을 천명하였으며, 공자의 그러한 구도 · 구인 정신을 강조하고 자신도 그 구인 · 구도에 길에 더욱 치열하게 정성을 다할 것을 다짐하고 기원하고 기대하는, 이른바 진정한 구도자 · 군자도로서 자기를 성찰하고 있는 점이 이채롭다.

기봉 시인은 전개부 둘째 단락에서, "처음부터 궁극이란 있지 않으니 初未有夫窮極 / 어이해 잠시라도 놓을 수 있나 豈或舍於暫頃 / 부지런히 화육(化育)의 도를 다하여 藹化育之盡道 / 훌륭하게 한 해의 일 이루었구나 懿歲功之得成 / 이 같은 즐거움이 끝이 없으니 玆於穆而不已 / 진실로 그 성(誠)을 벗어남 없구나 諒不外乎其誠"라고, 자기의 궁극이 무엇인지를 밝히고 이러한 궁극에 이르기를 간구하고 노력하는 자기 모습을 제시한 이후에도 여러 차례, 천도(天道)에 미치지 못하는 자기를 성찰하고 구도(求道)에 끊임없이 도전하고 궁행(躬行)하려는 강한 의지를 보여 주었다.

특히, ■ 전개부 둘째 단락 5연 · 6연에서, "군자의 한결같음 아름답구나 美君子之惟一 / 저녁이면 늘 두려워 더 노력하네 恒夕

惕而乾乾", "이 마음 간직하여 잃지 않고서 操此心而不失 / 힘 쏟아 행하여서 극에 이르리 要力行而極到" ■전개부 셋째 단락 2연, 3연에서, "저물녘 집에 들어 편히 쉬면서 入宴息於嚮晦 / 고요히 한 바탕을 보존하노라 靜以存夫一本", "나가도 아침 낮에 얽매지 않고 出不梏於朝晝 / 움직임에 온갖 만물 살피는도다 動以察夫萬散" ■전개부 넷째 단락의 1연에서, "비록 도(道)에 미치지 못함을 근심하지만 雖閔道之莫及 / 곁에 누가 있는 듯 두려워하네 儆戒懼之若臨" ■전개부 다섯 번째 단락 1연에서, "오랠수록 끝없음을 기약하니 期愈久而無疆 / 어찌 잠시라도 그침인들 용납하리오 詎作輟之敢容" ■전개부 여섯 번째 단락 2연에서, "앞선 성인의 독공(篤恭)을 우러르면서 仰前聖之篤恭 / 이를 모두 체득하여 굳세어지리 咸體此而自强" 등 수차례에 걸쳐 자성하고, 구도와 구인에 더욱 치열하게 도전하고 실천하려는 강한 의지를 표현하였다.

기봉의 삶에서 기본 철학은 한 마디로 자연 섭리에 따르는 무위자연적(無爲自然的)인 삶이었다. 그런 연유로 이 '천행건'에서도 그와 같은 삶의 여로를 통한 진리 증득(證得), 곧 구인 · 구도가 최선이고 보다 값진 일이라고 천명하면서 그 구도와 구인의 이르는 자기의 처신과 노력을 읊었다고 할 수 있다.

공자도 인도(仁道)는 천명(天命)에 따르는 것이며, 인도를 이끄는 천도의 진리는 바로 군자도를 실천하는 것으로 보았다. 그러한 인도의 최선으로 가장 본질적인 것이 바로 인(仁)이었다. 그리하여 모든 유자(儒子)들에겐 인이 자아의 완성이지만 더불어 사회 구제의 최선이 되었던 이유이기도 했다. 결국 모든 인간은 도(道)와 인(仁)를 회복함으로써, 즉 도행과 구인을 이룸으로써 인생의 목적을 달성할 수 있다고 보았던 것이 공자의 생각이었고, 모든 유자(儒子)들의 공통되는 진정한 삶의 철학이었던 것이다.

기봉 시인 역시 이 유자(儒者)의 범주에 속하는 구도자로서 삶을 추구했던 것이었고, 이러한 자기의 삶의 철학을 보여준 것이 바로 이 부(賦) '천행건'이었다.

도(道)나 인(仁)는 하나의 이상이며 궁극이다. 이의 현현체(顯現體)로서 실천이요 작용으로서 나타나는 것이 구인이요 구도이다. 크게는 다른 사람들에게 기쁨과 도움을 가져다주는 실천행이요, 작게는 인륜(人倫)의 실천이며 부도(不道) · 사도(私道) · 불륜(不倫)을 극복하는 행위로서 구인행이요 구도행인 것이다.

달리 말하면, 구인이나 구도는 인이나 도의 수단인 것이다. 여기서 수단은 실천으로 이루어질 수 있다. 즉 구도나 구인은 도나 인의 형이상학적 의미를 실재적으로 확립시키는 수단인 것이므로 진정한 유자(儒者)에게는 구인 · 구도에서 실천 궁행이 더욱 중요시되는 것이다.

그러한 점에서 '천행건'에서 기봉 시인은 이러한 궁극으로서 도(道)의 경지, 인(仁)의 경지, 성(誠)의 경지에 도달하려는 자신의 부단한 성찰과 도전, 실천 궁행의 의지를 보여주고 있다는 할 수 있고, 그렇기에 '이 부 결부에서 '천행건'의 의미가 아닌 인간(군자)으로서 참된 도리의 길을 제시한 '지세곤(地勢坤)'의 의미로 종결을 맺은 것은, 기봉 시인다운 의미가 담긴 것으로 평가 할 수 있을 것이다.

7. 부(賦) '동지(冬至)'와 기봉의 인생 · 우주론

- 기봉의 학문과 철학이 집약된 최상의 명문(名文)

1) 글을 시작하며[234)]

이 부(賦) '동지'[235)] 서두 자주(自註)에, "공이 가정(嘉靖) 임자년(1552, 명종 7)에 과거에 급제한 뒤, 그 해 11월에 임금이 성균관에서 영 · 호남 문신들에게 재주를 겨누게 하였다. 공이 이 부(賦)로 장원을 차지하여, 임금이 『선시(選詩)』 10권을 하사하였다."[236)] 라고 하여 이 부(賦)에 대한 작성 배경이 설명되어 있다.

임자년(壬子年) 1552년이면 공의 나이 32세 때다. 명종 임금의 명으로 지어졌으므로, 임금을 비롯하여 당대 조야의 수많은 문인들에게 보여주기 위하여 지어졌다는 것을 알 수 있다. 아마 당

---

234) 본 글은 전문 학자들이 진행하는 보편적인 비평 이론, 즉 인문주의 비평 방법 등을 적용하여 쓴 글이 아니다. 단순히 부 '동지'에 표현된 의미 고찰을 통해 기봉의 인생관 및 삶의 철학을 더듬어 보는 형식으로 글을 썼음을 밝혀둔다.

235) 이 부(賦) '동지'는 『국역 기봉집』(정민역, 2018, 기봉백광홍기념사업회간, 86쪽~92쪽)의 '동지(冬至)'를 기본 텍스트로 하였다.

236) "冬至, 嘉靖壬子登科, 其年十一月, 上命嶺湖文臣較藝于泮宮. 公以此賦居魁, 御賜選詩十卷."

대 영호남의 대표적인 신진 명사 · 문인들이 대거 참여하였을 것이다. 그곳에서 장원을 한 작품이다. 더구나 이 부에 활용된 『주역』을 비롯한 수많은 경전이며 명문들이 용사되거나 인용되며 적절히 활용되었다는 점에서, 또한 거의 모든 문인의 명문들이 자기 서가에서 장기간에 걸쳐 수많은 경전을 비롯하여 역대 저작물을 참조하며 지어진다는 통념에 비춰본다면, 이 부는 현장에서 직접 지어졌는 데도 불구하고, 자기 학문이며 인생관 · 우주관이 최선으로 투영되며 거의 완벽한 명문으로 지어진 작품이었다는 점에서 더욱 놀랍다. 이 부 '동지'가 장원을 차지함으로써, 기봉 시인은 이 작품 하나만으로도 당대에 능히 천재성을 가진 대문장가로 문명(文名)을 확인받고도 남았을 것으로 추정이 된다.

무엇보다 이 부(賦)의 문학성 · 작품성 등을 차치하고, 이 부에 투영된 주제 '동지(冬至)'에 대한 그 의미의 확대 · 확충성은, 그 이전이나 그 이후 그 어떤 동지 주제의 시문과 견줄 수 없을 만큼 고유하고 출중하다는 점에서, 이 '동지'가 명문임을 거듭 인정하지 않을 수 없다. 특히 기봉의 부 '동지'는 당시 영호남을 대표한 신진 문사들이 겨루는 시부회(詩賦會)에서 장원하였다는 것만으로 명실상부 당대 사대부를 대표하는 작품이라 할 수 있을 것이다.

작품 부(賦) '동지(冬至)'는 『주역』에서 설하는 동지(冬至)가 주제이다. 또 작품 전체는 과부(科賦)[237]의 형태로 도입부 · 전개

237) 과부(科賦)는 생원의 진사시와 문과 시험에 사용된 부(賦)의 형식이다. 부(賦)는 생원의 진사시 중 진사시, 문과 회시와 전시의 시험과목 등으로 사용되었다. 과부는 1구(1句) 6언(六言 : 六字)의 형식으로 짓되, 작품의 길이는 30구에서 60구 까지다. 압운(押韻 : 시 등에서 시행의 일정한 자리에 발음이 비슷한 음절의 같은 운이 규칙적으로 들어가는 것)도 없으며, 전3자(前三字)

부 · 결부 등 3단, 전체 연(聯)은 48연, 단락은 8단락(도입부 2단락, 전개부 5단락, 결부 1단락)으로 구성되어 있다.

(단락 구분은 필자가 편의성을 위해 임의로 정하였음을 밝혀둔다.)

앞에서, '동지' 구성의 형식에서 전체가 48연, 한 연의 자수가 12자라고 언급하였는데, 이러한 구성 형식은 중요한 의미가 있는 것으로 평가하기도 한다.[238]

이제 기봉 백광홍의 부(賦) '동지'에 대하여 고찰해 보기로 한다.

2) 도입부, 천지 자연과 소식(消息) · 소장(消長)

와 후2자(後二字) 사이에 허자(虛字)를 사용하도록 정형화되어 있다.

238) 이구의는 동지부의 48연 구성과 12자수에 대하여 다음과 같이 분석하고 있다. "48은 『주역』의 도전괘(倒顚卦)와 부도전괘(不倒顚卦), 책수(策數)에서 따왔다. 『주역』의 64괘 가운데 8괘가 부도전괘(不倒顚卦)이다. 나머지 56괘는 도전괘(倒顚卦)이다. 도전괘는 서로 뒤집을 수 있으니 실제 운행하는 괘는 56을 2로 나눈 28괘가 된다. 여기에 도전괘 8을 더하면 8+28, 곧 36이다. 이 숫자에 소양(少陽) 또는 소음(少陰)의 책수(策數) 12개면 48이 된다. 노양(老陽)과 노음(老陰)은 책수가 24이고, 소양(少陽)과 소음(少陰)의 책수가 12이다. 그가(기봉이) 소양 또는 소음의 책수를 택한 것이 우연이 아니다. 동지에 해당하는 괘(卦)가 『주역』의 24번째 괘인 지뢰(地雷) 복괘(復卦)가 소양 괘에 해당하기 때문이다. 복괘는 양기가 처음 돋아나는 형상이다. 1년의 12달이 이 동지, 곧 복괘에서 시작한다. 복괘는 초구효(初九爻)만 양효(陽爻)이고 나머지 다섯 효가 음효(陰爻)로 이루어졌다. 또 12달을 의미하는 소식(消息)의 괘에 맞추어도 그 숫자가 12이다. 이 점으로 미루어 보면 백광홍이 이 「동지부」를 48연으로 (한 연을 12자수로) 구성한 것이 결코 우연(偶然)이 아니라는 것을 알 수 있다." (이구의(2019), "백광홍의 동지부에 나타난 자아의식", 한국시가문화연구(44), 9~10쪽.)

이 부 도입부는 6연씩 모두 12연으로 구성되어 있다.[239]

[필자는 편의상 12연을 6연씩 두 단락으로 구분하였다.]

도입부 12연은 주역의 '12소식(十二消息)'과 '소장(消長)'에서 체계화된 '소장평형(消長平衡)'의 원리를 기본으로 표현되었다.

'12소식'에서 소식(消息)은 글자 그대로 '사라진다(소멸한다)'의 '소(消)'와 '숨 쉰다'는 '식(息)'이 합해진 어휘다. 즉 '사라짐과 생겨남'이라는 뜻이다. 이것이 『주역』의 음양 원리, 즉 '음양이 소멸하고 생겨난다'는 원리인데, 이를 12개월에 적용하여 '12소식'이 된 것이다. 이는 또 동지 때부터 음력 4월까지 양의 기운이 점차 증가하는 식괘(息卦)의 단계와 음력 5월부터 음력 10월까지 음의 기운이 점차 증가하는 소괘(消卦)의 단계를 결합한 것이라고 할 수 있다.[240]

---

239) 이구의는, 도입부의 12연 구성에 대해 "이 도입부는 48연 가운데 12연으로 구성되어 있다. 자아가 도입부를 12연으로 이룬 것은 단순한 것이 아니다. 여기에는 깊은 의미를 함축하고 있다. 그것은 다름 아닌 12소식(消息)이다. 1년 12달의 생성 변화의 이치가 이 단락에 들어 있다."고 설명했다. (앞의 이구의 논문, 11쪽.)

240) '12소식'은 달리 '십이벽괘[十二辟卦 : 벽(辟)은 임금(君)이란 말로, 주관 혹은 통솔의 의미다.] 또는 '십이월벽괘(十二月辟卦)'라고도 부른다. 십이벽괘는 1년 12개월의 음양의 순환을 나타내는 체계이다. 즉 1년 12개월을 『주역(周易)』 팔괘(八卦)의 양효(陽爻)와 음효(陰爻)를 이용하여 각 괘(卦)에 배치시키면서 12개월 동안 음양이 바뀌면서 소식(消息) · 소장(消長)하는 자연의 현상을 규율화한 것이다. 내용을 구체적으로 보면, 자월(子月)인 11월은 양(陽) 1획인 복괘(復卦), 축월(丑月)인 12월은 양 2획인 임괘(臨卦), 인월(寅月)인 정월은 양 3획인 태괘(泰卦), 묘월(卯月)인 2월은 양 4획인 대장괘(大壯卦), 진월(辰月)인 3월은 양 5획인 쾌괘(夬卦), 사월(巳月)인 4월은 양 6획인 건괘(乾卦), 오월(午月)인 5월은 음(陰) 1획인 구괘(姤卦), 미월(未月)인 6월은 음 2획인 돈괘(遯卦), 신월(申月)인 7월은 음 3획인 비괘(否卦), 유월(酉月)인 8월은 음 4획인 관괘(觀卦), 술월(戌月)인 9월은 음 5획인 박괘(剝卦), 해월(亥月)인 10월은 음 6획인 곤괘(坤卦)에 각각 배치

기봉 시인은 이 도입부에서 이 '12소식'의 원리에 '소장(消長)'의 원리도 가져와 결부시켰다. '소장(消長)'은 '사라지고(소멸) 성장한다'는 의미다. 즉 소장은 사물의 성쇠와 변화를 의미한다. 그러므로 '음양 소장'은 음양의 성쇠 변화를 뜻한다.[241] '사라지고 생겨난다'는 소식(消息)의 의미에서 더 확충되어진 의미가 바로

시키는 것이다. 그리고 이러한 음양의 변화 과정을 양이 점차 증가하는 여섯 식괘(息卦)와 음이 증가는 여섯 소괘(逍卦)로 분류한다. 그리하여 식괘는 지뢰복 · 지택림 · 지천태 · 뇌천대장 · 택천쾌 · 중천건으로 양의 세력이 아래로부터 위로 점증하는 과정이 된다. 이는 양기가 점차 강해지고 음기가 점차 약해지는 양식음소(陽息陰消)인 것이다. 반면 소괘는 천풍구 · 천산둔 · 천지비 · 풍지관 · 산지박 · 중지곤으로 음의 기운이 아래에서 위로 점증하는 과정으로 음기가 점점 강해지는 반면 양기가 약해지는 이른바 음식양소(陰息陽消)가 되는 것이다.

241) 『주역(周易)』('계사繫辭')에서, "만물이 끊임없이 생성하는 것을 역(易)이라 한다."라고 설했다. 즉 '역(易)'은 변역(變易), 곧 '바뀌고 변한다'는 뜻이다. 이는 천지 만물의 양(陽)과 음(陰)의 기운이 끊임없이 생성, 변화하는 자연 현상의 원리를 가르킨 것이다. 어떤 상태에서 다른 상태로 변하는데 이 변화의 원리를 설명한 것이 역(易)인 것이다. 이러한 역의 이치는 음양의 이론에도 적용이 되니 이른바 소장(消長)의 원리인 것이다. 『주역』('계사전 하')에 "해가 지면 달이 뜨고 달이 지면 해가 뜬다. 해와 달이 서로 밀어 밝음이 생겨난다. 추위가 가면 더위가 오고 더위가 가면 추위가 오니 추위와 더위는 서로 밀어 한 해를 이룬다. 가는 것은 굽히는 것이고 오는 것은 펼쳐지는 것이다. 굽히고 펼침은 서로 감지하고 이익이 생겨난다. 日往則月來, 月往則日來, 日月相推而明生焉. 寒往則暑來, 暑往則寒來, 寒暑相推而歲成焉. 往者屈也, 來者信也, 屈信相感而利生焉."라고 하였다. 『주역』('풍괘')에서 "해는 중천에 뜨면 기울고 달은 차면 이지러진다." 하였다. 해는 하루 안에 중천에 떴다가 기울고, 달은 한 달 안에 찼다가 이지러져 경위착종(經緯錯綜 : 이리저리 왔다갔다 함)함이 쇠고리와 같아 끝이 없다. 易曰 日中則昃 月盈則虧 日 一日之內 中而昃 月 一月之內 盈而虧 經緯錯綜 如環無端." 『주역』('풍괘豊卦 괘사')에서도 "해가 중천이면 기울고 달이 차면 이지러지니, 천지가 차고 텅 비게 됨에 따라 사그라지고 불어난다. 日中則昃, 月盈則食, 天地盈虛, 與時消息."라고 설했다.

'(사라지고 생겨나지만), 사라지고 성장한다'는 의미가 보태진 것이 소장(消長)인 것이다. 물론 『주역』에서 소장(消長)이란 용어는 없다. 다만, 소장의 원리가 명백하게 존재하고 있을 뿐이다.

이 소장의 과정, 즉 음양이 성쇠 변화하는 과정에서 항상 상대적 평형을 유지한다는 원칙이 세워졌는데, 이것이 '소장평형(消長平衡)'이다. 소장론에서 비롯된 이 소장평형은, 음과 양이 끊임없이 소장 변화되는 과정으로 이루어지면서 상대적인 평형 상태를 유지한다는 원리다. 음양은 양쪽 모두 어느 일정한 상태에서 정지하거나 불변하는 상태에 있는 것이 아니라, 일정 한도 내에서 '양장음소(陽長陰消 : 양의 기운이 강해지면 음의 어두운 기운은 제풀에 소멸한다)과 '양소음장(陽消陰長 : 양의 기운이 약해지면 음의 기운이 되살아난다)의 두 원칙에 의하여 항상 상대적인 평형 상태를 이루면서, 사물(또는 생명)의 정상적인 발전(발육)과 변화를 유지하도록 하는 것이다.

(『주역』에서 당초 소장의 의미는 소식의 의미에 포함되었지만, 후기에 오며 『주역』의 음양 이론이 더욱 확충되면서 '소장' 이론이 보태진 것으로 추정된다.)

결국 『주역』에서 말하는 천지 만물은 음양의 원리에 의하여 "사라지고 생겨나지만, 사라졌다가 자라고 성장한다"는 '소식(消息) · 소장(消長)'의 원리가 지배한다고 할 수 있는 것이다.

도입부, 첫째 단락
자연 순환, 천지 운행의 의미

이 작품 전체의 서론 부분인 이 도입부는 동지를 기점으로 그 이전과 그 이후의 우주 운행을 전체적으로 묘사하는데, 그것이 앞에서 언급했듯이, '12소식(十二消息)'과 '소장평형(消長平衡)' 원리를 기본으로 하고 있다. 즉 음양 원리를 바탕으로 한 소식(消息)과 소장(消長)의 기본 원리가 이 단락의 주제가 되어 적용되고 있는 것이다.

하늘 땅 아래 위서 자리를 정해 / 惟乾坤定位乎上下
음양이 오가면서 풀무질[242] 하네. / 二氣往來而槖籥
소멸함이 있으면 다시 자라고 / 玆有消而必長
또한 이미 깎여도 되살아나네.[243] / 亦旣剝而乃復
네 계절의 운행이 다 하여 가니 / 窮四時之錯行
다만 홀로 동지 때에 느낌이 인다. / 竊獨感此冬至
뭇 음(陰)이 이때에 지극하다가 / 際衆陰之斯極
한 양(陽)이 시작될 조짐 있었지. / 會一陽之兆始

242) 탁약(槖籥) : 대장간에서 불을 피울 때 바람을 일으키는 풀무를 말한다. 조물주나 대자연의 원리가 멈추지 않고 계속된다는 뜻이다. 『노자(老子)』 5장에 "하늘과 땅 사이에 일어나는 운동을 보면, 마치 풀무질을 하는 것과 같다. 天地之間 其猶槖籥乎"에 나온다.

243) 깎여도 되살아나네(剝而乃復) : 박괘(剝卦)에서 양이 깎여 거의 죽은 상태에 있다가 양이 모두 고사된 곤괘(坤卦)를 거쳐 복괘에서 되살아난다는 뜻. (5개 효가 음효인 박괘는 9월, 6효 모두 순음인 곤괘는 10월, 다섯 음효에서 처음으로 아래에서 양효 하나가 생기는 복괘는 11월이다.) 동지인 11월에 복괘(復卦)는 하나 남은 양효가 곧 소멸될 운명에 있는 괘이다. 그렇지만 이 하나의 양이 아래에서 회복되기에 복괘가 된다. 양이 소멸될 괘이지만 다시 양이 소생하니, 그래서 깎여도 되살아나는 괘인 것이다. 이때는 음(소인)의 세력이 몹시 성(盛)하고, 양[君子의 도(道)]이 몹시 쇠약한 때이다. 이런 시대에는 천도(天道)를 따르고 천도에 머물면서, 자기의 도(道)를 지키는 것이 좋다. 나아가 일을 하면 좋지 않다.

율력(律曆)[244]은 황종(黃鍾 : 음력 11월)[245]의 절기 응하고 / 律黃鍾之應節
별자리는 두병(斗柄)[246]의 건자(建子)[247]이라네. / 星斗柄之建子
태양은 남두(南斗)[248]에서 운행 다하고 / 日行極於南斗

---

244) 율력(律曆) : 중국 청나라 때에, 강희제가 중국인 학자를 동원하여 엮은 음률, 수학, 천문에 관한 책. 이 율력 체계 십이지간[十二支干 : 1년의 열두 달을 표기하기 위해 만든 별자리 단위인, 자(子) · 축(丑) · 인(寅) · 묘(卯) · 진(辰) · 사(巳) · 오(午) · 미(未) · 신(申) · 유(酉) · 술(戌) · 해(亥)]가 사용된다. 앞에 붙는 십간이 하늘을 의미한다고 하여 천간이라고 하며, 십이지는 땅을 의미한다고 하여 지지(地支)라고 부른다. 이 십이지간에 십간을 붙여 갑자~계해까지의 육십갑자가 탄생했다.

245) 황종(黃鍾) : 동지는 황종(黃鍾)의 율(律)에 해당한다. 그 율관(律管)이 가장 길기 때문에 붙여진 이름이다. 동양 음악에서, 십이율(十二律)의 첫째의 방위는 자(子), 절후는 음력 11월에 해당한다. 중국이나 우리나라는 음(소리)의 높낮이에 따라 열두 가지 곧 십이율(十二律)로 정하였는데, 그 십이율의 첫째 소리가 황종(黃鍾)이다. 동지는 양기가 처음 자라난 시기고 이는 곧 생명이 시작한 때이다. 이 생명은 동짓달부터 음력 10월까지 순환하는데, 이를 소리의 십이율(十二律)에서 황종이 십이율의 마지막 소리인 응종(應鍾)까지 반복한다고 하여 이러한 십이율의 첫 번째인 황종을 생명이 시작되는 12계절의 동지에 비유한 것이다.

246) 두병(斗柄) : 두병은 북두의 일곱 번 째(국자 모양의 손잡이 끝 부분)이다. 두병(斗柄)을 관찰하여 사계절을 정한다. 북두는 마치 국자처럼 생겼는데 국자 머리 부분을 괴(魁)라고 하고 자루 부분은 표(杓) 또는 병(柄)이라고 불렀다. 또 이를 북두괴(北斗魁) 또는 두괴(斗魁)라고 하고, 북두병(北斗柄) 또는 두병(斗柄)이라고도 한다.

247) 두병(斗柄) 건자(建子)이다(斗柄之建子) : 동지는 정월 초하루 계축일로 건자(建子)이다. 하은주(夏殷周) 3대 정월은 각기 달랐다. 하(夏)나라는 건인(建寅)이라 하여 북두칠성의 자루가 인방(寅方)을 가리키는 달인 동지달(11월)을 정월로 삼았고, 은(殷) 나라는 건축(建丑)이라 하여 12월을 정월로 삼았고, 주(周) 나라는 건자(建子)라 하여 11월을 정월로 하였다. 조선조에서 음력은 전통적으로 하(夏) 나라의 달력으로 기본으로 음력설을 쇠었다. 동지 초하루는 건자인 셈이다.

248) 남두(南斗) : 남방에 두형(斗形)을 이루고 있는 7개의 별로 도교(道教)의

달은 흑도[249]에서 다스림을 곧게 한다. / 月御貞於黑道

첫 단락 1연은 "하늘 땅 아래 위서 자리를 정해 惟乾坤定位乎上下 / 음양이 오가면서 풀무질 하네. 二氣往來而橐鑰"라고 표현되었다. 이는 천지, 즉 하늘과 땅은 제 위치에서 음양의 풀무질로 천지 운행을 하고 만유(萬有)를 생성한다는 의미로 해석이 된다.

여기서 중요한 핵심은 탁약(橐鑰)으로 곧 '음양의 물무질'이다. 대자연의 음양의 원리가 멈추지 않고 계속될 것이라는 뜻이다. 『노자(老子)』('제5장, 제42장')에는 천지 운행에서 음양의 풀무질이 보다 구체적으로 묘사되어 있다. 제5장에는, "도는 하나를 낳고, 하나는 둘을 낳고, 둘은 셋을 낳고, 셋은 만물을 낳는다. 만물은 모두 음을 짊어지고 양을 끌어안아 텅 빈 기운으로 조화를 이룬다. 道生一, 一生一, 二生三, 三生萬物, 萬物負陰而抱陽."라고 하였다. 노자는 여기서 (셋에서) 도(道)가 만물이 낳는데, "만물은 모두 음을 짊어지고 양을 끌어안아 텅 빈 기운으로 조화를 이룬다."고 한 것이다. 이어 제42장에는, "하늘과 땅 사이는 마치 풀무와 같다. 天地之間 其猶橐籥乎 / 속은 텅 비었는데 찌부러지지 아니하고 움직일수록 더욱 더 내뿜는다. 虛而不屈 動而愈出."라고 하였다. 후자 쪽의 구절을 풀어보면, '(천지 사이에는) 풀무처럼 텅 비어 있는데 풀무질로 인하여 (음양의 작용이) 그치지 않고, (풀무질로서 같은 작용이) 더해지고 더해질수록 만물의 생명력이 넘

용어이다, 북두(北斗)와 대비되는 별로 도교에서는 천상(天上)에 동 · 서 · 남 · 북 · 중의 5두(斗)를 지정하여 경배의 대상으로 삼고 있다. 남두는 주로 인간의 수명과 운명을 관리한다고 생각하였다.

249) 흑도(黑道) : 일월(日月)이 운행하는 궤도의 하나인데, 달은 황도(黃道 : 태양이 하늘을 1년에 걸쳐 이동하는 경로)의 북쪽에서 운행 (태음의 궤도) 하기에 흑도(黑道)라 불려 왔다.

쳐난다'는 의미다.

기봉 시인도 '천지지간(天地之間, 하늘과 땅 사이)'을 거대한 '탁약(橐籥)'에 비유하였다. 본시 풀무(橐籥)는 속이 텅 비어 있다. 풀무 속이 차 있으면 화덕에 공기를 불어넣을 수 없다. 풀무의 본질은 비어있는 풀무 안으로 공기를 넣고 그 공기를 화덕으로 보내 불을 지피게 하는 것이다. 비어 있는 무(無)의 상태인 풀무가 풀무질로 인하여 유(有)가 되는 것이다. 시인의 표현처럼 "음양이 오가면서 풀무질" 하므로 유(有), 곧 만물이 생성하게 되는 것이다.

『주역』에서 하늘과 땅을 건(乾)과 곤(坤)으로 명명하였다. 우주 만물(萬物)이 있기 전의 공허하고 혼돈된 상태를 태극(太極)이라고 한다. 공간적으로는 '클 태(太)', 시간적으로 '처음 태(太)'자를 써서, 즉 처음부터 끝까지 또는 태초로부터 궁극에 이르기까지를 '태극(太極)'으로 표현하였다. 태초에는 이 우주에 무형(無刑)의 태극이 생겼고, 태극에서 음양, 곧 양의(兩儀)가 생긴 것이다. 그러므로 태극에서 비로소 만물이 생성(창조)되었는데 이처럼 만물은 양의, 곧 음양에 의해서 창조된 것으로 『주역』은 설하고 있는 것이다.

『주역』('계사전상, 제11장')에, "역(易)[250]에 태극이 있으니, 이

---

250) 『주역(周易)』은 서주(西周) 시대를 대표하여 '주(周)'가 붙지만, 실제 주나라의 책은 아니다. 역(易)으로써 하(夏)나라의 연산역(蓮山易), 상(商)나라의 귀장역(歸葬易)이 존재하였지만 전해지지 않았다. 이후 주(周)나라 때 상나라의 역(易)을 그대로 쓰면서 이름만 주역(周易)으로 바꿨다. 특히 하(夏), 상(商)나라 역(易)이 사라지면서 주나라 문왕(文王)이 괘사를 짓고 아들 주공(周公)이 완성시킨 『주역』만 현존, 보통 주(周)나라 『주역(周易)』으로 통칭되고 있다. 주역(周易)에서 '역(易)'은 바뀌지는 것, 즉 변화를 의미한다. 천지 만물이 언제나 끊임없이 변화하는 가운데 자연 현상이 이루

것이 양의를 낳고, 양의는 사상을 낳고, 사상은 팔괘를 낳는다. 易有太極 是生兩儀 兩儀生四象 四象生八卦."라고 하였다. 공자도, 『계사전』('제10장')에서, "역(易)에 태극이 있으니, 이것이 양의를 낳는다. 孔子曰 易有太極 是生兩儀."라고 하였다.

2연의 출구는 "소멸함이 있으면 다시 자라고 玆有消而必長"라고 표현하였다.

시인은 1연에서 음양이 생성되는 자연 섭리의 이치를 표현한 뒤, 2연 출구에서 음과 양이 줄어들거나 생겨난다고 하는 이른바 소식(消息)을 의미하는 '소(消)'와 소장(逍長)을 의미하는 '장(長)', 곧 '소식 · 소장'의 원리를 표현한 데 이어, 2연 대구에서 "이미 깎여도 되살아난다 剝而乃復"로 표현, 64괘 중 24괘인 복괘(復卦, 冬至)의 의미를 가져와 표현하였다.

동지의 복괘는 64괘 중 생명의 부활, 새 생명의 소생의 의미를 갖는 가장 중요한 괘이므로 이를 64괘를 대표하여 끌어온 것으로 여겨진다. 더구나 이 괘는 부 '동지(冬至)' 주제이기도 하다. 그래서 이어지는 3연에서 동지의 의미를 본격적으로 설하고자 복괘를 끌어 온 것으로 추정 된다.

그러므로, 사실상 1연의 대구와 2연의 대구 사이에는 사상(四象)과 팔괘(八卦)의 의미가 생략되어 있다. 64괘가 만들어지는 데는 본래 태극(太極)이 있고, 이것이 음양(陰陽)을 낳고, 음양은 다

어진다는 원리가 기본이다. 『주역』에는 세 가지의 원칙이며 기본이 되는 불역 · 간이 · 변역이 관통한다. 불역[不易 : 모든 것들이 시시각각 변하지만 그 중에 영원히 변하지 않는 것이 존재한다. 변화 속에서도 유지되는 항구적이며 보편적 진리(음양의 이치 등)가 있다], 간이[簡易 : 명확하고 간결한 법칙에 따라 이루어진다], 변역[變易 : 만물은 끊임없이 변화하며, 순환한다.]가 그것이다. 이 중 세 번째의 변역(變易)이 주역(周易)의 본질적인 의미에 가장 가깝다.

시 사상(四象)을 낳고, 사상은 다시 팔괘(八卦)를 낳고, 팔괘는 다시 64괘를 낳게 된다. 『주역』의 64괘는 이처럼 태극에서 음양, 사상, 팔괘를 거쳐서 만들어진 것이다.[251] 그런데 음양에서 바로 64괘로 건너뛰었으니, 그 사이의 사상, 팔괘가 생략된 것으로 볼 수 있다.

3연은 "네 계절의 운행이 다 하여 가니 窮四時之錯行 / 다만 홀로 동지 때에 느낌이 인다. 竊獨感此冬至"라고 표현하였다.

동지 맞아 '홀로 느낌' – 생명 부활의 느낌

'3연 출구에서 "네 계절의 운행이 다 하여 간다."라고 표현하고

251) '사상(四象)이 8개의 괘로 변한다.' : 이 팔괘에 양과 음양, 곧 양과 음이 결합되는 과정은 각 효(爻 : 주역의 6개의 가로 그윽 획으로, 괘를 이루는 기본 기호)에 양(陽)이 먼저 더해지고(붙고) 나서 그 후에 음(陰)이 더해지는 순서로 이루어진다. 이렇게 각 효에 양과 음이 위에 더해져 태양(太陽), 소음(少陰), 소양(少陰), 태음(太陰)의 사상이 만들어지고, 이어 각 사상에는 다시 위에 양과 음이 더해져 건(乾), 태(兌), 이(離), 진(震), 손(巽), 감(坎), 간(艮), 곤(坤)이라는 팔괘를 이루게 된다. 또 하나의 팔괘 위에 다른 팔괘를 순차적으로 더하면 64괘가 나오게 된다. 이것이 64괘 생성의 구조 원리이다. 즉 천태만상의 우주 조화를 팔괘만으로는 모두 설명할 수가 없어, 괘(卦) 2개를 결합하여 [하나의 괘는 소성괘(小成卦)이고 소성괘 2개가 겹친 것이 대성괘(大成卦)다.] 64괘(六十四卦)가 만들어졌다. 따라서 만물의 소식(消息)과 소장(消長), 인간의 생로병사(生老病死) 등 우주의 모든 순환과 변화는 64괘에 의해서 설명된다. 64괘 의미는 천지만물이 모두 음양으로 이루어지고 그 결합에 의하여 만물이 탄생한다는 원리를 기본 원리로 한다. 그러나 이 원리에 의하면 그 음양의 기본 구조가 반복되어 이루어진 현상이 수천만 종류에 이르지만, 괘의 기본 요소인 효(爻)를 수천만 개에 이르도록 결합해 수천만 개의 괘를 만들 수 없는 점이, 또 그렇게 이루어진 괘에서 천지만상의 순환 변화 과정을 모두 담을 수 없는 점이 『주역』 64괘의 한계점일 수 있다.

이어 "홀로 동지 때에 느낌이 인다."라고 표현하였다. 출구에서는 동지 이전의 4계절의 운행을 이 한 구절로 표현한 것이다. 여기서 시인은, 앞선 2연의 표현처럼 천지 운행은 '쇠하여 숨쉬고, 소멸하지만 소생하여 다시 생성되어 성장하는' 소식과 소장의 원리에 의해 끊임없이 변화하며 운행하고 있음을 인식하였을 것이다. 그렇기에 시인 스스로 대구에서 네 계절의 역동적인 천지 운행 후에, 마치 그 천지 운행이 마치 멈춘 듯한 동지에서 "홀로 느낌이 인다"라고 표현하였을 것이다.

무슨 느낌이었을까. 생명이 다 죽고 마치 천지 운행도 멈춘 듯한 상태였는데, 그 중에서 홀로 생명이 소생하는 느낌을 받은 것이다. 그러한 느낌의 실체가 다음 4연에서 펼쳐진다.

시인은 4연에서, "뭇 음(陰)이 이때에 지극하다가 際衆陰之斯極 / 하나의 양(陽)이 시작될 조짐 있었지. 會一陽之兆始"라고 읊는다. 절기는 동지다. 동지의 복괘는 초효만이 양효이고, 나머지 다섯 효는 모두 음효로서 박괘의 상구 효가 초효로 복귀해 이루어진 괘이다. 그러므로 시인은, 음기가 극성이던 10월을 지나 11월 동지를 맞았는데, 10월에는 고사 직전이던 하나의 양이 처음으로 다시 움직이기 시작하는, 1년 중 가장 추운 동짓달에 마치 얼어붙어 있는 지표(地表) 아래에 새로운 생명이 부활하고 있는 상태를 느낌으로 알았다는 것이다. 그것도 '천지 운행이 멈춘 듯한 동지'에서.

그동안 4계절을 통하여 자연의 섭리를 확인한 시인은 이 4연의 동지에서 다시 생명의 부활을 확인한 것이다. 그리하여 5연과 6연에서는 율력과 음률, 천지 운행으로 시선을 옮기게 된다. 이 역시 동지 의미를 찾는 일의 하나였을 것이다. 즉 동지의 의미를 더욱 확대하기 위해 '새 생명이 소생하고 부활하는 복괘 절기'인 동지에서 인륜(人倫)의 한 방책인 율력과 음률은 어찌 적응하는지 그리고 이때를 맞추어 시각적으로 보이는 하늘 운행은 또 어떠한지 관찰하기 위해서였던 것으로 추정이 된다.

5연에서 시인은 "율력(律曆)은 황종(黃鍾 : 음력 11월)의 절기에 응하고 律黃鍾之應節 / 별자리는 두병(斗柄)의 건자(建子 : 동지)라네. 星斗柄之建子"하고 읊었다. 출구에서는 천문에서 기본이 되는 율력(律曆)과 동양의 음률을 끌어 왔는데 여기서 율력도 황종(黃鍾)의 절기에 응한다고 표현한 것이다.

황종(黃鍾)은 동양 음악의 십이율(十二律) 중에서 첫 번째에 해당하는 달이라는 뜻으로 음력 11월을 달리 부르는 말이다. 율력에서 십이율을 각각 1년 열두 달에 배속시켰고, 양(陽)의 기운이 처음 생기는 동짓달부터 시작하였기 때문에 첫째 음인 황종은 11월에 해당된다.[252]

이 표현은, 자연 4계절의 순환 원리에서, 동지는 양기(생명)가 소생하여 1년 12개월을 시작하는 달로서 의미가 있듯이, 율력에서도 12율의 첫째 음율인 황종도 이러한 동지의 뜻에 부합하는 음률이 되고 있다는 의미를 표현하는 것으로 추정된다.

이처럼 천문에 해당하는 율력에 이어 5연 출구에서는 역시 천문에 속하는 별자리를 끌어 와 "별자리도 두병(斗柄)의 건자(建子)라네."하면서 별자리 역시 건자(建子 : 동지를 의미)에 위치해

252) 중국 후한(後漢) 때 반고(班固)가 저술한 『백호통의(白虎通義)』('오행편五行篇')에, "11월을 왜 황종이라고 하는가. 황(黃)은 중화(中和)의 색이고 종(鍾)은 움직인다는 뜻이다. 양의 기운이 땅 속에서 움직여 만물을 배양한다는 의미다. 十一月謂之黃鍾何 黃中和之色 鍾者動也 言陽氣動於黃泉之下 動養萬物也."라고 하였다.

있음을 강조하였다.

일월(日月)도 소식(消息) · 소장(消長) 원리에 적용받는다

시인은 6연에서 태양과 달도 가져왔다. 즉 6연 출구에서는 태양을 표현하였는데, "태양은 남두(南斗)에서 운행 다하고 日行極於南斗"라고 표현하였다. 이어 대구에서는 달을 가져와 "달은 흑도에서 다스림을 곧게 한다. 月御貞於黑道"라고 읊었다.

태양은 양(陽)이고 달은 음(陰)이다. 태양은 남두에서 운행을 다하였다고 하였다. 북두(北斗)와 남두(南斗)[253]는 대비되는 관계로, 북두가 양(陽)이고 음두는 음(陰)이다. 전통 도교(道敎)의 관점에서는 양(陽)에 속하는 북두는 죽음을 관장하고 음(陰)에 속하는 남두는 생명을 다스리는 것으로 이해되어 왔다.

그런데 시인은 출구에서 "(양인) 태양이 (음인) 남두에서 운행을 다하였다."라고, 대구에서는 "(음인) 달이 흑도에서 다스림을 곧게 펼친다."라고 표현하였다. 출구의 표현처럼 태양이 음이 득세한 남두에서 운행을 다하였다는 것은 곧 태양도 양기가 거의 고

253) 남두(南斗) : 도교에서 천상(天上)의 남방에 두형(斗形)을 이루고 있는 7개의 별을 가리키는 별자리를 가르킨다. 남두는 남극노인성(南極老人星)을 신격화한 남극장생대제(南極長生大帝)의 통치로 구성되는데 역할은 인간의 생존(수명, 장수, 운명 등)을 관리한다고 생각한다. 남극장생대제는 송나라(북송) 시기 장생대제군(長生大帝君)으로 존숭되었고 고려와 조선에서도 숭배되었으며 1426년, 세종은 그를 남극노인성존군(南極老人星尊君)으로 추시(追謚)하기도 했다. 또 조선 초까지 남극노인성을 추모하고 제사를 지내기도 하였다. [춘분과 추분에 숭례문 남쪽 둔지산(屯地山) 노인성단(老人星壇)에서 제사를 지냈는데, 봄과 가을에 제사를 지낸 이유는 노인성(남두성)이 가을에 나타나고 봄에 사라지기 때문이었다.] (『세종실록』'148권, 지리지 경도 한성부')

사된 지경인 동지의 복괘 상태에 있음을 의미한다. 그러기에 양기는 거의 고사되었지만 음기 아래에서 양의 불씨가 곧 되살나게 될 것이다. 또 대구에서는 달이 음이 득세하는 흑도에서 곧게 운행을 펼침으로써 달 또한 동지에 부합해 있음을 표현하였다. 이는 곧 '양이 다 죽은 상태지만 비로소 양이 다시 부활하고 소생하는 게 천도이고, 그래서 달도 그 양의 회복과 부활을 방해하지는 않는다'는 동지 복괘의 또 다른 의미를 표현한 것으로 추정된다.

즉 시인은 이 첫 단락 마지막 6연에서 동지 복괘의 의미를 적용하여 양의 죽음 이후에 다시 양이 소생하는, 천리의 기본인 소식(消息)과 소장(消長)의 원리를 분명하게 다시 한번 표현하였다고 할 수 있다. 이는 동지를 기점으로 자연은 물론 하늘의 운행까지도 천도(天道)는 한 치 어긋남이 없이 순행하고 있음을 설한 것이다. 이를 달리 표현한다면, 시인은 이 단락에서 동지를 전후로 자연의 4계절과 하늘을 운행하는 별, 해, 달의 운행의 원리를 통해 이 모든 천지 운행이 소식(消息) · 소장(消長)원리에 의하여 음양의 순환 즉 사계절의 순환이 이루어지고 있다고 하는 절대 불변의 천리 변화의 원리를 묘사한 것으로 볼 수 있다.

도입부 둘째 단락
동지와 동지 이후의 자연 현상

여섯 구멍 가관(葭管)에서 재가 날리고 / 葭六管之飛灰[254]

254) 가육관지비회(葭六管之飛灰) : 고대에는 갈대를 태운 재를 피리 구멍에 넣고 밀폐된 방에서 불어 재가 날리는 구멍에서 재가 흩뿌려지는 모양을 보고 겨울의 길고 짧음을 점쳤다고 한다. 이는 중국의 진(秦)나라 때부터 내려오는 풍습으로, 봄 · 여름에는 양기(陽氣)를 검증하고 가을 · 겨울에는 음

별이 한 줄 나란히 도수 더하네. / 景一線兮添度
현명(玄冥)[255]의 위엄 점차 느슨해지고 / 稍玄冥之弛威
얼음 신령 비로소 일 넘겨주네. / 始氷師之讓事
하늘 마음 인(仁)을 펴는 실마리되고 / 端乾心之發仁
땅의 굴대 조금씩 기운이 솟네. / 漸坤軸[256]之升氣
일원(一元) 기운 움직임은 고요하건만 / 默一元之動氣
많은 싹의 생기가 모여드누나. / 彙衆萌之生意
운초(芸草)는 싹이 트고 여초(荔草) 움 돋아 / 芸始芽兮荔將挺
온갖 초목 앞서서 절기를 맞네. / 首萬卉而迓候
버들가지 움터나고 매화 벙글어 / 柳思舒兮梅欲綻
모두 새롬 나아가 옛 것 바꾼다. / 咸就新而替舊

도입부 둘째 단락도 6연, 12구로 구성되어 있다.

도입부 첫 단락에서는 동지를 기점으로 자연 섭리와 천도의 운행까지 들여다보았다. 이제 시선을 땅 위로 가져 온 시인은 땅 위에서 펼쳐지며 구현되는 동지와 동짓날 이후 변화를 들여다 본다.

기(陰氣)를 검증하였다고 한다. 이 검증 방법은 피리 구멍[옥관(玉管)]의 안쪽을 낮게 바깥쪽을 높게 하고 구멍에 가부회(葭莩灰 : 갈대 껍질 재)를 불어 넣고 그 안쪽 끝을 막아 역법(曆法)을 살피면서 음기를 검증하였다고 한다. (『後漢書』'律曆志')

255) 현명 : 오행 중 물을 관리하는 신령. '수정(水正)'으로 별칭되었는데, 이때 '정(正)'은 관장(官長)을 의미하였다. 또한, 추위도 다스리기 때문에 '사한(司寒)'으로도 불렸다. 조선시대에 국가 제례로 편입되어 중사(中祀)인 우사(雩祀)의 여섯 신령, 즉 구망(句芒) · 축융(祝融) · 욕수(蓐收) · 현명(玄冥) · 후토(后土) · 후직(后稷) 가운데 하나로서 강우를 기원하면서 올리는 제례가 봉행되었다.

256) 곤축(坤軸) : 지구의 자전축. 북극과 남극을 연결하는 축으로, 공전 궤도면에 대하여 66.5도 가량 기울어져 있다고 한다. 곤축은 곤괘(坤卦)에 해당하고, 한 해가 바뀌는 한겨울을 뜻하는 말로도 쓰인다.

이전 도입부 첫 단락에서는 비가시적인 시선일 수밖에 없었고, 그래서 표현도 추상적일 수밖에 없었다. 이제는 시선이 땅 위에 머물게 돼 가시적인 동지의 의미를 보다 구체적으로 드러낼 수 있게 되었다.

시인은 1연에서, "여섯 구멍 가관(葭管)에서 재가 날리고 葭六管之飛灰 / 별이 한 줄 나란히 도수 더하네. 景一線兮添度"라고 표현하였다. 출구 "여섯 구멍 가관(葭管 : 갈대 재의 관)에서 재가 날린다"는 표현에는 두 가지 의미가 함유되어 있다.

첫째, '가육관(葭六菅)', 즉 '갈대의 육관(六菅)'에서 비회(飛灰), 곧 갈대의 재를 담은 6개의 율관(律菅)에서 갈대 재를 날려 겨울의 길고 짧음을 측정할 수 있다는 의미다. 고대 중국에서는 갈대 줄기 속을 태운 재를 관(대롱, 피리 등)에 넣고 관 구멍에서 재가 흩뿌려지는 모양을 보고 겨울(음기 측정으로)의 길고 짧음을 측정하는데, 이때 동지의 현상도 검증할 수 있었다고 한다.[257] 이처

257) 『후한서(後漢書)』('율력지律曆志')에 의하면, 봄 · 여름에는 양기를 검증하고 가을 · 겨울에는 음기를 검증하는 방법이 있었다. 이때 율관(律管)과 갈대의 재를 써서 절기(節氣)의 변화와 음양의 기(氣)를 검증하는데 이를 '율려조양(律呂調陽)'이라고 하였다. 구체적인 방법은 다음과 같다. "(동지에) 음기를 검증하는 방법이다. 실(방)을 3중으로 만들고 호(戶)를 닫아 틈을 두루 바르고 나서 나무로 상을 만들고, 음을 정하는 계측 기구인 율(律)을 만든다. 안쪽을 낮게 바깥쪽을 높게 하고 그 방위에 따라 율(律)을 그 나무 상자 위에 얹고, 갈대를 태운 재[가부회(葭莩灰)]로 그 안쪽 끝을 막아 역법(曆法)을 살피면서 음기를 검증한다. 그리고 음기가 이르면 재가 움직인다."고 하였다.

이러한 율려조양(律呂調陽)으로 양기와 음기를 검증하기도 하였지만, 소리[音]의 기준을 만드는 척도로 이용하기도 하였다. 즉 대나무를 잘라서 율관(律管)을 음과 양 각각 6개씩 만든다, 6양관은 율(律)이 되는데 황종(黃鍾) · 태주(大簇) · 고선(姑洗) · 유빈(蕤賓) · 이칙(夷則) · 무역(無射)이 그것이고 6음관은 여(呂)가 되는데 협종(夾鍾) · 중려(仲呂) · 임종(林鍾) · 남

럼 갈대의 재가 날리는 현상으로 양기와 음기를 측정하여 동짓달의 개시 여하도 알 수 있었다고 한다.

둘째, 갈대 육관에서 재를 날리는 것으로 절후(節候)와 소리의 기준을 측정하기도 했다고 한다. 고대 중국에서는 가육관에 갈대재를 날림으로써 양기와 음기를 측정하는 의미 외에도 이를 통해 절후(節候)와 소리의 기준을 측정하기도 하였다는 것이다. 이때는 음(音)의 기준인 십이율(十二律)과 짝하는 12관[12 율관 : 6양관(六陽菅), 6음관(六陰菅)]을 만들고 이를 다시 12개월과 짝하도록 하여 절후(節候)와 소리의 기준을 측정하도록 한다는 것이다. 즉 음(音)의 길이를 기준으로 한 십이율의 관에서 재가 날리도록 하여 음(音)과 함께 절후를 인식할 수 있었다는 것이다. 이를테면 12율관 중 6양관(六陽菅)에 속한 황종관에서 재가 날리면 절후는 11월, 동지 때이고 음(音)은 황종이 되는 것이다. 십이율에 배속한 12율관 중 '동지를 상징하는 황종관'은 양을 상징하는 6양관 중의 하나였다.

그러므로 "황종 율관에서 갈대 재가 날린다."는 것은, 그때가 율력으로는 11월이고 절후로는 동지이므로, "(동지를 상징하는) 황종 율관에서 재가 날려지게 된다."는 의미가 된다. 이는 곧 소리(音)의 첫째 소리인 황종의 때라는 것이고, 절기로는 생명이 발아하고 부활하는 동지 때이므로 자연의 소리도 곧 황종의 소리로 울리

려(南呂)·응종(應鍾)·대려(大呂)이다. 이처럼 만들어진 12개 율관을 1년 12달과 십이율 즉 십이율려(十二律呂)와 짝하도록 했다. 즉 '황종은 11월 동지, 대주는 정월, … 응종은 10월' 식으로. 이후 절기를 기다려 살피면 한 절기가 이를 때마다 해당 율관의 재가 날아 움직이게 된다고 한다. 예컨대 11월 동지에는 황종 율관의 재가 날아 움직이고 12월에는 대려 율관의 재가 움직인다. 양기가 처음으로 생기는 절후가 되면 황종관의 재가 풀석 날아간다고 한다. 그렇기에 동지가 되는 때는 황종관의 재가 날리는 것이다.

고 있다는 뜻으로 해석하게 된다고 한다.

당나라 시인 두보(杜甫,712~770)의 '동지 전날 小至'이라는 시에도 "태운 갈대 재 넣은 육관에 재가 날아오르네 吹葭六管動飛灰"라는 표현이 나온다.[258] 조선조 12대 왕 인종(仁宗,1515~1545) 임금도 '대전에 올리는 춘첩자 進大殿春帖字'라는 시에서 "갈대관에 재 날리는 절기다 葭管飛灰節"며 동지는 갈대의 재를 날리는 절기라고 읊었다.[259] 조선 말 여류시인 박죽서(朴竹西, 1817?~1851)는 시 '동지 冬至'에서 "황종은 음률에 응하여 은밀하게 서로 통하네 黃鍾應律暗相通 / 재가 날린 뒤에야 어린 양기 비로소 움직이고 稚陽初動飛灰後 … " (『죽서시집』'冬至')라고 읊으며 동지 절기와 황종의 음률을 결합시켰다. 시인 성현(成俔,1439~1504)도 '동지에 큰 눈보라가 치다 至大雨雪'라는 시에서, "땅속의 가관에서 갈대 재를 날리어라 地中葭管飛灰塵 / 하나의 양이 회복하여 봄이 막 시작되었네 一陽來復萌靑春 … "(『허백당시집』 제8권)라고 읊었다.

기봉 시인은 1연 출구에서 동지를 맞아 육관에서 재를 날리는 전통을 상기시키는 의미로 "여섯 구멍 가관(葭管)에서 재가 날리

---

258) "천시(天時)나 인간사 모두 날마다 바뀌는데 天時人事日相催 / 동지에 양기가 생겨나 봄이 다시 오려 하네 冬至陽生春又來 / 오색무늬 자수(刺繡)에 가는 실이 더해지고 刺繡五紋添弱線 / 태운 갈대 재 넣은 육관에 재가 날아오르네 吹葭六管動飛灰 / 강변 버드나무 선달에 벌써 새싹이 틔우려 하고 岸容待臘將舒柳 / 엄동설한에 산의 마음도 매화를 피우려 하는구나. 山意沖寒欲放梅 … (『杜少陵詩集』 卷18, '小至')

259) "갈대관에 재 날리는 절기이고 葭管飛灰節 / 삼양이 성군과 화합하는 때입니다 三陽協聖時 / 임금 마음은 바름이 있을 뿐이고 君心惟有正 / 하늘의 도 또한 사사로움이 없습니다 天道亦無私 / 상서로운 안개가 푸른 하늘에 어렸고 瑞霧靑空繞 / 화려한 깃발이 궁문에 드리웠습니다 華幡紫闥垂 …" (『열성어제』'제7권, 인종대왕, 시詩')

고"로 표현한 것으로 추정된다. 이어진 대구에서 "별이 한 줄 나란히 도수 더하네. 景一線兮添度"로 표현하였다. 당연히 이때는 동지 때이고 양기가 소생하는 때이므로 햇볕도 도수를 더한다고 표현한 것으로 여겨진다.

2연은 "현명(玄冥)의 위엄 점차 느슨해지고 稍玄冥之弛威 / 얼음 신령 비로소 일 넘겨주네. 始氷師之讓事"라고 표현하였다. 현명은 추위를 다스리는 신령이다. 양기가 북돋기 시작하므로 추위는 자연스레 사위어 가기 마련이다. 그리하여 추위의 신령인 현명의 위엄이 '없애다, 늦추다'의 의미를 가진 '이(弛)' 자를 사용하여, '(역할이)점차 느슨해진다'고 표현하였다. 또 대구에서는, 추위의 상징인 '어름의 스승(氷師)'도 춥게 만드는 일을 넘겨주기 시작했다'고 표현하였다.

이처럼 2연은 동지가 시작되면서 자연스럽게 추위가 느슨해지고 소생하는 온기가 점차 더해지는 절기의 현상을 압축적으로 표현한 것이다.

3연에서 시인은, "하늘 마음 인(仁)을 펴는 실마리 되고 端乾心之發仁 / 땅의 굴대 조금씩 기운이 솟네. 漸坤軸之升氣"라고 표현하였다. 이는 건(乾)과 곤(坤), 즉 하늘과 땅을 불러 와, 동지 이후 하늘 땅의 변화를 표현한 것이다.

『주역』('대상전大象傳')에는 건곤(乾坤 : 하늘 땅)의 괘상(卦象)에 대하여, "하늘의 운행이 강건하니, 군자가 이것을 본받아서 스스로 강건하여 멈추지 않는다. 天行 健 君子以自强不息. / 땅의 형세가 곤(坤)이니, 군자는 이것을 본받아서 두터운 덕으로 만물을 실어준다. 地勢 坤 君子以厚德載物."라고 설했다. 이는 한 마디로 '천지(天地)의 도(道)와 덕(德)을 군자가 본받아서 실현한다'의 의미로 설명할 수 있다. 이는 또 '주체인 무형의 하늘에서 먼저 도(道)를 펼치고 하늘의 대상인 유형의 땅에서 이 도(道)를 본받아서 수행한다.'는 의미다. 시인은 이러한 건곤의 의미를 3연에서 적용하여 출구에서는 하늘의 마음을 곧 건심(乾心)으로, 땅의 기운을 곤축(坤軸 : 자전축)으로 표현하고, 하늘이 인(仁)을 펼치는 실마리를 부여하니, 땅의 축 곧 지심(地心)에서도 비로소 기운을 펼치며 움직이기 시작한다는 의미로 표현한 것이다. 이것이 천지 운행의 묘미이고 원리인데, 이를 3연에서 압축적으로 표현한 것이다.

시인은 4연과 5연에서는 3연의 결과로서 빚어지는 자연의 변화를 묘사하였다. 4연에서는, "일원(一元)의 기운은 움직임 없이 고요하건만 默一元之動氣 / 많은 싹의 생기가 모여드누나. 彙衆萌之生意"라고 표현하였고, 5연에서는 "운초(芸草)는 싹이 트고 여초(茘草) 움 돋아 芸始芽兮茘將挺 / 온갖 초목 절기를 마중한다. 首萬卉而迓候"라고 표현한 내용이 그것이다.

4연 출구에서 "일원(一元)의 기운(하늘의 도道)은 움직임이 없이 고요하다."라고 하였다. 하늘의 도는 본시 상징적이어서 의지(意志)만 담겨 있는 것으로 파악하면 된다. 땅으로 표출하는 의지만 있는 것이라고 할 수 있다. 이 의지를 수용하는 대상은 땅이다. 그러므로 땅은 당연히 움직이며 그 의지를 수행하는 것이다. 이것이 만유의 생성에 적용되는 음양의 상호 조합이요, 상호 수수(授受) 작용인 것이다. 그리하여 온갖 만유의 생기가 모여드는 것이다. 그리고 새로운 생성과 새로운 창조가 시작되는 것이다.

5연 출구에서 "운초(芸草)는 싹이 트고 여초(茘草) 움 돋는다."고 하였고, 대구는 "온갖 초목은 절기를 마중한다."라고 하였다.

운초(芸草)는 산형과의 여러해살이풀로 갈래꽃무리가 두둥실 떠오르는 구름 형상으로 산골짜기나 냇가 등 물가에서 피는 꽃이다. '여(茘)'는 타래붓꽃으로 건조한 땅에서 자라는 여러해살이풀꽃이다. 이처럼 동지를 지나며 봄이 찾아드는 절기에는 물기 많은 냇가이든 건조한 땅이든 가리지 않고 온 땅에 온갖 풀꽃들이 지천으로 움을 틔우고 싹을 돋우기 시작한다. 또 대구의 표현처럼, 온갖 초목들이 절기를 마중하며 생명으로써 움을 틔우게 되는데 그러한 현상을 시인은 5연에서 표현한 것이다.

6연에서는 이윽고 봄 절기 바로 앞선 절기의 시점을 맞아 시인은 "버들가지 움터나고 매화 벙글어 柳思舒兮梅欲綻 / 모두 새롬을 일구어 옛 것 바꾼다. 咸就新而替舊"라고 표현하였다.

이처럼, 시인은 도입부 둘째 단락에서, 동지를 맞이하고, 그 동지 이후에 찾아드는 봄절기를 맞이하면서 자연스레 변화되어 가는 자연의 섭리에 대하여, 특히 시각적으로 보이는 자연의 섭리에 대하여 불변의 자연 순환과 그 섭리에 따라 순리적으로 운행되며 생명이 약동하는 현상을 묘사하였다.

3) 전개부, '동지' 의미 확대, 확충

전개부 첫째 단락
- 영측(盈昃)의 이치로 세상을 관조

전개부 첫째 단락이다.

이전 단락에서 땅위로 내려와 자연계를 들여다보았던 시인의 시선은 이제는 보다 구체적으로 인륜(人倫) 속에 머물게 된다. 즉 이제는 인륜, 사람이 사는 현실의 세상에서 동지의 의미를 규명하게 된다는 것이다.

동지를 기점으로 운행되는 천도와 자연 섭리에는 소식(消息) · 소장(消長)의 원리를 바탕으로 한 영측(盈昃)의 이치도 어김없이 적용된다. '영측(盈昃)'은 '일월영측(日月盈昃)'의 약어로, '해와 달은 차고 기운다'는 의미다. 이는『주역』('풍괘')에서 "해는 중천에 뜨면 기울어지고, 달은 차면 이지러진다. 日中則昃 月盈則食." 라는 말로 나와 있다. 풍성함이 있으면 반드시 쇠하게 된다. 천지의 차고 비는 것은 계절과 더불어 이루어진다. 이처럼 성하고 쇠하는 것은 천지 자연의 이치요, 영측의 이치인 것이다. 그러므로 이 단락에서는 동지를 기점으로 하여 천도와 인륜의 본질적인 이치를 규명하는 단락이라고 할 수 있다.

천둥소리 한밤 중에 환구(圜丘)[260] 울리고 / 雷鼓夜動於圜丘
운화(雲和)[261]의 갖은 악기 연주 하누나. / 奏雲和之遠響
옥패소리[262] 자황전(紫皇殿)서 조회를 하니 / 玉佩朝趨於紫殿[263]
군도(君道)[264]가 더욱 유장해짐을 하례하누나. / 賀君道之益長

260) 환구(圜丘) : 둥근 언덕으로 천자가 동지에 하늘에 제사 지내는 곳이다.

261) 운화(雲和) : 거문고 재목이 나는 산 이름. 거문고를 칭한다.

262) 옥패(玉佩) : 여러 개의 옥을 연결한 장식품. 패옥이 울리는 소리를 들으며 마음을 다듬는 것이 군자(君子)의 도리라고 여겼다. 왕과 왕비의 법복이나 문무백관의 조복(朝服)과 제복의 좌우에 늘리어 착용하였다.

263) 자전(紫殿) : 북극의 성좌에 자미궁이 있는데 이에 견주어 천자가 거(居)하는 궁전을 흔히 자전(紫 殿), '자황전'이라 부른다.

264) 군도(君道) : 임금이 행하여야 할 도리.『논어』('안연')에, 제나라 제후 경공(景公)이 공자에게 정치에 대해서 질문하자, 공자는 "임금은 임금 노릇하며, 신하는 신하 노릇하며, 아비는 아비 노릇하며, 자식은 자식 노릇해야 한다. 孔子對曰 君君臣臣父父子子"라고 말했다는 데서 유래 되었다.

동지는 한 해 역수(曆數)[265] 으뜸이 되니 / 斯一歲之歷元
삼백 예순 날 한해의 시작이 된다. / 日三百之是初
아! 하늘 땅이 엇갈려 태괘(泰卦)가 되매,[266] / 噫天地之交泰
음양은 서로서로 오르내린다. / 兩儀互其升降
음(陰)은 하지(夏至)에서 처음 싹터나 / 陰始孽於夏至
시월의 어름에는 거세차지네.[267] / 十月之交極壯
아래 위 모두 서로 굳게 닫히매 / 互上下之固閉
양(陽)의 기운 거의 다 시들어졌네. / 陽和幾乎剝喪

동지는 음(陰)이 절정을 이루지만 더불어 양(陽)이 시작되는 시점이다. 음기가 지극해지지만 더불어 양기도 소생되기 시작하여 새로운 순환이 시작되는 절기인 것이다. 그래서 동지는 새해의 시작으로 간주되었다. 이날을 계기로 새로운 기운과 희망이 솟아난다고 믿었고, 삶의 전환점이자 새로운 출발점으로 여겨졌던 것이다. 이처럼 동지는 밤낮의 길이가 바뀌는 절기라는 의미 외에도

---

265) 역수(曆數) : 천체의 운행이나 계절의 순서. 돌고 돌거나 오고가는 운수를 뜻하기도 한다. 『논어』('堯曰')에, 요(堯)가 순(舜)에게 주었다고 한다. "하늘의 역수가 그대 몸에 있다. 天之曆數在爾躬."라고 나와 있다.

266) 천지교태(天地交泰) : 하늘과 땅이 상호간에 소통해 천하가 태평해진다는 뜻. 『주역』('태괘')에, "천지(天地)가 사귀는 것이 태(泰)이니, 후(后)가 이를 본받아야 천지가 도(道)를 계획하고 설계하며, 천지(天地)가 마땅히 서로 도와야, 비로소 백성을 다스림이라. 象曰 天地交 泰后以財成天地之道 輔相天地之宜 以左右民."라고 나온다.

267) 시월지교극장(十月之交極壯) : 시월은 양이 없고 모두 음으로 되어 있는 곤괘이다. 그러므로 10월에는 음기가 극성해진다는 의미다. 여기서 '십월지교(十月之交)'는 『시경』에서 용사되었다. 즉, "시월 초하루, 시월 초하루 신묘일에 十月之交 朔日辛卯 / 일식이 생기니 아주 나쁜 조짐이다 日有食之 亦孔之醜 / 저 달이 희미하고 이 해도 희미해졌네 彼月而微 此日而微 / 오늘의 백성들도 한없이 애달프다. 今此下民 亦孔之哀. … (『詩經』'소아小雅 제4 절남산지습節南山之什')

인간과 자연의 조화로운 순환을 체감하는 의미도 있었다.

전개부 첫째 단락은 6연, 12구이다.

이 단락은 전개부 가운데 서론 부분에 해당한다. 그러한 연유로 이 단락에서는 동지를 기점으로 하여 동지와 동지 이후의 의미를 압축적으로 표현하고 있다.

전개부 첫 단락 서두의 1연, 2연에서 시인은 동짓날에 세상의 중심인 왕도의 궁궐에서는 동지 행사가 어찌 이루어지는지 묘사하고 있다. 특히 1연에서는 나라를 대표한 궁궐(군왕)과 인륜(人倫)을 끌어 오고, 여기에 군자의 상징으로 거문고를 표현, 동짓날에 천도와 함께하는 군왕과 인륜의 대표자인 군자의 천도(天道) 수행의 중요성을 표현하였다.

1연 출구는 당시 세상의 중심인 궁궐(당시 인륜의 중심)에서 치러지는 동지 행사에 대한 묘사이다. 여기서 천지개벽을 알리는 신호라고 할 수 '하늘의 소리인 천둥소리'를 불러 온 것은 궁궐의 시작도 천리 운행을 좇는 것으로 비유하였다고 할 수 있다.

1연 대구에서 표현된 거문고도 의미가 있다. 거문고는 군자도의 상징이기 때문이다. 그러므로 천지개벽과 함께 한해를 시작하는 궁궐의 행사를 군자도 새해 첫날과 같은 행사로 받아들인 것이다. 잠깐 군자와 거문고의 관계를 알아보자.

거문고와 군자도

유교를 일으킨 공자는 거문고의 애호가였다. 29세 때 사양(師襄)에게 가서 거문고를 배웠다. 사마천은 『사기(史記)』에서 "공자가 사양(師襄)에게 거문고를 배우면서 열흘이 넘도록 한 곡만 연습했다."고 기록하였다. 사양이 그만하면 됐다고 해도 운율을 익힐 때까지 계속 연습했다고 한다. 운율을 알고 나서는 음악에 담긴 의미를 알 때까지 연습하고, 또 음악을 만든 사람됨을 알 때까지 연습했다고 한다. "거문고를 배우는 것은 기술을 배우는 것이 아니라 사람의 마음을 배우는 것이다."라는 명언이 여기서 나온 것이다.[268)]

성리학을 집대성한 유학자 주희(주자)는 자기 거문고에 새긴 금명(琴銘 : 자양금명紫陽琴銘)에서 "그대(거문고), 중화의 바른

---

268) 공자가 북과 비파를 사양자(師襄子 : 위나라 태사로 음악을 관장하는 악사장)에게 배웠으나 열흘 동안 진도가 나가지 않았다. 孔子學鼓琴師襄子, 十日不進. / (거문고를 연주하다가 사양자가) "이제 다른 것을 배우시지요." 라고 하였다. 師襄子曰, 可以益矣. / 공자는 "구(공자 자신)가 그 곡조(거문고 곡조)는 익혔지만 그 음계는 터득하지 못했습니다."라고 하였다. 孔子曰, 丘已習其曲矣. 未得其數也.(數也 : 거문고를 연주하는 기술) / 얼마 지나서 사양자가 다시 "이미 그 음계를 익혔으니 다른 것을 하시지요."라고 하자, 공자는 "구가 그 담긴 뜻은 터득하지 못했습니다."라고 하였다. 有間, 曰, 已習其數, 可以益矣. 孔子曰, 丘未得其志也.(志 : 악곡의 뜻) / 다시 얼마 지나서 "이제 뜻을 터득하셨으니 다른 것을 더 하셔도 되겠습니다."라고 하자, 공자는 "구가 곡을 만든 사람을 이해하지 못했습니다."라고 하였다. 有間, 曰, 已習其志, 可以益矣. 孔子曰, 丘未得其爲人也. / 얼마 지나 조용한 모습으로 "깊이 생각하고 또 즐거운 마음으로 원대한 뜻을 높이 볼 수 있게 되었습니다(곡을 통해서 곡을 작곡한 이의 원대한 뜻을 알았다는 말)"라고 말하였다. (여기서 "거문고를 배우는 것은 기술을 배우는 것이 아니라 사람의 마음을 배우는 것"이라는 명언이 나왔다.) 有間, 曰, 有所穆然深思焉, 有所怡然高望而遠志焉. / "구가 곡을 만든 사람(문왕을 가르킨다)의 위인됨을 알았습니다. 피부가 검고 키는 큽니다. 안광이 빛나 멀리 내다볼 수 있으니 사방의 나라를 다스리는 듯하니 문왕이 아니라면 능히 누가 지었겠습니까?" 라고 하였다. 曰, 丘得其爲人, 黯然而黑, 幾然而長, 眼如望羊, 如王四國, 非文王其誰能爲此也! (爲人 : 악곡자의 인품) / 사양자가 일어나 재배하며 "(저의) 스승께서 지은 '문왕조'(文王操 : 주周 문왕文王이 작곡한 악곡명)이라고 일러주셨습니다."라고 말했다. 師襄子辟席再拜, 曰, 師蓋云文王操也. (『史記(사기)』 '세가世家, 권47, 공자세가, 공자의 음악수업')

성품을 길러서 養君中和之正性 / 그대, 분노하고 탐욕스러운 사심(邪心)을 물리치네 禁爾忿欲之邪心 / 천지는 말이 없고 만물에는 법칙이 있으니 乾坤無言物有則 / 내 오직 그대(거문고)와 그 심오함을 찾으리. 我獨與子鉤其深"(『朱子大全』'卷85')라고 읊으며, 군자는 거문고를 통해서 도(道)의 구현을 추구한다고 설했다.

조선 시대 선비들, 군자들의 삶도 결코 예외는 아니었다. 공자 닮기를 갈망했을 조선의 선비들의 삶은 거문고와 함께 한 삶이었다고 해도 과언이 아니었다. 선비들은 특히 거문고를 그들 삶의 중요한 영역으로 삼았던 것이다. 고악보인 『양금신보』[269]에도 "거문고는 음악을 통솔하는 악기이므로 군자가 마땅히 거느리어 바른길로 나가게 한다."[270]라고 설해져 있다. 거문고가 '백악지장(百樂之長)'이라는 의미도 이와 다를 것이 없었다. 중국 고대의 전설적인 임금 복희씨(伏犧氏)가 만들었다는 중국의 금(琴)은 우리나라에서는 거문고로 통칭되었는데, 당대 선비들은 거문고라는 악기를 통해 인간이 도달하고자 하는 최고의 도(道)의 경지를 꿈꾸었을 것이다. 이처럼 거문고는 선비들의 지성과 군자도를 상징하였던 것이다.

1연의 대구에서 "운화(雲和 : 거문고)의 갖은 악기 연주 하누나. 奏雲和之遠響"라고 표현된 구절은, 궁궐의 동짓날 행사에서

---

269) 『양금신보』의 '금아부(琴雅部)'는 옛 문헌들에서 전하는 중국 고금의 기원과 상징에 관한 내용을 모아놓은 책자이다.

270) 악기(樂記)에서 이르기를, 복희씨가 금(琴 : 가야금)을 만들었다. 신농씨가 오동나무를 깎아 금(琴)을 만들었다. 금(琴)은 금지하는 것이니 사악함을 금지하여 사람의 마음을 바로잡는 것이다. 금(琴)은 악기 중 으뜸이다. 따라서 군자는 마땅히 금을 다뤄야 한다. 琴雅部 樂記云 伏羲作琴神農削桐爲琴. 琴者禁也禁止於邪以正人心也. 琴者樂之統也, 故君子所當御也.… (『梁琴新譜』, 국립국악원편, 한국음악학자료총서(국립국악원, 1984).

군자의 상징인 거문고 소리가 새해를 여는 음률이 되었음을 의미한다고 할 수 있다. 이는 조선의 군자들이 동짓날의 행사를 주도하였다는 의미도 있다. (조정 관리 모두를 군자로 표현한 것으로 여겨진다.)

익괘(益卦) 용사,
… 요(堯) 임금 태평성대, 평천하(平天下) 기원

시인은 2연에서, "옥패소리 자황전(紫皇殿)서 조회를 하니 玉佩朝趨於紫殿", "군도(君道)가 더욱 유장해짐을 하례하누나. 賀君道之益長"라고 읊었다.

출구는 궁궐의 동짓날 행사를 묘사하였다. 이처럼 모든 신하가 동짓날 조회에 참여한 모습에 이어 대구에서는 '익장(益長)'이란 어휘를 사용, "임금의 도(道 : 君道)가 더욱 유장해짐(유장 : 길고 오래되다)을 하례한다."고 하였다. 이는 단순한 해석이다. 왜냐하면 여기서 '익장(益長)'은 『주역』의 '익괘(益卦, 풍뢰익괘風雷益卦)'의 '익장(益長)'을 용사하였기 때문이다.

'익(益)'은 '익괘(益卦)'를 뜻한다. 익괘는 곧 '풍뢰익괘(風雷益卦)'이다. 이 '익장(益長)'에 대해 『주역』('계사전하 7장')에서 "익(益)은 장유(오래도록 넉넉하다) 하면서 세우지 않는다(강요하지 않는다). 망령되게 정성스럽지 못한 이익을 더하는 것은(참된) 이익이 되지 못한다. 益長裕而不設 益以實也, 妄加以不誠之益 非益也."라고 하였다. "익(益)은 장유하며 세우지 않는다. 益長裕而不設"는 이 말은 곧 익괘의 특징을 한 마디로 나타내는 말로 이해되고 있다. 이 말은 "이익을 얻으면 더 크게 성장하고 넉넉해지지만

(그렇다고) 세우지는 않는다.(강요하지는 않는다)"라는 의미다. 즉 "자연스럽게 혜택이 확장되고 풍요롭게 되지만, (결코) 강제로 강요하거나 조장하지는 않는다."는 의미인 것이다. 그러므로 익괘의 핵심 의미는 이익, 성장을 의미하며 더불어 그 이익을 오래 넉넉해지도록 하지만 억지로 조장하거나 베풀지는 않는다는 의미의 괘인 것이다.[271]

그래서 익괘는 혼자가 아니라 모두가 함께 부유해지고 풍요로워지는 괘이다. 이 이익은 모두가 함께 나누어 갖는 공익, 즉 공공의 이익을 의미한다. 그런 의미에서 익괘는 주역 64괘 중에 유일하게 '널리 사람을 이롭게 한다'는 홍익인간(弘益人間)의 이념과 맞닿아 있다. 익괘는 상하가 돕고 유익하게 하는 괘이므로 상하가 고루 부유해지고 넉넉해지는 평천하(平天下)(이를 혹자는 홍익인

271) 『주역』('益卦, 第四十二')에 나오는 익괘의 '괘사'에, "익(益)은 고난이 있어도 가야 이로우며 큰 내를 건너야 이롭다고 했다. 益 利有攸往 利涉大川." 이는 가만 있으면 저절로 이롭게 되는 것이 아니라 큰물을 건너듯 일을 벌여야 한다는 것이다. 어떤 일에 대한 진행과 도약이 긍정적인 결과를 가져올 수 있으며, 큰 어려움을 극복할 있다는 의미다. '단전(彖傳)'에서, "익(益)은 위에서 덜어서 아래에 더하니 백성이 설득되어 경계가 없고, 위로부터 아래에 낮추니 그 도가 크게 빛난다."고 하였다. 고난이 있어도 가야 이로움이 있다는 뜻이고, 가운데를 바로잡으니 경사가 있다는 뜻이고, 큰 내를 건너야 이롭다는 것은 도(道)가 이로써 행해진다는 뜻이다. 더하여 "움직이면서 겸손하니 날로 나아감이 끝이 없다. 하늘은 베풀고 땅은 낳아서 그 유익함이 한량이 없다. 모든 더함의 도는 때에 맞게 함께 행함이다." 고 하였다. '주역 정의'에서, "아래가 이미 소유하고 있으면서 위에서 다시 더해주니, 성인(聖人)이 사물을 이롭게 함이 끝이 없도다. 下已有矣, 而上更益之, 明聖人利物之無已也."라고 하였다. 위를 덜어서 아래를 더해준다는 기본 정신이 익괘의 의미다. 나라의 창고 안의 곡식을 덜어 아래 백성에게 내려주니 백성들이 풍요로워진다는 뜻이다. 이는 위를 덜어서 아래를 더한다는 것으로, 빈익빈 부익부 문제를 해결할 수 있음을 의미한다.

간의 이념이 구현된 국토라 한다.)의 세계가 구현될 수 있다는 의미가 함유되어 있다. 그러나 익괘는 "처음 세운 뜻[立志]을 한결같이 하지 않으면(勿恒) 흉하다. 立心勿恒 凶."라고 한 점에 유의해야 한다.[272)]

익괘에 대한 해설 중 "익(益)은 장유(長裕)하고 설(設)하지 않는다 益長裕而不設'에 대한 『녹문집』의 임성주(任聖周)[273)] 해설이 돋보인다. 즉 임성주의 '익장유이불설(益長裕而不設)'에 대한 해설 중 돋보이는 대목이, "백성을 위해 이로운 일(이익)을 일으키는 측면에서 본다면, '내 밭 갈아 밥을 먹고 내 우물 파서 물마시니 임금님의 힘이 나에게 무슨 상관인가.'라고 노래하게 하는 것

272) 그런 연유로 공자도 이 익괘의 상구(上九) 효를 설명한 부문에서, 군자가 닦아야 할 세 가지인 군자수삼자(君子脩三者)를 제시하며 경고하기도 하였다. "공자가 이르기를, '군자는 그 몸을 편안하게 한 뒤에 움직이고, 그 마음을 또한 다스린 뒤(화평하게 한 뒤)에 말하며, 그 교류(사귐)를 안정되게 한 뒤에 구한다. 군자는 이 세 가지를 닦기에 온전하다. 자신이 불안한 처지에 있으면서 동하려 하면 백성이 함께하지 않고, 두려워하면서 말하면 백성들이 응하지 않고, 교류(소통)가 없는데(교분도 없는데) 요구하면 백성들이 들어주지 않으니, 구하면 백성이 함께할 수 없다. 함께하는 사람이 없으면 결국 상함(해침)에 이른다. 그래서 역에서 이르기를, '보탬이 되는 게 없고, 되려 공격당하며, 다침(被擊)이 있을 터, 마음을 단단히 먹어 굳히는 데에 늘 한결같이 지키지 않으면 흉(凶)하리라'고 하였다. 君子修此三者, 故全也. 危以動則民不與也, 懼以語則民不應也, 无交而求則民不與也, 莫之與則傷之者至矣. 易曰, 莫益之, 或擊之, 立心勿恒, 凶. (『역(周易)』'계사(繫辭下傳), 第5章')

273) 임성주(任聖周,1711~1788) : 청풍 출신. 본관은 풍천(豐川). 자는 중사(仲思), 호는 녹문(鹿門). 1733년(영조 9) 사마시에 합격하였으며, 1750년 세자익위사세마(世子翊衛司洗馬)가 되고 시직(侍直)에 승진하였으나 곧 사직하고, 1758년 공주의 녹문(鹿門)에 은거하였다. 1776년 정조가 즉위한 뒤 동궁을 보도(輔導)하고 지방관을 지내다가 다시 녹문에 은거하여 학문 연구로 여생을 보냈다. 『녹문집』 등을 저술했다.

이다."라고 한 대목이다.[274)]

이 해설에는 아주 심오한 의미가 담겨 있다. 즉 이 해설은 『제왕세기(帝王世紀)』('격양가擊壤歌')에 전해지는 요(堯) 임금의 설화 내용으로, 성황(聖皇)이요 성군(聖君)으로 칭송받는 요(堯) 임금의 태평성대를 비유하는 말이기 때문이다. 이 설화에는 백성의 편안함이 임금의 권력을 느끼지 못할 정도였다는 것을 간접적으로 표현하고 있다.

격양가(擊壤歌)는 진나라 황보밀[275)]의 『제왕세기(帝王世紀)』, 『십팔사략』 등에 실려 있다. 내용인즉, "요(堯) 임금 때 나이 80이 된 노인이 길가에서 땅을 치며 노래하였다. 그 노인이 노래하기

---

274) '익(益)은 장유(長裕)하고 설(設)하지 않는다. 益長裕而不設'에 대해서 : "자기 한 몸의 측면에서 설한다면, 개과천선(改過遷善)하여 날마다 알고 달마다 잊지 않으면서 우유침지(優遊浸漬)하며 조장(助長)하지 않는 것입니다. 백성을 새롭게 하는 측면에서 설한다면, 보익(輔翼)하고 광직(匡直)하여 자득(自得)하게 함으로써, 백성이 날로 선(善)으로 옮겨 가면서도 그렇게 해 주는 것을 알지 못하게 하는 것입니다. 백성을 위해 이로운 일을 일으키는 측면에서 설한다면, "내 밭 갈아 밥을 먹고 내 우물 파서 물 마시니 임금님의 힘이 나에게 무슨 상관인가."라고 노래하게 하는 것입니다. 益長裕而不設. 就己身上說則遷善改過. 日知月無忘. 優遊浸漬而不助長也. 就新民上說則輔翼匡直. 使自得之. 民日遷善而不知爲之者也. 就爲民興利上說則耕田而食. 鑿井而飮. 帝力何有於我者也. (『녹문집』'제4권, 서(書), 이백눌에게 답하는 글 答李伯訥')

275) 황보밀(皇甫謐,215~282) : 후한 말기~서진 초기의 학자. 자는 사안(士安). 아명은 정(靜)이며 자호는 현안선생(玄晏先生)이다. 여러 전적과 제자백가서에 널리 통달했으며, 평생 벼슬하지 않고 저술에 전념했다. 진 무제가 여러 차례 초징(招徵)의 뜻을 밝혔으나 끝내 고사하고 나아가지 않았다. 제자인 지우(摯虞) · 장궤(張軌) · 우종(牛綜) · 석권(席純) 등은 모두 진나라의 명신이 되었다. 주요 저작으로는 『제왕세기(帝王世紀)』 · 『고사전(高士傳)』 · 『음양역술(陰陽曆術)』 · 『귀곡자주(鬼谷子注)』 등 철학서 등 10여 권을 남겼다.

를, "해가 뜨면 일을 하고 해가 지면 쉬면서, 내 우물 파서 물을 마시고 내 밭 갈아서 밥을 먹는데, (이 날들이 이렇게 편안한데) 임금의 권력을 무에 선망하랴!"[276]라고 전해지는 설화이다. 이 요 임금의 설화가 의미하는 내용이 익괘의 의미를 명쾌하게 설명하는 고사가 아닐 수 없다.

이처럼 기봉 시인은 모든 대신들이 맞이한 동짓날 조회에서, 익괘(益卦)에 담긴 의미와 그 정신을 끌어와 설한 것이다. 이는 모든 대신들이며 군왕이 익괘(益卦)가 천명하고 있는 홍익인간 정신이 구현된 세상, 요(堯) 임금이 실현한 도(道)의 세계요 평천하(平天下)를 이루어주기를 간절히 바라는 염원을 담은 것으로 볼 수 있다.

276) "요(堯) 임금이 천하를 다스리기 시작한 지 50년이 되었으나 천하가 잘 다스려지고 있는지, 다스려지고 있는 않는지, 천하의 백성들이 자신을 받들고 있는지, 자신을 받들기를 원하지 않는지를 알지 못하였다. 그래서 백성의 복장으로 갈아입고 넓은 거리로 나가 거닐다가 아이들이 노래 부르는 소리를 들었다. "우리 백성들이 살아감은 그 분의 은덕이 아님이 없네 / 깨닫지도 알지도 못하는 사이에, 임금의 법칙 따르네." 어떤 노인이 무언가를 마음껏 먹고서 불룩해진 배를 두드리면서 격양가를 부르고 있었다. "해 뜨면 일을 하고 / 해 지면 돌아와 쉬누나. / 내 우물 파서 물 마시고 / 내 밭 갈아서 밥을 먹는네 / (이 날들이 이렇게 편한데) 임금 권력을 무얼 선망하랴." 하였다. 帝堯陶唐氏 - 治天下五十年 治天下五十年, 不知天下冶歟, 不治歟, 億兆願戴己歟, 不願戴己歟. 問左右不知. 問外朝不知. 問在野不知. 乃微服游於康衢, 聞童謠. 曰,'立我烝民, 莫匪爾極. 不識不知, 順帝之則.' 有老人, 含哺鼓腹, 擊壤而歌 曰, '日出而作, 日入而息, 鑿井而飮, 畊田而食, 帝力何有於我哉.' (『십팔사략(十八史略)』'제요편帝堯篇 擊壤歌')

자연 순환과 맞물린 음양 이치
인륜도 천리(天理)에 순응해야 한다

시인은 3연에서, "동지는 한 해 역수(曆數) 으뜸이 되니 斯一歲之歷元 / 삼백 예순 날 한해의 시작이 된다. 日三百之是初"라고 인륜에서의 동지의 의미를 천명하고 있다.

여기서부터 시인은 '동지가 일 년 한해 역수의 으뜸'이라고 표현한 뒤 동지 이후에 전개되는, 이른바 생겨나고 자라고 사라지는, 즉 '생성과 소멸을 거듭하는' 자연의 원리인 생성(生成), 성장(成長), 소멸(消滅, 消失)의 이치를 담은 자연 순환의 원리를 압축적으로 표현하고 있다.

그러한 천리 운행 이치를 첫 번째로 읊은 4연의 표현은 의미가 자못 크다.

4연은 "하늘 땅이 엇갈려 태괘(泰卦)가 되니 噫天地之交泰 / 음양은 서로서로 오르내린다. 兩儀互其升降"로 표현된다.

"하늘땅이 엇갈려 태괘(泰卦)가 되니 噫天地之交泰"라는 표현에서 시인은 '한숨을 쉰다'는 '희(噫)' 자(字)를 앞에 놓아, 시인의 안타까운 마음을 얹힌 것으로 여겨지기 때문이다.

기봉 시인은, 3연 출구에서 끌고 온 괘는 열한 번째 괘인 '태괘(泰卦 : 지천태地天泰)'이다. 이 괘는 위에 있어야 할 하늘이 땅으로 내려와 하늘땅이 엇갈려 있는 괘이다. 그러나 '만사가 뜻대로 이뤄지는 때'여서 태괘(泰卦)라 했다. 이 태괘가 속한 절기는 삼양지월(三陽之月)로 곧 정월이다.

그런데 이 태괘 다음의 열두 번째 괘는 하늘과 땅이 순리로 놓여 있는 괘로 '천지비괘(天地否卦)'인데 태괘와는 반대로 하늘땅이 정상적으로 놓여 있는 괘의 상태이다. 그렇지만 하늘(天)과 땅(地)이 막혀 있으므로 '막혔다'(아니다)는 의미로 '아닐 비(否)' 자(字)를 써서 천지비괘(天地否卦)'라고 한다. 그런데 위에 하늘이 있고 아래에 땅이 있는 것은 당연한 것인데 왜 막혔다고 했을까. 이는 하늘은 위에 있어 높기만 하고, 땅은 아래에만 머물러 있어 천지간 교류나 소통이 일어나지 못하기 때문에 '막혀 있다'고 표현한 것이다. 그러므로 이 쾌는 '음양이 불통하고 조화되지 않은 상태로 음양의 부조화와 상극 관계를 상징하는 괘'라고 할 수 있다.

이와 달리, 이 천지비괘(天地否卦) 앞에 놓인 열한 번째 괘, 즉 기봉 시인이 설한, 태평성대의 상징으로 불리는 태괘(泰卦 = 地天泰)는 천지비괘와 달리 위에는 땅이 아래에는 하늘이 엇바꾸어 있다. 그런데 바로 그런 이유 때문에 이 괘는 서로 통하고 있는 형상으로 여긴다. 왜 지(地)와 천(天)이 서로 통한다고 했을까. 『주역』('지천태, 단전')에서는 "태(泰)는 소(小)가 가고 대(大)가 오니 길하고 형통하다. 이는 곧 천지가 사귀어서 만물이 통하고 위와 아래가 사귀어서 그 뜻이 같기 때문이다 … 안이 굳세고 밖이 유순하며, 군자가 안에 있고 소인이 밖에 있어 군자의 도는 자라나고 소인의 도는 사라진다."[277]라고 하였다.

그런데 기봉 시인은 이 구절에서 안타까운 마음을 얹혔다. 이는 태괘 다음에 오는 천지비괘는 인간이 또는 자연이 이 괘에 안주하거나 방심하게 되면 정반대의 세상을 만나게 되므로 태괘에서 현실에 안주하지 말고 보다 성찰하고 자성해야 한다는 주문을 하지

277) '태괘彖曰' : 泰, 小往大來, 吉亨. 則是天地交, 而萬物通也, 上下交而其志同也. 內陽而外陰, 內健而外順, 內君子而外小人. 君子道長, 小人道消也.

않을 수 없기 때문이다.

그러므로 태괘(지천태)에서 미래의 천지비괘를 생각하며 우려하는 마음에서 한숨을 내쉰 것으로 추정된다. 또 시인이 굳이 3연 출구에서 '하늘땅이 엇갈려 있는 태괘(泰卦)인 지천태'를 불러 온 그 이면에는 '천리에 순응하지 않으면 안 된다.'의 의미를 함축적으로 보여주기 위해서였다는 추정이 가능해자는 것이다.

3연 대구에서 시인은 "음양은 서로서로 오르내린다. 兩儀互其升降"로 표현, 음양의 변화와 순환에 대한 불가피성을 언급함으로써, 출구에 대한 의미를 더욱 강조하였다. 즉 태괘 뒤에 천비비괘가 오는 것은 순리이니, 더욱 태괘에서 자중하고 삼가야 한다는 것을 역설적으로 강조했다고 할 수 있을 것이다.

『주역』('계사繫辭')에 "일음일양 그것이 도이다. 一陰一陽之謂道."라고 하였다. 이는 이 우주에는 음양이라는 두 가지의 힘 또는 작용이 있어 때로는 한쪽이, 어느 때는 다른 쪽이 물결과 같이 순리적으로 우세하게 된다는 의미를 나타내는 말이다. 다시 말하면, "한 번 음이 되었다가 한 번 양이 되는 것이 도(道)다", "한때 음이었다가 다시 양이 되는 것이 도(道)다."는 의미로 이는 음양 변화의 이치를 명쾌하게 말해주는 명구가 아닐 수 없다.[278)]

여기서 시인이 표현한 음양의 승강(升降 : 오르내린다)의 이치도 '일음일양지위도(一陰一陽之謂道)'의 이치에서 한 치도 벗어나지 않은 음양 변화 이치의 하나로 간주할 수 있을 것이다. 그러

278) '일음일양지위도(一陰一陽之謂道)' : 음양의 변화를 시간적인 개념에 초점을 둔 해석이다. 도[天道]를 머금고 있는 만물과 갖가지 현상이 그렇게 변화하는 것은 그 존재들(만물) 속에 이미 자체적으로 음양이 함께 깃들어 있기 때문이다. 음양이 상호의 변화에 적응해 조화와 균형을 이루기 위해 그렇게 변화한다는 것이다.

므로 승강(升降)의 이치도 결국 음양의 변화와 순환의 이치를 의미하는 다른 이치들, 즉 소식(消息 : 소멸하고 생겨난다), 소장(消長 : 쇠하여 사라지고 성하여 자라난다), 영측(盈昃 : 찼다가 기운다), 영허(盈虛 : 차거나 이지러지다), 출입(出入 : 음양이 상하로 들고 난다) 같은 이치처럼 자연의 순환의 이치의 하나인 것이어서, 시인은 "(계절의 변화에 따라) 음양은 서로서로 오르내린다."고 표현하였을 것이다.

5연에서 시인은, "음(陰)은 하지(夏至)에서 처음 싹터나 陰始孽於夏至 / 시월의 어름에는 거세차지네. 十月之交極壯"라고 설했다. 여기서 시월지교(十月之交)는 시월 초하루라는 말로, 『시경』에서 용사되었다. 『시경』에, 시월 초하루(十月之交)가 되니, 달도 태양도 희미해지고 백성들도 한없이 애달파진다는 시(詩)가 있다. 시월 초는 그런 때라는 것이다. 그리하여 시인도 시월 초에 (음기가) 극성해진다[極壯]는 표현을 썼다. (음기가) 극성해지면서 달도 해도 희미해지고 백성들도 애달프게 된다는 뜻이다.

이어 6연에서는 "아래 위 모두 서로 굳게 닫히매 互上下之固閉 / 양(陽)의 기운 거의 다 시들어졌네. 陽和幾乎剝喪"라고 표현, 다시 한번 음력 10월에 해당하는 중지곤괘(重地坤卦)[279]의 상태를 설하였다.

이로써 시인은 "하지 때 음기가 생성된다[천풍구괘(天風姤

279) 중지곤괘(重地坤卦) : 내괘와 외괘가 땅으로 거듭되어 있는 괘의 상(象)을 표현한 것이다. '곤(坤)'은 땅이 거듭하여 여섯 효가 모두 음 기운으로 이루어진 괘의 이름을 나타낸 것이다. 즉 괘의 이름은 '곤 (坤)'이요 곤괘의 형상은 '중지(重地)'이다. 이괘를 달리 곤지괘라고도 부른다. 음력 10월에 해당한다.

卦)[280)]"에서부터 "음기는 10월에 가장 왕성해진다[중지곤괘(重地坤卦)에 이르기까지, 즉 봄에서 시작하여 여름을 거쳐 가을 그리고 동지 직전의 중지곤괘(重地坤卦)까지의 자연 순환과 맞물려 있는 음양의 이치를 표현하였다.

그리고 6연에서는 역(逆)으로, "음기(어둠)는 최정점을 지난 이후에야 비로소 양이 소생한다"[281)], 이른바 "자연은 한 기운이 극에 달하면 반드시 다른 기운이 움트게 된다"는 소장(消長) 원리를 함유한 표현으로 마무리 하였다.

전개부 둘째 단락
'동지 복괘(復卦)' 부활의 씨 발아를 기다린다

하지만 종자씨마저 먹지는 않아 / 然碩果之不食[282)]
하룻밤에 한 줄기 조짐 있었지. / 眣一脉於一夜
식은 화로 남은 불씨 입김 불어서 / 嘘微焰於寒爐
음(陰)의 틈새 엎드렸던 기운 일어나 / 起羣伏於陰罅

280) 천풍구괘(天風姤卦) : 아래는 바람[風], 위는 하늘[天]로 구성되었다. 하나의 음이 다섯 양 앞으로 나아가는 형상이다. 즉 중천건(重天乾)괘인 순양(純陽)의 상태에서 상대적으로 새로운 기운, 즉 음 기운이 생성하는 것이다. 즉 바람이 아래에서 일어나 하늘에 모여 만나는 괘이고, 구(姤)는 만남을 뜻한다. 12월괘 중 하나로 음력 5월에 해당한다.

281) 『주역』에서 동지를 나타내는 괘는 복괘(復卦)이다. 양의 기운이 완전히 사라진 듯 음의 기운이 왕성하지만, 그 밑바닥에는 '다시(復)' 양의 기운이 생긴다는 의미에서 '복괘(復卦)'로 불려진다.

282) 석과불식(碩果不食) : 『주역』('박괘')에 "상구는 종자 씨는 먹히지 않음이니, 군자는 수레를 얻고 소인은 집을 헐리게 된다. 上九 碩果不食 君子得輿 小人剝廬."라고 나온다. 이것은 비록 음이 극성하고 양이 없지만, 양이 자라날 기미마저 사라진 것이 아니라는 의미이다.

2월 들자 점차 양기 감돌고 / 二之日[283]兮漸陽

3월 지나 온화한 봄날이 온다. / 越春三之和煦

운초(芸草)는 돋아나 부쩍 자라고 / 芸發生而長養

자옥하니 원기(元氣)가 펼쳐지도다. / 藹元氣之流布

모든 양(陽)이 드러났다 흩어짐이니 / 諟諸陽之著散

원래 그 출발이 이로부터라. / 原權輿[284]之自是

위대하다 하늘 마음 심원하여서 / 偉天心之於穆

굳건히 운행하여 그침이 없네. / 信行健而不已[285]

전개부 둘째 단락 구성은 6연, 12구이다.

전개부 첫째 단락이 동지 이전까지의 자연 섭리를 압축하였다면, 이 둘째 단락에서는 동지부터 전개되는 절기를 통해 자연의 섭리를 순차적으로 표현하고 있다.

둘째 단락의 핵심은 1연이다. 시인은 1연 출구에서 "큰 과일은 먹히지 않는다"는 『주역』('박괘')의 '석과불식(碩果不食)'의 의미를 가져왔다.

1연을 이해하기 위해서는 먼저 박괘(剝卦)와 복괘(復卦)의 의미부터 이해할 필요가 있다.

박괘(剝卦)는 『주역』 64괘 중 스물세 번째의 괘명이다. 여기서

283) 이지일(二之日) : 『시경』('빈풍, 칠월')에 보이는데, 이때는 주(周)나라 2월을 말한다. 주나라 역법(曆法)에서 '건자(建子)는 11월이 정월이었으므로 2월은 지금의 3월이 된다. 조선 초기에는 건자의 월력을 따랐다.

284) 권여(權輿) : 저울을 만들 때에는 저울대[權]부터 만들고, 수레를 만들 때에는 수레의 판자[輿]부터 만들기 때문에 '권여(權輿)'는 모든 일의 처음을 일컫는 말로 쓰인다. 사물의 시초. 『시경』('진풍 권여')에서 "아, 슬프다. 처음의 것(권세 · 영화)이 이어지지 않는구나. 于嗟乎 不承權輿."라고 나온다.

285) 어목불이(於穆不已) : 『시경』('주송, 유천지명')에, "하늘의 명은, 아아! 심원하여 그치지 않네. 維天之命 於穆不已."라고 나온다.

'박(剝)'은 '다하다(盡)', '깎여서 떨어진다'는 의미다. 지금 음(陰)이 자라 강성해져 있는 상태에서 양(陽)이 깎여서 떨어지기 때문에 '박(剝)'이라 칭하였다. 이 박괘는 초효부터 5효까지 다섯 효가 음효이고 여섯 번째 상효 하나만 양효인 상태이다. 이 괘는 산이 땅에 붙어 있는 형상이어서 '산지박(山地剝)'이라고도 부른다. 그러므로 이 괘는 음기가 너무 강하고 양기는 고사 직전의 상태나 다름없다. 이를 인륜(人倫)으로 치환하면, 음의 기운 곧 어둠의 세력(사악한 세력)이 점차 확대되어 가면서 양의 기운이라고 할 수 있는 정의[正義, 善意]가 소멸되려는, 즉 음의 세력인 소인들이 양의 세력인 군자들을 밀어내고 득세하려는 상황이다. 따라서 군자는 세상으로 나가서 활동하기에는 이롭지 않다고 주문 한다.[286] 그래서 박괘의 '단전'에서는, "군자가 양기의 소식영허(消息盈虛 : 차면 비우고, 줄어들면 다시 늘어나는 천리의 이치를 의미)의 이치를 숭상해 따르는 것이 천도의 운행에 합치하는 것이다."고 설해진다. 이처럼 양기가 힘을 다해도 박락(剝落)되는 이 시기에는 이에 순응해 더 이상 일을 진전시켜서는 안 된다고 주문도 하게 된다. 그러므로 마지막 남아있는 상구(上九)의 '효사'에서 "큰 과

286) 괘사에서 "박(剝)은 가는 것이 이롭지 못하다. 剝 不利有攸往."하였다. 또 단사에서, "단전에 말하였다. '박(剝)은 깎는 것이니, 유(柔)가 강(剛)을 변하게 하니, 가는 바를 두는 것은 이롭지 않음은 소인이 자라기 때문이다. 순하여 그침이 상을 보는 것이니, 군자는 사라지고 하늘의 운행이 불어나고 차고 비우는 자연의 법도를 깨달아 처신한다. 彖曰 剝 剝也 柔 變剛也. 不利有攸往 小人長也. 順而止之 觀象也 君子 尙消息盈虛 天行也." (『주역』'산지박,단사')라고 하였다. - 이는 군자가 우주의 순환과 자연 법칙의 운행의 사그라지고 불어나고 차고 비우는 일이 연속인 '소식영허(消息盈虛)'에 따른다는 뜻이다.

일은 먹히지 않는다."(『주역』'박괘, 괘사')[287]라고 설하고 있다. 이는 그 과일 속에는 새로운 생명으로 피어날 씨앗이 있기 때문이다.

복괘(復卦)는 주역의 64괘 중 스물네 번째 괘이다. 여기서 괘명인 '복(復)'은 '돌아온다'는 뜻으로, 본래의 상태로 회복됨을 의미한다. 절기로는 동짓달이다. 즉 11월 동짓달에 하나의 양이 처음으로 움직이기 시작하는 단계인 것이다. 1년 중에서 가장 추운 동짓달, 얼어붙어 있는 지표(地表) 아래에 새로운 생명이 부활하는 괘인 것이다.

음이 극성을 이루어 양이 고사 직전의 괘가 박괘(10월)였다면, 음의 극성 중에서도 양 하나가 소생하는, 이른바 양기기 회복하는 괘가 복괘(11월)인 것이다. 그러므로 복괘는 박괘에서 무너진 양기의 세계가 다시 회복되는 괘로서, 군자가 다시 소인을 몰아내기 시작하는 형국이고 난세가 극복되면서 광명한 치세의 세상이 시작된다는 의미도 있다. 그러나 다시 양이 시작되는 단계여서 양의 기운은 매우 미약함으로 양이 음의 기운를 뚫고 성장하는 데는 많은 고난이 따르므로 뜻을 같이 하는 이의 도움이 필요한 괘이기도 하다. 생명의 씨앗, 부활의 조짐, 정의(正義)·선의(善意)의 실마리는 아직은 미약하므로 더욱 소중히 보호되어야 한다고 주장하는 이유이기도 하다.

큰 열매는 먹히지 않으니 …부활이 시작된다

287) "상구는 큰 과실은 먹히지 않는다 上九 碩果不食 / 군자는 가마를 얻고, 소인은 거처를 배앗긴다 君子得輿 小人剝廬 / 군자는 얻는 것이 없으나 백성의 추대를 받게 되고 象曰 君子得无 民所載也 / 소인은 거처를 앗기고 종내 쓰일 데가 없어진다. 小人剝廬 終不可用也." (『주역』'山地剝卦, 上九爻辭')

시인이 1연 출구에서 설한 '석과불식(碩果不食)'은 주역의 스물세 번째 괘(卦)인 박괘에 나오는 말이다.

『주역』('박괘')에 출전하는 '석과불식(碩果不食)'의 예화는 군자[君子, 양(陽)]가 소인[小人, 음(陰)]들을 잘 교화시켜 군자를 따르게 하여 큰 수레를 얻을 수 있지만, 소인은 결국 음들의 세력에 편승하게 되므로 종내는 초라한 오두막집까지도 깎이게 된다는 의미가 담겨있다. 달리 표현하면, 군자는 난세에도 기반(거름)이 되어 민생구제(民生救濟)의 대도(大道)를 펴게 되므로 '수레를 얻는 상'이 되지만, 소인은 음의 세력들에 편승하여 온갖 악행을 저지르다 '종내는 사라지게 되는 상'이 된다는 의미가 함유되어 있다. 여기서 큰 과일이 먹히지 않는 것은, "종자용 씨 과실은 다 먹지 않고 씨앗 용[種子]으로 남겨둠으로써 과실 양효 하나를 끝까지 남겨놓는 일이 된다."는 의미이므로 어려움 속에서도 미래를 위해 준비하는 지혜가 요구되는 것이다.

시인은 1연 대구에서 "하룻밤에 한 줄기 조짐이 있었다."라고 표현, 박괘의 석과불식으로 인하여 동짓달 복괘에 이르러 양이 위에서 사라지지 않고 아래에서 생겨났다는 의미를 부여하고 있다.[288] 여기서 양은 군자이고 음은 소인이다. 이처럼 복괘에서 양

---

288) 『주역(周易)』(剝卦, 上九傳) : 혹자가 말하기를 "박(剝)이 다하면 순곤(純坤)이 되니, 어찌 다시 양이 있겠는가"라고 하니, 대답하기를 "괘(卦)를 달(절기)에 비유하면 곤(坤)은 10월에 해당한다. (10월에는) 기운(氣運)이 사라지고, 생기는 것으로, 즉 양이 깎이면서 곤괘(坤卦)가 되고 양이 오면 복괘(復卦)가 되어 양이 없어지지 않는다. (10월에는) 양이 위에서 사라져 없어지면 다시 아래에서 생기므로 10월을 양월(陽月)이라 한다. 이는 양이 없다고 의심할까 두려워해서이다."라고 하였다. 或曰 剝盡則爲純坤 豈復有陽乎 曰以卦配月 則坤當十月 以氣消息言 則陽剝爲坤 陽來爲復 陽未嘗盡也 剝盡於上 則復生於下矣 故十月 謂之陽月 恐疑其无陽也. || 중국 진(晉)나

이 하나 생겨나는 것은 군자가 이 세상에 출현하는 것을 의미하기도 한다. 그러므로 이어지는 2연에서 시인은 그 희망의 불씨를 되살리기 위해 "사그라져가는 화로의 불씨에 입김을 불어넣어 양기를 일으킬 수밖에 없다."의 표현이 이어질 수 있었을 것이다.

이처럼 시인은 양월(陽月)인 10월부터(1연 출구) 시작해서, 일양지월(一陽之月) 11월인 동짓달(1연 대구, 2연 출구), 이양지월(二陽之月)인 섣달, 삼양지월(三陽之月)인 정월과 2월(3연 출구)에 이어 3월(3연 대구)에 이르기까지 순차적인 절기 속에 나타나는 자연의 현상을 표현해 놓았다.

4연 "운초(芸草)는 돋아나 부쩍 자란다"(출구), "원기(元氣)가 자옥하니(무성하게) 펼쳐진다. 藹元氣之流布"(대구)는 3연의 부연 설명으로, 생명이(초목이) 약동하는 봄 정기를 표현하고 있다. 즉 운초가 싹이 나서 자라기 시작하는 계절인 봄이 찾아왔다는 것을 간접적으로 묘사한 것이다.

5연은 "모든 양(陽)이 드러났다 흩어짐이니 諟諸陽之著散"(출구), "원래 그 출발이 이로부터라. 原權輿之自是"(대구)로 표현, 4연까지의 양의 순환 원리의 시작은 1연에서 표현된 시월에 양의 기운을 남겨놓은 데서 비롯되었음(권여權輿는 모든 일의 처음을 일컫는다.)을 설하고 있다. 즉 시월에 남겨놓은 양의 씨앗 하나가 동짓달에 시작되는 양의 소생으로 비롯되어 모든 양의 기운이 드러났다 흩어지는 자연 순환의 동력이 되었다고 설한 것이다.

라 갈홍(葛洪)이 전한(前漢) 시대의 잡사(雜事)를 기록한 『서경잡기西京雜記』(권5)에는, "10월은 음의 기운이 비록 권세를 부리나 음의 기운은 고립상태로 지낼 수 없고, 이 달의 순음(純陰)이 왕성한 것을 보고 양의 기운이 없는 것처럼 의심하기 때문에 양월(陽月)이라고 한다. 十月 陰雖用事 而陰不孤立 此月純陰 疑于無陽 故謂陽月."고 하였다."

6연의 표현은 이 단락의 결론 같은 구절이다. 시인은 출구에서 “위대하다! 하늘 마음 심원하여서 偉天心之於穆”, 대구에서는 “굳건히 운행하여 그침이 없네. 信行健而不已”라고 표현하였다. 이는 『중용장구』(제26장)에 나온다. 즉 “『시경(詩經)』[289]에 이르기를, ‘오직 하늘에서 내려준 천명이 오오, 깊고 멀어서 그치지 아니한다.’라고 했으니, 이것은 모두 다 하늘이 하늘이 된 까닭을 말함이다. ‘아! 뚜렷이 나타나지 않는가? 문왕의 덕(德)이 순수함이여!’라고 했으니 이것은 모두 다 문왕이 문왕이 된 까닭을 말하신 것이니, 순수한 것이 또한 그치지 아니한 것이다.”[290]라고 하였다.

여기서 시(詩)에 대한 주자(朱子)의 집주(集註)에 “… 천명은 곧 천도라. 불이(不已)는 무궁함을 말함이라. 순은 섞이지 아니함이라. 天命 卽天道也. 不已 言無窮也. 純 不雜也.”(『詩經講解』‘周頌, 維天之命一章’)라고 하였다.

결국 기봉 시인은 이 단락 1연에서 6연까지 ‘자연 순환의 원리는 곧 천명이요 천도였다.’고 강조한 것이다.

전개부 셋째 단락 – 인륜(人倫), 천심에 합일 되어야
“맹자의 측은지심(惻隱之心), 중요한 덕목이다”

소장(消長)[291]에도 운수 있음 느껴 알아서 / 感消長之有數
의리의 끝없음을 깨달으리라. / 悟義理之無窮
인간만이 하늘 굳셈 땅의 순응함 갖췄으니 / 惟人具此健順

289) 여기서 시(詩)는 『시경』(‘주송周頌’)의 ‘유천지명편(維天之命篇)’에서 문왕에게 제사를 올리면서 천하가 태평함을 고(告)하는 시를 말한다.

290) 詩云維天之命 於穆不已 蓋曰 天之所以爲天也 於乎不顯 文王之德之純 蓋曰 文王之所以爲文也 純亦不已.

291) 소장(消長) : ‘쇠하여 사라짐과 성하여 자라나는 것’을 의미한다.

본성 중에 건원(乾元)[292]과 합하는도다. / 配乾元於性中

아! 사물에 얽매여 가리워지면 / 嗟物累之交蔽

어지러이 사라짐에 이르잖음 드물다. / 鮮不至於牿亡[293]

궁음(窮陰)[294]이 마음 하늘 꽉 막아 버려 / 窮陰凝閉於心天

욕심 물결 못물을 꽁꽁 얼게 해. / 慾波氷沍於方塘

하지만 텅 비어 깨끗한 본성 / 然虛靈[295]之本然

그래도 한 실마리 남아 있어서, / 尙一端之不滅

밤기운을 타고서 싹을 잘 틔워 / 乘夜氣而善萌

우물에 빠지는 아이[296]를 보고 슬퍼하네. / 見入井而怵惕

---

292) 건원(乾元) : 만물이 비롯된 곳으로 천리, 천도를 의미한다. 『주역』('건괘乾卦 단사彖辭')에 "위대하도다, 건원이여! 만물이 여기에서 비로소 나오니, 이에 하늘의 일을 총괄하게 되었도다. 大哉乾元,萬物資始, 乃統天."라고 하였다.

293) 곡망(牿亡) : 어지럽게 하여 없애버린다는 뜻이다. 『맹자』('고자상')에 나온다. 즉, 맹자(孟子)가 말하기를, "밤낮으로 쉬고 평온한 아침 기운, 사람과 비슷한 좋고 싫음이 얼마나 되겠는가. 그렇다면 낮 동안의 행동이 쌓여서 본성을 가두어 없애는 것이다. 其 日夜之所息 平旦之氣 其好惡與人相近也者幾希 則其旦晝之所爲 有牿亡之." 라고 하였다.

294) 궁음(窮陰) : 음(陰)이 꽉 찬 상태인 음력 10월을 뜻한다. 여기서는 음기가 가득 찬 상태를 의미했다.

295) 허령(虛靈) : 보통은 '허령불매(虛靈不昧)'라는 성어로 사용된다. '허령불매'는 잡된 생각이 없이 마음이 신령하여 어둡지 아니하다는 뜻으로 유교에서 말하는 심상(心狀)과 명덕(明德)의 본질이다. 이는 『대학』('경1장')에 "대학의 도는 밝은 덕을 밝히는 데 있다. 大學之道, 在明明德"라는 원문을 주석한 주희(朱熹)가 "명덕이란 하늘로부터 얻은 것으로 허령불매(虛靈不昧)하여 뭇 이치를 갖추어서(具衆理) 만사에 응하는 것(應萬事者)"이라고 하였다. 이처럼 주희는 인간이 가지고 있는 심(心)의 고유한 속성을 설명하면서 '허령불매'를 "허령하여 어둡지 않는 것 虛靈不昧"이라고 설명한 것이다.

296) 견입정(見入井) : '유자입정(孺子入井)'이란 성어로 쓰인다. 이는 어린아이가 우물에 빠지는 것을 본다는 의미다. 맹자의 유명한 측은지심(惻隱之心)도 이 예화와 함께 설해진다. 이 유자입정은 『맹자』의 '공손추상 제6장'에

이 단락은 전개부의 셋째 단락이다.

전개부의 앞선 첫째, 둘째 단락에서 동지 전후 절기의 순환을 중심으로 자연 원리의 의미를 설하였던 시인은 이제 시선을 인륜(人倫)으로 돌이켜 세워, 인간 세상을 들여다보며 첫째 · 둘째 단락의 주제들이었던 그 천도 · 천심과 인륜의 합일을 모색한다.

여기서 시인은 천도 · 천심을 대표하는 어휘로 '소장(消長)'을 설정한다. 도입부 첫째, 둘째 단락에서 기본 원칙으로 활용하였던 소장의 이론을, 이제는 용어 자체를 소환한 것이다. 음양의 원칙으로서 소장의 의미가 그만큼 중요하다고 여겼기 때문으로 풀이된다.

소장의 원리는 바로 천도이고 천심이며, 이 원리의 원칙은 비단 자연계뿐만 아니라 인륜에도 그대로 적용되기 마련이다. 이러한 천도를 인륜에 비추어 본 시인의 시선은 천도를 좇는 군자와 천도

나온다. "바야흐로 어린 아이기가 갑자기 우물에 빠지려 할 때, 마음으로 깜짝 놀라는 것이 진심이다. 생각해서 하는 것이 아니고, 힘써 아는 것도 아니고, 자연적인 하늘의 이치인 것이다. 方乍見孺子入井之時, 其心怵惕, 乃眞心也. 非思而得, 非勉而中, 天理之自然也. (『맹자』'공손추상 제6장') … 맹자는 어린아이가 막 우물에 빠지는 순간을 가정한 '유자입정(孺子入井)'에 비유하여, 사람은 누구나 측은지심(惻隱之心)을 가지고 있다고 설한다. 어린아이가 우물에 빠지는 안타까운 상황을 목도하면 그 사람이 아무리 나쁜 (악한) 사람이라도 먼저 불쌍히 여기는 마음을 갖게 된다는 것이다. '측은지심'은 연민이나 동정심 등 타인을 불쌍히 여기는 마음이라는 뜻도 있지만, 사실 '측(惻)'은 다른 사람의 마음을 헤아린다는 뜻이고 '은(隱)'은 다른 사람의 고통을 의미한다. 따라서 '측은지심'은 타인의 고통을 나의 고통으로 느끼고 헤아리는 마음이라는 의미이기도 한다. 그런데 맹자는 '측은지심'이 일어나는 이유는 이익을 얻거나 해로움을 피하기 위해서가 아니라 인간이라면 본래 누구나 그런 마음을 가지고 있기 때문이라면서 이른바 '성선설(性善說)'을 주장하였다.

를 좇지 않은 소인(小人)들에 머물게 된다. 천도를 좇은 군자에게는 무한한 존경과 신뢰를, 천도를 좇지 않는 소인들에게는 안타까움을 갖지 않을 수 없었을 것이다. 그런 이유로 이 단락에서는 특히 천도와 어긋난 소인들에 대한 안타까움과 여기에 더해 그들에 대한 배려와 측은지심(惻隱之心)을 놓치지 않은 시인의 심사를 표현하고 있다.

1연에서, "소장(消長)에도 운수 있음 느껴 알아서 感消長之有數 / 의리의 끝없음을 깨달으리라. 悟義理之無窮"라고 표현, 인륜을 대표하는 군자(君子)를 끌어온다. 시인은 왜 군자를 끌어 왔을까. 당대의 거의 모든 유자(儒者)나 구도자(求道者)들에게 군자는 최고의 표상이었기 때문이다. 군자는 가히 당대 인륜의 대표할 수 있는 정도(正道)의 구도자요 유학자요 선비라고 할 수 있었기 때문이다.[297)]

그런데 1연 출구에서 시인은 "소장(消長)에 운수가 있다."고 표현하였다. 천도의 핵심인 음양 소장의 이치는 불변의 대원칙이다. 그러므로 1연 출구의 원문 '감소장지유수感消長之有數'에서 '유수(有數)'를 운수로 번역하다면, 이러한 음양의 원칙에 잘 순응하

297) 공자는, "군자는 의를 추구하는 사람이고, 소인은 이익을 밝히는 사람이다. 君子喩於義, 小人 喩於利."라고 말하였다. (『論語集注』'이인里仁'). 또 '이인편 집주(里仁篇 集註)'에서는, "의는 천리의 길, 천리에 마땅하다. 義者 天理之所宜."라고 하였다. 맹자는 공자 사상의 중심 개념인 인(仁)과 짝으로 병칭할 만큼 의(義)를 중요시하였다. 맹자는 인(仁)이 인간의 내면적 바탕이라면 의(義)는 인간의 외형적 행위 규범이라고 강조하였다. [이런 이유로 송대 이학자(理學者)들은 의(義)를 실천해야 하는 근본 이유와 근거를 밝히면서 의에 이(理)를 덧붙여 의리(義理)로 일컫게 되었다.] 이후 의(義), 의리(義理)는 군자의 표상 같은 군자도의 수행 지표가 되었다. 곧 군자의 상징은 의리가 되었던 것이다.

고 대비하면 운수를 얻게 된다는 표현으로 추정된다.

시인은 여기서 『주역』의 음양이론을 가장 효율적으로 인체에 적용시키고 나아가 인체를 보존 · 보호와 질병 치료 내용 등을 기술한, 중의학에서 가장 중요한 고대 문헌이었던 『황제내경(黃帝內經)』[298]을 음양 소장 운수의 한 방편으로 생각했을 가능성도 있었다고 여겨진다. 특히 추상적인 것보다 늘 현실적인 것에 주안점을 두고 있었던 기봉 시인의 관점에서는 보다 실제적이고 현실적인 방안으로서 『황제내경』 같은 방편을 고려하지 않았을까 생각되는 것이다. '소장의 운수(有數)'라는 표현이 바로 그런 가능성을 더욱 추정하게 한다. 특히 대구에 표현된 '의리의 무궁성'을 연계하면 더욱 그렇다. 왜냐하면 1연 대구에서 "의리의 끝없음을 깨달으리라. 悟義理之無窮"라고 설하였는데, 이 의리무궁(義理無窮)은 『근사록집해(2)』[299]에서 용사한 것이고, 여기서 의리는 "스스

298) 『황제내경』은 한 시기에 한 사람에 의해서 기록되고 완성된 책이 아니고 수많은 사람들에 의해 쓰여진 작품이며 일반적으로 알려지기는 춘추전국 시기(기원전 770년~기원전 221년)에 완성된 것이라고 한다. 『황제내경』은 주역의 음양이론을 인체에 적용한 것이다. 대표적인 괘로는 혁명이나 변화를 상징하는 49괘의 택화혁(澤火革), 무지와 학습을 상징하는 4괘의 산수몽(山水蒙), 노력 즉 우물에서 물을 퍼 올리는 것을 상징하는 48괘의 수풍정(水風井) 등이 있다. 『황제내경』에 의하면, 우주는 『주역』의 원리인 음양(陰陽), 기(機), 오행(五行) 등 여러 가지의 본질적인 에너지가 근본 원리로 구성되어 있다는 논리를 바탕으로, 이같은 우주의 근본적인 에너지는 이성적인 수단을 통하여 이해될 수 있으며, 인간은 이러한 자연적 에너지 법칙(음양이론 등)을 깊이 이해하고 체득함으로써 균형이 갖춰지면서 건강으로 돌아갈 수 있다고 설하고 있다. 『황제내경』은 두 권의 책으로 이루어져 있는데 하나는 『황제내경 소문(素問)』이고 다른 하나는 『황제내경 영추경(靈樞經)』이다.

299) 이천(伊川 : 程頤) 선생이 문인 등에게 『역전(易傳』을 보여주고 다음과 같이 말했다. "나는 다만 칠분(七分 : 70%)만을 말하였으니, 후인들이 다시

로가 힘쓰지 않으면 안 되는 의미"로서 의리라는 뜻을 함유하고 있기 때문이다. 즉 『황제내경』에 주장하는 음양론을 바탕으로 한 "신체의 건강"과 "힘써 노력해서 얻어지는 의리"가 같은 의미로 연결되기 때문이다.

어쨌든 시인이 여기서 설한 의리(義理)는 군자가 오랫동안 궁구하고 궁행해야 얻어지는 도리다. 출구에서 표현한 음양 소장의 운수도 노력하지 않으면 얻어질 수 없는 도리라고 할 수 있다. 그러므로 군자는 소장의 이치라는 천도에 대한 궁구와 궁행으로 신체도 강건하게 보전할 수 있는 운수를 얻을 수 있는 것처럼, 의리 또한 능히 각고의 노력으로 얻어질 수 있는 도리임을 깨닫을 수 있다고 강조한 것으로 추정된다. 그렇기에 군자는 소장의 운수처럼 부단한 노력으로 천도의 그 심오하고 의리의 무궁한 본성도 깨닫게 될 것이라는 기대를 표현한 것으로 추정이 된다.

1연에 설한 '소장의 운수'가 '천도 순응'으로 얻어지는 것이었음이 2연에서 곧바로 나온다. 즉 시인은 "인간(군자)만이 하늘 굳셈 땅의 순응함 갖췄으니 惟人具此健順 / 본성 중에 건원(乾元 : 天道)과 합하는도다. 配乾元於性中"라고 읊었기 때문이다. 여기서 시인은 2연 출구에서, 군자는 굳건하게 작용하는 하늘의 뜻과 그 하늘의 작용을 수용하는 인륜의 대표자로 표현하면서 1연에서 설한 '소장의 운수'가 천도를 순응한 것이었음을 밝힌 것이다. 특히

모름지기 스스로 체득하여 연구하여야 한다. 의리가 무궁하고 성현의 마음 또한 무궁하니, 배우는 자가 스스로 힘쓰지 않아서는 안 된다. 伊川 以易傳示門人曰 : 只說得七分 後人更須自體究. 義理無窮 聖賢之心亦無窮 學者不可以不自勉." (『근사록집해2』'卷之三 致知'). [이천 : 북송(北宋) 때의 유학자. 본명은 정이(程頤), 자(字)는 정숙(正叔). 이천은 그의 호(號)이다. 특히 성리학의 리(理)와 의리(義理) 개념 형성에 지대한 영향을 주었던 유학자였다.]

2연 대구에서 그러한 군자, 소장의 운수를 획득한 군자의 본성을 천도와 합일된 것으로 표현, 군자에 대한 최상의 절찬을 아끼지 않았다고 여겨진다.

3연에서 시인은 사물(욕망, 욕심, 불륜 등)에 본성이 가려진 소인(小人)을 불러오고, 대구에서 "(그들이) 어지러이 사라지는 것에 이르지 않는 것은 드물다."고 표현하였다. 천도와 어긋난 소인들의 당연한 결말을 표현한 것이다. 그렇지만 그들의 결말이 안타까왔는지 4연에서는 "궁음(窮陰)의 마음이 하늘 꽉 막아 버려 窮陰凝閉於心天 / 욕심 물결 못물을 꽁꽁 얼게 해 慾波氷沍於方塘"라고 표현, "음의 기운 즉 악(惡), 불선(不善) 등의 기운이 가득 차 하늘의 마음, 천도를 꽉 막아버려 욕심(사적인 욕심)이 못물을 꽁꽁 얼게 하였다."면서 다시 한번 소인들의 행태와 결말을 읊었지만 그럼에도 (은연 중에) 그들의 자성을 촉구하는 마음을 담아 표현한 것이다.

그런데 이 4연에서는 3연의 원인으로 '음기(陰氣)가 꽉 찬 10월을 의미하는 궁음(窮陰)'과 '욕파(慾波 : 욕망의 파도)'를 가져왔고 이 궁음과 크게 넘쳤던 욕망을 바로 본성과 천도를 가렸던 원인으로 표현한 것이다. 그러므로 시인은 여기서, 이들 소인들에게도 만일 궁음 같은 음기와 욕망이 가리지 않았다면 군자로서 품성을 가질 수도 있었을 것이라는 의미를 담았다고 추정 된다. 그러한 까닭으로 다음 5연에서 (그들 소인들도) 깨끗한 본성이 살아 있었고, 그것이 실마리가 되어, (6연에서는) 음의 기운 속에서도 싹을 틔워 우물에 빠지는 아이를 보고 슬퍼하였다고 표현, 소인들도 본성을 회복하면 얼마든지 군자가 될 수 있다는 긍정적인 기대와 희망을 표현하였을 것으로 추정된다.

허령(虛靈) · 측은지심은 회복될 수 있다

시인은 5연에서 "하지만 텅 비어 깨끗한 본성 然虛靈之本然 / 그래도 한 실마리 남아 있어서 尙一端之不滅"라고 표현하였다. 그런데 5연 출구에서 "텅 비어 깨끗한 본성"으로 표현된 '허령(虛靈)'은 곧 '허령불매(虛靈不昧)'의 약어로 『대학장구』('경1장')에 나오는 용어이다. 허령은 잡된 생각이 없이 마음이 신령하여 어둡지 아니하다는 뜻을 가졌다. 즉 사심(私心)이 없고 영묘(靈妙)하여 어둡지 않은 밝은 덕이라는 뜻이다. 이는 마음의 실체(實體)와 작용을 비유해, 하늘에서 받은 밝은 덕성[明德]의 체용(體用)을 형용한 말이다.

이와 관련하여, 정자(程子)는 『대학장구』('경1장')의 '허령불매'에 대한 주석에서, "다만 품부 받은 기질(밝은 덕성)에 구애되고 인욕에 가리게 되면 때로 어두워진다. 그러나 그 본체의 밝음은 일찍이 그친 적이 없다. 그러므로 배우는 자는 마땅히 발로된 바에 기인하여 마침내 밝혀서 그 처음을 회복하여야 한다. 신(新)은 옛 것을 고치는 것을 뜻한다. 이미 스스로 밝은 덕을 밝혔으면, 또한 마땅히 미루어 남에게 미쳐서, 그로 하여금 또한 옛날에 물들었던 더러움을 제거할 수 있게 하여야 한다."[300]라고 하였다. 여기서 중요한 것은 "품부 받은 기질(밝은 덕성)에 구애되고 인욕(人慾)에 가리게 되면 때로 어두워진다."라고 하는 대목이다.

기봉 시인도 이점에 초점을 맞추었다. 그리하여 5연에서는 "텅 비어 깨끗한 본성인 허령에는 / (그 허령을 일깨울) 한 실마리 남

300) 但爲氣稟所拘, 人欲所蔽, 則有時而昏; 然其本體之明, 則有未嘗息者. 故學者當因其所發而遂明之, 以復其初也. 新者, 革其舊之謂也. 言旣自明其明德, 又當推以及人, 使之亦有以去其舊染之污也. (『대학장구』'경1장').

아 있다."라고 표현하였다. 이는, 기봉 시인도 소인의 본성에 대해 당초에는 잡됨이 없이 맑게 텅 비었다는 '허령(虛靈)'으로 인식하여 표현한 것으로 볼 수 있고, 본래 그러한 본성만큼은 본래의 허령(虛靈)처럼 맑았듯이, 또 그렇기에 그 본성이 회복되고 부활할 수 있을 것이라면서 일말의 기대와 긍정적인 표현을 담은 것이다.

그리고 이어진 6연에서는, "밤기운을 타고서 싹을 잘 틔워 乘夜氣而善萌 / 우물에 빠지는 아이를 보고 슬퍼하였네. 見入井而怵惕"라고 표현하였다. 이 6연 역시 "맑은 덕성, 곧 인의 본성을 소인도 회복할 수 있을 것"이라는 기대를 가졌기에 가능해진 표현으로 추정된다.

잠시, 맹자의 '측은지심(惻隱之心)'을 살펴보자.

사단(四端)[301]은 맹자가 주창한 학설로 인간의 본성[덕성(德性), 선의(善意), 인(仁)]을 가리키는 말이다. 맹자는 인간이 본래부터 "인간의 본성(本性)은 선(善)하다"는 성선설(性善說)을 내세우고 이것을 사단[(선을 싹틔우는 4개의 단서(실마리)인 측은지심(惻

301) 맹자(孟子)가 말하였다. "측은히 여기는 마음(惻隱之心)은 사람마다 모두 가지고 있고, 부끄러워하는 마음(羞惡之心)은 사람마다 모두 가지고 있으며, 공경하는 마음(恭敬之心)은 사람마다 모두 가지고 있고, 시비를 가리는 마음(是非之心)은 사람마다 모두 가지고 있으니, 측은히 여기는 마음은 인(仁)이고, 부끄러워하는 마음은 의(義)고, 공경하는 마음은 예(禮)이고, 시비를 가리는 마음은 지(智)이다. 이 인의예지는 외부로부터 나에게 녹아 들어온 것이 아니라 내가 본래부터 가지고 있던 것인데, 생각하지 않고 있었을 뿐이다. 그래서 '구하면 얻을 것이요, 버리면 잃을 것이다.' 하는 것이니, 구하고 버리는 데 따른 선악(善惡)의 차이가 두 배 혹은 다섯 배가 되어 헤아릴 수 없을 만큼 벌어지는 것은 그 재질(才質 : 性情)을 다 발휘하지 않기 때문이다. 惻隱之心, 人皆有之.羞惡之心, 人皆有之.恭敬之心, 人皆有之. 是非之心, 人皆有之.惻隱之心, 仁也.羞惡之心, 義也.恭敬之心, 禮也.是非之心, 智也.仁,義,禮,智, 非由外鑠我也, 我固有之也, 弗思耳矣.故曰求則得之, 舍則失之.或相倍蓰, 而無筭者, 不能盡其才者也." (『맹자(孟子)』'고자告子上, 6章')

隱之心)·수오지심(羞惡之心)·사양지심(辭讓之心)·시비지심(是非之心)]으로 분류했다.

이 사단의 첫째가 수오지심이다. 당초부터 맹자는 이 사단설을 내세우면서 여러 가지 상황을 설정하고 적절한 비유를 들어가며 성선설을 피력하였다. 수오지심의 경우, 대표적인 예화가 젖먹이가 우물에 들어가는 것을 보았을 때의 상황이다. 그런 우물에 어쩌다 젖먹이가 엉금엉금 기어들어가는 상황이 벌어진다. 그런 장면을 보는 순간 누구나 깜짝 놀라며 측은한 마음이 들게 마련이다. 이 마음은 애초부터 무슨 의도에 의해서 생겨나는 마음이 아니다. 그 마음은 부지불식간에, 순식간에 아무런 뜻도 없이 생긴 순수한 마음인 것이다. 이렇듯 다른 사람이 다치는 것을 '차마 보지 못하는 마음'을 맹자는 불인인지심(不忍人之心)[302]이라고 정의하였고, 이것이 바로 측은지심의 발현이라고 보았으며, 측은지심(惻隱之心)은 인(仁)의 단서가 된다고 주장하였다. 즉 어린아이가 우물로 기어 들어가는 것을 보면 측은지심(惻隱之心)이 일어나니, 바로 이것이 인(仁)이 느끼는 대로 나타나 발현된 것이라고 보았던 것이다. 이처럼 맹자는 측은지심(惻隱之心)을 인간의 본성의 하나로 주장하였다.

---

302) 불인인지심(不忍人之心) : 남의 고통을 차마 지나치지 못하는 착한 마음을 나타내는 말로 인간에 대한 연민과 동정심을 뜻한다. 이 말은 『孟子』('공손추 상')에 나온다. 『孟子』('공손추 상') : "인간은 모두 다른 사람에게 차마 할 수 없는 마음을 가지고 있다. 人皆有不忍人之心 / 옛날의 왕은 다른 사람에게 차마 할 수 없는 마음을 가지고 있었으므로 先王有不忍人之心 / 이런 마음으로 정치를 시행했다. 斯有不忍人之政矣 / 다른 사람에게 차마 할 수 없는 마음으로 以不忍人之心 / 다른 사람에게 차마 할 수 없는 정치를 하게 되면 行不忍人之政 / 천하를 다스리는 것이 손바닥에서 하는 것과 같을 것이다. 治天下可運於掌上."

기봉 시인도, 맑은 덕성인 허령에 이어 인(仁)의 본성의 하나인 측은지심도 소인들이 하늘로부터 품부 받은 천성으로 보았고, 이 천성을 일깨우고 싹을 틔우면, 우물에 빠지는 아이를 보고 슬퍼하는 천성을 회복할 것으로 기대하였을 것이다.

더불어 5연에서 설한 소인에 대한 안타까움과 기대가 6연에서도 이어진 것으로 추정된다. (이 6연은, 시인이 이 부賦의 대상을 시인 자기로 돌린 것으로도 볼 수 있지만, 이 단락의 연의 구성으로 보아, 여전히 군자와 대비된 소인에 머물고 있는 것으로 이해하는 것이 옳을 것이다.)

시인은 이 단락에서, 양의 기운[양기(陽氣), 선의(善意)]이 성(盛)해진 군자에 대한 절찬은 2연에서 그쳤지만, 음의 기운[악의(惡意), 불선(不善), 부도(不道)]이 강한 소인에 대해서는 3연, 4연, 5연, 6연에 걸쳐 지속적으로 표현, 그들에 대하여 극진히 배려하는 마음과 함께 측은지심의 기대감을 표현하였다고 추정된다.

이는 시인이, 둘째 단락 1연에서 '석과불식(碩果不食)'의 예화를 통해 양이 극히 미약하였음에도 양기의 소생과 성장을 기대하며 강성한 음기 속에서도 군자의 출현을 희망하였듯이, 이 단락에서도 소인들이 극음으로 점차 사그라질 지경이지만, 그럼에도 그 음기 속에서 본성을 회복하여 군자로서 싹을 잘 틔워 나간다면 측은지심을 담을 수 있는 사람으로 거듭 날 수 있다고 기대하는 마음이 있었기 때문으로 추정된다.

이는 또 사실상 "양은 음에 의해 과도하게 커지지 않고 음 또한 양과의 수수(授受)와 조화로 과도하게 쇠퇴하지 않는다.", "음양의 변화가 일정한 단계[극양(極陽), 극음(極陰)]에 이르면 음은 양이 되고 양은 음이 되기 마련이다."는 이른바 음양의 소장(消長)의 원리가 이 단락에서도 중요하게 작용한 것으로도 볼 수 있을 것이다.

넷째 단락, '동지의 마음'
어찌 삼가지 않으리

이것이 마음의 동지(冬至)이거니 / 玆心上之至日
어찌 몸을 돌이켜 삼가지 않으랴. / 盍反身而省飭
진실로 이로 인해 잘 보존하면 / 苟因此而善保
어이해 우산(牛山)이 헐벗으리오?[303] / 豈牛山之濯如
마침내 활짝 펼쳐 사방 이르면 / 竟倏暢而四達
천하에 앞장 되고 남음 있으리. / 先天下而有餘
한 이치에 접촉하여 잘 기른다면 / 觸一理而長之
나라에도 또한 징험할 수 있으리. / 亦可驗於邦國
세상 도리 지극히 비색함 만나 / 當世道之極否
어리석음 빠지고 어둠에 묻혀. / 汨淹昧而昏塞
어지러이 음한 무리 일을 꾸미니 / 紛陰類之用事
북풍의 싸늘함이 안타깝구나. / 慨北風之其凉[304]

303) 우산탁여(牛山濯如) : '우산지목(牛山之木)'이라는 고사성어로 잘 알려진 맹자의 일화이다. 『맹자』'고자 상'에 나온다. 우산지목(牛山之木)은 말 뜻 그대로 '우산의 나무'지만 '인간 본래의 선함'을 비유한다. 인간의 본성은 원래 선하고 우산의 나무처럼 아름다운데 사람들이 나무를 베어버려 울창한 숲이 민둥산이 되었듯이 점차 약해졌다는 것이다. 이처럼 사람들의 본성도 우산처럼 아름다운데 이기심 · 탐심 · 권력욕이란 도끼로 연일 본성을 찍어대어 사람들의 마음이 사악해졌다는 것이다. 따라서 맹자는 우산에 나무를 심어 숲을 회복시켜야 하듯이 사람의 본성도 회복돼야 한다고 주장하였다.

304) 북풍기량(北風其凉) : 화란(禍亂)이 닥쳐옴이 이미 심하여 떠나기를 서두르지 않으면 안 된다는 의미다. 『시경』'패풍 북풍(北風)'에, "북풍이 차갑게 불어오고, 눈이 성하게 내리도다. 나를 좋아한 이와 더불어 손 잡고 함께 떠나리라. 행여 늦출 수 있으랴. 이미 급해졌도다. 北風其涼 雨雪其雱 惠而好我 携手同行 其虛其邪 旣亟只且"라고 한 데서 온 말이다. 이 시는 국가에

넷째 단락 역시 6연, 12구다.

이 단락에서 시인의 시선은 비로소 자아로 되돌아온다. 부(賦)의 대상체는 바로 시인 자아가 된 것이다. 그렇지만 시인은 여전히 자아에서도 자연 순환의 원리로 인한 동지에 대한 의미 모색은 지속된다. 그러나 이전 단락에서 자연 원리를 인륜과 대비하며 천도, 천명이 인륜과 합일되어야 한다고 설한 데서 이제는 시선이 자기로 옮겨져, 과연 어떻게 자아가 천도와 합일할 것이냐를 놓고 모색하게 된다. 여기서 이 부(賦)를 쓴 시인의 진정성을 거듭 확인하게 되는 것이다.

1연에서 "이것이 마음의 동지(冬至)이거니 玆心上之至日 / 어찌 몸을 돌이켜 삼가지 않으랴. 盍反身而省飭"라고 읊는다. 이전의 셋째 단락에서 시인은 '소인이 본성을 회복하여 군자도(君子道)인 선의(善意) · 정의(正義) · 양심(良心)으로의 회복'의 희구를 기대하였다. 그러므로 그 기대를 충족시킬 수 있는 최선의 방안을 생각하였을 것이고, 그것은 '마음의 동지' 곧 '동지의 마음'이었을 것이다. (이하 '마음의 동지'를 '동지의 마음'으로 통일한다.) 그런데 돌이켜 보니, '동지의 마음'은 소인에 대한 기대의 방편만이 아니고 자아도 해당된다는 사실을 인식하였을 것이다. 그리하여 이 단락 1연 대구에서 "어찌 몸을 돌이켜 삼가하지 않으랴." 하고 반문하고 자기를 성찰하게 된 것으로 추정된다. 이는 앞 단락에서 설한 소인만이 '동지의 마음'과 어긋난 것이 아니라 자기도 사실상은 그 '동지의 마음'에는 결여되었다는 인식에 이른 것으로 추정되고, 그런 점에서 자아도 소인과 동일시하는 표현이

위란(危亂)이 곧 이르게 되어 기상이 매우 참담해지므로, 좋아하는 사람끼리 서로 손 잡고 급히 피란할 것을 노래한 것이다. 즉 이 시는 국가에 위란(危亂)이 곧 이르게 됨을 노래한 것이다.

이루어진 것으로 보인다.

이 '동지의 마음'은 이 단락에서 아주 중요한 의미를 지닌다. '마음의 동지', 즉 '동지의 마음'의 각성과 부활의 여하가 이 단락의 주제가 되어, 그에 대한 현상과 결과가 지속적으로 표현되고 있기 때문이다. (실은즉 이러한 구성은 범인으로서는 감히 생각할 여지가 없는, 기봉 시인의 고유하고 독특한 구성이어서 새삼 기봉 시인의 천부적인 문학성을 거듭 확인하게 된다.)

이리하여 결국 시인은 연역법으로 이 단락 도입부에서 결론과 다름없는 '동지의 마음'을 설정해두고 다양한 방법으로 그 '동지의 마음'을 각성하고 되찾음으로써 얻게 되는 결과와 성과 그리고 안타깝게도 '동지 마음'의 회복이 어려운 원인과 이유 등을 표현하고 있다. 여기에서 그 대상으로 소인은 물론 자아를 비롯하여 군왕까지도 포함이 되어 있음은 물론이다.

시인은 2연에서도 "진실로 이로 인해 잘 보존하면 苟因此而善保 / 어이해 우산(牛山)이 헐벗으리오? 豈牛山之濯如"라고 읊으며 1연의 '동지 마음'의 회복의 중요성을 거듭 표현하고 맹자의 그 유명한 '우산탁여(牛山濯如) 설화'를 용사한 것이다. 이는 1연에서 설한 몸을 삼가면서, 그 '동지의 마음'을 잘 보존하면 이른바 '우산탁여(牛山濯如)'가 의미하는 그 인간 본성인 '선의(善意)·선행(善行)'이 이루어질 것이라고 표현한 것이다. 즉 1연의 '동지의 마음'이 2연에서는 맹자의 '우산탁여(牛山濯如)'의 예화에서 설한 '선의(善意)·선행(善行)의 회복'으로 표현된 것이니, 참으로 놀라운 발상이 아닐 수 없다.

여기서 말하는 우산(牛山)이란 산은 풀 한포기 나지 않는 민둥산을 지칭한 이름이다. 그러나 이 산이 원래부터 민둥산은 아니었다. 나무가 울창했던 이 산은 대도시 주변에 있었기 때문에 수많은 사람들이 드나들면서 나무를 베어갔다. 나무를 잃은 우산(牛山)은 사람들이 안 오는 밤에 이슬을 머금고 부지런히 싹을 틔어내고 풀을 키웠다. 그러나 이번에는 낮에 목동이 소와 양을 끌고 나타나 조금 자란 그 풀마저 모두 뜯어먹고 말았다. 나무도 풀도 더 이상 자라지 못하게 된 우산(牛山)이 된 것이다.

이에 대하여 맹자는 우산(牛山)이라는 산을 비유하여, 선함을 잃지 않고 지키는 것의 중요성을 강조했다. 인간은 원래 따뜻한 사랑과 선한 마음을 가지고 있었다. 그런데 우산에 도끼를 들고와 나무를 마구 베었던 것처럼, 세파의 도끼 같은 것들이 양심과 선의(善意)를 찍어댐으로써 우리 마음은 하루하루 황폐화되기 시작했다는 것이다.[305)]

---

305) 우산탁여(牛山濯如) : 맹자가 말했다. "우산(牛山 : 제나라 동남쪽 산이다)의 나무가 일찍이 아름답고 울창했지만, 제나라 임치(臨淄) 대국 교외에 있어 도끼로 벌목하니 아름다울 수가 있겠는가? 孟子曰 : "牛山之木嘗美矣, 以其郊於大國也, 斧斤伐之, 可以爲美乎? / 그러나 밤에 쉬는 것과 비와 이슬이 적셔줌에 새싹이 잘 자라났지만 또한 소, 양을 방목하였기 때문에 마침내 벌거숭이 민둥산이 되었다. 是其日夜之所息, 雨露之所潤, 非無萌蘖之生焉, 牛羊又從而牧之, 是以若彼濯濯也. / 사람들이 민둥산을 보고 일찍이 이 산에 재목이 없다고 여겼다. 이것이 어찌 이 산의 본성이겠는가? 人見其濯濯也, 以爲未嘗有材焉, 此豈山之性也哉? / 이 경우는 사람에게도 마찬가지이다. 비록 사람이 가지고 있는 것 중에 어찌 인의(仁義) 마음이 없겠는가? 그러나 양심을 놓은 것이 마치 우산에 아침마다 벌목하는 것과 같으니, 어찌 아름다울 수가 있겠는가? 雖存乎人者, 豈無仁義之心哉? 其所以放其良心者, 亦猶斧斤之於木也, 旦旦而伐之, 可以爲美乎? / 양심(良心)은 본연의 선한 마음이다. 良心者, 本然之善心 / 양심은 곧 인의의 마음이다. 卽所謂仁義之心也] / … 낮에 행동하면서 밤의 기운을 더욱 핍박한다. 핍박하기를 반복하면 밤의 기운이 보존되기에 부족해진다. 밤의 기운이 보존되기에 부족해지면 짐승과의 거리도 멀어진다. 사람이 짐승을 보고 일찍이 자질이 있지 않다고 여기니, 이것이 어찌 제대로 된 사람의 실정이랴? 日夜之所息, 平旦

이 '우산탁여(牛山濯如)'의 예화는 앞의 셋째 단락 6연에서, 맹자의 측은지심의 동기가 된 '유자입정(孺子入井)'과 연결되어 있어, 이의 용사가 더욱 의미가 깊다고 할 수 있을 것이다.

그래서 시인은 2연에서 "진실로 이로 인해 잘 보존하면 苟因此而善保 / 어이해 우산(牛山)이 헐벗으리오? 豈牛山之濯如"라고 표현했는데, 이는 "진실로 본성의 선의를 잘 보존하면 우산(牛山)이 헐벗는 일, 우산 숲이 더는 우거지지 않는 일은 없을 것이다. 인륜에서 선의 · 선행이 이루어질 것이다."는 기대의 표현으로 설해진 것이다.

3연에서도 그러한 기대 곧 선의(善意)의 보존에 대한 기대와 희구는 더욱 확장된다. 그리하여 3연 출구는 "마침내 활짝 펼쳐 사방 이르면 竟條暢而四達 / 천하에 앞장서게 되고도 남으리라. 先天下而有餘"라고 표현된다. 이는 선의(善意)를 잘 보존시키고 성취하면, 소인도 군자도 자아도 천하 세계를 주도하게 될 것이라는 맹자와 같은 기대의 의미라고 할 수 있을 것이다.

4연에서도 그 선의에 대한 기대는 마치 점층법처럼 거듭 확대, 확장된다. "한 이치에 접촉하여 잘 기른다면 觸一理而長之 / 나라에도 또한 징험할 수 있으리. 亦可驗於邦國"라고 읊었다. '동지의

之氣, 其好惡與人相近也者幾希, 則其旦晝之所爲, 有梏亡之矣. 梏之反覆, 則其夜氣不足以存 : 夜氣不足以存, 則其違禽獸不遠矣. 人見其禽獸也, 而以爲未嘗有才焉者, 是豈人之情也哉? / 그러므로 진실로 잘 기르면 물건마다 잘 자라지 않는 법이 없고, 진실로 잘 기르지를 않으면 물건마다 사라지지 않음이 없다. 故苟得其養, 無物不長 ; 苟失其養, 無物不消. / 공자가 말했다. "마음에 대해 '잡으면 보존되고 놓으면 없어지며 출입함에 일정한 때가 없고, 그 향하는 곳을 알지 못하니, 오직 마음을 말하는 것이로다. 孔子曰 : '操則存, 舍則亡 : 出入無時, 莫知其鄕. 惟心之謂與. / 산의 나무와 사람 마음의 그 이치는 한 가지다. 山木人心, 其理一也.] (『맹자』'고자 상')

마음'으로 인한 성과로 선의의 실현이 이루어지면서 나라(국가) 마저 징험되는 결과에 이르게 될 것이라는 기대의 표현에 다름이 아닌 것이다. 이러한 표현은 군왕에 대한 기대로도 이해되는데 이는 곧 '동지 마음'이 소인과 자아에 이어 군왕에까지 확대되어 있었음을 추정할 수 있다.

여기서 시인은 "한 이치에 접촉하여 잘 기른다면 觸一理而長之"라는 어구에서 '하나의 이치(一理) 앞에 '촉(觸)'이라는 단어를 썼다. 이 촉(觸)은 단순히 어떤 대상체에 '닿거나 부딪친다'는 의미가 일반적이지만, 어떤 대상체에 대한 '변이를 분별하고 그 대상체의 본질을 통찰한다'의 철학적인 의미도 있다. 그러므로 여기서는 '하나의 이치(一理)를 보거나 만났다'고 하기 보다는 그 '하나의 이치를 철저히 궁구하고 전수받았다'는 의미로 파악해야 한다. 다만 이 3연 출구에서는 '한 이치(理致 : 사람이 정성으로 순행하는 도리)의 접촉, 즉 한 이치에 대한 궁구(窮究)와 전수의 공부가 전제된다. 이 한 이치는 물론 본성이고 양심이고 천도일 것이다. 이는 또, 이러한 한 이치가 소인과 자아 그리고 군왕에까지 구현된다면, 그것은 이제 민족(3연에서 민족의 의미가 함유되었다.)은 물론 나라(국가)까지 조력이 되는 결과로 이어질 것이라는 표현에 다름 아니다. 즉 소인을 물론 자아와 군왕에 이르기까지 '선의와 천도 회복과 부활'은 민족 전체와 나라의 '정도(正道) 부흥'도 조력하고 주도하는 결과에 이르게 될 것이라는 의미[불교식의 표현을 빌리면 정토(淨土) 세계 같은 세상]로 표현된 것이라고 할 수 있다.

그런데, 그 한 이치의 구현은 당대로는 한낱 이상일 수 있었다. 현실은 결코 그리 녹록한 지경이 아니었기 때문이다. 그 현실에 대한 표현이 5연, 6연에서 설해진다.

"세상 도리 지극히 비색함 만나 當世道之極否 / 어리석음 빠지고 어둠에 묻혀. 汩淹昧而昏塞 / 어지러이 음한 무리 일을 꾸미니 紛陰類之用事 / 북풍의 싸늘함이 안타깝구나. 慨北風之其凉"라고 한 표현이 그것이다.

5연 출구 "세상 도리 지극히 비색함 만나 當世道之極否"를 직역하면, "당대의 세상(當世)의 도(道)는 더 이상 갈 수 없는 상태(極)는 아니다(否)"로 풀이할 수 있다. 이를테면 '무도(無道)가 극한까지 이르지는 않았다', '도의(道意)가 완전히 무너진 상태는 아니다'는 의미다. (이 표현에서 기봉 시인의 세상을 보는 따뜻함이 느껴진다.)

5연의 대구는 "어리석음 빠지고 어둠에 묻혔다"고 표현, 출구에서 제시한 '완전한 무도한 것은 아니지만 그래도 부도한 그 세상'은 '어리석음과 어둠(음의 기운, 세력)에 묻혔기 때문'이라면서 그 원인을 표현한 것이다. 이어진 6연의 출구는 "어지러이 음한 무리 일을 꾸민다"고 표현, 5연 출구에서 제시한 '극(極)까지는 이르지 않았던 그 무도(無道)의 세상'에서 '음의 세력이 더욱 어지럽게 일(음기의 일)을 도모한다.'고 표현한다. 즉 음의 세력이 더욱 기승을 부려 무도의 극한까지 이르려고 그 일을 도모하려 한다고 표현한 것이다.

그리하여 6연 출구로 인한 결과로 그 대구에서 "북풍의 싸늘함이 안타깝구나."로 표현된다. 즉 위란, 화란으로 사람들이 피난을 가듯, 음기의 기세로 무도가 극한에 이르러 사람들이 그 세상을 도피하려는 지경에 이른 세태를 매우 안타까운 마음으로 읊은 것이다.

시인은 이 단락의 도입부에서 '동지의 마음'을 설하였다. 이어 사람들이 소인이거나 자아나 군왕에 이르기까지 모든 사람들이, 온세상이 '동지의 마음'을 구현하면 군자가 출현하고, 선의와 양심이 지배하는 구도의 세상이 되지만, 그 '동지의 마음'이 구현되지 못하면 음기의 세력이 지배하는 세상이 되고, 사람들이 그 세상을 도피하려는 지경까지 이르게 된다는 의미를 표현한 것이다.

그런데 시인은, 여기에서 소인 등의 무도한 세상에 이르는 과정, 즉 5연과 6연의 표현은, 사실상 절기가 동지에 이르게 되면서 음의 기운이 점차 성(盛)해지면서 동지 바로 직전에는 음의 기운이 극점에 이르게 되는 음양의 이치에 따른 자연의 섭리 즉 계절의 변화 현상을 인륜에 비유한 것이라고 할 수 있다.

다섯째 단락, 곤궁한 처지에서도 부활되어야 하는 '동지의 마음'

이때에 어떤 사람 벌떡 일어나 / 時有人其挺起
바른 기운 옳은 도리 품부 받아서, / 稟正氣之純綱[306)]
열흘 추위 하루 볕을 들게 하여서[307)] / 開一曝於十寒
양기(陽氣)를 회복하길 바라는도다. / 庶陽和之可回
나라 운명 환히 밝게 이르게 하고 / 致國步於明昌

---

306) 순강(純綱) : 정(正)과 순(純)은 서로 통한다. 생각이나 행동이 바른 사람은 마음이 순수하다. 순(純)자 뒤에 강(綱)이 있으니 기강(紀綱)이 바로 선 것이라는 뜻이다.

307) 일폭십한(一曝十寒) : '하루 볕을 쬐고 열흘을 얼게 하다'는 뜻. 일이나 공부를 할 때 잠깐 열심히는 하지만, 대부분 게으름 피우며 꾸준함이 없음을 비유하는 말이다. 『맹자(孟子)』 '고자상(告子上)'에 나온다. 폭(暴)은 '사납다', '햇볕을 쬐다'라는 뜻으로 쓰이는데, 여기서는 '쬐다'라는 뜻으로 쓰였다. 또 일폭십한은 '십한일폭(十寒一曝)'이라고도 쓰이는데, 원래는 '하루 햇볕을 쬐고 열흘 동안 추운 곳에 놓는다'는 뜻이지만, 세월이 흐르면서 일을 꾸준히 하지 못하고 중단되거나 자주 끊김을 비유하는 말로 의미가 바뀌었다.

음기(陰氣)가 재앙 부림 끊어야 하리. / 絶陰沴之爲災[308]
이야말로 군자 무리 나아갈 바니 / 是則君子之類進兮
진실로 양(陽)이 돋는 한 시작이라. / 固陽生之一始
참으로 하늘 사람 한 이치이니 / 諒天人之一揆
어찌 이것저것 살피잖으리. / 盍審幾於彼此
때문에 선왕은 시작을 삼가 / 肆先王之謹始
언제나 동짓날엔 관문을 닫네.[309][310] / 每閉關於是日

다섯째 단락은 전개부의 마지막 단락이다. 전개부의 결말부에 해당되고, 다음으로 이어지는 이 부(賦) 전체 결말부와 이어지는

---

308) 추음려위재(秋陰沴爲災) : 금년 가을은 흐리고 비가 많이 와서 재(災)를 이룬다의 뜻. 『세종실록』 상소문에 나온다. "금년 가을은 흐리고 비가 많이 와서 재(災)를 이루어 빗물이 넘쳐서 백성의 집이 잠기고 벼농사를 손상시켰다. 또한 한겨울을 당하였으되 날씨가 따뜻하여 얼음이 없으며, 우레와 번개가 쳐서 낮이 어둡고, 궂은비와 짙은 안개로 기후가 순조롭지 못하여 겨울 기후가 봄과 같다. 今秋陰沴爲災, 雨水泛溢, 漂溺民舍, 損傷禾稼. 又當冬半, 溫燠無氷, 雷電晝暝, 陰雨濛霧, 時令不順, 冬氣如春." (『세종실록』'세종 23년, 11월7일, 상소문')

309) 폐관시일(閉關是日) : 문을 닫아 걸다의 뜻. 『주역』 '복괘'에 나온다. "상에 이르기를, 우뢰가 땅속에 있는 것이 복이다 / 선왕이 복괘를 보고서 동짓날에는 관문을 닫게하고 / 행상인의 출입을 금지시키며, 임금 자신은 지방을 순행 하지 않는 것으로 경계를 삼았다. 象曰 雷在地中 復 先王以至日閉關商旅不行后不省方."

310) 임금이 직접 영희전(永禧殿) 동지제(冬至祭)를 거행했다. 어가를 돌려 종가(鐘街)에 이르러 공계원(貢契員)과 시장의 상인을 불러 질고(疾苦)에 대해 묻고 얼마 있다가 하교하기를, "동지는 새해와 다름없다. 어가의 길이 때마침 종가를 지나가게 되어 공계원과 시장의 상인을 불러 폐막(弊瘼)을 물어보았는데, 이는 구제하여 소생시킬 방안을 조금도 소홀히 할 수 없기 때문이니, 익히 소상하게 강구하도록 하라. 돈이 귀한 폐단에 있어서는 또한 눈앞의 다급한 일이니, 모두 차대를 할 때에 여쭈어서 처리하도록 하라."고 하였다. (『정조실록』'정조 6년 1782년 11월 18일')

역할을 하는 단락이다. 이 단락에서 시인은 군자가 게을리 하지 않고 꾸준히 궁행해야 할 것으로 '양기(陽氣)'의 회복임을 밝힌다.

시인은 앞선 넷째 단락에서 '동지의 마음'을 기술하였다. 주제가 '동지의 마음'이었지만, 실제 절기로는 '동지 복괘(復卦)' 이전의 박괘(剝卦)에 해당하는 절기였다. 그런데 시인은 왜 복괘가 아닌 박괘에서 '동지의 마음'을 주제로 내세웠을까. 박괘는 양기가 거의 고사 직전으로 가는 상태라면, 복괘(동지)는 양이 거의 고사한 것이나 진배없는 상이다. 박괘는 그래서 더욱 다시 살아날 양의 불씨라도 남겨야 하는 상으로 동지(복괘)에 이르면, 기어이 양이 저 밑바닥에서 되살아나는 상태가 되는 것이다.

양이 고사된 상태이면서 한편으로 양이 소생하고 부활하는 상태가 동지의 복괘인 것이다. 그러한 동지를 위해 동지 직전부터 필요한 것이 '동지의 마음'인 것이다. 즉 '동지의 마음'의 기운이 더더욱 요청되는 것이 박괘인 것이다. 예컨대 박괘에서 '동지의 마음'이 더욱 승(勝)해지면 복괘에서 그 '동지의 마음'은 더욱 튼튼해질 것이기 때문이다. 그런 이유로 시인은 동지가 아닌 동지 바로 직전부터 '동지의 마음'이 필요하다고 설하고, 그 '동지의 마음'이 비로소 박괘에서 더욱 강하게 소생되기를 원하는 마음에서 복괘 이전의 박괘에서 '동지의 마음'을 표현한 것으로 추정된다.

앞 단락 5연, 6연에서는 소인들의 무도(無道) · 부정(不正) · 부도(不道) · 사도(私道)가 극에 이르렀다. 시인은 이를 거의 절망적인 상황으로 표현했다. 이는 동지 이전, 음의 기운이 극성을 부리게 마련인 박괘에서의 상황을 그렇게 표현한 것이다.

그런데 이제 동지 때에 이르러 부활의 생명이, 희망의 불씨 하나가 일어서는 복괘가 되었다. 양효 즉, 양의 기운 하나가 되살아나는 때가 된 것이다. 그래서 1연에서 "이때에 어떤 사람 벌떡 일어나 時有人其挺起 / 바른 기운 옳은 도리를 품부 받아서 稟正氣之純綱"라고 표현하였다. 양의 기운 하나가 되살아나는 것을 '군자가 벌떡 일어난 것'으로 표현한 것이다.

절기는 바야흐로 동지다. 예전에는 동지를 '작은 설'이라고 불렀을 만큼 사실상의 새해가 시작되는 때가 이때였다. 이 동지에 인륜(군자)은 "정기(正氣)의 순강(純剛)을 부여받는다(품는다)"고 표현했다. 정기(正氣)는 올바른 이치이며 하늘의 도리요 천명이요 천도이다. 순강도 사실은 하늘의 도리요 천명이요 천도이다. 정(正)과 순(純)은 같은 뜻이다. 강(剛)은 하늘의 운행의 원리다. 그러므로 군자[인륜]가 "정기의 순강을 부여받는다"는 것은 천명 · 천도를 굳센 기운으로 부여 받는다는 것이다. 이러한 뜻을 단적으로 표현한 구절이 바로 『주역』의 64괘 중 첫째 괘인 건괘(乾卦)의 정의에서이다. 즉 "하늘의 운행은 굳세고 강하니, 군자는 이를 본받아 스스로 강하게 하고 쉬지 않는다. 天行健 君子以自强不息."(『주역』('건괘, 천행건天行健, 괘사')고 하였다. 군자는 하늘의 자연스러운 강인함과 끊임없는 움직임을 본받아야 스스로를 강하게 하며, 끊임없이 궁행 실천을 위해 쉬지 않는다는 의미다.

『주역』에서 하늘땅에 대한 정의는 64괘 중 1, 2괘에서 나오는데, 이 중 하늘[건(乾)]에 대한 정의를 설한 '1괘 건위천(乾爲天)' 괘상에 이은 땅[곤(坤)]에 대한 정의인 '2괘 곤위지(坤爲地)' 괘상에서 "대지의 형세와 힘, 이것이 곤(坤)이다. 군자는 이로써 덕을 두껍게 하고 만물을 포용한다."고 설하고 있다. 하늘은 양이고 땅은 음이다. 주역의 1, 2괘는 이렇게 하늘과 땅, 양음(陽陰)의 기본 원리를 설한 것이다. 이것이 천명이요 천도요 음양의 기본 원리인 것이다.

시인은 1연에서 이러한 천명이요 천도를 '정기(正氣)의 순강(純剛)'으로 표현한 데 이어 군자를 이러한 천명을 부여받는 사람으로 표현한 것이다.

2연은 "열흘 추위 하루 볕을 들게 하여서 開一曝於十寒 / 양기(陽氣)를 회복하길 바라는도다. 庶陽和之可回"라고 표현하면서, 1연에서 제시한 '어떤 사람'은 군자임을 밝히고 그 군자의 궁행과 희구에 대한 기대를 밝히고 있다.

3연은 "나라 운명 환히 밝게 이르게 하고 致國步於明昌 / 음기(陰氣)가 재앙 부림 끊어야 하리. 絶陰沴之爲災"라고 표현, 군자의 사명이 천명된다. 즉 2연에서 천명한 군자의 궁행과 희구에 이어 여기서는 그러한 군자의 사명 수행의 내용을 밝힌 것이다. 그것은 '(민족과) 나라의 앞날을 밝게 하는 것'으로, 그러한 사명은 음기 무리들의 '부정(不正)한 세력에 의한 재앙을 부리는 것을 극복하는 것'이라고 밝힌다.

4연은 "이야말로 군자 무리 나아갈 바니 是則君子之類進兮 / 진실로 양(陽)이 돋는 한 시작이라. 固陽生之一始"라고 표현된다. 즉 출구에서 '군자들의 당연한 사명'을 거듭해서 재천명하고, 대구에서 이러한 군자들의 사명의 수행은 '양기(陽氣) 발현의 시작'이라면서 동지의 참된 뜻을 강조한다. 여기서 양기는 물론 천명이요 천도인 것이다.

5연은 "참으로 하늘 사람 한 이치이니 諒天人之一揆 / 어찌 이것저것 살피지 않으리. 盍審幾於彼此"라고 표현된다. 즉 출구에서 앞에서 설한 2연, 3연, 4연의 내용은 바로 하늘 사람(천인)의 이치라고 밝히고, 대구에서 그렇기에 이것저것(음기의 사도행을 척결하기도 하고 군자도를 궁행 실천하는 등)을 살피지 않을 수 없는 일이라고 거듭 밝혀, 이른바 군자의 슬기로운 지혜가 요청된다는 점을 강조하고 있다.

6연은 "때문에 선왕은 시작을 삼가 肆先王之謹始 / 언제나 동짓날엔 관문을 닫네. 每閉關於是日"라며 군왕도 동짓날에 관문을 닫는 폐관(閉館) 행사를 한다고 표현한다.

여기서 폐관(閉關)은 중요한 의미를 갖는다. 당시 궁중에서도 폐관(閉關)하는 동짓날에 임금이 몸소 법궁(法宮)에 거둥하여 망궐례[望闕禮 : 외관(外官)이 전패(殿牌 : 임금에게 예를 표하는 의식)에 절하던 의식]를 행하였다. 당시 승문원(承文院)에서 임금에게 지어올린 '동지 하표(冬至賀表)'에도 왕궁에서 동짓날의 의미로 폐관 행사를 가졌음을 확인할 수 있다.[311]

폐관은 동지에 땅 속에서 싹트기 시작하는 지극히 작은 하나의 양기(陽氣)를 보전하려는 경건한 마음에서 발로된 것이었다.[312] 6

---

311) " … 삼가 생각건대, 황제 폐하께서는 도(道)와 합치되어 조화된 가운데 백성이 편안한 것으로 자신의 편안함을 삼으려 하고 계십니다. 그리하여 폐관(閉關)의 경계를 준수하시어 고요한 가운데 심신(心身)을 수양하시니 이는 장차 큰 공업(功業)을 이룩하시기 위함이요, 만물을 생장(生長)시키는 하늘의 마음을 살펴 인덕(仁德)을 널리 베푸시니 그 공효(功效)는 이루 다 말할 수가 없습니다. 欽惟 皇帝陛下 欽惟 皇帝陛下. 與道俱沖. 因民欲逸. 遵閉關之戒. 養靜蓋將有爲. 見生物之心. 推仁不可勝用." (『간이집』'제1권, 표전表箋, 동지 하표冬至賀表')

312) 『주역(周易)』('복괘復卦 상사象辭')에 "선왕이 복괘를 보고서, 동짓날에는 관문을 닫게 하고, 행상인의 출입을 금지시키며, 임금 자신은 지방을 순행하지 않는 것으로 경계를 삼았다. 先王 以 至日閉關 商旅不行 后不省方."라고 하였다. 동지 때 폐관은 이처럼 땅속에서 싹트기 시작하는 지극히 작은 하나의 양기(陽氣)를 보전하려는 경건한 마음에서 발로된 것이었다.

연의 궁중의 동짓날 행사에 대한 표현은, 당대 동지가 갖는 의미가 그만큼 컸음을 강조하고, 자신이 설하며 촉구하는 '동지의 마음'이 궁중은 물론 나라 안팎 그 어디에서든, 특히 궁중에서 실현되기를 바라는 시인의 그 간절함을 간접적으로 표현한 것으로 여겨진다.

4) 결말부, 정도(正道)의 인륜(人倫) 희구, 기대하다

때를 따라 공경하여 일 처리하면 / 敬順時而撫事
한 해 공을 이룸이 틀림없으리. / 成歲功而不忒
원컨대 성상(聖上)께선 원기(元氣) 체득해 / 願聖上之體元[313)]
종일 애를 쓰시고 저녁에도 삼가소서.[314)] / 玆乾乾而夕惕
『주역』에서 나고 듦[315)]을 곰곰 살피고 / 察進退於羲易

313) 체원(體元) : '체원거정(體元居正)'의 준말. 임금이 천지의 원기(元氣) 즉 선(善)를 근본으로 삼아 항상 정도(正道)에 입각해서 정치를 행한다는 뜻. 임금이 즉위하는 초기에 원(元), 즉 선(善)을 본받아서 근본을 바르게 한다는 뜻이다. 곧 왕년(王年)을 원년(元年)이라 쓰고, 1월을 정월(正月)이라고 쓰는 『춘추春秋』('필법')에 나온다.

314) 건건석척(乾乾夕惕) : 군자는 낮이나 밤이나 힘쓰고 조심한다는 뜻. 즉 저녁이 되어도 낮과 같이 마음을 가다듬어야 한다는 뜻. 『주역』('重天乾一, 爻辭')에, "군자는 종일토록 굳건히 하다가, 저녁이 되어서는 두려운 마음으로 반성하면 위태로우나 허물이 없으리라. 九三 君子 終日乾乾 夕惕若 厲 无咎."라고 하였다.

315) 진퇴(進退) : 행동을 보고 나아가거나 물러나는 것을 의미한다. 『주역대전』('乾卦, 문언전 제6절-제7')에, "오직 성인뿐인가? 진퇴와 존망의 이치를 알아 올바름을 잃지 않는 자는 오직 성인뿐일 것이다. 其唯聖人乎, 知進退存亡, 而不失其正者, 其唯聖人乎."라고 하였다. 또, "끝까지 감이 심한 것을 항(亢)이라고 하니, 끝까지 올라감[亢]에 이른 자는 진퇴와 존망(存亡), 얻음(得)과 죽음(喪)의 이치를 알지 못하는 것이다. 성인은 이것을 알고 대처하여 그 바름을 잃지 않기 때문에 끝까지 올라감[亢]에 이르지 않는다. 極

『제전(帝典)』을 공경히 본받으소서. / 法欽若[316]於帝典[317]
한 마음을 잡아 지킴 유념하셔서 / 念一心之操存[318]
높은 덕 밝히심에 힘 쏟으소서. / 明峻德[319]乎勉勉
미천한 신 또한 좋은 때 맞아 / 微臣亦除昌辰
양덕(陽德)의 밝고 환함 기뻐하리라. / 欣陽德之昭融
좋구나! 이 좋은 날 경사 올리며 / 嘉履長而納慶[320]
강구(康衢)[321]의 상서로움 송축하노라. / 頌康衢之祥風

之甚, 爲亢. 至於亢者, 不知進退存亡得喪之理也. 聖人則知而處之, 皆不失其正, 故不至於亢也."라고 하여 인간의 진퇴 결과에 대한 경지를 경고하였다.

316) 흠약(欽若) : 하늘을 공경히 따르는 것을 말한다. 『서경』('요전堯典')에 "… 이에 희씨와 화씨에게 명하여, 하늘을 공경히 따라서 일과 월과 성과 신을 역서(曆書)로 만들고 관상(觀象)하게 하여, 농인(農人)들에게 농사철의 시기를 신중하게 알려 주도록 하였다. 乃命羲和 欽若昊天 曆象日月星辰 敬授人時."라고 하였다.

317) 제전(帝典) : 『서경』의 요전(堯典)과 우서(虞書)를 가리킨다. 『대학』('전1장')에 "제전에서 요임금께서 크나큰 덕을 밝히셨다. 帝典 曰 克明峻德."고 나온다.

318) 조전(操存) : 마음을 다스려 올바른 방향으로 길러 나가는 것을 말한다. 『맹자(孟子)』('고자상告子上')에, "마음이라는 것은 잡아 두면 있고 놓아 버리면 없어지는 것으로서, 나가고 들어오는 것이 일정한 때가 없으며, 어디로 향할지 종잡을 수가 없는 것이다. 操則存 舍則亡 出入無時 莫知其鄕 惟心之謂與."라고 한 공자의 말이 인용되어 있다.

319) 명준덕(明峻德) : '극명준덕(克明峻德)'의 준말. 『서경(書經)』('우서虞書 요전堯典')에 보인다. "큰 덕을 밝히시어 구족을 화목케 하셨다. 克明峻德 以親九族."라고 하였다. 『대학』'전 1장'에도 "태갑에 이르기를, '이 하늘의 밝은 명을 돌아본다.' 하였으며, '제전(帝典)'에 이르기를 '능히 큰 덕을 밝힌다.'라고 하였으니, 모두 스스로 밝히는 것이다. 太甲曰 : 顧諟天之明命, 帝典曰 : 克明峻德. 皆自明也."라고 하였다.

320) 이장납경(履長納慶) : 동지 곧 이장(履長)에 경사를 받는다(올린다)는 뜻. 이장(履長)은 동지를 가르킨다.

321) 강구(康衢) : 강(康)은 오방(五方)으로 통하는 길이고 구(衢)는 사방(四方)으로 통하는 길로, 즉 사통오달의 큰길로서 사람의 왕래가 많은 번화한 거

결말부인 이 단락은 한 단락으로 구성되었다. 이 단락도 6연, 12구로 구성되었다.

이 결말부 단락에서는 동지를 맞아 소인을 비롯 군자, 자아 그리고 군왕에 이르기까지 모두에게 해당되는 동지를 맞아 행하고 실천해야 할 길을 제시하였다고 할 수 있다. 그러나 여기서 주체는 군왕, 곧 임금이었다. 1연만 소인, 군자, 군왕 등 모두가 해당되고 2연부터는 순전히 군왕이 대상이 된다.

1연은 "때를 따라 공경하여 일 처리하면 敬順時而撫事 / 한 해 공을 이룸이 틀림없으리. 成歲功而不忒"라고 읊어, '순리(順理)에 따르는 경(敬), 곧 공경(恭敬)으로 매사를 처리하면 틀림없이 한 해의 공(公), 공덕(公德)을 이루는 것이다.'라고 기대를 설하였다. 대상은 소인이든, 시인 자신이든, 군자이든, 군왕이든 그 모두가 해당한다. 즉 한마디로 '인륜의 정도(正導)'의 기대를 표현한 것이다.

그런데 2연에서 "원컨대 성상(聖上)께서 원기(元氣) 체득해 願聖上之體元 / 종일 애를 쓰시고 저녁에도 삼가소서. 茲乾乾而夕惕"라고 표현, 2연부터는 성상, 곧 군왕이 대상임을 명백히 밝히고 있다. 또 1연에서 제시한 '한 해의 공'의 실현에 대한 방법론으로 첫 번째로 궁행의 도리를 제시하였는데, 그것은 바로 체원(體

리를 말한다. 『열자(列子)』의 '중니편'에, 천하를 다스린 지 50년이 된 요 임금이 민심을 살펴보려고 미복 차림으로 변화한 거리에 나갔는데, 아이들이 "우리 백성을 살게 해 주심은 임금의 지극한 덕"이라고 노래하는 것을 보고 기뻐했다는 이야기가 나온다. 이 '강구'에 '달빛이 연기에 은은하게 비치는 모습'의 '연월(煙月)'이 합쳐서 '강구연월'이라는 성어가 생겨났는데, 강구는 태평 성대, 강구연월은 태평성대의 풍요로운 풍경을 묘사할 때 쓰인다.

元)이요 낮이나 밤이나 힘쓰고 조심하는 건건석척(乾乾夕惕)의 도리였다. 이는 1연에서 제시한 '순리(順理)에 따르는 경(敬)'으로 한 해의 공을 이루는 것이기도 하였다.

3연에서는 1연의 '한 해의 공'을 실현하기 위한 두번 째 방법론인 궁행의 도리를 표현하였는데, 그것은 "『희경(羲經)』(주역)에서 나고 듦을 곰곰 살피고 察進退於羲易 / 『제전(帝典)』을 공경히 본받으소서. 法欽若於帝典"로 표현되었다.

3연 출구의 "『희경』의 나고 듦"이라는 뜻은 『주역』('문언전')에서 설한 대로 올바름[正道]으로 대하는 성인의 진퇴 · 존망(存亡), 얻음(得)과 죽음(喪)의 이치를 말한 것이다.[322)]

3연 대구에서는 또 제전(帝典)[323)]을 공경히 본받으라고 하였다. 그런데 『대학장구』('傳1')에서는 "제전(帝典)에 이르기를 능히 큰 덕[峻德]을 밝힌다. 帝典曰 克明峻德."라고 하였다. 이 '큰 덕'

---

322) 『주역대전』('乾卦, 문언전, 6절~제7')에서, "오직 성인뿐인가? 진퇴와 존망의 이치를 알아 올바름을 잃지 않는 자는 오직 성인뿐일 것이다. 其唯聖人乎, 知進退存亡, 而不失其正者, 其唯聖人乎."라고 하였다. 이 본문에 대한 '전傳'에서는, "끝까지 감이 심한 것을 항(亢)이라고 하니, 끝까지 올라감[亢]에 이른 자는 나아감과 물러남 · 보존과 망함 · 얻음과 잃음의 이치를 알지 못하는 것이다. 성인은 이것을 알고 대처하여 그 바름을 잃지 않기 때문에 끝까지 올라감[亢]에 이르지 않는다. 極之甚, 爲亢. 至於亢者, 不知進退存亡得喪之理也. 聖人則知而處之, 皆不失其正, 故不至於亢也."라고 하였다. 또 이에 대한 소주(小註)에서는, "후재풍씨(북위 효문제 때 황후)가 말하였다 : 성인이 나아감과 진퇴와 존망에 대해서 알면서도 얻음과 잃음에 대해서 언급하지 않은 이유는 진퇴와 존망에 대해서 안다면 얻고 잃을 것이 없기 때문이다. 厚齋馮氏曰, 聖人知進退存亡, 而不言得喪者, 知進退存亡, 則无得喪矣."라고 하였다.

323) 『제전(帝典)』 : 우(虞)나라 때 쓰여진 책으로, 즉 요(堯) 임금의 통치 사례를 모아놓은, 즉 요 임금을 칭송한 글을 말한다. 그러므로 『제전(祭典)』은 『서경』에 기록된 요 임금에 대한 기록인 『요전(堯典)』을 가리킨다.

을 부연한 설에서 "하늘의 명명(明命)은 바로 하늘이 나에게 주어서 내가 덕(德)으로 삼은 것이다. 항상 눈이 여기에 있으면 때마다 밝지 않을 때가 없을 것이다."[324]라고 하였다. 곧 '큰 덕'은 '하늘이 주신 덕(天之明命)으로 항상 눈이 거기에 머무르고 있어 밝지 않을 때가 없는 덕'이라는 뜻이다. 그런데 이 '큰 덕'을 제전에서 밝혔다고 했다.

유학(儒學)의 시발점이 되는 경전(經典)인 『서경(書經)』은 오경(五經) 중의 하나로, 중국 상고시대(上古時代)의 이제삼왕(二帝三王)의 수제치평(修齊治平)의 도(道)를 담고 있는 책이다. 이제삼왕은 유교에서 가장 이상적인 제왕으로 추숭되는 요(堯) 임금 · 순(舜) 임금 이외에 우왕(禹王) · 탕왕(湯王) · 문무왕(文武王)을 가리킨다.

『서경』의 첫 번째 기록은 요순시대 기록물인 『우서(虞書)』다. 이 『우서』에는 총 5편이 있는데 이중 가장 중요한 것이 요(堯) 임금의 덕망과 업적을 기록한 『요전(堯典)』과 순(舜) 임금의 업적을 다룬 『순전(舜典)』이다.

시인은 3연 대구에서 "제전(帝典)을 공경히 본 받으라"고 하였는데, 여기서 '제전(祭典)'의 출전은 『대학』이다. 『대학』('전1장, 克明峻德')에, "『제전』에서 요 임금이 크나큰 덕을 밝히셨다. 帝典曰 克明峻德."라고 설하고, 이 "『제전(帝典_』은 『요전(堯典)』이니

---

324) '태갑(太甲)'에 이르기를, "이 하늘의 명명(明命)을 돌아본다. 태갑은 『서경』 상서편(商書篇)에 있다. 고(顧)는 항상 눈이 거기에 있음을 이른다. 시(諟)는 차(此)와 같으니, 혹은 살피는 것이라고 한다. 하늘의 명명(明命)은 바로 하늘이 나에게 주어서 내가 덕(德)으로 삼은 것이니, 항상 눈이 여기에 있으면 때마다 밝지 않을 때가 없을 것이다. 太甲曰 顧諟天之明命. 太甲商書. 顧謂常目在之也. 諟猶此也. 或曰審也. 天之明命. 卽天之所以與我而我之所以爲德者也. 常目在之 則無時不明矣."

곧 『우서(虞書)다. '帝典' 堯典, '虞書'."라고 밝혔다.

시인이 "제전(祭典)을 공경히 본받으라"라고 한 말은 곧 '요 임금의 경전이라고 할 수 있는 『요전(堯典)』의 도(道)를 본받으라, 하늘이 명령한 큰 덕을 공경하게 본받으라'는 주문에 다름 아니다.

4연은 "한 마음을 잡아 지킴 유념하셔서 念一心之操存 / 높은 덕 밝히심에 힘 쏟으소서. 明峻德乎勉勉"라고 표현하였다. 여기서 출구의 '한 마음[一心]'은 하늘이 명령한 '큰 덕'이다. 그 '큰 덕'을 지키고 보존한다는 뜻이다. 대구에서 밝힌 '높은 덕[峻德]' 역시 '하늘이 명령한 큰 덕'으로 앞에서 설한 『제전(祭奠)』의 '큰 덕'이요 요 임금이 실천한 '큰 덕'이다. 이 '큰 덕[준덕(峻德)]을 (만천하에) 밝히는데 힘써야 된다'는 의미다.

5연은 "미천한 신 또한 좋은 때 맞아 微臣亦除昌辰 / 양덕(陽德 : 큰 덕)의 밝고 환함 기뻐하리라. 欣陽德之昭融"라고 표현, 시인은 "자기가 창성할 때[昌辰]를 맞아 밝은 덕(陽德)이 환하게 빛나 기뻐한다."라고 표현한 것이다. 당시 이 부(賦)를 작성한 곳이 임금 앞에서 행하여진 경연대회였으므로, 당연히 임금을 의식하며 최소한의 예의를 갖추어 보였다고 할 수 있다.

그리고 결부의 마지막 연인 6연에서 "좋구나! 이 좋은 날 경사 올리며 嘉履長而納慶 / 강구(康衢)의 상서로움 송축하노라. 康衢之祥風"하고 표현하였다. 여기서 이장(履長)은 동지를 뜻한다.

동지는 해 그림자가 가장 길고 십이율(十二律)[325] 중 동짓달에

---

325) 십이율(十二律) : 중국, 한국, 일본의 음악에서 사용되는 음계로, 한 옥타브가 12음 개의 율(음)로 구성되어 있다. 황종(黃鐘) · 대려(大呂) · 태주(太簇) · 협종(夾鐘) · 고선(姑洗) · 중려(仲呂) · 유빈(蕤賓) · 임종(林鐘) · 이칙(夷則) · 남려(南呂) · 무역(無射) · 응종(應鐘)이 12율이다.

해당하는 황종[326)]의 율관(律管)이 가장 길기 때문에 '긴 것을 밟는다'는 뜻으로 이장(履長)이라 하였다. 중국 후한 말, 삼국시대의 위(魏)나라의 시인 조식(曹植,192~232)[327)]의 『조자건집曹子建集,(曹植集)』('권8' '동지헌말리송표冬至獻襪履頌表')에, "사방이 교태하여 만물이 소생하니 아세(동지)에 상서를 맞이해 이장의 경사를 받도다. 四方交泰 萬物昭蘇 亞歲迎祥 履長納慶."라고 하였다. 여기서 아세(亞歲)란 동지를 가리킨다.

6연의 마지막 구는 "강구(康衢)의 상서로움 송축하노라. 康衢之祥風" 이다. 이 구절에서 주목되는 단어가 '강구(康衢)'이다. 강구를 직역하면 오방(五方), 사방(四方)으로 막힘없이 통하는 길, 여러 곳으로 통한 큰 길거리라는 의미다. 그러나 여기서 강구는 요 임금 시대에 백성들이 태평성대를 노래한 동요 '강구요(康衢謠)'[328)]에서 용사된 의미로 강구를 사용한 것이다. 그러므로 강구

---

326) 황종(黃鍾) : 음악의 십이율(十二律) 중 첫 번째에 해당하는 달이라는 뜻으로 음력 11월을 달리 부르는 말. 중국 고대 역법에서는 십이율은 낮은 음으로부터 황종(黃鍾), 대려(大呂), 태주(太簇) … 응종(應鍾)의 순으로 되어 있다. 십이율을 각각 일년 열두 달에 배속시켰는데 양(陽)의 기운이 처음 생기는 동짓달부터 시작하였기 때문에 첫 음인 황종은 11월에 해당한다.

327) 조식(曹植,192~232) : 자는 자건(子建), 시호는 진사왕(陳思王). 중국의 가장 위대한 서정시인(敍情詩人) 중 한사람으로 불리며, 아버지는 삼국시대(三國時代)를 주름잡던 유명한 장군 겸 승상을 지낸 조조(曹操)이다.

328) 『열자(列子)』('중니, 강구요康衢謠') : "(강구 땅에서 아이들이 읊은 동요) : 우리 백성이 사는 것은 立我蒸民 / 임금의 법 아닌 게 없네 莫匪爾極 / 알지도 못하는 사이에 不識不知 / 임금의 법 따르고 있네 順帝之則"- 요 임금이 즉위 50년이 되는 해에 미복 차림으로 번화한 거리인 강구에 나갔는데 거기에서 아이들이 "우리 백성을 살게 해 주심은 임금의 지극한 덕"이라고 노래하는 것을 보고 기뻐하며 기록한 시라고 전해지고 있다. '강구요'에서 유래된 고사성어인 '강구연월(康衢煙月)'에서 강구는 사통오달의 큰 길로 사람의 왕래(往徠)가 많은 번화한 거리를 말하고, 연월(煙月)은 밥 짓

는 요 임금과 요 임금의 태평성대를 상징하는 의미로서 강구인 것이다.

앞에서 설한 '큰 덕[峻德]', '밝은 덕[陽德]'의 주체는 요 임금이었다. 그 덕은 하늘이 부여한 '큰 덕'이었다. 시인은 요 임금의 그 덕을 공경하고 본받아서 환히 밝히라고 주문했는데, 이 결구에서 다시 요 임금의 그 '큰 덕'으로 세상이 환해지길 기원하는 의미에서 요 임금의 상징인 강구를 용사한 것으로 여겨진다.

주지하다시피, 요 임금은 성왕으로 칭송받는 군왕이었다. 공자와 같은 성인은 아니지만 성군(聖君)으로 칭송받는 임금이었다. 공자는 요 임금이 하늘의 뜻을 그대로 치세(治世)에 펼쳐 백성들이 그가 누구인지 이름조차도 모르지만, 그 업적이 찬란하다고 찬탄하였을 정도였다. 맹자도 요 임금은 하늘에서 품부된 순선(純善)한 본성을 그대로 발현하여 덕치를 이룬 성스러운 군왕으로 칭송하였다. 이로써 공맹 이래로 수많은 유학자가 요순(堯舜)을 전범으로 삼아 사사로움이 없이 지극히 공정한[무사지공(無私至公)]의 정치적 치세를 위해 자신의 덕성을 갈고 닦았을 것이다. 그러나 안타깝게도, 그 요순시대를 지나, 기봉 시인 당대 까지도 인류(이 세상)는, 요순이 덕치(德治)로 일군 그 평천하(平天下)라고 하는 태평성대의 이상적 정치를 실현하지 못했다.[329)]

는 굴뚝 연기에 달빛이 은은히 비친다는 뜻으로 강구연월은 태평(太平)한 세상의 평화로운 풍경을 이르는 말이다.

329) 요 임금은 순 임금과 더불어 동아시아 유교 문화권에서 유교적 정치이념을 가장 이상적으로 구현한 성군(聖君)으로 추앙받고 있다. 이는 유교의 개조인 공자뿐만 아니라 맹자 또한 요 임금을 이상적 덕치의 전범(典範)으로 내세웠던 성군(聖君)이었고 성왕이었기 때문이다. 공자는, "위대하도다! 요의 임금다움이시여, 높고 높도다! 하늘만이 위대하거늘, 오직 요 임금만이 하늘을 본받으시도다. (그 덕이) 넓고 넓으니, 백성들은 그 이름을 몰라라.

이러한 사실을 기봉 시인도 너무도 잘 인지하였을 것이다. 그래서 유학자 기봉 시인도 그들 성군이 덕치로 일구어진 평천하를 간절히 기대하였을 것이다. 이 마지막의 구절에는 이러한 기봉 시인의 간절함이 담겨 있다고 추정된다.

그러므로 이 마지막 구절의 대상은 당연히 당대의 조선국의 군왕인 임금이었다.

요 임금으로 상징되는 강구의 의미로 6연 마지막 구 '강구지상풍(康衢之祥風)'을 기봉 시인의 마음을 담아 새롭게 풀이하자면, "조선국 강토 전역에 이는 (희망 섞힌) 상서로운 바람을 송축한다"는 표현이 될 것이다. 또한 당대 조선국 국왕은 물론 국왕 휘하의 모든 상하 관리들에게 던지는 메시지로써, 즉 '덕치(德治)가 구현된 요 임금의 태평시대 같은 평천하(平天下)'를 기대하고 기원하는 기봉 시인의 마음으로 표현한다면, "덕치(德治)의 태평시대, 덕(德)과 인(仁)이 구현된 평천하(平天下)를 기약하는 상서로운 바람을 기원한다."라고 하는 간절한 메시지였을 것이다.

이것이 바로 조선국 최변방이었던 시골 장흥부에서 올라간 기봉 시인이 조선 국왕 앞에서 피끓는 마음을 토해낸 위대한 묵언(默言)이요 위대한 잠언(箴言)이었다.

높고 또 드높아라! 그 공을 이루심이여. 빛나도다! 그 찬란한 문화여. 子曰 大哉 堯之爲君也 巍巍乎唯天爲大 唯堯則之 蕩蕩乎民無能名焉 巍巍乎其有成功也 煥乎其有文章."(『논어』'태백편')라고 요 임금을 평가했다. 맹자도, "요 임금과 순 임금은 그것을 본성대로 하고 탕왕과 무왕은 그것을 몸으로 하고 오패는(五霸)는 그것을 빌려서 했다. 堯舜 性之也, 湯 · 武 身之也, 五霸 假之也."(『맹자집주(孟子集註)』('진심 상')라고 하면서 "요 임금과 순 임금은 하늘의 천성(天性)이 혼연히 온전해서, 닦고 익힘을 빌리지 않았다. 堯舜天性渾全, 不假修習."고 평가했다.

글을 마치며

이 부 '동지'는, 시인이 천도(天道)와 자연 섭리의 순행, 즉 음양의 원리에 의하여 빚어진 동지(冬至), 동지 전후로 빚어지는 자연현상이 시사해 주는 의미를 밝히고, 나아가 그러한 동지의 의의와 의미 그리고 그 현상을 인륜(人倫)으로 가져와, 자아는 물론 소인과 군자, 제왕시대의 지배자인 임금에 이르기까지 그 모두가 '동지'에 담긴 참된 천도(天道)를 궁구, 궁행해야 한다고 설하고 있는 작품이다.

그런데 시인이 이 부 '동지'에서 주창하는 내용은 전체 48연의 글 중 단 세 구절로 요약될 수 있다. 이 세 구절은 기봉 시인이 이 작품에서 펼쳐 보이고 싶었던 대표적인 구절이고, 기봉 시인의 인생관과 우주관이 집약적으로 담긴, 이 작품 전체를 관통하는 주제 중의 주제라고 할 수 있는 구절이었다.

①전개부 둘째 단락의 2연 대구 "군도(君道)가 더욱 유장해짐을 하례하누나. 賀君道之益長" ② 전개부 넷째 단락 1연의 출구 "이것이 마음의 동지(冬至)이거니 玆心上之至日" ③결말부 6연의 대구 "강구(康衢)의 상서로움 송축하노라. 頌康衢之祥風."라는 세 구절이다.

①의 구절은 전개부 둘째 단락에서 동짓날 궁궐에서 치루는 조회를 표현하는 데서 나온 구절이다.

이 구절을 단순히 "임금의 도(道)가 더욱 유장해짐을 하례한다"고 표현된 의미에 머무르면 안 된다. '하군도지익장(賀君道之益長)'에서 '익장(益長)'은 바로 『주역』의 익괘에서 용사된 어휘이기 때문이다. 그러므로 여기서 '익괘(益卦) 익장(益長)'의 의미를 보태면, "임금의 천도(天道)가 오래도록 넉넉해지는 익장을 하례한다"로 풀이할 수 있다. 『주역』 '익괘'의 진정한 의미는 이익이나 성장을 의미하는 괘로서 더불어 그 이익이 오래도록 넉넉해지도록 하지만 억지로 조장하거나 베풀지는 않는다는 의미의 괘이다.

그러므로 익괘는 혼자가 아니라 모두가 함께 부유해지고 풍요로워지는 시기다. 그런 의미에서 이때 얻어지는 이익은 모두가 함께 나누어 갖는 공익(公益), 공유(公有) 정신을 포함하고 있다. 익괘는 이처럼 상하가 돕고 유익하게 하는 괘이므로 익괘의 의미처럼 상하가, 임금과 만백성이 고루 부유해지고 넉넉해지는 평천하(平天下, 혹자는 이를 홍익인간의 이념이 구현된 국토라고 칭하기도 한다)의 세계가 구현될 수 있다고 믿는 시기로 이해하기도 한다. 기봉 시인은 이러한 뜻에서 동지부 전개부 둘째 단락 2연에서, 『주역』 익괘 정신을 가져온 것이다. [『주역』 64괘 중 익괘를 용사했다는 점에서 놀랍고, 시인의 그 의도를 능히 짐작되고도 남는다.]

기봉 시인은 이처럼 새해가 열리는 시점인 동짓날 인륜의 중심인 궁궐에서, 임금과 군신 그리고 만백성 모두가 골고루 잘사는 평천하(平天下)요, 홍익인간(弘益人間)의 이념이 널리 구현된 따뜻한 세상을 열어줄 것을 간구하는 의미에서 익괘의 '익장(益長)'을 용사하였던 것이다.

② "이것이 마음의 동지이거니 茲心上至日"는 전개부 넷째 단락 1연에서 "어찌 몸을 돌이켜 삼가지 않으랴. 盍反身而省飭"에 이어진 대구로 표현되었다.

절기 동지(冬至)는 『주역』의 64괘 중 24번째의 복괘(復卦)이다. 복괘는 초효만이 양효이고, 나머지 다섯 효는 모두 음효로서 양효 하나가 생겨나 회복을 지작하는 괘이다. 양(陽)인 초구는 이 괘의 전체의 생명으로 초구가 제 역할을 못하면 괘 전체의 생명이 없어지고 만다. 그래서 복괘는 초효인 그 양효가 되살아나 다시 태어나고 부활(復活)한다는 천도(天道)의 의지, 즉 음양의 소장 순환의 원리가 반영되어 '복괘'(復卦)라 했다.

'복(復)'은 '돌아온다'는 뜻으로, 본래 상태로 회복됨을 의미한다. 그 본래의 상태, 즉 회복하는 상태는 천도(天道)의 회복을 의미한다. '복괘 단상전(彖上傳)'에서 "천지(天地)의 마음을 본다 復其見天地之心乎"라고 했고 '계사전(繫辭傳)'에서는 "하늘과 땅의 위대한 덕은 바로 낳고 살리는데 있다 天地大德曰生"라고 했으며, "인간과 자연은 음양의 조화 속에서 지속적으로 낳고 낳음(생겨나고 생겨남)을 통해 변화 발전하니 이것이 역(易)이다. 生生之謂易."라고 했다. 즉 복괘는 복괘 이전의 무너진 세계가 다시 회복되면서 천지가 개벽되면서 우주가 다시 생겨나는 부활과 희망의 괘인 것이다. 다시 말하면, 만물의 생성 화육(生成化育) 하는 천지의 마음이고, 소장의 원리인데, 동지에서 이러한 천도를 들여다 볼 수 있다는 것이다.

그런데 여기서 말하는 천지의 마음, 곧 천도(天道)는 매우 미약한 상태이다. 이는 마치 『서경』의 '대우모편(大禹謨篇)'[330]에서 설하고 있는 그 도심(道心) 같은 것이다. 그래서 마음을 안정시키고 정순(精純), 전일(專一)하게 하지 않으면 인욕(人慾)에 의해 손상되기 마련이므로 천도의 순응이 더욱 정성껏 이루어져야 한다고

---

330) "인심은 위태하고, 도심은 희미하니, 오직 정(精)하고 일(一)하여야 진실로 그 중(中)을 잡으리라 人心惟危 道心惟微 惟精惟一 允執厥中"(『서경』 '대우모편大禹謨篇')

강조한다.

또 음기 아래에서 태동하는 양의 기운은 매우 미약함으로 첩첩히 쌓인 음의 기운을 뚫고 성장하는 데는 많은 고난이 따르기 마련이다. 그래서 이제 싹트기 시작하는 어린 생명에 상처 주지 말아야 하고 동류(同類)들의 도움도 절실하다고 주장한다. 즉 생명의 씨앗, 양심의 선한 실마리는 미약하기 때문에 소중히 보호되어야 한다고 강조한 것이다. 또 복괘의 '상전'에서는 "머지않아 회복하는 데는 몸을 닦아서이다. 象曰 不遠之復 以脩身也."라고 했다. 머지않아 회복되지만, 그 회복이 저절로 되는 것은 아니고, 자기 수양을 통해 몸을 닦아야 회복할 수 있다는 의미다. 동지의 복괘는 한 마디로 '회복, 즉 되돌아감(復)'의 의미를 통해, 위기와 정체 후에도 반드시 회복과 새로운 시작의 기회가 찾아온다는 희망의 메시지를 주고 있다.

이러한 동지의 의미를 살펴 성찰하고, 동지의 뜻을 궁구하고 궁행하려는 마음이 기봉 시인이 말하는 '동지의 마음'이다. 이처럼 기봉 시인은 전개부 넷째 단락 1연에서 '동지의 마음'을 설한 이후, 1연 대구에서 "어찌 몸을 돌이켜 삼가지 않으랴. 盍反身而省飭"라고 다짐하고, 이어 2연, 3연에서 "진실로 이로 인해 잘 보존하면 苟因此而善保 / 어이해 우산(牛山)이 헐벗으리오? 豈牛山之濯如 / 마침내 활짝 펼쳐 사방 이르면 竟條暢而四達 / 천하에 앞장 되고 남음 있으리. 先天下而有餘 / 한 이치에 접촉하여 잘 기른다면 觸一理而長之 / 나라에도 또한 징험할 수 있으리. 亦可驗於邦國"라고 설하면서, '동지의 마음'을 잘 간직하고 보존하여 본성을 회복한다면 인륜의 회복과 나라의 화평에도 선도적 역할을 할 수 있을 것이라는 기대를 표현하였다.

이 ‘동지의 마음’은 앞에서 논한 ①의 익괘의 익장(益長)의 정신과도 연결되어. 익장에서 추구하는 홍익인간의 이념, 평천하의 구현도 바로 이 ‘동지의 마음’에서 비롯될 수 있다고 주장한 것으로 추정된다.

③의 결말부 6연 대구의 “강구(康衢)의 상서로운 바람”의 주체는 군왕이다. 즉 당대의 조선국 국왕이다.

기봉 시인은 이 부(賦) 마지막 구절을 강구의 설화로 마침으로써 부(賦) ‘동지’에서 설해 온 익괘의 익장(益長)의 정신으로 실현되는 평천하(平天下), ‘동지의 마음’이 의도하는 ‘천도(天道)의 회복’에 대한 최종의 책임은 결국 군왕에 있음을 천명한 것이나 다름없다.

요순시대는 한마디로 백성들의 생활은 풍요롭고 여유로워 심지어는 백성들이 군주의 존재까지도 잊을 정도였다고 한다. 왕(王)으로부터 촌부(村夫)에 이르기까지 높은 수준(水準)의 도덕사회(道德社會)가 이루어진 평천하(平天下)의 시대였다.

이는 임금의 통치가 너무 완벽하여 백성들이 임금의 존재를 의식하지 못할 만큼 편안한 삶을 누렸다는 것을 반증한다. 그러므로 요순시대는 중국 고대사에서 가장 이상적인 통치 시대로 여겨지는 태평성대를 상징한다고 할 수 있다.

‘강구요’와 ‘격양가’에 담긴 의미는, 요 임금이 무위(無爲)의 치세로 이루어진 치세였다는 것이다. 이런 치세로 요 임금은 백성과 하나가 되어 공동으로 이토록 아름답고 편안한 무릉도원을 만든 것이다. 제왕(帝王)의 은혜가 소리 없이 만물에 미치고, 천하를 이끌어 자연의 대도(大道)를 따르고 화합하게 하니 자신도 모르는 사이에 도(道) 속에 있어 백성들이 근본적으로 제왕의 존재를 느끼지 못한 것이다. 이는 제왕이 세상을 다스릴 때 추구했다는 소위 무위(無爲)의 다스림이라고 할 것이다. 다시 말해, 노자가 설한 "최상의 도(道)는 (가장 좋은 정치는) 사람들이 그 존재조차 모르게 한다 太上不知有之."[331]는 천도와 같은 이상 정치가 실현된 것이다.

요 임금으로 상징하는 강구의 의미로 6연 마지막 구 '강구지상풍(康衢之祥風)'을 기봉 시인의 마음으로 풀이하자면, "조선국 강토 전역에 이는 (희망 섞힌) 상서로운 바람을 송축한다."는 표현이 될 것이다. 또한 당대 조선국 국왕은 물론 국왕 휘하의 모든 상하 관리들에게 던지는 메시지로도 풀이할 수 있는데, 이는 "덕치(德治)의 태평시대, 덕(德)과 인(仁)이 구현된 평천하(平天下)를 기약하는 상서로운 바람을 기원한다."라는 표현이 될 것이다.

기봉 시인은 바로 이 요 임금의 태평성대가 조선국에서도 이루어지길 간절히 희구하며, 요 임금의 강구의 설화로 이 부 '동지'를 마무리 한 것이다.

이 부 '동지'를 읽고, 새삼 경건한 마음으로 기봉 시인에게 경의를 표하였다.

필자는 이 부를 차분히 숙독하며, 시인이 전달하려고 한 메시지를 경청하고는 뒤늦게라도 이 부 숙독의 기회를 준 시운(時運)이 무척 감사하였다.

이 부는 한마디로 가슴을 울리는 경이로운 작품이다.

당시 기봉 시인이 살았던 장흥은 조선국 최남단의 서남 해안가

---

331) 『도덕경』(제 17장) : "최상의 도는 사람들이 그 존재조차 모르는 것이고 太上不知有之 / 그 다음은 사람들이 가까이하고 칭송하는 것이고 其次親而譽之 / 그 다음은 사람들이 두려워하는 것이고 其次畏之 / 그 다음은 사람들이 멸시하는 것이다. 其次侮之."

의 궁벽한 시골이었다. 장흥서 한양까지 도보로 한 달여가 소비되는 시골 중의 시골이었다. 이 시골 출신의 32세에 불과한 청년이 한양으로 올라가 내노라 하는 영호남 준재의 문인들이 즐비하게 모인 곳의 현장에서 이 부(賻) '동지'를 썼고, 이 작품이 당당히 장원을 했다는 그 자체 만으로도, 작품도 물론 찬탄을 금치 못할 '위대한 작품'이었지만, 그러한 결과 자체가 기적의 산물이요, 조선 8도를 들어 올린 위대한 일이라 할만 했다.

시인은 이 부를 통해, 조선국 천하에 당당하게 경종의 메시지를 토하였다.

이 부는 한마디로, 시인 자기는 물론 조선국 지배자인 임금을 비롯하여 조야의 수많은 관리, 전국에서 군자 되기를 희구하는 수많은 선비와 도학자들에게, 사도(私道)와 부도(不道)에 물든 수많은 소인(小人)들에게, 부디 '동지의 마음'을 회복하고 '동지의 마음'으로 살아가길 간절히 촉구하고, 그 동지의 마음 회복으로 조선국의 온천하에 평천하(平天下)가 열리길 간절히 희구하는 '위대한 잠언(箴言)이요 빛나는 묵언(默言)'을 거침없이 토해낸 것이다.

기봉 백광홍의 작품 부(賻) 동지는 바로 그러한 작품이었다.

2

기봉의 부활을 위하여

1. 글을 시작하며
2. 사후, 대체로 부정 평가되다
3. 조선 시단(詩壇)의 평가
4. 기봉, 다시 부활돼야 한다
5. 기봉은 장흥문학의 선구자
6. 글을 마치며

1. 글을 시작하며

1. 글을 시작하며

송강(松江) 정철(鄭澈,1536~1593)이 1580년에 지은 '관동별곡'은 그 구성 · 문장에서 가사문학의 최고봉을 이루는 명작으로 꼽힌다. 대한민국 고등학교 국어 교과서에서 본문으로 다루고 있으며 고등학교 『천재교육 국어』 교과서에는 전문이 수록되었고 각종 시험에 출제되기도 한, 우리나라 고전문학의 대표작으로 공인받고 있다.

그런데 이 '관동별곡'보다 기봉(岐峯) 백광홍(白光弘,1522~1556)이 25년 앞선 1555년에 지은 '관서별곡(關西別曲)'이 있었다. '관서별곡'은 우리나라 기행가사의 효시로 공인받고 있는데, '관서별곡'의 체제와 수사가 '관동별곡'에 적지 않은 영향을 끼쳤다는 점에서는 거의 모든 학자들도 공히 인정하고 있다. 더 나아가 몇몇 학자들은 '아예 송강이 기봉의 작품을 모방하였다'고 주장하기도 한다.

이와 관련하여 정민(鄭珉)[1]은, "그간의 가사 연구자들은 '관서

1) 정민(鄭珉,1961~.) : 한양대 국어국문학과, 동대학원 졸업(국문학 박사). 한양대 교수, 한양대 인문과학대학 학장 역임. 주요 연구 저서로 『18세기 조선 지식인의 발견』, 『초월의 상상』, 『목릉문단과 석주 권필』, 『고전문장론과 연암 박지원』, 『한시미학산책』 등이 있고, 번역서로는 『정유각집』3책(공역), 『석주

별곡'이 정철의 '관동별곡'에 지대한 영향을 미쳤고, '관동별곡' 중에 귀에 익은 많은 구절들이 대부분 기봉의 '관서별곡'에서 차용하거나 약간 병용시킨 것임을 거듭 확인하였다. … (기봉의) 7언고시 '강원도 관찰사로 떠난 임억령을 전송하며(奉送石川接節關東)' 같은 작품의 많은 구절들이 '관동별곡' 속으로 녹아들어간 것을 확인할 수 있다. 시 구절 중에 "황정경 한 글자를 잘못 베껴 썼지"나, "휘황한 옥절(玉節)이 앞 길에 빛나도다", "사선(四仙)은 한번 가고 마침내 소식 없고", "양양 현산 길에 꽃이 활짝 피었네" 등 외에도 여러 구절들은 '관동별곡'을 기억하는 사람들은 대번에 연상되는 구절임을 알 수 있을 것이다. 따라서 송강은 기봉의 '관서별곡' 뿐 아니라 기봉의 한시까지 녹여서 한편의 '관동별곡'을 완성했고, 이 작품에 미친 기봉의 영향이 단순한 어구의 차용 이상임을 확실히 알게 해 준다."고 주장하였다[2)]

처음으로 국내 문학계에 '백광홍의 관서별곡'이라는 논문을 발표, 백광홍과 '관서별곡'을 전격 소개한 이상보(李相寶)[3)]는 '관서별곡'의 모티브, 구성형식, 표현기법 등을 분석하고, "'관서별곡'

집』, 『기봉집』, 『19세기 조선 지식인의 생각창고』(공역) 등이 있다. 한문학의 대중화에도 힘을 쏟아 『한시 속의 새, 그림 속의 새』(2책), 『다산선생 지식경영법』, 『미쳐야 미친다』, 『죽비소리』 외에 80여 권의 책을 펴냈다.

2) 백광홍(정민 역), 『국역 기봉집』, 2018, 34쪽.

3) 이상보(李相寶,1927~2020) : 수필가, 문학박사. 본관은 경주(慶州), 장성출신. 광주사범을 거쳐 동국대학교 문과대학과 동대학원 졸업. 1974년 명지대학교 대학원 국문학박사. 국민대학교 · 전남대학교 교수를 역임했다. 1962년 '박노계연구(朴蘆溪硏究)'로 수필가로 데뷔했으며 수필집으로 『사색의 편린(片鱗)』(일지사. 1965), 『초원의 백마』(형설출판사. 1975) 등 10여 권이 있으며, 연구 논문집 『한국가사문학의 연구』(형설출판사. 1974), 『한국고시가의 연구』(형설출판사. 1975) 등 13권의 저서가 있다.

은 '관동별곡'의 모체가 되었다."고 단정지었다.[4)]

정익섭(丁益燮)[5)]은 1987년에 발표한 '관서별곡과 조선조 가사문학'이라는 논문에서, "두 가사('관서별곡', '관동별곡')는 동공이곡(同工異曲)[6)]의 작품임을 알 수 있고, 정철은 '관서별곡'의 수법을 완연히 의양(衣樣)하였음을 보게 된다. 이로써 정철은 진즉부터 백광홍의 '관서별곡'을 읽고 자극을 받았던 것을 짐작하게 한다."고 밝혔다.[7)]

김성기(金成基)[8)9)]는 '백광홍의 관서별곡과 기행가사'라는 제목의 '관서별곡의 위상(位相)'이라는 소제의 논문에서 두 작품을 비

---

4) 『기봉집 상』(1899년본 중간본), '백광홍의 관서별곡', 전국시가비건립동호회, 1987, 부록1, 33쪽.

5) 정익섭(丁益燮,1924~1993) : 전 전남대학교 교수. 1950년대 초부터 은퇴할 때까지 30여 년간 전남대학교 교수로 재직하며 국어국문학과와 국어교육과의 창설과 육성에 크게 기여했다. 그는 백광홍, 송순, 정철, 김인후, 임억령, 김성원, 고경명 등의 호남 시가(詩歌)를 발굴, 연구하며 '호남가단(湖南歌壇)' 개념을 정립해 가사 문학 연구에 큰 족적을 남겼다. 1980년 5월 15일 전남도청 앞 광장에서 시국선언문을 낭독하기도 했다.

6) 동공이곡(同工異曲) : 기교나 솜씨는 같지만 표현된 내용은 다르다, 같은 악공(樂工)이라도 곡조(曲調)가 다르다는 뜻.

7) 『기봉집 상』(1889년본 중간본),'관서별곡과 조선조 가사문학', 전국시가비건립동호회, 1987, 부록2, 39쪽.

8) 김성기, '백광홍의 관서별곡과 기행가사', 2004, 고시가연구 제14집, 15쪽.

9) 김성기(金成基, 0000~) : 전 조선대학교 인문과학대학 국어국문학과 교수. 조선대에서 '송순의 시문학 연구'로 박사 학위를 취득했으며 지난 81년부터 조선대에서 고시가를 연구해 왔다. 지난 2004년에 정년 퇴임했다. 김성기는 한국고시가문학회장과 한국시조학회 부회장을 역임했으며 국어국문학회, 한글학회, 한국언어문학회, 한국언어문학회, 한국고전문학회, 국어문학회, 한국시가학회, 한민족어문학회, 모산학회, 한국고문연구회 등의 학회에서 활동했다. 『면앙정 송순 시문학연구』·『한국의 전통문화』·『교양한문』·『남도의 시가』 등의 저서와 40여 편의 학술 논문을 발표했으며, 2003년 그동안 발표한 글을 모아 묶은 『당랑의 궤적』을 펴냈다.

교하고, "두 작품의 비교를 통해서 알 수 있는 것은 문형(文型) 및 문체가 동일하다. 또한 어휘의 선택은 60~70% 정도가 같거나 비슷하다. 이외에도 '소명 - 유람 - 연군'으로 이어진 작품의 구성, 표현법과 수사, 용사의 남용 등 '관동별곡'은 '관서별곡'의 직접적인 영향 밑에서 창작된 것이다."[10]고 강조하였다.

초창기 '관서별곡'이 학계로부터 주목을 받기 시작하던 때 '관서별곡'을 학계에 널리 알리는 데 산파역을 해온 백수인 시인[11][12]도, "관서별곡은 기행서경가사의 효시로서 송강 정철이 25년 뒤에 지은 '관동별곡'에 직접적인 영향을 주었다. 이러한 사실은 두 작품을 분석하여 비교한 여러 학자들의 연구에 의하여 극명하게 증명되었다."고 강조했다.[13]

---

10) 金成基, '白光弘의 關西別曲과 紀行歌辭', 古詩歌硏究 第14輯,15쪽.

11) 백수인(白修仁,1954~) : 전 조선대학교 국어교육과교수. 시인. 평론가. 조선대학교 국어교육과와 대학원 국어국문학과를 수료했고, 전북대학교에서 문학박사 학위를 받았다. 조선대 국어교육과에서 정년 퇴임했다. 한국언어문학회 회장, 한국어문학술단체연합 대표, 민주화를 위한 전국교수협의회 공동의장, 5 · 18기념재단 이사, 지역문화교류호남재단 이사장 등을 역임했다. 문학평론가로 활동하다가 2003년『시와시학』에 추천되어 시인으로 작품 활동을 시작했다. 저서로『현대시와 지역문학』·『소통과 상황의 시학』·『소통의 창』·『대학문학의 역사와 의미』, 시집으로『바람을 전송하다』·『더글러스 퍼 널빤지에게』·『겨울 언덕의 백양나무 숲』등이 있다. 현재 '시와시학', '원탁시' 동인이며, 조선대 국어교육과 명예교수이다.

12) 백수인, '관서별곡과 장흥문학', 1994, (전남문인협회 심포지엄 발표문)

13) 백수인의 주장 : "… 이상보, 정익섭(전남대) 교수의 연구는 '관서별곡'이 모티프, 구성 형식, 표현 기법에 있어서 '관동별곡'의 모체가 되었음을 적시하였다. … 또 '관서별곡과 출관사'(국어국문학 제36집, 51-57)에서 "'齋集 卷二, 題出關詞後, 出塞曲後'의 "昔白斯文光弘 爲關西幕評 以俚辭 製長歌一篇 世所謂關 西別曲者是也 云云"과 "白詞則鳴於關西 鄭詞則播於關東"을 예로 보면, 당시 기봉의 '관서별곡'과 송강의 '관동별곡'이 인구에 회자되었음을 알 수 있다. 신재 조우인은 "양대 가객(백광홍, 정철)의 영향을 입었다"고 하

그렇다면 기봉의 '관서별곡'은 정철의 '관동별곡'과 달리 왜 제대로 평가받지 못했을까.

'관동별곡'이 수록된 『송강집』은 송강의 사후로부터 40년 만인 1633년에 편찬되었지만, 기봉의 '관서별곡'이 수록된 『기봉집』은 사후 343년 만인 1899년에 간행되었다는 데서 그 원인을 찾을 수 있을 것이다. 예컨대, (현대에서의 평가와 상관없이) 송강은 당대에 장수를 누리며 오랫동안 문단 활동을 하였고, 그의 모든 가사 작품들도 송강 사후에 곧바로 출판되었기 때문에 수많은 문인들은 그의 작품을 보고 충분히 우호적으로 '최고의 작품 운운' 하며 평가할 수 있었다는 것이다. 김만중(金萬重,1637~1692)이 『서포만필 西浦漫筆』에서 정철을 "동방의 이소(離騷)"라고 찬양한 것이 대표적이다.[14] 또 이 작품(관동별곡)이 후대에까지 전해지며 후대의 많은 가사 작품에 영향을 주어 '관동별곡'을 모방하여 지어진 작품도 많이 나타났을 정도였다. 조우인(曺友仁,1561~1625)의 '관동속별곡(關東續別曲)'이 대표적이다.

물론 현대에 와 기봉의 '관서별곡'이 제대로 평가가 이루어지고 있지만, 조선시대에는 그렇지 못했다. 이는 기봉이 한창 나이였던

였고, 정익섭도 "간접 영향을 주었다는 설과 달리, 그(정철)의 모든 가사 작품이 기봉의 '관서별곡'에서 직접적인 영향을 입었다."고 주장하였다. (백수인, '관서별곡과 장흥문학', 1994, 전남문인협회 심포지엄 발표문.)

14) '이소(離騷)' : 중국 전국(戰國) 시대 초(楚)나라 시인 굴원이 지은, 문학성이 뛰어난 낭만주의 걸작으로 평가받는 장편 서정시다. 송강의 가사작품을 '동방의(우리나라)의 이소'라고 한 것은 송강의 가사 작품이 우리 시가에서 최고임을 뜻하는 말이다. "정철의 관동별곡과 사미인곡 : 송강의 '관동별곡'과 전후(前後) '사미인곡'은 바로 우리나라의 이소경(離騷經)이라 해도 좋다. 그러나 문자로서 기록하지 못한 것이 애석하다. 오직 노래 부르는 사람들이 서로 주고받거나, 아니면 국문으로 전할 따름이니 말이다." (『서포만필(하)』 '문학동네, 2010, 664쪽.)

35세에 타계하면서 한양의 중앙 부처 등 조정에서 활동한 기간이 매우 짧았고, 그 자손의 가세마저 영락(零落)하고 대를 이은 후손들도 계속 영세하여 '관서별곡'을 비롯한 그의 시문 일체의 유고집 편찬이 후손들에 의해 몇 차례에 걸쳐 노력하였음에도 끝내 성사되지 못하다가 사후 343년 만인 1899년에야 간신히 편찬할 수밖에 없었던, 매우 곤고한 사정이 있었던 것이다. 특히 기봉의 대표작인 '관서별곡'마저 그의 유문집이 간행되지 못하면서 간신히 필사본으로만 전해지다가 그마저 세월이 흐르면서 마손되거나 하면서 세인들이나 조선 시단에서도 거의 잊혀진 작품이 될 수밖에 없었던 것이다. 간혹 '관서별곡'이 소개되더라도 백광홍이라는 작자의 이름과 작품의 제목만 소개되는 경우가 거의 대부분이었다. 거기다가 기봉의 기녀와의 관련설 등 곡해된 정보들이 계속 전달되며 그를 부정적으로 평가하는 일이 적지 않게 야기되었던 것이다.

따라서 필자는 기봉 백광홍 당대와 그 사후에 펼쳐진 기봉의 소개 내용과 잘못된 평가가 무엇이었는지를 고찰해보고, 나아가 현대에 이르러서야 제대로 분석, 평가된 과정도 짚어보고, 기봉의 현창 사업에서 무엇이 미진한 것인지도 검토해 보고자 한다.

2. 기봉의 당대 평가

기봉 백광홍은 1549년 28세 때 사마 양시(兩試)에 합격했다. 3년 후인 1552년 31세 때는 문과에 급제하여 홍문관 정자(正字)가 된다. 이때로부터, 평안도 평사로 재직하다 병이 들어 35세 되던 1556년 8월 27일 병사하기 전까지 5년간이 기봉의 일생에서 가장 왕성하게 활동하고 문운(文運)도 창창히 빛났던 시기였다. 이 5년간은 마치 생을 불꽃같이 불사른 기간이기도 했다.

그의 시문학 중 대표작의 하나로 꼽히는 부(賦) '동지(冬至)'는 31세 되던 해 11월, 오늘날의 대표적인 국립대학과 같은 성균관에서 영호남 문신들을 대상으로 시문 재주를 겨루는 시부(詩賦) 대회에서 지은 장부(長賦)였다. 이 작품으로 기봉은 장원의 영예를 차지하며, 『선시(選詩』 10권을 하사받고 한림(翰林)이 되는 영예도 입는다.

또 우리나라 기행가사의 효시로 평가받는 불후의 명작 '관서별곡'도 그의 나이 34세 때인 1555년, 평안도 평사로 재직 중이던 때 쓴 장편의 기행가사이다. 이 작품의 영향을 받아 25년 뒤에 정철이 '관서별곡'의 체제와 수사(修辭) 등을 모방하여 '관동별곡'을 지었을 정도였다.

성균관 시부대회에서 장원하면서 비로소 기봉은 자신의 문명(文名)을 조야 간에 크게 떨치는 계기가 이루어졌다. 그로부터 2년 후, 그가 평안도 평사로 제수되었을 때, 조야의 많은 인사들이 그에게 전별시를 써주며 격려하고 위무하였다.

남봉(南峰) 김홍도(金弘度,1524~1557)[15]는, " … 관서 땅엔 옛

15) 김홍도(金弘度,1524~1557) : 조선 전기 청주목사 등을 역임한 문신. 본관은

싸움터가 많다고 한다. 봄여름 무렵에 꽃들이 어여쁨을 다투고 가을과 겨울 사이에 풍물이 구슬프게 되면 나는 이런 때 그대가 상심할까 염려 된다. … 關西多古戰場. 春夏之際. 羣芳競艶. 秋冬之交. 風物凄勁. 吾恐此時傷吾子也."라고 하면서 낯선 관서 생활의 적응을 우려하였다. (『기봉집』 '2018, 222쪽')

하서(河西) 김인후(金麟厚,1510~1560)[16]는, "천하의 백 평사를 진작 들었더니 / 벼슬을 받아 구름 끝 변방으로 가는구나. 曾聞天下白 記室[17]塞雲端."하고 안타까워하였다. (『기봉집』 '2018, 236쪽')

석천(石川) 임억령(林億齡)[18]은, " … 그대 문과 무를 다 갖추어

안동(安東). 자는 중원(重遠), 호는 남봉(南峯) · 내봉(萊峯). 대사헌을 지낸 김희수(金希壽)의 손자이며, 첨지중추부사(僉知中樞府事)를 지낸 김로(金魯)의 아들이다. 1548년 문과에 장원 급제하였으며 경연(經筵)에 참여하였다. 청주목사(淸州牧使)로 있을 때, 윤개(尹漑) · 권찬(權纘) 등의 모함을 받아 갑산으로 유배되었다가 그곳에서 사망하였다. 할아버지와 아버지를 이어 글씨를 잘 썼고, 또 그림에도 능했다고 하지만 유작은 없다. 영의정에 추증되었다.

16) 김인후(金麟厚,1510~1560) : 조선 중기의 문신이자 성리학자다. 본관은 울산(蔚山)이며, 자는 후지(厚之), 호는 하서(河西) · 담재(湛齋), 시호는 문정(文正)이다. 옥과 현감을 지낸 후 을사사화가 일어나자 병을 칭하여 사직하고 고향 장성으로 돌아가 후학 양성과 성리학 연구에 전념하였다. 문묘에 종사된 해동 18현 중의 한 사람이다. 시문에도 능해 10여 권의 시문집을 남겼으며, 도학에 관한 저술은 일실(逸失)되어 많이 전하지 않는다. 저서로는 『하서집』 · 『주역관상편』 등이 있다.

17) 기실(記室) : 서기(書記) 벼슬을 달리 부르는 말.

18) 임억령(林億齡,1496~1568) : 조선 중기의 문신이자 시인이다. 본관은 선산, 자는 대수(大樹), 호는 석천(石川)이다. 해남 출신이며, 박상의 문인이다. 부교리 · 사헌부 지평·홍문관 교리 · 사간 · 전한 · 세자시강원설서 등을 역임했다. 1545년(명종 즉위년) 을사사화 때 금산군수로 있었는데 동생 임백령(林百齡)이 소윤 일파에 가담하여 대윤의 많은 선비들을 추방하자, 자책을 느끼

/ 씩씩하고 호방한 기상이 하늘땅(乾坤)을 뒤덮는도다 / 오랑캐들 목을 베어 봄 강이 붉고 / 깃발 떨쳐 바다의 해도 어두우리라. 斯人兩文武. 豪氣盖乾坤. 斬虜春江赤. 揮旗海日昏."하고 격려하였다. (『기봉집』 '2018, 234쪽')

송천(松川) 양응정(梁應鼎,1519~1581)[19]도, " … 철옹성은 높이 솟고 자물쇠 굳게 잠겨 / 붉은 누각 비 개이면 신선들이 모여들리라 / 젊은 날 즐거운 일 욕심내도 무방하니 / 진작의 마음 공부 다시 채찍 더하시라. … 鐵瓮城高嚴鎖鑰. 朱樓雨晴集神仙. 壯年樂事無妨健. 早日心工更着鞭."라고 격려하였다. (『기봉집』 '2018, 237쪽')

백호(白湖) 임제(林悌,1549~1587)[20]는, " … 굳센 기운 아득히 맑은 봉수(鳳水)로 임하니 / 백년의 간담(肝膽)으로 하늘 해가 비

고 벼슬을 사퇴하였다. 임백령이 원종공신의 녹권(錄券)을 보내오자 격분하여 이를 불태우고 해남에 은거하였다. 을사사화가 지나간 뒤인 1552년에 동부승지 · 병조참지를 역임하고, 이듬해 강원도관찰사를 거쳐 1557년 담양부사를 역임했다. 저서로 『석천집』이 있다.

19) 양응정(梁應鼎,1519~1581) : 본관은 제주(濟州)이며, 양팽손(梁彭孫)의 아들이다. 자는 공섭(公燮), 호는 송천(松川)이다. 공조좌랑으로서 1556년 중시문과에 장원으로 급제하여 호당(湖堂)에 뽑혔다. 1565년(명종 20년) 홍문관 수찬이 되었다. 진주목사를 거쳐 1574년 경주부윤으로 재직 중 진주목사로 있을 때 청렴하지 못하였다는 이유로 탄핵되었다. 1578년 공조참판으로서 성절사로 명나라에 다녀왔고, 성균관 대사성(大司成)에 이르렀다. 저서에 『송천집』 · 『용성창수록(龍城唱酬錄)』 등이 있다.

20) 임제(林悌,1549~1587) : 조선의 문신 겸 시인이다. 자는 자순(子順), 호는 백호(白湖) · 겸재(謙齋). 본관은 나주, 허목의 외조부다. 20살이 되어 성운 밑에서 배웠다. 1577년(선조 10년)에 문과에 급제하여 여러 관직을 지냈으나, 선비들이 동인과 서인으로 나뉘어 다투는 것을 개탄하고 명산을 찾아다니면서 여생을 보내며 지냈다. 기봉의 아우 옥봉과는 절친했다. 죽기 전에 조선이 중국의 속국과 같은 형태로 있는 것을 못마땅하게 생각해 아들들한테 곡을 하지 못하게 했다. 저서에 『임백호집』이 있다.

치리니 / 정기(旌旗)가 한번 가면 설산(雪山)도 가벼우리. 勁氣遙臨鳳水淸. 肝膽百年天日照. 旌旗一去雪山輕."하고 격려하였다. (『기봉집』 '2018, 239쪽')

이는 당대 조야에서 쟁쟁한 문인들의 기봉에 대한 인정과 기대를 동시에 보여주는 대목이기도 하고 더불어 당대 기봉의 학문과 문학이 어떠한 위치에 있었는지를 여실히 보여주는 대목이 아닐 수 없다.

기봉이 35세의 한창 나이에 작고했을 때, 그를 아는 조야의 많은 선후배 문인들은 큰 슬픔에 잠겼다. 이는 그들이 만사(輓詞) 등에서 표현한 시구에서 잘 드러난다.

송천(松川) 양응정(梁應鼎)은, "천지가 커 끝이 없는데 / 산도 깊고 물도 깊었지 / 이 유유(悠悠)한 인생에서 / 나 홀로 백아(白牙 : 岐峯)의 마음 보았네. 天地無窮極. 山高更水深. 悠悠此生裏. 獨見伯牙心."라고 읊었다.[21] (『기봉집』 '2018, 237쪽')

청련(靑蓮) 이후백(李後白,1520~1578)[22]은 만사에서, "큰 재주

21) 이 만사의 시 소주(小註)에서 "가정(嘉靖) 병진(丙辰年)에 공이 졸하자, 일재(一齋) 선생께서 크게 통탄하시며 '대유의 재주와 행실이 그 짝을 보기 힘들었는데, 불행이 단명이어서 능히 그 뜻을 크게 펴지 못함이 애석하구나. 嘉靖丙辰公卒. 一齋痛歎曰. 大裕之才行. 尠見其儔. 不幸短命. 惜乎其不能大施也"고 하였다. 고인을 보내는 기봉의 스승 일재와 송천 선생의 심사를 유추해 볼 수 있다.

22) 이후백(李後白,1520~1578) : 본관은 연안(延安). 자는 계진(季眞), 호는 청련(靑蓮). 1546년(명종 1) 사마시에 합격하고, 1555년 식년 문과에 급제해 승문원주서를 거쳐 1558년 승문원박사로 사가독서(賜暇讀書 : 문흥을 위해 유능한 젊은 관료들에게 휴가를 주어 독서에 전념케 하던 제도)하였다. 이후 대사간 · 병조참의를 거쳐 도승지 · 예조참의 · 홍문관부제학 · 이조참판을 역임했으며, 1573년 변무사(辨誣使)로 명나라에 다녀왔다. 문장이 뛰어나고 덕망이 높아 사림의 추앙을 받았다. 함흥의 문회서원(文會書院)에 제향되었고, 시호는 문청(文淸)이다. 저서로는 『청련집』이 있다.

중망(重望 : 두터운 명망)에 부응하였고 / 좋은 계책이 형구(亨衢 : 사통팔달의 큰 길)를 가리켰었지 … 茂材應重望. 長策指亨衢."하며 기봉의 인물됨을 추억하고 "훗날에 예양강서 안타까울 땐 시골 술병 혼자서 따라 마시리. 汭水他年恨. 村壺獨自酤."하며 안타까움을 더했다. (『기봉집』'2018, 240쪽').

고봉(高峯) 기대승(奇大升,1527~1572)[23)24)]은 만사에서, " … 험한 변방 몸이 막혀 마음은 이미 죽었어도 / 바쁜 일정은 서신을 보내 서로 소식 알렸었지 / 재주를 논함에 언제나 사문(斯文) 있어 기뻤더니 / 병이 들어 이승 길이 나뉠 줄 어찌 알았으랴 … 險釁屛軀心已死. 嚴程騰翰信相聞. 論才每喜斯文在. 嬰疾那知此路分."라고 애달퍼 했다. (『기봉집』'2018, 241쪽').

기봉과 과시 동반 급제자인 홍진(洪縝,1549~?)은 만사에서, " … 그대는 도의가 있어 / 깨끗한 절조 맑게 닦았지 / 그대의 문장은 천고에 남을 보석 / 마음가짐은 화평하여 / 남이 원망하고 미워함이 없었지 / 그 성품은 곧고 공정하여 / 선비의 훌륭한 표양이 되었었지 / 이제 그대 다시는 있지 않으니 / 나 누구를 좇을 것이랴 … 子有道義兮. 淸修雅操. 子之文章. 千古遺寶. 其秉心和平. 則人無怨惡. 吾安從之."라고 안타까워 했다. (『기봉집』'2018, 241쪽').

---

23) 기대승은 기봉보다 5년 연상이지만, 임자년에 기봉과 문과에 함께 급제했던 동료이기도 했다.

24) 기대승(奇大升,1527~1572) : 조선 전기 성균관 대사성, 대사간, 공조참의 등을 역임한 문신이다. 자는 명언, 호는 고봉 · 존재, 시호는 문헌이다. 1558년 문과에 응시하기 위하여 서울로 가던 중 김인후, 이항 등과 만나 태극설을 논하였다. 1558년 '천명도설'을 얻어 보고 서울에 와 있던 이황을 찾아가 사단칠정에 대한 의견을 나누었다. 그 뒤 12년에 걸쳐 이황과 서신을 교환하였다. 1559년에서 1566년까지 8년간 이루어진 사칠논변(四七論辨)은 조선 유학사에 깊은 영향을 끼쳤다. 기대승은 광주의 월봉서원에 제향되었다.

2. 사후, 대체로 부정 평가되다

1. 기녀의 시 2수, 오해의 단초

기봉과 고죽의 기녀 시

기봉은 타계하기 전, 관서 평사를 체직(遞職)하고 귀향하던 중 고죽(孤竹) 최경창(崔慶昌,1539~1583)을 만나, 안주의 기녀에게 전해달라며 고죽의 부채에 시를 지어 주었다. 그 시가 '제최고죽선(題崔孤竹扇)'이다. 이후 고봉은 기봉이 별세한 후 기봉이 만나주길 원했던 안주의 기녀를 만나 기봉의 죽음을 알려주고 그녀가 '관서별곡'을 부르다 눈물을 짓는 장면을 그린 시가 있다. 그 시가 '문백평사별곡(聞白評事別曲)'이다.

이 두 시가 기봉의 기녀와 관련된 시인데, 기실 기봉의 별세 후 당대 시단에서 기봉과 관련해서 가장 먼저 언급된 시이기도 하다.

(1)

최고죽의 부채에 쓰다 題崔孤竹扇

- 공이 평사가 되었을 때 안주의 기생을 사랑했다. 병으로 교체되어 돌아오다가 길에서 올라가던 고죽과 만났다. 부채에 이 시를 써주

었다. 고죽은 부채를 기생에게 주었다. 기생이 구슬퍼하는데, 이미 부고가 이르렀다. 公爲評事時, 眷安州妓. 以病遞還, 路逢交承孤竹. 題此詩於扇. 孤竹以贈扇妓. 妓慘然而已訃至.

관서[25]의 명승으로 큰 강이 셋 있나니 / 關西名勝大江三[26]
곳곳마다 꽃 정자가 객의 수레 머물리네. / 處處花亭[27]駐客驂
백상루 가거들랑 누각 아래서 물어 보게 / 君到百祥樓[28]下問
푸른 창엔 분명히 몽강남(夢江南)[29]이 있을 테니. / 碧牕應有夢江南

(2)
기성에서 백평사의 관서별곡을 듣고 / 箕城[30]. 聞白評事別曲

금수산 안개꽃은 옛 빛깔이 여전하고 / 錦繡烟花依舊色
능라도의 꽃다운 풀은 지금까지도 봄이네. / 綾羅芳草至今春
선랑(仙郎)은 떠나신 후 소식이 없으니 / 仙郎去後無消息
관서별곡 한 곡조에 수건에 눈물 가득하네. / 一曲關西淚滿巾
[연(烟)은 경(輕)으로도 쓴다(烟一作輕)]

위 시에서 (1)은 기봉의 시이고 (2)는 고죽 최경창의 시다. (1)

---

25) 관서(關西) : 여기선 평안북도 접경지역.
26) 대강삼(大江三) : 큰 강(압록강, 대동강, 청천강) 셋을 말한다.
27) 화정(花亭) : 꽃 정자.
28) 백상루(百祥樓) : 청천강 가에 있는 누각.
29) 몽강남(夢江南) : '기봉이 사랑한 기녀' 이름으로 해석되기도 했지만, 실은즉 '몽강남(夢江南)'은 기녀의 이름이 아니라 당나라 때의 유명한 시인 온정균(溫庭筠,812~870)이 쓴 시 제목인 '몽강남(夢江南)'을 용사한 어휘이다. 온정균에 의한 '몽감남은 '사랑하는 임을 간절한 마음으로 기다리는 여성'이라는 뜻이다. (백수인 시인)
30) 기성(箕城) : '평양'의 옛 이름. 기자(箕子)가 평양을 수도로 하여 창업하였다는 데서 붙인 이름이다.

은 시 주(註)의 내용대로, 기봉이 평양에서 병으로 체직하고 귀향하던 길에 고죽을 만나, 안주의 기녀에게 전해달라며 고죽의 부채에 써준 시다. (2)는 기봉의 부탁대로 고죽이 안주의 기녀를 찾아가 기녀를 만났고, 기녀가 '관서별곡'을 부르다가 눈물 짓는 장면을 그린 시다.

이 시 (1), (2)는 모두 『기봉집』에 실려 있다. 특히 (2)의 시는 『기봉집』에서 '만사'로 분류되어 시제가 '만사(輓詞)'로 적시되어 실려 있지만, 고죽의 시집 『고죽유고(孤竹遺稿)』(칠언절구)에는 일반 시로 분류되어 실려 있다.

기왕에, 시를 게시했으니 시를 좀 더 살펴보자.

(기봉의 '제최고죽선'은 후술되는 372~378쪽에서 구체적으로 소개된다. 여기서는 최경창의 '문백평사별곡 聞白評事別曲'만 살펴본다.)

고죽의 이 시는 많은 사연을 간직한 시다. 이 시는 기봉의 애기(愛妓)가 고인의 지은 '관서별곡'을 창하다가 눈물에 목이 메여 다 끝맺지 못하고 우는 것을 보고, 그를 (기봉) 추모하며 그녀를 위로하여 지어 준 즉흥시라고 전해지고 있는 시다.

기 · 승구인 "금수산 안개꽃은 옛 빛깔이 여전하고 錦繡烟花依舊色 / 능라도의 꽃다운 풀은 지금까지도 봄이네 綾羅芳草至今春"의 시구는 '관서별곡'의 한 대문인 "능라도(綾羅島) 방초(芳草)와 / 금수산(錦繡山) 연화(烟花)는 / 봄비슬 쟈랑한다."에서 인용한 시구이다. (이처럼 고죽이 기봉의 '관서별곡'의 가사를 차용했다는 것은 당시에 고죽이 기봉의 '관서별곡'을 가창할 줄 알았거나, 아니면 '관서별곡'의 필사본이 있었거나 했을 것으로 유추하게 해 준다.)

또 이 시에서 '방초(芳草)'를 '지금춘(至今春)', '거후무소식(去後無消息)' 등과 연계하면 중국 당나라 때 유명한 시인 왕유(王維,699~759년)가 쓴 '산속에서 송별 山中送別' 시 중 "… 봄풀은 내년에도 푸르겠지만 春草明年綠 / 떠나간 그대는 돌아올지 못 돌아올지 / 王孫歸不歸."(王孫은 헤어진 벗)를 차용한 듯한 구절이다.

또 결구인 "관서별곡 한 곡조에 수건에 눈물 가득하네"라는 시구는 그 기녀의 가득한 눈물로 해석할 수도 있지만, 시제가 '관서별곡을 듣고… '이고, 기봉의 안타까운 죽음을 이미 알고 있었던 최경창이었기에 고죽의 눈물로도 해석할 수도 있다.

이처럼 이 만사 시의 시어나 시구들이 많은 중의적 의미를 담고 있다. 더구나 이 시는 당시 기봉의 시문이 거의 알려지지 않았을 상황에서, 기봉을 기녀와 관련 짓게 만들 수 있는 시로 오해될 수도 있는 시였다고 할 수 있다.

이 고죽의 시는 아마 당대에 『고죽유고』 등을 통해 전해졌을 것이다. 당시 최경창은 기봉의 아우인 백광훈(白光勳), 이달(李達)과 함께 '삼당시인(三唐詩人)'으로 알려진 유명한 시인으로 그의 시문은 당대 시중에 많이 회자되었던 것으로 전해지고 있기 때문이다.[31] 어쨌든 이 시는 기봉과 기녀와의 관련을 이상한 쪽으로

31) 고축 최경창, 옥봉 백광훈, 손곡 이달 3인을 '삼당(三唐) 시인'으로 불렀다. 이들은 당시 이전까지 유행되었던 관념적이고 이지적인 송시(宋詩) 대신 흥취와 여운을 중시하며 내용에 있어서도 낭만적인 경향을 띠는 당시풍(唐詩風)의 시들을 많이 썼다. 이들 3인의 시는 시중에도 많이 회자되어 당시 이들 삼인의 시를 모은 『삼당집(三唐集)』이 간행, 배포되었을 정도였다. [삼당집 발행 근거는, 임상원(任相元)이 쓴 이달의 『손곡집蓀谷集』의 서(序)에서, "이들 세 사람의 문집을 합간(合刊)하여 삼당집(三唐集)이라 하였다. 當穆陵朝. 有稱三唐集者. 謂崔孤竹慶昌 白玉峯光勳. 李蓀谷達也. 是三子者. 刻意摹

상상이 될 수 있도록 하면서 기봉에 대한 오해의 단초가 될 수도 있었을 것으로 추정되기도 한다.

또한 기봉이 고죽의 부채에 써 준 '제최고죽선(題崔孤竹扇)'의 시는, 그 해당 기녀에 의해 필사되고 널리 애송되었을 것이다. 기봉을 연모하여 기봉의 '관서별곡'의 노래까지 부르던 기녀였으므로 자기에게 써준 이 시를 더욱 애송하며 불렀을 것이고 몇 부 필사해서 동료 기녀들에게도 나눠 줬을 것이다. 최고죽의 '문백평사별곡(聞白評事別曲)'도 신흠(申欽,1566~1628)에 의하면, 한때 널리 애송되었다고 하니(一時傳誦), 필시 기녀들 사이에서 필사되어 널리 불려졌을 것이다. 기봉의 사후, 기봉의 '관서별곡'과 함께 거의 유일하게 기녀들이나 일반인을 불문하고 전송(傳誦)되어졌던 기봉의 시가 있었다면 '제최고죽선(題崔孤竹扇)'이었을 것이다. 기봉의 후인 이수광(李睟光)이 바로 기봉의 이 시를 차용하였는데, 이때의 이 시는 필사본이었을 것으로 추정되기 때문이다.

이수광, 신흠의 기봉에 대한 인식

어쨌든 당대의 유명한 문인 기봉과 고죽의 기녀에 관한 두 시는 오랫동안 전송되면서 당대의 문인(文人)들 사이에서도 긍정적이든 부정적이든 간에 기봉 시인과 기녀와 연루설을 더욱 부채질하였을 것으로 추정된다.

대표적인 경우가 당대 저명한 문인이요 저술가로 오늘날의 백과사전류의 『지봉유설(芝峯類說)』을 남긴 이수광(李睟光,1563~1629)과 당대 저명한 문인으로 영의정까지 오른 신흠(申欽

唐."(『염헌집(恬軒集)』'恬軒集卷之三十, 雜著, 蓀谷集跋')에서 확인된다.]

,1566~1628)이 대표적인 경우다. 당대 문단을 주름잡았던 대문인이었던 이 두 사람 모두 기봉의 후인으로 이수광은 기봉의 41년, 신흠은 44년 후배였다. 이 두 사람의 기봉에 대한 인식과 평가를 보도록 하자.

먼저 이수광에 대한 기봉의 평가의 일면을 보자. (이수광은 『지봉유설』에서 기봉에 대해 모두 3회에 걸쳐 언급했다. 여기 소개 내용 외의 내용은 322~327쪽에 후술된다.)

> 백광홍은 호남 사람이다. 평안평사가 되어 풍정을 절제하지 않고 영변의 기생을 아꼈다. 병으로 인해 체직되어 돌아온 뒤에 관서로 놀러 가는 사람을 전송하는 시에서, "백상루(百祥樓) 아래 그대 가서 물어보면, 아가씨 중 응당 몽강남(夢江南)이 있으리라."라고 하였다. 얼마 못가서 세상을 떴다.[32]
>
> (『지봉유설芝峯類說』, '卷十四, 文章部七, 여정麗情')

이 글에서 "풍정을 절제하지 않고 영변의 기생을 아꼈다. 병으로 인해 체직되어…"의 대목은 기봉의 기녀와의 연루설을 진하게 암시해주는 듯한 표현이 아닐 수 없다. 그런데 여기서 이수광은 기봉의 시 일부 즉 "백상루(百祥樓) 아래 그대 가서 물어보면, 아가씨 중 응당 몽강남(夢江南)이 있으리라."를 인용하였다. 당연히 기봉 시문집이 출간되지 않았을 때였으므로 이수광은 기봉의 시 필사본을 확보하여 인용하였을 것으로 추정된다. 정황상으로 보아 이수광의 기봉에 대한 이 글은 다음에서 소개되는 신흠(申欽) 보

32) 白光弘湖南人. 爲平安評事. 風情不節. 眷寧邊妓. 因病遞還. 後送人遊關西詩曰. 君到百祥樓下問. 笄中應有夢江南. 未久而卒. (『지봉유설芝峯類說』,'卷十四, 文章部七, 여정麗情')

다 더 이른 시기에 써진 글이었을 것으로 추정되어, 이수광의 기봉과 기녀에 대한 이러한 소개는 어떤 형태로든 동시대 문인 신흠에게도 영향을 미쳤을 것으로 추측이 된다. 그러므로 여기서 이수광의 기봉에 대한 표현은 기봉의 기녀 연루설에 대한 최초의 단초가 되었을 것으로 추정이 된다. 다음은 신흠(申欽)의 기봉에 대한 소개이다.

> 백평사 광홍(白評事光弘)의 호는 기봉(岐峯)으로 광훈(光勳)의 형이다. 서관(西關 : 평양)에서 주색에 빠져 노닐다가 끝내는 그 길로 죽었는데, 그가 지은 관서별곡(關西別曲)이 세상에 유행되었다. 그 뒤 고죽(孤竹) 최경창(崔慶昌)이 서로(西路)에서 벼슬살이하면서 백(白)이 돌봐 준 기생에게 시를 지어 주기를, "금수산 안개꽃은 옛 빛깔이 여전하고 錦繡烟花依舊色 / 능라도의 꽃다운 풀은 지금까지도 봄이네 綾羅芳草至今春 / 선랑(仙郎)은 떠나신 후 소식이 없으니 仙郎去後無消息 / 관서별곡 한 곡조에 수건에 눈물 가득하네 一曲關西淚滿巾"이라고 하였는데 (이 시는) 한때 전송(傳誦)되었다.[33)]
>
> (『象村稿』, '권52, 만고하, 청창연담晴窓軟談 하')

이 글은 신흠이 조선조 여러 시인의 글을 비평하는 '청창연담(晴窓軟談)'이라는 글에서, 백광홍을 소개하는 내용이다. 그는 기봉이 "평양에서 주색에 빠져 노닐다가 끝내는 그 길로 죽었다."고 표현하였다. 신흠의 이 글은 이수광에서 한 걸음 더 나아간 평이 아닐 수 없다. 신흠은 또 기봉의 시를 이수광처럼 확보하지 못

---

33) 白評事光弘號岐峯. 光勳兄也. 在西關. 溺於花酒. 竟以此死. 所作關西曲. 行于世. 其後崔孤竹慶昌宦遊西路. 贈白所眄妓詩曰. 涓水煙花依舊色. 綾羅芳草至今春. 仙郎去後無消息. 一曲關西淚滿巾. 一時傳誦. (『象村稿』, '권52, 만고하, 청창연담晴窓軟談 하')

했기 때문인지 기봉을 소개하면서도 기봉의 기녀와 연관된 시로써 기봉의 시가 아닌 최경창의 시를 차용했다. 기봉의 기녀에 대한 시가 있는 것으로 알기는 했을 테지만, 기봉의 시문집이 없어 기봉에 대한 정보만 알아 아주 부정적으로 기술하고, 기봉과 연관되어 있는 최경창의 시를 대신한 것으로 추정된다.

2. 조우인 · 김득신, 기봉의 인식 · 평가

기봉은 35세의 이른 나이에 별세, 적잖은 이들에게 안타까움을 안겨주고 세상과 하직하였고, 당대 함께 그와 교유하거나 그를 기억한 사람들이 다 떠난 이후로 세간이나 시단에서는 거의 잊혀진 존재가 되고 말았다. 그를 기억하게 만들 수 있고 그의 시문학 등을 들여다보거나 평가할 수 있는 유고집(시문집)이 간행되지 않아서였다. 그의 유고집이 간행되던 1899년 이전까지 거의 3세기 반 동안은 간신히 몇몇 문인들에게 간단히 '관서별곡'의 작가로서 거명될 정도였다. 그는 '관서별곡' 외에도 수많은 명시를 쓴 시인이기도 하였지만 그가 시인으로서 거명되거나 그의 시가 소개된 경우는 거의 없었다. 기봉의 시문 일부라도 소개된 것은 앞에서 소개한 이수광의 경우 그것도 단 2구에 불과했다.

그럼에도 그의 이름과 '관서별곡'이 몇몇 후학들의 문건에서나마 거론될 수 있었던 것은, 그 '관서별곡'이 몇 부라도 필사되어 몇몇 지인이나 기방 등에 전해졌기 때문으로 추측할 수 있다. 몇몇 사람들의 증언에 의하면, 당대 관서 지방의 기녀들 사이에서 '관서별곡'을 외워 전하면서 오랫동안 감동 깊은 창으로 불러졌던 것으로 확인된다.

그럼에도 불구하고, 그의 사후 기봉은 고작 '관서별곡'의 작자로서 간헐적으로 소개될 정도였다.

그렇다면 조선시대, 조선의 문단에서 그의 대표작 '관서별곡'은 도대체 어찌 평가되었을까. 기봉의 인적 사항은 제외하고 작품 '관서별곡'에 대해 평가한 대표적인 문인 조우인과 김득신의 평가를 통해 조선조에서 기봉 시인이 어찌 평가받았는지 대충이나마 추측할 수 있다.

조우인, '출관사'가 '관서별곡'보다 더 낫다?

(1)예전 사문(유학자) 백광홍이 관서 평사가 되어 우리말로 장가 한 편을 지었다. 세상에서 말하는 '관서별곡'이란 것이 그것이다. 지금도 노래 잘하는 자들이 전해 외우며 노래한다. 말의 운치가 호방하고 굳세고 담긴 뜻이 빼어나 그 사람됨을 떠올려 볼 수 있다.

병오년(1605년) 여름 내가 공무로 용만(龍灣 : 의주)을 다녀왔다. 나그네로 있는 동안 3개월이 금세 지나갔다. 계절도 바뀌고 길도 험해서 나도 모르게 나그네 시름에 젖었다. 그리하여 '출관사(出觀祠)' 한 편을 지었다. 무려 수백 마디의 (장편의) 가사(歌詞)가 되었다. 그런데 이 말들의 뜻이 백광홍의 '관서별곡'에서 나왔다, 그러나 (내가 관서별곡의 말을) 뒤집어 쓴 것도 적지 않다.

(2)다만 백광홍의 가사는 안흥(안주)에서 살수(청천강)를 지나고 철옹성(영변)을 따라 적유령을 넘어 강계를 만나고 나서 압록강을 따라 수항성(갑산)을 거치고 황제묘도 지나서야 용만(의주)에 도달한 과정을 노래하고 있다. 그런데 나는 곧바로 (의주로) 갔으므로 틈틈이 시선을 머무르게 하고 심회를 일으키고 노래 부르고 느끼고 생각하는 데 있어 백광홍 가사에 비해 불가피하게 적을 수밖에 없었다.

(3)안타까운 것은, 평양은 단군과 기자의 도읍지다. 살수는 수나

라 병사를 대파했던 곳이다. 곽산의 김효녀가 손가락을 자른 일(金孝女之斷指)[34]도 있다. 철주(철산) 수령 이원정(李元禎)이 의롭게 죽었던 일(李鐵州之死義)[35]도 있었다. (그런데) 백광홍 가사에는 (이런 이야기가) 모두 언급되지 않았다. 또 중언부언(重言復言)하고, 화류장의

34) 곽산군(郭山郡 : 평북도 고을. 후에 정주시로 편입)의 효녀 김사월(金四月)의 이야기를 말한다. 이 설화는 어숙권[魚叔權,생몰 미상 : 1533년(중종 28) 하절사(夏節使)를 따라 중국에 다녀왔으며, 『고사촬요』·『패관잡기』 등을 저술한 문인]이 지은 수필집 『패관잡기』(제4권)에 '김효녀 단지(斷指)' 예화가 나온다. … 곽산군(郭山郡)에 효녀 김사월(金四月)이 있는데, 나이 열아홉에 어머니가 미친병에 걸려 1년이 지나도 낫지 않아 남편에게 버림을 받았다. 김사월은 산 사람의 뼈가 병을 고칠 수 있다는 말을 듣고 스스로 손가락을 잘라서 약을 만들어 먹였더니 병이 곧 나았다. 이 일이 조정에 알려져 조정에서 문려(門閭)를 정표(旌表)하고 조세(租稅)와 부역을 면제하고, 또 짧은 돌을 세워 효녀 사월의 마을이라고 새겼다. 중국 사신으로 내왕하는 자들이 시를 지어 찬미하였다. 근년에 군수가 그 정문(旌門)을 고쳐 전보다 조금 크게 하고 그 새긴 돌을 없애버렸다. 만일 중국의 길가에 이런 일이 있다면 표창하고 드러내는 방법이 반드시 장대하고 또 장대할 것이다. …郭山郡有孝女金四月. 年十九. 母得狂疾. 經年不愈. 爲夫所棄. 四月聞生人之骨可已疾. 自斷手指. 爲藥以進. 病卽愈. 事■聞旌閭復戶. 又豎短石刻曰. 孝女四月之里. 凡華使之來往者. 皆題詩美之. 近年郡守改其旌門. 比舊稍大. 而去其刻石. 若使中朝路邊有此事. …(『패관잡기』'권4- 48')

35) 철주성전투(鐵州城戰鬪) : 고려 고종(高宗) 1231년 압록강을 건너 고려로 쳐들어온 몽골군이 8월 29일 고려 북계의 철주(鐵州 : 평북 철산군)에서 고려군과 교전한 첫 번째 전투다. 전투 끝에 고려군은 패했고 성은 함락되었다. 그러나 철주방어사 이원정(李元禎)이 지키고 있던 철주성은 항복하지 않았고, 몽골군은 철주성에 대한 공격을 개시하였다. 전투는 보름이나 지속되었고 마침내 철주성 안에 양식이 다하여 전투를 지속하지 못하게 되자 이원정은 자신의 처자를 포함한 성안의 부녀자와 어린아이들을 창고에 모아 넣고 불을 지르게 한 다음 그 자신도 불길에 뛰어들어 자결하였으며, 판관 이희적(李希勣)도 남은 장정들을 거느리고 스스로 목을 찔러 자결하였다. 후에 이원정과 판관 이희적 두 사람을 기리는 쌍절묘(雙節廟)라고도 불리는 사당이 세워졌다. 철산 남쪽 30리에 위치한 옛 토성 안에 있었으며, 조선 선조 5년(1572년)에 세워졌다고 알려졌다.

방탕한 노랫말만 있을 뿐이다(只在花柳場蕩逸之詞而已). 그 노랫말을 보며 왕왕 (누군가는 거기에서) 그 뜻을 음미하고 마땅한 가르침을 지니고 있다고 믿을 수도 있을 것이다. 그런데 만일 옛날에 시(詩)를 수집하던 자가 이를 본다면(두 작품을 비교한다면), 과연 어떤 것을 취하고 또 어떤 것은 버릴 것인지, 이것일지(기봉의 것일지) 저것일지(조우인의 것일지) 혼란스러울 수도 있을 것이다. (작품을 제대로 음미하는 자라며 방탕한 노랫말만 있는 기봉의 것보다 유의미한 자기 작품을 선택할 것이라는 은근한 자부심을 내비친 대목이다.)[36]

이 글은 기봉의 사후, 처음으로 기봉의 '관서별곡'을 언급하며 그를 평가하였던 기봉과 거의 동시대 문인이었던 조우인(曺友仁,1561~1625)[37]의 '제출관사후 題出關詞後'라는 글의 전문이다.

조우인은 기봉 이후 당대 정철과 함께 가사 작가로 양대 산맥

---

36) 題出關詞後：昔白斯文光弘. 爲關西幕評. 以俚辭製長歌一篇. 世所謂關西別曲者是也. 至今善謳者. 傳誦而歌之. 詞致豪邁. 用意飄逸. 可以想見其爲人. 丙午夏. 余以公幹往返龍灣. 客裡光陰. 倏過三箇月. 節序遷變. 道途崎嶇. 不覺有羈旅之思. 續作出關詞一篇. 無慮數百言. 大抵語意. 出入白詞而反之者亦多. 但白詞則自安興渡滻水. 由鐵甕歷狄踰嶺抵江界. 沿鴨綠經受降城. 過皇帝墓. 以達于龍灣. 而余則但從直路而行. 故其間寓目興懷. 謳吟感念之意. 不得不▣於白詞矣. 所惜平壤乃檀箕舊都. 薩水是隋兵敗處. 金孝女之斷指. 李鐵州之死義. 究諸白詞. 皆不及焉. 而重言複語. 只在花柳場蕩逸之詞而已. 則觀其詞而味其意者. 往往或羞稱於名教中. 若使古之採詩者而見之. 則其取舍予奪. 未知在此乎. 在彼乎. (『頤齋集』'卷之二, 雜著, 제출관사후')

37) 조우인(曺友仁,1561~1625) : 본관은 창녕(昌寧), 자는 여익(汝益), 호는 이재(頤齋) · 매호(梅湖)이다. 1588년(선조 21)에 사마시에 합격해 진사가 됐고 1605년에 문과에 급제해 여러 벼슬을 지내다가 1616년에는 함경도경성판관을 지냈다. 1621년에는 제술관(製述官)으로 있으면서 광해군의 잘못을 풍자했다가 그 글로 말미암아 3년간 옥에 갇혔다. 인조의 등극으로 풀려나 상주(尙州)의 매호(梅湖)에서 은거하며 여생을 마쳤다. 저서로 문집 『이재집(頤齋集)』과 가사집 『이재영언』이 전한다.

을 이룬 작가였다. '매호별곡(梅湖別曲)' · '자도사(自悼詞)' · '속관동별곡(續關東別曲)' · '출새곡(出塞曲)' 등 4편의 가사를 썼다. (가사 '출관사出關詞'는 전해지지 않았다.) 이 글은 조우인이 1606년 공무로 의주에 다녀오면서 도중의 회포를 장가로 지은 가사 '출관사(出關詞)'의 후기로 이른바 '제출관사후(題出關詞後)'라는 글이다.

상기 (1)은 '제출관사후(題出關詞後)' 서두의 글이다. 조우인이 '출관사'를 지은 때가 1606년이므로, 최소한 기봉 사후 반세기까지는 기방 등에서 '관서별곡'이 불려지고 있었고, 그때까지만 해도 조우인이 '관서별곡'의 필사본도 확보할 수 있었을 만큼, '관서별곡'이 널리 회자되고 있었을 것으로 추정하게 한다.

여기서 조우인은 "말의 운치가 호방하고 굳세고 담긴 뜻이 빼어나다."고 평가했고, '관서별곡'이 자기가 쓴 '출관사'에 적지 않은 영향을 미쳤음을 고백하고 있다.

이로 보아 기봉은 정철의 가사 작품 '관동별곡' 뿐만 아니라 조우인의 가사 작품에도 적지 않은 영향을 미쳤음이 확인되었다. 이로써 기봉은 당대의 가사에서 양대 산맥이었던 정철과 조우인 모두에게 영향을 끼친 선구자였음이 확인되고 있다.

상기 (2)는 '제출관사후(題出關詞後)' 중간 부문이다. 이 대목에서 조우인은, 자기 작품 '출관사'에서 명승지 등이 출전하지 않은데 대한 이유로, 여러 유적 및 명승지를 돌아보았던 백광홍과 달리 자신은 여러 곳을 돌아보지 못하고 의주로 곧장 갔기에 유적과 명승지를 접하면서 얻을 수 있는 새로운 견문과 감회를 다채롭게 노래하지 못했다고 변명하고 있다.

그렇지만 조우인은 여기서 '출관사'가 '관서별곡'과 구별되는 것에 대해 결말부인 (3)에서 밝히고 있다.

즉 기봉이 풍경 등을 묘사하며 감회를 적시했다면, 자기는 지역의 역사적 의미를 통찰하고 유명 일화를 소개한 점에서는 기봉과 대별된다고 강조하고 있다. 그런데 문제는, 여기서 기봉을 부정적으로 평가한 부문이다. 평양에서 역사적인 고사 1~2개를 언급하지 않았고, 화류장의 방탕한 노랫말에 치중했다는 식의 다소 비판하는 글이 이어진 것이다. 특히 자기는 기봉이 놓친 '관서 지역의 역사적 사실과 효와 의'를 드러냄으로써, '관서별곡'과는 다른 차원의 작품이었음을 은근히 드러내고 있다. 그런데 비록 (조우인의 시각으로) 기봉이 관서의 역사 문화에서 한두 가지를 놓쳤다는 점을 빌미로 작품 자체의 질적 수준을 논할 수는 없다. 상식적인 견지에서도, 수많은 역사 문화 중에서 한두 가지를 제외하였다고 해서 그 작품의 질적인 저하 운운으로 매도될 수는 없기 때문이다.

결국 조우인은 '제출관사후' 도입부에서는 칭찬했지만 후반부에서는 "안타까깝다 所惜"하는 표현까지 전제하며, "관서의 역사 문화를 외면했다"거나 "중언부언 하고, 화류장의 방탕한 노랫말만 있다"는 자기식의 견해로 작품성을 단호하게 비하시킨 것은 공정한 잣대에 의한 평가가 아닌, 자기 '출관사' 작품을 홍보하기 위한 의도성이 깔려있는 평가라 아니할 수 없다. 즉 당대 명작으로 꼽히던 '관서별곡'과 '출관사'를 비교하고, 자기의 '출관사'가 '관서별곡'보다 더 낫지 않느냐는, 다분히 의도적인 평가라고 할 수 있을 것이다.[38)]

---

38) 어쨌든, 필자가 '제출관사후' 전문을 가져와 여기서 소개한 데는 기봉의 '관서별곡'에 대한 최초의 평가였기 때문이었다. 다만 이러한 조우인의 '관서별곡'에 대한 평가는 독자들에게 맡기고자 한다. 당시 기봉은 조우인에게 있어, 이미 작고한 반세기 전의 사람이었지만, 자기는 여전히 생존하며 한창

김득신, '관서별곡' 평가 절하

시인 김득신(金得臣,1604~1684)[39]이 송강 정철의 '관동별곡'의 서문을 썼다. 기봉 사후 48년 후에 태어나 평생을 야인으로 지낸 그는 시 1,500수 이상을 남긴 당대를 대표한 시인 중의 한 사

활동한 사람이었다는 점도 고려가 되었을 것이다. 더구나 당시 조우인과 동시대 작가로 생존해 있던 정철 송강에 대한 평가에서는 지나칠 정도로 우호적이었다는 점도 간과하지 않을 수 없다. 이미 고인이 된 기봉에 대한 부정적인 인식과 편향성의 단초를 여기서 확인할 수 있기 때문이다. 즉 정철은 당대 조우인과 같이 생존하며 한창 활동하던 때였다. 이러한 정철에 대한 평가는 '속관동별곡서'에서 잘 드러나 있다. "…우연히 정송강의 '관동별곡'을 얻어 보니 가사의 운치가 준일하고 절주가 원량할 따름이 아니라 누누한 수천수백 마디 말이 감분격앙의 회포를 다 그려내니 참으로 걸작이었다. 반복하여 읊어 보니 더욱 사람으로 하여금 부러움을 마지못하게 하였다. 장맛비가 비로소 개이자 초가을도 이미 반이나 지나 있었다. 표연히 세속을 떠나고 싶은 감정이 자신도 모르게 일어, 드디어 관동을 유람하기로 마음을 먹었다. … 노랫말을 완성하고 스스로 한 번 보니, 비록 정송강 가사의 만분의 일에도 미치지 못하였다. 偶得鄭松江關東別曲者而觀之, 非但詞致俊逸, 節奏圓亮而已, 縷縷數千百言, 寫盡感憤激昂 之懷, 眞傑作也. 反覆吟詠, 益令人歆艶之無已也. 屬積雨始晴, 初秋已半, 不覺有飄然遺世之 情, 遂决意作關東之遊. … 歌凡百十餘言. (『이재집』'권2 속관동곡서')"리고 평가했다.

39) 김득신(金得臣,1604~1684) : 조선 중기의 문인이자 시인이다. 자는 자공(子公), 호는 백곡(栢谷)이다. 임진왜란 때 제1차 진주성 전투를 승리로 이끈 김시민(金時敏,1554~1592)의 손이다. 그의 부친은 경상도관찰사를 지낸 김치(金緻)이다. 그는 10세에 글을 깨우치기 시작했다. 그는 공부를 열심히 하였지만, 몇 시간 전 공부한 것을 다 잊는 등 학습 내용을 오래 기억하지 못하여 공부가 많이 힘들었다고 한다. 그러나 그는 밥을 먹을 때도, 보행할 때도 계속 책을 놓지 않으며 책 한 권은 11만 3천여 번이나 읽고 다른 책들은 2만여 번 읽는 등 엄청난 노력으로 능숙해져 59세의 나이로 성균관에 합격했다. 유집으로 『백곡집』을 남겼다. 비평가로서 능력도 출중해 『종남총지(終南叢志)』 같은 시화도 남겼으며 술과 부채를 의인화한 가전소설 '환백장군전(歡伯將軍傳)'과 '청풍선생전(淸風先生傳)'을 남기기도 했다.

람이다. 당시 문장이 뛰어나 신흠(申欽) · 이정구(李廷龜)[40] · 장유(張維)[41]와 함께 '한문 4대가'로 꼽혔던 이식(李植)[42]으로부터 "그대의 시문이 당금의 제일"이라는 평을 들음으로써 이름이 세상에 알려지게 되었다고 한다. 그의 유문집 『백곡집』은 1,500수 이상의 시와 180여 편의 산문을 수록하고 있을 정도로 당대 저명한 시인이었다.

김득신이 기봉을 어찌 평가했는지를 보자. 이 글에는 기봉의 이름 석 자와 '관서별곡'이라는 가사명 등 고작 7자만 수록되어 있지만, 기봉의 '관서별곡'이 출간되지도 않아 시중에 유포될 리도 없었던 때, 당시 조선 문단에서의 가사문학의 분위기를 알 수 있고, 그 와중에 정철의 '관동별곡'이 차지하던 비중을 능히 유추할 수 있는 글이어서 이 글을 전재하기로 한다.

---

40) 이정구(李廷龜,1564~1635) : 조선 시대 예조판서, 우의정, 좌의정 등을 역임한 문신이자, 문인이다. 자는 성징, 호는 월사, 시호는 문충이다. 유년 시절부터 남다른 문학적 자질을 보여 8세에 한유의 '남산시'를 차운했다고 한다. 중국어에 능통하여 명나라를 자주 왕래하였다. 그의 문장은 장유, 이식, 신흠과 더불어 '한문 4대가'로 일컬어졌다. 시문집으로 『월사집』이 전한다.

41) 장유(張維,1587~1638) : 본관은 덕수(德水). 자는 지국(持國), 호는 계곡(谿谷) · 묵소(默所). 김장생(金長生)의 문인이다. 1623년 인조반정에 가담해 정사공신(靖社功臣) 2등에 녹훈되고 봉교를 거쳐 전적과 예조 · 이조의 낭관을 지내고, 그 뒤 대사간 · 대사성 · 대사헌 등을 역임하였다. 천문 · 지리 · 의술 · 병서 등 각종 학문에 능통했고, 서화와 특히 문장에 뛰어나 이정구(李廷龜)·신흠(申欽)·이식 등과 더불어 조선 문학의 사대가(四大家)라는 칭호를 받았다.

42) 이식(李植,1584~1647) : 자는 여고, 호는 택당, 본관은 덕수이다. 광해군 때 별시문과에 급제하여 선전관이 되었다. 1618년 폐모론이 일어나자 벼슬을 내놓고 고향에 있다가, 1623년 인조반정으로 다시 등용되어 이조좌랑이 되었다. 그 후 부제학 · 대제학 · 이조참판 등을 지냈다. 1643년 이후 이조와 예조의 판서를 역임하였다. 그는 당대 일류의 문장가 신흠, 이정구, 장유와 더불어 조선 중기 '문장 4대가'로 꼽혔다.

'관동별곡(關東別曲)'은 정송강(鄭松江)이 지은 작품이다. 우리 집 계집종이 '관동별곡'을 부르기에 능했다. 내가 어릴 때 늘 그것을 들었으나, 뛰어남을 알지 못했다. 상투를 올릴 즈음에 듣고는 뛰어남을 알았다. 정축년의 병란 후[43]에, 관동 실직(悉直)[44]에 유람을 갔다. '관동별곡'을 잘 부른 어린 기생이 있었다. 때때로 죽루(竹樓)[45]로 불러 듣곤 했다. 그때마다 푸른 흥(맑은 흥)이 파도처럼 일어났다. 호탕하고 넓은 글 재주를 알 수 있었으니, 참으로 뛰어난 가사라 할만했다.

백기봉(白岐峯 : 백광홍)의 '관서별곡(關西別曲)', 무인 허전(許㙉)[46]의 '고공가(雇工歌)'[47], 조현곡(趙玄谷)[48]의 '유민탄가(流民嘆歌)' 모두

---

43) 정축년 병란 후 : 1637년 병자호란 이듬해로 작자(김득신)의 나이 34세 때이다.

44) 실직(悉直) : 삼척의 신라 때의 지명.

45) 죽루(竹樓) : 삼척에 있는 누각인 죽서루(竹西樓)를 가르킨다.

46) 허전(許㙉,1563~?) : 머슴을 내세워 당시 국록을 먹는 신하들의 부패상을 우의적으로 비판한 가사 고공가(雇工歌)를 지은 것으로 알려졌다. 본관은 양천(陽川). 자는 이로(以老). 호는 성재(性齋). 1855년 당상관에 오르면서 벼슬이 우부승지와 병조참의에 이르렀다. 이익(李瀷) · 안정복(安鼎福) · 황덕길을 이은 기호(畿湖)의 남인학자로서 당대 유림의 종장(宗匠)이 되어, 영남 퇴계학파를 계승한 유치명(柳致明)과 쌍벽을 이루었다.

47) 고공가(雇工歌) : 순조 때 필사된 것으로 보이는 『잡가(雜歌)』라는 노래책에 실려 있다. 작품 전체는 110행이다. 이 작품은 임진왜란 직후에 선조가 지은 것으로 널리 알려져 왔으나, 이수광(李睟光)의 『지봉유설』에 의하면 이는 잘못 전해진 것이고, 실제의 작자는 허전(許㙉)이라고 한다. 작자는 고공(雇工), 즉 머슴을 내세워 당시 국록을 먹는 신하들의 부패상을 우의적(寓意的)으로 고발함으로써 이를 개선하려는 충정을 펴고자 하였다. 따라서 이 작품에는 교술적 성격이 농후하다.

48) 조위한(趙緯韓,1567~1649) : 자는 지세(持世), 호는 소옹(素翁) · 현곡(玄谷)이다. 본관 한양(漢陽)이다. 조선 시대 중기 문신으로 『현곡집(玄谷集)』을 남겼다. 조위한은 백성의 고통을 그린 가사인 '유민탄가(流民嘆歌)'를 지은 것으로 알려졌으나 지금은 전하지 않는다.

'관동별곡'에는 미치지 못할 것이다.

옛날 서호(西湖)[49]의 지장사(地藏寺)[50]에서 석 달간 독서를 한 적이 있었다. 그때 나그네 회포로 몹시 시름겨워 했다. 마음을 달래보고자 하여 스님들에게 노래를 청한 일이 있었다. 한 스님이 "내가 관동별곡을 잘 부릅니다."하며, 목에 힘을 주어 불렀다. 그 소리를 듣자 마치 구름 위로 의기가 치솟는 듯하여 회포가 시원스레 풀어졌다. 그 후 서원현(西原縣)[51]을 몇 번 지날 때마다 노래하는 기생을 청하여 관동별곡을 불러달라고 하여 듣곤 하였는데, 그 노랫소리의 아름답기가 (관동의) 실직(悉直)서 듣던 그 기녀의 소리에 미치지 못했다. 몇 년 전, 친구 찾아 관동(館洞)[52]에 갔다. 탁상 위에 작은 책자가 있었다. 손에 들고 펼쳐 보니, '관동별곡'이었다. 한글로 쓰여 있기도 하고, 한자로 쓰여 있기도 하였다. 만일 내 기억력이 총명하였다면 빌려 보고 외웠겠으나, 성품이 워낙 노둔하여 비록 백 번을 읽어도 외울 수가 없어 그냥 쓰다듬고 만지는 데 그치고 말았다. 조우인(曺友仁)은 '관동별곡'을 듣고 표연히 세상을 등지고 싶은 흥을 제어하지 못하여 마침내 관동으로 가 노닐었고, 결국에는 '속관동별곡(續關東別曲)'을 지었다. 그것을 본 사람들이 모두 칭찬하였다. 예전에 이택당(李澤堂)[53]이 나에게, "영남의 문장은 조우인이 제일이다."라고 하였다. 이것으로 미루어 짐작하면 '속관동별곡'도 필시 뛰어난 작품일 것이지만, 내가 보지 못했으므로 송강의 관동별곡과 비교하여 어떨지는 가늠하지 못하

49) 서호(西湖) : 서울 마포에서 서강에 이르는 한강가의 옛 지명이다.

50) 지장사(地藏寺) : 서울 동작구에 있는 화장사(華藏寺).

51) 서원현(西原縣) : 충북 청주시(청원)의 옛 지명이다.

52) 관동 : 종로구 명륜동에 있던 마을이다.

53) 이택당(李澤堂) : 조선 중기 때의 문신인 이식(李植,1584~1647)의 호. 이식의 본관은 덕수(德水). 자는 여고(汝固). 호는 택당(澤堂) · 남궁외사(南宮外史) · 택구거사(澤癯居士). 좌의정 이행(李荇)의 현손(玄孫)이다. 이식은 문장이 뛰어나 신흠(申欽) · 이정구(李廷龜)·장유(張維)와 함께 한문사대가로 꼽혔으며 그의 문하에서 많은 문인과 학자가 배출됐다. 문집으로는 『택당집』이 전하는데 한시의 모든 갈래에 두루 능숙했고 많은 작품을 남겼다.

겠다. 조우인(曺友仁)의 별호는 이재(頤齋)이고, 송강의 이름은 정철(鄭澈)이다.[54)]

상기 글에서 김득신이 '관동별곡'을 조선의 여러 가사 중 가장 뛰어난 작품으로 보았다는 것을 알 수 있다. 또 당대 시중에는 '관동별곡'이 널리 유포되어 있었고 '관서별곡', '고공가(雇工歌)', '유민탄가(流民嘆歌)' 등은 '관동별곡'에 미치지 못한 아류(亞流)로 인식하고 있었다는 사실도 알 수 있게 된다.

그런데 만일, 김득신이 '관서별곡'의 작품을 읽어 보았다면, 오늘날 많은 전문 학자들이 '관동별곡'의 모체를 '관서별곡'으로 보듯이, 최소한 '관서별곡'이 '관동별곡'에 적지 않은 영향을 주었다는 것쯤은 파악하였을 것이고, 이러한 인식 후에 이 글을 썼다면 그 내용도 상당히 달라졌을 것으로 추정할 수 있다.

상기 글에서 김득신은 조우인의 '속관동별곡'은 '관서별곡' '고공가'와 같은 부류에서 제외하였다. 왜 그랬을까. 김득신은 1604년생이고 조우인의 사망연도는 1625년으로 김득신의 21세 때까

54) 關東別曲. 鄭松江之所作也. 吾家有女隸能唱別曲. 余兒時每聽之. 不知爲奇. 及束髮聽之. 稍以爲奇之. 丁丑兵後. 客遊關東之悉直. 有少妓能唱關東別曲. 常常招邀竹樓而聽. 不啻淸興如濤. 亦且如有藻思之浩浩. 眞奇曲. 白岐峯關西別曲. 武人許■雇工歌. 趙玄谷流民嘆歌. 皆亞也. 昔者. 讀書于西湖之地藏刹. 閱三個月. 旅懷殊不樂. 欲慰溯. 召諸衲子請唱歌. 一衲子應曰. 吾善歌關東別曲. 勵聲而唱. 聽之若有凌雲之氣而懷事妥帖. 其後累過西原縣. 遇歌妓請歌關東別曲而聽. 蓋其聲之纖麗. 非悉直妓之匹也. 頃年. 訪友於館洞. 丌上有小册子. 取之手披. 卽關東別曲也. 或以諺字書. 或以文字書. 若使余記性聰明. 借見以誦. 而性甚魯鈍. 雖百遍目視. 不能誦. 故摩挲而止矣. 曺友仁聽關東別曲. 不制飄然遺世之興. 遂往遊關東. 作續關東別曲. 見者稱之. 昔李澤堂謂余曰. 嶺南文章. 曺友仁第一. 以此揆之. 續別曲必奇而不得見. 未知與松江所作別曲何如也. 曺友仁之別號頤齋. 松江名澈. (『柏谷先祖文集』'册五, 序, 關東別曲序')

지 조우인은 생존 인물로 김득신과는 것의 동시대 인물로 활동했던 인물이었다. 그래서인지 이 글에서 조우인에 대한 평가는 매우 조심스럽다. 또한 "당대 영남에서 제일가는 문인이다"는 등 조우인에 대한 상당한 정보까지 확보하고 있었던 것으로 여겨진다. 김득신에게 조우인과 백광홍은 작품과는 별개로, 은연 중에 두 작가에 대한 인식이나 호감도 부터가 상당히 달랐던 것임을 유추할 있는 대목인 것이다.

3. 조선 시단(詩壇)의 평가

1. 백광훈, 기봉 '관서별곡' 최초 증언

기봉의 사후, 기봉 백광홍은 조선조 궁중(중앙의 부처)이나 시단에서 어떻게 소개되고 평가되었을까.

맨 먼저, 기봉 사후 최초로 조선 시단에 공식적으로 기봉과 '관서별곡'을 알린 이는 기봉의 동생 백광훈(白光勳,1537~1582)이었다.

여타 문헌에는 나오지 않지만, 옥봉 백광훈의 『옥봉집』에서 기봉 관련된 시 2편이 나온다. 그런데 이 시들도 사실상 기봉 형을 제재(題材)로 지은 시는 아니다. 기봉 형과 관련된 그 시는 '보림사에서 사상사를 차운하여 寶林寺 次徐上舍'와 '관서로 떠나며 작별하는 최고죽에게 주다 贈崔孤竹關西之別'인데, '보림사에서 서상사…' 시는 소주(小註)에서 "옛날 큰 형과 더불어 이곳에서 글을 읽었다. 舊與伯氏 讀書于此"라고 돼 있을 뿐이다. 이는 옥봉이 예전에 보림사에서 형과 함께 책을 읽었다는 사실, 그때 아마 서상사도 함께 그 독회(讀會)에 참가하였을 것이고, 그 독회에서의 인연이 백광훈이 서상사와 교유하게 되었음을 짐작하게 해주는 시이다.

또 '관서로 떠나며 작별하는 최고죽에게 주다 贈崔孤竹關西之

別'의 시 역시 기봉에 대한 시라기보다는 고죽(최경창)과 작별하며 고죽에게 주는 시인데, 후반부에서 기봉 형에 대한 내용이 나오고 있을 뿐이다. '보림사에서 서상사 …' 시는 시 내용에서 기봉에 대한 일체의 언급이 없으므로 옥봉에서 기봉이 나오는 시로 '관서로 떠나는 최고죽 …' 시가 유일하다.

이 시는 대동찰방(大同察訪)인 최고죽이 관서로 떠나는 것을 전송하며 쓴 시로 보인다. 시를 쓴 시기가 시 첫 구절에 1580년으로 기록돼 있다.[55] 이 무렵을 전후로 옥봉은 1577년(41세)에 선릉참봉(宣陵 參奉)이 되었다가 전주 영전 참봉(參奉)을 거쳐 1578년(42세) 정릉 참봉이 된다. 그리고 1580년(44세) 8월에 박순(朴淳)의 천거로 '예빈사 참봉 겸 주자도감 감조관'이 된다. 그러므로 옥봉이 고죽을 만났을 때는 정릉 참봉 때였을 것이다. 이때 옥봉이 자신의 곤고한 사정을 밝힌 내용이 '관서로 떠나며 작별하는 …' 시 서두에 나온다.

"1580년 봄, 옥천자(玉川子 : 옥봉 자신을 말함)[56]는 한양 땅에 집을 장만하여 들었다오 / 적은 봉급이라 배고픔에서 아직 벗어나진 못하였고 / 돌아가서 농사를 짓겠다며 날마다 태어나서 자

55) 고죽의 연보에 의하면, 1577년 고죽이 40세였을 때 영광 군수에서 사직했는데 다시 서용되어 대동도(大同道 : 평양의 역관) 찰방(察訪)이 됐고 이로부터 4년 후인 1582년에 종성(鍾城) 부사에 특별 제수되므로,1580년은 대동도 찰방이 된 지 3년째이다. 그러므로 이 시는 고죽이 이마 한양에 들렀다가 다시 부임지로 떠날 때 고죽을 전송하며 쓴 시로 보인다.

56) 옥천자(玉川子) : 당나라 시인 노동(盧仝)의 호. 박학하고 시를 잘하였다. 일찌기 산 속에 은거하며, 스스로 옥천자(玉川子)라 불렀다. 가정 살림이 빈곤해 오직 책을 벗 삼아, 바깥 나들이를 하지 않았음은 물론, 벼슬도 거절하였다고 한다. 차(茶)의 시인으로 유명하다. 이 시에서 옥봉은 스스로를 옥천자(玉川子)로 칭했다.

란 마을을 생각하고 / 집을 나서면 (아직) 친하게 갈 곳도 없고 / 어려서 알던 두 세 사람이 있긴 하지만 / 열흘에 한 번 얼굴이나 본 일이 있었던가? / 밤 깊으면 그 생각에 서너 번 씩 탄식한다오 / 그대도 세세히 알겠지만 만사(萬事)가 인력으로 할 수 없음을 알게 되고는 / 잠깐의 회오리 바람에 능하던 것도 사방으로 흩어져가 버리는 거요 / 선옹(仙翁 : 송강 정철)은 강원도 관찰사로 떠난 지 며칠 됐다오 / (이제) 자네도 이번에 또 관서로 향해 가는 건가요?"[57]

이 시에서 옥봉은, 뒤늦게 관리(참봉)가 되었지만 한양의 관리로서 삶이 힘들고 ("적은 봉급으로 배고픔에서 헤어나지 못하고 있었다"), 쉽게 적응도 하지 못하고 있었음이 감지된다.

'관서로 떠나며…' 시 중 기봉 형이 나오는 부문부터 시를 보자. 앞에서 소개한 부문과 연결시키면 당시 시를 쓰던 옥봉의 절절한 심사가 느껴진다. 이 내용은 '관서로 떠나는…'의 후반부에 나온다.

> (1580년 봄 萬曆[58]八年春) …
>
> … 연광정(練光亭)[59] 아래로 흐르는 대동강이 푸르고 / 練光亭前浿江[60]碧

57) … 萬曆八年春, 玉川子寓居洛城裏. 薄祿不披飢. 歸耕日日思田里. 出門無所親. 竹馬二三人. 十日何曾一見顏. 中夜念之三四歎. 乃知萬事非人能. 須臾飄散之四方. 仙翁東去曾幾日. 夫子又此關西行. …

58) 만력(萬曆) : 명나라 신종(神宗) 만력제(萬曆帝)의 연호. 만력 8년이면 1580년이다.

59) 연광정(練光亭) : 평양의 대동강 가에 있는 누각. 관서 팔경의 하나로 대동강을 내려다볼 수 있는 덕암(德巖)이라는 바위 위에 있다. 조선 중종 때 허굉(許硡)이 건립하였다.

60) 패강(浿江) : 대동강의 별칭.

백상루(百祥樓)[61] 저 밖에는 묘향산 향로봉이 빼어나요 / 百祥樓外香爐[62]秀

배를 대고 쉬는 사공 아무에게나 물어 보게 / 便思往問艤船子[63]

영웅 중 손에 꼽는 영웅이란 진정 누구인지 / 屈指英雄定誰是

미인들은 관서별곡 부를 줄 알 것이다 / 佳人解唱關西曲

(형님이 평안도 평사로 그곳에 근무할 적에 이 별곡을 지으셨다. / 伯氏佐幕時, 留此曲)

역부들도 아직까지 그 당시 일 말할 것이다 / 郵僮[64]尙說當時事

봄바람 속에 그 노래를 들으면 훨씬 처연(凄然)할 것이요 / 春風聽曲倍悽然

(형님께서 불운으로 가신 지) 흐르는 물과 뜬구름처럼 30년이[65] 흘렀소 / 流水浮雲三十年

자네도 그때 일은 특별하였으니 생각이 날 거요마는 / 知君此時偏相憶

생각이 간절하여 글을 지었는데 '밝은 달(明月)'이라는 시(2편이)요[66] / 相憶應題明月篇

---

61) 백상루(百祥樓) : 평안남도 안주에 있다.

62) 향로(香爐) : 묘향산 향로봉(香爐峯).

63) 의선(艤船) : 물가에다 배를 대는 행위를 말한다. 의선자(艤船子)은 뱃사공을 말한다.

64) 우동(郵僮) : 역마(驛馬)를 끄는 하인.

65) 흐르는 물이 … 30년이 흘렀소 : 기봉이 1556년에 별세했고 이 시를 쓴 때가 1580년이므로 정확히 기봉 사후 25년째이다. 25년이므로 반올림하여 30여 년으로 표기한 것으로 보인다. 과거에는 늘 반올림을 했다.

66) '밝은 달(明月)'이라는 시(2편) : '명월(明月)' 제목으로 쓴 칠언절구 시와 오언절구 시를 가르킨다. 칠언절구 시는 동쪽(강원도)으로 간 친구 송강이 소식도 끊겨 송강을 그리며 술을 마신다는 내용의 시고, 오언절구 시는 고죽이나 송강이나 이별하지 않으면 좋겠다는 염원을 담은 시다. 그리고 이들 시에 이어 결구에서 다시 만나면 함께 대취하여 큰 소리로 노래 부르고 싶다고 읊었다.

밝은 달이 먼 동쪽 바다에서 솟으리니 / 明月遙從東海出

선옹(仙翁 : 동쪽으로 떠난 송강 정철)은

가더니만 편지를 툭 끊었으니 / 仙翁去後音書絶

내년 풀빛이 돌 때에 돌아오는 좋은 일이 있으려는가 / 明年草綠好歸來

문득 선옹(仙翁)을 소리 내 부르고는 술을 연달아 마신다오 / 却喚仙翁重擧杯"

(이상이 옥봉의 칠언절구 시)

술잔을 들어 밝은 달에 권하오니 / 擧杯勸明月

다시는 이별하는 자리 비추지 마시오 / 莫更照離別

강과 산은 사람을 배반하지를 않고 / 江山不負人

꽃이며 버들도 예전의 봄을 맞이할 거니 / 花柳依舊春"

(이상이 옥봉의 5언절구 시)

대취하여 한양의 거리에서 한껏 노래를 불러보세 / 大醉高歌洛陽陌

사람들 쏠림대로 몸을 맡기며 소리쳐 부르며 정녕 미친 객(客)이라 부를 만큼 / 從他喚作眞狂客

(『玉峯集』下/'詩',七言古詩)

우리는 이 시를 통해서, 옥봉은 형님을 영웅시하고 있었으며, 당시 관서지방에는 기봉의 '관서별곡'이 여전히 30여 년이 다 되도록 가인들에 의해 널리 불려지고 있었고, 관서는 기봉 형의 근무 현장이었으므로 고죽이 기봉 형을 더욱 그리워할 것이라고 옥봉이 생각하였다는 사실 등을 알 수 있게 된다.

그런데 이 시 결구에서 칠언절구, 오언절구로 쓴 시는 당시, 절친인 고죽과 이별하는 심사에 더해 기봉 형님에 대한 추억까지 겹쳐 있어 그 심사가 어떠했을까는 능히 짐작하게 해 주는 내용의 시다.

아마 이 시를 쓰면서 옥봉은 새삼 기봉 형에 대한 기억을 떠 올리고, 울컥하는 심사였을 것이다. 그리하여 친구와 헤어져 더욱 곤고해진 심사에 형에 대한 기억까지 겹쳐, 여린 옥봉의 정서가 크게 폭발되고도 남았을 것이다. 그런 이유들이, "문득 선옹(仙翁)을 소리쳐 부르고는 술을 연달아 마신다", "술잔을 들어 밝은 달에 권하오니 / 다시는 이별하는 자리 비추지 마시오." 등의 시구라든가, 이어진 결구에서 "대취하여 한양의 거리에서 한껏 노래를 불러보세 / 사람들 쏠림대로 몸을 맡기며 소리쳐 부르며 정녕 미친 객(客)이라 부를 만큼."이라는 표현으로 표출되었을 것으로 추정된다.

옥봉은 이 시에서 "배를 대고 쉬는 사공 아무에게나 물어 보게 便思往問艤船子 / 영웅 중 손에 꼽는 영웅이란 진정 누구인지 屈指英雄定誰是 / (관서의 미인들은) 관서별곡 부를 줄 알 것이다 佳人解唱關西曲 / (형님이 평안도 평사로 그곳에 근무할 적에 이 별곡을 지으셨다 伯氏佐幕時留此曲) / 역부들도 아직까지 그 당시의 일 말할 것이다 郵僮尙說當時事 / 봄바람 속에 그 노래를 들으면 훨씬 처연(凄然)할 것이요 春風聽曲倍悽然"라며 기봉 형이 '관서별곡'을 지었다고 기술하였다. 옥봉은 시를 통해서 기봉 형이 '관서별곡'을 지은 작가였음을 만천하에 공개했다고 할 수 있다. 기봉의 사후 25년만의 일이었다.

2. 조선 시단의 기봉 소개

『선조실록』, 기봉을 팔문장으로 소개

(1)

사헌부가 이순인이 시세에 영합한다고 체직을 청하다.

사헌부가 아뢰기를, "직제학 이순인(李純仁)은 시세에 영합하여 승진하려고 했으므로 여론이 그르게 여깁니다. 체직하소서."하니, 답하기를, "이순인이 영합한 것은 어떤 일인가?"하였다. 회계하기를, "이순인은 모든 일에 생소하고 어두우면서도 시세에 영합은 잘합니다. 처음에는 조원(趙瑗)에게 붙었다가 다시 이발(李潑)에게 붙었으며, 이이(李珥)와는 젊었을 때부터 서로 친한 사이였는데 그가 득세하고 못함에 따라 향배를 달리했으니, 그의 행실을 이런 데에서 알 수 있습니다."하니, 상이 이르기를, "이순인은 시강(侍講)한 지 오래되지 않았고 또 어떤 일을 맡지 않았으므로 그가 어떤 사람인지 알 수 없었기 때문에 물었을 뿐이다. 바로 아뢴 대로 하라."하였다. 이순인은 젊었을 적에 이산해(李山海), 최립(崔岦), 최경창(崔慶昌), 백광홍(白光弘), 윤탁연(尹卓然), 송익필(宋翼弼) 및 이이와 벗이 되어 '팔문장(八文章)'이라고 일컬어졌다. 그러나 본래 학식은 없이 시명(詩名)만 있었을 뿐으로 같은 무리 중에서는 가장 못난 인물이었으나 교우들이 훌륭했기 때문에 특별히 등용되었다가 이때에 와서 탄핵을 받은 것이다.

(『선조(수정실록)』'17년, 갑신(1584), 2월 1일')[67]

(2)

송익필 형제의 추문을 형조에 전교하다.

상이 형조에 전교하기를, "사노(私奴) 송익필(宋翼弼) 형제가 조정에 원한을 품고 기필코 일을 만들려 하였다. 조헌이 올린 소장도 모두 이 사람이 사주한 것이라 하니, 이는 매우 통분스러운 일이다. 하

---

67) 司憲府啓曰 : "直提學李純仁, 趨合時好, 以媒進取, 物議非之. 請遞職." 答曰 : "李純仁趨合, 有何事耶?" 回啓曰 : "純仁生疎迂暗, 善於趨時. 初附趙瑗, 又附李潑. 至於李珥, 乃其自少相善者, 而觀其冷暖, 以爲向背. 其行己, 於此可見矣." 上曰 : "純仁侍講不久, 又不任事, 予不知其爲人如何, 故問之耳. 卽依啓." 純仁少與李山海, 崔岦, 崔慶昌, 白光弘, 尹卓然, 宋翼弼及李珥爲友, 號八文章. 然本無學識, 但有詩名, 在儕輩最劣, 而以交遊之盛, 被特用, 至是見劾.

물며 종으로서 주인을 배반하고 도망하여 나타나지 않으니 더욱 놀랍다. 잡아 가두고 끝까지 추문(推問)하라."하였다. 송익필은 송사련(宋祀連)의 아들이다. 사련은 안당(安瑭)의 얼속(孼屬)으로 안처겸(安處謙)이 모변(謀變)한다고 고발하여 옥사를 만들어 상을 받고 첨지(僉知) 벼슬을 하였는데 그의 여러 아들이 모두 재예(才藝)가 있었다. 익필은 처음에 시명(時名)이 있어 이산해(李山海), 최경창(崔慶昌), 백광홍(白光弘), 최립(崔岦), 이순인(李純仁), 윤탁연(尹卓然), 하응림(河應臨) 등과 함께 팔문장(八文章)으로 불리었다. ….

(『선조(수정실록)』'23권, 선조 22년, 1589, 12월 1일')[68]

상기 기사에서 (1)은 이순인, (2)는 송익필에 대한 기사이다. 이 두 기사에 둘 다 팔문장이었다고 소개하고, 팔문장에 해당하는 사람들을 거명해 놓았다. 이 두 기사에서 팔문장은, 이산해(李山海), 최경창(崔慶昌), 백광홍(白光弘), 최립(崔岦), 이순인(李純仁), 윤탁연(尹卓然), 하응림(河應臨), 송익필(宋翼弼) 등 8인이었다.

이들 팔문장은 '선조 연간의 팔문장', 또는 '조선 팔문장'으로 통칭되었던, 당대의 유명한 문인들이고 문장가들이었다. 이들 팔문장에 당당히 기봉 백광홍이 속해 있었다. 정사의 실록에서 이 사실을 증언해 준 것이다.

(당대 기봉 대신 옥봉 백광훈도 팔문장으로 거명되기도 했는데, 이 팔문장에 대한 고찰은 '440~455쪽, 둘 다 팔문장이었다'에서 구체적으로 고찰하였다.)

68) 上傳于刑曹曰 : "私奴宋翼弼弟兄, 蓄怨朝廷, 期必生事. 趙憲陳疏, 無非此人指嗾云, 此極痛惋. 況以奴叛主, 逃躱不現, 尤爲駭愕. 捉囚窮推." 宋翼弼, 祀連之子也. 祀連以安瑭孼屬, 告安處謙謀變, 成獄得賞, 職僉知, 其諸子皆有才藝. 翼弼初有詩名, 與李山海, 崔慶昌, 白光弘, 崔岦, 李純仁, 尹卓然, 河應臨等, 號八文章.

이수광, 기봉의 평가

기봉의 사후 40여 년의 후인으로 조선조 중기 때 학자인 지봉 이수광(李睟光,1563~1628)도 조선 최초의 백과사전으로 불리는 『지봉유설(芝峯類說』에서 3회에 걸쳐 기봉을 언급했다.

이수광의 기봉에 대한 소개는 (1)『지봉유설』'권14, 文章部7, 가사')(1633년 간행) (2)『지봉유설』'권14, 文章部七, 여정麗情' (3)『지봉유설』'권13, 東詩' 편에 나온다.

여기서 (1)은 조선 전체의 가사(歌辭)를 소개하는 내용으로, 백광홍이라는 이름 석 자와 가사 제목 '관서별곡'만 언급되어 있다. (2)는 시인 최경창을 소개하면서(주제가 최경창), 최경창이 백광홍의 기녀에게 써준 시라면서, 백광홍 이름만 언급하다가 "백광홍이 일찍이 평안도평사를 맡고 있다가 세상을 떠났다. 그가 지은 '관서별곡'은 지금까지도 전하여지고 있다."면서 잠깐 백광홍을 소개해놓고 있다. (3)이 백광홍을 주제로 소개한 내용이다. 백광홍이 언급된 이수광의 소개 내용들을 보자.

(1)

우리나라의 가사는 우리말을 섞은 까닭에 중국의 악부와 더불어 견줄 수가 없다. 근세에 송순(宋純)과 정철(鄭澈)이 지은 것이 가장 훌륭하다. 그러나 입으로 회자되고 마는데 지나지 않았으니 애석하다. 장가(長歌)는 '감군은(感君恩)' '한림별곡' '어부사'가 가장 오래되었다. 근세에 '퇴계가(退溪歌)' '남명가(南冥歌)'와 송순의 '면앙정가', 백광홍의 '관서별곡', 정철의 '관동별곡' '사미인곡' '속사미인곡' '장진주사'가 세상에 널리 전해진다. 그밖에 '수월정가' '역대가' '관산별곡' '고별리곡' '남정가' 따위가 아주 많다. 나 또한 '조천곡'[69]을 전후

69) 조선 중기에 이수광(李睟光)이 지은 가사. 전후 2곡으로 되어 있다고 하지

두 곡 지었는데, 또한 장난일 뿐이다.[70)]

(2)

최경창(崔慶昌)이 연경(燕京)에 갔을 때이다. 중국에서 명성이 있는 총병(摠兵) 양조(楊照)[71)]의 장수로 그의 묘(廟)는 영원위(寧遠衛)에 있다. 공(최경창)이 지은 시가 있다. "날이 저물어 구름이 산을 비추니(운중에 해 지자 불빛이 산을 비치니) 日沒雲中火照山 / 선우(單于 : 오랑캐)는 이미 녹두관(鹿頭關)에 가까이 다가왔네 單于已近鹿頭關 / 장군이 홀로 천 명을 거느리고 나아가서 將軍獨領千人去 / 한밤에 요하(蘆河) 건너 싸우다 돌아오지 않았구려. 夜渡遼河戰未還."[72)73)] 이 시는 우수한 작품이다. 다만 사슴은 요계(遼薊)가 아니다. 또

만 현재는 전하지 않는다. '조천곡(朝天曲)' · '조천록(朝天錄)'이라고도 하는데, 신흠(申欽)이 『상촌집(象村集)』에서 평하기를 '고결하고도 유려한 가사'라고 극찬하였다. 작품의 제목으로 보아 중국 명나라에 사신으로 다녀와서 그곳의 풍물과 감회를 보고형식으로 노래한 사행가사(使行歌辭)로 전해지고 있다.

70) 我國歌詞, 雜以方言, 故不能與中朝樂府比並. 如近世宋純鄭澈所作 最善. 而不過膾炙口頭而止, 惜哉. 長歌則感君恩 翰林別曲 漁父詞最久, 而近世退溪歌 南冥歌 宋純俛仰亭歌 白光弘關西別曲 鄭澈關東別曲 思美人曲 續思美人曲 將進酒詞, 盛行於世. 他如水月亭歌 歷代歌 關山別曲 古別離曲 南征歌之類甚多. 余亦有朝天前後二曲, 亦戱耳.

71) 총병 양조묘(楊照廟) : 중국 요녕에 있는 명나라 장군 양조(양조) 사당. 명나라 때 요동 총병관을 지냈던 장군으로 선우(單于)와의 전쟁에 출병해 전사한 인물이다.

72) 이 시는 『고죽유고(孤竹遺稿)』(칠언절구)에 '양조의 사당을 지나며 느낌이 있어 過楊照廟有感'라는 제목으로 실려 있다. 이 시에 대해 허균도 "(이 시는) 당나라 시인의 우수한 시에 뒤지지 않으므로 중원에서 칭찬받은 것이 마땅하다. 許筠, 鶴山樵談. 楊忠壯公照之墓曰 … 此詩 不減唐人高處 宜乎見賞於中原也."고 하였다.

73) 이 시는 최경창이 1576년 중국 사신으로 가던 길에 영원위(寧遠衛)에서 양조의 사당을 보고 그의 무인다운 용감성을 기려서 지은 칠언절구 시다. 이런

운중(雲中)이나 요하(遼河)는 모두 지명이다. 중첩된 듯하다.

최경창이 백광홍이 사귀던 기생에게 준 시('기성에서 백평사의 별곡을 듣고 箕城聞白評事別曲'를 말한다.)에서 이렇게 말했다. "금수산의 꽃 안개와 빛깔은 변함없는데 / 능라도 방초(꽃다운 풀)는 지금도 봄이구나 / 선랑 신선 가버린 뒤에는 소식도 없으니 / 관서별곡 한 곡조에 눈물이 수건 가득하네." 백광홍은 일찍이 평안도평사를 맡고 있다가 세상을 떠났다. 그가 지은 '관서별곡'은 지금까지도 전하여지면서 노래로 불리고 있다. 이원(梨園)[74]의 여러 기생들이 노래를 듣고는 문득 눈물을 떨구었기에 (시인은) 이렇게 말한 것이다. 금수연하(錦繡烟霞)와 능라방초(綾羅芳草)는 '관서별곡' 가운데 나오는 말이다.[75]

(3)

백광홍은 호남 사람이다. 평안 평사가 되어 풍정을 절제하지 않고 영변의 기생을 아꼈다. 병으로 인해 체직되어 돌아온 뒤에 관서로 놀러 가는 사람을 전송하는 시에서, "백상루(百祥樓) 아래 그대 가서 물

종류의 시는 성당의 잠삼(岑參), 고적(高適), 왕찰령(王昌齡) 등이 즐겨 읊었던 당시(唐詩)의 한 경향인데, 당시 삼당시인으로 당시 풍의 시를 즐겨 썼던 최경창도 변방에서 북평사를 지냈으므로 여기에 감흥을 일으켜 이 시를 지은 것으로 여겨진다.

74) 장악 기관의 하나. 조선 초기의 아악서 · 전악서 · 악학 · 관습도감을 합친 것으로, 세조 12년(1466)에 장악서로 통합하였고, 예종 원년에 다시 장악원으로 바꾸었다. 장악원은 좌방(左坊)과 우방(右坊)이 있는데, 좌방은 아악(雅樂)을, 우방은 속악(俗樂)을 맡았다. 장악원은 일종의 관기(官妓) 양성소였다.

75) 崔斯文慶昌赴京時. 中朝摠兵楊照名將也. 廟在寧遠衛. 公題詩曰. 日暮雲中火照山. 單于已近鹿頭關. 將軍獨領千人去. 夜渡遼河戰未還. 此乃佳作. 而但鹿頭關非遼薊地. 且雲中遼河皆地名. 似重疊矣. 贈白光弘舊妓曰. 錦繡烟霞衣舊色. 綾羅芳草至今春. 仙郎去後無消息. 一曲關西涙滿巾. 白光弘曾任平安評事而卒. 其所製關西別曲. 至今傳唱. 梨園諸妓聞輒下涙故云. 錦繡烟霞綾羅芳草. 乃其曲中語也. (『芝峯類說』'卷十三, 文章部六, 東詩')

어보면, 아가씨 중 응당 몽강남(夢江南)이 있으리라."라고 하였다. 얼마 못가서 세상을 떴다. 대저 뜻 높은 선비로 여자에게 마음에 이끌려 이처럼 마음을 쏟았으니, "십년 만에 한번 양주 꿈을 깨고 보니(十年一覺楊州夢)"라고 한 것과는 또한 다르다 하겠다. 지금도 관서의 기생들은 그 풍류를 사모하여 백서기(白書記), 백서기라고 한다. (시 속에 계자筓字가 마땅치 않다.)[76]

인용한 기사 (1)에서 이수광도 자기를 '조천곡'을 작사한 가사 작가로 소개하였는데, 왜 기봉의 '관서별곡'에 대해서 더 이상의 소개는 하지 않았을까. 이수광도 백광홍이 '관서별곡'을 창작했음을 알았지만 작품을 보지 못했기에 작품에 대해 언급하지 못했을 것이다.

기사 (2)는 최경창을 소개하면서 후미에 백광홍을 덧붙여 소개하고 있는 내용이다. 이수광은 최경창이 백광홍이 아끼던 기녀를 만나 쓴 시 일부를 소개하였다. 여기서 이수광은 백광홍이 '관서별곡'의 작가였음을 밝혔다. 이는 옥봉 백광훈 다음으로 백광홍을 '관서별곡'의 작자로 소개한 셈이 되었다. (白光弘曾任平安評事而卒. 其所製關西別曲. 至今傳唱. 梨園諸妓聞輒下淚故云. 錦繡烟霞綾羅芳草. 乃其曲中語也.)

기사 (3)에서는 기봉이 최경창에게 써 준 기녀의 시의 일부분이 소개되어 있다.

백광홍과 관련된 기녀 시가 결국 이수광에 의하여 최초로 소개

---

76) 白光弘湖南人. 爲平安評事. 風情不節. 眷寧邊妓. 因病遞還. 後送人遊關西詩曰. 君到百祥樓下問. 筓中應有夢江南. 未久而卒. 夫以不羈之士. 而惑於尤物. 惓惓若此. 與十年一覺楊州夢者. 亦異矣. 至今關西妓生慕其風流. 必曰白書記白書記云. 詩中筓字未穩. (『지봉유설(芝峯類說)』'卷十四, 文章部七, 여정麗情') || (정민 역, 『국역 岐峯集』 271쪽.)

된 셈이고, (백광홍의 기녀의 시는 기녀만 나오는 대목만 소개했다.) 이로써 이수광은 결국 이후 기봉과 관련해 기녀와 연루설의 단초를 제공한 것으로 보여진다.

[(2)의 최경창의 기녀의 시는 앞 299~301쪽에서 소개하였고, (3)의 기봉 시도 372~378쪽에서 후술된다.]

(3)에서 이수광이 기봉에 대한 평가 부분이 나온다. 이 부문을 더 살펴보자. 여기서 나오는 '관서로 놀러 가는 사람'은 고죽 최경창이고, 이때 기봉이 고죽에게 써준 시가 '최고죽의 부채에 붙이다 題崔孤竹扇'이다. 최경창은 후에 안주의 백상루를 찾아가서 이 부채를 (기봉이 말했던 그 기녀에게) 전해 주었다. 기녀는 이미 부음을 받은 뒤였기에 부채를 받고 매우 슬퍼했다고 한다. 그런데 여기서 이수광이 "대저 뜻 높은 선비로 여자에게 마음에 이끌려 이처럼 마음을 쏟았으니, '십년 만에 한번 양주 꿈을 깨고 보니 十年一覺楊州夢'[77]라고 한 것과는 또한 다르다"고 한 것은, 중국의 시인 두목(杜牧)[78]이 틈만 나면 기생집에 드나들어 구설이 있었던 것을 말한다. 그러므로 두목이 놀이 삼아 기생집에 드나든 데 반

---

77) 두목(杜牧) : '회포를 풀다 遣懷' : "뜻 잃은 초라한 몸으로 강호에 노닐 때는 술 달고 다니며 落魄江南載酒行 / 옛 초나라 미녀의 여리고 가는 허리도 품어보았다네 楚腰纖細掌中輕 / 지난 10년간 호기로웠던 양주의 꿈에서 깨어나 보니 十年一覺揚州夢 / 남은 건 유흥가의 무정한 건달이라는 이름 뿐이라네 贏得青樓薄倖名 (번역-백수인. 원문은 『唐詩三百首』'293 遣懷, 동서문화사')

78) 두목(杜牧,803~852) : 중국 당나라 후기의 시인이다. 경조부(京兆府) 만년현(萬年縣 : 지금의 산시성 시안시) 사람으로 자는 목지(牧之), 호는 번천(樊川)이다. 『통전』의 저자로 유명한 대학자 두우의 손자로, 마찬가지로 당나라 후기의 시인으로 꼽히는 두순학은 그의 서자로 알려져 있다. 중당 시대의 시인 두보와 작풍이 비슷하며, 노두(老杜) 두보와 구별하기 위해 소두(小杜)라고도 부르며, 동시대의 시인 이상은과 함께 '만당의 이두(李杜)'로 통칭된다.

해, 이와 달리 기봉은 두목의 기생 편력과는 다르게 참으로 마음(진정한 마음)을 주어 기녀를 사랑했다는 뜻을 밝히고 있다. 즉 두목 시인에게는 "박정하다는 기생집 평판" 뿐이었는데, 이와 달리 기봉을 두고는 "지금도 관서의 기생들은 그의(기봉의) 풍류를 사모하여 백서기(白書記), 백서기 라고 한다."는 것으로, 이수광은 기봉이 기녀를 사랑한 것은 두목의 방탕한 기생집 출입과는 다른(亦異矣) 차원의 사랑 즉, 기봉의 아름답고 진정한 의미에서의 사랑과 풍류를 칭송하며 평가한 것이다.

그런데 여기서 이수광이 기봉의 기녀와의 사랑을 '참으로 마음을 주어 사랑했다'는 뜻으로 해석하였지만, 서두에 "풍정을 절제하지 않고 영변의 기생을 아꼈다. 병으로 인해 체직되어… 風情不節. 眷寧邊妓. 因病遞還"라는 부분은 자칫 기봉의 기녀와의 사랑을 '그릇된 사랑' 등으로 오해하기 쉽도록 하는 단초가 되기도 했을 수 있다. 또 기봉과 마음을 나누었던 기녀를 '몽강남(夢江南)'으로 표현한 이 시를 소개, 기봉이 사랑했던 기녀가 몽강남이라는 기녀였다는 식으로 오해하게 된 원인이 되었을 것이다.

그렇다 보니, 기봉이 사랑했던 기생이 '몽강남(夢江南)'이었다고 쓴 논문과 해설서, 안내 책자는 허다할 정도였다. 그러나 이는 시 '최고죽의 부채에 붙이다 題崔孤竹扇'를 잘못 번역한 데서 기인한 것으로 보인다. (이에 대한 내용은 372~378쪽에서 보다 구체적으로 후술된다).

『국조인물지』·『여지도서』와 기봉

(1)

백광홍 : 자 대유, 호는 기봉, 해미인이다. 임자년에 문과에 급제하

다. 아우 백광훈이 있다. 자는 창경이고 호는 옥봉이다. 관직은 참봉이다. 아름다운 서체는 진체(晉體 : 왕희지 글씨체)[79]다. '홍경사(옥봉이 쓴 시제)'를 읊은 시가 있다. "가을 풀 쓸쓸한 전조의 절 秋草前朝寺 / 낡은 비석엔 학사의 글 殘碑學士文 / 유수는 천년토록 의구한데 千年有流水 / 해질 무렵 떠가는 구름을 보네 落日見歸雲". (백광훈은) 일찍이 일재 이항의 문하에서 수업을 받아, 우반(愚磻) 허진동(許震童)[80]과 이름을 나란히 하였다. (『국조인물지』'二, 明宗朝')[81]

(2)

백광홍(白光弘) : 호는 기봉(岐峯). 생원과 진사에 등제(登第). 호당(湖堂)을 역임하다. 아우 광훈(光勳)은 호가 옥봉(玉峯)이다. 시(詩)와 서(書)로 이름을 떨쳤다. 벼슬없이 백의종사하였다.[82] 종제 광성은 호가 동계다. 아우 광안은 호가 풍잠이다. 이들 모두 문장으로 이름을 떨쳤다. (『여지도서(輿地圖書)』'全羅道. 長興府, 인물')[83]

---

79) 진체(晉體) : 중국 진(晉)나라의 명필(名筆) 왕희지(王羲之)의 글씨체. '우군체(右軍體)'라고도 한다.

80) 허진동(許震童,1525~1610) : 본관은 태인(泰仁). 자는 백기(伯起). 호는 동상(東湘). 사산감역, 예빈시참봉, 삼례찰방, 수운판관 등을 역임하였으며 『동상집』 등을 저술했다.

81) 白光弘 : 字大裕, 號岐峯, 海美人. 壬子文科, 評事. 弟光勳, 字彰卿, 號玉峯. 官止參奉. 善書晉體. 以詩鳴其弘慶寺, 詩曰 : "秋草前朝寺, 殘碑學士文. 千年有流水, 落日見歸雲." 嘗受業于一齋李恒之門, 與愚磻許震童齊名. (『靑邱漫輯』)

82) 벼슬없이 백의종사하였다 : 옥봉 백광훈이 1572년(선조5) 명나라 사신이 오자 노수신을 따라 백의(白衣)로 제술관(製述官)이 되어 사신을 감탄하게 하여 백광선생(白光先生)의 칭호를 얻을 수 있었던 예화를 가리킨다. [백의종사(白衣從事) : 백(白)은 '아무것도 없다'는 뜻으로도 많이 쓰인다. '백의종사(白衣從事)'의 종사(從事)는 어떤 일에 매달려 일하는 것을 의미하므로, 백의종사는 아무런 직책을 갖지 않고 열심히 어떤 일에 열중하는 것을 말한다.]

83) 白光弘. 號岐峯. 生進登第, 歷湖堂. 弟光勳, 號玉峯, 以詩筆鳴, 以白衣從事儐僚. 從弟光城, 號東溪, 光顔, 號楓岑, 俱以文章鳴.

상기 기사 (1)은 『국조인물지(國朝人物志)』, (2)는 『여지도서』에 게재된 백광홍의 소개 내용이다. 『국조인물지』는 안종화(安鍾和,1902~1966)가 1909년, 조선 초부터 철종 때까지의 주요 인물의 행적을 기술한 인물집으로 모두 3책으로 되어 있으며 등재된 인물은 모두 3,000여 인에 이른다.

『여지도서』는 1757년~1765년, 전국의 각 읍에서 편찬한 읍지를 모아 성책한 전국 지방지 성격의 책자로 총 55책에 이른다. 편찬된 지 200년이 지난 『신증동국여지승람』의 개편을 위해 왕명으로 각 읍에 읍지를 올려 보내도록 하여 성책한 전국 지리서 성격의 책자이다.

한 권은 조선조 전국 인물지, 또 한 권은 전국 지방지 성격의 책자인데, 여기 두 곳에서 백광홍이 수록되어 있다. 이 두 기록에서, 기봉의 사후로부터 근 2, 3세기 동안 백광홍의 평가가 어땠는지를 추측할 수 있다. 두 곳에서 모두 백광홍과 백광훈이 비교해 소개해 놓았는데, 기봉은 시인으로서가 아니라 과시 합격자, 관료로서 호당, 평안도 평사 등 직책의 소개에 그쳤지만, 옥봉 백광훈에 대해서는 그의 시 1편을 소개하기도 하고 시인으로 크게 활동했음을 표현하였다. 이 두 책자에서는 기봉의 '관서별곡'은 언급되지도 않았음을 알 수 있다.

의병장 고상안, "요물에 현혹…"

조선 중기 학자로 임진왜란 때 의병장이기도 했던 태촌(太村) 고상안(高尙顔,1553~1623)[84]도 『태촌집(泰村集)』('총화叢話 · 여

84) 고상안(高尙顔,1553~1623) : 자는 사물(思勿), 호는 태촌(泰村). 조선 중기

화餘話')에서 '백광홍의 시재 白光弘之詩才'라는 제목으로 기봉을 소개하였다. 태촌은 여기에서 "(기봉이) 요물(妖物 : 기녀)에 현혹되어 스스로 그 장수를 재촉하였다."라고 평가했다.

> 성은 백(白)이고 이름은 광홍이다. 해인사 시에 가로되 "일주문 앞에서 쉰다 / 대간일(三竿日)이 이미 저물어졌다 / 배꽃이 산에 비를 맞은 후 / 온 땅이 하얗게 분분하다. 一柱門前憩. 三竿日已曛. 梨花山雨後. 滿地白紛紛."고 하였다. 만약 그가 몇 년을 더 수양을 쌓았다면 그 재능은 시단에 독보적일 수 있었다. 관서의 평사였다. 그런데 요물(妖物)에 현혹되어 스스로 그 장수를 재촉하였다. 가장 애석하다.[85)]

여기서 태촌이 '해인사…' 운운한 시는 실제로 기봉의 시가 아니다. 그런데도 이를 기봉의 시로 잘못 기록하였다. 이 시는 석천(石川) 임억령(林億齡,1496~1568)의 '해인사 일주문을 제재로 하여 題海印寺沙門柱'라는 시였다. 석천의 이 시는 『석천선생시집(石川先生詩集)』(卷四, 五言絶句)에 실려 있다. 즉 "題海印寺沙門柱 : 一柱門前憩 三竿日已曛 梨花山雨後 滿地白紛紛."의 시가 그것이다.

여기서 태촌은 기봉을 관서의 평사로 소개하고 기봉이 몇 년 동안 시적 능력을 수양하면 독보적이었을 것이라고 소개한 부분까

에 함창현감, 풍기군수 등을 역임하였다. 임진왜란이 발발하자 함창에서 의병 대장으로 활약하다가 벼슬을 그만두고 전원생활을 하던 중에 '농가월령가'를 저술했다고 추정되는 문신이다. 문집으로 6권 3책의 『태촌집(泰村集)』이 있다. 그의 행장(行狀)에 의하면, 농사에 밝고 문장이 능하며, 농군을 가르치고 농사에 관한 저술을 남겼다고 한다.

85) 白光弘之詩才 : 白斯文光弘. 題海印寺詩曰. 一柱門前憩. 三竿日欲曛. 梨花山雨後. 滿地白紛紛. 若加以數年培養. 才華則可獨步騷壇. 而爲關西評事. 惑於妖物. 自促其壽. 最可惜也. (『泰村先生文集』'卷之五, 效嚬雜記下, 餘話'.)

지는 좋았다. 그런데 "요물에 현혹되었다", "스스로 수명을 단축하였다" 등의 말을 첨언, 한참을 빗나가버린 기봉의 소개가 되고 말았다.

이유원, '관서별곡' · '관산별곡' 혼동

『기봉집』이 간행(1899년 발행)되기 10년~30여 년 사이에 이유원(李裕元,1814~1888)[86]은 『임하필기(林下筆記)』('해동악부')에 기봉과 '관서별곡'을 소개하였다. (이유원은 이 기사에 실린 내용을 자신의 또 다른 저서 『가오고략』('册一, 악부, 보제산락補製散樂 十六首')에서 '관서별곡'을 소개하였다. (이 내용은 이 '해동악부' 편에서 소개한 내용과 동일하다.)

관산별곡(關山別曲)[87]

---

86) 이유원(李裕元,1814~1888) : 조선 왕조 후기 문신이다. 고종 때 영의정을 지냈다. 본관은 경주이며, 이항복의 후손이다. 자는 경춘(景春, 京春), 호는 귤산(橘山), 묵농(默農)이다. 시호는 충문(忠文)이다. 헌종 때(1846년) 문과에 급제하여 대교, 서장관, 집의를 거쳐 철종 때 의주부윤이 되고 사헌부대사헌을 거쳐 형조판서, 의정부우참찬, 한성부판윤 등을 역임했다. 고종 때 함경도관찰사가, 곧 좌의정이 되고 수원부유수와 판중추부사로 있다가 서사관을 거쳐 도제조가 되고 곧 영의정이 된다. 저서로 『임하필기(林下筆記)』, 『가오고략(嘉梧藁略)』이 있다.

87) '관서별곡'과 '관산별곡'은 별개의 가사이다. '관산별곡(關山別曲'은 중종 때의 문신 반석평(潘碩枰,?~1540)이 지은 것으로 실전된 것으로 알려지고 있는 가사이다. 이수광도 『지봉유설』에서 '관서별곡' 외에 '관산별곡'이 있었음을 기록하고 있다. … 我國歌詞. 雜以方言. 故不能與中朝樂府比並. 如近世宋純, 鄭澈所作最善. 而不過膾炙口頭而止. 惜哉. 長歌則感君恩, 翰林別曲, 漁父詞最久. 而近世退溪歌, 南冥歌, 宋純俛仰亭歌, 白光弘關西別曲, 鄭澈關東別曲, 思美人曲, 續思美人曲. 將進酒詞盛行於世. 他如水月亭歌, 歷代歌, 關山

산은 흩어져 있고 물은 넘쳐흐르는데 / 春山點點水溶溶
성 위에 있는 누대는 몇 층이나 되는고 / 城上樓臺望幾重
창문에서 이원 제자 노랫소리 흘러나오는데 / 綠窓歌咽梨園子
그 집은 바로 수양버들 짙푸른 속에 있도다. / 家在垂楊一色濃.

평사(評事) 백광홍(白光弘)이 이 가곡을 지었는데[88], 옛사람의 시[89]에, "긴 성 한편에는 넘쳐흐르는 물이요 넓은 들 동쪽에는 흩어져 있는 산이로다. 長城一面溶溶水 大野東頭點點山"라는 말이 있으므로 이것을 제목으로 삼은 것이다. 그리고 관서죽지사(關西竹枝詞)[90]에, "푸른 창문에서 노랫소리 흘러나오는데 이것은 모두 이원 제

別曲, 古別離曲 南征歌之類甚多. 余亦有朝天前後二曲. 亦戲耳. (『芝峯類說』 '卷十四, 文章部七, 歌詞')

88) "평사(評事) 백광홍(白光弘)이 이 가곡을 지었는데…" : 기봉은 '관서별곡'을 지었지 '관산별곡'을 지은 것은 아니다.

89) "옛 사람의 시" : 옛 사람은 고려 시대의 시인인 김황원(金黃元)을 가리킨다. 그는 평양에 있는 부벽루(浮碧樓)에 올라갔다가 거기에 걸린 평양 산천을 읊은 시들이 신통치 못하다고 모두 불태워 버리고, 자신이 지어 걸기로 하여 해질 무렵에야 겨우 이 한 구를 짓고는 끝내 그 시를 완성하지 못하여 통곡하며 내려왔다는 일화가 전한다.

90) 중국 순(舜)임금이 남방을 순수하다가 창오야(蒼梧野)에서 세상을 떠나자 두 부인 아황(娥皇)과 여영(女英)이 대나무에 피눈물을 흘리며 서러워하다 상수(湘水)에 빠져 죽은 후, 두 여인을 상수의 신(神)으로 받들었으며 당시 동정호 일대에 상부인의 사정을 기념하는 노래가 퍼졌는데 이를 죽지(竹枝)라고 명명했다. 이후 죽지사는 민가의 노래로 정착되었다. 죽시사는 읊조리는 시가 아니라 가창(歌唱)을 전제한 7언절구의 노랫말로 후에 문인들이 즐겨 짓는 문학작품의 하나로 문단에 정착하게 되었다. 이후 우리나라에서는 신광수(申光洙,1712~1775)의 '관서악부(關西樂府)'가 '관서죽지사(關西竹枝詞)'로 명명되기도 하였다. 여기서 '관서죽지사'라고 소개한 시는 정지상(鄭知常)의 '서도(西都)'라는 시다. [정지상을 '관서죽지사'를 쓴 작가로 소개한 이유가 의문이다.] 즉 "번화로운 거리 봄바람에 보슬비 지나간 뒤 紫陌春風細雨過 / 가벼운 티끌조차 일지 않고 버들개지만 휘늘어졌다 輕塵不動柳絲斜 / 푸른 창 붉은 문에 흐느끼는 노랫가락 綠窓朱戶笙歌咽 / 이 모두 다 이원제자(梨園弟子)의 집이라네 盡是梨園弟子家 [이원제자(梨園弟子) :

자의 집일러라. 綠窓朱戶笙歌咽 盡是梨園弟子家"라고 하였다.[91]

(『임하필기』'제38권, 해동악부' || 한국고전번역원, 김동주 역, 2000)

이유원의 '관산별곡' 이하의 소개는 기봉과는 전혀 상관없는 소개 내용이다. 기봉의 관산별곡이라면서 소개한 시도 기봉의 시가 아니다. 다만, "평사(評事) 백광홍(白光弘)이 이 가곡을 지었다"는 말만 기봉 백광홍을 소개하는 내용의 전부일 뿐이다.

이밖에도 이유원은 『임하필기 제16권』('문헌지장편文獻指掌編, 제현諸賢들이 지은 노래')에서도 백광홍을 소개한다. 즉, "… 문순공 이황(李滉)이 도산구곡가를 지었고, 문성공 이이(李珥)가 주희의 무이구곡을 모방하여 노래를 지었으며, 평사 백광홍이 관서별곡(關西別曲)을 지었고, 문청공 정철이 관동별곡 · 사미인곡 속사미인곡 · 장진주사를 지었는데, 이것이 세상에 널리 유행하였다. …"[92]라는 내용이 그것이다.

이유원은 『임하필기 16권』 외에 『임하필기 제18권』('문헌지장편文獻指掌編')에서도 " … 산유화가(山有花歌) 1편은 백제의 노래로, 남녀 간의 사랑을 노래한 곡이나 지은 사람은 미상이다. 서경곡(西京曲) 1편과 대동강곡(大同江曲) 1편은 기자조선(箕子朝

당나라 현종이 이원(梨園)에 악부(樂部)를 설치하고, 남녀를 모아 음악을 가르쳤다.] (『동문선』'제19권, 칠언절구, 서도西都')

91) 春山點點水溶溶. 城上樓臺望幾重. 綠窓歌咽梨園子. 家在垂楊一色濃. 白評事光弘. 作此曲. 古人題詩曰. 長城一面溶溶水. 大野東頭點點山. 爲着題. 關西竹枝詞曰. 綠窓朱戶笙歌咽. 盡是梨園弟子家. (한국고전번역원,1999~2000)

92) 李文純公滉. 作陶山九曲歌. 李文成公珥. 倣武夷九曲. 作歌. 白評事光弘. 作關西別曲. 鄭文淸公澈. 作關東別曲. 思美人曲. 續思美人曲. 將進酒辭. 盛行於世. (『임하필기 제16권』,'文獻指掌編, 제현諸賢들이 지은 노래')

鮮)의 노래이고, 동경가(東京歌) 1편은 신라의 노래이고, 관동별곡(關東別曲) 1편은 정철(鄭澈)이 지었고, 관서별곡(關西別曲) 1편은 평사(評事) 백광홍(白光弘)이 지었다."면서 기봉의 관서별곡을 소개하고 있다.

■ 김양근(金養根,1734~1799)도 『동야집(東埜集)』에서, "백기봉(白岐峯)의 관서별곡이 있다. 白岐峰關西別曲."고 소개했다(『東埜集』'卷之八. 題跋, 書李處士 涉 瑪川別曲後').

■증보문헌비고(增補文獻備考)[93]에도 백광홍의 이름과 '관서별곡'이 나온다. 즉 "백광홍 평사가 관서별곡을 지었다. 白評事光弘作關西別曲."라고 실려 있다. [94]

이상에서 보듯이, 백광홍에 대한 소개 내용은 대체적으로 가사 작가로서 백광홍의 이름과 작품 제목인 '관서별곡'으로 잠깐 언급한 것이 거의 전부였다. 또 백광홍의 소개에서는 대체적으로 기녀와의 연루설이나 기봉이 병이 든 것도 기녀 때문이었을 것이라는 식의 부정적인 평가가 주류였다. 이와 관련해서 보다 사실적인 이해가 필요할 것 같다.

93) 증보문헌비고(增補文獻備考) : 조선 영조 46년(1770)에 편찬된 동국문헌비고(東國文獻備考) 100권을 대한제국 광무 7년(1903)에 최종 증보하여 발간한 한국 전통문화 백과사전. 총 250권 50책이며, 현재 국립중앙도서관 등에서 소장하고 있다. 상고(上古) 시대로부터 조선 영조 때까지의 우리나라의 문물과 제도를 총망라하여 압축한 책이다.

94) 『增補文獻備考』('권 107, 樂考 18. 1')

3. 기봉의 긍정 평가 사례

홍만종의 기봉 소개

조선조 중기에 우리나라 가사문학을 소개한 이는 이수광과 홍만종(洪萬宗,1643~1725)이었다. 이수광의 기봉에 대한 소개에 이어 홍만종도 기봉의 소개에 거들었다.

홍만종은 조선 후기 부사정, 참봉, 첨지중추부사 등을 역임한 문신으로, 시평가(詩評家)로 활동하였다. 조선 중기의 문신 정두경(鄭斗卿,1597~1673)의 문인으로, 김득신(金得臣) · 홍석기(洪錫箕) 등과 교유하였다.

그는 문필로 이름이 있는 집안에 태어나 문재가 있었지만 벼슬을 버리고 학문과 문장에 뜻을 두어 역사 · 지리 · 설화 · 가요(歌謠) 시 등의 저술에 전념하였으며 특히 시평(詩評)에 있어서는 소년기부터 노년까지 깊이 연구하여 많은 업적을 남겼다. 편서로 『소화시평(小華詩評)』 · 『순오지(旬五志)』 · 『시평보유(詩評補遺)』 등 10여 종이 있다.

특히 수상록인 『순오지(旬五志』에서 그는 기봉과 '관서별곡'에 대한 소개를 남겼다.

> 관서별곡은 기봉 백광홍이 지은 것이다.
>
> 공이 평안평사가 되었을 때 강산의 아름다움을 두루 다니면서 중국과 우리나라의 사이를 찾아보았다. 그리고 관서 땅의 아름다움을

한편에 담은 것이다.[95)96)]

김홍욱 · 홍세태, 기봉 기리는 시편

기봉을 시인으로 기억하며 기봉 관련의 시편을 남긴 이도 있었다. 학주 김홍욱과 유하 홍세태가 그들이다.

학주(鶴州) 김홍욱(金弘郁,1602~1654)은 조선 중기의 문신으로 그의 시가와 산문을 엮어 1718년에 간행한 시문집『학주전집』을 남겼다. 이 시집에서 학주는 '백평사에게 부친다 - 백광홍 기

---

95) 關西別曲, 岐峯白光弘所製. 公爲平安評事, 歷遍江山之美, 聘望夷 夏之交. 關西佳麗, 寫出於一詞. ('정민 역,『기봉집』, 2018, 271쪽')

96) 다음은 홍만종의 백광홍에 대한 소개 앞에 있는 글이다. : "우리나라 사람이 지은 가곡은 오로지 방언만 사용하고 간혹 문자를 섞었으나 대개가 언문으로 된 것이 세상에 전하고 있다. 대개 방언을 사용하는 것은 그 나라 풍속에 있어서 그렇지 않을 수 없기 때문이다. 가곡이 중국의 악보와 견줄 수는 없을지라도 또한 볼 만하고 들을 만한 것이 있다.『상촌집』의 '지봉의 조천록 가사에 씀'을 살피면, "중국에서 가사라고 하는 것은 곧 고악부 및 신성을 관현에 올린 모든 것을 이른다. 우리나라에서는 우리 소리를 내어 한문에 맞춰야 하는데, 이것이 비록 중국과 다르기는 하지만 정경이 모두 실리고 음률이 조화를 이루고 있어서 사람들로 하여금 읊게 하여 마음껏 즐기게 하면 손을 덩실거리고 발을 들썩거리는 데 있어서는 똑같다."라고 했으니, 믿을 수 있는 말이 아닌가. 내가 장가 중에서 세상에 잘 알려진 것을 뽑아서 다음과 같이 간략하게 평가해 보기로 한다. 我東人所作歌曲 專用方言 間雜文字 率以諺書 傳行於世 蓋方言之用 在其國俗 不得不然也 其歌曲 雖不能與中國樂譜比竝 亦有可觀而可聽者 按象村集 其書芝峯朝天錄歌詞曰 中國之所謂歌詞 卽古樂府暨新聲 被之管絃者俱是也 我國則發之藩音 協以文語 此雖與中國異 而若其情境咸載 宮商諧和 使人詠嘆淫佚 手舞足蹈 則其歸一也云 信哉言乎 余取其長歌中 表表盛行於世者 略加評語" (洪萬宗,『旬五志』下)

이어 홍만종이 소개한 가사는 '역대가', '권선지로가', '원분가', '면앙정가', '관서별곡', '관동별곡', '사미인곡', '속사미인곡', '장진주사', '강촌별곡', '원부사', '유민탄', '목동가', '맹상군가' 등이었다.

녀를 생각하며 贈白評事 光弘 所眄妓"라는 시를 썼다.

백평사에게 부친다
- 백광홍 기녀를 생각하며 贈白評事 光弘 所眄妓

청란(青鸞)[97]이 울리어 거울과 아귀를 울렸다 / 青鸞啼鏡翠蛾嚬
강에 꽃이 떨어진 후 다시 몇 봄이나 되는가[98] / 別後江花復幾春
관서별곡(關西別曲)의 단장을 끊는 곡이 불러지지 않는구나 / 莫唱關西腸斷曲
평양의 동쪽에서 우러르며 수건을 더한다 / 長安[99]東望已沾巾
(『鶴洲先生全集』'卷三, 西行錄, 七言絶句')

유하(柳下) 홍세태(洪世泰,1653~1725)는 조선 후기 문인으로 제술관, 의영고주부(義盈庫主簿), 남양감목관을 역임했다. 그는 『유하집』을 남겼는데, 그의 사후 6년만인 1731년에 간행됐다. 『유하집』에 실린 글은 대체로 신분제의 모순에 대한 고발과 사회 현실의 부조리에 대한 인식이 담긴 것이 많다. 그 『유하집』에 그가 기봉을 추억하는 '서경의 노래 西京歌'가 실려 있다.

서경의 노래 西京歌

---

97) 청란(青鸞) : 꿩과의 새. 공작을 닮았다. 수컷은 머리가 검은색, 얼굴과 목은 털이 없는 푸른 회색, 깃털은 갈색이며 날개에는 둥근 고리 무늬가 있어 아름답고 암컷은 수컷보다 작다.

98) "강에 꽃이 … 몇 봄이나 되는가" : "백 평사가 별세한 후 몇 해의 봄이 되었는가?" 의 뜻.

99) 장안(長安) : 중국 주 왕조의 도읍지. 현재 서안시에 해당한다. 중국에서 가장 많은 왕조가 가장 오래 기간 수도로 삼았던 도시로 중국 고대 도시의 상징처럼 불렸다. 여기서는 평양을 가리킨다.

1.
영명사(永明寺)[100]에서 날선 종이 울린다 / 永明寺裏起鳴鍾
부벽루(浮碧樓) 앞 안개 낀 숲이 무겁다 / 浮碧樓前烟樹重
밤중에 북두칠성(七星七星)이 가로놓여 있다 / 北斗七星橫夜半
행인(行人)은 오히려 단봉(丹鳳)[101]을 지킨다 / 行人猶指牧丹峰

2.
봄 강의 꽃 핀 달밤이 길구나 / 春江花月夜流光
붉게 분장한 집이 누구의 집인데 저리 흔들리는가 / 搖蕩誰家紅粉粧
당시 백평사(白評事)를 오래 기억하고 있어 / 長憶當時白評事
관서(關西別曲) 한 곡이 사람들의 애를 끓이는구나 / 關西一曲斷人腸
(『柳下集』'卷之十一, 此以下補遺, 南陽洪世泰道長著, 詩, 西京歌')

박계현, 기봉의 시 5수 수록

기봉은 관서평사로 재임하며 관서지방 관련의 시 70여 수의 시를 작시했다.

이 중 기봉이 상사였던 군옥(君沃) 박계현(朴啓賢,1524~1580)[102]에게 쓴 시가 5수가 있다. 기봉이 관서 평사로 재임할 때

---

100) 영명사(永明寺) : 평양 금수산(錦繡山)에 위치한 절로 고구려 때 세워져 오랜 역사를 자랑하는 평양의 대표적 사찰이다.

101) 단봉(丹鳳) : 궁문의 이름인데, 대궐을 지칭한다.

102) 박계현(朴啓賢,1524~1580) : 조선 중기 명종~선조 때 활동한 문신. 자는 군옥(君沃), 호는 관원(灌園)이다. 본관은 밀양(密陽)으로, 이조판서 박충원(朴忠元)의 아들이고, 영의정(領議政) 박승종(朴承宗)이 조부이다. 1571년(선조4) 호조판서 때 진위사(陳慰使)로 명나라에 다녀왔다. 1577년 다시 도승지에 발탁되었다가, 공조판서 · 형조판서로 옮겼으며 1580년(선조13) 병조판서가 되었다. 1580년 4월 8일에 지병으로 죽으니, 향년 57세였다. 그는 대간(臺諫)으로 재직할 때 동인(東人) · 서인(西人)의 당쟁을 억제

군옥은 관서의 감군 어사로 있었으며, 이런 인연으로 기봉과 군옥 어사는 자주 교유했다. 기봉이 이때 쓴 시 5수가 『기봉집』에 수록돼 있다.[103)]

당시 관서에서 기봉이 쓴 시 5수는 '어사 박군옥에게 주다 鐵甕城贈朴御史君沃-名啓賢', '군옥을 대신하여 가애의 소매에 적어주다 代君沃題可愛袖-名銀玉', '가애를 대신해서 군옥에게 부치다 代君沃題可愛', '희천 남헌에게 쓰다 題熙川南軒-朴啓賢居', '만포 수항정에서 차운하다 滿浦受降亭' 등으로 모두 박계현의 시문집 『관원일록(灌園逸錄)』에 수록돼 있다.

당대 군옥은 유집으로 『밀산세고(密山世稿)』를 남겼는데, 이 유집과 관련 『밀산세고』의 서(序)가 남아있는 것으로 보아 이 시집은 당대에 편찬됐으나 세월이 지나면서 유실된 것으로 보인다. 그리고 군옥의 후손들이 『밀산세고』 시문을 수습하여 지난 2006년에 『관헌일고(灌園逸錄)』를 출간했다. 이 시문집에 '7. 감군어사로 관서지방(關西地方)으로 나가다' 편에 관서지방에서 군옥이 쓴 시들과 함께 기봉이 쓴 군옥 관련 시 5수가 수록된 것이다.

다음은 박계현의 시문집인 『관원일록(灌園逸錄)』에 수록돼 있는 기봉 시인의 시다. 이들 시는 모두 박계현과 연관된 시들로 당시 기봉이 관서 평사였을 때 박계현과의 관계를 추정할 수 있다.

하려고 노력하였다. 저서로는 『밀산세고(密山世稿)』가 있다.

103) 박계현은 1555년 감군어사로 파견되었는데, 감군어사는 주로 평안도와 함경도 변방 지역의 군사시설과 군대 훈련 상황을 점검 조사하는 역할을 담당하였다. 백광홍이 평안도 평사였을 때 희천군(熙川郡) 남헌(南軒)에서 박계현과 절친으로 교유하였다. 1556년 백광홍이 전라도 부안에서 세상을 떠난 뒤, 박계현이 다시 희천군에서 백광홍이 지은 시에 차운하기도 하였다. 이것으로 보아 백광홍과는 평안도에서 처음으로 만난 것이 아니라 그 이전부터 알고 지내던 사이로 추정된다.

『관원일록(灌園逸錄)』에 수록된 5편의 시 외에 마지막 1편은 기봉의 별세 이후 기봉을 회상하며 쓴 박계현의 시로 『기봉집』에 실려 있다.

군옥을 대신하여 가애의 소매에 적어 주다 代君沃題可愛袖
- 이름은 은옥이다 [名銀玉]

지난날의 철옹성이 / 昔日鐵瓮城
지금은 태화정(太華井)이 되었네. / 今爲太華井
부용꽃이 그 속에서 피어나오니 / 芙蓉生其中
은실에 녹옥(綠玉)으로 자루를 했지. / 銀絲綠玉柄
깨끗하여 나비도 찾기 어렵고 / 皎潔蝶難尋
벼랑이라 안개 눈이 어둡기만 해. / 層崖烟雪暝
원컨대 꽃 다스리는 어사가 되어 / 願爲花御史
가고 가서 꼭대기에 다다르리라. / 去去窮絶頂
가애(可愛)는 차마 버릴 수 없어 / 可愛不可捨
천년 간 연단 솥을 단련하누나. / 千年鍊丹鼎
*'결(潔)'은 '질(質)'로도 쓴다. [潔一作質]

철옹성에서 어사 박군옥에게 주다 鐵瓮城贈朴御史君沃
- 이름은 계현이다 [名啓賢]

천리 길 황금빛 변방 성채에 / 千里黃金塞
겹겹 관문 흰 눈에 덮힌 성이라. / 重關白雪城
어여쁜 아가씬 술을 권하고 / 佳人勸美酒
어사는 바쁜 일정 굳이 붙든다. / 御史滯嚴程
옥피리 매화롱(梅花弄) 가락을 불고 / 玉笛梅花弄
거문고 녹수정(綠水停) 곡을 뜯누나. / 瑤琴綠水停

차가운 창가엔 병든 서기(書記)가 / 寒窓病書記
양생의 경전을 혼자 읽는다. / 空讀養生經

가애를 대신해서 군옥에게 부치다 代可愛寄君沃

약산(藥山)은 예로부터 풍류스런 땅이거니 / 藥山從古風流地
어사의 바쁜 일정 또한 머물렀었지. / 御史嚴程亦滯行
청천강 건너가면 소식도 끊기리니 / 一渡晴川消息斷
너무도 무정하다 그때엔 말 못했지. / 當時不道太無情

희천 남헌에 쓰다 題熙川南軒 - 박계현의 집이다[朴啓賢居]

가파른 강 길 따라 희천 땅에 들어서니 / 崎嶇江路入熙川
나그네 베게 맡에 바람이 배꽃 턴다. / 風擺梨花客枕邊
앉아서 향로봉의 진면목과 마주하니 / 坐對香爐眞面目
여태 올라 보지 못함 비웃는 듯하여라. / 似應嘲我未窮顚

만포 수항정에서 차운하다 滿浦受降亭次韻[104)]

수항정 아래쪽에 변방 강물 흘러가고 / 受降亭下塞江流
달 부르는 호드기 소리 나그네 근심 일깨운다. / 叫月胡笳動客愁
서리는 기다란 공부검(工部劍)에 떨어지고 / 霜拂倚天工部劒

---

104) 이 시는 사실상 박계현과 상관없는 시로 보이나, '만포 수항정'에서 기억을 떠 올리게 하는 시로 여겨 박계현이 이 시를 자기와 관련된 시에 첨부한 시로 여겨진다. 만포는 평안북도 강계군 만포읍에 있는 국경의 주요 번진(藩鎭)이다. 수항정은 '항, 복을 받는 정자'라는 의미로 만포진에 있었다. 백광홍의 '관서별곡' 끝 부분에는 '만포 수항정'에서 배를 타고 뱃놀이를 하면서 의주로 내려가는 장면이 나온다.

바람은 난간 기댄 중선루(中宣樓)에 거세도다. / 風高憑檻中宣樓
십년간의 글 공부는 참으로 아이 장난 / 十年鉛槧眞兒戱
만리에 깃발 날림 장쾌한 노님일세. / 萬里旗麾是壯遊
연연산(燕然山) 꼭대기에 공훈을 새겨 놓고[105] / 會勒燕然山上石
돌아가 밭 갈리니 다시 무얼 바라랴. / 歸耕五畝復何求

죽은 벗 백평사의 운자에 차운하여 次亡友白評事韻
- 관포 박계현 [灌圃朴啓賢][106]

뜬 인생 강물처럼 흘러감 한하더니 / 長恨浮生若逝川
그대의 남긴 싯구 변방에서 보다니. / 看君遺句在窮邊
향로봉의 진면목을 어이 진작 보았던고 / 香爐面目何曾見
백씨 모두 스러짐을 온종일 생각했네. / 終日懷哉白盡顚

광평대군 후손 이유(李濡), 기봉 시 3수 남겨

이유(李濡,1645~1721)[107]는 세종의 다섯째 아들이었던 광평

105) 후한 효화황제(孝和皇帝) 때 두헌(竇憲)과 경병(耿秉)이 흉노를 크게 물리치고 국경에서 3천리 떨어진 연연산에 올라 반고(班固)에게 글을 짓게 하여 돌에 한나라의 위덕(威德)을 새기고 돌아온 고사에서 나온 말.

106) 이 시는 『기봉집』에 실려 있다. (『기봉집』'권5', 2018, 245쪽)

107) 이유(李濡,1645~1721) : 자는 자우(子雨), 호는 녹천(鹿川)으로 세종의 다섯째 아들인 광평대군(廣平君)의 후손이다. 송시열(宋時烈)의 문인이다. 1668년(현종 9) 별시 문과에 병과로 급제하여, 설서 · 헌납 · 정언 · 지평 · 교리 · 수찬 · 응교 등 요직을 역임하였고, 1694년 갑술환국 후 평안도 관찰사를 거쳐 호조판서가 되었다. 1704년 우의정에 오르고, 뒤이어 좌의정 · 영의정에까지 올랐다. 삼정승으로 있으면서 특히 도성 방어의 강화를 힘써 주장, 경리청(經理廳)이라는 재정 마련의 특별 기구까지 설치해 가면서 일부 관료의 반대를 무릅쓰고 북한산성의 수축을 완료하였다. 1718년 영중추부사가 되고 기로소(耆老所)에 들어갔다.

대군(廣平大君,1425~1445)의 후손으로 1668년(현종 9) 별시 문과에 병과로 급제한 이후 관직에 진출하여 우의정, 좌의정, 영의정에 올랐던 당대의 명신이었다. 이유가 전라감사가 되었을 때 아마 장흥을 찾은 것으로 추정된다. 장흥에서 기봉과 팔문장의 이야기를 들었을 것이고 혹시 기산마을까지 방문했을지도 모른다. 시를 3수나 남겼기 때문이다. 그 시들은 '양송천의 운자에 삼가 차운하다 敬次松川韻'를 비롯하여 '서세마의 운을 빌어 - 次徐洗馬韻', '팔군자 이끌다 八君子引'이다. 이유의 '양송천의 운자에 삼가 차운하다 敬次松川韻'와 '서세마의 운을 빌어 - 次徐洗馬韻' 시를 보자.

(이유의 시 '양송천의 운자에 삼가 차운하다 敬次松川韻'와 '서세마의 운을 빌어 次徐洗馬韻' 의 시는 『국역 기봉집』(2018년)의 146~148쪽에도 나와 있다. 이유는 기봉 관련 시에서 '팔군자인 八君子引'도 썼다. 이 시는 본 책의 412쪽 '팔군자 편'에서 후술된다.)

양송천[108]의 운자에 삼가 차운하다 敬次松川韻[109]

108) 양응정(梁應鼎,1519~1581) : 옥봉 백광훈의 스승으로 본관은 제주, 자는 공섭(公燮), 호는 송천(松川). 전라도 화순 능주에서 태어났다. 아버지는 양팽손이다. 공조좌랑으로 1556년 중시문과에 장원으로 급제하여 호당(湖堂)에 들어갔다. 광주목사, 홍문관 수찬, 대사성 등을 역임했다. 시문에 능하였고 효행으로 정문이 세워졌다. 저서로는 『송천집』·『용성창수록(龍城唱酬錄)』 등이 있다.

109) 이유가 차운했다는 양응정의 기봉에 대한 시 : '꿈에 기봉을 만나보고 짓다 夢中見岐峯作' : 대유(大裕)가 세상 뜨자 큰 붓이 꺾였거니 大裕之亡巨筆摧 / 소난(小難)의 남은 터에 푸른 바위 이끼 폈네. 小難留築碧巖苔 / 깊고 큰 정을 세상에서 그 누가 알아줄까 衷情擧世何人識 / 아, 푸른 파도 부르니 태수가 오셨구려. 喚取滄波太守來 [*대유(大裕) : 기봉의 자(字)다. *소난

- 이유, 자는 우우(于雨), 호는 녹천(鹿川). 전라감사 시절에 지었다 [李濡. 字于雨, 號鹿川. 爲本道監司時.]

기봉(岐峯)은 천길 높이 반공 중에 솟아 있고 / 岐峯千丈半空摧
안개비에 송천(松川)은 푸른 이끼로 잠겨있네. / 烟雨松川鎖綠苔[110]
맑은 시 한 곡조 신선(기봉 시인)의 넋을 부르나니 / 淸詩一曲招仙魄
왕손은 (기봉은)[111] 가고 아니 오는구나. / 可惜王孫去不來

서세마(서봉령)의 운을 빌어 次徐洗馬韻

서쪽 변방 신선 자취 가고 없다 슬퍼 말라 / 西塞仙蹤去莫悲
남쪽 바다 백구만(白九萬)[112]의 채색 깃털 기이하니. / 南溟九萬彩

(小難) : 작은 재난. *벽암태(碧巖苔) : 푸른 이끼가 낀 바위. *태수 : 지방관의 으뜸 벼슬을 지칭. 여기서는 기봉을 가르킴.]

110) 녹태 : 푸른 이끼. 푸른 이끼는 생명력이 강하여 사멸하지 않는다. 뭇 생명을 이롭게 하는 식물이다.

111) 왕손(王孫) : 초당대 시인 유희이(劉希夷,652~680)의 시 '대비백두옹(代悲白頭翁)'의 "공자(公子)와 신선 왕손(王孫)이 아름다운 나무(오얏나무) 아래에서 놀았다 公子王孫芳樹下"에서 왕손(王孫 : 신선 왕방평(王方平)을 용사한 것으로 추정된다. 그런데 여기서 왕손은 신선이 되었을 것으로 믿는 기봉 시인을 가르킨다.

112) 백구만(白九萬) : 기봉 백광홍의 5대손 백명우(白溟羽)(字 : 九萬)를 가르쳤다. 백명우의 자는 구만(九萬)이다. 백명우의 4세손은 기봉의 직계 후손 중 유일하게 진사가 된 백만영(白萬榮,1760~?)에 대한 기록이 한국학중앙연구원의 『문음보(文蔭譜)』 편에 나온다. … "백만영(白萬榮) : 자(字)는 근백(謹伯), 백만영은 순조(純祖) 22년(1822), 식년시(式年試) 병과(丙科) 5위(15/39)로 입격한 진사였다. 처음 관직은 '임자(壬子) 식(式)'이었다. 그리고 중요한 가족 관계에서, 부(父)는 백계채(白啓采), 외조부(外祖父)는 안중후(安重垕), 처부(妻父)는 이응봉(李應鳳)이다."라고 소개 되어 있다. 이어 조부에서 8대조까지 기록되어 있는데, 8대조가 바로 기봉 시인의 아들이었던 백봉남(白鵬南)이다. 그러므로 진사였던 백만영은 기봉 시인의 9

毛奇

우뚝한 집안 명성 응당 잃지 아니하고 / 麟趾家聲應不失

흰 머리로 대인의 시 [113]나란히 짓는구나. / 白頭聯賦大人詩[114]

나주의 재야 학자 서봉령, 기봉 시 3수 남겨

서봉령(徐鳳翎,1622~1687)[115]은 나주시 봉황면 칠천리 출신의 재야 학자였다. 서봉령은 봉황의 칠천리에서 당시 호남의 석학으로 보성 오야리(梧野里, 보성읍 우산리)에서 살던 안방준(安邦俊)[116]에게 찾아가 학덕을 익혔다. 서봉령은 아마 봉황과 보성

대손인 셈이다. 백만영의 상계를 보면, "조부 백태함(白兌咸), 증조부 백서경(白瑞經), 4대조 백명우(白溟羽), 5대조 백이청(白而淸), 6대조 백유열(白惟悅)[관직 : 무겸(武兼)], 7대조 백효증(白孝曾)[관직 : 선전(宣傳)], 8대조 백붕남(白鵬南)"으로 기록되어 있다. 그러므로 여기 기봉의 5대손인 백명우는 백만영 4대조가 되는 것이다. [『문음보』'冬(규장각한국학연구원)',(古929. 4-M923)]

113) 백구만은 기봉의 5대손이다. 여기서 대인은 5세조 기봉을 가르킨다.

114) 『기봉집』(2018년) 권5, 248쪽)

115) 서봉령(徐鳳翎,1622~1687) : 조선 현종 시기 학자. 자는 경휘(景翬), 호는 용구(龍丘), 또는 매학(梅壑)이다. 본관은 이천서씨(利川徐氏)다. 나주시 봉황면 칠천리에서 효행으로 이름이 널리 알려진 서진명(徐晉明)의 둘째 아들이다. 우산 안방준의 문인으로 안방준에게 학덕을 익혀 학문적 소양을 높였고, 당대 성리학의 대가 노소 윤선거(尹宣擧,1610~1669)의 제자가 되었다. 호남의 학자로, 평생을 처사로 살았다. 이때 영암에 귀양 와 있던 문곡 김수항과 교유한 것으로 보인다. 『매학유고(梅壑遺稿)』를 남겼다. 원래 본집 15권 9책, 부록 등으로 되어 있었으나 현재는 권15 『존문록(尊聞錄)』과 부록만이 전한다. 『존문록』은 스승 안방준에게서 들은 학문 강론을 기록한 책이다.

116) 안방준(安邦俊,1573~1654) : 보성 출신으로 조선 중기의 의병장, 문신, 성리학자이다. 호는 은봉(隱峯) · 우산(牛山) 등이다. 우계(牛溪) 성혼成渾)의 문인이다. 정묘호란과 병자호란에는 호남의병장으로 활동하였다. 당색으로

을 오가는 중에 장흥에도 자주 들려 기산마을도 찾았을 것으로 추정된다. 그는 사후에 후인들이 그의 학덕을 추모하기 위하여 세운 사당이 세워졌을 정도로 학덕이 높은 지방의 명사였다.[117)]

사봉령의 기봉과 '기산팔문장'에 대한 시가 3수 전해지고 있다. 앞에서 소개한 이유의 '서세마의 운을 빌어 - 次徐洗馬韻'시의 서세마(徐洗馬)는 곧 서봉령이었다. 서봉령의 시를 차운해서 이유(李濡)가 시를 지은 것이다.

기봉의 5대손 백명우(白溟羽)를 만났고, 양송천의 운자에 차운하다 - 逢岐峯五代孫因次松川韻

[이름은 명우, 자는 구완, 서봉령의 호는 용구이다. [名溟羽, 字九萬. 徐鳳翎號龍邱.]

서쪽 변방 된서리에 옥수(玉樹)[118)]가 꺾였으니 / 西塞嚴霜玉樹摧
원한 기운 어느 곳서 칼에 녹이 피었는가? 寃氛[119)] / 何處劒生苔
오늘에 시례(詩禮) 아는 귀한 후손[120)] 만나보니 / 今逢趾美聞詩禮

는 서인으로, 김집과 함께 김육의 대동법을 반대하였다. 호남지방의 저명한 성리학자로 명성을 떨쳤다. 사후 1657년(효종 8) 가선대부 이조참판, 1813년(순조 13) 자헌대부 이조판서에 추증되고, 1821년(순조 21) 문강(文康)이라는 시호를 받았다.

117) 『열읍원우사적』, 『서원가고』 등에 서봉령의 단독 사우인 '용구사'에 대한 기록이 남아 있다. 창건 당시에는 서봉령의 호를 따 용구사(龍邱祠)라 하였다고 한다.

118) 옥수(玉樹) : 옥(玉)은 중국에서 가장 숭배 받는 미석(美石)으로 성결과 고귀함, 아름다움 등을 상징한다. 옥수(玉樹)는 옥같이 깨끗한 나무로, 훌륭한 자제(子弟)나 훌륭한 인물을 가리키는 미칭이다.

119) 원기(寃氣) : 원통한 기운.

120) 기봉의 5대손 백명우(白溟羽)를 가르킨다.

마치 기산(岐山)에서 채봉(彩鳳)[121]이 날아온 듯. / 如見岐山彩鳳來[122]

상기 시 기구(起句)에서 시인은 기봉이 평안도 평사로 재임하다 병이 들어 결국은 일찍 타계한 것을 "서쪽 변방 된서리에 옥수(玉樹 : 훌륭한 인물이)가 꺾였다."고 표현했다. 그리고 그 기봉의 후예(백명우)를 만났는데, 이 기봉의 후손을 아름다운 봉황새로 표현했다.

기봉이 일찍 세상을 뜸을 슬퍼하며, 예전 한유가 왕함에게 그랬던 것처럼[123] 구만(九萬) 백명우(白溟羽)에게 회포를 부치다 - 서봉령
悲岐峯早沒寄懷九萬如昌黎之於王含[徐鳳翎]

기봉은 취향(醉鄕)의 비애를 몹시 슬퍼했거니 / 岐峯悲甚醉鄕悲
구만(九萬)과 왕함(王含)이 누가 더 기이한가. / 九萬王含較孰奇
□□□□한 한유(韓愈)의 글은 / □□□□韓子記
[난 한유(韓愈) 만한 글 쓸 재주가 없는데 / 思識我芝韓子記][124]
어찌 그대와 세상과 시를 논할 것인가? / 奈君論世又論詩

이 시를 이해하기 위해서는 한유(韓愈)[125]와, 왕함(王含) 그리

121) 채봉(彩鳳) : 빛깔이 곱고 아름다운 봉황새.
122) 『기봉집』(2018), '권5, 247쪽'
123) 한유(韓愈)가 '왕함(王含)에게 전송한 서(送王秀才序)'를 말한다.
124) 이 전구(轉句) 네 글자의 결자(缺字)에 대해, 김규정(한학자)은, 『장녕시문』(2012년, 317쪽)에 게시한 시에서 나름대로 4결자를 "기양사에 보관된 '영모전'을 근거하여 정중하게 채워놓았다"면서 "思識我芝"로 채워놓았다. 독자들의 이해를 돕기 위해 여기 그대로 전재해 놓았다.
125) 한유(韓愈,768~824년) : 중국 당(唐)을 대표하는 문장가 · 정치가 · 사상가

고 '한유가 왕함에게 전송한 서 送王塤秀才序', 왕함의 조부 왕적(王績)[126]의 시 '취향기(醉鄕記)'[127]를 이해해야 한다.

이다. 도연명과 비교될 정도로 시를 잘 썼던 류종원(柳宗元,773~819)과 함께 '당송8대가(唐宋八大家)'로 불린 대문장가였다. 한유는 특히 문장에서 자유스러운 형식을 표본으로 하는 고문(古文) 운동을 주장했던 류종원 함께 문장의 대개혁에서도 앞장 서 고문운동가로 류종원과 함께 병칭되었을 정도였다. 한유는 문집으로 『한창려집(韓昌黎集)』 40권과 『외집(外集)』 10권이 전하고 있다.

126) 왕적(王績,590?~644) : 자는 무공(無功), 호는 동고자(東皐子)다. 왕통(王通)의 아우이다. 수나라 양제(煬帝) 때 효제렴결(孝悌廉潔)로 천거되어 비서성정자(秘書省正字)가 되었다. 술을 좋아하여 일을 제대로 처리하지 않았으며 세상이 어지러워지자 고향으로 돌아왔다. 당 고조(高祖) 때 문하성의 대조(待詔)였는데, 하루에 술 석 되를 하사받으며 이것을 즐거워하였다. 시중 진숙달(陳叔達)이 이 말을 듣고 하루에 술을 한 말씩 내려주니, 당시 사람들이 두주학사(斗酒學士)라고 칭하였으며, 자신은 오두선생(五斗先生)이라고 자호하였는데, 태종 원년(627)에 신병으로 벼슬을 그만두었다.

127) '취향기(醉鄕記)' : 당나라 왕적(王績)이 지은 술 취한 자의 별천지를 그린 기록이다. 취향(醉鄕)을 노장(老莊)의 이상사회로 보기도 하지만, 사실은 취향은 음주도취(飮酒陶醉)의 생활을 즐기는 은자들의 거소를 의미하고, 이러한 이상세계를 왕적(王績)이 보다 구체적으로 허구적인 필법으로 그렸던 것이 '취향기'였다. 왕적의 문집으로 『왕적집(王績集)』 5권이 있었다고 하나 지금은 『동고자집(東皐子集)』 3권만 전한다. 『동고자집』에는 취향의 이상세계를 그린 '취향기(醉鄕記)' · '오두선생전(五斗先生傳)' · '무심자전(無心子傳)' 등이 수록되어 있다. 다음은 취향기(醉鄕記)의 전문이다.

취향(취중의 별천지)은 (중국과) 몇 천리나 떨어져 있는지 모른다. 그 땅은 드넓어 끝간 데가 없고, 구릉과 골짜기가 없다. 기후는 온화하고 평온하여 한결같고, 밤과 낮이나 추위와 더위가 없다. 그곳의 풍속은 하늘과 땅처럼 크고 같아서 작은 마을 큰 마을이 없다. 그곳 사람들은 매우 청순하여 사랑과 미움이나 기쁨과 성냄이 없다. 바람을 마시고 이슬을 먹으며 오곡을 먹지 않는다. 잠잘 때는 느긋하고, 걸음걸이도 느릿느릿하다. 새와 짐승, 물고기, 자라와 한데 섞여 살면서 배, 수레, 연장, 기구의 쓰임새를 알지 못한다. 옛날 황제씨는 그 도읍에 노닐었다. 돌아와서는 아득히 자신의 천하를 잊어버렸다. 새끼를 묶어 다스리던 정치가 이미 천박하다고 여겼다. 요순에 이 한유(韓愈)는 '송왕수재서(送王秀才序)'를 썼다.

한유의 '송왕수재서'에 나오는 왕수재는 곧 왕함을 가리킨다.

르러 천종(天種)과 백호(白壺)의 음주법을 마련하여 신인(神人) 막고야(藐姑射)의 도(道)를 빌려서 취향의 변경에 이르기까지는 다다를 수 있어 종신토록 태평성세를 누렸다. 우와 탕이 법을 세움으로써 예법이 번잡해지고 풍류의 질서가 문란해져서 수십 세대 그 취향과는 멀어지고 말았다. 요순시대의 역상을 맡았던 신하 화씨(和氏)]가 천문과 역법을 관장하는 직책을 버리고 도망가서 취향에 이르기를 바랐지만 길을 잃고 헤매다가 도(道)는 일찌기 꺾여버려서 천하가 평안하지 않게 되었다. 말기의 후손에 이르러, 분노의 기운으로 술지게미 언덕을 만들고 천 길 계단을 올라가 남쪽으로 향하여 바라보아도 마침내 취향을 볼 수 없었다. 주나라 무왕이 천하를 얻은 뒤에 주공 단(旦)에게 명하여 주인씨(酒人氏)의 직책을 세우게 하고 술 빚는 것을 관장하게 하며 칠천 리의 땅을 넓히게 하여서 겨우 취향에 이르렀다. 이에 삼십 년을 형벌을 쓰지 않았다. 유왕(幽王)과 여왕(麗王)에까지 미쳤다. 진나라와 한나라에 이르러 중국에 전란이 일어나서 마침내 취향과는 단절되었다. 그러나 신하 가운데 도를 얻은 자가 이따금 남몰래 거기에 이르기도 하였다. 완적(阮籍)과 도연명(陶淵明) 등 10여 사람이 함께 취향에서 노닐면서 평생토록 돌아오지 않았다. 죽어 그 땅에 묻혔는데, 중국에서는 그들을 주선(酒仙)으로 여기고 있다. 아아! 취향씨의 풍속은 아마도 옛날 화서씨(華胥氏)의 나라가 아니겠는가? 어찌 이같이 순수하고 고요하기만 하랴! 내가 거기에서 노니어 볼까 하여 이렇게 '취향기'를 쓰노라. 醉之鄕, 去中國不知其幾千里也. 其土曠然無涯, 無邱陵阪險; 其氣和平一揆, 無晦明寒暑. 其俗大同, 無邑居聚落; 其人甚精, 無愛憎喜怒. 吸風飮露, 不食五穀. 其寢于于, 其行徐徐, 與鳥獸魚鱉雜處. 不知有舟車械器之用. 昔者黃帝氏嘗獲游其都, 歸而杳然喪其天下, 以爲結繩之政已薄矣. 降及堯舜, 作爲千鍾百壺之獻, 因姑射神人以假道, 蓋至其邊鄙, 終身太平. 禹湯立法, 禮繁樂雜, 數十代與醉鄕隔. 其臣羲和, 棄甲子而逃, 冀臻其鄕, 失路而道夭, 故天下遂不寧. 至乎末孫桀紂, 怒而升其糟丘, 階級千仞, 南向而望, 卒不見醉鄕. 武王氏得志於世, 乃命周公旦立酒人氏之職, 典司五齊, 拓土七千里, 僅與醉鄕達焉. 三十年刑措不用. 下逮幽厲, 迄乎秦漢, 中國喪亂, 遂與醉鄕絶. 而臣下之受道者, 往往竊至焉. 阮嗣宗,陶淵明等十數人, 並遊於醉鄕, 沒身不返. 死葬其壤, 中國以爲酒仙云. 嗟乎! 醉鄕氏之俗, 豈古華胥氏之國乎? 何其淳寂也如是! 予得游焉, 故爲之記. (『당서(唐書)』'왕적전王績傳,績著醉鄕記 以次劉伶酒德頌, 醉鄕記')

여기서 왕수재는 과거에 응시하려는 사람을 이른다. 당시 과시에서 직언(直言)을 하여 낙방하고 돌아가는 왕함(王含)에게 한유가 이 서(序)를 지어준 것이다. 이 '송왕수재서 送王秀才序'는 전후편으로 되어 있는데, 여기서 관련있는 전편의 내용을 살펴보자.

(문장을) 전환[轉掉]하는 것이, 마치 뱀을 놀리고 구름을 일으키는 것 같다. 불우(不遇)한 감회를 다 모아 술자리를 빌려 장난삼아 글을 엮은 것이다.

내가 소싯적에 '취향기(醉鄕記)'를 읽고, 마음속으로 "은거(隱居)하는 자들은 세속에 얽매이는 바가 없을 텐데 오히려 이런 말을 하였으니, 어쩌면 참으로 술에 맛을 들인 것인가?"라고 괴이하게 여겼다. 그러다 완적(阮籍)과 도잠(陶潛 : 도연명)의 시를 읽고 비로소 저들이 (취향에 젖은 자들이) 오만하여 세상과 접촉하려 하지 않지만, 그럼에도 그런 자기 마음을 평정하게 지니지 못하는데, 이때는 그들이 사물의 시비에서 감정이 폭발하면 술에 의탁해 (취향으로) 도망하기 때문임을 알게 되었다.

안회(顔回 : 공자의 제자)는 한 표주박의 물과 한 소쿠리 밥을 먹으면서도 (자기의 그 즐거움을) 지속하였고 증참(證參 : 공자의 제자)[128]은 몰골은 초췌했지만 노랫소리는 마치 쇠북과 경쇠에서 나오는 것 같았다. 이 두 분은 성인(공자)을 만나 스승으로 섬기면서 늘 (스승의 경지에) 미치지 못할까 골똘히 마음을 썼고, 그 밖의 것(세간의 시비)에는 본래부터 (생각할) 겨를이 없었다. (그러니 그들이) 어찌 국벽(麴蘗 : 술)에 의탁해 어둡고 캄캄한 취향(醉鄕)으로 도망가려 하였겠는가? 나는 또 취향(醉鄕)으로 도망간 무리들이 (성인을) 만나지 못

128) 증참(證參) : 공자의 제자. 『장자』('讓王')에 "曾子가 위나라에 살 적에 … 신발을 끌면서 상송(商頌)을 노래하면 그 노랫소리가 천지에 가득하여 마치 금종(金鐘)과 석경(石磬)에서 나오는 것 같았다. 曾子居衛 … 曳縱而歌商頌 聲滿天地 若出金石."라고 실려 있다.

한 것을 가엾게 여긴다. 건중(建中) 초년(780년)에 천자[德宗]께서 즉위하시어, 정관(貞觀)[129]과 개원(開元) 때의 큰 업적에 뜻을 두시니, 조정에 있는 신하들이 앞 다투어 진언(進言)하여 정사(政事)를 논하였다. 이때를 당하여 취향(醉鄕 : 왕적王績)의 후손이 또 직언(直言)으로 인해 폐출(廢黜) 되었다. 나는 이미 취향(醉鄕) 후손의 문사(文辭 : 문장)를 슬퍼하고, 또 왕함(王含)의 강직[剛直 : 烈]함을 가상히 여겨, 그 자손을 만나볼까 생각하였다. 지금 그대가 가진 재능이 없어 나를 만난다면 그때는 내가 그대 (명성을 크게) 펴지게[張] 할 수 있을 것이다. 그런데 실제로 그대는 문장과 품행이 대대로 지켜온 가법을 잃지 않아, 질박하고 순수하며[혼연渾然] 단정하고 돈후(敦厚)함에랴? 그러므로 나의 힘이 그대를 떨쳐 일으킬 수 없고 나의 말이 세상에 믿음을 받지 못할 것이어서 애석할 뿐이네. 그대가 떠나려 하니 우선 그대와 함께 술을 마시고 (이별을 고하네.)[130]

위 내용에서 나타나 있듯이, 한유는 단적으로 취향(醉鄕)을 매우 부정적으로 보았다. 한유는, "어찌 술에 의탁해 어둡고 캄캄한 취향으로 도망가려 하였겠는가"하고, 취하게 마시는 술로 구원처

129) 정관(貞觀) : 정관정요(貞觀政要). 당(唐) 왕조의 2대 황제인 태종(이세민)(太宗 재위 626~649)과 그를 보좌한 명신들과의 정치 문답집이며, 오래전부터 제왕학(帝王學)의 교과서로 꼽혔다.

130) 轉掉如弄蛇如興雲 總不遇之感 借酒上簸弄 吾少時讀醉鄕記 私怪隱居者無所累於世 而猶有是言 豈誠旨於味耶. 及讀阮籍, 陶潛詩 乃知彼雖偃蹇不欲與世接 然猶未能平其心 或爲事物是非相感發 於是有託而逃焉者也. 若顔氏子操瓢與簞 曾參歌聲若出金石. 彼得聖人而師之 汲汲每若不可及 其於外也固不暇 何麴蘗之託而昏冥之逃耶 吾又以爲悲醉鄕之徒不遇也. 中初 天子嗣位有意貞觀, 開元之丕績 在廷之臣爭言事. 當此時 醉鄕之後世 又以直廢. 旣悲醉鄕之文辭 而又嘉良臣之烈 思識其子孫 今子之來見我也 無所挾 吾猶將張之 況文與行不失其世守 渾然端且厚 惜乎. 吾力不能振之 而其言不見信于世也 於其行 姑與之飮酒. (『唐宋八大家文抄』'韓愈, 送王秀才序')

럼 부르짖는 취향(醉鄕)을 경계했다.

서봉령의 상기 시로 보아 기봉의 후예인 백명우는 왕함과 같이 취향에 대해 긍정적이었던 것으로 여겨진다. 그런 까닭에 서봉령은 한유의 '송왕수재서(送王秀才序)'를 백명우에게 소개하였을 것이다. 시의 내용도 그렇다.

기구에서 서봉령 시인은 "기봉은 취향(醉鄕)의 비애를 몹시 슬퍼했거늘 岐峯悲甚醉鄕悲"이라고 단정적으로 표현했다.

사실상 취향은 허구의 세계로 망상적이라고 할 수 있다. 기봉은 지극히 현실주의자였다. 당대의 현실에서 선비에게 절실히 필요한 과거공부를 했고, 2회에 걸쳐 과거에 응시하여 사마양시에 합격했으며, 병든 몸이었어도 조정의 명으로 관서 평사로 나아가 복무까지 했다. 또 그의 부장편의 글들을 보면, 그가 얼마나 치열하게 자기 수양을 쌓고 구인(求仁)·구도(求道)에 궁행했는지를 여실히 알 수 있다. 그러므로 음주를 즐기기는 했지만, 그것은 사람들과 교유를 위해서, 또는 시문을 짓는 수단쯤으로 음주를 했을 뿐이지 결코 취향 따위를 꿈꾸지는 않았다. 특히 기봉의 품성으로 보아 취향(醉鄕) 따위의 허구 세계는 도무지 용납하지도 않았을 것이었다. 기봉 시인의 작품 등을 통해 이러한 기봉 시인의 품성을 너무 잘 알았을 서봉령이었으므로, 서봉령은 "기봉이 취향의 비애를 몹시 슬퍼했다."고 표현했을 것이다.

승구에서 "구만(九萬)과 왕함(王含)이 누가 더 기이한가. 九萬王含較孰奇"라고 표현했는데, 이는 백구만이 왕함과 비견될 정도로 애주가로서 취향을 염두에 두고 있었음을 표현한 것으로 추정된다. 그리하여 구만의 그런 기이함을 은연 중에 표현했다고 할 수 있을 것이다.

결구에서, "어찌 그대와 세상과 시(詩)를 논할 것인가? 奈君論世又論詩"라고 표현했는데, (아마 백구만이 서봉령에게 가르침을 요청했던 것으로 추측된다.) 그리하여 이에 대한 답으로, " … 지금 그대가 가진 재능이 없이 나를 만난다면 내가 그대의 (명성을 크게) 펴지게[張] 할 것이지만, 실제로 그대는 문장과 품행이 대대로 지켜온 (가법을) 잃지 않아, 질박하고 순수하며[혼연渾然] 단정하고 돈후(敦厚)함에랴? 나의 힘이 그대를 떨쳐 일으킬 수 없고 나의 말이 세상에 믿음을 받지 못함이 애석할 뿐이네. …" 라고, 한유가 왕함에게 했던 내용을 그대로 용사한 것으로 추정된다.

즉 백구만이 천재 시인으로 시선(詩仙)이 된 기봉으로부터 전승된 문장과 품행을 잃지 않은 기봉의 엄연한 후손인데, 어찌 나와 같은 하찮은 사람이 그대에게 가르침을 주겠느냐는 의미로 풀이된다. "비록 그대가 애주가로서 취향을 이상향으로 생각한다 할지라도, 본질적으로 그대는 기품 있는 위대한 기봉 시인의 후손이다."라고 백구만을 매우 우호적이고 긍정적으로 여기고 있음을 표현했다고 할 수 있다.

위정훈, 장흥인 최초로 기봉 시인 찬(讚)하다

기봉의 사후, 장흥인으로서 최초이자 유일하게 기봉 시인을 극찬하고, 기봉 시인의 위대한 정신을 기리려고 한 사람이 있었다. 청금(聽禽) 위정훈(魏廷勳,1578~1662)[131]이었다.

---

131) 위정훈(魏廷勳,1578~1662) : 본관은 장흥(長興). 자는 가겸(可謙), 호는 청금(聽禽) · 안항(顏巷). 아버지는 판관 위덕후(魏德厚)이다. 1612년(광해군 4) 사마시에 합격, 그 뒤 복시(覆試)를 치르려고 상경하였으나 간배(奸輩)들이 인목대비(仁穆大妃)를 폐하고 별과(別科)를 설치하였다. 위정훈은 울

조선조 중기에 관산 방촌에는 장춘대(長春臺)가 있었다. 이 장춘대에 대해 『장흥읍지』(정묘지)에는 "방촌 앞에 있고 고읍방 사람들[坊人]이 놀며 즐기는 장소였다. … 위정훈의 장춘대 시(생략) … 남쪽에는 즐겨 노는 소나무 움집[樂松窩]이 있는데 방인(坊人) 위세기(魏世琦)[132]가 수신하는 곳이다. 숲의 풍취가 수려하고 산수의 경치가 고결하다."(『장흥읍지』'고읍방. 대사臺榭')[133] 라고 소개되어 있다. 이 소개 중간에 기봉 시인을 찬(讚)하는 위정훈의 시와 말미에 장춘대를 묘사한 백광훈(白光勳)의 시가 이어져 있다.

『장흥읍지』(정묘지) '고읍방 대사(臺榭)에서 소개한 청금(聽

분하여 사고(私稿)를 불태우고 복시를 치르지 않은 채 귀향하였다. 1624년(인조 2) 이괄(李适)의 난에 의사들과 함께 군량과 의병을 모집하여 보조하였고, 9읍(邑)의 도유사(都有司)로 추대되기도 하였다. 1636년 병자호란이 일어나 인조가 남한산성에 포위되었다는 소식을 듣고 웅주수(熊州守)인 중제(仲弟) 위정렬(魏廷烈)에게 편지를 보내 군대를 거느리고 임금을 따르라 명하고 계제(季弟)인 위정명(魏廷鳴)과 의병을 모집하여 안방준(安邦俊)과 상경하던 중 항복하였다는 소식을 듣고는 통곡하며 돌아갔다. 뒤에 의병을 일으킨 공로로 의금부도사에 임명되었으나 부임하지 않고 천관산(天冠山) 아래에 집을 짓고 유유자적하게 지냈으며, 흉년을 당하자 의고(義庫)를 창설하여 많은 목숨을 구제하였다. 죽천사(竹川祠)에 봉안되었다. 저서로는 『청금유고(聽禽遺稿)』 1책이 있다. 『청금유고』는 1936년 병자년에 청금의 후손들이 목자활본으로 간행되었다가 2019년 이병혁씨의 국역으로, 장흥위씨 안항공파(顔巷公派) 청금종중(聽禽宗中)에 의해 『역주 청금유고』로 간행됐다.

132) 위세기(魏世琦) : 아버지는 군수(郡守) 위동전(魏東堂)이며, 위동전의 둘째 아들이다. 『간암문집(艮庵文集)』을 남긴 간암 위세옥(魏世鈺,1689~1766)의 형이다. 여기 낙송와(樂松窩)에서 와(窩)는 움집이고 낙송은 곧 움막의 당호이다.

133) 대사(臺榭) : 長春臺 : 在坊村前, 坊人 遊賞之所. … 魏庭勳詩曰 … 坮南有樂松窩, 坊人魏世琦修處.

禽) 위정훈의 시는 청금의 문집인 『청금유고』에서 장춘대 창건 내력과 운용 등을 소개하는 '장춘대서長春臺序'[134]의 말미에 '장춘

134) 장춘대서(長春臺序) : 내가 동중(洞中 : 방촌)에 전해오는 이야기를 생각해 보니, 동중에는 예전에 계(契)가 없었다. 무신년(1608, 선조41) 봄에 돌아가신 만호 김공(萬戶 金公)이 동계(洞契)를 처음 만들었으나 얼마 지나지 않아 그만두었다. 경오년(1630, 인조8) 연간에 돌아가신 수재(秀才 : 과거에 응시하는 선비, 또는 성균관의 유생 가운데 재주가 뛰어난 자) 김공 차옥(金公 次玉)이 이를 안타깝게 여겨 소동계(小童契)를 만들고 원봉(圓峯: 천관산) 남쪽에 대(臺)를 쌓았다. 이 대는 서쪽에 아계(娥溪 : 천관산 장천동 물이 당동 앞을 거쳐 학교(鶴橋)로 흐르는 계천을 말한다. 이 물이 죽천(竹川)과 합류하여 바다로 유입된다.)가 있어 돌배에 탄 신선의 그림자 곧 석가[石舸 : 석선石船, 돌배를 가리킨다. 당동堂洞에 세거한 장흥 임씨의 선조 임호任顥가 중국 송나라에서 돌배를 타고 임씨도(任谷島)에 정박하였다가 당동에 정착했다는 전설이 있다.](『장흥읍지』'丁卯誌, 古邑坊 山川')를 상상하게 하고, 동쪽에는 기정[妓亭 : 여기정(女妓亭)을 가리킨다. 『장흥읍지』'고읍방 대사臺榭'에 따르면 "방촌의 남쪽에 있는데, 회주(懷州)의 명기 명월(明月)과 옥경(玉京)이 노닐던 정자이다."라고 하였다.]이 있어 옛 도읍[방촌이 옛 회주(懷州)의 치소(治所)였다.]의 변화를 생각하게 한다. 또 명산[천관산(天冠山)]이 곁에서 수려하고 푸른 바다가 앞에 넓게 트여있어 참으로 가려서 뽑은 명승이라 할 만하였다. 그러나 어찌하랴, 지금은 동자(童子)들이 모두 흩어지고, 차옥씨도 신선이 되어 떠나가 버린 것을! 그 후 임공(任公), 백공(白公), 박공(朴公)이 서로 더불어 이 대(臺)의 주인이 되었다. 우리 형제 서너 사람은 모두 늙고 병이 들어 계원의 명부에 들어가지 않았으나, 제공들이 억지로 권한 뒤에야 그렇게 하였다. 생각해 보면, 동계를 처음 만든 김공, 그리고 동계가 없어진 것을 안타깝게 생각하여 대를 쌓은 차옥씨는 이미 고인이 되었고, 임공과 박공, 백공 또한 티끌과 흙으로 돌아갔으며, 우리 형제도 네 늙은이 가운데 두 사람이 또한 없어졌는데, 그 대의 이름을 장춘(長春)이라 한 것은 어째서인가? 대가 만들어진지 아직 삼십 년이 지나지 않는데도 눈에 보이는 것이 이와 같은데, 나는 이 뒷날에 대 위에서 놀던 사람들이 부처의 뼈[金骨 : 금강(金剛)의 신골(身骨)로서 부처님의 유골, 또는 신선의 뼈인 선골(仙骨)과 같은 의미로 쓰인다.]처럼 길이 보존되어 붉은 얼굴로 늙지 않을 줄 모르겠고, 그렇지 않으면 사람은 길이 청춘을 유지하지 못하는데, 대만 홀로 길이 봄빛을 띄고 있을지를 모

대에서 읊다 長春臺韻'라는 제목으로 부기되어 있는 시다. 청금(聽禽)의 이 시는 『장흥읍지』 외에도 『기봉집』(권5, 부록(附錄, 팔군자인八君子引)에 실려 있다.

이 시는 『기봉집』(2018) '팔군자인' 편(251쪽)에 "… 공(청금)의 방계 후손인 계룡(啓龍)[135]이 간행한 뒤(『기봉집』이 편집이 된 후)에 와서 이 시를 말해주므로 뒤에다 싣는다. …公之旁裔啓龍, 印後來言此詩, 故載後"라는 소주(小註)와 함께 수록되었다.

청금이 쓴 시, '장춘대운'을 보자.

르겠다. 옥정총[玉精塚 : 여기정(女妓亭) 부기(附記) 말미에 보이는 옥경총(玉京塚)과 같은 곳인지는 분명치 않다.] 위에 꽃잎 떨어져 날리는 것을 그대는 청하여 보지 않겠는가? [지금 다행히 도움이 있어, 위에서 약간 생략된 길흉(吉凶) 밖에 있는 대(臺) 위에서의 일에 부조하였다.] 제공들은 힘쓸 지어다! 다음과 같이 시를 짓는다. … 시(詩) 생략 … 吾猶及洞中故事, 洞中舊無契也. 歲戊申之春, 故萬戶金公, 創成洞契, 未久而罷. 庚午年間, 故秀才金公次玉, 慨然於此, 作小童契, 築臺於圓峯之南. 是臺也, 西有娥溪, 想石舸之仙影, 東有妓亭, 思故都之繁華, 名山傍秀, 滄海前闊, 眞可謂選勝之地也. 奈之何童子散盡, 次玉仙去乎! 厥後任公,白公,朴公, 相與爲此臺之主. 余兄弟三四, 皆以老病, 不入契籍, 諸公强而後可也. 思之刱成洞契之金公, 慨然築臺之次玉, 已成古人, 任公與朴公,白公, 亦爲塵土. 余兄弟四老中, 二人又無. 其於臺名, 長春何也? 臺成未三十年, 眼見如是, 余未知此後臺上之人, 金骨長存, 紅顔不老乎? 抑未知人不長春, 而臺獨長春乎? 玉精塚上, 落花飛飛, 君請見之乎?【今幸有補, 上若干略, 扶吉凶之外臺上事. 】諸公勉之! 詩曰 : 岐峯大士古詩仙, 烏次遺篇響入天. 有闊江河三萬里, 不崩山岳幾千年. 秦民雞犬桃花裏, 剡岸人家荻雲邊. 君記長春臺上事, 一時圖畵共流傳. (『국역 청금유고』, 이병혁 국역.)

135) 위계룡(魏啓龍,1870~1948) : 자는 운여(雲汝), 호는 오헌(梧軒)이다. 아버지는 춘파(春坡) 휘 관식(瓘植)과 어머니 인천(仁川) 이씨의 아들이다. 오헌은 송사(松沙) 기우만(奇宇萬) · 연재(淵齋) 송병선(宋秉璿) · 면암(勉庵) 최익현(崔益鉉) 등 여러 스승의 문하생으로 들어가 학문을 익혔다. 그는 1948년(戊子)에 78세를 일기로 타계하기까지 많은 유작을 남겼다.

장춘대를 읊다 長春臺韻

기봉 큰 선비는 옛적의 시선이니 / 岐峯大士古詩仙

오차(烏次)[136]에 (기봉이) 남긴 시편 온 하늘에 울렸네 / 烏次遺編響入天

드넓은 강과 내 삼만 리에 펼쳤는데 / 有闊江河三萬里

무너지지 않은 산악은 몇 천 년인가 / 不崩山岳幾千年

도원(桃源)에 진나라 백성 개 닭소리 들리고[137] / 秦民雞犬桃花裏

섬안의 인가는 억새눈 가에 있었네[138] / 剡岸人家荻雪邊

(기봉이) 장춘대 위에서 기록한 일은 / 君記長春臺上事

일시에 서적[圖]이 다 없어졌지만

(장춘대를 통해 후세에) 길이 전해지리라 / 一時圖盡共流傳

이 시는 한 마디로 장춘대의 얽힌 고사를 인용하였다. 장춘대가 있었던 방촌은 도연명이 설한 무릉도원이나 다름없는 이상향 같은 고을이었다. 무릉도원의 고사는, 왕희지(王徽之)가 함박눈이 내리는 날 밤 갑자기 자신이 거주하던 산음에서 먼 섬계(剡溪)에

136) 오차(烏次) : 장흥지역의 옛 이름이다. "장흥부는 본래 백제의 오차현이다. 長興府, 本百濟烏次縣" (『高麗史』, 卷57 地理志).

137) 도원에 …… 들리고 : 진(晉)나라 때 시인 도연명(陶淵明, 365~427)이 지은 '도화원기(桃花源記'(도화원은 복사꽃 핀 계곡으로 도연명이 설한, 이상향인 무릉도원을 의미한다.)에서 말한, "밭 사이 길은 사방으로 통하고, 닭 울고 개 짖는 소리가 도처에서 들렸다. 阡陌交通, 鷄犬相聞"라고 한 대목을 용사한 것이다.

138) 섬안의 …… 있었네 : '섬안(剡岸)'은 섬계(剡溪)의 연안(沿岸)이란 뜻이다. 진(晉)나라 때 왕휘지(王徽之)가 일찌기 섬계 연안에 사는 친구 대규(戴逵)가 생각나서, 눈 내리던 밤에 배를 타고 섬계에 갔다가 대규를 보지도 않고 친구 집 앞에서 배를 돌려 돌아왔다. 그 이유를 묻자 "원래 흥을 타서 왔다가 흥이 다해서 돌아감이니(乘興而來 盡興而反) 어찌 꼭 친구를 볼 필요 있으랴."라고 했다는 고사에서 인용한 것이다. (『世說新語 任誕』).

살고 있던 친구가 하도 그리워 배를 타고 그를 찾아갔음에도 친구를 만나지 않고 되돌아왔는데, 그 이유를 묻자, "원래 홍을 타 왔다가 홍이 다해서 돌아갔다."는 내용이었는데, 그 깊은 우의(友誼)의 고사처럼, 여러 벗들과의 우의가 깊었던 고을이 바로 방촌이었다는 것을 은근히 자랑하는 시다.

그리고 그 중심에는 첫 구에서 표현한, '옛적의 신선이 된 그 유명한 기봉 시인'이 이곳 장춘대에서 시문을 논했던 그 빛나는 역사가 있었던 유서 깊은 곳이었고, 이러한 유래와 역사가 있는 장춘대에서 기봉 시인을 비롯한 여러 선비들의 시문(詩文)에 얽힌 아름다운 기억들이 오래도록 전해지고 있다면서, 장춘대의 그 의미를 설하고 있는 시라고 할 수 있다.

여기서 청금이 굳이 기봉 시인을 불러와 기봉 시인을 극찬하며 장춘대 유래를 밝히려는 이유는 무엇이었을까.

장흥 위씨가 장흥읍 평화리에서 관산읍 당동으로 이거한 것은 습득공 위유형(魏由亨)[139]의 제5자(弟五子)인 위진현(魏晉賢,1483~1564)대부터였다. 습득공의 막내아들이었던 그는 부모와 떨어져 장흥읍 평화리에서 처가 마을로 탐진최씨 마을이기도

139) 판사공[14세 휘 충(种)]의 현손인 습독공 위유형(魏由亨)은 조선이 건국한지 한 세기에 가깝거나 넘을 때의 인물로 평화리 다산등에 산정(山亭)을 짓고 주변에 동백(冬栢)과 대를 심어 정자를 가리며 살았다. 습독공은 추강(秋江) 남효온(南孝溫,1454~1492)과 영천(靈川) 신잠(申潛,1491~1554) 등과 산정재에서 수작하며 교유하며 지냈다. [신잠의 『관산록』에는 습득공이 신잠과 수창한 사 20여 수가 실려있고, 남효온과 수창한 시 수 편이 장흥위씨 족보에 실려 있다. 남효온과 신잠의 나이 차가 37세이고, 두 사람과 격의 없이 수작했던 것으로 보와 습득공 나이는 신잠보다는 많고 남효온보다는 적었다고 볼 수 있어 추강과는 1480년대 전후, 영천하고는 1520년대에 종유했던 것으로 추정된다.

한 관산 당동마을로 이거해 살았다.

관산에서 관산 위씨의 세거는 바로 이때부터 즉 위진현 대에서부터 시작이 되었던 것이다. 위진현 역시 효우(孝友)로 강릉참봉에 천거되었지만 출사하지 않고 당동에 은거하였다. 그런데 참봉공 위진형은 아들을 두지 못해 넷째 형 진수(晉秀)의 둘째 아들 곤(鯤)을 양자로 들여 후사를 잇게 하니, 위진현의 가계는 곤(鯤)으로 이어지고, 곤이 5남을 낳으니 이들이 이른바 '오덕(五德)'으로 불리며 관산에서 장흥 위문(魏門) 성세의 토대를 쌓는 주역들이 되면서 당동 · 방촌 마을은 장흥위씨 관산파의 성지(聖地)가 된다.

특히 습득공이 타계한 뒤 습득공의 처 평산신씨가 당동으로 이거, 진현에게 노년을 의탁하게 되고 이때 습득공의 유품이며 수많은 서책도 함께 당동으로 옮겨졌는데, 이를 두고 위문(魏門)에서는 관산 위문 비조의 정통성이 당동에서 뿌리내리게 되었다고 설명하고 있다. (『천년가학 방촌학1』).

더 구체적으로 살펴보자. 위창주 20세손 위곤(魏鯤,1515~1582)은 조선조 명종 4년(1549) 식년시(式年試)에 급제하여 성균관 진사가 된다. 자(字)는 대충(大沖) · 태화(太和), 호(號)는 당곡(唐谷)이었다. 당곡은 다섯 아들을 둔다, 이들은 21세 덕홍(德弘) · 덕의(德毅) · 덕관(德寬) · 덕화(德和) · 덕후였다.

이 오덕(五德) 중 덕홍(德弘) 자손은 판사파(判司派), 덕의(德毅) 자손은 청계파(廳溪派), 덕관(德寬)의 자손은 운암파(雲岩派), 덕화(德和) 자손은 판서파(判書派), 덕후(德厚) 자손은 안항파(顏巷派)로 나눠지며 비로소 관산파 장흥 위씨들이 이때부터 크게 번성하게 되기에 이른 것이다.[140)]

---

140) 장흥 위씨는 15세 통선랑공(通善郎公) 휘 덕룡(諱 悳龍) 대에 이르러 자온

청금 위정훈은 오덕 중 안항파 파조인 판관 위덕후(魏德厚)의 아들이다. 조부는 위곤(魏鯤이다. 이때 식년시에서 장흥에서 위곤과 함께 진사시험에 동반 합격한 이가 바로 기봉 시인이었다. 백광홍은 1522년 생으로 위곤의 7년 연하였지만 이처럼 과시 동반이었던 데다, 위곤이 양자로 간 양부 진현의 처인 양모(養母)가 광산김씨로 기봉 옥봉의 친모와는 사촌 자매지간이어서 기봉 · 옥봉에게 위곤은 재종숙이 되는 관계였다.

아마 진사시로부터 2, 3년쯤이었을 때, 기봉 시인이 아우 옥봉과 함께 관산 위곤의 집을 방문한다. 그리고 하룻밤을 위곤 집에서 묵으며 기봉은 시를 남긴다. 그 시가 다음의 시다. [이 시는 『기봉집』(2018, 135쪽)에 실려있다.]

위상사[141] 집에서 짓다 題魏上舍軒
- 이름은 곤이니 함께 급제했다. 고읍 방촌에 있다
[名鯤同蓮榜 在古邑傍村]

옛 성에 남은 성가퀴 등나무 덩굴 절반이고 / 古城殘堞半藤蘿

(自溫) · 자량(自良) · 자공(自恭) · 자검(自儉)의 네 아들을 두면서 상계 분파가 되고 21세 때 다시 한 번 크게 분파 된다. 이중 '장천문중', 또는 '장흥파'로도 불리는 당동 · 방촌리 중심의 관산파의 상계파는 자량파(自良派)이다. 자량파는 18세 때 유형(由亨)으로 이어지고, 19세 때는 진보(晉寶) · 진수(晉秀) · 진현(晉賢) 3파로 갈라진다. 그리고 이중 관산파 비조로 불리는 진현(晉賢,1483~1564) 대에 이르러 형 진수(晉秀)의 차남 곤(鯤)을 입양하면서 계대가 이어진다. 곤(鯤)은 5형제를 낳았는데 이들로부터 판사(判司) · 청계(聽溪) · 운암(雲巖) · 판서(判書) · 안항(顔巷) 등 오덕파로 갈린다.

141) 상사(上舍 : 조선 시대에, 소과(小科)인 생원과(生員科)에 합격(合格)한 사람을 가르킨다.

오차(烏次)에 남은 백성 몇 가구나 존재하나 / 烏次[142]餘民有幾家
산악은 그대로요 강과 바다는 드넓은데 / 山岳不崩江海闊
장생 비결 선녀에게 물어보려 한다네 / 長生我欲問仙娥[143]
(『기봉집』,七言絶句, 2018, 135쪽)

이때 기봉 시인이 위곤의 집을 방문했을 때 아우 옥봉 백광훈도 데리고 갔던 것으로 추정된다. 이때 15, 16세 전후였을 어린 옥봉도 형 기봉의 시를 차운하여 다음의 시를 짓는다.

위씨 아저씨 댁에서 형님의 운을 따라 짓다 魏叔[144]宅 次伯氏[145]韻

시냇가 앞쪽 한 줄 길로 솔밭(솔 담쟁이) 속 들어가 / 溪南一路入松蘿
높은 마루로 불려가서 뵙고 나니 내 집 같아 / 趁召高軒[146]似到家
한껏 취해 사양 않고 하룻밤 유숙하며 / 盡醉不辭留夜宿
작은 매화 향내 속에 달뜨기를 기다리네 / 小梅香裏候嫦娥
(『玉峯詩集上』 '詩, 七言絶句') ||
(『옥봉 백광훈 시』, 학자원, 2022, 255쪽.)

142) 오차(烏次) : 관산 지역은 백제 때 오차현(烏次縣)이었고, 신라 때는 오아현(烏兒縣)으로, 고려 때는 정안현(定安縣)으로 고쳐 불렀다.

143) 선아(仙娥) : 선녀(仙女). 달을 달리 이르는 말.

144) 위숙(魏叔) : 여기서 위(魏)는 장흥 위씨를 가르키고, '숙(淑)'은 아버지 보다 나이 어린 숙부를 가리킨다. 위곤은 기봉 · 옥봉의 재종숙이 되므로 위곤을 위숙댁이라고 했다. 위곤이 양자로 간 양부 진현의 처가 광산김씨로 기봉 옥봉의 친모와 사촌 자매지간이었다.

145) 백씨(伯氏) : 남의 맏형을 가르키지만 여기서는 기봉이다.

146) 고헌(高軒) : 높은 가옥, 높은 정자를 의미. 덕후의 장남 위정훈은 이 높은 정자가 '장춘대(長春臺)'였다고 기록했다. 즉 이 장춘대의 사연이 나오는 시 '長春臺韻'에서 이런 내역을 밝히고 있다.

낭만적인 시인이었던 옥봉은 방촌의 위가(魏家)의 분위기에 반했을 것 같아 보인다. 송라(松蘿), 고헌(高軒 : 높은 정자 마루), 소매(小梅) 등으로 꾸며진 집안의 품격에 혹했을 듯싶다. 또 당대에 옥봉이 가장 존경하는 기봉 형과 함께 동년(同年) 진사시에 합격했던 위숙(위곤)의 풍모며 덕성도 한몫 했을 것이다. 그런 분위기가 취기 속에 하룻밤을 유숙토록 했을 것이며, 이때부터 위곤의 첫째 아들로 동갑이었던 위덕홍을 비롯 덕홍 형제들과 교유도 자연스레 시작되었을 것이다.

2구에 나오는 고헌(高軒) 즉 높은 마루는 아마 장춘대를 가르키는 것으로 추정된다. 이 시를 지을 당시 위곤의 집은 당동이 아닌 방촌이었다. 그런데 곤의 부친 진현은 당동으로 이거하였는데도 당동이 아닌 방촌이 위곤의 집으로 나온 것이다. 이에 대해 위문 측에서는 곤의 장남 덕홍이 결혼할 무렵 위곤은 본가와 멀지 않은 방촌(현재의 천관산도립공원 주차장 축구장 사이의 포도밭. 이곳을 지금도 판사공의 집터라고 부른다.)에 새집을 지어 덕홍을 분가시키고 이 집에 별당을 지어 본가와 자주 왕래하면서 자식들에게 학문도 전수시키고 자신도 풍류를 즐겼다고 설명하고 있다. 이 별당 자리 부근에 대(臺)가 있었는데, 이 대를 장춘대(長春臺)라고 불렀다고 한다. (『천년가학 방촌학1』) 그러므로 기봉 · 옥봉 형제가 방문했던 위숙의 집은 방촌이었고, 옥봉이 말한 고헌(高軒) 즉 '높은 누각'은 장춘대를 말하는 것이었다.

기봉이 위곤을 만난 이후, 기봉이 35세에 절명함으로써 위곤과 기봉의 교유도 단절된다. 그러나 기봉의 아우 옥봉은 위곤의 아들들과 교류가 지속되며, 장흥에서 수원백씨와 장흥위씨 간의 유대의식은 계속 이어졌다. 특히 옥봉이 위곤의 다섯 아들 중에 첫째인 위덕홍(魏德弘,1537~16069(자 사임), 셋째인 위덕관(魏德寬)에게 써준 시가 이를 웅변하고 있다.[147] (옥봉과 사임은 동갑이었고 이율은 옥봉의 10년 연하였다.)

이처럼 선대(조부, 부친 대)에서 기봉, 옥봉과 자기 선대 간에 얽히고 설키 인연이 청금에게는 큰 감동이었을 것이다. 또한 청금에게 장춘대가 빛날 수 있었던 것은 당대의 두 천재 시인 기봉, 옥봉과 인연이 있었기 때문으로 생각했을 것이다. 그리하여 청금은 장춘대의 내력과 역사를 고찰하는 글에서, 마지막으로 기봉 시인을 끌어와 기봉 시인의 장춘대에서의 시문이 오래도록 빛날 것이라고 설했을 것으로 추정이 된다.

---

147) ■'위사임(덕홍의 字) 집을 제재로 삼아 지어 부치다 奇魏士任家' : 사립문에는 손님도 없으니 (청)태전만 무르익고 柴門無客長苔錢 / 산에 가득 꽃이 피고 달빛 그득할 때 花滿山時月滿川 / 기다리게 가장 훌륭한 밤을 맞추어 내가 찾아 가리 好待吾行最良 / 푸른 언덕 깊은 곳에 두견 울음소리 들을 테니 碧巖深處聽啼鵑"(『옥봉詩集』'上, 詩, 五言絶句) [태전(苔錢) : 직역으로 '동전 모양으로 생기는 이끼. 모듬 이끼. 그러나 여기서는 '청태전(靑苔田)'을 의미한다.] || ■'위이율(위덕관의 字)에게 주다 贈魏而栗' : 매화꽃이 피는 걸 살피지 않았다가 不省梅花發 / 자네가 찾아와 병중인 데도 문을 나섰네 君來病出門 / 봄 산에 하루해도 이미 저무는지라 春山日已晩 / 술잔 다하자 할 말을 잊어버렸네 杯盡却忘言"(『玉峯詩集』'上, 詩, 五言絶句)[위이율(魏而栗) : 위덕관(魏德寬,1547~1628)의 자(子)이다.] 이율은 옥봉에게는 영암의 집까지 찾아온 10년 연하의 아주 반가운 지기였다. 병중이었음에도 봄을 맞은 산 속에서 해가 저물도록 제 몸 따위는 잊어버리고, 그저 우의와 흥취에 젖어 흠뻑 술을 마셨고, 술을 다 마신 뒤에는 서로 할 말이 없게 된 채 그냥 있었다는, 둘의 모습이 눈에 선하게 보이게 하는 시다.

4. 장흥부에서 기봉의 평가

1757~1765년, 전국의 각 읍에서 편찬한 읍지(장흥의 경우, 1747년에 편찬된 『장흥읍지』(정묘지)가 자료로 제공됐다.)를 모아 성책한 전국 지방지인 『여지도서(輿地圖書』에 기봉 백광홍과 그의 형제들에 대한 소개가 나온다. 이에 대한 내용은 아마 장흥부에서 보내준 자료(『장흥읍지』)에 근거했을 것임에도 자료로 제공된 『장흥읍지』 자료보다 몇 자가 추가 되었다. 백광홍의 인적 사항에서 두어 가지 소개가 그것이었다. 이것은 아마 『여지도서』 편찬자가 궁중에 보관된 백광홍에 대한 실록, 사료 등을 확보했기에 가능한 내용이었을 것이다.

(『여지도서』에 소개된 백광홍에 대한 내용은 앞 332쪽에 소개했으므로 생략한다.)

그렇다면, 『여지도서』에 자료로 제공됐을 『장흥읍지』(1747)는 백광홍을 어떻게 기술했는가 보자. 백광홍의 소개는 『장흥읍지』 '안양방' '인물' 편의 문과(文科)와 사마(司馬) 편 두 군 데서 소개되어 있다. 문과 편에서는 그런대로 자세히 소개 되어 있다.

백광홍 : 호는 기봉이다. 생원으로 문과에 급제하여 호당(湖堂 : 독서당)을 거쳐 평안도 평사(評事) : 장 6품)에 이르렀다. 관서별곡 4곡을 지었다. 최경창의 시에서, "비단같이 수놓은 화려한 봄꽃은 예전과 다름없고 錦繡煙花依舊色 / 능라도 무성한 풀 이제껏 봄이로다 綾羅芳草至今春 / 낭군 한 번 가신 뒤로 소식 영영 안 오는데 仙郎去後無消息 / 관서별곡 한 가락이 눈물 자아내는구나. 一曲關西淚滿巾"하였다. 일찍이 일제(一齊) 이항(李恒)과 영천(靈川) 신잠(申潛)의 문하에

서 공부하여 31세에 (문과)에 급제하고 35세에 졸하였다.[148]

이 백광홍의 소개에서 "관서별곡 4곡을 지었다"든지, 백광홍의 시가 아닌 최경창의 시를 소개한 것은 터무니없는 소개 내용이다. 아마 이수광의 『지봉유설』(동시東詩)편을 본 따 소개한 것까지는 좋았지만, 왜 그 많고 많은 백광홍의 시가 아닌 '기성(평양)에서 백평사의 별곡을 듣고 箕城聞白評事別曲'라는 최경창 시를 소개했을까. 결국 이 시 소개로 인해 장흥사회에서도 기봉의 기녀와 연루설이 곡해된 채 퍼졌을 수도 있었을 것으로 유추된다.

문과 편에서 백광홍의 소개는 그렇다 치고, '사마' 편에서는 기봉과 옥봉을 연이어 소개했는데, 기봉은 고작 8자에 그치고 옥봉은 장황하기 이를 데 없이 소개되어 있어, 당시 장흥사회에서 기봉이 어떠한 예우를 받았는지 유추할 수 있게 된다.

> "백광홍 : 백문기(白文麒)의 손자로 생원시 · 진사시 모두 합격했다 白光弘 : 文麒孫, 兩場"
>
> (『장흥읍지[정묘지]』 안양방, 사마 조)

백광홍에 대한 소개는 이름까지 합해 8자가 고작이었다. 『여지도서』에도 기재돼 있던, 문과 편에서의 소개된 호(號)며 벼슬도 제외시켰다. 장흥 향교에 기재돼 있었을 역대 장흥부 사마시 합격자 명부만 보고 읍지에 기록했고, 그 외의 모든 정보는 더 이상이

148) 白光弘 : 號岐峯, 生員登第, 歷湖堂芝平安評事, 作關西四曲, 崔慶昌詩曰, 錦繡煙花依舊色, 綾羅芳草至今春, 仙郎去後無消息, 一曲關西淚滿巾. 嘗受學於一齊, 申靈川門下, 年三十一登科, 三十五卒. (『장흥읍지』[정묘지] '안양방, 인물, 문과')

기록을 확보하지 못해 이 정도 기록에서 그쳤을 것이다.

'사마' 조의 백광성의 소개도 "백광성(白光星) : 문기의 손자로 호는 동계(東溪)이다. 송천(松川) 양응정(梁應鼎)의 문인이다. 진사다. 白光星 : 麒孫孫. 號東溪. 梁(松)門人. 進士."라고 소개했을 정도였다.

기봉에 이어진 옥봉의 소개는 어떠했을까. 옥봉의 소개는 기봉에 비하면 조금은 장황할 정도다. 옥봉의 만사 시(실제는 옥봉의 아들 백진남에 대한 만사이다.)까지 첨부했을 정도다.

> "광홍의 동생으로 호는 옥봉(玉峯)이다. 가정(嘉定 : 1522~1566), 갑자년(甲子年 : 1564)의 진사이다. 필법이 귀신과 통하고 시율(詩律)이 뛰어났지만 빈료(賓僚)로 백의종사(白衣從事 : 벼슬없이 일을 임시로 맡아보는 것)를 하였다. 이정구(李廷求)가 만장에서 말하길, (이 만장은 백광홍의 만장이 아니라 백광홍의 아들 백진남의 만장인데 백광홍의 만사로 잘못 사용하였다.) (…만장 소개…) 라고 하였다. 아들 송호 진남에게 지시하여 이청연(李青緣)의 문인이 되게 하였다. 청연사(青蓮詞)에 배향되었다.[149]

'정묘지' 발간 이후 편찬된 여러 『장흥읍지』에서도 '정묘지' 사마편 소개 내용이 크게 벗어나지는 않았다. 백광홍은 여전히 "백문기의 손자로 생원시 · 진사시 모두 합격했다. 文麒孫, 兩場"가 그대로 복사되어 소개되는 게 전부였다. 최소한 정부가 펴낸 『여지도서』에서의 "호는 기봉. 진사로 등제하다. 호당을 역임하다."

149) 白光勳 : 光弘弟. 號玉峯. 嘉靖甲子進士. 筆法透神. 詩律邁古. 以白衣從事賓. 李廷龜挽之曰 : 晉筆唐詩父子奠 瓊据一出萬人傳 青雲路隔難通籍 白玉樓成促上仙 毫管謾留王氏塚 年年橘柚秋霜後 無復淸香帶錦牋. (『장흥읍지(정묘지)』'안양방, 사마조')

라는 최소한의 정보라도 부가할 수 있었을 텐데도 정묘지의 사마편의 소개가 다인 이름까지 8자 소개에서 마무리했다. 대신 백광훈은 정묘지에서 잘못 인용된 아들 백진남의 만장을 삭제한 나머지의 모든 정보가 그대로 소개됐다.

『장흥도호부읍지』(1868년』, 『장흥읍지경술(庚戌誌)』(1910), 『장흥지 무인지(戊寅誌)』(1938)가 다 그랬다. 다만 한글과 한자가 병기된 『장흥지(丙午誌)』(1966)에서 만큼은 친절하게 "白光弘 : 文麒의 孫이요 兩場하다."고 13자로 소개했다.

백광홍의 『기봉집』 편찬이 1899년에 이루어졌으니 만큼, 1900년 이후에 편찬된 『장흥읍지』(경술지) 이후부터는 백광홍에 대한 구체적인 정보 등이 추가될 수도 있었을 텐데도 『장흥읍지』로서 마지막이 된 1966년판 '병오지'까지 여전히 백광홍은 생원시 · 진사시에 합격했던 그 수많은 사마시 합격자의 한 사람일 뿐이었다,

이처럼 『기봉집』이 출간되었어도 장흥사회에서는 여전히 백광홍이 부상되거나 부각되지도 않은 채로 제대로 실체를 규명하지 못했다.

4. 기봉, 재부활돼야 한다

1. 몇 가지 오해 … 사실 정황에 대한 이해 필요

관서 평사 때 병이 깊이 들었다

기봉은 관서 평사 때 병든 상태였다.

기봉에게 3형제가 있었지만 모두 단명이었다. 기봉(1522~1556)은 35세로, 2남 풍잠 백광안(1527~1567)은 40세로, 3남 옥봉 백광훈(1537~1582)은 45세에 타계하였다. 이는 지금으로 봐 유전적인 요인이 있었지 않았을까도 추측하게 하는 일이 아닐 수 없다.

기봉이 스승 청연(淸蓮) 이후백(李後白,1520~1578)을 한양에서 만났을 때 몸이 많이 쇠약했던 것 같았다.

이는 이후백의 만사 시 중에 "관서 땅 이별이니 견디겠지만 / 서울서 여윈 몸에 크게 놀랐네 可忍關西別 空驚洛下癯"라는 시구가 말해주고 있다. 이 시에서 기봉이 관서 땅으로 부임해가려고 하였을 때 청연이 깜짝 놀랐을 정도로 기봉의 몸이 쇠약해져 있었음을 짐작하게 해 준다.

쇠약한 몸으로 군무(軍務)에 임하다가 풍토병에 걸렸을 수도 있고, 기저질환이 심해졌을 수도 있다. 어쨌든 평사 업무 중에 쇠약한 몸에 중병이 더해진 듯싶다. 어쨌든 기봉은 몸이 쇠약해진 채 관서 평사로 부임해 갔을 것이다. 그리고 재임 중에 병이 더욱 깊게 들고 건강 상태가 많이 악화되어 있었던 것으로 여겨진다. 이는 그가 관서 평사로 재임 중 쓴 여러 시편에서 잘 나타나 있다. 한두 편의 시도 아니고 무려 10여 편의 시에서 병든 상태임을 표현하고 있을 정도였다. 그만큼 병이 오래도록 심하게 들어 기봉 시인을 괴롭혔을 것으로 유추하게 해준다.

기봉 시인은 시 '취해 이자운에게 주다 醉贈李子雲'의 1구 "황금새(黃金塞 : 변방의 지명인데 정확히 어디인지는 명확하지 않다.)에 1년간 병이 든 나그네가 … 一年病客黃金塞"라고 표현, 1년간 병이 든 상태였음을 표현하였다. 이 외에도 다음의 시들은 기봉이 심하게 병든 몸이었다는 사실을 확인해주고 있다.

① '병으로 의주 청심당에 누워 회포를 적다 病臥義州淸心堂書懷'의 시 제목.

② '병으로 의주 청심당에 누워 회포를 적다 病臥義州淸心堂. 書懷'의 시 1, 2구 "삼천리 먼 길을 집 떠나 와서 離家三千里 / 아파 드러눕자 어버이 배나 그리워 臥病倍思親" 라고 표현했다.

③ '병중에 조선생 경양의 운에 차운하여 病次趙先生景陽韻'의 시 제목.

④ '병을 얻어 완계를 지나며 옛날을 기억하다가 病得浣溪. 枉過談舊有感. 仍步所袖寄四美韻. 二首. 兼別四美南行'의 1, 2구 : "분성 사는 그대에게 감사하노니 多謝盆城子 / 자주 와 병든 내 맘 만져 주었지 頻來慰病唫"라고 표현했다.

⑤ '진서루에 조군옥에게 주다 鎭西樓. 贈趙君玉'의 시 1구 : "높은 누각 올라 보니 병든 눈이 환하네 上高樓病眼明"라고 표현했다.

⑥ '외로운 밤 獨夜'의 시 1, 2구 : "철옹성 높고 높다 산의 해도 어

둑하니 鐵瓮城高山日昏 / 어버이 그리는 병든 객은 다시 마음 상하여 思親病客重傷魂" 라고 표현했다.

⑦ '자수가 보낸 시에 차운하여 次子修見寄'의 시 1, 2구 : "변방의 끝에서 병을 안고 아침 내내 누웠는데 窮邊抱病臥終朝 / 젊은 날의 장하던 꿈 호기조차 점차 스러지네 少日雄心漸減豪"라고 표현했다.

⑧ '박일초가 질정관으로 연경에 가는 것을 전송하며 送朴一初質正赴京 名好元. 壬子文科同榜'의 시 2수 중 2수 2구 : "몸져 누워 먼 데 병으로 차마 거길 수가 없네 病臥難堪遠別顏"라고 표현했다.

이상의 여러 시편들은 기봉이 병들어 있었음을 짐작해 주고 있다. 이처럼 거의 복무 기간 내내 병이 든 상태, 건강이 많이 악화된 상태였던 것이다.

한두 편의 시에서 몸이 아팠음을 나타낸 것도 아니다. 이토록 많은 시에서 몸이 아팠다고 표현한 것은 가식을 꾸밀 줄도, 위장할 줄도 모르던 고지식한 기봉이었기에, 우리는 그의 진실한 고백을 인정하지 않을 수 없게 되는 것이다. 이처럼 기봉은 관서에서 복무 중 거의 내내 병이 들었고, 끝내는 그 병을 이기지 못해 사직하여 귀향할 수밖에 없었을 것이다. 기녀와의 방탕한 놀음 따위로 병이 든 것이 아니었던 것이다.

"…신독(愼獨)의 핵심은 무자기에 있다 謹獨要在毋自欺 / 내성(內省)은 옥루(屋漏)에도 부끄럽지 않아야 한다 內省須無愧屋漏 / 옥루는 안 보여도 또한 아주 환하거니와 屋漏雖幽亦孔昭 / 군자는 부끄럽지 않음으로 기약한다 君子所以期不疚 / 은미하여 저만 홀로 안다고 하지 말라 隱微莫道己獨知 / 열 손 열 눈 어지러이 손가락질 만나리니 十手十目紛指覯 / 하물며 그대 집 감춰진 곳에도 何況爾室莫顯處 / 또한 귀신 있어 좌우에 임해 있구나 亦有

鬼神臨左右 …"(『기봉집』, 2018, 옥루, 159쪽)

기봉의 시 '옥루(屋漏)'에 나오는 '신독'에 대한 내용이다. '신독(愼獨)'은 『대학』·『중용』에 나오는 말로, 혼자 있을 때에도 조심한다는 의미다. 신독은 타인에게 인정받기 위한 공부가 아니라 스스로의 인격의 완성을 위해 공부하는 유자(儒者)와 군자(君子)에게는 아주 중요한 가치관이었다. 이 시에서 보듯, 기봉은 자기의 뜻을 정성스럽게 하여 양심을 속이지 않는, 자기 스스로에게 부끄럽지 않는 신독의 가치관을 가지고 있었다. 남에게 보여주기 위한 학문이 아니라 스스로에게 당당할 수 있는 삶의 가치관에 철저했던 것이 기봉이었음을 이 시 말고도 여러 편의 시에서도 확인할 수 있게 된다. 기봉은 그런 구도자였다. 이 시에서처럼 신독의 수행에 철저했던, 신독을 자기 삶의 중요한 삶의 철학으로 여겼던 기봉이었다.

이처럼 기봉은 남이 보이지 않는 곳에서도 자신을 속이지 않은, 언제나 자신에게 당당할 수 있는 수양(修養)과 수신(修身)을 철저하게 갈고 닦았던 진정한 선비였던 것이다. 그러므로 더더욱 "걸리지도 않았을 병"을 "나 병에 걸렸다"는 식으로 가식하고 위장하는 따위의 표현이나 시작(詩作)은 아예 꿈에서라도 생각도 못했을 기봉이었다.

그러므로 여러 편의 시에서 표현되었듯이, 실제로 평사로서 거의 복무 기간 내내 병들어 있었던 기봉이었고, 그러한 병을 극복하지 못한 채 결국 불가피하게 체직(遞職)할 수밖에 없었을 기봉이었던 것이다.

홍진(洪縝) 시인은 만사에서, 병 들었던 기봉이었으므로 그의 죽음은 불가피한 운명이었다고 읊고 있다.

"…

그대의 죽음이 애석한 것을 / 斯人之不淑
아득한 자들은 알기가 어려울 것이다 / 茫茫者難知兮
다만 운명인 까닭에 / 惟命之故
안타까운 마음 품고 험한 산을 내달렸겠지 / 懷靡遑而驅馳峻阻 兮
어이 해야 그 마음을 흔들리지 아니하고 / 安得不蕩搖其心腑
막부(幕府)의 말석에서 받들어 맞이할까 / 承迎婉畫之末已不自得兮
이미 스스로 얻지 못하였으리
하물며 풍토를 살펴 대비하지 못했음에랴 / 况不審備乎風土
그대 죽음이 병 때문이라고 말들이 많지만 / 人多異說以病君兮
다만 그 운명임을 알지 못했음일세 / 殊不知其命

기녀와 연루 … 오해였다

다음으로 기봉과 기녀와의 연루설에 대해서도 사실적 정황에 대한 인식이 필요하다.

기봉이 기녀와 연관된 시는 2수이다. 하나는 기봉이 고죽 최경창 부채에 써 준 '최고죽의 부채에 쓰다 題崔孤竹扇'이고 또 하나는 최경창이 쓴 '기성에서 백평사의 별곡을 듣고 箕城聞白評事別曲'이다.

고죽 최경창 사후에 바로 고죽의 유문집의 하나인 『최백집』[150)]

150) 『최백집(崔白集)』은 『고죽유고』(1683년 발간) 이전에 편찬되었다. 『최백집』 이후에 편찬된 『고죽유고』에서 "최백집(崔白集)에서는 백씨(백광홍)의 시로 되어 있다."거나 "이 시는 최백집(崔白集)에서 얻은 것이다." 등의 편자의 주가 나오고 있기 때문이다. 또 "근래에 최백집(崔白集)이 세상에 전해졌다. 최는 즉 최고죽 경창을 말한다. 近有崔白集行于世. 崔卽崔孤竹慶昌"(『태천집(苔泉集)』(卷四 驪興閔仁伯著/摭言)라는 데서 이미 『최백집』이 당대에 발간되어 널리 유포되었다는 사실을 유추할 수 있다. 이 『최백

이 출간되었다. 이 시집에는 최고죽의 '기성에서 백평사의 별곡을 듣고 箕城聞白評事別曲'가 당연히 들어 있어 당대 시중에 널리 회자되었을 것이다. 그러나 기봉의 시는 기봉 사후에도 유고집이 출간되지 않아 아마 필사본으로 유포되었을 것이다. 특히 고죽이 기봉이 써 준 부채를 기녀에게 전해주었을 것이므로, 그 시만큼은 필사되어 오래도록 전해졌을 것으로 유추된다. (기봉의 모든 시 중 이 시만이 이수광이 알고 활용했던 이유이기도 할 것이다.)

우선, 당시 기봉이 이 시를 고죽에게 써 준 정황을 이해할 필요가 있다.

이 시는 기봉이 관서에서 귀향하던 중 관서로 올라가던 최경창을 만나 지은 '최고죽의 부채에 쓰다 題崔孤竹扇'를 써준 시다. 두 사람이 우연히 만났는데 왜 대화가 없었겠는가. 기봉의 아우 옥봉은 고죽의 두 살 아래다. 옥봉이 14세 때 고죽 최경창과 청연(淸蓮) 이후백의 문하에서 만나 함께 수학한 이래, 17세 때는 서울로 가서 송천(松川) 양응정(梁應鼎)의 문하에서도 함께 공부했던 절친이었다. 옥봉이 아버지처럼 존경하였던 옥봉의 장형 기봉을 최경창이 몰랐을 리 없었다. 더구나 기봉이 쓴 시 중에 '기양에서 북막으로 근행(覲行) 가는 최가운[가운(嘉運) : 최경창의 자(字)]을 전송하며 岐陽送崔嘉運覲北幕'라는 시가 있다. (『기봉집』, 2018, 124쪽)

"자네는 북녘으로 나는 장차 서편으로 君行將北我將西 / 천리라 가을바람에 이별하니 한만 어지럽다 千里秋風別恨迷 / 강남땅 사흘 밤 꿈 이을 수만 있다면 會續江南三夜夢 / 향로봉 학을

집』 발간 시기는 고죽이 뒤인 1583년에서 이 합집을 주도한 고경명이 죽은 1592년 사이에 발간되었던 듯하다.

타고 흰 구름 속 깃들이리. 香爐伴鶴白雲捿".

이 시는 아마 기봉이 평안 평사가 되어 평영으로 떠나기 직전에 한양의 강남 어디에서인가 최경창과 사흘을 함께 보냈고, 이때 북막으로 근행가는 최경창을 전송하며 시를 써 줄 정도였으니 서로 간의 우정이 꾀 깊었을 것으로 추정 된다.[151)]

기봉은 평양에서 남으로 내려오던 중이고 최경창은 북으로 가던 중 우연히 만났을 것이고 참으로 반가웠을 것이다. 그리하여 술잔을 함께 기울이며 흉허물 없이 많은 대화를 나눴을 것이다. 그리고 기봉은 고죽에게 두루두루 관서지방의 풍경이며, 풍습 등 이런저런 사정을 전해주었을 것이다. 청백리 집안의 전형적인 유가(儒家) 출신이긴 하였지만 당대의 이념이었던 주자학의 규범에는 얽매이기를 거부하여 매양 도타운 인정, 순수한 사랑에 충실하였던 시인이 바로 고죽이었다. 더구나 훗날 고죽이 북평사 재임 중 그곳 경성(鏡城)의 관기 홍랑(洪浪)과 일군 감동적인 염정(艶情)의 일화가 말해주듯, 기녀에 대한 편견이 전혀 없었던 호방한 시인이어서 기봉으로부터 일부러라도 관서 기녀들에 대한 이야기를 청해 들었을 수도 있었을 것이다. 그 과정에서, 기봉은 자연스럽게 자기가 아끼던 한 기녀가 생각이 나 혹여 그 기녀가 있는 백

151) 기봉의 전별시에 고죽도 차운하는 시를 지었다. "대유의 증별시에 차운하다 次大裕贈別韻 : 서울에서 가을 만나 서로 오갔는데 洛北逢秋住又還 / 바닷가에 돌아와 구름과 산 꿈꾸노라 海天歸夢共雲山 / 풍진은 막막하여 구레나룻 허예지고 風塵漠漠霜侵鬢 / 갈림길 망망한데 술로 시름 잊노라 歧路茫茫酒解顔 / 계수나무 달빛 그림자 띳집에 들어오고 桂月影穿茅屋裡 / 모래사장 갈매기 소리 창가에 들리누나 沙聲聞竹窓間 / 그윽한 은거 맛 알아 몸도 멀어졌으니 幽棲有味身兼遠 / 해 저문 찬 숲에 바위가 문 되었네 歲暮寒林石作關"[대유는 기봉의 자(字)다. 서울에 만난 기봉을 '가을'로 표현하였다.] (『고봉전서』,'고봉집, 제1권, 시詩')

상루에 가면 안부라도 전해달라며 시 한 편을 최경창이 가지고 있던 부채에 써 주었을 것이다. 이는 고죽과 기봉이었기 때문에, 능히 있을 수 있는 정담(情談) 같은 것일 수 있었다.

그래저래 기봉의 쓴 고죽 부채에 써준 시에는 "최고죽의 부채에 쓰다 題崔孤竹扇 : 공이 평사가 되었을 때 안주의 기생을 사랑했다. 병으로 교체되어 돌아오다가 길에서 올라가던 고죽과 만났다. 부채에 이 시를 써주었다. 고죽은 부채를 기생에게 주었다. 기생이 구슬퍼하는데, 이미 부고가 이르렀다. 題崔孤竹扇[公爲評事時, 眷安州妓. 以病遞還, 路逢交承孤竹. 題此詩於扇. 孤竹以贈扇妓. 妓慘然而已訃至."라는 소주(小註)가 붙은 시가 되어 『기봉집』에 실린다. (『기봉집』, 2018, 136쪽). 그러므로 애초에 기봉이 써준 부채 시의 소주는 "공이 평사가 되었을 때 안주의 기생을 사랑했다. 병으로 교체되어 돌아오다가 길에서 고죽을 만나 이 시를 써주다."였을 것이고 그 다음에 이어진 내용 즉 "… 고죽은 부채를 기생에게 주니 기생이 슬퍼하는데 이미 부고가 이르렀다."는 아마 훗날 어느 편집자가 부가했을 것이다. 어쨌든 이 소주만으로도 기봉은 안주의 기생을 진정으로 사랑했고, 병으로 귀향 중 고죽을 만나 이 시를 써 준 시가 바로 '최고죽의 부채에 쓰다'시 였음에는 분명하다.

그런데, 이 시가 기녀들에 의해 필사되었을 때는 소주의 이런저런 내력까지는 생략된 채였을 것이다. 이런 내용이 생략된 '최고죽 부채…'의 시라면, 능히 기봉이 그저 '기녀 통정(通情) 꾼' 정도로 착각하게 하거나 오해시킬 수 있었을 것이다. 더구나 자칫 기녀 이름이라고 착각할 수 있게 한 '몽강남'이 시에 등장하기 까지 했으니('몽강남'의 진정한 의미를 알지 못하면 단순히 기녀의 이름으로 생각했을 것이다.) 정황상 능히 그런 오해를 불러 일으켰을 수 있었다고 추측이 된다. 그러나 실제적으로 기봉은 오로지 한 기녀만을 진정으로 사랑했을 것이다. 그렇기에 기봉은 진심을 담아 최고죽에게 그러한 시를 써 그 기녀에게 보냈을 것이 아니었겠는가? '몽강남(夢江南)'이라는, 진정한 사랑을 의미하는 용어까지 용사해가면서.

여기서 기봉과 기녀와의 관계에서 자주 회자가 되었을, '최고죽의 부채 …'의 '몽강남(夢江南)'에 대한 사실적인 이해가 필요하다. 왜냐하면 이 시의 주인공인 '몽강남'이라는 기녀에 대한 오해가 전적으로 기봉에 대한 부정적이고 편견에 치우친 시각의 단초가 되었을 것으로 여겨지기 때문이다.

몽강남을 직역하면 '강남을 꿈꾸는 이'로 해석이 된다. 그런데 보통은 몽강남을 '기봉이 사랑했던 기녀의 이름'으로 이해하는 경우가 대부분이었다. 이와 관련하여 백수인 시인(조선대학교 명예교수)은, 이러한 오해는 '최고죽 부채 …' 시를 자못 번역한 데서 기인한다고 단정 짓는다.

> 기봉이 사랑했던 기생이 '몽강남(夢江南)'이었다고 쓴 논문과 해설서, 안내 책자는 허다하다. 그러나 이는 '최고죽의 부채에 쓰다 題崔孤竹扇'라는 시를 잘못 번역한 데에서 기인한 것으로 보인다.
>
> … '최고죽의 부채에 쓰다 題崔孤竹扇' 시에 나오는 '몽강남(夢江南)'은 기녀의 이름이 아니라 당나라 때의 유명한 시인 온정균(溫庭筠,812~870)이 쓴 시 제목이다. 따라서 '최고죽의 부채…' 시에서 '몽강남(夢江南)'은 온정균을 용사(用事)한 것이어서 이 시에서 가장 돋보이는 수사적 장치인 것이다. 즉 여기에서 '몽강남(夢江南)'은 온정균의 시 '몽강남(夢江南)'에 대한 하이퍼링크인 셈이다.

"천갈래 만갈래의 한 / 하늘 끝에 닿았는데 / 애타는 이내 마음 산달마저 몰라주네 / 눈앞에 꽃잎은 비바람에 떨어지고 / 노 젖는 뱃전에는 푸른 구름 비껴 있다 / 세수하고 빗질하고 / 홀로 기대어 강루를 바라보니 / 수천 돛배 지나건만 임 자취 보이질 않네 / 햇살 비낀 강물은 너울너울 아득하건만 / 부평초 시든 섬에 애를 끊도다. 千萬恨恨極在天涯 山月不知心裏事 水風空落眼前花 搖曳碧雲斜 梳洗罷 獨倚望江樓 過盡千帆皆不是 斜暉脈脈水悠悠 腸斷白蘋洲 " -온정균, 강남을 꿈꾸며(夢江南)

온정균의 이 시는 여성 화자가 강남에 간 임을 그리워하는 지극한 감정을 표현한 것이다. 전반부에는 그리움이 한이 되어 있는 심사를 노래하고 있으며, 특히 후반부에서 화자는 임을 맞을 요량으로 세수하고 빗질하고 홀로 기대어 서서 강루 만을 바라보고 있다. 그러나 강남에서 오는 배는 수천 척이 지나갔건만 임은 오지 않았다. 그러니 부평초 시든 섬에 애가 끊어지는(腸斷) 심정일 수밖에 없다. 여성이 임을 그리워하는 심정을 실감나게 표현한 명편이라고 할 수 있다. 기봉의 '최고죽의 부채…'에서 '몽강남(夢江南)'이라는 세 글자는 온정균의 시 '몽강남(夢江南)'의 정서를 온통 인용하고 있는 것이다. 따라서 기봉은 '최고죽의 부채…' 시에서 백상루에는 온정균의 시 '몽강남(夢江南)'에서처럼 애끊는 마음으로 자신을 기다리는 여성이 꼭 있을 것이라는 의미를 시어로 표현한 것이다.[152]

백수인은 이처럼, 기봉 시인이 고죽에게 써주었던 '몽강남'에 대해, 사랑하는 '임을 간절한 마음으로 기다리는 여성'으로 해설한 것이다. 다시 말하면, 관서의 백상루에 가면 '강남을 꿈꾸는 이' 즉 '진정한 사랑을 꿈꾸는 이'가 있을 것이라는 의미에 불과했다는 것이다. 그가 설혹 기녀일 수 있고, 또 다른 여성(즉 가무

152) 백수인, 『창』, 제22호, 2012. 4, 지역문화교류호남재단.

만을 하는)일 수도 있을 것이다. 그렇지만 기봉 시인은 굳이 그를 기녀로 표현하지는 않았다. 그저 몽강남(夢江南) 즉, '진정으로 참 사랑을 꿈꾸고 그 사랑을 간절한 마음으로 그 사랑을 기다리는 이'로 표현하였을 뿐이다.

그렇지만, 이수광 외 몇몇이 몽강남을 단순히 '몸 파는 기녀'의 이름쯤으로 해석하고, 여기에 상상을 더해 기봉이 이들 기녀들로 인해 몸을 크게 상훼하였을 것으로 보는 등 기봉을 부정적으로 보는 시각이 연이어 나온 것으로 유추된다.

기봉, 평사 체직 후 곧바로 고향으로 귀가

또 하나의 오해로 여겨지는 것으로, 기봉이 병든 몸으로 평양서 장흥으로 귀가 중에 부안에서 객사했다는 인식이다. 이 사안 역시 평사 재임 중 병이 들어 평사직을 그만두고 귀가하던 중 고죽에게 기녀에 주는 시를 썼고, 그 후 부안 처가에서 운명했다는 것으로 연계되면서 즉, 관서 평사, 병든 몸, 체직, 기녀에게 작시(作詩), 귀가 중 객사 등으로 연상되며 기봉의 부정적인 평가에 힘을 실어주었을 수 있기 때문이다.

> (1)"(백광홍은) …1555년 평안도 평사로 배수되어 변방에 나갔다. 하지만 이듬해 가을 병으로 교체되어 어버이 문안 차 고향으로 돌아오던 길에 부안 처가에서 세상을 뜨고 말았다."
> (정민 교수, '기봉 백광홍의 인간과 문학세계')

> (2)"1555년 백광홍은 평안도 평사로 뽑혀 관서지방의 국경 상황과 민심을 돌아보았고 이때 관서별곡을 남겼다. 이듬 해 병이 든 그는 평

사직을 내놓고 고향으로 내려오던 중 전북 부안에 있는 처가에서 35세의 나이로 숨졌다.

(『월간조선』 2004년 6월)

상기 예문 (1)은, 『기봉집』을 역해한 정민 교수가 지난 2004년 6월 21일 '기봉 백광홍 선생 학술 발표회' 때 발제한 '기봉 백광홍의 인간과 문학세계' 논문 서두의 기봉 선생을 소개하는 부분에서 언급한 내용의 일부이다. 예문 (2)는 『월간조선』 2004년 6월호의 "문화관광부 선정 이 달의 文化人物 - 白光弘 기행가사의 효시 '關西別曲' 남기고 요절" 제하의 기사의 일부분이다.

두 예문이 다 '기봉 백광홍은 평안도 평사직을 그만두고 고향으로 내려오던 중 부안의 처가에서 별세했다.'라는 내용이다.

사실 기봉의 연보 등에 의하면, 기봉은 34세 되던 1555년 봄, 평안도 평사가 된다. 그리고 그해(1555)에 '관서별곡'을 짓는다. 또 그해 8월에는 스승인 이항으로부터 '거경궁리(居敬窮理)를 독실히 하라'는 편지를 받는다. 그리고 1556년 8월 27일, 부안(扶安)의 처가에서 졸했다고 나온다. 그것이 전부이다. 그러므로 보통은 1556년에 병을 얻어 체직되어 귀향하던 중 부안의 처가에서 사망한 것으로 이해하게 된다.

어쨌든 평안도 평사를 그만 둔 이후의 기봉의 일정은 이처럼 불투명하다. 바로 '8월 27일 부안에서 졸했다'는 기록이 유일하다. 그런 이유로 대부분은 기봉이 병을 얻어 귀향하던 중 처가인 부안에서 별세, 즉 객사했을 것으로 이해한다. 그리고 이러한 내용, 즉 평안 평사로 근무 중 기녀와의 사랑, 체직, 귀향 중 객사 등으로 연상되며 기봉의 죽음에 이상한 상상력도 야기하게 한다고 할 수 있다.

그런데 문헌 등에 밝혀지지는 않았지만, 기봉이 귀향 중에 부안에서 사망한 것은 결코 아니었다. 이는 그의 시 '만수원에서 짓다 題滿樹院 - 在長興'가 증거하고 있다. 만일 이 시를 부정한다면, 기봉 자체를 부정해야 한다. 왜냐하면 이 시는 분명히 기봉의 시이기 때문이다. 그리고 이 시는 기봉이 평안도에서 귀향 중 죽은 게 아니고, 평안도에서 이미 장흥으로 귀향해 있었고, 고향 장흥에서 평안도 평사로 재직하던 때를 몹시 그리워하고 있었음을 밝혀 주는 시이기 때문이다.

변방의 소식을 그리워하는 기봉의 시는 바로 '만수원에서 짓다 - 장흥에 있다 題滿樹院 在長興'이다. (『기봉집』 2018년, 135쪽.)

만수원에서 짓다[153] 題滿樹院 在長興

사자산 기슭에 호계의 바로 곁에 / 獅山之下虎溪傍
숲에 둘린 다락 낮잠이 늘어지네 / 滿樹高樓午夢長
서쪽 변방 그리운 이 소식이 끊겼으니 / 西塞有思消息斷
남국이 (나의) 고향임을 도리어 잊었는가 / 却忘南國是吾鄉

'장흥에 있다'는 만수원은, 바로 지금의 장동면 만년 2구에 있었던 만수리를 가르킨다.

이 시에서 언급한 호계리는 만수리와 바로 이웃한 마을로 예전

---

153) 만수원(滿樹院) : 사자산 기슭인 장흥군 부산면 호계리에 있다. 그 이전에는 만수리와 호계리가 만수동으로 불리며 용계면에 속하였다가 1914년 행정구역 개편 때 만수리는 장동면으로 호계리는 부산면으로 나뉘었다. 기봉은 이곳 만수원의 다락에서 낮잠을 늘어지게 잤던 것으로 보인다.

에는 만수리와 함께 용계면에 속했지만 1914년 행정구역 개편 때 호계리는 부산면에, 만수리는 장동면에 속하게 됐다.

조선조에 조정의 중앙관청의 공문을 지방관청에 전달하고 관리의 여행 또는 부임 때 마필(馬匹)의 공급과 해당 지역의 정세를 보고하던 곳을 역(驛)이라 하고, 관리나 여행자들의 숙식 편의를 제공하던 공공 여관을 원(院)이라 하였다. 역과 원은 서로 밀접하게 관련되어 설치되기 때문에 역원(驛院)이라 통칭되었으며, 역참(驛站)이라고도 하였다.

조선조 장흥의 역원에 속하는 곳으로는 장흥부가 있는 지금의 장흥읍 원도리에 있었던 벽사역(碧沙驛)을 비롯, 각 지역에는 몇 개의 벽사역의 하수 기관이라고 할 수 있는 역원이 있었다. 그러한 역원으로 장흥부 내에는 만수원(滿樹院, 萬壽院 : 在府東二十五里), 장릉원(長綾院 : 在府東六十里), 서덕원(西德院 : 在府南十三里), 비자원(榧子院 : 在府北四十五里), 동덕원(東德院 : 在府東四十里), 성암원(省巖院 : 在府南十里) 등이 있었다. (『신증동국여지승람 제37권』 전라도, 장흥도호, 역원').

장흥부로부터 동쪽 25리에 있었던 그 만수원(滿樹院, 萬壽院)이 있었던 곳은, 지금의 장동면 만년 2구 만수리(晩守里)다. 이 마을 유래에 의하면, 마을 어귀 오른쪽 길가에 만수원의 터가 있는데, 조선시대 여행자들에게 숙식을 제공해주는 만수원(滿樹院, 萬壽院)이었다고 밝히고 있다. (『장동면지』,'2005, 638쪽')

위 시의 내용으로 보아 기봉은 1556년 곧바로 낙향하여 사자산 기슭의 호계마을 부근의 만수리의 만수원에서 시간을 보내고 있었음을 알 수 있다. 기봉이 살던 안양면 기산리에서 장동면의 만수원까지는 반나절이면 다다를 수 있는 거리여서, 어쩌다 기봉이 평양에서 귀향한 후에 어느 날 그곳에 들러 만수원 정자에서 흐드러지게 낮잠도 잤고 시 한 수를 읊었을 것으로 보인다.

이 시로 보아 만수원 다락에서 오수에 젖어 있으면서도 나라에 대한 걱정으로 자신의 의식과 생각이 자꾸만 서쪽 변방에 가 있었는데, 그 쪽 소식이 끊어짐으로써 남녘 고을이 자신의 고향인 것을 잊었는가 하고 되묻는다는 내용을 이 시에서 읊었다.

기봉과 거의 동시대를 살았던 전라도관찰사를 지낸 백담 구봉령(1526~1586)도 만수원에서 쉬면서 칠언절구 한 수를 짓는다. 백담이 1583년 5월 쉰여덟 살 때 전라도 관찰사로 보임되었으니 아마 이 무렵 장흥부내를 순행하던 중 여행자들의 숙소인 이곳 만수원에 들렀을 것으로 짐작이 된다. 이 시제가 '장흥 만수원에서 쉬며 憩長興萬壽院'이다. 시 내용은 "남쪽으로 오는 동안 말 달리느라 지쳤는데 南來日月困馳驅 / 홀로 높은 난간에 올라 남은 시름 풀어보네 獨上高欄散餘愁 / 눈 가득한 연하의 풍광 그림 그릴만한 곳 滿目煙霞堪畫處 / 흰 구름 붉은 나무 아래 실개천이 흐르네 白雲紅樹小溪流"이다. 이처럼 당대 많은 시인 묵객들이며 관리들이 장흥 여행 중에 풍취 좋은 이곳 만수원에 들러 쉬기도 하고 묵기도 했던 것으로 보인다.

중요한 것은, 기봉의 시 중에 "생각은 서쪽 변방에 있는데 소식이 끊어지니"라는 대목이다. 이는 관서 평사로 재임하였던 기봉이 그 변방의 소식을 기다렸다는 뜻이다. 그것도 장흥의 만수원에서. 그러므로 기봉은 이미 그 변방에서 장흥으로 귀향해 있었던 것이다. 그리고 고향 마을에서 가까운 이곳 만수원까지 찾아가 쉴 만큼의 건강도 어느 만큼 회복했을 것으로 보인다. 그리고 그 변방의 소식을 가져올 그 누군가를 애타게 기다렸던 것으로 보인다.

그러다가 무슨 일로인가 고향마을에서 처가인 부안으로 올라갔을 것이고, 거기에서 뜻하지 않게 생을 마감했던 것으로 짐작할 수 있다. 평양에서 귀향 중에 부안에서 죽은 (객사했던) 것이 결코 아니었던 것이다. 일단 고향 마을인 기산 마을로 귀향하였고, 고향에서 관서의 소식을 기다렸으며, 어느 날 고향에서 부안으로 올라갔다가 부안에서 갑자기 생을 마감하였던 것이다.

미루어 짐작하건대 '만수원에서 짓다 題滿樹院-在長興'의 시가 아마 기봉의 마지막 작품이었을 것이다.

고향으로 돌아와서도 서쪽 변방을 그리워하며 오수에 젖었던 기봉이, 마지막의 작품을 그곳에서 쓰며 오수를 즐겼던 그 만수원 부근에 영면해 있다. 그 묘소 아래에는 그의 문학적 업적을 기리고자 한 세운 '기봉가비'가 설치되어 있다. 이 모든 것들이 꼭 우연만은 아닌 것 같기도 하다.

2. 사후 343년 만에 『기봉집』 간행

기봉의 별세 이후, 관서 평사로 재임 중 필사본으로 전해졌을 '관서별곡'으로 인하여, 기봉 당대 이후 그와 교우했던 선후배들마저 모두 고인이 된 이후 기봉에 대한 세간이나 문단에서의 평가는 '관서별곡'을 지은 가사 작가로서였다. 더구나 그의 유고집이 간행되지 못한 탓으로 필사본으로만 전해졌을 '관서별곡'만이 간신히 회자될 정도였다. 그의 사후 시평집 등 거의 모든 문학 관련 문헌이나 여러 시인들의 문집 등에서도 기봉의 소개와 평가는 '관서별곡'을 지은 가사 작가로 이름 정도만 소개되고 '관서별곡'도 제목만 소개되었음은 이미 앞에서 고찰한 바 있다.

20세기까지는 장흥사회 마저 백광홍은 과거(조선조)에 사마시에서 합격한 선비로서 기억될 뿐이었음은 물론이었다. 더구나 일부 문인들은 기봉을 다소 비판적으로 평가하거나, '관서별곡'과 '관산별곡'의 구분마저 혼선을 일으키는 등 기봉에 대한 부정적인 기사도 적지 않았다.

이러한 이유의 근본적인 것은 기봉의 시문집이 간행되지 않아서였다.

이런 사실은 1889년 『기봉집』이 편찬되었을 때 그 서문을 기술한 백사근(白師謹)[154]의 고백에서 잘 표현되어 있다.

---

154) 백사근(白師謹,1732~?) : 자는 경부(敬夫). 본관은 수원(水原)이고, 거주지는 적성(積城)이다. 증조부는 백원진(白元振)이고, 조부는 백시구(白時耉)이며, 부친은 절충장군(折衝將軍) 행첨지중추부사(行僉知中樞府事) 백상우(白尙友)이다. 외조부는 민재철(閔再哲)이다. 형은 백사밀(白師謐) · 백사겸(白師謙)이고, 동생은 백사의(白師誼) · 백사은(白師誾)이다. 1774년(영조 50) 증광시에 생원 3등 4위로 합격한 뒤,1776년(정조 즉위년) 정시에서 병과 3위로 문과 급제하였다. 관직은 율봉찰방(栗峰察訪) · 사헌부

나는 유년부터 우리 집안의 기봉(岐峯) 백광홍(白光弘), 옥봉(玉峯) 백광훈(白光勳) 두 어른은 난형난제라고 들었다. 그러나 유독 옥봉의 문장과 필법은 모르는 사람이 없었는데, 기봉을 아는 사람이 드문 것을 이상하게 여겼고, 옥봉이 기봉보다 더 뛰어난 것으로 생각하였다. … 내가 기봉유고岐峯遺稿를 … 삼가 읽어 보았다. 그의 문장은 담박하면서도 순정(純正)하였다. 당시 제현들이 칭찬하면서 기대했던 문장이었다. 또한 매우 훌륭하였다. 그제서야 나는 비로소 앞서 들었던 것이 옳지 않음을 알게 되었다.[155]

다른 사람도 아니었다. 백씨의 종인(宗人)으로서 승정원승지(承政院承旨) 등을 역임하였던 관리 출신 백사근의 솔직한 고백이었다. 왜 백사근이 자신은 물론 모든 종인들이 기봉을 거의 모른다고 하였을까. 기봉을 기억하게 할 수 있는 시문집이 없었기 때문이었을 것이다.

거의 3세기 반을 지나오면서 특히 임진왜란 정유재란 등을 겪으면서 기봉의 시문은 많이 유실되었다. 그나마 다행히 옥봉

장령(司憲府掌令) · 사간원대사간(司諫院大司諫) · 승정원승지(承政院承旨) 등을 두루 역임하였다. 사간원정원(司諫院正言)을 역임할 때, 당시 세도가(勢道家)였던 홍낙순(洪樂純)의 아들 홍복영(洪福榮)을 사형에 처할 것을 상소하였다. [『정조실록』(정조 9년 1785년 7월 15일). 지평 백사근이 5가지 조목을 상소하다 : 지평 백사근(白師謹)이 상소하여 다섯 가지 조목(條目)을 진달하였는데, 문덕(文德)을 펴고, 무비(武備)를 정돈하며, 기강(紀綱)을 세우고, 부세(賦稅)를 고르게 하며, 재용(財用)을 절약하라는 내용이었다. 비답을 내리고 가납(嘉納)하였다. 持平白師謹上疏陳五條, 曰敷文德, 曰修武備, 曰立紀綱, 曰均賦稅, 曰節財用, 賜批嘉納]

155) 余自齠齔. 嘗聞吾宗岐峯, 玉峯. 爲難兄弟. 而獨怪夫玉峯之文章也筆法也. 人無不知. 而岐峯則知之者尠. 意以爲玉峯優矣. 近者其族孫鎭恒. 袖示岐峯遺稿一册. 余盥手而敬讀之. 其文章澹雅純正. 當時諸賢之稱道而期待之者. 又極其盛. 始知前所聞爲不爽也" (『기봉집』'岐峯集序', 白師謹)

가(家)에 간직된 유고와 기봉 가(家) 등에 전해져 온 유문 등을 가까스로 수습하고, 1851년 홍직필(洪直弼)의 서문까지 받았다.

조선 후기 학자인 매산(梅山) 홍직필(洪直弼,1776~1852)은 7세 때 이미 한자로 문장을 지었을 정도로 천부적인 문장 재능을 지녔던 인물이었다. 여러 번 관직에 추천되었으나 벼슬을 사양하고 성리학에만 전념하여 만년에 '당대 유학자의 으뜸(儒宗)'이라고 평가받았던 인물이었다. 그런 위인에게 서문까지 받았음에도 『기봉집』은 여러 가지 사정으로 바로 간행으로 이어지지 못하다가 1899년에서야 가까스로 『기봉집』을 간행할 수 있었다.

5권 2책으로 된 이 『기봉집』은 부(賦, 9편), 오언절구(9), 오언사운(18), 오언고시(3), 칠언절구(52), 칠언사운(17), 칠언고시(11), 잡영(29) 등 모두 148편의 시문과 '관서별곡'이 더해져 편찬되었다.

당시 기봉의 후손 백하진(白河鎭) 등이 『기봉집』 선사본(繕寫本 : 필사본)을 가지고 매산 홍직필을 찾아가 서문을 부탁하였을 때 처음에는 문을 닫아 걸며 애써 거절하였던 매산도 서문 써주기를 하도 간곡히 부탁하여서 차마 거절하지 못하고 응하였다고 한다. 그 후에 매산이 비로소 "손을 씻고 기봉의 글을 읽어보게 되었다."고 했다. 그리고 "높은 산과 같이 밝은 행실을 사모하게 되는 마음을 이길 수 없었다. 그리하여 병중이었음에도 그 아픈 몸을 무릅쓰고 서문 등을 썼다."고 밝히고 있다.

> "(기봉의) 학문은 깊고 드넓어 육경(六經)의 근저를 깊이 탐구하였고 백가의 영화(英華 : 뛰어난 시문)를 깊이 음미하였다. 무릇 시로 읊조리는 사이에 드러난 것이 타고난 성품에의 바름에서 얻어, 소리의 정화(精華)를 펴니, 능히 『시경(詩經)』 3백 편의 뒤를 이을 만하였다.

각박하게 깎고 맑게 다듬는 것을 기특하게 여기지 않고, 오로지 혼후(渾厚) 순박하고 전중(典重) 우아한 것을 법으로 삼으니, 외우기만 하는 글 짓는 인사들이 미칠 수 있는 바가 아니었다. 덕(德)이 있는 사람은 반드시 말이 있다는 것을 알 수 있겠다.[156)]

"(기봉은) 타고난 자질이 도에 가까워, 마음을 한 가지로 하여 배움에 향하였다. 평소의 말에 '선비가 책을 읽음은 장차 자기를 위하여 실행에 베풀기 위해서인데, 만약 벼슬길에 나아가 지위를 취하려고만 하여 한갓 심장적구(尋章摘句 : 옛사람의 글귀를 따서 글을 짓는 일) 곧 아름다운 표현이나 찾는 것을 일삼는다면, 비록 죽을 때까지 애를 쓴다한들 어찌 요순(堯舜)의 임금과 백성들에게 보탬이 되고 겨와 쭉정이를 가려내어 한 세상을 태평하게 건질 수가 있겠는가?'라고 하였다.[157)]

비록 찬(贊) 위주이기 마련인 서문(序文)이었을지라도, 당대 최고 유학자로 불리는 매산의 기봉에 대한 평가였다. 기봉의 시문이 "능히 『시경(詩經)』 3백 편의 뒤를 이을 만하였다."는 매산의 평가였다, 인품에 대해서도 "도인(道人)에 가까운 인품이었다."고 평가하였다.

기봉 사후 실로 『기봉집』 편찬을 계기로 하여 당대의 으뜸 유학자로부터 최초로 내려진 기봉에 대한 제대로 된 평가였던 것이다.

---

156) 其爲學灝泫溥博. 探賾六經之根柢. 咀嚼百家之英華. 凡所以形諸諷詠者. 得乎天性之正. 發於人聲之精. 而能接武三百篇之後. 不以刻削淸厲爲奇. 專以渾淳典雅爲法. 有非記誦詞章之士所可企及者. 信乎有德者必有言也.(『岐峯集』'序,洪直弼')

157) 公天資近道. 專心向學. 雅言士之讀書. 將以爲己. 而措諸實行也. 若要進取. 徒事尋摘. 雖兀兀窮年. 何所籍手. 堯舜君民. 陶鑄糠粃. 躋一世太平也哉. (『岐峯集』'序. 洪直弼')

『기봉집』 간행까지 우여곡절 거쳐

그러나 실제적으로 『기봉집』이 간행되기 까지는 여러 우여곡절과 지난한 과정이 있었다.

장흥이 낳은 천재 시인 기봉 공의 시문은 그가 일찍 졸하는 바람에 그 뜻을 다 펴지 못했고, 그의 자손마저 영락하여 "유고(遺稿) 중 전할 만한 것은 모두 흩어지고 없어져서 거두지 못한 채로 덧없이 거의 사라졌던"(백사근) 상황이었다.

기봉 공의 시문집 간행을 목표로 공의 시문을 처음으로 정리하기 시작한 것은 공의 사후 거의 300년이 지난 1830년대였다. 그동안 기봉의 유고는 문중에 오랫동안 보관되어 전해왔지만 8세손 백구진(白垢鎭)에 의하면, 기봉의 유고는 병란으로 대부분 유실된 상태였다.

그렇지만, 『기봉집』 간행의 시작은 천행으로 해남의 송산(松山) 백광훈 가(家)에 전해져 내려온 약간 편의 유문이 동기가 되었다. 주지하다시피, 기봉의 아우 옥봉 백광훈(玉峯 白光勳,1537~1582)은 5세 때 옥천으로 이거해 가 옥천면 대산리 옥산 초당의 정응서(鄭應瑞) 문하생이 되면서 해남 옥천의 송산에서 종생하였다. 기산리와 송산리의 관계나 옥봉과 기봉의 관계로 볼 때, 기산의 기봉가에 있던 유고는 중도에 대부분 산일되어버렸지만 그나마 다행히 일찍 타계한 형의 원고를 옥봉이 보관한 것이 전해진 것으로 추정된다.

송산의 기봉 유고가 기산 기봉 가로 전해진 이후, 방손 백진항(白鎭恒)이 시문을 수습하고, 이를 후손 백지헌(白持憲 : 사헌부 지평 벼슬)과 백만영(白萬營)에 의해 선사본(繕寫本)으로 결집한 것이 '수등구본(手謄舊本)' 1책으로 최초의 『기봉집』이었다. 이

『기봉집』에는 1899년 초간본 때의 '권지일(卷之一)'에서 '권지삼(卷之三)'의 형태의 원문이 이때 처음으로 편집된 것으로 추정이 된다. 이 『기봉집』에는 백사근(白師謹)의 '서(序)'가 첨부되었는데, 백사근은 이 서에서 "시가 109편이요 부(附)가 8편이었지만, 이는 천백(千百) 분의 십(十)에 일(一)도 못된다. 此不啻存十一於千百"고 했다. (『기봉집』, 백사근 서) 만일 제대로 온전히 모아진 유문이었다면, 기봉의 시문이 최소 몇 백 편은 되고도 남았을 것이라는 점을 강조한 것이다. (그래서 필자는 기봉 사후 곧바로 공의 유문집이 간행되지 못했던 상황이 두고두고 아쉬웠다.)

[이 때를 『기봉집』 1차 결집으로 본다. (김성기 · 장희구)[158)]]

1차 결집 이후 1846년에는 백하진(白河鎭)과 백규상(白圭祥)이 홍직필(1776~1852)로부터 『기봉집』의 '서(序文)'에 이어 5년 뒤인 1851년에도 '묘갈명'을 받아낸다. 이때 기봉 후손인 백하진(白河鎭)과 백규상(白圭祥)이 '기봉집 1책'의 선사본을 가지고 가 홍직필로부터 묘갈명과 서문까지 받았던 것이다.

[홍직필로부터 묘갈명과 서문을 받은 때를 2차 결집으로 본다. (김성기 · 장희구)]

이때까지도 『기봉집』은 미완성된 상태였다.

한편 1860년 11대손 백영문(白永文)이 고부(古阜)에서 집안 사람이 소장한 것 중에서 기봉의 친필로 된 초고를 수습하여 '시산잡영(詩山雜詠)'이라 제목을 달아 기봉집 원고에 부기하였다.

2차 결집(1851년) 이후 이로부터 15년 후인 1866년, 8세손 백후진(白垕鎭)에 의해 하편이 편집되었다. 이때 현전하는 『기봉집』

158) 김성기, '백광홍의 관서별곡과 기행가사'(기봉 백광홍 학술발표회 자료집), 2004, 77-85쪽. || 장희구, '기봉 백광홍의 시문학 연구'(박사학위논문), 조선대학교 국어국문학과, 1995, 57-73쪽.

(1899년본) 즉 '권지4(卷之(四)' 말미에 '관서별곡'이 비로소 등재되었고, '권지5(卷之五)'에 부록편과 관서증별시 등이 부기되며 지금의 문집(1899년 본) 원본이 상하 2책으로 엮어지면서 '기봉집'을 2책으로 새로이 편집한 것이다.

[이 때를 『기봉집』 결집 3차로 본다. (김성기 · 장희구)]

이 때의 『기봉집』에는 백채인(白采寅)과 백희인(白羲寅)의 '발(跋)' 이외의 모든 원고가 등재된 상태였다. 그러나 아직 판각의 단계까지는 이르지 못했다. 후손 백형훈(白亨纁)이 송사(淞沙) 기우만(奇宇萬,1846~1916)으로터 1899년 경에 발(跋)을 받았다. (장희구) 기우만은 장성 출신으로 항일 의병장이었고 선비였다.

[이 때를 『기봉집』 결집 4차로 본다. (장희구)]

『기봉집』이 판각(간행)된 것은 백후진의 편집 완성으로부터 23년이 지난 1899년 3월이었다. 이때 홍직필과 백사근의 '서(序)'가 붙은 3차 결집 때로부터 23년이 흐른 뒤인 1899년(고종 26년) 3월에야 백채인(白采寅), 백희인(白羲寅)의 주도로 '관서별곡'은 물론, 홍직필 · 백사근의 '서(序)'가 붙고 12세손 백채인(白采寅) · 백희인(白羲寅) 형제의 '발(跋)'을 붙인 뒤 두 형제의 지원과 문중에서 추렴한 비용으로 안양 주산(安孃 舟山)에서 목각으로 간행될 수 있었다.

[이 때를 『기봉집』 결집 5차로 본다. (장희구)]

기봉의 문집을 간행하기로 계획하고 송산 백광훈 가로부터 원고를 수습하기 시작한 이래 『기봉집』 결집 5차의 기간까지는 무려 60여 년만의 일이었고, 기봉 사후로부터 343년 만에 이루어진

아주 소중한 결실이었다.[159]

이로써 3세기 반을 어둠 속에 잠자던 기봉의 시문(詩文)과 '관서별곡'이 마침내 기지개를 활짝 켜며 세상 밖으로 뛰쳐나올 수 있게 된 것이다.

그러나 시대적 상황이 여의치 못했다. 기봉집이 발행되기 5년 전인 1894년 조선팔도는 청일전쟁(1894. 7. 24.~1895. 4. 17.)과 동학혁명으로 인해 1890년 전후로 전 국토가 아수라장이 되었고 조선 제국은 짙은 혼미 속에 갇혀 있었다. 특히 장흥은 당시 동학혁명의 현장이나 다름없었으며, 동학혁명이 종식 된 이후에도 일본 헌병대가 상주하며 동학혁명 가담자들을 색출하느라 당시 장흥땅은 초토화되다시피 된 상황이었다.

또한 전국적으로도 동학혁명 전후로 일본의 조선국에 대한 침탈과 식민지화가 본격적으로 대두되던 시점이었다. 바야흐로 일본을 통하여 서구의 문물이 급속히 수입되고, 고전의 한시(漢詩) 등도 한글 등에 떠밀리며 점차 빛을 잃어가던 시대였다.

그처럼 암울한 시대적 상황이어서 『기봉집』은 세상 밖으로 나왔지만, 한껏 기지개도 켜지 못한 채 간신히 목을 수그리고 있다

159) 『기봉집』 결집 과정은 장희구의 '기봉 백광홍의 시문학 연구'(1995)와 김성기의 '백광홍의 관서별곡과 기행가사'(2004)의 관련 내용을 참조하였다. 『기봉집』 '수등구본(手謄舊本)'에서부터 1899년 완성본 간행까지를 김성기는 '4차 결집'으로(장희구는 1899년 기우만의 발을 편집하던 때를 4차 결집으로, 1899년 기봉집 초간본 간행을 결집 5차로 보았다) 설명하였다. 장희구의 경우, 백형훈(白亨纁)이 송사(送沙) 기우만(奇宇萬)으로부터 받은 '발'을 내놓은 1899년, 초간 본 간행 이전의 때를 4차결집으로 보았으며, 1899년 초간본 간행을 제5차 결집으로, 1987년 기봉가비를 세우면서 이상보의 '백광홍 관서별과'과 정익섭의 "관서별곡과 조선조 가사문학'을 부록으로 하여 1899년 초간본 간행을 중간한 때를 제6처 결집으로 설명하였다.

가 그 어수선하던 1900년대를 맞았고 이어진 일제 강점기 속에서 기어이 다시 깊은 잠속으로 침잠해 들어가지 않을 수밖에 없었을 것이다. 더구나 한문(漢文)도 잠들고 한글 문화가 본격화되기 시작하면서 한문으로 된 『기봉집』은 더더욱 침묵하며 몸을 움츠리지 않을 수 없었을 것이다.

그렇게 하여 다시 깊은 잠속으로 빠져든 기간이 무려 60여 년이었다. 『기봉집』 간행으로 비로소 기지개를 켜며 기봉 문학이 본격 조명을 받을 것으로 기대를 모았지만, 일제강점기, 어수선한 해방 정국, 한국동란의 전화(戰禍)까지 겪으면서까지 기봉은 좀처럼 깨어날 수 있는 기회마저 상실해버린 것이다.

3. 현대 … 백광홍의 재평가

'관서별곡' 본격 세상 나들이

그러다가 맞이하게 된 1960년대였다. 그 이전까지 기봉의 작품으로 대표되는 '관서별곡' 조차 조선조에서는 백광홍과 한 묶음으로 알려지긴 했지만, 다시 잠 속으로 빠져든 이후부터는 아예 '관서별곡' 자체마저 잊혀진 가사(歌詞)가 되고 말았다. 즉 '관서별곡'은 1960년대 이전까지는 아예 한국 문학계에 현전하지 않는 가사로 간주되었던 것이다. 어쩌다 단편적으로 그 제목이 소개되더라도 작자를 기봉의 아우 옥봉 백광훈으로 기록한 전적이 있었고, '기성별곡'[160]과 '향산별곡[161]'을 합쳐 '관서별곡'이라 했을 것

160) 기성별곡(箕城別曲) : 조선 중기에 지어진 작자 미상의 가사. 구성은 국한문혼용체. 형식은 3·4조의 정형으로 총 205구로 되어 있으며, 이 작품은 이주홍(李周洪)에 의해 발굴되고, 『국어국문학』 제13호(1955)에 소개되었다. 형식이 정연한 사대부가사로서, 단군조선 · 기자조선 · 고구려 때의 도읍지인 고도 평양의 역사적 배경과 대동문 · 조천석 · 능라도 · 을밀대 · 금수봉 등의 명승지를 중국고사를 인용하면서 기술하고 있다. 국한문혼용으로 쓰여졌으나 한문투가 주류를 이루고 있다. 정철(鄭澈)의 '관동별곡'과 병칭되는 '관서별곡'의 일부 작품으로 보기도 한다. '관동별곡'보다 진부한 고사의 인용과 정연하지 못한 서술 등으로 다소 격이 낮다고 할 수 있으나, 호사로운 문장이나 풍부한 내용으로 보아 조선시대 가사로서는 높이 평가된 작품이다.

161) 향산별곡 ; 조선 후기에 지어진 작자 미상의 가사. 묘향산의 뛰어난 경치와 사찰 · 누정(樓亭)·암자·사적 등 경치 좋은 곳을 두루 찾아다니며 그 경치의 수려함에 감탄하여 지은 작품이다. 종래 이 가사는 '기성별곡(箕城別曲)'과 함께 '관서별곡'이라고 부르기도 하고, 그 작자를 백광훈(白光勳)이라고 하기도 하였으나, 연구 결과 신빙성이 없는 것으로 나타났다. 이 작품은 2음보 1구로 계산하여 총 330구이며, 국한문혼용체로 되어 있다. 음수율은 3·4조가 주조를 이루며 3·3조, 2·4조, 4·4조 등도 드물게 보인다. 아름다운

으로 추정하는 논문도 있었을 정도였다. (이주홍,1955)

그런데 당시 명지대학교 이상보(李尙輔) 교수가 김희준 학생(전 장흥고교장)의 제보로 『기봉집』(1889년 간)에 실린 '관서별곡'을 발굴, 1963년 '국어국문학' 제26호에 '백광홍의 관서별곡'이라는 학술 논문을 발표, 기봉의 '관서별곡'이 비로소 세상에 빛을 드러내게 되었던 것이다. 이상보의 이 논문은 '관서별곡'의 논문으로서는 최초의 학술 논문이었다.

그런데 1899년 발간된 『기봉집』이 희귀한 데다 연구자들이 쉽게 구해볼 수 없다는 문제점에 대한 인식이 일부 학자들 사이에 공유되면서 『기봉집』(1899년 목판본)의 재간행이 논의되었고, 이상보의 학술 논문이 발표된 지 24년 만인 1987년 '전국시가비건립동호회'가 주체가 되어, 변시연(邊時淵)[162]의 중간(重刊) 서문, 13대손 백남신(白南伸)의 발문, 이상보 · 정익섭 교수의 연구 논문(이상보 : '백광홍의 관서별곡' || 정익섭 : '관서별곡과 조선조 가사문학')을 부록으로 덧붙인 『기봉집 상』[163]을 500부 한정판으로 영인하여 '전국시가비건립동호회'에서 간행하였다.

경치를 묘사한 솜씨는 송순(宋純)의 '면앙정가(俛仰亭歌)' 정철의 '관동별곡'과 비슷하고, 자유자재한 표현미, 화려하고 도도한 문장의 흐름은 이 가사의 운치를 더해 준다. 묘향산을 기행하고 쓴 '향산록'보다 그 표현 기교가 뛰어나고 지지(地誌) · 고적의 자료로서 가치가 있다고 알려졌다.

162) 변시연(邊時淵_1922~2006) : 장성출신인 한학자, 서예가. 백양사 인근 '손룡정사' 서당에서 10년간 후학을 가르쳤다. 『동문선(東文選)』 이래 가장 방대한 한국 시문집인 『문원(文苑)』 73권을 완성했으며 자신의 글을 모은 『산암 문집』(32권)을 편찬한 한학자다.

163) 『기봉집 상(上)』은 1899년 초간본 『기봉집』을 바탕으로 하고, '부록'으로 덧붙인, 부록(1) 논문 '백광홍의 관서별곡'(李相寶), 부록(2) '관서별곡과 조선조 가사문학'(정익섭)을 추가했고, 『기봉집 상(上)』의 편집인은 이상보, 발행인은 김동욱(전국시가비건립동회 회장)이었다.

이로써 기봉의 '관서별곡'을 비롯한 기봉의 시문학의 진면모가 학계에 널리 알려지면서 '관서별곡'과 작자 기봉 백광홍에 대한 본격적인 연구도 이루어지고 기봉의 인품과 문학이 제대로 평가를 받기 시작하였다고 볼 수 있었다. 즉, 백광홍의 문학을 조명하는 논문들이 잇달아 발표되기에 이르면서 기봉 백광홍이 위대한 가사 작가로서, 시인으로서 재조명을 받기에 이른 것이다.

현대에 이르러 장흥에서 '관서별곡'의 문학적 가치를 사회 일반에 알리는데 그 선도적 역할을 해 온 사람은 조선대학교 명예교수인 백수인 시인이었다.

1987년 11월 1일, 전라남도 장흥군 부산면 구름치의 기봉의 묘소 아래, 연세대학교 김동욱 박사를 비롯하여 전국의 국문학자 133 명이 참여한 가운데 '기봉관서별곡가비(岐峯關西別曲歌碑 : 이하 '기봉 가비')가 건립되어 제막식을 가졌다. 이 기봉 가비는 기봉 백광홍 선생의 문학적 업적과 정신을 기리고자 '전국시가비건립동호회'(기봉 가비 건립 당시 회장 金東旭)에서 전국의 시인과 국문학자들의 뜻을 모아 건립한 것이다.

이 '기봉 가비' 건립에는 사실상 당시 국문학자이며 시인이요 평론가로 활동하면서 조선대학교 국어교육과 교수로 재임 중이던 백수인 시인이 산파역을 했으며, 제막식 때 전국의 학자들에게 배포된 『기봉집(상)』의 복간 출간 작업도 백수인 시인이 맡아 했다.

이후 1994년 전남문인협회 심포지엄 때는 '관서별곡과 장흥문학'이라는 논문을 발표하였는데, 이 논문은 '관서별곡'을 필두로 한 장흥의 가사문학과 현대 장흥 문학의 맥을 정리하는 최초의 결집이었다는 평가를 받았다.

2004년, 6월에는 '이달의 문화 인물'로 기봉 백광홍 선생이 선정되었다. 그동안 대한민국 문화관광부에서는 국민들에게 문화민족으로서의 자긍심을 가지게 하기 위해 1990년 7월부터 '이달의 문화인물'을 선정하고, 선정된 인물의 업적을 발굴하고 널리 알리는 행사를 추진해 왔는데, 기봉 백광홍 선생이 2004년 6월의 문화인물로 선정된 것이다.

기봉백광홍기념사업회에서는 기봉 선생의 '6월 문화인물' 선정을 기념하여, 『국역 기봉집』(정민 역해)을 발간(2004년 5월 29간), 일반인들도 기봉의 시문을 쉽게 접할 수 있게 하였다. 또 기봉 선생의 문학을 널리 홍보하기 위한 수단으로, '기봉 백광홍의 생애와 문학'을 주요 내용으로 한 글을 실은 소책자를 발간, 널리 보급하였는데, 이 글을 쓴 사람이 바로 백수인 시인이었다.

앞에서 언급한 '기봉 가비'에 대한 이야기를 더 해보자.

전국 문인 133명, 기봉 가비 세우다

'기봉 가비'의 위치는 기봉의 묘역 부근(2호선 국도4차로 호계터널)인 부산면 호계리 월만 마을(월만리 255-1번지)의 기봉재실(岐峯齋室) 영모재(永慕齋)의 부지다.

기봉 가비 제막식 때는 장흥 지방에서는 유례없이 이숭녕, 김동욱, 이상보, 정익섭 교수를 비롯한 경향 각지의 사계 학자, 시인 등 50여 명이 기봉 가비 현장에서 기봉 선생의 문학과 정신을 기렸다. 이 외에 장흥 지역에서도 문화계 인사와 수원백씨 후손 등 700여 명이 참석했다.

이로써 장흥에서는 기봉 선생과 관련, 기양사와 함께 '기봉 가비'가 새로운 기봉 문학 자원의 하나로 남아지게 된 것이다.

'문림의향', '장흥문학'의 모태는 장흥의 '가사문학'이었다. 그

가사문학의 태동과 중심에는 기봉 백광홍과 '관서별곡(關西別曲)'이 있었다. 이른바 '문림의향', '문학고을 장흥'의 태동은 바로 기봉 백광홍과 '관서별곡'이었던 것이다. 한 마디로 오늘날의 장흥 문학의 뿌리는 곧 기봉이요 기봉의 '관서별곡'이었던 것이다.

이러한 기봉 백광홍 시인의 문학적 업적을 기리기 위한 '기봉 시가비 건립' 운동이 1987년 당시 백수인 조선대학교 국어교육과 교수가 산파역을 담당하는 가운데 본격적으로 추진되었다. 당시 이 운동은 1987년 기봉의 '관서별곡'을 국내 학계에 처음으로 소개했던 이상보(李相寶,1927~2020) 박사와 김동욱(金東旭,1922~1990) 교수 등이 주관하였다.

이리하여 '기봉가비'는 '전국시가비(詩歌碑) 건립동호회'에서 앞장서서 추진하였고, 여기에 기봉 13대손 백남신(白南伸), 전국의 대학 교수 등 문학 관련 유명한 석학 130여 명, 지역 유지 등의 성금과 협찬으로 비로소 1987년 11월, 장흥 현지에서 건립되기에 이른 것이다.

당시 이 가비 건립을 협찬하고 후원했던 분들은 당대 국내에서 내노라 하는 저명한 문학박사, 작가, 시인, 교수 등 133 명이었다.

'기봉가비' 전면에는 이들 133 명의 석학들 서명이 기록돼 있다.

그 주요 서명자로 핵심 회원들의 면면을 보면 ▲이가원(李家源,1917~2000) : 한문학자, 연세대교수 ▲소재영(蘇在英,1933~) : 국문학자, 숭실대 명예교수(현) ▲정한모(鄭漢模,1923~1991) : 시인, 국문학자, 서울대교수, 문화공보부 장관 ▲박두진(朴斗鎭,1916~1998) : 시인, 국문학자, 연세대교수) ▲황패강(黃浿江,1929~2009) : 국문학자, 단국대교수, 부총장 ▲이상보(李相寶,1927~2020) : 수필가, 국문학자 ▲남광우(南光祐,1920~1996)

: 국어학자, 인하대교수 ▲이숭녕(李崇寧,1908~1994) : 국어학자, 서울대교수 ▲김완진(金完鎭,1931~) : 국어학자, 서울대 명예교수(현) ▲이기문(李基文,1930~) : 국어학자, 서울대 명예교수(현) ▲최승범(崔勝範,1931~2023) 시인, 국문학자, 전북대 교수 ▲도수희(都守熙,1934~) 국어학자, 충남대 명예교수(현) ▲김동욱(金東旭,1922~1990) 국문학자, 연세대 교수 ▲이두현(李斗鉉,1924~2013) : 민속학자, 서울대 교수 ▲홍일식(洪一植,1936~) : 국문학자, 고려대 총장, 명예교수(현) ▲김동리(金東里,1913~1995) : 소설가, 중앙대 교수 등이었다.

아들 133명의 명단은 가봉가비 보조비에 새겨져 있다.

기봉가비의 본비 기단에는 '기봉관서별곡가비(岐峯關西別曲歌碑)'라고 전서로 양각되어 있고, 비석 전면에는, 기봉의 소개와 '관서별곡' 전문을 학계에 처음으로 소개한 이상보 교수의 필적으로 '관서별곡'의 첫 부분 8구절이 새겨져 있다.

또 본비의 배면에는 정익섭 교수가 짓고 김동욱 교수가 글씨를 쓴 '비음기(碑陰記)'가 새겨져 있다. 그 내용은 기봉에 대한 간략한 소개와 함께 '관서별곡'의 의의를 찬하는 글인데, "관서별곡은 한국의 기행가사의 효시가 되었다."며 한국의 국문학계가 공히 "관서별곡은 기행가사의 효시다."를 공식으로 선언하는 내용을 밝혀, '기봉 가비'의 역사적인 의미를 더했다. 다음은 '관서별곡'의 서두 부문을 새긴 글(1), 기봉과 관서별곡에 대한 비문(2)이다.

(1)
관서명승지(關西名勝地)예
왕명(王命)으로 보닉실시
행장(行裝)을 다사리니

칼 흔ᄂᆞ 쁜이로다
연조문(延詔門) 닉달아
모화고ᄀᆡ 너머드니
귀심(歸心)이 ᄲᆞ르거니
고향(故鄕)을 사념(思念)ᄒᆞ랴
- 관서별곡(關西別曲) 중에서
문학박사 이상보(李相寶) 書

(2)

기봉 백광홍은 조선가사문학(朝鮮歌辭文學)을 선도(先導)한 문인(文人)이시다. 선생은 수원인(水原人)으로 중종 17년(1522) 장흥 기산리(岐山里)에서 태어났다. 천품이 빼어나 뜻이 높았고 효성과 우애가 지극하여 행동규범에 빈틈이 없었다. 일찌기 일재(一齋) 이항(李恒) 선생에게 나아가 학문을 닦았고 영천 심잠(靈川 申潛), 석천 임억령(石川 林億齡), 하서 김인후(河西 金麟厚), 고봉 기대승(高峰 奇大升) 등의 제현과 사귀어 덕업을 쌓았다. 명종 4년(1549)에 사마양시(司馬兩試)에 합격하고 동 7년(1552)에 문과(文科)에 올라 홍문관(弘文館) 정자(正字)에 입명되고 이듬해(1553) 호당(湖堂)에 뽑혔다. 명종 10년(1555) 봄에 평안도 평사(評事)가 되어 서도(西道)에 가 관방(關防)을 살피고 그곳의 여항(閭巷) 세태와 자연풍물을 구경하면서 가사 관서별곡(關西別曲)을 지었다. 명종 11년(1556) 가을에 병으로 벼슬을 그만두고 귀성하여 부안(扶安) 생관(甥館)에서 하세하니 향년이 35세였다. 기봉(岐峯)의 부음을 듣고 그의 대성을 바라던 일재(一齋) 선생은 "대유(大裕)의 문재(文才)와 학덕(學德)은 그의 동료 중에서도 보기가 드물었는데 이를 크게 펴지 못한 것이 아깝다" 하고 크게 슬퍼하였다. 사후 순조 8년(1808)에 기양사(岐陽祠)에 배향되었다.

가사 관서별곡(關西別曲)은 기행가사의 효시로서 널리 애송되고 훤자되어 차종 가사문학의 선도적 역할을 하였다. 송강 정철(松江 鄭澈)의 관동별곡(關東別曲)의 모체가 된 이 가사는 문학적 가치는 물론 그 사적 가치로도 높이 평가되었다. 이에 기봉(岐峯)의 고매한 인품과 빛나는 문학적 업적을 기리고자 전국시가비건립동호회(全國詩歌碑建立同好會)에서 성금을 모아 여기 유서 깊은 기봉 유택(幽宅)의 땅 운치(雲崎) 언덕에 이 돌비를 깎아 세운다.

- 1987년 11월 1일 전남대학교 교수 문학박사 정익섭(丁益燮)은 글을 짓고 학술원회원 문학박사 김동욱(金東旭)은 글씨를 쓰다.

5. 기봉은 '장흥문학'의 선구자

1. 기봉, '1문4문장'의 주역

백광홍, 백광안[164], 백광훈, 백광성[165] 4인을 처음으로 '1문4문

164) 백광안(白光顔,1527~1567) : 자는 이수(而秀), 호는 풍잠(風岑). 원래 이름이 광언(光彦)이었으나 고쳐 광안(光顔)으로 했다. 과거에 나아가지 않고 재가하며 학문에만 전념했다. 문장으로 이름을 날렸다. "천성이 깔끔하고 식견이 분명하고 통달해 산(사자산) 아래 수간의 초옥을 짓고 매일 이른 아침 부모의 침소에 나아가 안부를 살폈으며 두건을 쓰고 단정히 앉아 경전을 읽으면서 뜻을 알기에 침잠해 밥 먹기를 잊었다. 시(詩)는 맑기가 그지없었으며 과거공부는 하지 않고 처사로 종생했다." (『기산문집』'2009, 56쪽') … 공의 시 한편이 『기산문집』(56쪽)에 전해진다. "강가에 거닐다가(江行) : 강가의 인가에서는 마을을 기억하지 못하고 / 달 밝을 때에 이슬이 작은 봉우리에 흔적 남기네. / 배에 홀로 앉아 종소리 나는 곳을 담아들으며 / 안개 낀 나무 어렴풋하니 이곳이 절 입구인 것을. 江上人家不記村 月明時露小峯痕 維舟獨聽鍾來處 烟樹依微是寺門."

165) 백광성(白光城,1527~1567) : 자는 대한(大翰), 호는 동계(東溪)이다. 백세례(白世禮,1505~1555)의 아들이다. 1527년 기산리에서 태어났다. 독서에 열중하여 제자백가를 섭렵했다. 1555년 을묘왜변 때 부친이 순절했을 때 공은 남원에 있었는데, 그 소식을 듣고 주야로 달려가 전장 터에서 시신을 수습하여 장례를 치루고 3년 간 예를 다해 시묘했다. 1561년(명종 16) 사마시[司馬試 : 식년시(式年試) 2등 24위(29/100) 입격]에 올랐으나 과거에는 더 이상 응하지 않고 동계(東溪) 마을에 별당을 짓고 호를 동계(東溪)라 칭했으며, 홀어머니를 봉양하며 산수를 즐기고 시를 읊고 오로지 후진 교육에 여생을 보냈다. 송강 정철(鄭澈), 일휴 최경회(崔慶會), 홍연봉(洪蓮峰) 등과 교유하고 만년에 송촌 양응정(梁應鼎,1519~1581)의 문하에서 수학하였다. 시문이 뛰어났다. 『수원백씨삼강록』에는 7편의 부(賦), 4편의 시

장'이라고 소개한 글은 홍직필의 '기봉 묘갈명'과 기우만(奇宇萬)의 '기봉집발(岐峯集跋)'에서이다. 홍직필은 이 글에서 이들 4형제가 덕업(德業)으로 서로 권면했으며, 기봉이 아우들을 이끌었고 가르쳐 경사(經史)에 능통하고 시예(詩藝)에 능하게 하였다고 밝혔다. 기우만은 "한 집안의 네 사람이 모두 문장이 뛰어났는데, 공은 우뚝하여 으뜸이 된다"고 설했다. 다음이 그 예문이다.

(1)

홍직필 … (기봉은) 기산(岐山) 아래 집을 짓고, 기봉(岐峯)이라 자호(自號)하였다. 중씨 풍잠(風岑) 백광안(白光顔)과 계씨 옥봉(玉峯) 백광훈(白光勳), 종제(從弟) 동계(東溪) 백광성(白光城)과 더불어 덕업(德業)으로 서로 권면하면서 음악에 힘을 쏟아 악기로 화답하니, 짙은 향기가 산 앵두나무 숲에 남아 있었다. 여러 아우들을 이끌어 가르쳐 경사(經史)에 통하고 시예(詩隸)에 능하게 하니, 세상에서는 '한 가문에 4문장'이라고들 일컬었다.[166]

(2)

기우만 … 이에 더하여 한 집안의 네 사람이 모두 문장이 뛰어났는데, 공은 우뚝하여 으뜸이 된다고 일컬어졌다. 이는 나라 초기에 문명의 운수에 훈도되어 나온 것이 아니고서야 나올 수 있는 것이 아니다. 공은 한 시대에 문치(文治)를 크게 빛내 국가의 성대함을 울렸다.[167]

(詩)[『기산문집』(2009)에 소개]가 수록돼 있다. 동계는 기봉 백광홍(岐峰 白光弘), 풍잠 백광안(風岑 白光顔), 옥봉 백광훈 등 종3형제와 함께 '일문4문장(一門四文章)'으로 불렸으며, '기산팔문장'으로도 불렸다. 1595년(선조 28년) 세상을 떠났다. 기양사(岐陽祠)에 배향되어 있다.

166) 自號岐峯. 與仲氏風岑光顔. 季氏玉峯光勳. 從弟東溪光城. 以德業相策勵. 宮商和於塤篪. 薰郁存乎棣林. 羣弟攣教. 通經史工詩隸. 世稱一門四文章. (정민 국역. 『기봉집』, 기봉백광홍기념사업회, 2018. 254쪽)

167) 加之一門四賢, 皆文章俊逸, 而公傑然稱爲首. 非國初文明之運, 賁飾文治, 以

'장흥문학' 또는 '장흥 고문학'에서 백광홍 시인의 입지는 장흥 문학, 또는 장흥 고문학의 출발점이자 뿌리로서 역할이다.

우선 백광홍의 가계와 출신 마을 기산리를 중심으로 기봉 시인의 역할을 규명한다면, 홍직필이 묘갈명에서 적시한 것처럼, 기봉은 자신을 정점으로 하여 아우들인 둘째 백광안, 셋째 백광훈, 종제 백광성 등으로 이루어진 '1문4문장(一門四文章)'이라는 별칭의 선도자였다는 것이다.

기봉이 아우들에게 가르침으로 인도했다는 것은, 옥봉의 시문집 『옥봉집』의 '보림사에서 서상사를 차운하여 寶林寺次徐上舍' 라는 시에서 나타난 바 있다. 이 시 소주(小註)에서 "옛날 큰 형과 더불어 이곳에서 글을 읽었다. 舊與伯氏 讀書于此"고 기록되어 있다. 이로써 옥봉이 예전에 보림사에서 형과 함께 책을 읽었다는 사실, 그때 아마 서상사도 함께 그 독회(讀會)에 참가하였을 것이고, 그 독회에서 옥봉의 서상사와 인연이 훗날 절친한 지기(知己)로 연결되었음을 짐작하게 해준다. 이 보림사 시회(詩會) 또는 독회(讀會)에 서상사도 참석했다면, 기봉 아우들인 광안, 광성도 당연히 참석했을 것이고, 당대 기봉의 절친이었던 문위세(文緯世) 형제들도 함께 참석했을 것으로 추정된다. 아마 당대 이들 모두에서 기봉이 가장 윗길의 문재(文才)를 가졌기에 자연스럽게 기봉이 주관하는 시회가 되었을 것이다.

서상사는 서눌(徐訥)[168]로, 보림사와 가까운 능주에 거주하는

鳴國家之盛. (정민 국역. 『기봉집』, 기봉백광홍기념사업회, 2018. 259쪽.

168) 서눌(徐訥) : 자(字)는 민부(敏夫), 본관은 남평(南平), 거주지는 남평(南平). 부친은 서옥(徐沃)으로 품계는 종사랑(從仕郎)이었다. 옥봉과는 절친으로 『옥복집』에 '서상사 별장에 쓰다. 題徐上舍別業' 등의 시가 3수 실려 있다. 서눌은 명종(明宗) 4년(1549) 식년시(式年試)에서 진사 3등(3

기봉의 친구였다.

기봉의 당대, 관산에서 살았던 위곤(魏鯤,1515~1582)도 기봉과는 1549년 과거시 동방이었다. 당시 위곤은 35세의 다소 늦은 나이에 1549년 식년시 진사 3등으로 급제한 인물이었고, 그해 과거에서 기봉도 28세로 진사에 입격했다.

아마 진사시 입격 후 7세 연배였던 위곤 댁을 기봉이 먼저 방문했고, 이때 어린 옥봉도 데리고 간 것으로 추정된다. 이때 기봉은 "위상사 곤(鯤)의 집에서 짓다 - 집은 관산의 고읍에 있다. 題魏上舍軒 - 宅在冠山之古邑"를 지었고 기봉의 이 시를 차운하여 옥봉도 "위씨 아저씨 댁에서 형님의 운을 따라 짓다 魏叔宅 次伯氏韻"라는 시를 지었던 것이다. 이때 기봉의 나이가 30세 전후였다면, 옥봉은 14,5세 전후였을 것이다. 그 나이에 옥봉이 홀로 관산의 위곤의 집을 찾아갔을 리는 만무하다. 기봉이 데려간 것이다.

이때 위곤 댁 방문에서 옥봉은 위곤의 아들들과 교유 관계를 맺었는데, 특히 위곤의 다섯 아들 중 첫째인 위덕홍(魏德弘, 1537~16069(자 사임) 그리고 셋째 위덕관(魏德寬,1547~1628)(자 이율)과 교유가 각별했던 것으로 추정된다. 덕홍(사임)과는 동갑이었고 이율은 10년 연하였다. 『옥봉집』에는 '위사임 집을 제재로 삼아 지어 부치다 奇魏士任家'라는 시와 '위이율(위덕관)에게 주다 贈魏而栗'가 실려 있기 때문이다. 특히 '이율에게 주는 시'는 "자네가 찾아 와 병중이 데도 문을 나섰네 君來病出門 / 봄산에 하루해도 이미 저무는지라 春山日已晩 / 술잔 다하자 할 말

등 2위 : 32/100)를 차지하는 과시 합격자로, 그때 기봉도 식년시 생원 1등(일등 2위 : 2/100)로 합격, 서눌과 기봉은 동방(同榜)이어 그때부터 절친으로 지냈고, 그때 독회에서의 인연으로 서눌과 옥봉도 교유하였을 것으로 추정된다.

을 잊어버렸네 杯盡却忘言"라고 읊어 위이율이 영암의 옥봉 집을 방문하기까지 했던 것으로 확인 된다. 관산 위곤 댁 방문에서 기봉이 옥봉을 굳이 데려간 데서 기봉의 옥봉에 대한 훈육의 의지가 있었음을 추정하게 해준다.

이처럼 기봉은 장흥에서 어린 옥봉을 데리고 다니며, 지역의 선배 시인, 동료 시인들과 인연을 맺게해 주었다는 데서 기봉의 동생들에 대한 훈육의 의지를 읽을 수 있게 된다.

기봉의 이러한 동생들에 대한 관심과 노력 덕분이었는지, 이들 4형제는 '1문4문장'이라는 유례없는 명예를 얻게 되었다고 할 수 있다.

옥봉 백광훈을 제외하더라도 백광안이나 백광성 또한 뛰어난 문장가여서 한 가문에 4문장, 즉 '1문4문장(一門四文章)'으로 불렸던 것이다. 당대 천재 시인으로 불린 기봉 백광홍은 1522년 생, 둘째 백광안은 1527년 생, 3남 백광훈은 1537년 생, 종제 백광성은 1527년 생이니 4형제 중 백광홍이 최소 5년 또는 15년 연배이자 만형이었다. 기봉이 공식적으로 1553년 영호남 시부회(時賦會)에서 '동지부(冬至賦)'라는 작품으로 장원을 차지하면서 천재적인 문명을 공인받았을 때 광안과 광성은 한창 공부할 나이인 26세, 광훈은 약관도 되기 전인 16세였다. 이처럼 기봉이 앞장서서 뛰어난 문재(文才)를 선 보였고, 홍직필의 표현대로 경서를 가르치고 시예(詩隸)를 가르치면서 이들의 문재를 이끄는 등 '1문4문장'의 선도 역할을 한 셈이다. 특히 '1문4문장'이라는 별칭은 이들 4형제의 가장 연배인 기봉이 있었기에 가능해진 별칭이었다고 할 수 있었다.

'1문4문장' 중에서 기봉과 옥봉은 당대 천재 시인으로 거명될 정도여서 굳이 여기서 소개는 제외한다. 이들 4종형제 중 사적(

史的)인 전거가 가장 부족한 이는 풍잠 광안이다. 『기봉집』에서도 기봉이 동생 풍잠에게 쓴 시 한 수가 거의 전부였다.[169)]

(풍잠 백광안에 대한 보다 자세한 소개는 472~477쪽의 '백광홍의 가계'에서 후술되어 있다.)

2. '기산팔문장', 기봉이 선도

기봉이 태어난 기산리에는 이들 '1문4문장' 외에도 1문4문장과 함께, 기산리 서당인 봉명재(鳳鳴齋)에서 함께 수학한 후 동시대에 진사, 현령이 되었던 남계 김윤[170)], 지천 김공희[171)], 서곡 임분

169) 기봉의 시문에서 아우 백광안에 대해 언급한 시는 "무신년 여름 아우 이수(而粹) 백광안(白光顔)이 남녘의 전염병을 피해 능가산에 놀러왔다가 돌아가려고 할 때, 또 시산(詩山)에서 영천(靈川) 신잠(申潛) 선생께 절 올리고, 가고 머무는 마음을 인하여 시를 지어 증별(贈別) 하였다. 이때는 7월 초였다. 戊申夏, 舍弟而粹避南州之癘，遊于楞迦, 將還, 又拜靈川於詩山, 因去留之思, 詩以贈別, 時七月之初也" (『기봉집』, 2018, 권3, 146쪽)가 유일하다.

170) 남계(南溪) 김윤(金胤,1506~1571) : 광산인(光山人). 자는 찬중(纘中), 호는 남계(南溪). 김공희의 아버지로 김공희와 함께 부자가 기산팔현으로 불려졌다. 영천(靈川) 신잠(申潛)의 문하에서 수업, 선조 3년(1570사) 사마시 급제하였다. 영천은 자신의 학문을 이을 사람은 김윤과 임분(林賁)이라고 하였다. 백광훈(白光勳), 최경창(崔慶昌) 등과 동문 수학한 사실이 『옥봉집(玉峯集)』에 실려 있다. 문장과 학문에 뛰어나 기산 팔문장(八文章)의 한 사람으로 인정받았다. 효행으로 천거되어 참봉을 제수받았으나 나아가지 아니하고 학문에만 전념하였다.

171) 지천(芝川) 김공희(金公喜,1540~1604) : 본관은 광산(光山). 자는 지명(之明)·지천(芝川). 아버지는 김윤(金胤)이다. 1564년(명종 19) 진사시에 합격하고, 1580년(선조 13)에 문과에 급제하여, 종사관(從事官), 영광 군수를 거쳐 남원 부사를 지냈다. 기축년(1589) 10월에 전라도사(全羅道事) 조대중(曺大中)이 보성에 이르러 군적강(軍籍講)을 실시하였는데, 이때 영광

[172], 죽곡 임회[173] 등 4인을 묶어 '팔현(八賢)' 또는 '기산팔문장(岐山八文章)'으로 불려 왔다. 그런데 당초 기산팔문장은 안양팔문장으로서 시작되었다. 다음의 기사가 말해 준다.

사대(射臺) : 팔문장경연대(八文章慶宴臺) : 기산 아래에 있다. 가정(嘉靖) 만력(萬曆)[174] 연간(1522~1620년 동안)에 문사(文士) 김윤(金胤,1506~1571), 임분(林賁,1501~1556), 임회(林誨,1508~1573), 백광홍(1522~1556), 백광성(白光誠,1527~1567), 조여흠(曺汝

군수로서 담양 부사 김여물(金汝岉)과 함께 시험관으로 참석하였다. 이때 역적 정여립(鄭汝立)이 죽고 잔당을 토격하여 사면하라는 글이 이르자, 조대중은 이를 축하하는 말을 하고 즐기다가 헤어졌다. 그런데 조대중이 정여립의 죽음을 슬퍼하였다는 죄명으로 체포되자 김공희와 김여물을 증인으로 삼아서 김공희가 대궐 밖에서 3일 동안 명령을 기다렸으나, 심문한 대신들이 진상에 관해 묻지 아니하니 탄식하길 마지 않았다고 한다. 호조참판에 추증되고, 아버지 남계(南溪) 김윤(金胤)과 함께 기산팔현(岐山八賢)의 한 사람으로 추앙받았다. 전라남도 장흥군(長興郡) 안양면(安良面)의 기양사(崎陽祠)에 배향되었다.

172) 서곡(書谷) 임분(林賁,1501~1556) : 부안인(扶安人). 자는 성보(成甫), 호는 서곡(書谷). 8세 때 태수가 시를 짓게 할 만큼 신동으로 알려졌던 인물이었다. 중종 35년 사마양시에 급제하고, 1540년 교수가 되었다. 서곡은 평생을 경전(經傳)과 역전(易傳)을 강구(講究)하면서 현량 지사들과도 두텁게 교분을 나누었다. 나라의 특명으로 정해군(백수장) 장례를 집례했다. 남계와 함께 영천(靈川) 신잠(申潛)의 문인이었다.

173) 죽곡(竹谷) 임회(林誨,1508-1573)의 호. 자는 헌거(獻可), 본관은 부안(扶安)이다. 서곡 임분의 동생이다. 선조 때의 문신으로 1540년(중종 35) 별시(別試) 병과에 급제하였다. 여러 고을의 수장을 지냈으며 광주 목사 등을 역임했다. 그가 거쳐 가는 고을마다 거사비(去思碑)가 세워졌고 옥배(玉盃)와 화개(華蓋)를 임금으로부터 하사 받았다. 임억령(林億齡), 백광훈(白光勳), 유희춘(柳希春) 등과 교유했다. 강진군 작천면 박산리 박산서원에 제향돼 있다.

174) 가정(嘉靖) : 명나라의 제11대 황제 세종 주후총의 연호로 1522~1566. || 만력(萬曆) : 명나라 신종(神宗) 만력제(萬曆帝)의 연호로 1573~1620.

> 欽,1549~1579), 백광훈(1537~1582), 김공희(金公喜,1540~1604) 등 여덟 사람을 동시에 배출했다. 공들은 그 아래(경연대)에 거주하면서 계속하여 끊이지 않고 급제하여 마을의 동쪽에서 만나 경사스런 잔치를 하여 당시의 사람들이 영광스럽게 여겨 흙을 쌓고 대(臺)를 만들어 이름을 붙였다. 그 대(臺)를 '경연대'라고 하는데, 옛터가 아직 그대로 남아 있다. 선비 서봉령(徐瑞齡)[175]의 시에 말하기를, "안양에 팔문장이 전해왔다. 遺來安壤八文章"고 했다.[176]

이 기사는 1747년에 간행된 『장흥읍지』(정묘지) '안양방 사대' 조의 기록이다. 이처럼 당초의 팔문장은 한 마을인 기산리 봉명재에서 수학, 사마시에 입격한 이들이었으므로, 기봉 · 옥봉 · 동계 등 3인에 광산인 김윤 · 김공희 부자 그리고 부안인 임분 · 임회 형제 그리고 동촌 출신이지만 봉명재에서 함께 수학하여 사마시에 입격한 조여흠(曺汝欽,1549~1579)[177]이 포함되어 팔문장이 이루어진 것으로 추정된다.

---

175) 서봉령(徐鳳翎,1622~1687) : 앞 345쪽 주 115) 참조.

176) 사대(射臺) : 八文章慶宴臺 : 在岐山下. 嘉靖萬曆間, 有文士, 金胤, 林賁, 林誨, 白光弘, 白光誠, 曺汝欽, 白光勳, 金公喜, 八人同時輩出. 公居其下, 陸續登科, 會慶宴于村東, 時人榮之, 築土爲臺名. 其臺曰慶宴臺, 遺址尙存. 徵士徐瑞齡, 詩曰 : (由)[遺], 遺來安(良)[壤]八文章. (『장흥읍지』[정묘지]. '안양방, 사대射臺')

177) 조여흠(曺汝欽,1549~1579) : 안양 기산리 봉명재에서 팔문장들과 함께 수학했다. 1549년(명종 4)~1579년(선조 12). 조선 중기 유학자. 자는 사명(士明)이고, 호는 취곡(翠谷)이다. 본관은 창녕(昌寧)이고, 전라남도 장흥(長興) 안양 동촌 출신이다. 고조부는 조청(曺淸), 증조부는 현감(縣監) 조효신(曺孝信), 조부는 조걸(曺傑)이고, 부친은 조언인(曹彦仁)이다. 효성이 지극하였고 문장(文章)이 뛰어났다. 1567년(명종 22) 정묘(丁卯) 식년시(式年試)에 생원(生員) 3등 47위로 합격하였다. 그의 문집으로 『취곡집(翠谷集)』이 있다.

그러나 세월이 흐르며, 기봉을 정점으로 한 '1문4문장'의 명성이 인근에 널리 회자되고, 기산마을 문장들의 명성도 커지면서 자연스레 안양팔문장도 '기산팔문장'으로 통칭되면서 '1문4문장'의 풍잠 백광안이 조여흠 대신 포함되며 당초의 '안양팔문장이 '기산팔문장'으로 굳어졌을 것이다.

이리하여 『장흥읍지』'정묘지'(1747년)로부터 반세기 쯤이 지난 1808년, 당시 장흥 사림(士林)의 대표적인 선비 지지재(止止齋) 이상계(李商啓,1758~1822)[178] 선생 등의 제발로 조정에 청사소(請祠疏)를 계청(啓請)하고 당시 장흥의 사림(士林)들과 수원백씨 백진항 · 백사찬 등 후손들의 진력과 헌성으로 기양사가 설립되면서 '기산팔문장'을 배향했는데(『기양사중건기』), 이때부터 '기산팔문장'으로 1문4문장 외에 김윤 · 김공희, 임분 · 임곡 등 8인이 정식으로 공인되는 결과에 이른 것으로 추정된다.

또 『장흥읍지』(정묘지)에서 기록된, 팔문장을 배출한 '팔문장경연대'는 『기산문집』[179]의 팔문장 경연대와 내용과는 조금은 다르다. 『기산문집』에서 밝히고 있는 경연대는, 기산 마을의 수원백씨

---

178) 이상계(李商啓,1758~1822) : 본관은 인천(仁川). 자는 군옥(君沃), 호는 지지재(止止齋) · 관송(觀松). 1808년(순조 8) 용산면 부용산 동쪽 기슭 아양동(峨洋洞)에 초당을 짓고 아름다운 자연의 경관을 즐기며 여생을 보냈다. 문집으로는 『지지재유고(止止齋遺稿)』 2권 1책이 전한다. 그가 지은 가사 '초당곡(草堂曲)' · '인일가(人日歌)' 가사가 『지지재 유고』에 실려 있다. 『지지재유고』는 가사 2편 외에도 지지재 선생의 한시 79수와 문장, 선생의 시에 답한 벗들의 차운 시 등이 실려 있다. 1958년 9월에 활자본으로 발행됐던 이 문집을 2019년에 장흥문화원에서 이병혁의 국역으로 『국역 지지재 유고』 발행했다. '초당곡'은 스스로 속세를 떠나 자연을 즐기는 한가함의 정조를 노래한 가사이고 '인일가'는 인륜도덕의 사상을 가사 형식을 빌려 쉽게 풀어쓴 가사이다.

179) 참 살기좋은마을 기산마을추진위원회, 『기산문집』, 2009, 89쪽.

입향조 백회가 아들 넷이 급제하여 이를 축하하는 자리로 경연대를 만들고 이 경연대에서 잔치를 벌였으며, 이를 기념하는 시(詩)를 비에 새겼고. 이 기념비석이 기양사에 존치되어 있다고 기록 되어 있다. 그러나 실제적으로 동일 장소인 데다 진사 합격자들의 축하 경연 무대와 시회(詩會) 장소로 활용되었다는 의미는 같다. 그러므로 이 경연대는 백회 공 시대에 백회 공이 아들 넷의 급제를 축하하기 위해 경연대를 만들었고 후대에 와서 이 경연대의 의미가 그대로 전승되며 팔문장경연대로 활용되었다고 정리할 수 있을 것이다.

'기산팔문장'은 수원백씨 '1문4문장'이 중심이다. 그러므로 1문4문장의 중심인 기봉 시인이 팔문장들과 봉명정에서 함께 수학하고, 또 경연대에서 학문을 공유하고 교류하면서 함께 학문적 소양과 문재를 키워 당대의 문장으로 이름을 드높일 수 있게 조력했을 것이다.

연배 순으로 따져보면, 임분(1501년 생), 김윤(1506), 임회(1508), 백광홍(1522), 백광성(1527), 백광안(1527), 백광훈(1537), 김공의(1540) 순이다. 이들 대부분은 모두 영천 신잠(1491~1554)으로부터 수업을 받았는데, 팔문장 중 연배였던 김윤이 스승 같은 역할을 했던 것으로 전해졌다. 김윤이 임분의 4년 연하였지만 임분 보다 15년 더 장수하면서 최연장자 역할을 한 것이다. 그런데 사실상은 팔문장의 중심은 '1문4문장'이었고, '1문4문장'의 중심에는 기봉이 있었음으로 팔문장에서 선도적 역할은 김윤이었다고 할지라도, 팔문장의 위명이나 대외적인 신임은 기봉이 이끌었다고 해도 과언이 아니다. 더구나 팔문장 중에, 지금 같으면 전국적인 명성과 문명을 드날린 이는 기봉 시인이 유일하기도 하였다. 그러므로 이들 중 문명으로 가장 드높았던 기봉이 팔문장을 실질적으로 선도하였다고 할 수 있다는 것이다.

이로써 기봉 시인은 당대 특히 기산리를 중심으로 문흥이 일어난 16세기 초반 장흥의 고문학의 선도자(先導者), 선구자(先驅者)로서 구심점이 되며 장흥 사회의 문예 부흥을 주도하였다고 평가할 수 있을 것이다.

그런 이유에서인지 『기봉집』'권5'에 '(기봉이) 팔문장 이끌다 八文章引' 조에 3인의 시, 즉 이유(李濡)[180], 기준(奇遵)(奇復齋)[181], 서봉령(徐鳳翎)[182]의 시 3수가 실려 있다.

이들 3인의 '팔문장 이끌다 八文章引'의 시는 한결같이 기봉이 있어 팔문장의 명예가 드높았음을 기술하고 있다. 즉 기산팔문장에 기봉 시인이 구심점이었음을 증언하고 있는 것이다.

(위정훈의 시도 '팔군자인'에 분류되어 있으나, 이 시는 기봉을 추억하며 쓴 기봉의 찬시 성격의 시다. 위정훈의 시는 353-364쪽에서 전술하였다.)

이들 3인의 시를 보자.

---

180) 이유(李濡,1645~1721) : 앞 346쪽 주) 107 참조.

181) 기준(奇遵,1492~1521) : 본관은 행주(幸州). 자는 자경(子敬), 호는 복재(服齋)·덕양(德陽). 아버지는 응교(應敎) 기찬(奇襸). 장령, 시강관, 응교 등을 역임한 문신. 조광조(趙光祖,1482~1519)와 더불어 기묘팔현(己卯八賢) 중 한 사람으로 일컬어지는 대표적인 사림파 문인이다. 기묘사화 때 조광조 등과 함께 하옥되고, 1521년 송사련(宋祀連)의 무고로 신사무옥(辛巳誣獄)이 터져 다시 유배지에 가서 교살되었다. 시에도 능해 『해동시선』·『대동운부군옥(大東韻府群玉)』 등에 시가 수록되어 있다. 온성의 충곡서원(忠谷書院), 아산의 아산서원(牙山書院), 고양의 문봉서원(文峯書院) 등에 제향되었다. 저서로는 『복재집(服齋集)』·『무인기문(戊寅紀聞)』·『덕양일기(德陽日記)』 등이 있다.

182) 서봉령(徐鳳翎,1622~1687) : 앞 349쪽 주) 115 참조.

팔문장 이끌다 八文章引
- 녹천(鹿川) 이유(李濡)

장흥 땅엔 이름난 곳 많기도 하여 / 長興名勝多
장대함이 여릉현(廬陵縣)[183]과 한가지일세. / 壯如廬陵縣
한때에 여덟 문장 일어났으니 / 一時八文章
고금에 참으로 드문 일일세. / 古今眞罕見
아버지와 아들, 형님과 아우[184] / 父子與兄弟
스승과 벗 삼면에 줄 이었다네. / 師友羅三面
만나는 사람 모두 뛰어난 재주 / 觸目皆琳琅
어이 홀로 사련(謝練)[185]만 보배로우리. / 何獨寶謝練
귀한 것은 송백(松柏)[186]의 마음이거니 / 所貴松栢心
눈보라 따라서 변하지 않네. / 不逐風霜變
지금껏 호수와 바다의 사이 / 至今湖海間
그 소문 우레처럼 크기도 해라. / 聲如大雷電
보림사 몇 번이고 승지를 밟아 / 寶林幾勝踐

183) 여릉현(廬陵縣) : 강서성(江西省) 길안시(吉安市)인 길주(吉州)의 현으로 지금은 장시성(江西省)에 속해 있다. 중국의 최대 담수호인 파양호, 중화 10대 명산 중의 하나요 세계문화유산인 여산(廬山. 1,474m)이 위치해 있다. [여산은 '그 풍광이 천하에 으뜸(匡廬奇秀甲天下)'이라는 산으로 주나라 때 광(匡)씨 성을 가진 일곱 형제가 이곳에서 도를 닦아 신선이 되었다고 한다]. 인물이 많이 나왔는데, 그중 당송팔대가 중 한명인 구양수(歐陽脩,1007~1072년)와 남송 최후의 승상이요, 남송을 대표하는 충신 문천상(文天祥,1236~1283)의 고향이기도 하다.

184) 아버지와 아들, 형님과 아우' : 김윤과 김공희는 부자(父子), 기봉 · 풍잠 · 동계 · 옥봉은 종형제였으며, 임분 · 임회는 형제였다.

185) 사련(謝練) : 감사하며 배우고 익히는 일.

186) 송백(松柏) : 공자가 활동한 춘추시대에 송백(松柏)은 유학과 도가 그리고 민간에서 여러 상징으로 이해되었으며 이 중에는 성현이나 곧은 성품을 칭송하여 비유하는 예가 많았다.

예양강서 신선 잔치 그려보았지. / 汭江想仙宴
추강(秋江)[187] 조대(釣臺)[188]에 달이 떠오면 / 秋江釣臺月
다시금 간신배들 싸움 하겠네. / 更使奸諛戰

이 시는 서두에서 "그 장대함이 여릉현(廬陵縣)과 한가지다." 라고 하였다. 이는 곧 "장흥의 산수 즉 장흥의 억불산 · 사자산 · 수인산 · 천관산 · 부용산 · 삼비산 등 장쾌한 산세에 이어 예양강, 그리고 안양 · 용산 · 관산 · 회진·대덕 등 장흥부 남해 등으로 이어지는 수려한 강수(江水)의 풍광이 마치 중국에서 명산인 여산과 최대의 잠수호인 파양호가 있어 산수가 장쾌하게 펼쳐지는 여릉현과 비교할만하다."는 표현이었을 것이다.

또 "이러한 장흥 땅에 고금에서 드문 팔문장이 나왔다, 그 팔문장은 아버지와 아들, 형님과 아우, 스승과 벗들로 이루어진 팔문

187) 추강 남효온(南孝溫,1454~1492)을 가르킨다. 추강(秋江, 남효온의 호)은 생육신의 한사람으로 세상을 등지고 유랑생활로 인생을 마쳤던 문인이었다. 장흥으로 유배 왔다고 전하기도 허지만 귀양살이를 한 적이 없고 남유(南遊) 때 장흥에서 꽤 오래 머문 것으로 보인다. 김종직의 문인이고 현덕왕후의 소릉 복원을 주장하였다 하여 부관참시를 당했다. 장흥의 예양서원에 배향되었다. 추강은 특히 '장흥 우음21수(長興偶吟 二十一首)'와 '조대기(釣臺記)' 등을 남겼다.

188) 조대(釣臺) : 중국 후한(後漢) 때의 은사(隱士) 엄광(嚴光,bc39~ad41)이 낚시질하던 곳은 엄릉조대(嚴陵釣臺)라 부른다.[엄광의 자(字)가 자릉(子陵).] 훗날 남송 시인 대복고(戴復古)가 이런 엄광의 기상을 '조대(釣臺)'라는 시로 읊으며 그의 절개를 높이 칭송했다. 엄광은 어려서 광무제(光武帝) 유수(劉秀)와 함께 공부를 했던 죽마고우다. 광무제가 군사를 일으켜 즉위한 뒤 불러서 간의대부(諫議大夫)에 제수했으나 사양하였다. 곧 성명을 바꾸고 부춘산(富春山) 동강(桐江) 가에 은거하여 농사짓고 낚시하면서 여생을 마쳤다. (『後漢書』,'逸民列傳') … 그런데 여기서는 장흥읍 송산리 독취정 앞 낚시터로 잘 알려진 조대(釣臺)를 뜻한다. 여기서 추강이 낚시질을 하였고, 그 유명한 '조대기(釣臺記)'를 남겼다.

장(김윤과 임회 2문장은 6문장의 스승격이요, 6인은 모두 벗들로 볼 수 있다.)은 독특한 구성으로 이루어져 있다.

그 팔문장은 송백(松柏)의 기상처럼 절의(節義) 정신에 닿아 있어, 장흥에서 오랫동안 머물며 조대에서 낚시를 즐겼던 충(忠)과 절의(節義)의 화신인 생육신 추강(秋江) 선생의 그 충과 절의 정신에 닿아 있다."는 내용으로 읊은 시다. 이는 한마디로 당대 장흥 팔문장의 그 위명과 정신을 찬한 시라고 추정이 된다.

팔문장 이끌다 八文章引
- 용구(龍邱) 서봉령(徐鳳齡)

(1)
소씨 부자와 그 형제들 / 蘇家父子[189]兼兄弟
절의와 문장에다 필법조차 기이하다. / 節義文章筆法奇
한 세상 세 집에서 여덟 준걸 나왔으니[190] / 一世三家生八俊
재주가 예부터 이보다 성대하기 어렵도다. / 才難自古盛於斯

(2)
쌍쌍의 흰 옥[191]은 연성벽(連城璧)[192]처럼 값 나가고 / 雙雙白璧價

189) 소가부자(蘇家父子) : 송(宋) 나라 때 미주(眉州) 미산(眉山) 사람인 노천(老泉) 소순(蘇洵)과 그의 아들들 즉 동파(東坡) 소식(蘇軾) · 소철(蘇轍)을 가리킨다. 이들은 모두 문장이 뛰어나 당송 팔대가(唐宋八大家)에 들었는데, 아버지 소순을 노소(老蘇), 형 소식을 대소(大蘇), 아우 소철을 소소(小蘇)라 하였으며, 삼부자를 합하여 삼소(三蘇), 형제를 이소(二蘇)라 칭하였다.

190) 일세삼가생팔준(一世三家生八俊) : 수원백씨 기봉 · 풍잠 · 옥봉 · 동계, 광산김씨 김윤 · 김공희, 부안임씨 임곡 · 임회를 가르킨다.

191) 팔문장을 흰 쌍옥(1문4문장의 2쌍, 김윤·김공의 1쌍, 임분 · 임회 1쌍)으로 비유했다.

192) 연성벽(連城璧) : 진(秦)나라 소양왕(昭襄王)이 자기 나라의 성(城) 15개와

連城

찬란한 남쪽 금[193]을 던지니 땅의 소리네. / 幷耀南金擲地聲

여기에 계림[194]의 찬연한 빛 있으니 / 更有桂林璀粲色

기산(岐山) 땅 영걸과 과연 누가 다투랴. / 岐山靈傑果誰爭

(3)

기산은 어여쁘고 예양강은 맑으니 / 岐山明媚汭江淸

동시에 여덟 준걸 태어남이 마땅하다. / 宜得同時八俊生

고양(高陽)의 취성도(聚星圖)[195]와 방불하게 되리니 / 合倣高陽聚星畵

조(趙)나라 혜문왕(惠文王)이 가지고 있던 형산(荊山)의 보옥(寶玉)을 맞바꾸자고 하자 혜문왕이 이에 불응하였다. 이에 진왕이 무력으로 조나라를 침략코자 하여 놀란 조나라는 당시 명재상 인상여(藺相如)를 사신으로 보내 진왕과 담판케 하였다. 인상여는 진왕이 15개성과 맞바꾸자 할 정도로 그 보배구슬을 소중하게 생각함을 알고, "만약 이 구슬을 진나라에서 강제로 빼앗고자 한다면 내가 이 구슬을 안고 기둥에 부딪쳐 깨버리고 함께 죽겠다."고 했다. 진왕은 그 구슬이 손상되어 세상에서 사라질까 봐 뺏지 못하고 하는 수 없이 구슬과 함께 인상여를 그대로 돌려보냈다. 인상여의 기지로 진나라로부터 구슬도 지키고 나라도 지키게 되어 이때부터 완벽(完璧 : 구슬이 손상없이 완전함)이라는 말이 생겼다고 하며, 진나라 15개 성과 맞바꾸자 했다 하여 '연성지벽(連城之璧)'이라 불렀다고 한다.

193) 남금(南金) : 중국 남방 형주(荊州)와 양주(揚州)에서 생산되는 양질의 황금.

194) 계림(桂林) : 중국 광시(广西) 자치구에 위치한 세계적으로 유명한 관광지. '천하제일의 계림산수(桂林山水甲天下)'라는 말이 있을 정도로 아름다운 자연 풍광을 자랑한다. 신라국을 의미하는 계림(鷄林)은 중국 계림과 표기어가 다르다.

195) 취성도 : 정선(鄭敾)의 그림으로 이 작품은 『주자대전(朱子大全)』(권85)의 '취성정화병찬(聚星亭畵屛贊)'에 나오는, 후한(後漢) 때의 명사 진식(陳寔)의 고사도(故事圖)이다. '취성(聚星)'이란 덕이 있는 사람들의 모임이란 뜻으로. 주자(朱子)도 그가 살던 고정(考亭)에 취성정을 두었다.

진순(陳荀)[196]의 명성과 함께 길이 전해지리. / 陳荀名跡幷流聲

(4)
진나라 글씨 당나라 시 송나라의 인물이오 / 晉筆唐詩宋人物[197]
한 때에 안양 팔문장이 있었으니 / 一時安壤八文章
뉘 능히 추강(秋江)의 일 기억을 하랴마는 / 誰能合記秋江事
사우(師友)의 연원이 크게 펴서 날리웠네. / 師友淵源大發揚

위의 시는 서봉령(徐鳳齡) 시인이 지은 기산팔문장에 대해 찬한 시 4수이다.

시 (1)은 중국에서 부자(父子), 형제 시인으로 유명한 소가(蘇家)의 부자와 형제를 끌어왔다. 중국의 고대 문예사에서 그 유례를 찾아볼 수 없을 만큼 가장 걸출한 인물은 소동파(蘇東坡)였다. 타의 추종을 불허한 천재 예술가였다, 그는 정치적인 부침을 겪으면서도 자신의 소신과 절의를 고수한 인물이기도 하였다. 그의 부친 소순(蘇洵)과 아우 소철(蘇轍)도 뛰어난 문장가로 이들 3부자 모두 당송팔대가(唐宋八大家)로 통칭되었다. 아버지 소순을 노소(老蘇), 형인 동파 즉 소식을 대소(大蘇), 아우 소철을 소소(小蘇)라 하였고, 삼부자를 합하여 삼소(三蘇), 형제를 이소(二蘇)라 칭

196) 진순(陳淳,1483~1544) : 중국 명나라 때 문인이자 화가. 어릴 적에 문징명(文徵明,1470~1559, 명나라 때 유명한 화가)을 스승으로 섬겨서 경학, 고문, 시사, 서법에 세밀히 연구하여 깨달아 통달하지 않은 것이 없었다고 한다. 중국 화사(畵史)에서 그의 화초도가 최고 작품으로 평가된다.

197) 진필당시송인물(晉筆唐詩宋人物) : 서예는 서성(書聖)이라고 추앙되던 왕희지(王羲之)와 도연명(陶淵明)이 등장한 진나라, 문학은 이백(李伯)·두보(杜甫)·왕유(王維)·한유(韓愈) 등으로 통칭되는 당나라 문학(詩), 인물은 정호(程顥)·정이(程頤)·주돈이(周敦頤)·주희(朱熹)·구양수(歐陽脩)·장자(莊子) 등으로 통칭된 송나라 인물 군을 가르킨다.

하였다. 이들 삼소는 모두 문장, 서예, 그림, 절의에서 모두 뛰어난 예술가들이었다. 서봉령 시인은 기산의 팔문장의 절의, 문장, 필법을 이들 삼소에 비견한 것이다.

시 (2)에서는 팔문장을 쌍옥(1문4문장의 2쌍, 김윤 · 김공의 1쌍, 임분 · 임회 1쌍 등 모두 4쌍)으로 비유하였다. 또한 이 쌍옥들은 15개 성과도 바꾸지 않았다는 연성벽(連城璧)처럼 빛나는 보물이었고, 중국에서 생산되는 양질의 금과 같은 존재였다고 시화한 것이다. 이어 그들의 존재는 지성(地聲), 즉 장흥 땅의 소리(음률, 시문)를 나타냈다고 그 의미를 부여했다. 여기에 중국의 '천하제일산수(桂林山水甲天下)'라는 중국 계림(桂林) 같은 장흥의 수려한 산수의 영기(靈氣)가 더해진 팔문장이어서 기산팔문장은 그 누구와도 비견할 수 없는 존재라고 극찬을 아끼지 않았다.

시(3)에서는 기산리의 수려한 풍광과 예양강의 맑은 정기 속에 팔문장이 태어나는 일은 당연하다, 그러므로 이들의 명성은 취성도(聚星圖 : 덕인德人의 모임을 상징)의 절의와 진순(陳淳 : 중국 명나라 때 최고의 문인이자 화가)의 명성처럼 길이 전해질 것으로 서봉령 시인은 예견하였다.

시(4)에서는 중국에서 진나라는 글씨로, 당나라는 시인으로, 송나라는 유명 인물들이 배출되었듯이, (장흥 땅) 안양에 팔문장이 배출되었다, 이들 팔문장은 장흥으로 와 오래 머물렀던 절의(節義) 정신의 화신이었던 추강 남효온의 정신과 연결돼 있고, 그들(팔문장)도 훌륭한 사우(師友)의 표본 같은 명예를 오래도록 전파해 왔다고 표현하였다.

팔문장 이끌다 八文章引
- 복재(復齋) 기준(奇遵)

바위산이 우뚝하니 관산읍이 우러르는 바다. 『시경』에서 '저 돌산'[198]이라 했으니, 이름 또한 어긋나지 않는다. 높기가 마치 곤륜산(崑崙山)[199] 같아 봉황이 꽃 모자를 쓰고 서 있는 듯하다. 의젓하기는 석가모니 부처께서 황금 염주를 드리우고 손을 모아 서 계신 것만 같다. 사방 절벽을 깎아 세워 곧장만 길을 솟구치니, 신령하고 맑은 기운과 우뚝한 모습은 다른 산과 같지가 않다. 여러 어진 이들이[200] 잇달아 그 사이에서 나옴이 마땅하다 하겠다. 그러나 이 사람이 있지 않았다면[201] 단지 궁벽한 시골 작은 고을의 한 덩어리 산에 그쳤을 뿐이리라. 누가 다시 이 산이 무슨 이름을 지녔는지조차 알겠는가. 그렇다면 사람이 나온 것 또한 산의 행운이라 할 것이다. [202]

---

198) 『시경』 '국풍國風 주남周南 권이卷耳' 4장에 "저 돌산에 올라가려니 陟彼砠砠[岨]矣 / 내 말이 병들고 我馬瘏矣 / 내 하인도 병이 났네 我僕痡矣 / 어찌하면 좋을까 云何吁矣"라는 시가 있다. 여기서 '陟彼砠[岨]矣'은 '돌산에 흙이 쌓인 것을 저(砠)'라는 뜻이다. 여기서 저(岨)자나 저(砠)자 모두 '돌산 저'자(字)이다. 그러므로 " 『시경』에서 '저 돌산'이라 했으니"라는 어구는, 『시경』(국풍國風 주남周南 권이卷耳)의 시 4장에 나오는 '돌산彼砠 저'를 의미한다고 할 수 있다.

199) 곤륜산(崑崙山) : 파미르 고원에서 중국 칭하이성 서부까지 이르는 약 2,500km에 이르는 아시아 최대 산계이다. 중화권에서는 산맥 전체를 '곤륜(崑崙)' 또는 '곤륜산(崑崙山)'이라고 불렀다. 도교에서는 신선이 살고 있다고 믿는 산이다.

200) 여러 어진 이들 : 팔문장을 이른다.

201) '이 사람이 있지 않았다면' : 기봉 백광홍 시인을 가르킨다.

202) 기복재(奇復齋) 기준(奇遵)의 시 '팔군자인' 원문 : 有山嵒嵒, 冠邑所瞻. 詩云彼岨, 名亦不僭. 昻然若崑山. 老鳳戴花冠 而峙, 儼乎如釋迦大佛, 垂金粟而拱, 塹截四壁, 直聳萬丈, 靈淑之氣 , 磅礴之容, 不與衆山等. 宜乎諸賢踵出其間也. 雖然不有斯人, 只止於 窮鄕下邑一塊山而已, 孰復知玆山之爲何名哉. 然則人之云出, 亦山之 幸也夫.

기복재(奇復齋) 기준(奇遵)[203] 시인은 장흥의 최고 명산인 천관산을, 『시경』의 '돌산(바위산)에 흙이 쌓였다'는 이른바 '저산[岨山, 砠山]'에 비유했으며 (산 정상부에 우뚝 솟아난 여러 바위들이 있어 그리 표현한 것으로 여겨진다.), 또한 중국의 유명한 신비의 산인 곤륜산에도 비유하였다. 그리고 천관산을 "신령하고 맑은 기운과 우뚝한 모습은 다른 산과 같지가 않다. 여러 어진 이들이 잇달아 그 사이에서 나옴이 마땅하다 하겠다."고 묘사하고, "그러나 이 사람이 (기봉 백광홍이) 있지 않았다면 단지 궁벽한 시골 작은 고을의 한 덩어리 산에 그쳤을 뿐이리라."라고 단정지었다. 즉 장대한 곤륜산 같은 천관산 아래에서 팔문장 같은 준걸이 연이어 배출되는 일은 마땅하지만, 그럼에도 불구하고 기봉과 같은 천재 문인이 태어나지 않았다면, 팔문장의 그 유명세도 그렇게 크게 빛나지 않았을 테고, 천관산도 작은 시골의 돌산에 그쳤을 것이라고 설한 것이다. 이른바 팔문장을 유명하게 만든 이는 기봉이었다고 설한 것이다.

---

203) 기준(奇遵,1492~1521) : 본관은 행주(幸州). 자는 자경(子敬), 호는 복재(服齋) · 덕양(德陽). 아버지는 응교(應敎) 기찬(奇禶). 조광조(趙光祖)의 문인이다. 1513년(중종 8) 사마시에 합격하고 이듬해 별시문과에 급제해, 사관(史官)을 거쳐 홍문관 정자에 임명되었고, 박사를 역임한 뒤 사가독서(賜暇讀書)하였다. 스승 조광조의 노선을 견지했으며, 사경(司經)으로 있을 때에는 임금에게 효제(孝悌)의 도리를 다할 것을 건의하였다. 저서로는 『복재집(服齋集)』·『무인기문(戊寅紀聞)』·『덕양일기(德陽日記)』 등이 있다. 기묘명현(己卯名賢)의 한 사람으로 1545년(인종 1) 신원되어 이조판서에 추증되었다. 시호는 문민(文愍)이다.

3. 관서별곡, 장흥가사 문학의 뿌리

기봉의 문학은 당대의 '1문4문장'이나 '기산팔현(岐山八賢)'을 선도하는 데서 그치지 않았다. 비록 유고집은 간행되지 않았지만, 특히 가사 작품인 '관서별곡'은 필사되어, 기방 등지 뿐만 아니라 문단 일각에도 지속적으로 전해지며 송강 정철의 '관동별곡', 조우인의 '속관동별곡'에 거의 절대적인 영향을 주었을 뿐더러 장흥에도 필사된 그 일부가 전해져, 기봉 이후 장흥에서 조선 사회에서 그 유례가 없었던 이른바 가사문학이 성세한 '장흥가단(長興歌壇)'이 조성될 수 있었던 계기가 된 것으로 확인되고 있다.

'관서별곡'이 해방 후 1960년 대 때까지도 시중에 잡가본(雜歌本)의 형태로 필사되어 전승되어 있었다는 것은 김동욱의 논문 '관서별곡의 고이(攷異)'[204]에서 확인이 되었다. 김동욱에 의하면, 김동욱 당대까지도 시중 일부에 필사된 '잡가본(雜歌本)'의 '관서별곡'이 전승되고 있었다. 이 잡가본의 '관서별곡'은 1899년 『기봉집』에 실린 '관서별곡'과 내용면에서 차이가 있고 서지적(書誌的)으로도 더 고형(古形)을 지니고 있어 선행본(기봉 당대 필사본)에 의하여 필사된 것으로 추측된다는 것이었다. 그러니까 기봉의 '관서별곡'은 출간되지는 않았지만, 오랫동안 필사본 형태로 암암리에 전승되어 왔던 것이다.

김성기에 의하면, 그러므로 기봉의 필사본 '관서별곡'이 장흥사회 일각에서도 당연히 전해졌을 것이고, 이 '관서별곡'이 전창(傳唱)되며 훗날 장흥의 기행 가사인 위세직의 '금당별곡', 노선명의 '천풍가'에도 직간접적인 영향을 미쳤다는 것이다. 이후 위백규·

204) 김동욱, '관서별곡'의 고이(攷異)', 국어국문학 제30호, 1965.

이상계 · 이중전에 의한 가사 작품이 이어졌고, 이와 같이 장흥에서 가사 문학의 부흥은 바로 기봉의 '관서별곡'이 있었기 때문에 가능해진 것이었다는 게 김성기의 주장이었다. (김성기, '관서별곡과 기행가사')

기봉은 장흥 가사 문학의 선구적인 역할을 한 셈이었다.

현대에 이르러 국내 국문학계에 백광홍과 '관서별곡'을 전격 소개한 이상보(李相寶)도 논문 '백광홍의 관서별곡'이라는 논문에서, "기봉의 '관서별곡'은 '금당별곡'의 위세직(魏世稷)[205], '인일가(人日歌)' · '초당가(草堂歌)'를 지은 이상계(李商啓)[206], '자회가(自悔歌)' · '권학가(勸學歌)' · '합강정선유가(合江亭船遊歌)'

205) 위세직(魏世稷)1655~1721) : 본관은 장흥, 자는 우경(虞卿), 호는 수우옹(守愚翁). 관산읍 방촌에서 태어났다. 향촌의 선비로서 숙종 때 장흥에서 적거생활을 했던 노봉 민정중과는 특별한 교분을 가졌다. 공이 지은 기행가사인 『금당별곡』은 『삼족당가첩 三足堂歌帖』에 전한다. 처음에는 위세보(魏世寶) 작품으로 소개되기도 했지만, 후에 위세보 『석병집石屛集』에서 '삼종형작금당별곡(三從兄作金塘別曲)'이라는 기록에 의해 위세직으로 밝혀졌다. 이 작품은 배를 타고 금당도(金塘島 : 지금의 완도군 금당면) 및 만화도(萬花島)를 거쳐 돌아오기까지의 자연경물을 서경적으로 읊은 일종의 해양기행 가사이다. 남해를 소재로 한 가사는 '금당별곡' 외에 이진유(李眞儒)의 '속사미인곡續思美人曲', 안조환(安肇煥)의 '만언사萬(謾)言詞' 등이 있지만 두 작품이 타의에 의한 유배 가사들인데 비해 자의에 의한 해양기행 가사는 위세직의 '금당별곡'뿐이다.

206) 앞 413쪽 주 178) 참조.

를 지은 위백규(魏伯珪)[207], '천풍가(天風歌)'[208]를 지은 노명선(盧

207) 위백규(魏伯珪,1727~1798) : 본관은 장흥(長興), 자는 자화(子華), 호는 존재(存齋)이다. 할아버지는 위세보(魏世寶), 아버지는 진사 위문덕(魏文德)이다. 39세 때인 1765년에 생원시에 입격하였으나 대과를 포기한 후 40세에 고향으로 돌아와서 향촌사회의 교화와 자제들의 교육에 힘썼다. 고향에 다산정사(茶山精舍)를 세우고 독서와 저술에 힘쓰는 한편, 양정숙(養正塾)을 세워 문중의 자제와 노비까지 모아 교육하였다. 70세 되던 해에 그의 문집이 내각에 들어가기도 하였다. [위백규가 제책한 24권으로, 1875년에 24권, 12책으로 활자로 인쇄 간행되었다. 내각에서 간행한 이 문집을 원집(原集)이라 부르고, 간행하지 못하고 필사본으로 전해지는 '고금'(古琴)·'환영지'·'황명사략'(皇明史略) 10여 권의 서적이 있는데, 근래에는 모두 영인되어 '존재전서'로 간행되어 전해지고 있다.] 그의 가사 작품으로는 자회가(自悔歌)'·'권학가(勸學歌)'·'합강정선유가(合江亭船遊歌)' 등 세 편이 있다.

208) '천풍가(天風歌)' : 삼족당 위세보(三足堂 魏世寶,1669~1707)의 가첩 『삼족당가첩(三足堂歌帖)』의 순한글 필사본과 노대식(盧大植) 소장의 국한문 혼용체 필사본이 전한다. '천풍가'는 당대에는 잘 알려지지 못하고, 근세에 이르러 전 조선대학교 이종출(李鐘出) 교수에 의해 발굴되어 세상에 알려지게 되었다. 이종출은, "『장흥지속록(長興誌續錄)』(권3 '學行條 夫山面項)'에 '盧明善, 光山人, 光原君毅后, 號淸沙. 從遊閔老峰鼎重, 文學名世, 作天風歌, 行于世.'라는 기록에서 천풍가 작가는 노명선임을 확인했다."고 발표했다. (이종출, '노명선의 천풍가' 한국언어문학4, 1966). 형식은 4음보 1행을 기준으로 모두 166행이다. 작품 내용은 4단으로 짜여져 있는데, 제1단은 유람의 동기와 충효 양절을 이루지 못할 바엔 신선의 연분이나 즐기겠다는 서사이고, 제2단은 천풍산의 명승고적을 두루 구경하는 감회를 서술하고, 제3단은 청산은 의구한데 외로움 속에 늙어간다는 회포의 술회, 제4단은 산수를 더 즐기고 싶으나 포의(布衣)가 부끄럽다고 끝을 맺고 있다. 속세의 먼지를 떨어버리고, 풍류와 낙토에서의 영생을 즐기고자 하는 도선적인 사상이 강하게 나타나고 있다.

明善)[209], '장한가(長恨歌)'를 지은 이중전(李中銓)[210], '덕강구곡가(德岡九曲歌)' · '덕천심원가(德泉尋源歌)'를 지은 문계태(文桂泰)[211] 등에 간접적으로 영향을 주어 소위 '장흥가단'을 이루는 바

209) 노명선(盧明善,1587~1655년) : 처음 이름은 명선(鳴善). 자는 복초(復初), 호는 청사(淸沙) 또는 옥천(玉川). 본관은 광산(光山)이다. 관산읍 방촌리에서 태어났다. 타고난 자태가 총명하여 4,5세에 글자를 깨우치고, 성장하며 문리(文理)를 이루어 고을 사람들과 사림의 칭송을 받았다. 일찍이 과거를 포기하고 수신 공부에 힘쓰면서 후진을 가르치는 것을 업으로 삼았다. 청금(聽禽) 위정훈(魏廷勳,1578~1662) [『청금유고』에 수답한 시문 12수 등재], 송담(松潭) 전유추(田有秋,1594~1674) [『송담유고』에 수답 시문 9수 등재], 감호(甘湖) 김정화(金鼎華,1599~1660) ['寄題玉川子盧明善草堂'시 1수] 등과 교유하며 시를 수창했다. 노봉 민정중(老峯 閔鼎重,1628~1692)이 장흥으로 유배 오자, 그를 종유(從遊)하였다. 만년에 장흥군 부산면 금장(金莊) 산중에 은거하니 세상 사람들이 학문을 기리며 처사(處士)라 칭송하였다. 유고 시문이 재난과 병화로 전해지지 못하고 그 중 천관산을 노래한 '천풍가(天風歌' 한 편만이 전해졌다. 효종 을미년(乙未年. 1655년) 8월 10일 69세로 세상을 떠나니, 용계면 사곡(蛇谷) 유좌(酉坐)에 장사하였다. [공의 생몰연도가 ①1707~1775년 ②1647~1715년 ③1587~1655년 등 분분하나, 이병혁의 검증('장흥신문' / 2020. 03. 13. 기사)에 의해 ③1587~1655년으로 확정한다.]

210) 이중전(李中銓,1825~1893) : 본관은 인천, 자는 화집, 호는 우곡. 부산면 금자리 금한마을에서 태어났다. 공의 집안은 5대를 이은 효자 가문으로 이름이 나 있으며 문장을 잘하기로 유명했다. 공은 평생을 독서와 훈도로 지내면서 문집으로 『우곡집』을 남겼다. 문집에 실린 '장한가'는 경세적이고 교훈적인 664구의 긴 가사이다. '장한가'의 전반부는 선생의 기구한 인생 역정을 도덕사상에 근거하여 노래하였고, 후반부는 금강유람을 소망하는 심경을 읊었는데, 한 작품 안에 두 개의 주제를 담아 노래한 점이 특이하다. '장한가'는 이전 시기 향촌 사족 가사에서 주로 표현되는 자기 술회적 측면을 계승하면서도, 장흥을 중심으로 산출된 가사의 주제들을 적극 수용함으로써 자술의 방식을 다변화하고 확장하고 있어 중요한 의의를 지닌다.

211) 문계태(文桂泰,1875~1955) : 유치면 덕산리 출신으로 호는 겸재(謙齋)다. 조선 후기에 태어나 일제강점기, 한국전쟁을 거친 장흥 근대의 선비였다. 면암 최익현의 문인으로 관직은 통정대부중추원의관에 올랐다. 일제가 침

탕이 되었다."고 밝혔다.[212)]

정익섭(丁益燮)은 '관서별곡과 조선조 가사문학'이란 논문에서, "'관서별곡'의 맥을 이은 '관동별곡'은 이후 조우인의 '속관동별곡'과 위세직(魏世稷,1655~1721)의 '금당별곡(金塘別曲)'으로 이어지며 기행가사의 계보를 낳게 하였다. 또한 백광홍을 배출시킨 장흥 지방에서는 이후 위세직('금당별곡' 작가), 이상계('인민가', '초당곡' 작가), 위백규('자회가', '권학가' 작가), 노선명('청풍가' 작가), 이중전('장한가' 작가) 등과 같은 가사 작가를 속속 배출시켜 국문학 발전에 기여했음을 보여준다. 이와 같은 현상으로 보아 백광홍의 '관서별곡'이 우리 가사 문학 발전에 얼마나 큰 공헌을 했고, 또 우리 국문학사를 얼마나 빛내주었는가 하는 것을 가히 짐작하고도 남는다고 하겠다. 이런 점에서 백광홍은 호남 시가사 뿐만 아니라 우리 문학사에서 길이 찬양받아 마땅한 존재라고 생각한다."[213)]고 밝혔다.

략하자 모옥을 짓고 은둔생활을 하였다. 1926년 고종 황제의 영정을 봉안한 회덕묘를 짓고 면암 선생의 영정을 봉안한 산앙사를 지어 제를 올렸다. 천석의 대지주였던 겸재 공은 은밀히 독립군에게 군자금을 전달하기도 했다. [문계태 형 문계홍은 일제강점기 마을구장을, 장손 문우열은 농민 권익을 주장하며 독립운동을 했다. 문우열은 1934년 독립운동 비밀결사 '전남운동협의회' 사건으로 구속되어 옥고를 치른 공적으로 2022년 3. 1절에 독립유공자 포상을 받았다.] 겸재는 '덕강구곡가(德岡九曲歌) '덕천심원가(德泉深源歌)'의 가사를 지었다. '덕강구곡가'는 구곡(九曲)의 서경에 빗대어 지은이의 나라 잃은 설움을 간접적으로 나타낸 가사이다. '덕천심원가'는 인간이 갖추어야 할 덕의 연원을 찾아가는 내용을 읊은 것으로 공맹을 열람하고 나서 우리나라 여러 학자의 댁을 구경하는 식으로 그들의 학문적 업적과 도의 드높음을 칭송하고 있다.

212) 『기봉집 상』(1899년본 중간본), 이상보, '백광홍의 관서별곡', 전국시가비건립동호회, 1987, 부록1, 33쪽.

213) 『기봉집 상』(1899년본 중간본), 정익섭, '관서별곡과 조선조 가사문학', 전

김성기(金成基)는 '관서별곡과 기행가사'라는 논문에서, "기봉 사후로 장흥에서는 '관서별곡'이 전창되고 있었고, 이러한 영향으로 위세직의 '금당별곡'과 노명선의 '천풍가'라는 기행가사가 창작될 수 있었다고 밝혔다. 김성기의 그 주장을 다음에서 살펴보자.

> (백광홍의) '관서별곡'의 맥은 25년을 지나서 정철의 '관동별곡'을 낳고 다시 41년 뒤 조우인의 '속관동별곡'으로 이어진다. 이는 백광홍이 시도한 기행가사가 고을을 벗어나 밖으로 나아가는 확산이고 총체적인 한국 문학으로 진입을 의미한다. 한편 장흥에서는 이 '관서별곡'이 장흥인의 것으로 자리잡으면서 장흥에서 장흥인들이 전창하며 가꿔나간다. 100여년 뒤 위세직(1655~1721)이 금당도의 매화도를 유람하며 '금당별곡'을 지어 기행가사로 백광홍의 맥을 잇는다. 그리고 다시 노명선(1707~1775)이 천관산 경관을 유람하며 '천풍가'를 지어 장흥의 기행 가사의 바통을 이어간다.
>
> 18세기에 이르면 장흥의 가사는 기행가사에 한정된 것이 아니다. 노명선 보다 조금 늦게 위백규(1727~1798)가 천관산 및 장천재에서 학문을 크게 이루었다. 그의 학문은 유학을 물론이고 천문, 지리, 율력(律曆)에 이르기까지 실학에도 정통했고, 가사로 '자회가(自悔歌)' · '권학가(勸學歌)' · '합강정선유가', 시조로 '농가(農歌)' 등 9수를 지어 장흥의 문운을 떨쳤다. 위백규는 장흥의 가사가 그때까지 내용적으로 기행가사에 머물렀던 것을 다양화시켜 장흥 가사 문학의 종전의 좁은 폭을 한 단계 넓혔다.
>
> 위백규를 이어서 이상계(1758~1822)가 '초당가'와 '안일가' 등을 짓고 다시 이중전(1825~1923)이 '장한가'를 창작함으로써 백광홍 이후 한 고을에서 7명의 작가(문계태 포함)에 17개 작품(문계태의 덕

국시가비건립동호회, 1987, 부록2. 38-39쪽.

강구곡가, 덕천심원가 포함)이 생산되어 장흥에서 가사 문학의 판을 굳히고 장흥을 문향(文鄕)으로서 성가를 높였다.

이상과 같이 장흥에서 생산된 7명, 17개 작품은 앞으로 구체적으로 성찰이 필요하다. 일찍이 이종출(李種出)은 장흥지역의 가사에 대하여 거의 독자적으로 연구하고 작품도 찾아내어 큰 공을 세웠다. (이종출, '이세보의 금당별곡', 국어국문학, 34-35호 합병호, 국어국문학회, 1767, 177-186쪽). 그러나 당시는 작품 발굴과 학계에 알린다는 목적이 컸다. 차후 이를 바탕으로 부족한 것을 더 보강하고 더욱 의미 깊게 천착하여 장흥의 가사문학을 총체적으로 정리가 이루어져야 할 것이다.[214)]

사실상 김성기 이전에, 장흥의 가사문학을 전반적으로 소개하고 분석하여 발표한 이는 백수인 시인(당시 조선대학교 국어과교수)이었다. 1997년 장흥군과 장흥향토사연구회에서 『장흥의 가사문학』을 발간했다. (편저자 김석중, 감수 백수인). 이 책에는 장흥의 가사 작가 7명과 17개 가사 작품을 소개했는데, 이 책의 서두 총론에서 백수인의 '장흥의 가사문학'이라는 논고가 실렸다. 이 논고 서두에서 백수인은 전반적인 장흥의 가사 문학을 소개했는데, 특히 백수인은 본 논고에서, "장흥 출신 가사 작가는 기봉 백광홍을 비롯한 7명으로 호남 지방 가사 작가 전체의 22. 58%를, 이들의 가사 작품 수는 총 15편으로 호남 지방 출신 작가에 의해 창작된 전체 작품의 26. 79%를 차지한다."면서 장흥의 가사문학이 호남 가사 문단의 중심에 놓여 있었음을 강조하였다.

호남은 기후가 온화하고 토질이 비옥하여 생산물이 풍부한 지리적

214) 김성기, '백광홍의 관서별곡과 기행가사', 기봉백광홍선생학술발표회 발표논문집, 2004. 6. 85쪽.

환경과 빼어난 자연 환경의 아름다움을 갖추고 있어서 예술이 잘 발달된 고장으로 알려져 왔다. 호남 지방은 문학에 있어서도 예외가 아니다. 그 원류를 찾아 올라가면 호남은 옛날 마한의 집단 가무에서부터 시작하여, 여기에서 분화 파생된 백제의 '정읍사'를 모체로 속요, 단가, 경기체가, 가사, 판소리 등 다양한 형식의 문학이 생성 발전해 옴에 따라 우리나라 시가 문학의 요람이 되었음을 알 수 있다.

조선조의 가사문학에 이르면 호남 지방은 더욱 활기 찬 면모를 보여 준다. 가사 작품의 효시인 정극인으로부터 시작하여 30여 명의 가사 작가가 호남 출신이다. 또한 유배, 전쟁 출정, 관리 부임 등으로 이 지방에서 지은 작품과 작가도 많다. 유배 가사의 효시로 알려진 조위(1454~1503)의 '만분가', 이서(1482~?)의 '낙지가', 정철(1536-1593)의 '성산별곡' · '관동별곡' · '사미인곡' · '속미인곡' 등이 호남 지방과 직접적 관련이 있는 작품들이다. 이상의 작가와 작품까지를 아우르면 지금까지 알려진 호남의 가사는 40여 명의 작가에 70여 편의 작품에 이른다. 가히 가사 문학의 보고라 할 만하다.

그런데 중요한 것은 이러한 호남 지방 가사 문학의 중심에 장흥 지방이 놓여 있다는 점이다. 장흥 출신 가사 작가와 그 작품이 양적으로나 질적으로 다른 지역에 비할 수 없을 만큼 많고 뛰어났다는 점은 특이한 현상이다. 호남 지방의 가사 작가와 그 작품을 출신 지역 별로 따져 보면 다음과 같다.

지금까지 알려진 호남 출신 가사 작가는 총 31명이고, 그 작품 수는 56편이다. 이를 다시 출신 시군으로 나누어 보면 … 장흥 출신 가사 작가는 기봉 백광홍을 비롯한 7명으로 호남 지방 가사 작가 전체의 22. 58%를, 이들의 가사 작품 수는 총 15편(작자 미상 포함하면 17편)으로 호남 지방 출신 작가에 의해 창작된 전체 작품의 26. 79%를 차지하고 있다. 이로써 작가 수에서나 작품 수에 있어서 장흥은 호남 가사 문학의 중심에 위치함을 알 수 있다. (참고로, 장흥군과 함께 가사문학의 고장으로 불리는 담양군의 경우, 창평을 포함하여 가사

작가는 5명, 작품 수는 11편이다.)[215)]

이때 백수인은 호남 가단의 작가, 작품도 분석해 발표했다. 백수인에 따르면, "△전북 태인 - 작가 3명(9. 68%) - 작품 6편(10. 71%) △전남 담양(창평 포함) - 작가 5명(16. 13%) - 작품 11편(19. 64%) △전남 장흥 - 작가 7명(22. 58%) - 작품 15편(26. 79%) (작가미상 작품 2편 제외) △전북 남원 - 작가 1명(3. 26%) - 작품 5편(8. 93%) △전남 나주 - 작가 1명(3. 26%) - 작품 3편(5. 36%) △전남 보성 - 작가 1명(3. 26%) - 작품 1편(1. 79%) △전남 해남 - 작가 1명(3. 26%) - 작품 1편(1. 79%) △전남 영암 - 작가 2명(6. 45%) - 작품 3편(5. 36%) △전북 고창 - 작가 2명(6. 45%) - 작품 2편(3. 57%) △전북 부안 - 작가 2명(6. 45%) - 작품 2편(3. 57%) △전남 장성 - 작가 2명(6. 45%) - 작품 3편(5. 36%) △제주 - 작가 1명(3. 26%) - 작품 1편(1. 79%) △전남 화순 - 작가 2명(6. 45%) - 작품 2편(3. 57%) △전북 익산 - 작가 1명(3. 26%) - 작품 1편(1. 79%)"으로, 호남의 가사 작가는 31명에 작품은 56편이었다.

이로써 조선시대 장흥의 가사문학이 어떤 위치였는지 확인할 수 있게 된다.

---

215) 김석중 편저, '장흥의 가사문학', 장흥군, 장흥향토사연구회, 1997. 11-15쪽.

4. 기봉, '장흥문학'의 선구자

장흥의 가사문학이 호남의 가사 문학을 선도할 수 있었던 것은 기행가사의 효시가 된 '관서별곡' 때문이었다. '관서별곡'이 장흥 가사문학의 뿌리가 되었고, 현대문학의 시발점이 된 조선 시대 가사문학을 발흥시킨 시작점이 된 것이다.

장흥의 현대문학 1세대는 아동 문학가 김녹촌을 제외하면 모두 소설가들이었다. 즉 조선조의 장흥 고문학이 현대 소설문학의 뿌리가 되었다는 것이다. 그리고 이 장흥의 독특한 현대 소설문학은 운문보다 산문성이 강한 가시문학에 뿌리를 두고 있었다는 것은 공인된 사실이다.

이처럼 장흥의 현대 문학은 가사문학에 그 뿌리를 두고 있었던 것이고 그 가사문학의 뿌리는 기봉의 '관서별곡'이었던 것이다.

결국 기봉은 장흥의 현대문학의 선구자였던 셈이다.

역대 장흥의 문인 중 가장 위대한 문인으로 3인이 있었다. 원감국사 충지(圓鑑國師 沖止,1226~1292)와 천방 유호인(天放 劉好仁,1502~1584) 그리고 기봉 백광홍(白光弘,1522~1556)이었다. [이외 옥봉 백광훈(玉峯 白光勳,1537~1582)도 포함시킬 수 있지만 옥봉은 거의 해남에서 거주하고 해남에서 종생하여 해남의 문인으로 존승받고 있어 장흥의 위대한 문인에서는 제외한다.]

고려 말엽 활동했던 원감국사 충지는 장흥읍 장원봉 태생의 장흥인었다. 말년에 조계산 수선사(修禪社 : 현 송광사) 제6세주(世主)였던 충지 스님은 생전에 시문 304편[시 240편, 소(疏) · 표(表) · 서신 등 산문 64편]을 남겼다. 스님의 304편의 시문 중에 76편이 한국사에서 가장 독보적이며 대표적인 문집으로 꼽히는『동문선』

에 등재 되었다. 승려에 대한 인식이 비우호적이었던 조선조 유학자들이 편찬한 고려조까지의 시문을 총망라한 시선집인 『동문선』에서 역대 승려 문인 중 가장 많은 시문이 등재된 것이다. 이로써 충지 스님의 문학은 고려조 불교문학의 최고봉으로 우뚝 설 수 있었다. 스님의 시문이 『동문선』에 그만큼 많이 등재된 것은 스님의 문학성도 공히 인정받았기 때문이었다.

충지 스님으로부터 3세기가 지난 1500년 초반, 장흥에는 걸출한 인물 2인이 등장한다. 천방(天放) 유호인(劉好仁)과 기봉(岐峯) 백광홍(白光弘)이었다.

기봉의 20년 연상으로 성리학자였던 천방은 유고가 많이 유실되어 겨우 100여 편의 시만 엮어진 『천방선생 유고집』를 남겼지만, 조선조 장흥 지역에서는 최초로 학맥을 일구며 수많은 문하생을 양성해내고 시문학을 전수, 장흥 고문학(시문학)의 선구자로 불려 오고 있다.

천방 공의 위대성은 공이 장흥 역사상 최초로 학맥을 일구었다는 데 있었다. 공의 제자였던 분들로 반곡 정경달(丁景達,1542~1602)을 비롯하여 백문린(白文麟,1482~1544), 위홍주(魏弘宙,1558~1634), 위덕의(魏德毅,1540~1613), 이섬(李暹,1553~1616), 김지주(金砥柱), 문희개(文希凱,1550~1610) 등 당대 장흥사회의 중요 성씨와 각 집안의 파조나 파조에 버금가는 명사들이 많았다. 공의 제자들뿐만 아니라 그 제자들의 자제들은 물론 만수재(晩守齋) 이민기(李敏琦,1646~1704)도 천방 공의 학통을 이었으니, 천방은 장흥에서 3대에 걸쳐 학맥(學脈)을 이루었던 유일한 인물이었다.

이처럼 천방 공은 장흥의 각 성씨며 각 사족의 자제들에게 성리학을 전수하고 시문을 교육하여 그의 학문 및 문학이 후대에까지 널리 전승될 수 있게 하였다. 공의 수제자로 300여 편을 시를 작시한 시인이기도 했던 정경달은 16세 때 천방으로부터 시를 배웠다. (詩就天放劉先生. 學毛詩) 이처럼 정경달이 천방공으로부터 시문학을 전수받은 내역이 『반곡시문집』 '연기年紀' 편에 구체적으로 기술되어 있다. 즉 16세 때의 기록에 의하면, 반곡이 천방으로부터 시를 배우고 작시하게 된 내용이 구체적으로 기술돼 있다.] 결국 천방으로부터의 작시(作詩) 공부가 결정적으로 훗날 그를 시인으로 입지하게 했으며, 부친으로부터 가학을 전수받은 정경달의 아들 정명열(丁鳴說,1566~1627)도 시 100여 편을 남긴 시인이었다.

천방 공의 제자였던 청계 위덕의(聽溪, 魏德毅)의 경우도 마찬가지였다. 시 2편을 남긴 위덕의(詩 등 수많은 유문이 전란 때 유실되었다)는 아우 덕후(德厚,1556~1605), 조카 정훈(廷勳,1578~1662) · 정렬(廷烈,1580~1644), 정철(廷喆,1583~1657), 정명(廷鳴,1589~1640) 등 위씨 집안의 거의 모든 자제들을 교육하였고 그들 대부분이 시문집 등 유문집을 남겼으며, 이러한 천방으로 비롯된 학맥 · 문맥이 장흥위씨에서는 결국 존재 위백규(存在 魏伯珪,1727~1798)까지 전승될 수 있었던 것이다. 이러한 이유로 천방공은 장흥 고문학(시문학)의 선구자로 불렸던 것이다.

천방 공과 달리, 기봉 백광홍은 35세에 졸하여 유문집도 간행되지 못하고, 지역사회의 후학에도 기여하지 못했지만, 그 자신이 일군 문학적인 성취로 기봉 공은 '1문4문장'과 '기산팔문장'의 선도자가 되며 16세기 초반 장흥의 문예부흥을 크게 선도할 수 있었다.

특히 공이 지은 '관서별곡'은 장흥의 가사문학의 뿌리가 되면서 '장흥가단'이라고 불리는 장흥문학의 부흥시대를 여는 동기가 되었으며, 이 장흥의 가사문학의 전승이 오늘날의 장흥 현대문학의 부흥으로 이어지는 결정적인 동기가 되었다.

결국 조선조 장흥의 가사문학의 발흥은 곧 장흥의 현대문학으로 결실을 맺기에 이르렀던 것이다. 장흥의 현대문학 1세대 문인들은 송기숙 · 이청준 · 한승원 · 김녹촌 등으로 한국 현대문학의 거봉들이었고, 장흥문학 2세대 작가로는 이미 세계적 작가의 반열에 오른 한강 · 이승우를 비롯해 위선환 · 김제현 · 김영남 · 백수인 · 문인호 · 이성관 · 이한성 · 전기철 · 장병호 · 문인호 · 이대흠 · 문정영 등 등단 문인은 무려 160여 명(작고문인 20여 명)에 이른다.[216] 이들 2세대 문인 중 한승원 딸 한강이 2024년 10월 노벨문학상을 수상한 이래로 장흥군은 '한국문학의 성지(聖地)'로 발돋음 하고 있는 실정이다.

'장흥'이라는 지역을 이처럼 고유하고 독특한 문학의 고을, '한국문학의 성지'라는 결실을 맺는데 있어, 그 시작점은 기봉 백광홍으로, 한국 가사문학의 효시가 된 기봉의 '관서별곡'이었다. 즉 오늘날의 장흥문학의 뿌리이며, 그 시작점은 바로 기봉 백광홍이었던 것이다. 바로 기봉 백광홍이 '장흥문학'의 선구자라고 할 수 있다.

216) 2020년. 장흥문화원에서 발간한 『장흥문학인 인명록』에는 장흥의 현대문인 중 작고문인 17명, 미등록 문인 16명, 현직문인 144명, 총 문인 177명으로 기록하였다. (장흥문화원,'장흥문학인 인명록', 2020, 337쪽)

6. 글을 마치며

앞에서 소개한 기봉의 가비에 대한 문제점이 갈수록 심하게 노출되고 있다.

이에 따라 장흥의 가사문학의 가장 핵심적인 자원이며 가치 있는 '기봉의 가비'를 다른 곳의 적정부지로 이건의 문제가 일각에서 제기 되고 있다.

문제는 '기봉가비'의 위치이다. 기봉가비를 세울 때는 기봉의 묘역 전면부여서 적정 부지로 선정되었지만, 지금은 가비 앞뒤로 국도 2호선의 4차로가 뚫린 데 이어 4차로 남해고속도로마자 뚫리게 되면서 가비가 50m 간격을 둔 2개의 고속도로 중간쯤 야트막한 언덕에 위치하게 되면서, 장흥군이나 장흥군민, 기봉 후인들인 수원 백씨들로부터도 철저히 내버려져 왔기 때문이다. 더구나 '기봉가비'는 그동안 지자체장의 무지와 무관심 속에 그 어떤 장흥문학 홍보 책자 · 자료와 장흥문학 자원에도 아주 제외되어 왔으며, 장흥을 찾는 문학 관광객들에게도 외면당한 채 방치돼 왔기 때문이다.

그리하여 일각에서는 이 가비에 대하여 ▲군 당국의 '기봉가비'에 대한 홍보 강화 ▲기봉가비, 적정 부지로 이전 중건 ▲적정 부지에 '기봉가비' 모비(模碑)로 재건립 등의 주장이 제기되고 있는 실정이다. 이들은 이제라도 기봉가비가 이건 되어 명실상부 장흥의 가장 중요한 문학 자원으로 널리 활용되어야 한다는 주장인 것이다.

'기봉 기념관'으로 기봉의 문학 자원 활용해야

오늘날 장흥은 한강 작가의 노벨문학상 수상으로 '한국 문학의 성지(聖地)'가 되고 있다.

'한국문학의 성지'의 그 뿌리는 바로 기봉 백광홍이었다. 한강 작가는 장흥 현대문학의 결실로 얻어진 것이나 진배 없다. 장흥 현대문학의 뿌리는 조선조 장흥의 '가사문학'에 있고, 그 가사문학의 뿌리는 기봉 백광홍이었다. 그러므로 한강 작가의 뿌리는 결국 기봉 백광홍에 있다고 할 수 있는 것이다.

그런데도 지금 그 기봉 백광홍 시인이 장흥에서는 외면당하고 있다고 할 수 있다. 기봉을 기억하고 그의 문학을 더듬으며 그가 일군 위대한 문학 정신과 그가 장흥 땅에 전승해준 독특한 문맥(文脈)을 더듬을 수 있는 기봉의 기념관도 없기 때문이다.

거듭 말하지만, 노벨문학상 수상 작가 한강의 배출은 현대 장흥 문학의 위대한 결실이라고 할 수 있다.

이청준 · 송기숙 · 한승원 등 한국 현대문학의 거봉들이 현대 장흥문학의 1세대 작가가 있었기에 한국문학의 경계를 넘어 세계적인 작가의 반열에 오른 한강 · 이승우 등 2세대 작가가 배출될 수 있었고, 결국 그 2세대 작가 중 한 사람인 한강이 세계 문학의 최정상인 노벨문학상을 수상할 수 있었다고 할 수 있다. 달리 말하면, 한강의 노벨상은 현대 장흥문학의 위대한 결실로서 나타난 것이라고도 할 수 있다.

현대 장흥문학은 이미 전국적으로도 최고봉에 자리한 문학으로 평가 받는다. 전국 최초의 유일한 문학기행관광특구 지정이 그 단적인 이유이다.

현대문학의 태동기를 대개 1910~1950년이라고 볼 때, 1900년 즉 조선조 이전의 문학을 보통 고문학(古文學)이라고 정의 된다. 그리고 이 고문학 중, 고려조 말에 발생하여 조선 초기 사대부 계층에 의해 확고한 문학 양식으로 자리 잡은 가사문학(歌辭文學)은 시문(詩文, 律文)과 산문(散文)의 중간적 형태로 조선조를 대표하는 문학 양식으로 굳어졌다. 이 가사문학은 한국 현대문학의 전 단계로 본다. 즉 가사문학은 현대문학의 기저가 되었던 문학이었다.

가사문학은 시가문학의 요람이었던 호남지방에서 크게 부흥되었던 문학이었다. 실제로, 조선조 호남의 가사문학은 40여 명의 가사 작가와 70여 편의 작품에 이르러, 호남이 가사문학의 중심에 자리하고 있었고, 그런 이유로 호남은 가사 문학의 보고였던 것이다.

호남 가사문학에도, 특히 장흥의 가사문학이 가장 돋보였다.

구체적으로 백수인 시인(조선대 명예교수)에 의하면, 호남 출신 가사문학 작가 31명 중 7명이 장흥 출신(호남 가사 작가 전체의 22. 58% 차지)이고, 56편의 작품 중 15편(작자 미상 포함은 17편)이 장흥 출신 가사 작가의 작품(호남 가사 작가에 의해 창작된 전체 작품의 26. 79% 차지)이었다. 따라서 가사의 작가나 작품량 그리고 문학적(가사문학) 가치에서도 장흥지역은 독보적인 위치여서, 당대 장흥지역은 '장흥가단(長興歌壇)으로 불리기도 했었다. (참고로, 장흥군과 함께 가사문학의 고장으로 불리는 담양군의 경우, 창평을 포함하여 가사작가는 5명, 작품 수는 11편이었다.)[217]

그런데, 왜 담양이 장흥보다 가사문학의 고을로서 더 잘 알려졌을까. 송강 정철 때문이다.

서울 출신이었지만, 어렸을 때부터 귀양살이를 한 아버지를 따라 생활했던 송강은 부친의 귀양살이 후 조부의 묘소가 있던 담양 창평 당지산(唐旨山) 아래로 이주한 이후, 여기서 과거 급제 때까지 10여 년을 보내며, 임억령(林億齡) · 김인후(金麟厚) · 송순(宋純) · 기대승(奇大升) 등으로부터 시문과 학문을 배웠고, 관료로 나간 이후 40세 때 당쟁의 소용돌이 속에 벼슬을 버리고 다시 담양 창평으로 돌아가 2년여 동안 야인으로 지내기도 했으며, 다시 탄핵 등으로 43세~52세 때까지 2회에 걸쳐 6, 7년을 창평에서 은거하는 등 평생의 20여 년을 지금의 담양군 창평에서 살았다. 게다가 송강은 담양(창평) 은거 중에 '성산별곡' · '사미인곡' · '속미인곡' 등 가사와 시조·한시 등 많은 작품을 지었던 인연이 있어, 송강의 가사문학은 실로 담양과 아주 밀접한 관련이 있었다. 게다가 담양에는 담양의 시가문학 산실인 소쇄원을 비롯하여 송순이 가사 '면앙정가'를 창작했던 누각인 면앙정을 비롯하여 송강의 '성산별곡' · '사미인곡' · '속미인곡'의 산실이었던 식영정과 송강정 등 정자문화 자원이 크게 넘쳐났던 고을이었다.

이처럼 송강 정철까지 더해지면서, 나름 독특한 가사의 문학자원이 있었던 담양이었고, 이러한 가사문학의 역사적 전통을 살리기 위해, 담양군은 지난 2000년 11월에 남면 지곡리 일대 5천여

217) 김석중, '장흥의 가사문학', 장흥군 향토사연구회, 시와사람, 1997, 13-15쪽.

평 부지에 가사문학관을 조성 · 개관하여 오늘날까지 한국의 대표적인 가사문학고을로서 그 위상을 구축해 올 수 있었던 것이다.

이제 가사문학의 고을인 장흥과 담양, 두 곳의 가사문학의 정체성을 따져 보자.

담양에서 서울 출신이지만, 담양 창평에서 여러 가사 작품을 남긴 송강이 있었다면, 장흥에는 천재시인 기봉 백광홍이 있었다. 담양의 송강 '관동별곡'이 있었다면, 장흥에는 그보다 25년 전에 쓰여져 '관동별곡'의 모태가 되면서 큰 영향을 끼쳤던, 기행가사의 효시가 된 기봉의 '관서별곡'이 있었다. 담양에 '면앙정가(俛仰亭歌)'라는 가사의 대가인 송순(宋純)이 있었다면, 장흥에는 호남의 대실학자며 대시인으로 '자회가', '권학가', '합강정선유가'의 가사 작품을 남긴 존재(存齋) 위백규가 있었다.

결정적인 것으로 가사 작가와 작품 내용이다. 담양은 송순 등 5명의 작가에 작품도 11편에 불과하지만 장흥은 작자미상까지 포함하면 8명의 작가에 작품도 17편에 이른다. [당대 타 지역의 경우, 2명~3명의 작가를 배출한 곳은 5곳(태인 3명 - 6편 / 영암 2명 - 3편 / 고창 2명 - 2편/ 부안 2명 - 2편 / 화순 2명 - 2편)에, 작가 1명이라도 배출한 곳은 남원, 나주, 보성, 해남, 악산, 제주 등 6곳에 지나지 않았다. (백수인)

문학의 향맥 전승 여부에서는, 단연코 장흥이 독보적이다.

가사문학에 이은 현대문학에 이르러서도 장흥은 예전의 '장흥가단'에 이어 '문림의향' '문학고을'로서 전통이 이어지면서 이청준 · 송기숙 · 한승원 · 한강 · 이승우 등 국내의 대표적인 문인을 다수 배출했을 뿐만 아니라 문학적인 자원과 그 토대로 인해 전국 최초로 유일한 문학관광기행특구(2008년 지정, 2021년 재지정)

로 지정돼 있을 정도이다.

가사문학의 자원에 있어서도 담양에 문학자원으로서 소쇄원, 면앙정, 식영정 등 허다한 정자와 누각이 있다면, 장흥에도 용호정 · 부춘정 · 동백정 · 사인정 · 창랑정 등 수많은 정자와 누각이 있으며, 특히 사우인 기양사를 비롯하여 존재 위백규를 가사 작가로 포함시키면 존재 생가와 장천재 등도 가사문학의 자원에 속할 수 있어, 가사문학 자원에서도 장흥은 담양에 윗길이 될 수 있다.

오늘날 장흥에서 '문림의향', '문학의 고을 장흥', '문학기행관광특구'라는 그 상징성의 뿌리요 그 토대를 만든 원천은 장흥의 가사문학에 있었다. 그리고 그 가사문학의 태동과 구심점은 단연코 기봉 백광홍이었다.

다시 언급하자면 장흥문학의 뿌리는 곧 기봉 문학이었던 것이다. 그러므로 많이 늦었지만, 지금부터라도, 한강 작가로 인해 한국문학의 성지(聖地)가 된 장흥문학의 뿌리를 내세우고 재조명되고 현창되어야 마땅하고, 그것은 기봉 기념관을 건립하는 일이 될 것이다. 현실적으로 '장흥 가사문학관'이 어려울 수 있으므로, 기봉 기념관에 별도의 공간을 확보해 기봉과 함께 장흥 가사문학 전체의 기념관을 조성할 수도 있을 것이다.

3

기봉의 편린을 기억하며

1. 기봉 · 옥봉, 둘 다 '조선 팔문장'

1. 팔문장의 구분

보통 '팔문장(八文章)' 하면 세 부류로 나뉜다.

첫 번째는 송익필(宋翼弼) · 이산해(李山海) · 최경창(崔慶昌) · 백광홍(白光弘) · 최립(崔岦) · 이순인(李純仁) · 윤탁연(尹卓然) · 하응림(河應臨) 등 8인이 팔문장(八文章)으로 거명되는 소위 '선조 때 팔인의 문장가'들이다.

두 번째는 조선 전기 도승지 · 이조판서 등을 역임했던 부훤당(負暄堂) 오상(吳祥,1512~1573)을 포함시켜 농암(籠巖) 김주(金澍,1355~1392) · 관물재(觀物齋) 민기(閔箕,1504~1568) · 임당(林塘) 정유길(鄭惟吉,1515~1588) · 청천당(聽天堂) 심수경(沈守慶,1516~1599) · 율곡(栗谷) 이이(李珥,1536~1584) 등을 포함한 팔문장이다.[1)]

세 번째는, 당대 유명 문인의 작고 이후 그에 대한 행장 · 묘갈

1) 『負暄堂遺稿序』 : (부훤당은) … 별시(別試) 문과(文科)에 급제하였다. 화려한 명성이 더욱 드러났다. 임당(林塘) 정유길(閔惟吉), 관물재(觀物齋) 민기(閔箕), 청천당(聽天堂) 심수경(沈守慶), 율곡(栗谷) 이이(李珥), 농암(籠巖) 김주(金澍), 임창계(林滄溪) 임수 등 여러 군자와 함께 팔문장(八文章)으로 칭하였다. …又三年而登別試文科 華聞益彰 與鄭林塘 惟吉 閔觀物 箕 沈聽天守慶 李栗谷 珥 金籠巖 澍 林滄溪 洙 諸君子 竝稱八文章.

명 등에서 "세칭 팔문장으로 불려졌다 世稱八文章"하는 식으로 사견(私見)에서 표현된 팔문장이다.

첫 번째는, 『선조실록』에서 정식으로 거명된 팔문장으로, '선조대' 혹은 '선조 연간' 등의 수식을 붙여 칭하는 팔문장이다. 팔문장을 대표하는 문인들은 이후 여러 관련 인물의 문집 등에서 팔문장으로 소개된다. 그런데 여기 팔문장에 속한 문인들 중 백광홍 대신 백광홍의 아우로 당대 세간에서 삼당(三唐) 시인으로 불려진 백광훈白光勳을 팔문장으로 포함시키는 경우도 있다.

두 번째 경우는, 부휜당의 유고의 '서(序)'에서 팔문장으로 거명된 예이다. 여기서 거명된 팔문장은 고려 말부터 조선 전기 때의 문인을 망라하는 팔문장인데(이 팔문장 중 나머지 2인은 누구인지 불명확하다), 율곡이 이 팔문장에 포함되고 있다. 그러나 이 팔문장은 '선조 대 팔문장'이 등장한 이후 당대에는 거의 사라진 팔문장이 된다.

세 번째 경우는, 문인으로 유명했던 고경명(高敬命,1533~1592 : "與文人崔岦, 李山海, 高敬命等齊名. 世稱八文章(『於于集』, '卷六, 도문'), 조선 인조 때 문신이던 이명한(李明漢,1595~1645 : "世宗朝文學之士. 彬彬盛矣哉. 世所稱八文章(『白洲集』'卷十六, 跋'), 조선 중기 문신이었던 남용익(南龍翼,1628~1692 : "與同時李鵝溪諸公. 有八文章之稱(『壺谷集』, '卷十八, 墓碣銘')" 등과 관련된 관련 인사의 시문집에서 "세칭 팔문장으로 불려졌다"하는 식으로 팔문장으로 언급되고 있는 경우이다.

2. 팔문장, 『선조실록』에 등재

팔문장이 『조선왕조실록』 등 정사(正史)에 정식으로 등장되기는 『선조실록』에서이다.

이를 보자.

① …이순인은 젊었을 적에 이산해(李山海) · 최립(崔岦) · 최경창(崔慶昌) · 백광홍(白光弘) · 윤탁연(尹卓然) · 송익필(宋翼弼) 및 이이(李珥)와 벗이 되어 '팔문장(八文章)'이라고 일컬어졌다.[2)]

② …송익필은 처음에 시명(詩名)이 있어 이산해(李山海) · 최경창(崔慶昌) · 백광홍(白光弘) · 최립(崔岦) · 이순인(李純仁) · 윤탁연(尹卓然) · 하응림(河應臨) 등과 함께 팔문장(八文章)으로 불리었다.[3)]

①의 기사는 '사헌부가 이순인이 시세에 영합한다고 체직을 청하다'라는 제목의 기사에서 나오는 예이다. 이때 이순인을 소개하면서 팔문장을 함께 거론하는데, 여기에 백광홍(白光弘)이 팔문장의 한 사람으로 나온다.

②의 기사는 '송익필 형제의 추문을 형조에 전교하다'는 제목의 기사에 나오는 기사로, 송익필을 팔문장의 한사람으로 소개하면서 여기서도 팔문장 한 사람으로 백광홍이 나온다.

이처럼 조선조 정사(正史)에는 분명히 팔문장으로 백광홍을 칭

---

2) 純仁少與李山海, 崔岦, 崔慶昌, 白光弘, 尹卓然, 宋翼弼及李珥爲友, 號八文章. (『선조수정실록』 '18권, 선조 17년 2월 1일 5번째 기사, 1584년')

3) 翼弼初有詩名, 與李山海, 崔慶昌, 白光弘, 崔岦, 李純仁, 尹卓然, 河應臨等, 號八文章. (『선조수정실록』 '23권, 선조 22년 12월 1일 11번째 기사, 1589년')

하고 있었다. 당대 몇 군데 시문집에서 백광훈과 함께 팔문장으로 거명되기도 했던 구봉 송익필(宋翼弼,1534~1599)의 행장에서도 팔문장은 백광훈이 아닌 백광홍으로 개재하고 있다.

"… (송)익필은 처음에 시명(詩名)이 있었다. 이산해(李山海), 최경창(崔慶昌), 백광홍(白光弘), 최립(崔 岦), 이순인(李純仁), 윤탁(尹擢), 하응림(河應臨) 등을 팔문장(八文章)으로 불렀다."[4)]

그런데 여기서 특기할 점으로, 위에서 처럼 『구봉집』의 행장(조선 중기 이조참판 등을 역임한 이선李選이 기록)에서 백광홍이 팔문장의 한 사람으로 기록되었는데, 이에 반하여 같은 문집인 『구봉집』 '묘갈문'을 쓴 송시열은 팔문장으로 백광홍이 아닌 백광훈을 넣었다는 사실이다. 즉 "(구봉 송익필은) 아우 한재필(韓林弼)과 함께 발탁(發卓)되었다. 이로부터 이름이 알려졌고 … 이산해(李山海), 최경창(崔慶昌), 백광훈(白光勳), 최립(崔岦), 이순인(李純), 윤탁인(尹卓仁), 하응림(河應臨)과 함께 당시 사람들이 팔문장(八文章)이라고 불렀다."[5)]는 내용이 그것이다.

이는 당대 문인들 사이에서도 각자의 생각에 따라 백광홍과 백광훈에 대한 견해가 달랐고(또는 이들 형제에 대한 친분 여하와 이해도에서 혼돈이 있었을 것으로 추정된다.) 이러한 흐름이 아마 세간이나 시단에서도 혼재해 있었던 것으로 추측이 된다.

---

4) 翼弼初有詩名. 與李山海, 崔慶昌, 白光弘, 崔岦, 李純仁, 尹卓然, 河應臨等. 號八文章" (『구봉집』, '龜峯先生集, 卷10, 附錄, 行狀')

5) 與弟翰弼俱發解高等. 自是聲名著聞 … 李山海, 崔慶昌, 白光勳, 崔岦, 李純仁, 尹卓然, 河應臨也. 時人號爲八文章 (『宋子大全』, '卷一, 百七十二, 墓碣, 龜峯先生宋公墓碣')

팔문장 거명의 단초

그런데 앞서 소개한 이순인과 송익필의 팔문장 소개 부문에서 "이순인은 젊었을 적에 … 純仁少與李", "송익필은 처음에 시명(詩名)이 있어 … 翼弼初有詩名"라고 전제되는 내용이 있었다.

이는 이 두 사람이 성인이 되고 문명을 날린 이후에 팔문장으로 불러진 게 아니라 젊었을 적에 문인으로서 탁월한 기재가 있어 팔문장으로 불러졌다는 사실을 말해주고 있다.

이와 관련, 당시 세간에서 불려진 '팔문장' 칭호의 단초를 보여주는 문건이 있다.

이 문건은, 당대 시기적으로 보아 팔문장 칭호 이전에 무이동에서 이율곡이 주도한 팔문장 이름의 전신이라 할 수 있는 '팔문장계(八文章稧)'라고 불리는 동호인 단체 성격의 칭호가 맨 처음으로 사용되고 있었음을 말해주고 있다. 이 팔문장계는 그 이후 세칭 팔문장으로 불러진 시인들 중 옥봉, 고죽, 고담, 구암 등 소위 팔문장의 문인들이 다수가 포함되어 있어, 옥봉 대(代)나 그 이후 일부에서 옥봉 등을 포함시켜 통칭 팔문장으로 부르지 않았을까 추측하게 한다.

'팔문장계'는 고죽 최경창의 『고죽유고』(고죽시집) 후서에 나온다.

"… (고죽은) 어려서부터 옥봉(玉峯) 백광훈(白光勳)과 더불어 즐거이 어울리며 송천(松川) 양응정(梁應鼎,1519~1581)과 청련(靑蓮) 이후백(李後白,1520~1578)의 문하에서 유학하였다. 약관이 아니었을 때, 율곡(栗谷) 이이(李珥,1536~1584) 선생, 구봉(龜峯) 송익필(宋翼弼), 동고(東皐) 최립(崔岦) 등 여러 재자(才子)들과 무이동(武夷洞)

에서 수창(酬唱)하였다. 이 모임을 세칭 '팔문장계(八文章契)'로 불렀다. (팔문장계는 여기서 거명된 이이, 송익필, 최립 등 3인 외에 이 문건에서 빠진 고죽 최경창을 비롯 백광훈, 윤탁연, 이산해, 이순인 등이 포함된 8인의 모임이었다.)[6][7]

상기 글은 『고죽시집』 후서에 나오는 숙종 때 좌의정을 역임한 박세채(朴世采,1631~1695)의 글이다.

여기서 말하는 팔문장계(八文章稧)는 물론 팔문장과 다르다. '팔문장'은 8명의 문인을 하나로 묶어 세칭 불리어진 이름이고, 이들 '팔문장계'는 훗날 명 문장가들로 성장하기 이전 이른바 8명의 예비 문인들(최경창도 약관이 되기 전이었다)의 동호인 같은 성격의 모임으로 불리어진 이름이었다. 그리고 이 모임에는 이율곡도 포함되어 있었는데, 아마 당시 이율곡이 팔문장계의 수장이었을 것으로 추정된다.

이러한 연유로 보아 팔문장계의 예비 명사들이 훗날 명 문장가 된 이후에는 자연스럽게 이들을 중심으로 팔문장이라는 칭호로 불려졌을 것이라고 유추할 수 있다.

---

6) 少與玉峯白光勳. 游學松川梁公, 靑蓮李公之門. 未弱冠. 同栗谷李先生, 龜峯宋翼弼東皐崔岦諸才子. 唱酬于武夷洞. 世號八文章稧. (『고죽유고』 '孤竹詩集後叙, 敍, [朴世采]').

7) 고죽이 이이, 송익필, 최립, 백광훈, 윤탁연, 이산해, 이순인과 함께 무이동에서 수창(酬唱)하며 우의를 맺으니 사림이 '팔문장계(八文章契)'라고 일컫다. 또 松江 鄭澈, 萬竹 徐益 등 명사들과 함께 삼청동에서 노닐어 '이십팔수회(二十八宿會'라 칭해졌다. (『고죽유고』, 행력)

옥봉 백광훈, 팔문장 된 내력

그렇다면 옥봉도 당대 팔문장의 한 사람으로 거명된 근거는 어디 있는가.

기봉이 실록에서 팔문장으로 기록된 것은 1657년에 편찬된 『선조수정실록』에서였다. 그런데 그 실록 이후의 기록이었던 『옥봉별집』에서는 옥봉이 기봉 대신하여 팔문장으로 기록되었다.

> "공(옥봉)은 일찌 큰 이름을 얻었고, 고죽(孤竹) 최경창(崔慶昌), 손곡(蓀谷) 이달(李達), 구봉(龜峯) 송익필(宋翼弼), 이산해(李山海), 최립(崔岦), 이순인(李純仁), 윤탁인(尹卓仁), 하응림(河應臨)과 함께 한때 화려하게 꽃을 피웠다. 이들을 사걸(四傑)[8]이라 일컫기도 하고, 혹은 팔문장(八文章)이라고 말한다.[9]

이 글은 장암(丈巖) 정호(鄭澔,1648~1736)[10]가 쓴 옥봉의 '묘갈문'에 나오는 대목이다.

『옥봉집』의 원집은 1608년에 간행되었으나(이 원집에는 옥봉의 묘갈문이 없었다), 원집 간행시에 누락되었던 시 약간 편을 비

8) 사걸(四傑) : 당(唐)나라 때 시인으로 왕발(王勃) · 양형(揚炯) · 노조린(盧照隣) · 낙빈왕(駱賓王)을 '초당사걸(初唐四傑)'이라고 불렀는데 여기서 차용한 말인 듯싶으나, 당시의 4걸이 누구인지는 밝히지 않았다.

9) 公早有大名. 所與遊如楊蓬萊士彦, 崔孤竹, 蓀谷李達, 宋龜峯翼弼, 李山海, 崔岦, 李純仁, 尹卓然, 河應臨. 皆一時英華. 或稱以四傑. 或謂之八文章."(『玉峯別集』'玉峯集後序, 三下, 附錄, 墓碣銘幷序 烏川鄭澔撰, || 『丈巖先生集』, '卷十七, 墓碣, 玉峯白公墓碣銘 幷序')

10) 정호(鄭澔)는 정철(鄭澈)의 현손으로, 송시열의 문하에서 수학하였다. 예조판서, 이조판서, 우의정, 좌의정, 영의정을 역임했던 당대의 석학이었다. 저서로 『장암집』 26권을 남겼다.

롯, 이이(李珥) · 정철(鄭澈) 등의 만사(挽詞), 수정된 연보, 정철의 현손인 정호(鄭澔)의 묘갈명 등을 포함한 내용의 별집이 추가되며 간행된 때는 1742년이었다. 그러므로 정호의 묘갈문 역시 『선조수정실록』 편찬으로부터 67년이 흐른 뒤에 써진 것이다. 이미 정사에서 기봉을 팔문장으로 기록했음에도 정호는 옥봉 묘갈문에서 옥봉을 팔문장으로 기록한 것이 된다.

이 외에 이순인의 문집을 비롯 몇몇 시인들의 시문집 등에도 옥봉이 팔문장으로 불린다고 나온다. 그중 몇 사람의 문집에 나오는 옥봉과 팔문장 내용을 보면 다음과 같다.

> ① "선생(고담 이순인)은 간이 최립, 구봉 송익필, 고죽 최경창, 옥봉 백광훈, 아계 이산해, 중호 윤탁연과 함께 문장이 뛰어나 황하의 청파(青坡)로 임하듯 군림하니 사관은 이를 팔문장이라 칭한다.[11]
>
> ② 아조 팔문장이다 … 이산해, 최립, 이순인, 송익필, 최경창, 윤탁영, 백광훈, 하응림, 최립 등 … (이들 8인의 성명과 약술의 이력까지 기록했다.)[12]
>
> ③ "…문명(文名)이란 곧 크게 떠들썩한 것이다. 당대 뛰어난 재능을 갖춘 재자(才子)와 같은 사람으로 이산해, 최경창, 송익필, 이순인,

11) 先生與崔簡易岦, 宋龜峯翼弼, 崔孤竹慶昌, 白玉峯光勳, 李鵝溪山海, 尹重湖卓然, 河青坡應臨. 史氏稱八文章. (『孤潭逸稿』 '卷之五, 附錄, 家狀[李鎭玉]')

12) …李山海 汝受 己亥 韓山人 號鵝溪 文科 湖堂 主文 領相 策光國勳 封鵝城府院君 壽■■ / 崔岦 立之 通川人 號簡易堂 文科刑判 壽七十四. /李純仁 伯生 癸巳 全義人 號孤潭 文科 內翰 檢詳 藝文直提學 承旨 策衛聖勳 封全陵君 壽六十. / 宋翼弼 雲長 甲午 礪山人 號龜峯 壽六十六. / 崔慶昌 嘉運 壬寅 海州人號孤竹 文科 府使 有文武全才 年四十五. / 尹卓然 尙仲 戊戌 漆原人 號重湖 文科 內翰 檢詳 戶判 策光國勳 封漆溪君 謚憲敏公 壽五十七. / 白光勳 彰卿 丁酉 海美人 號玉峯 進士 奉 年四十六 / 河應臨 晉州人 號青坡 文科 修撰 年■■ / 崔岦 立之 通川 號簡易堂 文科刑判 壽七十四. (『孤潭逸稿』, '卷四, 附錄, 雜著, 東史八文章')

하응림, 백광훈, 윤탁연으로 이들에겐 팔문장의 칭호가 있다."[13]

④ "… 아조(我朝)에 와서 이산해 · 최경창 · 백광훈 · 최립 · 이순인 · 윤탁연 · 하응림 · 송익필을 당시의 팔문장으로 일컬었다. 이들은 모두 문학이 뛰어났으면서도 서로 표방하지 않았으니, 성세(盛世)의 미담이 되기에 족하다. 그리고 또 송구봉(송익필)은 한미(寒微)한 신분으로도 그 안에 참여했으니 당시의 공론(公論)의 바름과 풍속의 순후함을 알겠다.[14]

위 4건의 예문 이전에 앞에서, 정호(鄭澔), 송시열(宋時烈,1607~1689)도 옥봉을 팔문장으로 기록했다.

기봉 대신 옥봉이 팔문장으로 거명된 이유

위 예문 ①~④까지 보듯 ①, ②의 예문은 팔문장 이순인의 후손인 이진옥(李鎭玉,1765~?)의 기록이고, ③의 『지호집(芝湖集)』은 조선 후기 문인 이선(李選,1631~1692)의 유고집으로 1856년에 간행한 시문집이다. ④의 『창장관전서』는 조선 후기 학자 이덕무(李德懋,1741~1793)의 저술을 모두 모아 엮은 전집이다.

실록에서 기봉을 팔문장으로 기록할 때, 사서는 기봉의 '동지(冬至)' (원본을 궁에서 보관하고 있었을 것이다.)를 비롯하여 기봉에 대한 약간의 시문이며 필사본인 '관서별곡'도 확보하고 있었

13) … 文名卽大噪 與一時才子 李山海 崔慶昌 宋翼弼 李純仁 河應臨 白光勳 尹卓然. 有八文章之稱. (『芝湖集』, '卷 十一, 簡易堂崔公, 최립 行狀')

14) 其所謂七賢者. 皆應浮浪之人也. 我朝則李山海, 崔慶昌, 白光勳, 崔岦, 李純仁, 尹卓然, 河應臨, 宋翼弼. 時號八文章. 此皆文學彬蔚. 亦不自相標榜. 足爲盛世美談. 而以宋龜峯之寒踪. 亦預其中. 亦可見當時公議之正. 風俗之厚也" (『청장관전서』 '제53권, 耳目口心書六')

을 것이다. 그런 이유로 기봉을 팔문장으로 기록하는 데는 큰 무리가 없었을 것이다

그러나 그로부터 세월이 많이 흘렀다. 그러나 기봉의 유고집이 편찬되지 않아, 그 누구도 기봉에 대한 정보며 시문을 확보하지 못하였을 것이다. 더구나 필사본이었을 '관서별곡'도 세월 속에 점차 마손되거나 묻혀졌을 것이다. 정호나 송시열은 당대의 대석학이었다. 그러나 그들도 기봉에 대한 정확한 정보를 당대에 확보하지 못했을 것으로 능히 추측이 된다.

따라서 기봉에 대한 기억이며 그 문명이 잊혀져 있어 기봉 대신으로 옥봉을 팔문장으로 기록할 수밖에 없었던 사정이 있었을 것 같다. 그런 이유 때문에 기봉이 아닌 옥봉을 팔문장으로 기록하지 않을 수 없었을 것이라고 추정된다.

그런데 당초에 팔문장을 기록한 실록은 『선조실록』이 아닌 『선조수정실록』의 기록이어서 생각해 볼 여지를 남긴다.

조선 전기 제14대 왕 선조의 재위 역사를 기록한 『선조실록』을 수정한 실록이 『선조수정실록』이었다. 『선조실록』은 광해군 시대에 북인(北人) 계열의 기자헌(奇自獻) · 이이첨(李爾瞻) 등이 중심이 되어 편찬한 것으로, 당시 서인에 속했던 이이(李珥) · 성혼(成渾) · 박순(朴淳) · 정철(鄭澈) 및 남인(南人) 유성룡(柳成龍) 등에 대해서는 부정적인 시각이 강했다. 이런 연유로 『선조실록』은 북인계 인사들이 퇴진한 이후 북인이 주도한 『선조실록』도 지적과 비판을 당하지 않을 수 없었다. 이에 인조반정(仁祖反正) 후 서인이 정권을 잡으면서 실록 수정을 추진해 편찬한 것이 이른바 『선조수정실록』이었다. 이리하여 『선조수정실록』은 우여곡절 끝에 1657년에 총42권으로 편찬된다.

『수정 선조실록』에서 팔문장 기록이 나오는 이순인, 송익필에 대한 관련 사건 기사에서도, 『선조실록』에서는 팔문장에 대한 소개에서 단 한 줄도 기재되지 않았다. 이순인, 송익필은 이이 등을 추존했던 서인 계열의 인물이었다. 그리하여 수정 실록에서 이순인, 송익필은 그들의 행적도 소개되면서 팔문장으로 소개되기에 이른 것으로 보인다.

다음의 기사 ①은 『선조실록』에 나오는 이순인에 관한 기사로 '시세에 영합했다며, 체직을 청하다'의 기사인데 그 원문에서는 팔문장 건은 단 한 글자도 나오지 않는다. 그런데 『선조수정실록』에 나오는 기사 ②는 같은 사건을 다룬 기사로 날짜만 다르다. (실제로 『선조실록』의 기사와 『선조수정실록』기사의 날짜는 모두 2개월의 차이를 보이고 있다.) 그런데 이 기사에서는 이전의 『선조실록』에서는 없었던 팔문장에 대한 기록이 추가 되어 있다. 이는 팔문장 건을 첨가한 송익필 기록도 마찬가지다.

① 선조실록 18권, 선조 17년 2월 21일 戊辰 1번째 기사 1584년 명 만력(萬曆) 12년

사헌부가 직제학 이순인이 시세에 영합했다며 체직을 청하다

사헌부가 아뢰기를, "직제학(直提學) 이순인(李純仁)은 시세(時勢)에 영합하여 이를 벼슬길에 오르는 매개로 삼았기 때문에 본디 물의(物議)가 많았으니 체직시키소서."하니, 답하기를, "이순인이 무슨 일을 저질렀는가?" 하였다. 회계(回啓)하기를, "순인은 시세를 엿보아 영합하여 용납되기를 바라는 등 마음에 줏대가 없기 때문에 물의가 비루하게 여기고 있습니다."하니, 답하기를, "어떤 사람에게 빌붙었는가? 자세히 회계하라."하였는데, 회계하기를, "물러가서 동료들과 의

논하여 아뢰겠습니다."하였다.[15)]

② 『선조수정실록』 18권, 선조 17년 2월 1일 무신 5번째기사 1584년 명 만력(萬曆) 12년

사헌부가 이순인이 시세에 영합한다고 체직을 청하다

사헌부가 아뢰기를, "직제학 이순인(李純仁)은 시세에 영합하여 승진하려고 했으므로 여론이 그르게 여깁니다. 체직하소서."하니, 답하기를, "이순인이 영합한 것은 어떤 일인가?"하였다. 회계하기를, "이순인은 모든 일에 생소하고 어두우면서도 시세에 영합은 잘합니다. 처음에는 조원(趙瑗)에게 붙었다가 다시 이발(李潑)에게 붙었으며, 이이(李珥)와는 젊었을 때부터 서로 친한 사이였는데 그가 득세하고 못함에 따라 향배를 달리했으니, 그의 행실을 이런 데에서 알 수 있습니다."하니, 상이 이르기를, "이순인은 시강(侍講)한 지 오래되지 않았고 또 어떤 일을 맡지 않았으므로 그가 어떤 사람인지 알 수 없었기 때문에 물었을 뿐이다. 바로 아뢴 대로 하라."하였다.

이순인은 젊었을 적에 이산해(李山海)·최립(崔岦)·최경창(崔慶昌)·백광홍(白光弘)·윤탁연(尹卓然)·송익필(宋翼弼) 및 이이와 벗이 되어 '팔문장(八文章)'이라고 일컬어졌다. 그러나 본래 학식은 없이 시명(詩名)만 있었을 뿐으로 같은 무리 중에서는 가장 못난 인물이었으나 교우들이 훌륭했기 때문에 특별히 등용되었다가 이때에 와서 탄핵을 받은 것이다.[16)]

---

15) 戊辰/司憲府啓:"直提學李純仁, 趨合時好, 以媒進取, 素多物議, 請遞."答曰:"李純仁, 何事耶?"回啓曰:"純仁隨時觀勢, 趨合取容, 搖漾不定, 物議鄙之矣"答曰:"附於何人耶? 仔細回啓."回啓曰:"退與同僚議啓."

16) 司憲府啓曰:"直提學李純仁, 趨合時好, 以媒進取, 物議非之. 請遞職."答曰:"李純仁趨合, 有何事耶?"回啓曰:"純仁生疎迂暗, 善於趨時. 初附趙瑗, 又附李潑. 至於李珥, 乃其自少相善者, 而觀其冷暖, 以爲向背. 其行己, 於此可見矣."上曰:"純仁侍講不久, 又不任事, 予不知其爲人如何, 故問之耳. 卽依啓."純仁少與李山海, 崔岦, 崔慶昌, 白光弘, 尹卓然, 宋翼弼及李珥爲友, 號八文章.

왜 이런 일이 발생할 수 있었을까. 아마도 이순인, 송익필 등 팔문장에 속한 이들 대부분이 이이(李珥) 등 서인들과 깊은 연대가 있었던 문인들이었기 때문으로 풀이할 수밖에 없다.

그런데, 당대 세간에는 팔문장으로 백광훈이 속한다는 소문이 널리 알려졌을 텐데도 수정 실록에서 왜 백광훈 대신 백광홍을 포함시켰을까.

사실상 당대 백광홍은 대단한 시명(詩名)을 날린 문인이었다.

기봉은 28세 때 과거에서 사마양시(司馬兩試)에 급제하였고, 1532년에 대과에 급제하여 홍문관(弘文館) 정자(正子)에 제수되었다. 이후 1553년 영호남 문사들이 한 자리에서 시회(詩會)를 겨뤘을 때 장부 '동지(冬至賦)' 한편으로 장원에 뽑히며 뛰어난 학문과 문예와 함께 그의 문명(文名)을 크게 드날렸다. 그때 상으로 하사받은 선시(選詩) 10책이 지금은 안양면 기양사에 보관되어 있다.[17]

이후 순수 학문연구 기관인 호당(湖堂)에 뽑혔고, 왕의 총애가 두터워 1555년 평안도평사에 제수되며 변방으로 나갔다가 이듬해 가을 병으로 교체되어 귀향하였고 그 해 부안의 처가에서 생을 마감하니 그때 나이가 35세였다.

당대 통칭 팔문장에 거론되던 문인들 대부분이 젊은 나이에 문학적 재질을 인정받아 그리 부르게 된 것과 관련짓는다면, 이미

然本無學識, 但有詩名, 在儕輩最劣, 而以交遊之盛, 被特用, 至是見劾.

17) 백광홍이 하사받은 『선시(選詩)』는 중국 원나라 유리(劉履,1319~1379)가 『문선(文選)』에서 뽑은 시에 일부의 시를 더하여 주석을 첨가하여 만든 책으로 『풍아익(風雅翼)』으로도 불린다. 이 선시는 『선시보주』 8권 7책, 『선시보유(選詩補遺)』 2권 1책, 『선시속편(選詩續編)』 5권 2책 등 15권 10책으로, 420수의 시가 실려 있다. 1442(세종 24)에 처음 간행되었는데, 2010년 10월 25일 보물로 지정되었다.

30세 전후에 영호남 문인들의 시회에서 당당히 장원하며 문명(文名)을 드날린 기봉이야말로 당대 팔문장 이상 가는 윗길의 문인에 속하는 인물일 수 있었을 것이다.

사서들의 경우, 보다 사실 확인에 치중하기 마련이다.

당시 사서들은 팔문장에 대한 정보에서 아마 당대 세간에서 이미 팔문장으로 거명되는 옥봉과 옥봉의 형인 기봉에 대하여 고민하였을 것이다. 그리고 '팔시인(八詩人)'이 아닌, '팔문장(八文章)'이라는 점에 주목하였을 것이다. 기왕에 거명이 된 송익필이나 이순인 등을 포함한 '팔문장(八文章)'에 대한 거명이라는 점도 크게 작용하였을 것이다. 그런데 '삼당(三唐) 시인'으로 불리어진 옥봉은 뛰어난 시인이었을 뿐이다. [그의 전 저작물이 거의 시(詩)에 국한되어 있다.] 그러므로 시(詩) 외의 문장에선 그리 크게 문명을 날리는 일은 거의 없었다고 해도 과언이 아니다.

그러나 기봉은 달랐다. 이미 오언절구나 칠언절구 등 단시(短詩)에도 능했다. 또 장부(長賦)인 '동지(冬至=동지부冬至賦)'로는 영호남 시회에서 장원을 차지할 만큼 문명(文名)을 크게 떨쳤을 뿐만 아니라, 당대에 필사본으로 전해지며 관서지방에서 크게 유행한 '관서별곡'이란 장편 가사도 쓴, 기봉의 그 탁월한 문장을 인정하지 않을 수가 없었을 것이다.

『선조수정실록』 편찬자들인 사서들은 바로 이점에 주목하였을 것이다. 즉 시와 문장에 뛰어나며 탁월한 문학적 성취를 이룬 백광홍에 더 주목하였을 것이라는 점이다. 그리고 당연히 시인으로서 옥봉도 잘 알고 있었을 테지만, 시인에다 탁월한 문장까지 겸비함으로써 옥봉 이상의 문학적인 성취를 보였던 기봉에게 더 후한 평가를 하였을 것이다. 그런 이유 등으로 백광홍을 팔문장의 한 사람으로 기록하였을 것이다.

이리하여 정사에서는 선조대 팔문장으로 기봉 백광홍이 포함된 것으로 정리가 되었을 것으로 추정이 된다.

기봉의 아우 옥봉은 송시(宋詩)의 풍조를 버리고 당시(唐詩)를 따르며 시풍을 혁신하였기에 고죽(孤竹) 최경창(崔慶昌), 손곡(蓀谷) 이달(李達)과 함께 삼당시인(三唐詩人)이라고 불리었다.

옥봉은 삼당시인 가운데 작품 수가 가장 많으며, 제일 먼저 시집이 출간되어 문인들에게 많은 영향을 미쳤다. 또한 그는 16세기 문학을 주도하였다고 평가된다. 그는 우리말의 다양한 어조와 어감, 어기, 어투 그리고 다양한 문맥적 변주의 시상으로 한시 작품을 완성하고자 노력한 시인이었다.

그러나 기봉은 달랐다. 팔문장 등재 이후에도 세간이나 시단(詩壇) 등에서 백광홍의 문명(文名)이 전혀 지속되지 못하고 역대 문인들 간에도 좀처럼 회자되지 못했다. 이는 그가 불운하게도 35세라는 젊은 나이에 숨을 거두며 더 이상의 문학적인 성취를 드러낼 수 없었던 데다 더구나 그의 시문집이 그 사후 350여 년만인 1899년에야 간행, 그동안 3세기 반 이상을 거의 어둠 속에 묻혀 있었기 때문이었을 것이다.

'선조대 연간'에 일각의 세간에서는 옥봉이 팔문장으로 불려졌다.

그러나 조선조 역사의 정사인 실록에서는 기봉을 팔문장으로 등재하였다.

이제 와서 누가 팔문장이었는가 따지는 일 자체가 우스운 일일 것이다. 옥봉은 비록 정사에서는 기록되지 않았지만, 당대 영의정까지 지낸 석학 정호(鄭澔)와 역시 당대 최고의 문장가이며 대석학이었던 송시열(宋時烈)이 팔문장으로 인정했다. 이는 누가 뭐라고 하여도 옥봉 역시 팔문장이었다고 할 수 있다. 조선조 역사에서는 둘 다 팔문장이었던 것이다. 그것을 사서(私書)여서, 또는 정사(正史)여서 하며 가릴 수는 없는 일이 아닌가.

따지고 보면, 기봉 · 옥봉 형제가 다 천재 시인이요 천재 문장가로서 팔문장이었던 것이다. 이는 그만큼 그 형제가 당대에 일군 문학적인 성취가 조선팔도를 울리며 크게, 널리 문명(文名)을 날리는 일이었던 것이다. 이는 또 문학의 고장인 장흥의 명예와 자존을 드높이는 일이었다고 아니할 수 없다.

2. 사후(死後)의 기봉과 옥봉

기봉 백광홍과 옥봉 백광훈은 형제이고 둘 다 조선 팔문장에 들 정도로 천재 시인으로서 문명(文名)을 크게 드날리는 명예를 누렸지만, 사후를 계기로 이 형제 시인은 크게 엇갈린다. 형인 기봉은 35세로 한창 나이에 갑자기 별세한 데다 자손이 크게 번성하지 못해 유고집도 간행되지 못하면서 3세기 반 동안 어둠속에 묻히고 말았지만, 옥봉은 시운을 그런대로 잘 만난 데다 자손도 웬만큼 성세하면서 시문(詩文)도 『최백집』, 『삼당집』에 이어 사후 36년 만에 『옥봉집』이 간행되며 오래도록 시단과 시중에 유포되고 회자되면서 형인 기봉에 비하면 광명천지에서 빛나는 존재로 입지할 수 있었다.

두 형제 시인 사후에 빚어진 과정을 통해 보다 자세히 형제 시인의 엇갈린 그 사후의 운명을 고찰해 보기로 한다.

기봉 · 옥봉의 별세와 장례

기봉의 생전의 행력은 1899년 간행된 『기봉집』 원본에도 연보 등의 이름으로 나와 있지 않았다. 2004년 간행된 『국역 기봉집』 연보(267쪽)에서도 사후 전후의 기록에도, "1556년(34세, 명종 11) 병으로 교체되어 귀향 도중 8월 27일, 부안(扶安)의 처가에서 세상을 뜨다. / 양응정(梁應鼎), 이후백(李後白), 최경창(崔慶昌), 기대승(奇大升), 홍진(洪縝) 등이 만사(挽詞)를 지어 공의 죽음을 애도하다. 기대승이 '유상찬(遺像贊)'을 짓다. / 1808년(순조 8) 기양사(岐陽祠)에 배향하다."고 간략히 나올 뿐이다. 본집 『기봉집』에서 더 할 수 있는 것으로 "용계 운치(부산면)에 장사 지내다." 등이 불과했을 정도였다.

그러나 옥봉의 별세와 장례에 대한 기록은 사뭇 다르다.

옥봉이 별세했을 때 만사며, 제문 등을 지은 사람은 15명에 이른다. 이들의 명단과 글은 『옥봉집』('玉峯別集 玉峯集後序三之下, 附錄')에 수록되어 있다. [18][19]

그리고 옥봉의 장례는 한양과 고향에서 치러졌는데, 이에 대한 장례 절차며 내용이 구체적으로 『옥봉집』('玉峯別集, 附錄, 연보')에 실려 있다.

---

18) 옥봉의 만사(輓詞) : 이조판서 이이(李珥), 이암(頤庵) 송인(宋寅), 전라관찰사 정철, 형조좌랑 정경달(丁景達), 돈녕직장 이의건(李義健), 종성부사 최경창(崔慶昌), 해남현감 임제(林悌), 철원현감 윤기(尹箕), 천유(天維) 양산형(梁山逈), 연서찰방 이충원(李忠元), 홍문관 저작(著作) 이일원(李一元)
옥봉의 제문(祭文) : 연안(延安) 이호민(李好閔), 감찰 안민학(安敏學), 전라관찰사 정철. 순창군수 김천일. (『옥봉집』'玉峯別集 玉峯集後序三之下, 附錄')

19) [15인 만사 중 이이(李珥)의 만사를 대표로 소개한다.] … 이이(李珥)의 만사 : (이제 당신을) 놓아드리는 글을 쓰는 종이에 내가 적는 관작(官爵)입니다 - 눈물을 봉하고 씁니다. 이조판서 이이 原挽紙所書官爵 吏曹判書李珥'
"고상한 성품이 얼음장 술병 같은 가을 달처럼 맑았습니다 雅度澄壺月 / 시(詩)의 깨끗함은 고삐도 재갈도 벗어버렸지요 淸詩脫轡銜 / 명이 다하자 처음 품은 뜻으로 우회해버리셨습니다 命窮違素志 / 말단 관직의 복장을 갖추는 것에 늘 고통당하셨지요 官薄困靑衫 / 여관에 남긴 세상을 떠나며 적은 글 참으로 놀라웠습니다 旅舍驚辭世 / 가을 바람이라 돛은 아직 걸지 않았었습니다. 秋風未掛帆 / 상여 실은 수레 내일이면 출발을 한답니다 靈輀明日發 / 늙은이의 눈물로 남쪽 땅을 온통 적시겠지요 老淚灑天南."

이 장례식의 내용만으로도 생전에 그의 명성이 어떠했는지 능히 유추할 수 있게 해준다.

그 구체적인 기봉의 장례를 살펴보자.

○1582년 46세 : 5월 14일 (한양의) 경저(京邸)에서 병으로 졸하다.

모두 탄식하고 애석해 하지 않을 수 없었다. 이때 이조판서였던 율곡(栗谷) 이이(李珥)가 공의 처남과 (與公內子從弟) 같이 하고 정(鄭) 찰방(察訪)이 함께 운구하며 상례를 주관하였다.

성안의 부의전(賻儀奠 : 부의금)이 모아졌다. 공의 부음은 온 도성을 놀라게 하였다(賻奠傾城焉). (율곡에 이어) 병조판서 류전(柳琠,1531~1589), 공조판서 황림(黃琳,1517~1597), 지사(知事) 이양원(李陽元,1526~1592), 도승지(都承旨) 노직(盧稙,1536~1587), 동부승지 이발(李潑,1544~1591), 사인(舍人) 이산보(李山甫,1539~ 1594)가 장례 절차를 도왔다.

동은(峒隱) 이의건(李義健,1533～1621)은, 정랑(正郎) 김찬선(金纘先,1535～?), 직장(直長) 이종운(李從運,?～?)과 함께, 종7품 직장(直長)이라도 공(公)이 생전 돈독하였던 곳으로 부고(訃告)를 발문(發文)하였다. 사마소(司馬所 : 생원과 진사 향촌기구)는 자체적으로 합격자들에게 또 부고(訃告)를 발문(發文)하였다.

○공(公)의 아들 진남(振南)은 (시골에서 부친상을 당했다.) 분향소(焚香所)를 차리고 상례(喪禮)에 따랐다. 당시 송강(松江) 정철(鄭澈,1536~1593)이 전라도 방백(方伯-營吏, 관찰사)으로 나주(羅州)에 있었다. 이때 중봉(重峯) 조헌(趙憲,1544~1592)이 도사(都事)였다.

(송강은) 부고(訃告)을 듣자, 부의(賻儀)를 먼저 보내고, 곧 급한 발걸음으로 해남 본가(本價) 호상소(護喪所)로 가 상례하고 상례(喪禮)를 주관하였다. (송강은) 분행(奔行)을 기다리며 영산강으로 갔다가 (나주) 성(城) 안까지 이르렀을 때, 길을 가고 있던 공(公)의 사촌형 동계(東溪) 백광성(白光城)을 만나 "여기 나는 그로 하여 세상에 아무

뜻이 없게 되었다. 自此吾其無意於世矣"라고 말하고, 백공에게 거듭 분상(奔喪)의 말을 전하였다.

(이하 사각건에 대한 문답은 생략한다.)

(송강이) 말의 고삐를 잡고 다시 (상가로) 돌아오니, 전라 지역의 연로(沿路)의 역참(驛站) 수령 모두가 부의(賻儀)을 보내왔다. 나주 목사는 유몽정(柳夢鼎,1527~1593)이고 순창 군수는 김천일(金千鎰,1537~1593)인데, 이 둘은 전라도 좌우(左右)를 맡고 있는 사령(司令)들이다. 송강은 이 두 사람을 좌도(左道)와 우도(右道)의 유사(有司)로 정하였다. 그리고 이들 유사(有司)로 하여금 좌우 50여 명의 관원에게 회문(回文)토록 하였다. 좌도(左道) 관원도 모두 부의하도록 하였으며 모든 부의금 및 부의품 등은 순창(淳昌)에서 수납(輸納)하였다. 우도는 나주(羅州)로 부의품 등을 실어다 바쳤다. 이어 유사(有司)에게 관직을 주게 하였으며 그 수량을 합해서 (옥봉의) 본가에 전달하도록 하였다. 벼[米租]와 콩이 넉넉히 각각 10섬(약 3000kg)이 되었다. 기타 다른 물종(物種)도 이와 같았다.

○고담(孤潭) 이순인(李純仁,1533~1592 : 기봉과 절친으로 팔문장이었다.)이 어사로 내려와 참례했다.[20] 이순인은 (장성) 찰방(察訪) 유담(柳湛,?~?), 장성 현감 유영건(柳永健,1535~?)에게 관소(官所)로 출정하라고 하여 전라도를 또 다시 다 돌며 부고(訃告)하도록 하여, 쌀과 콩을 섬으로 거두고 물건도 그에 대등하게 모아 부의하였다.

영암 군수 최경회(崔慶會,1532~1593)는 상가에서 떠날 때 쌀과 콩 그리고 당해에 수확한 빻지 않은 보리를 여러 섬(합하면 1톤)과 잡

20) 고담(孤潭)은 조정 고관 중 옥봉과는 둘도 없는 절친이었다. 1582년 고담은 봄에 응교, 사간이 되었으나 병으로 사직하였고, 이어 장악원 정, 의정부 검상이 되었으나 모두 사직하고 금산의 정사(亭舍)로 내려가 있던 중 옥봉의 별세 소식을 전해들은 것으로 보인다. 사직해 있던 그러한 그가 어사(御使)로 전라도에 급히 내려온 것은 아마 한양으로 올라간 송강 대신 옥봉의 장례를 지원하기 위해서였던 것으로 보인다.

물 등에 이것저것도 그에 해당할 정도를 모아 곧장 해남 본가로 보냈다. 본면(영암군 남면)의 향도(香徒) 400인은 자발적으로 동원되어(起其本面香徒四百人) 고인의 집 풀밭을 정리하고 빈청(殯廳)을 서 주었다(又令立殯廳)

○때는 9월이었다 (공이 사망한 지 4개월이 지난 때였다.) 매장을 하였다. 월출산(月出山)을 남으로 면(面)하여 있는 해림산(海林山)에 정남향[子坐午向]으로 안치되었다. 장례에 참여한 모든 대중들[諸節]이 송강(松江)이 빈번하게 안면이 있는 벼슬아치들을 전송하는 것을 보았다.

○송강(松江)은 조정의 급한 부름을 받은 까닭에 글을 남기고 먼저 상가(喪家)를 떠났는데, 그 글을 요약하자면, "불의에 소환을 명받았다. 장사 지내는 일을 제대로 처리하지 못하였다. 이는 평생의 한(恨)이다. 애통하고 슬프다. 不意遞歸. 未能經理襄事. 此爲平生之恨. 慟悼慟悼云"라고 하였다.[21)22)]

---

21) 1581년 12월 특명으로 전라도 관찰사가 되었던 송강은 이듬해 1582년 9월까지 전라도 관찰사로 재임하던 중 9월에 행도승지(行都承旨)가 되어 한양으로 올라갔고 이 해 12월, 예조참판이 되어 함경도 관찰사가 된다. 아마, 9월 초에 옥봉의 장례를 주관하던 중 행도승지로 제수되어 전라도를 급히 떠날 수밖에 없었던 것으로 보인다.

22) 송강 정철의 만사 (당시 전라관찰사) : "해남의 내해(內海)는 유유해도 막역한 벗이 적었지 海內悠悠知己少 / 그대와 내가 오래전부터 마음으로 친하였던 것을 생각하네 惟君與我夙心親 / 호수와 산이 있는 곳에서 담을 맞대고 살자던 약속을 이루지 못하고는 湖山未遂連墻約 / 저승과 이승이 느닷없이 찾아와 인생 길 가는 사람을 떼어 놓았구려 幽顯翻成隔路人 / 화려한 서울 거리의 흙먼지 바람 속에 치열한 노래를 불렀고 紫陌風塵歌激烈 / 나주 대도시의 비구름 속에선 세상 속에 깃든 쓴맛에 눈물을 흘렸었지 錦城煙雨涕酸辛 / 유고(遺孤)를 내가 맡는 일이 뭐가 어려울꺼냐만 遺孤受托非難事 / 부족한 집안의 덕(德)과 의(義)를 새로이 하는 것을 어찌 도울 수가 있으리오. 奈乏劉家德義新. [옥봉의 시신은 율곡(栗谷) 이이(李珥)가 전주까지 운구를 한 후, 전라관찰사 정철(鄭澈)이 바통을 이어받아 해남까지 운구를 하였는데, 묘지까지 가는 만장(輓章)을 정철(鄭澈)이 남겼다는 것으로 보아,

- 한양의 부상(賻喪)에 대한 통본(通本), 본도의 여러 항목의 통본(通本)을 모두 가문에 보관한다.
- 백광훈의 별세와 장례에 대한 '연보'의 원문을 주에서 소개한다.[23)]

정철(鄭澈)은 묘지까지 따라갔다고 여겨진다.] [*難事(난사) · 곤란한 일 [이 구절에서 옥봉이 맡긴 건 유고(遺孤 고아가 된 자식들)이 아니라 유고(遺稿 : 생전에 남긴 글이였다는 것을 알 수 있다.]

23) 五月十四日. 以疾卒於京邸. 勿論知與不知. 莫不嗟悼痛惜焉. 栗谷李先生. 時爲吏判. 與公內子從弟鄭察訪運治喪. 賻奠傾城焉. 栗谷且與兵判柳洪, 工判黃琳, 知事李陽元, 都承旨盧植, 同副承旨李潑, 舍人李山甫. 發文于同朝. 收合賻米. 李峒隱義健亦以直長. 與正郎金纘先, 直長李從運. 發文於公之情厚處而賻之. 自司馬兩榜. 亦發文於榜中而賻之. 公之子振南自鄕奔喪. 鄭松江時爲本道方伯. 在羅州. 聞訃. 卽以急步. 委致賻儀及慰狀于本家護喪所. 繼以營吏. 候奔行于榮山江. 引入于城內. 所謂公之仲氏 時在行中 曰. 自此吾其無意於世矣. 松江仍言奔喪. 禮不可披髮. 當括髮. 趙重峯 憲. 時爲都事. 同在羅州. 亦言昔年穌齋盧相. 奔父喪時披髮. 退溪先生見之. 亦親括髮. 用四脚巾. 今當用四脚巾. 而括髮而加四脚巾焉. 靷還時. 沿路守令. 莫不致賻. 至於本道. 以羅州牧使柳夢鼎, 淳昌郡守金千鎰. 定爲左右道有司. 使有司回文于左右五十餘官. 皆使之賻喪. 左道官所賻之物. 輸納于淳昌. 右道則輸納于羅州. 因使有司官. 合數轉致于本家. 米租太各累十石. 他物稱是焉. 御使李純仁下來. 亦以參禮察訪柳湛, 長城縣監柳永健. 出定有司. 更爲通文本道. 收合米太等諸物而賻焉. 靈巖郡守崔公慶會別以米太年租麥各累石及雜物等. 直送于本家. 起其本面香徒四百人. 耘喪家田草. 又令立殯廳. 九月. 葬于靈巖南面海林山子坐午向之原. 治葬諸節. 松江頻頻送吏相議. 因忽承召還朝. 有書于喪家. 略曰. 不意遽歸. 未能經理襄事. 此爲平生之恨. 慟悼慟悼云. 京中賻喪通本. 本道諸項通本. 皆家莊焉. 戊申春. 刊詩集. 尹公安性爲本道方伯. 刊行焉. 崇禎甲申後八十年癸卯四月日. 南中多士以公及崔孤竹. 於李青蓮有函丈之義. 配享於青蓮康津書院. 蓋公之建祠之議. 其來久矣. 按一處文字. 長興地金月峯書院之議也. 安牛山謂其發文者宜與白玉峯幷享之意. 通諭多士云. 而今無幷亨事. 未可知也. 厥後道內多士屢倡別建之議. 而以子孫無官. 力未得相役之故. 每未果焉. 至于是年. 康津多士以爲與其無財力未得別建. 毋寧合享于青蓮書院. 呈書于本道方伯. 略得物力以合享. 而旣入于青蓮書院. 則以爲與青蓮有師弟子之誼. 同孤竹而侑焉. 又按牛山語發文者曰. 白玉峯淸風. 有關世敎 . (『玉峯別集』'玉峯集後序三之下, 附錄')

기봉 · 옥봉의 현창

두 분의 사후, 두 분을 현창하는 사업에서도 큰 차이가 난다.

기봉은, 사후 252년만인 1808년(순조 8)에 새로 건립된 기양사(岐陽祠)에 배향되었다, 이때 기봉은 '기산 8현'과 함께 배향되었다.[24)]

기양사가 설립(1808년) 되기 전인 1700여 년대에, 기봉 공의 후인들이 기봉 공의 부친 백세인과 그의 아들 3형제 즉 백광홍, 백광안, 백광훈의 위패를 한곳에 모시고 향사하는 영모재(永慕齋)를 기봉 공 묘소인 장동면 호계리 운치 부근에 세워 해마다 향사해 왔다. 영모재는 이후 2004년 5월, 현재의 위치인 기봉가비 부근(호계리 월만리 255-1번지)으로 이전, 중건됐다. (영모재의 향사일은 양력으로 11월 첫째 주 토요일이다.)

옥봉의 경우, 사후 130년만인 1712년에 옥봉의 5대손이 해남군 옥천면 송산리 129 (송산길 37-9, 지금의 옥산 서실에 위치)에 옥봉사(玉峰祠)를 건립하고, 백광훈을 주벽으로 하여 아들 송호 백진남(白振南,1564~1618)과 무안 백홍남, 백진남의 아들 옥천 백

---

24) 기양사 창건 때는 남계(南溪) 김윤, 서곡(書谷) 임분, 죽곡(竹谷) 임회, 기봉(岐峯) 백광홍, 동계(東溪) 백광성, 풍잠(風岑) 백광안, 옥봉(玉峯) 백광훈, 지천(芷川) 김공희 등 8분 선생의 학덕을 기리기 위해 건립됐다. 당시 장흥 유생 지지재(止止齋) 이상계(1758~1822) 등의 제발로, 조정에 청사소(請祠疏)를 계청(啓請)하고 사림들과 백진항, 백사찬 등 후손들의 진력과 헌성으로 1808년(戊辰 순조 8년) 창건되어 이들 '기산 8현'을 향사해왔다. 1868년(戊辰 고종5) 흥선대원군(李昰應)의 서원 철폐령에 의해 훼철되었다가 1901년에 복설되면서 정신재(靜愼齋) 백장을 비롯하여 정해군(貞海君) 백수장, 사주당(思周堂) 백문린, 석담(石潭) 백한남, 술고당(述古堂) 백민수 등 5위를 추배하고 정신재(靜愼齋) 선생을 주벽으로 하여 13위를 향사해오고 있다.

상빈 4위를 배향하고 춘분 하루 전날 제향을 봉행해 왔다. 그동안 문중에서 춘향제를 지내다가 2012년 옥봉사를 향사우로 지정하여 향교에서 제향을 주관하고 있다.

옥봉사[25]는 옥봉의 유물관과 옥봉 사당 등이 들어서면서 이 일대가 '옥봉서실'로 불리어 왔으며 해남군의 유서 깊은 문학의 명소로 자리매김 되어 오고 있다.

1723년 4월에는, 전라도의 많은 선비들이 옥봉과 최경창이 청련(青蓮) 이후백(李後白,1520~1578)에게 함께 시문을 배운 사이라고 하여, 강진 '청련서원(青蓮書院)'에 옥봉을 고죽 최경장과 함께 배향하였다.

해남군은 1981년 옥봉사가 화재로 소실됨에 따라 기존 옥봉사(玉峰祠) 터에 옥봉사당과 옥봉유물관을 지었다. 이후 옥봉 관련 유물은 유물관에 진열, 보관해 오고 있으며 옥봉사당에서는 해마다 제를 지내오고 있다.

기봉 · 옥봉의 유고집

유고집 간행 건도 크게 비교가 된다.

기봉의 경우, '관서별곡'과 기봉이 최경창 부채에 써준 '제최고죽선(題崔孤竹扇)'시 1편 정도만 필사된 채 관서 등지에서 기녀들을 통해 전해지며 기녀들이 즐겨 창(唱)했을 정도였다. 그러나 그

25) 해남군은 1981년 옥봉사가 화재로 소실됨에 따라 기존 옥봉사(玉峰祠) 터에 옥봉사당과 옥봉유물관을 지었다. 이후 옥봉 관련 유물은 유물관에 진열, 보관해 오고 있으며 옥봉사당에서는 해마다 제를 지내오고 있다. 1991년에는 옥봉 관련 유물이 전라남도 유형문화재(제181호-1991. 07. 19.)로 지정되었다. 옥봉 백광훈의 유물 9종 113점이 '옥산서실 소장품일괄'이라는 명칭으로 지난 1991년 7월 19일 전라남도 유형문화재 181호에 등록되었다.

것도 기봉 사후 50여 년까지는 널리 회자되며 창해졌을 테지만(가사작가 조우인 확인), 그 이후 세월이 흐르면서 그마저 점차 잊혀져갔고, 아마 그로부터 몇 십 년 후쯤에는 거의 자취를 감추고 말았다고 해야 옳을 것이다. 그럼에도 불구하고 일부 필사본이 잡가 형태로 현대까지 유전되며 일부에서 전송된 것으로 김동욱에 의해 확인되었다. (김동욱, '관서별곡의 고이(考異)', 『국어국문학』, 제30호)

기봉의 유고집인 『기봉집』이 간행된 것은 사후 343년만이던 1899년이었다. 그러나 그마저 『기봉집』에 실린 기봉의 시문은 시운을 잘못 만나며 연이어진 한일합방, 일제강점기, 해방정국, 한국동란 등을 맞닥뜨린 데다 본격적인 한글화 시대까지 겹쳐 다시 어둠 속으로 침잠해 들어갈 수밖에 없었다.

그러던 중에, 이상보(李相寶) 박사가 1961년 장흥의 수원백씨 기봉공파 종가에서 1899년에 간행된 『기봉집(岐峯集)』 초간본을 발굴하였고, 1963년 '관서별곡'을 분석하며 평가한 '관서별곡 연구'(『국어국문학』 제26호, 국어국문학회,1963)라는 논문을 발표하면서 가사 작가 백광홍과 장편 기행가사 '관서별곡'이 기지개를 켜고 환한 세상 밖으로 튀어 나오게 된 것이다.

또한 그때서야 비로소, 초간본 『기본집』에 실린 150여 편의 시문은 물론 홍직필(洪直弼)의 서(序)의 서문, 백사근(白師謹) 찬(撰)의 서문, 홍직필 찬의 묘갈명(墓碣名), 기우만(奇宇萬) · 백후진(白厚鎭) · 백채인(白采寅) · 백의인(白義寅)의 발문(跋文) 등까지 수록되면서 기봉 백광홍의 생애와 인품, 사상 등이 제대로 조명받을 수 있게 된 것이다.

그러므로 기봉이 사후, 오랜 침묵의 잠에서 깨어나며 그 진면목

을 보여주기 시작한 것은 고작 반세기에 불과하다고 할 수 있을 것이다.[26)]

그렇다면 옥봉은 어떠했는가.

애초부터 달랐다. 46세까지 살며 최소한 문학의 절정기를 보냈고, 공의 작품이 모두 시문(詩文)으로 문림 · 사림에 많이 알려졌던 데다, '삼당시인'이라는 명예까지 겹쳐지며 당대의 시단이나 조야가 주목하는 대시인이었다. 특히 공의 사후(死後)를 전후로 공의 시문이 곧바로 『최백집』(1583년~1592년 사이 간행 추정) 발간에 이어, 최백호 · 백광홍 · 손곡 등 '삼당시인'[27)]의 시를 합한

---

26) 전적으로 기봉의 현창사업은 아니지만, 기봉과 관련 있는 사업으로,1997년 10월 25일, 장흥군 · 장흥향토사연구회에서 기봉 백광홍을 위시한 장흥 가사문학을 조명한 『장흥 가사문학』(김석중 편저, 백수인 감수, 시와사람 간)을 출간하였으며, 2009년 4월 26일 '참 살기좋은마을 기산마을추진의원회(이장 백광철)에서 백광홍, 백광안, 백광훈, 백광성 등 기산팔현의 시문집 『기산문집』을 발간했다.

27) 고죽 최경창(1539~1583), 옥봉 백광훈(1537~1582), 손곡 이달(1539~1612) 3인은 중종, 선조 대에 걸쳐 활동했던 시인으로 이들 셋을 '삼당시인(三唐詩人)' 또는 이들의 시를 '삼당시(三唐詩)'라 했다. '삼당'이라는 명칭은 임상원(任相元)이 『손곡집 蓀谷集』의 서(序)에서 이들 세 사람 문집을 합간(合刊)하여 삼당집(三唐集)이라 하였다는 기록에서부터 비롯되었다. 이후 신위(申緯)가 '동인논시절구 東人論詩絶句'에서 다시 "재천삼당최백이(才擅三唐崔白李)"라 하였고, 삼당시인(三唐詩人)으로 합칭(合稱)하지는 않았지만 이들 세 시인을 한 그룹으로 파악하려는 흐름도 있었다. 허균(許筠)이 대표적이었다. 허균은 『학산초담(鶴山樵談)』에서 "융경(隆慶,1567~1572), 만력(萬曆,1573~1620) 연간에 고죽(孤竹) 최경창(崔慶昌) · 옥봉(玉峯) 백광훈(白光勳) · 손곡(蓀谷) 이달(李達) 등이 비로소 개원(開元) 연간(713~741, 곧 盛唐 시기)의 시를 배우고 정화를 이루기에 힘써 옛사람의 경지에 이르고자 하였다. … 이로부터 학자들이 당풍(唐風)이 있음을 알게 되었으니 세 사람의 공을 또한 덮어 둘 수는 없다 隆慶萬曆間, 崔嘉運白彰卿李益之輩, 始政開元之學, 黽勉精華, 欲逮古人. …由是學者知有唐風, 則三人之功, 亦不可掩矣"고 했다. (『성소부부고(惺所覆瓿藁)』, '권26. 학산초

『삼당집』[28]이 발간되며 유포되었고, 공의 유고집인 『옥복집』도 사후 36년만에 간행되어, 당시 시단이나 조야에 널리 유포될 수 있었다.

'유문집' 발간 사업에서도 현격한 차이가 난다.

백광훈 공의 사후 26년인 1608년에 『옥봉집』이 간행되었다. 공의 아들 백진남이 전라감사 의관(宜觀) 윤안성(尹安性, 1542~1615)의 지원으로 출간될 수 있었다.[29]

그런데 사실은 『옥봉집』 출간 이전부터 옥봉의 시문은 『삼당집(三唐集)』과 『최백집(崔白集)』을 통해 이미 옥봉 사후를 전후로

담鶴山樵談')

28) 삼당집이 간행되었다는 기록은 임상원(林相元)의 '손곡집서(蓀谷集序'에 실려 있다. "… 선조 연간에 이르러 『삼당집(三唐集)』이라 불리는 것이 있었는데 [이들 세 사람의 문집을 합간(合刊)한 삼당집(三唐集)이 있었다], 이들 3인은, 고죽(孤竹) 최경창(崔慶昌) · 옥봉(玉峯) 백광훈(白光勳) · 손곡(蓀谷) 이달(李達)이었다. 이 세 사람은 힘써 당(唐)을 모의하여 간혹 아주 비슷한 것이 있었다. … 當穆陵朝, 有稱三唐集者, 崔孤竹慶昌, 白玉峯光勳, 李蓀谷達也. 是三子者, 刻意摹唐, 間有他相肖者…." (『恬軒集』, '卷之三十, 雜著, 蓀谷集跋')

29) 『옥봉집』 간행에는 사연이 좀 있다. 『최백집』이 간행 된 이후 임진왜란으로 산일되고 남은 공의 유고를 아들 백진남이 '옥봉유고玉峯遺稿)'라는 이름으로 수집, 편차하였다. 해남 출신 문신 윤광계(尹光啓,1559~1619)의 '후서(後序)'에 "이 시집이 도성에 머무는 몇 년 간 대수필(大手筆)이라 불리던 명공들까지 보고 감동하지 않는 이가 없어 널리 유포시키고자 했으나 (간행하지) 하지 못한 지 오래되었다. 由是集留于京師凡幾年. 名公鉅人. 雖平日號爲大手筆者. 亦莫不目及而心動. 思欲廣其布. 而未能者且久. 而未能者且久"라는 글로 보아 비교적 일찍 편차되어 간행의 기회를 엿보고 있었던 차에 왕명으로 동국시문(東國詩文)을 선집(撰集)하던 이정구(李廷龜,1564~1635)가 '옥봉유고'를 보고 호남 관찰사로 나가는 문신 윤안성(尹安性,1542~1615)에게 『옥봉집』 간행을 권유하였고, 윤만성의 지원으로 백진남이 상중하 3권과 보유로 편차된 유고를 선사하여 1608년 호남에서 목판으로 간행할 수 있었다.

시중에 많이 유포되어 많은 문인이나 일반인들에게 널리 회자되고 있었다. 즉 당대에 『옥봉집』(초간본 : 1608년 출간) 『고죽집』(초간본 : 1683년 출간) 출간 이전에 이미 『최백집(崔白集)』이 간행되어 있었다.

옥봉은 손곡(蓀谷) 이달(李達,1539~1612), 고죽(孤竹) 최경창(崔慶昌,1539~1583)과 함께 삼당시인(三唐詩人)으로 불리었는데 특히 최경창과는 생몰 시기도 거의 같고 교유도 깊었다. 당대 조선 시단의 맹주는 '최백(崔白)'이라고 병칭되었을 정도였다. 이들 사후에 시우(詩友)였던 제봉(霽峯) 고경명(高敬命,1533~1592)에 의해 두 사람의 시를 합간하자는 의논이 추진되어 결국 일각의 반대도 불구하고 고경명의 주도 아래 『최백집』이라는 두 시인의 합본 시집이 간행되었다. 그 간행 시기는 두 사람의 몰연(沒年)인 1583년부터 고경명이 별세하기 전인 1592년 전으로 추정된다. 이는, 『고죽집』에 "최백집(崔白集)에서는 백씨(白氏 : 백광홍)의 시로 되어 있다."라거나 "최백집(崔白集)에서 얻은 것이다."라고 하는 『고죽집』 편자의 주(註) 등의 내용을 비롯해, 민인백(閔仁伯)[30]의 『태촌집(苔泉集)』 척언(摭言)[31]에서, "근래에 최백집(崔白集)이 세상에 행해졌다"[32]라는 기록, 정홍명(鄭

---

30) 민인백(閔仁伯,1552~1626) : 본관은 여흥(驪興). 자는 백춘(伯春), 호는 태천(苔泉). 조선 중기에, 진안현감, 황주목사, 지중추부사 등을 역임한 문신이다. 저서로 『태천집』이 있다.

31) 척언(摭言) : 전통적인 필기의 양식적 특성을 따르면서도 주로 인물과 사건에 대한 사실적 기록을 지향하는 '야사류 (野史類) 필기'의 성격이 강한 저술 방식을 가르킨다.

32) "近有崔白集行于世"(『태천집』' 卷四, 摭言, 白光勳工詞翰')

弘溟)[33]의 시제 중 '『최백집』을 읽고 讀崔白集'[34]라는 데서도 확인이 된다.

기봉과 옥봉의 사후 그들의 시문이 세상에 알려진 상황도 이처럼 큰 차이가 난다. 한 마디로 기봉은 사후 온전히 어둠속에 갇혀 있었다면, 옥봉은 광명천지에서 빛나던 존재로 저립해 있었다고 표현할 만했다.

기봉 · 옥봉의 유물

기봉이 남긴 유물은 없다. 흔히 남겨질 법한 서체며 필적 한 점도 없다. 그나마 다행인 것은, 1553년(명종 8년) 시부회(時賦會)에서 전국의 기라성 같은 대가들을 제치고 '동지부(冬至賦)'라는 작품으로 장원을 차지하였고, 이때 명종으로부터 『선시(選詩)』(10권)을 상으로 받았는데 이 『선시』(10권)[35]은 기봉의 장흥 생가

33) 정홍명(鄭弘溟,1582~1650) : 본관은 영일(迎日)이며, 자는 자용(子容), 호는 기암(畸庵), 기옹(畸翁), 삼치(三癡)이다. 송강 정철(鄭澈)의 넷째 아들이다. 일찍이 부모를 모두 여의었으나 구봉 송익필과 우계 성혼의 문하에 출입하며 글과 학문을 수학하였고, 뒤에는 두 스승의 수제자인 사계 김장생의 문인이 되어 수학하였다. 저서로 『기암집』, 『기옹만필』 등이 있다. 1616년(광해군 8년) 문과에 급제하였으나 북인의 견제를 받자 관직을 사퇴했다. 인조반정 이후 재출사하여 군수, 대사성 등을 역임했으나 정묘호란 이후 은거하였다. 병자호란 때는 의병을 조직하여 청 나라군과 교전했고, 뒤이어 암양군수로 부임하였으나 1646년 은퇴하였다.

34) "최백집을 읽고 讀崔白集 : 이공(二公)의 재능과 조리(調理)는 세상에서는 어렵다 / 언어로 사람을 놀라게 하는 일은 쉬운 일은 아니다 / 고신하며 읊조리는 일로 (내가) 무슨 일을 이루겠는가 / 적막하게 시집(최백집)과 함께 오랫동안 머물고 머무른다. 二公才調世難侔. 語到驚人亦可休. 辛苦吟哦成底事. 寂寥詩卷漫長留." (『기암집』'권8, 七言絶句, 289수')

35) 『선시』 10권 : 장흥의 기양사(岐陽祠)에 소장되어 있는 『선시보주』 등의 시

(종가)에 아직도 현존하고 있어, 기봉의 유일한 유물이 되고 있을 뿐이다.[36)]

옥봉은 많은 유물을 남겼다. 이들 유물은 해남군 옥천면 송산리 129[송산길 37-9]의 '옥산서실' 유물관에 소장되어 있는데, 이들 유물 9종 113점이 '옥산서실 소장품 일괄'이라는 명칭으로 지난 1991년 7월 19일 전라남도 유형문화재 181호에 등록되었다. 유형문화재로 지정받은 옥보 유물들은 백광훈과 그의 아들 백진남(白振南) 등의 후손들과 연관된 유품이다. 소장 유물 중『옥봉집(玉峰集)』은 옥봉의 시문을 모아 간행한 유물이고, '가장필적(家藏筆蹟)'은 백광홍, 백진남 등이 백씨 문중과 교류한 인물들의 필적을 모아 뽑은 것이다.『장춘동수창록(長春洞酬唱錄)』은 당시 문장가들과 학자 · 관인들이 주고받은 글을 엮은 것으로 박순 · 정철 · 최경창 · 임제 · 김천일 등이 참여한 수창록이다.

집이다.『선시(選詩)』는 중국 원나라의 유리(劉履,1319~1379)가『문선(文選)』에서 뽑은 시에 일부의 시를 더하여 주석을 첨가하여 만든 책으로『풍아익(風雅翼)』으로도 불린다. 이『선시』는『선시보주』 8권 7책,『선시보유(選詩補遺)』 2권 1책,『선시속편(選詩續編)』 5권 2책 등 15권 10책으로, 420수의 시가 실려 있다. 1442(세종 24)에 처음 간행되었으며, 1553년(명종 8)경에 다시 간행하여 백광홍에게 하사한 책이다. 2010년 10월 25일 보물로 지정되었다. 초주갑인자본(初鑄甲寅字本)으로 찍은 완질 10책으로 국내에서 유일하게 모두 갖추어져 있다. 수록 시의 내용이나 서지적 측면에서 매우 귀중한 전적이다.

36) 기봉의 유물과 관련하여 하나의 설이 전해진다. 기봉의 사후, 아들 붕남이 부안으로 가 어버지 시신과 유품을 짊어지고 기산리 본가로 가기 전에 아버지 장례를 의논하기 위해 먼저 해남 옥천의 송산리 숙부(백광훈) 집을 찾아갔다. 이때 붕남의 나이는 15세였다. 이때 송산가에서 기봉의 시문 등 유품 대부분을 챙기고 붕남을 거의 맨몸으로 시신과 함께 장흥 본가로 보냈다고 한다. 해남 송산리 옥봉 유물관에는 기봉의 유물 상당수가 보관되어 있다고 한다.(백광칠 씨 등 증언)

'영여(靈輿)'는 백광훈이 세상을 뜨자 선조 임금이 내려 보낸 옥봉의 시신을 실은 가마로 옥봉 서실에 보존되어 있다. 이 영여는 한양에서부터 해남까지 반장(返葬)해온 것으로 전해진다. 당시 운반 책임자는 율곡 이이가 한양에서 전주까지, 전주에서 해남까지는 송강 정철이 맡았다.

이들 소장 유물들은 1981년에 건립된 옥봉유물관에 진열, 보관되어 있으며, 이들 유물은 수원백씨 옥봉공파 문중에서 소장하고 있다.

글을 마치며

현대에 이르러 기봉 백광홍의 시문이 이상보 박사에 의해 만천하에 드러나기 전까지 4세기 동안 백광홍이라는 이름과 그의 시문은 어둠속에 잠들어 있었다. 그에 비해 옥봉 백광훈은 그의 이름과 시문이 당대에서는 물론 그의 사후에도 계속 이어지고 전파되며 당대의 조야와 시단은 물론 일반인들에게까지 고루 읊어지고 회자되며 오래도록 조선의 빛나는 성좌가 되어 왔다.

당대 정사에서는 형인 기봉이 그러한 아우 옥봉 보다 높이 평가되어 『조선왕조실록』 선조 22년 12월 1일 기사에서 송익필(宋翼弼) · 이산해(李山海) 등과 함께 당대를 대표하는 8문장의 한 사람으로 거명될 정도였다.

그런데 35세의 한창 나이에 세상을 뜬 데다, 사후에 작품도 온전히 수습되거나 간행되지 못하면서 조선 문학사에서 완전히 잊혀진 존재가 되었다. 아우 백광훈(白光勳)의 시명(詩名)이 워낙 쟁쟁했던 데 비해, 정작 기봉의 시문은 대부분 일실되며 간행의 기회조차 갖지 못했기 때문이다. 그의 시문집 간행도 사후 343년이 지난 1899년에야 이루어져, 3세기 반 동안 그의 시문을 그 누구도 접할 기회가 없었기 때문이다.

기봉이 가신 지 4세기 반. 이제부터라도 저 하늘 어딘가에서 안타까이 세상을 굽어 볼 기봉 시인의 영혼을 생각한다. 이제는 그분의 영혼이, 그분의 위명이 하늘에 찬연히 빛나는 성좌로 떠 있을 수 있도록 만들 때인 것이다.

3. 기봉 백광홍의 가계와 상계(上系)

1. 백광홍의 가계(家系)

(1)

공(백광홍)은 관향이 수원(水原)이다. … (공의 선조는) 사옹원직장(司饔院直長)을 지내고 참판(參判)에 추증된 휘 회(繪)에 이르러 비로소 장흥(長興)으로 옮겨왔다. 증조는 휘가 맹춘(孟春)이고, 조부는 휘가 문기(文祺)이니, 두 분 모두 진사(進士)이다. 아버지는 휘가 세인(世仁)으로 부사과(副司果)를 지냈다. 호는 삼옥당(三玉堂)이다. 학행(學行)이 고을에서 으뜸이었다. 광산김씨 첨정(僉正) 광통(廣通)의 따님과 결혼하여 장흥 기산리(岐山里) 집에서 공을 낳았다.[37]

(2)

공(백광훈)의 앞 세대는 수원에서 나왔다. 고려 때의 시중(侍中)이었던 상장군(上將軍) 백경신(白景臣)이 그 먼 조상이고 백장(白莊, 1342~1415)은 이조(吏曹) 판서(判書)에 이르렀지만 충남 서산의 해미(海美)에 유배되자 자손들이 살기가 어려워졌다. 그 탓에 해미(海美)가 본관이 되기도 하였다. 4대조는 사옹원(司饔院)의 종7품 직장(直長)이나 죽은 후 호조(戶曹) 참판(參判)에 추증된 백회(白繪)이

37) 公系出水原, 以高麗侍中景臣爲遠祖. 至實文閣大提學靜愼齊諱莊, 入 本朝不仕, 謫海美. 子孫仍居, 故亦稱海美人. 至可饔院直長 贈參判諱繪, 始移長興. 曾祖諱孟春, 祖諱文麒, 俱進士. 考諱世仁, 副可果. 號三玉堂. 學行爲鄕隣所宗. 娶光山金氏僉正廣通女, 擧公子長興岐山里.

고 그때부터 장흥 기산리(岐山里)에 살았다.

3대조의 이름은 백맹춘(白孟春)이고 할아버지의 이름은 백문기(白文麒)다. 두 분 모두 진사(進士)였다. 먼저 돌아간 아버지 백세인(白世仁,1500~1573)은 무관(武官) 종5품 부사과(副司果)로 학식이 있었고 그 지방의 어른이었다.[38]

위 글 (1)은 홍직필의 백광홍 묘갈명 병서(墓碣銘 幷序)의 서두에 나오는 기봉의 가계 일부와 상계 일부를 설하고 있는 내용이다. (2)는 정철의 후손으로 영의정을 지낸 오천(烏川) 정호(鄭澔, 1648~1736)[39]가 쓴 백광홍의 아우 백광훈의 묘갈명의 후반부에

38) 公之先 出於水原 高麗侍中 上將軍景臣其遠祖也 至吏曹判書諱莊 謫海美 子孫困家焉 故亦稱海美人高祖司饔直長 贈戶曹參判諱繪 始居長興岐山里 曾祖諱孟春 祖諱文麒 (皆進士 考諱世 副司果有學行)鄕邑長之 (『옥봉집』‘墓碣銘 幷序, 烏川鄭澔撰’)

39) 정호(鄭澔,1648~1736) : 본관은 연일(延日). 자는 중순(仲淳), 호는 장암(丈巖). 정철(鄭澈)의 현손으로 우의정, 좌의정, 영의정 등을 역임한 문신이다. 송시열(宋時烈)의 문하로 매우 촉망받았으며, 1675년(숙종 1) 송시열이 귀양가게 되자 과거를 단념하고 성리학(性理學)에 힘썼다. 그 뒤 여러 형제의 권유로 1682년 진사가 되고, 1684년 정시문과에 병과로 급제하여 검열을 거쳐 정언이 되자, 오도일(吳道一)이 붕당을 키우고 권세를 부린다고 탄핵하였다. 1689년 기사환국으로 인현왕후(仁顯王后)가 폐출되고 송시열이 사사(賜死)당하자, 그는 파직되고 문외출송(門外黜送) 당했다가 경성에 유배되었다. 1721년(경종 1) 실록청총재관(實錄廳摠裁官)으로 『숙종실록』의 편찬에 참여하다가 신임 사화로 노론 4대신과 함께 파직되어 강진으로 유배되었다. (이때 옥봉의 묘갈명을 지었다.) 노론의 재집권으로 풀려나와 우의정에 승진되어 신임사화로 죽은 노론 4대신의 신원(伸寃)주3을 누차 상소했으며, 좌의정을 거쳐 영의정이 되었다. 1727년 정미환국으로 관직에서 물러났다. 1729년 기로소(耆老所)에 들어갔으며, 영중추부사로 죽었다. 일생을 노론의 선봉으로 활약했으며 늘 가난하게 지냈다 한다. 시문과 글씨에 모두 솜씨가 있었다. 충주의 누암서원(樓巖書院)에 제향되었다. 저서로 『장암집』 26권이 전해지고, 편서로 『문의통고(文義通攷)』가 있다. 시호는 문경(文敬)

나오는 백광훈의 상계 내용이다.

기봉 공의 상계를 더 들여다 볼 필요가 있다.

기봉 공의 상계를 더 들여다 볼 필요가 있다. 기산리의 수원백씨 내력을 보면, 백장(白莊)의 동생 백회[白薈(繪)]가 보성(甫城) 현감을 지내고 장흥으로 남하해 장흥 기산리에서 정신재공파(靜愼齋公派) 집성촌의 터를 잡으면서 장흥 수원백씨 가문이 일취월장 성세하게 된 것으로 알려지고 있다. [수원백씨 시조는 송계공(松溪公) 우경宇經)이다.[40)]

백회에겐 두 아들이 있었다. 진사 백맹춘(白孟春)과 현감 백맹하(白孟夏)였다. 백맹춘 아들로 진사였던 백문기(白文麒) 대에서 백세인(白世仁) · 백세의(白世義) · 백세례(白世禮) 3형제로 이어졌다. 여기서 첫째 백세인에서 백광홍 · 백광안 · 백광훈 3형제가,

---

이다.

40) 백우경(白宇經) : 본명은 우경(宇經), 자는 경천(擎天), 호는 송계(松溪). 시(諡)는 문경공(文景公). 『백씨대동보(白氏大同譜)』에 따르면, 백우경(白宇經)은 중국 고대의 전설 속의 황제(黃帝) 헌원씨(軒轅氏) 16세손 백을병(白乙丙)의 후손으로 중국 소주(蘇州) 출신이다. 당(唐) 나라에서 첨의사(僉議事)와 이부상서(吏部尙書)에 이르렀으나 간신(奸臣)들의 모함을 받아 780년(신라 선덕왕 1년) 신라로 건너왔다. 이조 초기 황공희(黃公喜)의 『영락보』 서문에는 "위지대상(位至大相)"이라고 명기 돼 있고 백씨 대동보(己亥大同譜)의 망단비(望壇碑)에 "신라 때 벼슬이 좌복야사공대사도(左僕射司空大司徒)에 이르렀다."라고 기록돼 있다. 공은 계림(鷄林) 자옥산하(紫玉山下)에 영월당 만세암(迎月堂-萬歲菴)을 짓고 거처하였다. 선덕왕이 왕림, 암자의 이름을 '정혜사(淨惠寺)라 개명하고 영월당의 현판에 '경춘(景春)'이라 쓰고 사운시(四韻詩)를 하사하니, 이를 각자하여 걸었다고 한다. 당의 황제가 누차 불렀으나 공은 끝내 응하지 않고 영월당에서 후학들의 교학에 전념하다가 향년 73세로 서거하였디, 공의 묘는 경주시 안강읍 옥산남록(玉山南麓))에 있으며, 시향일은 매년 5월 첫째주 토요일에 묘 밑의 영월당 재실에서 향사하고 있다. (백광철 씨 자료 제공)

셋째 백세례에서 백광성(白光城) 등 6형제 [백광성(白光星)·백광위(白光衛)·백광정(白光晶)·백광린(白光麟)·백광문(白光門)·백광무(白光茂)]로 이어진다.[41]

백회의 또 다른 아들 현감 백맹하(白孟夏)의 아들이 바로 정해군(貞海君) 백수장(白壽長,1469~1543)이다. 백수장은 안양면 동촌에서 세거하여 동촌에서도 많은 백씨 인물 군이 배출되는 계기가 되는데, 정해군 백수장은 백세례의 종숙(從叔)이었다.

기봉 백광홍의 가계

백광홍의 부친 세인(世仁)의 자는 원중(元中). 호는 삼옥당(三玉堂)으로 1500년(연산군 6년)에 출생하여, 22세 때인 1522년(중종 17)에 기봉을 낳고 1573년(선조 6) 향년 73세로 졸하였다. 기봉의 졸 후 17년만이었다. 기봉의 모친 광산김씨는 훈련원 첨정 김광통(金廣通)의 딸로 1503년(연산군 9) 출생하여 1545년(인종 원년) 정월 11에 졸하였으니 향년 43세였다. 장남 기봉이 23세 때였다.

세인(世仁) 공은 3남 2녀를 두었다. 3남은 백광홍·백광안·백광훈이었다.

백광홍은 청주김씨(訓導 金夢寅의 女)와 부안김씨(監役 金世柱의 女) 2부인이 있었고, 둘째 부안김씨와 사이에 1남 백붕남[白鵬南: 며느리 조한백(曺漢伯)의 女], 1녀[사위 선봉장(宣鳳章)]를 두었다.

---

41) 백세례 아들 백광린(白光麟) 대에서 두 형제 백양진(白良進)·백성진(白誠進)으로 갈라지고, 백양진(白良進) 가계에서 오늘날 월평리 기업인 백도인, 동계리 조선대 명예교수 백수인 가계로 이어졌고, 백성진(白誠進) 대에서 오늘날 전남대 교수 백영홍, 장흥 감초약국 백남수, 기산리 백광철 군의원 가계로 이어졌다.

그런데 아들 붕남이 16세 때 기봉이 별세하며, 자식들에 대한 후사가 막막해졌다.

장희구 · 김성기 등은 이에 대해 "기봉의 요절 후 그의 후사(後嗣)인 붕남과 그의 누이는 숙부(옥봉)의 도움으로 옥천의 집에서 자라고 입장하여 성가하였다."고 주장하였다.[42)43)].

그러나 이러한 주장에 대한 확실한 근거는 없다. 옥봉 가에서 기봉의 아들 붕남과 누이의 성가(혼인)를 시켰다면 옥봉의 아들 백진남의 일이기도 했을 텐데, 백진남의 묘갈문 등 모든 사적(史的) 기록 등에서 이에 대한 내용은 없다. 다만, 백진남의 묘갈명에 "…송호(松湖) 공(公)의 큰아버지인 백광홍(白光弘)의 딸 친사촌 누이동생의 아들인 선세휘(宣世徽,1582-?미상)가 과시에서 장원급제를 하여 집으로 돌아와 송호(松湖) 공(公)을 배알하러 오자 송호(松湖) 공(公)은 문을 닫고 받아들이지 않았다. 公之從妹子 宣世徽 卽其一也 得魁科 歸謁公 公閉門不納 "(『장암집丈巖集』 '松湖白公墓碣銘 并序')는 기록만 있을 뿐이다. 다만, 당시의 사정으로 보아, 옥봉이 기봉 형의 후사에 대해, 책임감으로 많은 정신적 · 물질적인 지원을 해 주었을 것으로 여겨진다.

'수원백씨세보'에 의하면, 기봉의 아들 붕남은 선봉장(宣鳳章)의 여식과 결혼하여 효증(孝曾) · 효준(孝俊) · 서자(庶子) 생미(生美) 3남을 두었고 또 장손 효증은 유영(惟英) · 유열(惟悅) · 유근(惟謹) 3남을 두었으니, 후손(후대)이 계속 이어진 것으로 확인된다.

그러나 기봉의 직계손 중에 크게 현달한 이는 이어지지 못한 것으로 추정이 된다. 그나마 후손 가운데 풍잠의 8대손 백만영(白萬

42) 장희구, '기봉 백광홍의 시문학 연구', 박사학위 논문, 59쪽.

43) 김성기, '백광홍의 관서별곡과 기행가사'(기봉 백광홍학술 발표회), 78쪽.

榮,1760~1835)[44)45)]이 1822년(순조 22)에 문과에 급제한 것으로 확인되고, 이 외에는 급제자와 출사자가 보이지 않는다.

백만영의 '문음보' 기록에 의하면, 상계에서 기봉의 아들 백봉남이 백만영의 8대조가 된다. 그로부터 7대조 백효증(白孝曾)의 관직이 선전宣傳), 6대조 백유열(白惟悅)의 관직은 무겸(武兼)이었을 뿐이다. 백만영의 5대조는 백이청(白而淸), 4대조는 백명우(白溟羽), 3대조(증조부)는 백서경(白瑞經), 조부는 백태함(白兌咸), 부(父)는 백계채(白啓采)였다.

백광홍의 셋째 아우인 백광훈(白光勳,1537~1582)의 경우, 두 부인을 두었다. 첫째 부인(鄭崗玉의 女) 사이에 딸 하나를 두었으나 첫째 부인을 일찌 사별한 후 둘째 부인(鄭應瑞의 女)인 정씨와 사이에서 3남 2녀를 두었다. 해남(당시는 영암)에서 세거한 백광훈은 그 지역에서 성세한 가문이 되었다. [46)]

---

44) 백만영(1760~) : 자(字)는 근백(謹伯). 순조(純祖) 22년(1822) 식년시(式年試) 병과(丙科) 5위(15/39)로 문과에 급제. 초직은 임자(壬子) 식(式). 부(父)는 백계채(白啓采), 조부(조부1 : 부의 부)는 백태함(白兌咸), 증조부(증조부1 : 조부1의 부)는 백서경(白瑞經), 4대조(4대조 : 증조부1의 부)는 백명우(白溟羽), 5대조(5대조1 : 4대조1의 부)는 백이청(白而淸), 6대조(6대조1 : 5대조1의 부)는 백유열(白惟悅) - 관직은 무겸(武兼), 7대조(7대조1 : 6대조(1의 부)는 백효증(白孝曾) - 관직은 선전(宣傳), 8대조(8대조1 : 7대조1의 부)는 백붕남(白鵬南)이었다.

45) 『문음보(文蔭譜)』 冬(규장각한국학연구원 [古929. 4-M923]).

46) (부父 세인世仁)은 아들 셋을 두었다. 공(公, 광훈)이 그 막내다. (광훈은) 하동 정씨(鄭氏)를 첫째 아내로 맞이하였다. 하동 현감 정강옥(鄭崗玉)의 딸이다. 딸 하나를 두었다. 두 번째 아내로 하동 정씨(鄭氏)를 아내로 맞이하였다. 부위(副尉) 정응서(鄭應瑞)의 딸이다. 3남 2녀를 두었다. 아들은 장자인데 형남(荊南)이고 자손도 없이 일찍 죽었다. 둘째가 진남(振男) 즉 송호(松湖) 공(公)으로 진사였고 시(詩)와 글씨가 선대를 따라 선대의 아름다움을 닮았다. 시인과 문인으로 세대를 이었는 데도 관직없이도 문장이 좋아 급

광훈은 이미 해남(당시는 영암)의 옥산에서 기거하여 자리를 잡았고(진사시 입격, 말년에 참봉으로 출사) 특히 2남 백진남(白振南,1564~1618)[47]도 진사시 합격해서 그런대로 가세가 튼튼한

히 국가 부름을 받아서 중국에서 온 사신들을 영접하였으니 조선이라는 나라에 두 번 다시 없었다. 그 아래 홍남(南)은 무과(武科)로 등과(登科)하여 현감(縣監)을 지내다가 조선이 혼미하자 벼슬을 버리고는 나아가지 않았다. 큰 딸은 김이(金怡)의 (첫 번째) 아내로 시집을 보냈고 둘째 딸은 유광정(柳光霆)에게 셋째 딸은 이해(李海)에게 시집을 갔다. 진남(振男)의 두 아들 중 백상빈(白尙賓)은 생원(生員), 백상현(白尙賢)은 진사(進士)였다. 딸은 이복길(李復吉)에게 시집보냈고 서자(庶子) 백상분(白尙賁)이 있었다. 홍남(南)의 아들 중 백상우(白尙友)는 선전관(宣傳官)이고, 딸은 정형원(鄭馨遠)에게 시집보냈다. 서자(庶子) 백상렴(白尙廉)이 있었다. 김이(金怡)와 유광정(柳光霆)에게 시집간 두 사람은 자식을 낳지 못하였고 이해(李海)에게 시집간 셋째 딸은 1남 3녀를 두었는데, 아들 이름은 이남빈(李男彬)이다 (외가의 재능인지) 관직 없이 사신 영접을 하고 뒤에 문과(文科) 특채로 뽑혔고, 큰 딸은 최석징(崔碩徵)에게 시집가고 둘째는 현감(縣監) 박진서(朴震瑞)에게 셋째 딸은 이응주(李應胄)에게 시집을 갔다. 1남 3녀 모두 증현손(曾玄孫)이 있었는데 너무 많아서 상세할 수 없다. 有子三人 公其季也 初娶河東鄭氏 縣監崗玉女 有一女 後娶亦河東鄭氏 副尉應瑞女 生三男二女 男長亨南 早歿無嗣) 次振南 卽松湖公進士 詩筆克肖 趾美 詞林連世 以白衣 贊儐華國 國朝無兩焉 次興南登武科 嘗爲縣監 當昏朝 棄官不仕 女長適金怡 次適柳光霆 次適李海 振南二子 尙賓生員 尙賢進士 一女適別李復吉 庶子尙賁 興南一子 尙友宣傳官 女適鄭馨遠 庶子尙廉 金, 柳 皆無後 李海 一男三女 男彬 亦白衣贊儐後擢文科持 女長適崔碩徵 次適縣監朴震瑞 次適李應胄 內外曾玄 多不能盡錄. ('옥봉 백광훈 墓碣銘 幷序', 烏川鄭澔撰.)

47) 백진남((白振南,1564~1618) : 자는 선명(善鳴), 호는 송호(松湖). 본관은 해미(海美). 옥봉(玉峯) 광훈(光勳)의 아들이다. 1590년(선조 23) 진사시에 합격하였다. 15세에 사학(四學)의 과시(課試)에서 시 · 부(詩賦)로 뛰어나 이이(李珥)의 사랑을 받았고, 정유재란 때에는 통제사 이순신(李舜臣)의 진중에 피란하였는데, 그 당시 명나라 장수 계금피(季金皮) · 승덕(承德) 등은 그의 시초(詩草)를 보고 크게 칭찬하였다. 1606년 명나라 사신 주지번(朱之蕃)이 왔을 때 관반(館伴 : 서울에 묵고 있는 외국사신을 접대하기 위하여, 일시로 임명한 정삼품벼슬) 유근(柳根)의 천거로 백의종사(白衣從

편이었다.

事)하였다. 문장과 필법으로 유명한 지번이 진남의 묵적(墨蹟)을 절찬하며 소중히 간직하였으며, 지번도 '玉峯書室(옥봉서실)' · '玉洞煙霞(옥동연하)' 8자와 무이구곡시(武夷九曲詩)를 써주었다. 그는 평소에 김상헌(金尙憲) · 조희일(趙希逸)과 서로 좋아하여, 서울집을 그 이웃인 백악(白嶽) 아래에 두었다. 별서(別墅)를 송호(松湖)에 꾸미고 55세에 졸했다. 저서로는 『송호유고』 1권이 있다.

2. 출사하지 않은 풍잠 백광안

'1문4문장' 중에서 기봉과 옥봉은 당대 천재 시인으로 거명될 정도여서 굳이 여기서 소개는 제외한다. 이들 4종형제 중 사적(史的)인 전거가 가장 부족한 이는 풍잠 광안이다. 『기봉집』에 기봉이 동생 풍잠에게 쓴 시 1수가 있는데, 이것이 공적 기록의 거의 전부였다고 할만했다.[48)]

그런데 최 근년에 기산 팔문장을 소개한 『기산문집』에서 풍잠에 대한 소개와 함께 시 한편이 소개돼 있다. 이 내용은 『부안임씨 세보』 '영모전 팔문장'에서 실린 '풍잠 백광안' 기록을 가져온 것이었다.[49)]

> 풍잠 백광안(1527~1567) : 자는 이수(而粹), 호 풍잠(風岑). 백광홍의 아우. 과업에 나가지 않고 재가(在家)하여 학문에 전념하였고 문장으로 이름을 날렸다.
>
> 풍잠의 휘는 광언이었으나 개명하여 광안으로 했다.
>
> 천성이 깔끔하고 식견이 분명하게 통달해 산 아래 수간의 초옥을 짓고 매일 이른 아침 부모의 침소에 나아가 안부를 살폈으며 두건을 바루고 단정히 앉아 경전을 읽으면서 뜻을 아는 곳이 있으며 침잠해

---

48) 기봉의 시문에서 아우 백광안에 대해 언급한 시는 "무신년 여름 아우 이수(而粹) 백광안(白光顔)이 남녘의 전염병을 피해 능가산에 놀러왔다가 돌아가려고 할 때, 또 시산(詩山)에서 영천(靈川) 신잠(申潛) 선생께 절 올리고, 가고 머무는 마음을 인하여 시를 지어 증별(贈別) 하였다. 이때는 7월 초였다. 戊申夏, 舍弟而粹避南州之癘 , 遊于楞迦, 將還, 又拜靈川於詩山, 因去留之思, 詩以贈別, 時七月之初也" (『기봉집』(2018), 권3, 146쪽)가 유일하다.

49) 『기산문집』의 '백광안 소개' 내용은 장흥 출신 한학자 김규정이 서울국립도서관에서 찾아낸 『부만임씨 세보』에 등재된 팔문장 관련 문건에서 확보한 기사였다.

밥 먹기를 잊었다. 글을 지으면 반드시 마음대로 붓을 휘갈겼고 한유[50]와 유종원[51]의 필체를 가까이했다. (공의) 시는 맑기가 그지없었으며, 과거공부는 일삼지 않았다. 일찍이 사람들에게 말하길, 일정한 형식에 맞는 문장에서 이탈하려는 것이 선비 품행의 폐해라고 말했다. 사종형제(광홍, 광안, 광성, 광훈)가 한 방에 단락하게 모여 도덕을 강론하는 모습을 보고 사람들이 중국의 동한(東漢)의 원방계방(元方季方)[52]에 비교하였다.[53]

시(詩) : 강가 거닐다 江行

---

50) 한유(韓愈,768~824) : 중국 당(唐)을 대표하는 문장가 · 정치가 · 사상가이다. 당송 8대가(唐宋八大家) 의 한 사람으로 자(字)는 퇴지 (退之). 벗이었던 유종원과 함께, 당나라 때 활동한 문장가로서 기존에 유행하였던 형식이 복잡하고 유미주의적인 성격을 지닌 산문 문체였던 변려문(騈儷文)을, 진나라 이전의 형식이 자유롭고 내용이 알찬 고문(古文)으로 교체한 당송팔대가(唐宋八大家)로 손꼽힌다. 특히 한유는 고문운동의 선구자로 당나라 이후 산문 형식을 정립하는 데 가장 결정적인 역할을 하였다.

51) 유종원(柳宗元,773~819) : 중국 당나라의 문장가 · 시인이다. 당송 8대가의 한 사람. 그는 환관이나 그들을 이용하는 귀족의 세력을 누르고 쇄신하려는 정치운동을 주창했다. 그러나 급격한 정치개혁운동은 성공하지 못했고, 영주사마(永州司馬)로 좌천되었다가 중앙으로 복귀하고, 43세 때 유주자사(柳州刺史)로 옮겨져 47세로 그곳에서 죽었다. 지방관리로 좌천된 이후 산수를 제재로 한 시를 지어 자신을 위로했다. 시인으로서는 왕유, 맹호연, 위응물과 함께 '왕 · 맹 · 위 · 유'라고 칭해졌다.

52) 원방계방(元方季方) : 동한(東漢) 때 진식(陳寔)의 아들 진기(陳紀)와 진심(陳諶)의 자(字)가 원방(元方)과 계방(季方) 이었다. 서로가 뛰어나 난형난제(難兄難弟)의 뜻으로 쓰이는 원방계방(元方季方)의 고사를 낳았다. "원방을 형이라 하기도 어렵고, 계방을 아우라 하기도 어렵구나 元方難爲兄 季方難爲弟"라고까지 하였다. (劉義慶의 일화집 '世說新語세설신어')

53) 風岑白先生諱光彦改光顔字而秀岐峯第也. 天性耿介見識達搆數間於山下每晨必整巾危坐讀經傳有意會 處沈潛忘食爲文必肆意縱筆逼韓柳體甚淸絶面不事公車業語. 人曰程文出而士之操行炳矣. 與四從季團會一室講論道時人比之於元方季方. (詩) 江行 : 江上人家不記村. 月明時露小峯痕. 維舟獨聽鐘來處. 烟樹依微是寺門. (『기산문집』, 56쪽. || 『부안임씨 세보』 영모전, 팔문장)

강가 인가에서 마을들이 기억이 없네 / 江上人家不記村
달 밝을 때 이슬 작은 봉우리에 흔적 있네 / 月明時露小峯痕
뱃줄을 당겨 맬 때 홀로 종소리 듣네 / 維舟獨聽鐘來處
희미한 나무 아물아물 이미 절 입구구나. / 烟樹依微是寺門
(『기산문집』, 56쪽)

풍잠과 관련된 시문이 3편이 더 있다. 1편은 『기산문집』에 수록된 위백순(魏伯純)[54]이 풍잠을 찬하는 글이고, 또 한편은 풍잠과 팔문장으로 거명되었던 임분의 아들 임홍간(林弘侃,1539~1600)이 쓴 풍잠의 만사시다. 그리고 한편은 기봉이 풍잠에게 써 준 전별시다. 여기서 위백순의 풍잠을 찬하는 글과 임홍간의 만사시를 보자.

(1)
풍잠을 찬하다 風岑白先生 諱光顔
뜻의 결의는 그 산(기산)에서 취하여 남으로 달려 맺는다
/ 志決其山取奔終南
계곡수 즐기며 길이 장수의 도(道)에 빠져 든다
/ 澗盤永矢壽與道參

54) 위백순(魏伯純,1737~1815) : 조선 후기 유학자. 자는 자건(子建), 호는 서계(書溪), 혹은 통재(通齋)이다. 본관은 장흥(長興)이며, 전라남도 장흥군(長興郡)에서 출생하였다. 장흥위씨 안항공파 직계후손이다. 증조부는 위동식(魏東寔)이고, 조부는 위세보(魏世寶)이며, 부친은 진사 위문덕(魏文德)이다. 세 명의 형이 있는데 노론 계열의 학자로서 향촌 사회 개선론을 편 존재(存齋) 위백규(魏伯珪)가 그의 큰 형이며, 둘째 형이 위백호(魏伯昊), 셋째 형이 위백신(魏伯紳)이다. 62세의 나이로 1798년(정조 22) 무오(戊午) 식년시(式年試) 생원(生員) 3등 17위로 과거에 합격하였으나 환로(宦路)에 나가지 못하고 고향에서 후학을 양성하며 여생을 보냈다. 유가(儒家)의 경전(經典)을 두루 섭렵하였고 특히 『대학(大學)』을 중시하여 행동의 준칙으로 삼았다. 문집으로 『서계집(西溪集)』이 전한다.

독실한 믿음(자기의 믿음) 의심하지 않아 극복하는데 용감하다
/ 篤信不疑勇於克復
문밖 나가지 않고 가르침으로 나라(자신의 나라)를 이루었다.
/ 不出門外教成于國[55)]

(2)

백풍잠을 그리며 挽白風岑

백공(풍잠)의 시는 무적이었습니다 / 白也詩無敵[56)]
영재의 지위는 세상에서 한결 같았습니다 / 英才固出入
본디 근본부터 깨끗한 마음이었습니다 / 本心元隘潔
하늘같은 성품을 스스로 지키고 순후하셨습니다 / 天性自沈淳
소리없이 웁니다 (풍잠은) 형산[57)]의 보석이었습니다 / 幾泣[58)]荊山撲
공자의 제자 원헌의 가난 같아서 (소리없이 우는 일) 더 감내할 길 없습니다. / 難堪原憲貧
당신의 (풍잠의) 가업을 누구에게 의탁 하리오 / 箕裘何托業
가시는 길 (홀로 절 올리니) (눈물로 인해) 수건을 더합니다 / 奠拜獨沾巾[59)]

---

55) 『기산문집』, 70쪽, || 위백순. 『서계집(西溪集)』, '기산팔현(岐山八賢贊) 병인(幷引)'찬

56) 백야시무적(白也詩無敵) : 이 시구는 두보가 쓴 '봄날 이백(李白)을 생각하다. 春日憶李白'라는 시의 첫 구에 나오는 시구이기도 하다 '봄날 이백(李白)을 생각하다 春日憶李白' : 이백의 시는 천하무적이며 白也詩無敵 / 그 시상은 범속을 초월하였다 飄然思不群 / 맑고 새로움은 유개부와 같고 清新庾開府 / 빼어나기는 포참군과 같다 俊逸鮑參軍 …" (맹계(孟棨), '본사시 本事詩').

57) 형상 : '형산지옥(荊山之玉)'의 약어. 중국 형산에서 나는 백옥으로 가장 귀한 보석. 형산지옥(荊山之玉)은 '어질고 착한 사람'을 비유적으로 이르는 말이다.

58) 립(泣) : 소리없이 울다의 뜻.

59) 자료 제공 : 풍잠(風岑) 31세손 만설(萬雪) 백영록(白永祿) 시인. 백영록에

(1)은 위백순이 '기산팔현(岐山八賢贊) 병인(幷引)'에서 '풍잠을 찬하는 글 風岑白先生 諱光顏'이다. 위백순이 팔문장 모두를 찬하는 글 중에 있는 글이다. 이 글에서 "계곡수를 즐기며 오래도록 장수의 도(道)에 빠졌다 澗盤永矢壽與道參"는 표현과 "문밖에 나가지 않고 가르침으로 나라(자신의 나라)를 이루었다. 不出門外教成于國"는 부분이 당시 품잠의 삶을 이해하도록 하는 부문이 아닌가 한다.

(2)의 시는 풍잠 백광안이 1567년 40세의 나이로 세상을 하직했을 때, 같은 팔문장으로 팔문장 중에서 제일 나이가 많았던 서곡(書谷) 임분(林賁,1501~1556)의 둘째 아들 임홍간(林弘侃,1539~1600)이 풍잠의 장례식에서 풍잠을 지키면서 쓴 '풍잠의 만장 挽白風岑'으로 전해졌다.

이 시는 풍잠의 가난하고 고단하였을, 그럼에도 고매한 성품으로 세상을 살았을 고독했던 풍잠의 생을 유추하게 해준다.

수원백씨 족보에 풍잠은 어떻게 기록이 되었을까.

> 처음 이름은 관언(光彥)이고 자는 이수(而粹), 호는 풍잠(風岑)이다.
> 1527(중종22년) 생이다.
> 당시 세상에서 문장이 드날렸다. 팔문장이라고 칭했다.
> 고향에 매여 과업을 포기하였다.
> 뜻을 얻지 못하였고 만년에 능주(처가가 능주였다)에 은거하였다.
> 풍류 때 읊기를, 훨훨 날아 달과 함께 하리라 했다.
> (공은) 자기 호(풍잠)에 대해 자족감을 가졌다.
> 운치의 기봉(광홍) 묘 좌측에 잠들었다.

의하면 임홍간(林弘侃,1539~1600)의 시 '挽白風岑'은 죽곡 · 서곡의 문집 『영모전(永慕專)』에 수록된 것으로 전해졌다.

부인은 능주주씨(綾州朱氏) 진사 치상(致祥)의 딸이었다.[60]

옥봉과 풍잠

3형제 중 기봉이 일찍 타계한 뒤 둘째 풍잠과 셋째 옥봉만 남아진 형제 사이의 관계를 짐작하게 해주는 기록이 있다. 이는 옥봉이 타계하던 해인 1582년 옥봉의 나이 46세 때 써진 편지로 『옥봉집』 후서에 실려 있다. 이는 또 『옥복집』(『옥봉별집』, '후서 삼하, 부록')의 '연보'의 '1582년 46세, 2월'의 기사에서도 확인된다.[61] 옥봉이 풍잠 형에게 쓴 편지를 요약하면, 첫 번째 편지에는,

---

60) 白光顔 : 初諱光彦字而粹風岺. 嘉靖丁亥生. 文章鳴世當時有. 八文章之稱. 累中鄕科終. 不淂志. 晚年般居綾州. 風流時吟 風詠月優遊 自適因自號. 墓雲峙岐峯墓左. 配綾州朱氏進士致祥女 按廉使悅八代孫. (『수원백씨 족보』 '신축 1781')

61) ○또, 중씨(仲氏 : 중형)에게 글을 올렸다. 대략 말하되 "동생은 8월 완산(完山)에서 기다리는 것을 고대하고 있습니다. 조금이나마 혼인 밑천을 도와주겠습니다. 시집가는 조카딸입니다. 그렇게 된다면 죽어도 여한이 없을 것입니다. 매번 처의 병 때문에 문제가 있습니다. 하루도 편안한 마음으로 이 자리에 있을 수 없습니다. 이 또한 운명인가 합니다. 춘산(春山)의 고사리를 따지겠습니까? 또 한 사람으로 하여금 돌아가기를 샘물처럼 생각하게 합니다. 어찌해야 좋겠습니까?"

○또 중씨(仲氏)에게 글을 올렸다. 대략으로 말하되 "봄여름 사이에 혼사(婚事)는 정해져 있습니다. 회령(會寧)의 조(租) 10석(石)입니다. 기일에 맞추어 수송하라고 일렀습니다. 하나의 방비를 돕는 것입니다. 매우 다행이 아닐 수 없습니다. 두 질녀의 딸이 아직 혼인하지 않았습니다. 밤낮으로 염려하고 있습니다. 한시라도 잊은 적이 없습니다. 다만 적당한 사람이 아직 나타나지 않았을 뿐입니다. 그래서 이런 소소한 곡식이라도 보내는 것입니다. 감히 말하겠습니다. 적당한 사람을 얻어서 기한을 정하도록 하십시오. 그것은 10섬 이상의 일일 것입니다. 이를 가용하는 것 또한 무슨 문제가 되겠습니까? 절대 곤란하다고 하지 마십시오. 가져다 쓰시는 것이 좋은 일입

"이 아우가 적으나마 결혼비용에 보탬을 주어 조카딸 시집에 도움되도록 하겠다."고 했고, 두 번째 답서에는, "봄에서 여름 사이에 있을 혼사(婚事)가 정해지면 곧 회령(會寧)에서 나오는 세[租] 열 가마니를 (중략) 기간이 되면 보내게 하여 이것으로 일체의 준비를 돕도록 하겠다."는 것이었다. 다음은 그 편지 내용이다.

(1)

둘째 형님제 올리는 글 上仲氏書

산으로 들어간 후를 자세히 모르나 형님의 몸이 어떠하신지요?

아이놈들이 이제야 독서의 길을 얻었으니 반드시 무엇이든 될 테니 그 다행스러움을 어찌 말로 할 수 있겠습니까. 아우는 이번 여행이 즐겁지 않아서 상경 중에 머무르다 이제 막 태인의 시산(詩山)을 출발했습니다.

운장(雲長)에서 헤어진 후 정감이 더 커져서 어려웠습니다. 바라노니, 생각을 정하시고 편안히 묵으시면 세파의 공격이 없어지며 산을 나오실 겁니다. 자식 놈들이 학과 공부를 폐하지 않게 하려고 집안 형과 같이 지내게 하고 있습니다. 마땅한 도리인 게지요. 그놈들이 재능은 있음에도 그놈들이 (공부할) 때를 잃은 거지요. 뒤늦은 후회가 무슨 소득이겠습니까.

경수(景綏) 정원(鄭遠)의 형제분들과, 천유(天維) 양산형(梁山逈)과

니다. 又上仲氏書. 略曰. 弟苦待八月完山之換. 得少助婚資. 以嫁女姪. 則死無恨矣. 每以妻病. 不能一日安意居此. 此亦命耶. 春山薇蕨. 亦令人歸思如泉. 奈何奈何. 又上仲氏書. 略曰. 春夏間. 婚事若定. 則會寧租十石. 臨期輸致. 以助一備. 幸甚. 爲兩姪女未婚. 日夜用慮. 無一時或忘. 而只爲當人未定. 故有此小小之縠. 而不敢遽爲之言矣. 得人定期. 則十石之外. 加用亦何妨. 切勿拘難. 取用爲佳. 四月. 移拜昭格署參奉. 蓋以王右軍蘭亭監刻事. 芸閣啓請換差閑官故也. ('『옥봉집』 백광훈 연보')

창진(昌辰) 정운(鄭運)형과 서로 반드시 왕래하십시오. 길을 나서도 서로 편지를 왕래하지 않으시니 너무 많은 것들이 펼쳐지는군요.[62]

(2)

둘째 형님(풍잠 광안)의 편지에 대한 답장

일전의 해림(海琳)에서 보내신 편지를 받고 이제 또 평안(平安)의 글 받들어 올립니다. 이제야 겨우 그리움이 겨웁다는 마음을 안달까요? 새해라 다행입니다. 부질없이 집안에만 머물고 거기에 눈다래끼가 심합니다. 마음과 정신이 온통 어지러운 것은 확 떨치고 일어나고 싶어도 할 수 없어서입니다. 혼사의 일이 있다 합니다. 생각을 말로 하지 않았던 것이지요. 누구와 함께 그걸 의논할지는 모르겠더이다. 번민중입니다. 성주신(城主神) 모시기를 다시 새로 하는 거지요(新城主). 앞서의 날이 있어서, 자격이 없는 사람이지만요. 어찌 갑자기 털어놓겠으며 궁색한 도움을 요청하겠습니까. 또 감히 그와 같은 일이 베풀어지길 바라겠습니까.

영암(靈巖)의 성주(城主) 신이시여 … 이 아우 비록 말하면 아니 되지만. 저의 형님이 되시고 정(情)이란 게 남지 않으셨습니까? 이와 같이 벼슬을 가지고 귀향하여 당연히 극진하게 그 사실을 적어 알리는 겁니다. 헤아려 달라는 사실의 계획 말입니다.

봄에서 여름 사이에 있을 혼사(婚事)가 정해지면 곧 회령(會寧)에서 나오는 세[租]가 열 가마이니 (저는) 예상 날짜에 맞춰 직분을 휴직하고 형님께서 (혼사를) 주관을 하시는 겁니다. 써버리지 말고 남겨서 기간이 되면 보내게 하여 이것으로 일체의 준비를 돕게 하는 거지요.

62) 未審入山後. 體況若何. 兒輩今得讀書之路. 將必有成. 慰幸何可言也. 弟不樂此行. 留滯 路上. 今始發詩山. 別雲長. 情益難也. 所祝. 定意安泊. 勿浪出山. 使兒輩課業無廢. 在兄主道理宜爾. 有可爲之才. 失可爲之時. 後悔何益. 景綏兄弟. 天維, 昌辰. 各必往來. 臨行不各狀. 爲布萬萬. (『玉峯別集』, ‘玉峯集後序三之下, 書 / 上仲氏書 此以下. 不以▦簡面所書書之)

매우 다행인 것은 아직 두 조카딸이 결혼하지 않았다는 것입니다.

밤낮으로 생각을 거듭해봅니다. 혹여 한 시라도 잊지 않는 것입니다. 단지 당사자들이 아직 정해지지 않은 상태니 이런 사소한 알림이 있는 거지요. 굳이 너무 갑작스러운 일을 말씀드리는 거군요. 사람을 얻어야 기약도 정하는 것인데 말입니다. 그저 열 가마를 가용할 수 있다는 것 외에 또 그밖에 방해할 것이 뭐겠습니까? 결코 어지러움 속으로 향하려는 것이 아니고 좋은 곳에 가져다 쓰려는 것입니다. 각 관청이 어디인지는 알아도 별로 절친한 사람도 없으니, 공문서 발송이야 임시로 정하면 됩니다. 그러나 만약 날이 정하여졌다는 소식을 들으면 즉 매우 간절하지는 않더라도 마음의 고삐를 당길 수 있습니다. 아이놈들에겐 집안 형이 있고 (형에게) 몸을 의지하고 있습니다. 집사람은 이제 병이 아주 조금 누그러졌어요. 엎드려 비는 것은 아내의 병입니다. 교독(教督)을 억지로 붙잡아 그 마음의 위로를 삼는 것입니다. 너무도 큰 바람이고 희망입니다. 큰 자식 놈인 진아(振兒)가 올라오면 아내의 증세를 자세히 듣고 만일 (병이 더욱) 위중하게 되어 날로 심해지면 말을 돌려 내려가 볼 복안(腹案)입니다.

너그럽게 양해하여주시고 돌보아주시기를.[63)]

---

63) 前得海林書. 今又承平安字. 稍解懸戀. 新年之幸也. 但室人又得唐瘽. 心神散亂. 卽欲奮飛而不得也. 書中. 有婚意而不言. 與某爲議未知. 爲悶. 新城主. 前日無分之人. 雖吐暴救 窘之請. 何敢望其施行也. 靈巖城主. 弟雖不言. 其爲兄主. 不盡情耶. 若有官人之歸者. 當極告書糧之事爲計. 春夏間婚事若定. 則會寧利租十石. 預通士休兄主處. 勿散留置. 臨期輸致. 以助一備. 幸甚. 爲兩姪女未婚. 日夜用慮. 無一時或忘. 而只爲當人未定. 故有此小小之縠. 而不敢遽爲之言矣. 得人而定期. 則十石之外. 加用亦何妨. 切勿向難. 取用爲佳. 各官所知處. 別無親切之人. 姑停發書. 然若聞日期之定. 則雖不甚切. 猶可以情控之. a047_154c兒輩得兄主. 爲之依歸. 室人以此稍寬病德. 伏願爲病妻勉留教督. 以慰其心. 大望大望. 振兒來. 細聞妻症. 若緊重日甚. 則得回馬下歸伏計. 伏惟下鑑. 『玉峯別集』'玉峯集後序三之下, 서(書), 答仲氏書')

옥봉이 풍잠 형에 보낸 것으로 보인 이 2편의 서한에는 옥봉이 풍잠의 여식, 즉 조카딸의 결혼 때 쓰일 세 열 가마(租十石)를 보내는 것으로 나타나 있다.

아마 당시 기봉의 별세 뒤 형제 중 그나마 가세가 조금 나은 편이었던 셋째 옥봉이 집안의 만형 역할을 했던 것으로 추측하게 하는 내용이 아닐 수 없다.

3. 기봉 윗대 큰 인물 … 백수장 · 백세례 배출

수원백씨의 호남 입향조는 (12세) 백장(白莊)이다.

장흥 입향조는 백장의 증손 백녹수(白祿守)로 볼 수 있다. 백장은 아들 셋을 두었는데 (13세) 형옥(荊玉) · 여옥(如玉) · 명옥(明玉)이다. 형옥의 후손들은 경남 거창지역으로, 막내 명옥의 후손들은 강원도와 경북지역에 거주하고 있다.

둘째 여옥의 아들은 (14세) 백운승(白雲昇)이고, 손자는 (15세) 백녹수(白祿守)다. 녹수가 아버지를 모시고 장흥으로 이거해와 장흥읍 예양리에 터를 잡고 살게 된다. 백녹수(白祿守)가 실제로 장흥 입향조가 된다. (녹수는 세종 때 광양 현감을 지냈는데 관직을 지낼 당시 장흥에 군사훈련 차 왔다가 이곳 경치에 반해 장흥에 정착하게 되었다고 한다.)

녹수의 아들 (16세) 참판공 회(繪)가 지금의 안양면 기산으로 이거해 기산리 입향조가 되고 회는 맹춘(孟春) · 맹하(孟夏) · 맹추(孟秋) · 맹동(孟冬) 네 아들을 두면서 이들을 중심으로 기산리, 동계 · 동촌마을 일원에 수원백씨가 집중적으로 세거하게 된다.

백회의 아들 넷은 모두 과거에 급제해 가문이 번성하게 되었다. 회는 네 아들이 과거에서 급제하자 큰잔치를 벌였는데, 잔치를 벌였다는 기록이 담긴 비석이 기양사 경내에 남아 있다. 원래 이 비석은 백회가 아들 넷의 진사 등과를 축하하기 위해 토축을 하고 잔치를 벌였던 경연대(慶宴臺)[64]라는 곳에 세워졌는데 언제인가

64) 경연대(慶宴臺, 文章臺) : 수원 백씨 참판공 회의 아들 사형제가 함께 진사에 등과하여 이를 경하하기 위해 토축으로 단을 쌓고 경연(慶宴)을 베풀었던 곳이다. 그 후 한 마을 3가(三家)에서 팔문장이 배출, 역시 이곳에서 경연을 베풀었으니 문장대(文章臺)라고 불렀다고도 한다. 그 후, 마을 민속 놀이터로 이어

기양사로 옮겨졌다고 한다.

이 비석에는 백회가 쓴 것으로 알려진 아들 넷의 진사 등과를 축하는 시가 새겨져 있다.

팔십 년을 아무렇게나 지내온 몸이 / 八十光年隨處身
몇 번이나 이곳에 올라와서 친친(親親)[65]을 청할꼬 / 幾登此地請親親
네 아들이 차례로 나에게 기쁨을 꾸며주니 / 四兒次第吾喜
다만, 다른 때도 남들에게 미쳐 가기를 원하노라 /只願他時摠及及人

백회의 네 아들인(17세조) 백맹춘(白孟春) · 백맹하(白孟夏) · 백맹추(白孟秋) · 백맹동(白孟冬) 대에서 장흥의 수원백씨들이 분파되었다. 첫째 백맹춘 후손들은 안양면 기산 · 동계 · 동촌 · 모령 · 수양 등 안양면 일원과 관산읍 당동, 해남군 옥천면 송산리, 고흥군 점암면 장남리, 광양시 태인동 등에서 세가했다. 둘째 백맹하 후손들은 안양면 동촌에서 세거했다가 이후, 안양면 여암, 장흥읍 건산, 용산면 상금리로 이거해 지금까지 대를 이어 살고 있다. 셋째 백맹추 후손들은 조선 후기까지 장흥지역에 흩어져 살다가 조선 후기 경남 고성군과 제주도 등지로 이거해 세가를 이루어 오고 있다. 넷째 백맹동 후손들도 조선 후기에 영암과 함평지역(함평군 손불면 학산리 등지)로 이거해 갔다.

오다 지금은 사유화 되고 그 유지(遺址)에 백씨문중에서 세운 경연대비(慶宴臺碑)가 있어 옛 흔적을 전하고 있었지만, 이 비도 기양사로 옮겨졌다.

65) 친친(親親) : 가장 가까운 혈연관계, 즉 부부(夫婦), 부자(父子), 형제(兄弟) 등을 친하게 하는 것을 이른다. 『맹자』에 나온다. "君子가 금수초목에 대하여 사랑하되 사람처럼 사랑하지 않고, 사람에게 대하여는 인도(人道)로 사랑하되 골육처럼 사랑하지 않는다. 친척을 친히 하고 나서 사람을 사랑하고, 사람을 사랑하고 나서 사물을 사랑한다." (『맹자집주』'진심장구 상 제45장')

안양면의 기산리와 동계 · 동촌마을은 본시 한 권역의 마을이었고, 이 한 권역에서 세거한 대표적인 성씨가 수원백씨였다. 따라서 기산리 수원백씨는 기산리 · 동계 · 동촌 마을을 아우른 수원백씨로 통칭되었고 안양의 기산리 수원백씨는 바로 기산리 · 동계 · 동촌의 수원백씨를 통칭하기도 하였다.

기산리 수원백씨의 백맹춘 · 백문기 가문과 백맹하 가문이 실로 빛나는 문무(文武) 가문으로 성세하였다. 즉 백맹춘 후계에서 장흥의 최초 의병장인 백세례 부장과 당대 조선조 산하를 통째로 울린 천재 시인 2인(백광홍 · 백광훈)이 배출되었고, 백맹하 후계에서 장흥의 대표적인 무인 정해군 백수장이 배출되었기 때문이다. 백맹춘 · 백맹하 2인의 후대인 기산리와 비동리의 백씨 가문이 실로 당대를 대표하는 장흥의 문무가(文武家)로 입지하였던 것이다.

그러므로 기봉 공 윗대에는 수원백씨의 큰 인물로 두 사람이 있었다고 할 수 있다. 바로 정해군 백수장(白壽長,1469~1543)[66]과

66) …공(백수장)의 나이 71세였다. "옛날의 제도에 따르면 (나이가 80세가 된 자는) 자식 1명이 종정(從政)하지 않아도 된다(정사政事를 따르지 않아도 된다)[子不從政. 古之制也] 고 하였습니다. 바라건대 즉시 돌아가 봉양하게 하소서."하였다. 이는 까마귀의 사사로운 정(까마귀가 어미를 봉양하려는 심정)과 같은 것이다. (以伸烏鳥之情). 그런데 (임금은) 공에게 자헌대부(資憲大夫) 승진에 공조판서(工曹判書)를 명하였다. 또 정해군(貞海君)에 봉해졌다. (공신의 경우) 녹을 먹는 고을(장흥부)에서 반당[伴倘 : 종친(宗親), 공신(功臣) 등에 배속되어 이들을 따라다니며 일을 하던 하인으로 그 녹은 국가에서 지급하였다.]과 저리(邸吏) 둘이 딸린다. (임금이) 모두 전례대로 하라고 하였다. 마침내 해창(海倉)의 작은 섬(장재도)에 토구(菟裘)(사직 후 은거하는 곳이나 은거처. 중국 노나라 은공이 토구에서 은거했다는 데서 유래)를 설치하였다. 말(언어)도 끊고 사람들과 여러 잡무에 관여도 끊고 오직 물고기를 잡고 나무하고 시를 읊으며 (산야를) 소요하였다. 종일토록 (이런 생활을) 유지하리라 생각하였다. 심지어 자제(子弟)들과 집안 가솔들을 가르치기까지 하였다. …향년 73세로 계묘년 3월의 간지(干支)에 졸하였다. 乃上表陳情言. 親年

장흥군 최초의 의병장이었던 백세례 부장이었다.

정해군은 장흥부 안양향 동촌(東村) 출신이다. 1498년(연산군 4)에 무과에 급제하여 영흥판관(永興判官)으로 임명되고, 사복시 첨정(司僕寺僉正), 도사(都事), 무과중시관(武科重試官)을 거쳤다. 1506년(연산군 12) 중종반정(中宗反正)에 참여하여 정국공신(靖國功臣) 3등으로 정해군(貞海君)에 봉해졌다. 1509년(중종 4)에는 전라남도 진도(珍島)에서 민란(民亂)이 이어지자, 진도군수(珍島郡守)에 제수(除授)되어 민심을 안정시키고 질서를 회복시켰다. 이후 훈련원도정(訓練院都正)을 거쳐 공조판서(工曹判書)에 이르렀다.

조정에서 은퇴한 이후 향리인 안양향 동촌으로 내려와 안양향 사촌리 앞바다의 장재도(壯載島)에 들어가 은거했는데, 이곳에서 서재를 짓고 후학들에게 강학하며 살았다고 한다.

1543년 공이 죽자 조정에서 관리를 보내어 예우하였다고 한다. 묘택은 안양면 주산(舟山) 서록(西麓)이다. 공은 안양면 기산리(岐山里) 동계마을에 있는 기양사(岐陽祠)에 배향되었다. 공의 부조묘(不祧廟)인 '장흥 백수장 별묘(長興 白壽長 別廟)'는 장흥군 용산면 상금리에 있는데, 2019년 12월 26일 전라남도의 민속문화재 제49호로 지정되었다.

백세례는 을묘왜변(乙卯倭變)[67] 때 호남의 최초의 의병장이었

七十一. 子不從政. 古之制也. 願卽歸養. 以伸 烏鳥之情. 命陞資憲大夫, 工曹判書. 封貞海君. 使食祿邑, 伴倘, 奴婢, 邸吏. 並依例. 遂營老菟裘於海倉之小島. 絶口不道往事. 混漁樵詛鷗鷺. 逍遙放曠. 若將終身. 至若御家衆訓子弟. 斬然有法度. 恒言謂惕念效死國社. 無 添奸人門下. 以墜家聲. 盖其眷戀君父. 老而不衰者如此. 享年七十三 享年 七十三. 以癸卯三月干支. 卒于正寢 … (『勉菴先生文集』 '卷之二十五, 神道碑, 工曹判書貞海君白公神道碑銘 幷序')

67) 을묘왜변(乙卯倭變)은 임진왜란이 일어나기 37년 전인 1555년(명 종 10) 5

다. 『호남절의록』에는 '을묘왜변'과 관련, 의사(義士)로 당시 영암 출신으로 해남 현감이었던 양사달(梁達泗,1518~1557)과 함께 장흥 출신인 백세례(白世禮) 2인만을 등재했다. 당시 민간인 신분이었던 백세례는 '을묘왜변'에서 최초의 의병장이었던 것이다. 『호남절의록』에는 "1555년(명종 12)에 고을 원님(장흥 부사) 한온(韓蘊)과 함께 의병을 모으고 군사를 이끌고 달량(達梁)의 싸움에 나섰으나 화살이 다 떨어지고 칼도 부러져 마침내 적에게 살해당하고 말았다. (장흥長興)[68]" 라고 간략히 소개되었지만, 장흥 기산리 출신 백봉흠(白奉欽)[69]의 『수원백씨삼세삼강록(水原白氏

월 왜구가 전라남도 강진 · 진도 · 장흥 일대에 침입해 약탈과 노략질한 사건이다. 이때 왜구는 선박 70여 척으로 일시에 전라남도 남해안 쪽에 침입하였다. 그들은 이어 달량포(達梁浦 : 전라남도 해남군 북평면 남창리 일대)로 계속 침입해 성을 포위하였다. 또한 어란진(於蘭鎭 : 해남군 송지면 어란리에 있던 수군진지) · 장흥 · 영암 · 강진 등 일대를 횡행하면서 약탈과 노략질을 하였다. 이때 왜구를 토벌 중이었던 전라병사 원적(元積)과 장흥부사 한온(韓蘊)과 장흥에서 의병장으로 참전한 백세례부장 등은 전사하고, 영암군수 이덕견(李德堅)은 사로잡혔다. 당시 조정은 속수무책으로 지켜보기만 했던 것으로 알려졌다. 사태가 긴박하기에 이르자 비로소 조정에서는 호조판서 이준경(李浚慶)을 도순찰사, 김경석(金景錫) · 남치훈(南致 勳)을 방어사(防禦使)로 임명하여 왜구를 섬멸할 수 있었다.

68) 『호남절의록』(김동수 교감 · 역주)('권5 하, 부록, 을묘년사실, 441쪽')

69) 백봉흠(,1859~1909)) : 자는 경행(景行), 호는 명강(明岡). 안양방(安壤坊) 기산리(岐山里) 출신이다. 동계(東溪) 백광성(白光城)의 후손이다. 고조는 백희서(白喜瑞), 증조부는 백사원(白思元), 조부는 백광희(白匡熙)이다. 그는 부친 성재(誠齋) 백기정(白基正)과 부친의 둘째 부인 남평문씨(南平文氏) 사이에서 태어났다. 어려서부터 영민하더니 학업을 시작해서는 며칠 사이에 100자를 배우면서 싫증을 내지 않았다. 성품은 청렴결백하여 사람들과 노닐 때도 이(利)를 말하면 담담히 모르는 척하였다. 집이 매우 가난하였으나 부모를 봉양할 때는 맛있는 것을 올리지 못할 것을 근심하여 물고기를 잡으러 다녔다. 힘을 다해 부모를 공양하고 여력이 있으면 공부를 하였다. 과거 공부에 뜻을 두었으나, 끝내 뜻을 펴지 못하자 운명으로 여기고 학문을 연구하는

三世三綱錄)』[70]에서는 보다 구체적으로 기록되어 있다. 백봉흠이 기록한 백세례 을묘사변과의 관련 내용 그대로가 백세례의 묘비, 즉 '부장공묘갈명(部將公墓碣銘)'[71]에 새겨졌다.

당시 백세례의 직위는 지역의 장군, 장수라고 할 수 있는 부장(部將)으로 지방에서 명예직의 직위였다. 그러므로 관료로서 직책은 아니었으므로 어디까지나 관료 아닌 양민 신분이었던 것이다. 을묘왜변 당시 왜구와 전투에 참전하였거나 토벌했던 주역들은 한결같이 현감, 군수, 부사, 전라병사, 도순찰사, 방어사 등 관료 출신이었고, 또 수많은 병사와 의병들과 여러 관료들도 순절했지만 양민으로 의병장이 되어 순절한 이는 오직 백세례 뿐으로 백세례는 을묘왜변 때 왜구 토벌 중 순절했던 조선조 최초의 의병장이었던 것이다.

데 힘썼다. 51세에 병으로 별세했다. 그는 2권의 저서를 남겼다. 『수원백씨삼세삼강록(水原白氏三世三綱錄)』 1책은 신활자본으로, 양회갑(梁會甲)의 서문과 원인(元寅)의 발문을 붙여 1957년에 간행되었다. 또 다른 문집 『명강유고(明岡遺稿)』(명강문집)는 2권 2책의 목활자본으로 기우만(奇宇萬)의 서문(序文)과 아들 백영구의 발문(跋文)을 붙여 1917년 간행되었다. 시인이기도 하였던 그는 많은 시문을 남겼는데, 『기산문집』(참살기좋은마을추진위원회, 2009)에 시 4편이 등재되기도 하였다.

70) 백봉흠이 을묘왜변(1555)에 참전하여 순절한 의병장 백세례(百世禮,1482~1555)의 충(忠)을 중심으로, 백세례의 아들로 홀로 된 어머니를 봉양하기 위해 대과를 포기하고 고향마을에 은거한 백광성(白光城)의 효, 백광성의 며느리로 정유재란 때 왜구에게 정절을 지켜낸 며느리 김씨의 열(烈)을 모아 '삼세(三世)의 충효열(忠孝烈) 삼강(三綱)'을 주제로 3인의 행적을 기술한 책이다.

71) 부장공묘갈명(部將公墓碣銘) : 비명의 제목은 '순국열사 부장공 백세례충렬비(殉國烈士部將公百世禮忠熱碑)다. 이 비는 2011년 4월 30일 동계마을 입구에 세워진 비로, 당시 장흥군수 이명흠이 비문을 찬하고, 전 장흥문화원장 윤수옥이 글씨를 쓰고, 수원백씨 부장공 종중(부장공충렬비건립추진 위원회)에서 세운 비다.

공은 날 때부터 건장하고 튼튼한 체격을 가졌으며 자라면서는 대담할 뿐만 아니라 지략까지도 뛰어났다. … 묘막에서 시묘하면서 육도삼략(六韜三略)을 독송하여 진법(陣法)을 깨쳤다. 그리하여 "목사와 감사가 공을 지역의 장군 벼슬인 부장(部長) 으로 천거하니 이를 기꺼히 받았다. 1555년(명종 10년)에 수십 척의 왜적선이 남해안의 여러 고을로 쳐들어오니 관군이 이들에 대항하여 싸웠지만 역부족이어서 참패하였고, 해남 남창은 적의 소굴이 되었다. 이때 전라병사(兵使) 원적(元績)이 "사태가 급하다. 백부장이 아니면 남녀 백성이 모두 죽게 되었다."고 장흥부에 알려왔다. 그리하여 장흥부사 한온(韓蘊)이 공을 찾아가 의논을 하였다. 사태를 파악한 공은 급히 장흥부로 들어가 왜적의 정찰 행로를 끊고 적의 대세를 꺾기 위해 정예병 백여 명을 이끌고 전장으로 나아갔다. 그러나 이미 광주목사 이모는 패하였고, 강진 현감은 홍모는 싸워보지도 못하고 무릎을 꿇었고, 영암군수 이모는 도망쳤고, 전라병사 원모는 옷을 벗고 항복하였다.

… 공이 분한 마음을 참지 못하고 홀연히 나아가 맨손으로 왜적 수백 명을 때려눕히니 적들이 감히 다시 나서지 못하였다. 공은 밤에 자지도 않고 병사들과 백성들을 위로하였는데, 그로부터 사흘 후에 또 왜적이 북을 치며 전투를 재촉하므로 또 다시 나아가 용감히 싸웠다. 이때 장흥부사 한온은 왜적의 창에 맞아 낙마하여 순절하였다. 공은 뒤를 돌아볼 겨를도 없이 전진하다 화살에 맞았고, 맞은 화살을 뽑아 적진에 쏘며 파죽지세로 진격하여 대파하니 마침내 왜적들은 불을 지르고 도망하였다. 그런데, 승전의 기쁨을 채 맛보기도 전에 그날 밤 공은 낮에 맞은 화살독이 몸에 퍼져 끝내 돌아가시니 5월 13일이었다. 공의 용맹함과 충렬 정신을 기리며 장흥군 장동면 두룡리 탑동 사기소에 장례하였다.[72)]

72) 김선욱 ,『1597년 장흥 지천포 해전』, 시와사람, 2025, 181-183쪽.

4. 기봉 백광홍의 연보

■ 1522년~1556년, 기봉의 생존 기간

- 1522년(1세, 중종 17) : 부 휘 세인(世仁)과 광산 김씨 첨정(僉正) 광통(廣通)의 따님 사이에 장남으로 장흥 기산리(岐山里) 집에서 태어나다.
- 1527년(6세, 중종 22) : 아우 백광안(白光顔)이 태어나다.
- 1537년(16세, 중종 32) : 아우 백광훈(白光勳)이 태어나다.
- 1540년(19세, 중종 35) : 아들 봉남(鵬南)이 태어나다.
- 1540년(19세, 중종 35)

  4월 : 관산에 들른 신잠(申潛)을 전송하고, '갑신사월봉송영천 甲辰四月奉送靈川'을 짓다.[73]

---

73) 『岐峯集』'卷之四, 詩山雜詠, 甲辰四月, 奉送靈川' : 一鄕父老知我申. 昔在冠山今泰仁. 冠山在時何蓼落. 竹院梅牕捿一身. 泰仁監來開斗印. 令行奔趍一境民. 隨時啱賀無不可. 倒屣爭迎酒醴新. 祇知公心超衆見. 昔則可賀今則啱. 冠山在時安所處. 竢罪長沙天不烈. 手撫桐絲草堂寂. 松鶴欲眠山月白. 今在泰仁困筀楚. 塵埃恐黦風姿古. 枳棘元非鸞鳳捿. 西塱萬里長安杳. 人間得喪紛屈伸. 達人憂喜超鄕人. 佁儗客夢擄征鞍. 布穀處處催耕春. 江南弟子韋帶者. 薄採蘭芷春江濱. 欣逢翰林舊顔色. 城南梅竹催吟呻. 馬首來自海南路. 三匝橘亭悽霜露. 倦遊孤懷湘水頭. 杜若萋萋依古渡. 明光宮中招可還. 於泰不久民遮道. 弟子從今復何心. 願聞賡載南風琴. 缺缺缺缺缺缺缺. 汭陽江水深復深.

6월 14일 : 신잠과 함께 함담정(菡萏亭)[74]에서 달구경을 하다.

· 1544년(23세, 중종 39년)

신잠이 태인 현감으로 부임하다. 이해 신잠은 백광홍을 당시 호남실학의 3대 인물로 학문이 뛰어난 이항(李恒, 1499~1576)의 문하에 들게 하여 본격적인 학문의 길로 들어설 수 있도록 하였다.

· 1545년(24세, 인종 1) 1월 11일 : 어머니 광산 김씨가 세상을 뜨다.

· 1548년(27세, 명종 3) 여름 : 아우 백광안(白光顔)이 전염병을 피해 능가산(楞迦山)[75]에 놀러 왔다가 태인에서 신잠(申潛)을 찾아뵙고, 한동안 머물다 떠나므로 증별시를 지어주다.

· 1549년(28세, 명종 4) : 아버지의 명으로 응거(應擧)하여 사마(司馬) 양시(兩試)에 급제하다.[76]

· 1552년(31세, 명종 7) : 식년 문과 병과로 급제하여, 홍문관 정자(弘文館正字)에 제수되다.[77]

---

74) 함담정은 현감 장우규(張友奎)가 세웠다. 태인현에 조선 초기 선생안이 실전하여 오고 간 연도는 알 수 없으나 태인현감 안기(安起)가 태인현에 관아 건물을 완공(1421년)한 이후에 장우규가 부임하여 신축하였을 것으로 추정된다. 1480년 『동국여지승람』에 기록이 있으니 1421~1480년 사이에 신축되었고 임진왜란 중 소실된 것으로 보인다. (『신증동국여지승람』 태인현, 누정)

75) 전라북도 변산반도 부안군 진서면 석포리에 있는 명산. 지금은 변산반도 국립공원으로 지정돼 있다. 천년 고찰 내소사가 있다.

76) 백광홍(白光弘) 국조문과방목 : ○[생원] 명종(明宗) 4년(1549) 기유(己酉) 식년시(式年試) [생원] 1등(一等) 2위(2/100) ○[진사] 명종(明宗) 4년(1549) 기유(己酉) 식년시(式年試) [진사] 3등(三等) 14위(44/100) (『국조문과방목(國朝文科榜目)』, 卷之七, 규장각한국학연구원)

77) 백광홍(白光弘) 국조문과방목 : [문과] 명종(明宗) 7년(1552) 임자(壬子) 식년시(式年試) 병과(丙科) 1위(11/36) (『국조문과방목(國朝文科榜目)』, 卷之七, 규장각한국학연구원)

11월, 왕명으로 영호남의 문신들이 성균관에서 재주를 겨뤄, 동지부(冬至賦)'로 1등을 차지하다. 상으로 『선시(選詩)』10권을 하사받다.

- 1553년(32세, 명종 8) : 호당(湖堂)에 들어 독서하다.
  그해 아우 백광훈이 서울로 올라와 양응정(梁應鼎)의 문하에 수학하다. 5월, 태인 가는 길에 하서 김인후(金麟厚)를 찾아가다. '증백정자(贈白正字)'[78] 지어주다.
- 1555년(33세, 명종 10) 평안도평사(平安道評事)에 제수되다.
  2월 : 김홍도(金弘度), 최경창(崔慶昌), 안사미(安四美), 장언후(張彦厚), 임억령(林億齡), 유영길(柳永吉), 양응정(梁應鼎) 등이 관서 평사로 가는 백광홍을 전별하며 시를 써주다. 중간에 다른 일로 잠시 서울에 왔다가 다시 갈 때, 임제(林悌), 안사미(安四美), 귤오자(橘塢子) 등이 다시 전별시를 써 주다.
- 1555년 8월 28일 : 일재 이항에게 편지하여 가르침을 청하다.
  ('관서평사시일재답서(關西評事時一齋答書時一齋答書')[79]가 문집에 실려 있다.

---

78) 『岐峯集』'卷之五, 附錄, 他詩文之可考者, 並付之, ○詩 贈白正字[金河西' : 春山百花落. 幸有一枝紅. 寂寞茅簷下. 醱愁酒盞空. 春光留草屋. 醉面欲爭紅. 見子忘沉疾. 其如雪鬢蓬. 採蘭幽念起. 好去奉親盤. 蔘蔘嗟無及. 經營萬事難. 畏景當天不可行. 征驂且待夕凉生. 今來不盡心中語. 東閣黃花再結盟. 甲寅五月. 公時過雪山. 向詩山. 東院西風此送君. 玉川破屋數間雲. 南山野聲何事. 客酒盈觴我已醺. 訪我炎天臥病時. 問君今向漢江湄. 悠悠歲月添霜鬢. 少壯歡娛子自知. 翠竹江村映白沙. 故人來到故人家. 相逢痛飮東城酒. 一醉忘情字畫斜. 落葉西風正字過. 黃花柚盞夕陽斜. 龍鍾未赴金華召. 獨臥茅簷醉作家.

79) 『岐峯集』'卷之五, 附錄, 他詩文之可考者 並付之,○詩 關西評事時, 一齋答書, 乙卯八月, 念八日, [李恒] : 寂寞山村. 芳緘遽到. 蘇慰. 又受好弓. 庶可破寂. 尤喜. 但未得從容叙別. 追恨曷極曷極. 惟照. 所索贈言. 居敬窮理而已. 居敬則

· 1556년(34세, 명종 11) : 병으로 교체되어 오는 길에 최경창(崔慶昌)을 만나, 안주(安州)에서 아끼던 기녀에게 주는 시를 최경창의 부채에 써서 주다. '제최고죽선(題崔孤竹扇)'[80].

· 1557년(25세, 명종 12년) 8월 27일 : 부안(扶安)의 처가에서 세상을 뜨다.[81]

양응정(梁應鼎), 이후백(李後白), 최경창, 기대승(奇大升), 홍진(洪縝) 등이 만사(挽詞)를 지어 공의 죽음을 애도하다. 기대승이 '유상찬(遺像贊)'[82]을 짓다.

■ 1556년~1889년, 기봉 사후 343년 기간

- 만사 작시 : 송천 양응정(松川 梁應鼎), 청련 이후백(淸蓮 李後白), 고죽 최경창(孤竹 崔慶昌), 고봉 기대승(高峯 奇大升), 연봉 홍진(蓮峯 洪縝).[83]
- 초상화 찬 : 고봉 기대승(高峯 奇大升).

明睿自照. 窮理則萬理自通. 作聖之道. 都在這箇四字. 願須顚沛造次. 常必於是可也. 行者告忙. 未能悉. 阻抱之懷悠悠. 只此謹復.

80) 『岐峯集』'卷之二. 詩,○七言絶句, 題崔孤竹扇 公爲評事時. 眷安州妓. 以病遞還. 路逢交承. 孤竹題此詩於扇. 孤竹以贈扇妓. 妓慘然而已訃至' : 關西名勝大江三. 處處花亭駐客驂. 君到百祥樓下問. 碧牕應有夢江南.

81) 가족사항 ; [부(父)] : 백세인(白世仁) / [조부(祖父)] : 백문기(白文棋) / [증조부(曾祖父)] : 백맹춘(白孟春) / [외조부(外祖父)] : 김광통(金廣通), 본관 광산(光山) / [처부(妻父)] : 김몽인(金夢寅), 본관 청주(淸州) / [처부(妻父)2] : 김세주(金世柱) 본관 부령(扶寧) (『국조문과방목(國朝文科榜目)』, 卷之七규장각한국학연구원[奎106])

82) 『岐峯集』'卷之五,[附錄○贊], 遺像贊[奇大升] : 宗師一齋. 鳴世文章. 學有淵源. 提挈維綱. 立朝正笏. 士類有依. 訐直則無. 怨仇用希.

83) 『국역 기봉집』(2018), 239-245쪽.

- 기준(奇遵,1492~1521) : 시 '팔문장 이끌다 八文章引'에서 "(기산팔문장 중) 최고 으뜸은 기봉 백광홍"이라고 적시했다. (『기봉집』, '팔군자인' 249쪽)
- 백광훈(白光勳,1537~1582) : 1580년에 쓴 시 '관서로 떠나며 작별하는 최고죽에게 주다 贈崔孤竹關西之別'에서 "'관서별곡'은 기봉이 썼다"고 최초 증언하다.
- 박계현(1524~1580) : 기봉의 관서 평사 재직 시 박계현에게 쓴 시 5수('철옹성에서 어사 박군옥에게 주다 鐵甕城贈朴御史君沃', '군옥을 대신하여 가애의 소매에 적어주다 代君沃題可愛袖-名銀玉', '가애를 대신해서 군옥에게 부치다 代君沃題可愛', '희천 남헌에게 쓰다 題熙川南軒', '만포 수항정에서 차운하다 滿浦受降亭')를 박계현이 자기의 유집 『밀산세고(密山世稿)』에 수록하다.
- 고상안(高尙顔,1553~1623) : 『태촌집(泰村集)』('총화叢話 · 여화餘話')에서 '백광홍의 시재 白光弘之詩才'로 백광홍을 소개하였다. [임억령(林億齡) '해인사 일주문을 제재로 하여 題海印寺沙門柱'라는 시를 백광홍 시로 잘못 소개하였다.]
- 조우인(曺友仁,1561~1625) : 1606년 발표된 '제출관사후 題出關詞後'에서 백광홍 '관서별곡'과 백광홍에 대해 평가하다.
- 신흠(申欽,1566~1628) : 『상촌집』(제60권)에서 백광홍 평가하다.
- 이수광(李睟光,1563~1628) : 『지봉유설(芝峯類說』에서 ①13권(文章部六 동시東詩') ②14권('文章部七 여정麗情') ③14권('文章部七 가사歌辭') 등 3회에 걸쳐 백광홍과 '관서별곡' 소개하다.
- 위정훈(1魏廷勳,1578~1662) : 기봉 백광홍을 찬하는 시 작시

하다 ('장춘대를 읊다 長春臺韻')(『청금유고』)

- 김홍욱(金弘郁,1602~1654) : 『학주선생전집』('권3, 서행록西行錄, 칠언절구七言絶句')에서 '백평사에게 부친다 - 백광홍 기녀를 생각하며 贈白評事 光弘 所眄妓' 시(詩) 작시하다.
- 김득신(金得臣,1604~1684) : 『백곡선조문집(柏谷先祖文集)』('책5, 서, 관동별곡서關東別曲序')에서 '관서별곡'을 평가하다.
- 서봉령(徐鳳翎,1622~1687) : 기봉 백광홍 시 3수 작시하다. ['기봉의 5대손 백명우(白溟羽)를 만나 양송천의 운자에 차운하다 - 逢岐峯五代孫因次松川韻' | '기봉이 일찍 세상을 뜸을 슬퍼하며, 예전 한유가 왕함에게 그랬던 것처럼 구만(九萬) 백명우(白溟羽)에게 회포를 부치다 悲岐峯早沒寄懷九萬如昌黎之於王含' | '팔문장 이끌다 八文章] (『기봉집』, 2018, 250~251쪽.)
- 홍만종(洪萬宗,1643~1725) : 『순오지(旬五志)』(하下)에서 백광홍과 '관서별곡'을 소개하다.
- 『선조수정실록』(1643~1657년 9월 완성) : "백광홍은 팔문장이다"고 2회에 걸쳐 등재하다. [『선조수정실록』 '17년 갑신(1584, 만력) 2월 1일' || 『선조수정실록』 '22년 기축(1589) 12월 1일']
- 이유(李濡,1645~1721) : 기봉 백광홍 시 3수 작시 [양송천 운자에 삼가 차운하다 敬次松川韻 | 서세마(서봉령)의 운을 빌어 - 次徐洗馬韻 | '팔문장 이끌다 八文章](『기봉집』, 2018, 248쪽.)
- 홍세태(洪世泰,1653~1725) : 『유하집柳下集』('권11, 차이하보유此以下補遺')에서 백광홍을 기억하며 '서경의 노래 西京歌' 2수 작시하다.
- 김양근(金養根,1734~1799) : 『동야집(東埜集)』에서 "백기봉

(白岐峯)의 관서별곡이 있다."고 소개하다. (『東埜集』'卷之八. 題跋, 書李處士 涉 瑪川別曲後').

- 『여지도서』(1725~1765 간)('전라도, 장흥부, 인물, 사마') : 백광홍을 소개하다.[84)]
- 『장흥읍지』(1747)('안양방, 인물, 문과')[85)]와 '안양방'에서 인물, 사마司馬)[86)]' 2곳서 백광홍을 간략히 소개되다.
- 영모재(永慕齋) 설립 : 기양사 설립(1808년) 이전 1700여년 대에, 기봉 공 후인들이 기봉 공 부친 백세인, 백세인 아들 백광홍, 백광안, 백광훈의 위패를 한곳에 모시고 향사하는 영모재(永慕齋)를 기봉 공 묘소인 장동면 호계리 운치 부근에 세웠다. 영모재는 이후 2004년 5월, 현재의 위치인 기봉가비 부근(호계리 월만리 255-1번지)로 이전, 중건됐다. (영모재의 향사일은 양력으로 11월 첫째 주 토요일이다.)
- 기양사(岐陽祠)에 배향 : 1808년(순조 8)에 기양사(岐陽祠)[87)]

---

84) 白光弘. 號岐峯. 生進登第, 歷湖堂. 弟光勳, 號玉峯, 以詩筆鳴, 以白衣從事儐僚. 從弟光城, 號東溪, 光顏, 號楓岑, 俱以文章鳴 (『여지도서』)

85) 白光弘 : 號岐峯, 生員登第, 歷湖堂芝平安評事, 作關西四曲, 崔慶昌詩曰, 錦繡煙花依舊色, 綾羅芳草至今春, 仙郎去後無消息, 一曲關西淚滿巾. 嘗受學於一齊, 申靈川門下, 年三十一登科, 三十五卒.

86) 白光弘 : 文麒孫, 兩場(간략히 8자로 소개)

87) 기양사 : 위치는 안양면 기산리 67번지(동계길 33-26)다. 이 사우는 정신재 백장(白莊)공을 중앙에 모시고 이하의 12현(총 13현)을 좌우로 모시는 소목식(昭穆式) 형태의 13현(顯)의 위패를 봉안한 유서 깊은 사우이다. 본래 기산팔문장 남계(南溪) 김윤, 서곡(書谷) 임분, 죽곡(竹谷) 임회, 기봉(岐峯) 백광홍, 동계(東溪) 백광성, 풍잠(風岑) 백광안, 옥봉(玉峯) 백광훈, 지천(芷川) 김공희 8분의 학덕을 기리기 위해 장흥 유생 지지재(止止齋) 이상계(인천人 1758~1822) 선생 등의 제발로 조정에 청사소(請祠疏)를 계청(啓請)하고 장흥 사림과 백진항, 백사찬 등 후손의 진력과 헌성으로 1808년(순조 8년) 창건되어 향사해왔다. 1868년(戊辰 고종5) 흥선대원군(李昰應)의 서원

가 창건되며 백광홍이 팔문장과 함께 배향되다.

- 이유원(李裕元,1814~1888) : 『임하필기(林下筆記)』('해동악부')와 『가오고략』('册一, 보제산락補製散樂,16수') 2 곳에서 동일한 내용으로 백광홍과 '관서별곡'을 소개하다. ('관서별곡'을 '관산별곡'으로 잘못 소개. 소개된 시도 백광홍의 시가 아닌 다른 사람의 시를 백광홍 시로 잘못 소개하다.) 그 외 『임하필기 제16권』('문헌지장편文獻指掌編, 제현들이 지은 노래'), 『임하필기 제18권』('문헌지장편文獻指掌編')에서 백광홍 이름과 가사 제목 소개하다.
- 안종화(安鍾和,1860~1924) : 『국조인물지』에 백광홍 소개하다. 백광훈도 함께 소개하면서 백광훈을 더 비중 있게 소개하다.[88]
- 증보문헌비고(增補文獻備考, 1903~1908 간행) : 백광홍과 '관서별곡' 소개 (『增補文獻備考』, '권 107, 樂考 18. 1')

철폐령에 의해 훼철되어 매안하였다가 1901년(辛丑)에 복설하면서 정신재(靜愼齋) 백장을 비롯하여 정해군(貞海君) 백수장, 사주당(思周堂) 백문린, 석담(石潭) 백한남, 술고당(述古堂) 백민수 등 5位를 추배하고 정신재(靜愼齋)공을 주벽으로 향사해오고 있다. 제향은 매년 陰 9월 상정일(上丁日) 지역 유림에서 주관하여 봉행한다. 1999년(乙卯) 2월 26일 전라남도 유형문화재 제 207호로 지정되었다. 그해 입동(立冬) 국무총리 김종필(金鍾泌 1926~2018)이 액호 편액을 썼다.

88) 白光弘 : 字大裕, 號岐峯, 海美人. 壬子文科, 評事. 弟光勳, 字彰卿, 號玉峯. 官止參奉. 善書晉體. 以詩鳴其弘慶寺, 詩曰 : "秋草前朝寺, 殘碑學士文. 千年有流水, 落日見歸雲." 嘗受業于一齋李恒之門, 與愚磻許震童齊名. [홍경사(백광훈) : 가을풀 황량한 고려 때의 절 秋草前朝寺 / 깨진 비엔 학사의 글 남아 있구나 殘碑學士文 / 천년토록 물은 절로 흘러가는데 千年自流水 / 해질녘에 외로이 뜬 구름을 보네 落日見孤雲.] (『國朝人物志』, '二, 明宗朝')

■ 1889년~. 근현대의 백광홍 연보

- 1899년 :『기봉집』, 장흥 안양 주산(舟山)에서 목판본으로 간행되다.[89]
- 1901년(광무 5년) : 백장(靜愼齋 白莊)[90] · 정해군 백수장(貞海

89) 기봉 공의 저술을 처음으로 정리하기 시작한 것은 공의 사후 거의 300여년이 지나서였다. 송산 백광훈가(家)에 전해져 내려온 약간 편의 유문을 바탕으로 후손 백진항(白鎭恒)이 수집 편차하고 백만영(白萬榮)이 등사하여 1책으로 만들었다. 이후 후손 백하진(白河鎭)과 백규상(白圭祥)이 1책의 선사본을 가지고 1851년 홍직필(洪直弼)의 서문을 받았으나 간행까지 이어지지 못하였다. 그 후 1866년 8대손 백후진(白垕鎭)이 제현들의 수창시(酬唱詩)와 애뢰문(哀誄文)을 모아 1책으로 편찬하여 선사본 1책과 함께 상 2책으로 엮고 '관서별곡'을 실어 새로이 편집하였다. 한편, 1860년 11대손 백영문(白永文)이 고부에서 집안 사람이 소장한 것 중에서 저자의 친필로 된 초고를 수습하여 '시산잡영(詩山雜詠'이라 제목을 달았다. 그 후 백영문의 아들 백채인(白采寅)과 백희인(白羲寅)이, 백후진(白垕鎭)이 편집한 기존의 2책을 바탕으로 하여 '시산잡영(詩山雜詠)과 부록을 첨부하여 최종본을 완성하였고, 이를 1899년 장흥 안양 주산(舟山)에서 인행하였다.『기봉집』의 '초간본'은 고려대학교 중앙도서관(景和堂D1-A1393), 연세대학교 중앙도서관, 장서각(D3B-1132) 등에 소장되어 있다.

90) 백장(白莊,1342~1415) : 고려 후기 충신. 자는 명윤(明允)이고, 호는 정신재(靜愼齋)이다. 본관은 수원(水原)이다. 상서성상장군(尙書省上將軍)에 책훈된 백원정(白元貞)의 현손이다. 조부는 추밀원좌승선(樞密院左承宣) 백연(白璉)이고, 부친은 밀직부사(密直副使) 백인경(白仁景)이며, 모친은 태자대부(太子大傅) 문정공(文貞公) 이장용(李藏用)의 딸이다. 포은(圃隱) 정몽주(鄭夢周) 문하에서 수학하였다. 16세 되던 해인 1357년(공민왕 6)에 성균관(成均館) 진사시(進士試)에 합격하였다. 이후 원나라로 유학을 떠나, 25세의 나이로 원나라 과거에 급제하는 등, 기량과 경륜을 넓혔다. 원나라에서는 그에게 한림시독학사(翰林侍讀學士)의 관직을 내려 머물게 하려고 하였으나, 귀국하여 광정대부(匡靖大夫) · 이부전서(吏部典書) · 보문각대제학(寶文閣大提學) 등 요직을 역임하였다. 그러나 고려가 멸망하자 개경(開京)을 떠나 강원도 원주(原州) 치악산(雉岳山)으로 들어갔는데, 이때 그의 명성을 듣고

君 白壽長)[91] · 사주당 백문린(思周堂 白文麟)[92] · 석담 백한남(石

많은 선비들이 찾아왔다. 태조 이성계는 그의 학식과 덕망을 높이 사 집현전 대제학(集賢殿大提學)을 제수(除授)하였으나, 이를 거절하여 충청남도 서산군(瑞山郡) 해미(海美)로 유배를 가게 되었다. 그 후 태종은 다시 이조판서(吏曹判書) · 집현전대제학(集賢殿大提學) 등을 제수(除授)하였으나 거절하자 전라북도 장수현(長水縣) 임현내면(任縣內面) 호덕동(虎德洞) 위동(位洞)으로 유배하였다. 그는 장수현 장계(長溪)의 남쪽 유천(柳川) 언덕 위에 청심정(淸心亭)을 짓고, 학문 연마와 후학 양성에 힘을 기울였다. 그가 세상을 떠나자 태종은 '동방의 백이(伯夷)'라며 의정부영의정 겸 영중추부사(議政府領議政兼領中樞府事) 및 이부전서 보문각대제학(吏部典書寶文閣大提學)을 추증(追贈)하고 예관을 보내 제사를 지내게 하였다. 묘소는 전라북도 장수현 호덕동 뒤편 양지바른 언덕에 자리하고 있으며, 백충신묘(白忠臣墓)라고 불린다. 인근에 신도비가 세워져 있다.

91) 백수장(白壽長,1469~1543) : 앞의 497쪽 주석 67) 참조.

92) 백문린(白文麟,1482~1544) : 수원인으로 자는 자정(子禎), 호는 사주당(思周堂)이다. 학포 양팽손의 문하에서 수학하여 정암 조광조와 도의교를 맺고 수기치인 이학구명(修己治心 理學究明)에 힘써 후학을 가르치는 일에 힘썼다. 중종이 침랑(寢郎)에 제수하였으나 나아가지 않고 경전에만 전념하였다. 다시 봉자전참봉(奉慈殿參奉)에 제수되었다가 명종 원년에 졸하였다.

潭 白翰南)[93] · 술고당 백민수(述古堂 白民秀)[94] 등 일문 조손 5

93) 백한남(白翰南,1567~1639). 호는 석담(石潭)이다. 본관은 수원(水原)이고, 보성군(寶城郡) 회천면(會泉面) 봉강리(鳳崗里)에서 출생하였다. 부친은 백광미(白光美)이며, 형제로 형 백홍남(白鴻南)이 있다. 23세 되던 해인 1589년(선조 22) 증광시(增廣試) 병과(丙科) 8위로 급제하였다. 당시 선조가 그를 불러 만나보고는 크게 될 인물이라며 칭찬하였으며, 그 후 계속해서 여러가지 중요 사안들을 의논하였다. 관직은 안악군수(安岳郡守) · 영암군수(靈巖郡守) 등을 거쳐 장흥부사(長興府使)에 이르렀다. 『조선왕조실록(朝鮮王朝實錄)』 1598년(선조 31) 9월 26일 기사에는 그에 관한 일화가 실려 있다. 9월 20일 일본의 소서행장(小西行長)이 명나라의 제독(提督) 유정(劉綎)을 만나고 싶어 하자, 유 제독은 기패관(旗牌官) 왕문헌(王文憲)을 제독이라고 속이고 우후(虞候) 백한남(白翰南)을 도원수(都元帥)라고 속여서 만나려는 계획을 세웠는데 명나라 군사가 앞서서 대포를 쏘는 바람에 소서행장이 놀라 달아나버렸다. 이에 명나라 군사들이 계속 진격하고, 조선의 수군(水軍)도 때마침 그곳에 닿아 일본군의 기세가 완전히 꺾였다는 내용이다. 이 내용은 신흠(申欽)의 『상촌집(象村集)』 '천조선후출병래원지(天朝先後出兵來援志)'와 조경남(趙慶男)의 『난중잡록(亂中雜錄)』 1598년(선조 31) 9월 20일 자에도 실려 있다. 그는 부임지에 가면 언제나 몸과 마음을 다하여 지역을 다스렸기 때문에 고을 백성들은 그를 매우 잘 따랐다고 한다. 장흥군(長興郡) 안양면(安良面) 기산리(岐山里) 기양사(岐陽祠)에 배향되었다.

94) 백민수(白民秀,1577~1594) : 자(字)는 기원(起元). 호(號)는 술고당(述古堂). 본관은 수원(水原). 증판서(贈判書) 정해군(貞海君) 수장(壽長)의 현손이고 직장(直長) 승종(承宗)의 아들이다. 효성과 우애가 돈독 하였고 경전(經傳)에 널리 통달하였다. 대범하여 세속에 얽매이지 않았고 지절(志節)이 있었다. 16세 때, 임진란 때 전직장(前直長)으로 장인인 풍암공(楓菴公) 문위세(文緯世)를 따라 의병을 모아서 보성(寶城)에 모여 전현감(前縣監)인 임계영(任啓英)을 의병장으로 추대하였다. 정사제(鄭思悌) · 문영개(文 英凱) 등과 함께 장수(長水)에서 싸워 적병을 크게 물리쳤다. 금산(錦山) · 무주(茂朱) · 성주(星州) · 개령(開寧)의 전투에서도 연승하였다. 정유란(1597) 때에 또 풍암공을 따라 용담(龍潭)에서 향병(鄕兵)을 모아서 적을 막아 참획한 것이 매우 많았다. 선무원종공신에 녹훈(錄勳) 되었고 좌승지(左承旨)를 증직 받았다. [장흥(長興)] 白民秀字起元號述 古堂水原人贈判書貞海君壽長玄孫直長承宗子篤於孝友博通經傳倜儻 有志節壬辰以前直長從婦翁楓菴文公緯世募聚義旅會于寶城以前縣監 任啓英推爲將與鄭思悌文英凱等合戰長水大

위(팔문장 8인 더해 13위)를 추배하여 고려 말 대제학 정신재를 주벽으로 지금까지 향사 해 오고 있다. [기양사는 이후 1958년에 기양강당을, 1972년에 사우를, 1974년에 내삼문(東光門)을 중건 복원 하였다.][95)]

• 1955년 : 이주홍, '관서별곡 - 실전을 전해오는 고전 가사의 내용 여하', 『국어국문학』, 제13호. - '관서별곡'을 '기성별곡(箕

破賊兵連捷錦茂星開之戰 丁酉又從楓菴公於龍潭召聚鄕兵以遏賊鋒斬獲甚衆錄宣武原從勳贈左 承旨長興(『호남절의록』(김동수교감 · 역주, 권2 상, 임진의적, 임계영동창제공사실, 124쪽)

95) 기양사 중건 과정은 다음과 같다. : 기양사는 1808년(戊辰 순조8년) 창건되어 기산 팔문장을 배향하고 향사해 왔으나 1868년 흥선대원군의 서원 철폐령에 의해 훼철되어 매안하였다가 1901년에 복설되었다. 사당 좌측에는 1901년 기양사가 복설되면서 세운 단비가 있다. 강당은 1958년 장흥읍 월평에 거주한 백우인(1895~? 관산읍 당동 태생)의 사랑채를 뜯어 옮겨 기양강당(岐陽講堂)을 중건하였다. 이후 1972년 유사(有司) 백종기, 백준흠의 진력으로 3칸의 사우로 중건하였다. [편액 등이 1972년 중건 때 매안(埋安) 되었으나, 1998년 문화재 지정을 앞두고 고증을 위해 다시 발굴하여 세웠다.] 1974년(甲寅) 내삼문인 동광문(東光門)을 복원하면서 모선에 앞장선 백채덕, 백여인의 의연비를 세웠다. 기양사 중건기는 1974년 봄 후학 소성(?城) 이병교(인천人 1898~?, 부산면 호계리 태생, 제10대 장흥향교 전교 역임) 근지(謹誌)하였다. 강당 중건기는 1999년 이른 가을 후학 백달순(1932~2003)이 근술(謹述)하고, 반남인 박복서가 근서(謹書)하였다. 1999년 2월 26일 전라남도 유형문화재 제 207호로 지정되었다. 이후 1999년 전라남도(도지사 허경만)에서 기양사 정화 문화사업 지원으로 5칸 강당을 신축하였다. 이때 후손 백형훈, 백낙홍, 백정, 백종헌, 백광준, 백익 등이 주선과 진력을 아끼지 않았다. 강당의 액호 편액은 송곡(松谷) 안규동(죽산人 1907~1987) 선생이 쓴 것으로 기존 건물에서 옮겨 걸었다. 그해 입동(立冬) 국무총리 김종필(金鍾泌,1926~2018)이 '기양(岐陽祠)'라는 액호 편액을 썼다. 기양강당 입구에는 정해군 백수장의 신도비가 세워져 있다. 본 사우는 대지 2, 000여 평에 사당 3칸 1동, 강당 5칸 1동, 내삼문(東光門), 외문, 직사 1동, 기타 부속건물 2동, 신도비 1기, 의연비 등이 세워져 있다.

成別曲)'과 '향산별곡(香山別曲)'으로 추정하다.

- 1963년 : 이상보(李相寶), '백광홍의 관서별곡 연구', 『국어국문학』, 제26호. - 1899년 『기봉집』 발간 이후 64년 만에 최초로 '관서별곡'의 바른 평가를 비롯해 기봉의 시문학과 작자 백광홍 등을 구체적으로 소개하다.
- 1965년 : 김동욱(金東旭), '관서별곡의 고이(考異)', 『국어국문학』, 제30호. - '관서별곡'의 『기봉집본』의 '관서별곡'과 '잡가본(雜歌本)'을 비교 발표하다.
- 1967년 : 고경식(高敬植), '관서별곡과 출관사', 『국어국문학』, 제36호. - "조우인의 가사 '출관사'는 '관서별곡'의 영향을 받아 쓰여졌다"고 주장하다.
- 1987년 : 정익섭(丁益燮), '관서별곡과 조선조 가사문학', 1889년 간행본 『기봉집』 복간 본 - '관서별곡'을 중심으로 조선조 가사문학을 조명하다.
- 1987년 11월 1일 : '기봉 가비'가 조성되다. 전국가비동호인회(회장 김동욱)에서 공의 묘가 있는 부산면 호계리 운치(雲峙)에 가비(歌碑)를 세웠다. 이때 가비 비명에 서명하고 가비 설립 재원 모금에 참여한 문인, 교수 등은 133명이었다.
- 1987년 11월 : 기봉가비 설립을 기념으로, 1899년 『기봉집』 초간본이 『기봉집 상』이라는 이름으로 중간되면서 '부록(1) - 이상보의 '백광홍의 관서별곡'이, '부록(2) - 정익섭의 '관서별곡과 조선조 가사문학'이 첨부되어 재발간되었다.
- 1994년 4월 : 백수인, '관서별곡과 장흥문학'을 발표하다. 전남문인협회 심포지엄.
- 2000년 1월 31 : 기양사 후정에 '관서별곡비'가 세워지다. 이

비는 당시 기양사의 강당 등의 중건사업과 함께 이루어졌다. 이 때의 '관서별곡비' 전면에는 '관서별곡' 전문이 새겨졌다.

이 비석 건립에는 기봉 후손인 서예가 백응선이 글씨를 썼고, 그 형제들이 출연했다. 비음기(碑陰記)는 최승범 전북대 교수가 짓고 당시 윤수옥 장흥문화원장이 글씨를 썼다.[96)]

• 2004년 5월 : 영모제가 현 위치(부산면 호계리 운치)로 이전,

---

96) 관서별곡 비명 : " 수원인 백광홍 선생은 조선 시대의 문인으로 호는 기봉(岐峯), 자는 대유(大裕)이다. 1522년(중종 17년) 장흥 기산에서 태어났다. 일찍이 호남의 거유인 일제(一齋) 이항(李恒)의 문하에서 학문을 닦았고, 영천(靈川), 석천(石川), 하서(河西), 율곡(栗谷), 고봉(高峰) 등 당대의 학자 문인들과 도의지결(道義之契)를 맺어 덕망이 높았다. 천품이 빼어났고 효성과 우애가 지극하여 인사범절에 빈틈이 없었다. 선생은 28세 때인 1549년(명종 4년) 사마양시(司馬兩試)에 급제하였고, 1552년(명종 7년) 11월 문과에 올라 홍문관 정자(正字)가 되었다. 그 해 왕명으로 성균관에서 치러진 문신들의 백일장에서 선생의 동지부(冬至賦)가 장원으로 뽑혀 『선시(選詩)』 10권을 특사(特賜)받았다. 1553년 호당(湖堂)에 뽑혔고, 1555년(명종 10년) 봄 평안도 평사(評事)에 임명되어 서도관방에 부임하였다. 그 곳에서의 삶과 정취, 자연풍광을 시문으로 음영한 바 많거니와 그 중 가사 관서별곡(關西別曲)은 널리 회자되었다. 뿐만 아니라, 기행서경가사의 효시로서 25년 뒤 송강 정철(鄭徹)이 지은 가사 관동별곡(關東別曲)에 직접적 영향을 주었다. 또한 위세직(魏世稷), 이상계(李商啓), 위백규(魏伯珪), 노선명(盧明善), 이중전(李中銓) 등의 가사에 영향을 주어 장흥가단(長興歌壇)을 이루는 바탕이 되었다. 선생은 1556년(명종11년) 병환으로 벼슬을 그만 두었고, 그 해 음력 8월 27일 부안의 생관(甥館)에서 서거하니 향년 35세였다. 일제(一齋)는 부음을 듣고 "문재와 학덕이 드물게 뛰어났는데 이를 펴지 못한 것이 아깝다."하고 크게 슬퍼하였다. 1808년(순조 8년)에 기양사(岐陽祠)에 배향되었다. 선생의 생애와 훌륭한 예술 정신을 기리고자 백응선(白應善), 두선(枓善), 길선(桔善) 삼형제의 출연으로 여기 기양사 뒤뜰에 관서별곡 전문을 새긴 돌비를 세운다.

-서기 2000年 신정. 전북대학교 명예교수 문학박사 고하 최승범(古河 崔勝範)이 삼가 글을 짓고 장흥문화원 원장 화산 윤수옥(華山 尹洙鈺)이 글씨를 쓰다.

중건되다.

- 2004년 5월 29일 : 『국역 기봉집』(정민 번역)이 '기봉백광홍선생기념사업회'에 의해 도서출판 역락에서 발간되다.
- 2004년 6월 : 백광홍이 6월의 문화인물로 선정되다.
- 2004년 6월 21일 : 서울 한양대학교 인문관 3층 멀티미디어실에서 '기봉 백광홍 선생 학술 발표회'가 개최되다. 이 발표대회는 정민의 '기봉 백광홍의 인간과 문학세계'를 주제로, 김종서의 '기봉 백광홍과 호남시단', 박종훈의 '백광홍의 시세계와 인(仁)사상', 박철상의 '백광홍의 내사본(內賜本), 선시(選詩)의 서지적 의미', 김성기의 '백광홍의 관산별곡과 기행가사', 백형모의 '기봉 선생과 조선 팔문장에 대하여' 등이 발표되다. 이 학술대회는 서울에서 이어 6월 29일 장흥문화예술회관에서 2차 발표대회 개최되었다.
- 2010년 10월 25일 : 기봉 공이 '동지' 장원으로 하사 받은 '선시 10권' 풍아익(風雅翼)이 대한민국의 보물 제1664호로 지정되다.
- 2018년 10월 30일 : 2004년 간행본 『국역 기봉집』이 재발간 되다.
- 2018년 11월 1일 : 『문화지리학으로 본 문림고을 장흥의 가사문학』(박수진 저)이 발간되다.
- 2025년 3월 14일 : 장흥학당에서 백수인 시인(조선대 명예교수)의 '장흥 가사문학과 현대문학'주제의 강연회가 개최되었다.

[이후 백광홍과 '관서별곡'은 학계에 주목을 받으며, 김성기(金成基), 김병기(金柄基), 김현기(金炫基), 최승범(崔勝範), 백수인(白洙仁), 장희구(張喜久) 등 40여 명의 전문 학자들이 '관서별곡'과 백광홍의 시문(詩文)에 대한 논문을 발표해 왔다.

• 2025년 1월 현재까지 기봉 백광홍 시인 관련 학술 논문(석박사 학위 논문 포함)은 40여 편이 발표된 것으로 알려졌다.]

기봉 백광홍에 대한 학술 논문 발표 현황
(1955~2025. 6)

다음은 현대에 들어 와 백광홍과 '관서별곡'에 대하여 그동안 발표된 주요 학술 논문의 목록이다.

- 1955년 : 이주홍, '관서별곡 실전을 전해오는 고전가사의 내용 여하', 국어국문학 제13호, 1555, 4. 226-241쪽.
- 1963년 : 이상보, '「관서별곡」 연구', 국어국문학 제26호, 국어국문학회, 1963, 6. 54-76쪽.
- 1965년 : 김동욱, '관서별곡의 고이(攷異)', 국어국문학 제35호, 국어국문학회, 1965, 107-115쪽.
- 1967년 : 고경식, '관서별곡'과 '출관사', 국어국문학 제36호, 국어국문학회, 1967, 5. 51-57쪽.
- 1974년 : 이상보, 『한국가사문학 연구』, 형설출판사, '관서별곡' 소개, 1974.
- 1975년 : 이병기, '관서별곡 · 관동별곡 · 관동속별곡의 형태적 고찰', 전북대국어국문학회 제17집, 1975, 1. 75-97쪽.
- 1976년 : 김현기, '관사별곡과 관동별곡 비교 연구', 고려대 교육대학원 교육학 석사학위 논문, 1976.
- 1977년 : 전현기, '관서별곡과 관동별곡의 비교 연구', 고려대학교 교육대학원 어학교육전공 국어교육반 석사 논문, 1977.
- 1979년 : 이상보, 『한국가사선집』, 집문당, '관서별곡' 소개, 1979.
- 1987년 : 이상보, '관서별곡 연구', 『기봉집』 중간본 부록1, 전국시가

회건립동호회, 1987.

- 1987년 : 정익섭, '관서별곡과 조선조 가사문학', 『기봉집』 중간본 부록2, 전국시가회건립동호회, 1987.
- 1988년 : 최승범, '백광홍과 관서별곡', 금호문화재단, 월간 금호문화 7월호, 1988.
- 1991년 : 박래호, '기봉 백광홍의 생애와 사상', 향토문화개발협의회, 향토문화 제11호, 1991, 8. 79-84쪽.
- 1994년 : 박탁구, '관서별곡과 관동별곡의 비교', 영남대학교 석사 논문, 1994.
- 1994년 : 백수인, '남도문학의 뿌리를 찾아서'(장흥편) - '관서별곡과 장흥문학', 한국문입협회, 학술세미나 주제 발표, 1994, 4.
- 1995년 : 장희구 '고봉(기봉) 백광홍의 관서별곡 결집 고찰', 한국어교육학회, 1995, 12. 국어교육 90권, 221-249쪽.
- 1995년 : 김성기, '고전문학 : 장흥지역의 가사 연구', 한국언어문학회, 1995. 한국언어문학 35권. 239-258쪽
- 1996년 : 장희구, '기봉 백광홍의 시문학 연구', 조선대학교 대학원 박사논문, 1996.
- 1999년 : 김영훈, '관서별곡과 관동별곡의 비교 연구', 목포대학교 교육대학원 석사논문, 1999.
- 2000년 : 유근안, '관서별곡과 관동별곡의 비교 연구', 한국어문교육연구회, 2000, 어문연구 제28호, 205-218쪽.
- 2003년 : 박미, '관서별곡과 관동별곡의 비교 연구', 조선대학교 석사논문, 2003.
- 2004년 : 정민, '기봉 백광홍 선생 학술발표회 논문 - '기봉 백광홍의 인간과 문학세계', 한양대학교한국학연구소, 2004, 韓國學論集 Vol. 38.
- 2004년 : 박종훈, '기봉 백광홍 선생 학술발표회 논문 '백광홍의 시 세계와 인(仁) 사상', 한양대학교한국학연구소, 2004, 韓國學論集 Vol. 38.
- 2004년 : 박철상, '기봉 백광홍 선생 학술발표회 논문 - '백광홍 내

사본(內賜本) 選詩의 서지적 의미', 한양대학교한국학연구소. 2004, 韓國學論集 Vol. 38.

- 2004년 : 백형모, '기봉 백광홍 선생 학술발표회 논문 - '기봉 선생과 조선 팔문장에 대하여', 한양대학교한국학연구소, 기봉학술발표회 논문집, 2004, 6. 87-91쪽.
- 2004년 : 김성기, '백광홍의 관서별곡과 기행가사', 한국고시가문학회, 『고시가연구』 제14집, 2004, 5-25쪽.
- 2004년 : 백수인, '기봉 백광홍의 생애와 문학세계', 기봉백광홍기념사업회, 2004.
- 2004년 : 김종서, '기봉 백광홍과 호남시단', 한양대학교 한국학연구소, 『한국학논집』(현 『동아시아문화연구』) 제38호, 2004, 10. 105-142쪽.
- 2008년 : 하경숙, '백광홍의 현실 인식과 문학세계', 온지논총 제18호, 2008, 1. 135-160쪽.
- 2009년 : 박수진, '관서별곡에 나타난 공간 인식', 한서대동양고전연구소, 『동방학』 제4집, 2009, 58-83쪽.
- 2010년 : 김종진, '관서별곡의 문화지도와 국토 · 국경 인식', 국제어문학회, 『국제어문』 제50호, 2010, 31-61쪽.
- 2010년 : 김종진, '가사와 지도의 공간현상학 -관서별곡과 관서도 견주어 읽기', 동국대학교한국문학연구소, 한국어와문학, 2010, 31-58쪽.
- 2010년 : 김종진, '관서별곡(關西別曲)의 지리적 상상릭 - 문화 지도와 국토, 국경 인식', 국제어문학회, 국제어문학회 학술대회 자료집, 2010, 권 2호, 65-81쪽.
- 2010년 : 이상원, '관서별곡(關西別曲)의 지리적 상상력 - 문화 지도와 국토, 국경 인식', 국제어문학회, 국제어문학회 학술대회 자료집, 2010, 권 2호, 82-83쪽.
- 2010년 : 김종진, '관서별곡의 문화지도와 국토 국경 인식', 국제어문학회, 『국제어문』 제50호, , 2010, 31~61쪽.

- 2010년 : 이자영, '기봉 백광홍의 시세계 연구', 충남대학교교육대학원. 석사 논문, 2010.
- 2011년 : 김신중, '장흥가사의 특성과 의의, 작품 현황과 연구 동향을 중심으로 - 장흥가사와 조선후기 기행가사', 한국고시가문학회, 한국시가문화연구 제 27호, 2011, 1. 119-140쪽.
- 2014년 : 최상은, [최초의 가사들] 최초의 기행가사, 관서별곡, 고요아침, 오늘의 가사문학, 2014, 가을호(제2호), 2014, 9. 80-85쪽.
- 2015년 : 박영주, '[가사 작가 인물전] 기행가사의 남상, 기봉 백광홍', 고요아침, 오늘의 가사문학, 2015, 가을호(제6호), 59-72쪽.
- 2015년 : 이상원, '문학 · 역사 · 지리 - 담양과 장흥의 가사문학 비교', 한국고시가문학회, 제7집, 2015, 4. 169-203쪽.
- 2018년 : 김용찬, '[가사 명품 산책] 변방의 부임지로 향하는 관리의 여정을 더듬다, 관서별곡', 고요아침, 오늘의 가사문학, 2018, 여름호(제17호), 29-40쪽.
- 2019년 : 이구의, '백광홍의 동지부(冬至賦)에 나타난 자아의 의식', 한국고시가문학회, 한국시가문화연구 제44호, 2019, 8. 5-31쪽.
- 2023년 : 최상은, '[주해 한국 명품 가사] 관서별곡關西別曲', 고요아침, 오늘의 가사문학, 봄호(제36호), 2023, 3. 208-230쪽.
- 2024년 : 김용철, '관서별곡의 창작 배경과 길의 성격', 한국시가문화학회, 한국시가문화연구 제54호, 2024, 8. 89-127쪽.
- 2025년 : 백수인, '장흥의 가사문학과 현대문학', 장흥학당 연찬회 발표회, 2025, 3. 14.

에필로그

기봉 백광홍. 공은 장흥이 낳은 '비운의 천재 시인'이었다.

거의 일 년간 공의 문학과 정신과 동고동락하다시피 하여 짙게, 깊이 깨달은 것은 기봉 시인은 참으로 '고독한 천재 시인'이었다는 것이다. 시간이 가면 갈수록 필자는 공의 고귀한 품성과 위대한 문학의 정신에 매료되었다. 당시 공이 장흥에서 탄생한 것 자체가 가히 기적이라고 말해도 그 표현이 많이 부족할 만하다고 여겨졌다.

지난 11월 1일, 본 책의 '머리의 글'을 끝으로 『천재 시인 기봉 백광홍 …』 원고를 마무리하고 공의 가비가 안치된 운치를 다녀왔다. 공의 가비 앞에서, 공이 생전에 그토록 즐겨 마시던 술 한 잔 따라 주위에 흩뿌리고 가비 앞을 떠나는 발걸음이 쉽게 떼어지질 않았다. 공을 오래도록 기억할 만한 기념관도 없다는 사실에 가비를 떠나는 발걸음이 더욱 무거웠다.

당초는 기봉 · 옥봉을 함께 묶을 원고로 시작했으나, 옥봉은 나중에 별도로 엮기로 하고 기봉만을 주제로 원고를 정리했다. 제작비가 문제가 되긴 했지만, 공에게 매료되고 감화 받은 것들을 그 누군가와 공유해야 한다는 절실한 심정에서 이 원고를 상재(上梓)하기로 했다.

기봉 공께서 장흥에서 태어나심은 분명 기적 같은 일이었지만, 공이 남긴 문학과 그 정신을 공의 유일한 산물로 엮어낸 공의 여러 후인들의 절절한 정성 또한 가히 기적 같은 일이라 할 수 있었다. 다 알다시피, 공의 시문은 공이 일찍 졸(卒)하는 바람에 그 뜻을 다 펴지 못했다. 더구나 공의 자손마저 영락하여 "유고(遺稿) 중 전할 만한 것은 모두 흩어지고 없어져서 거두지 못한 채로 덧없이 거의 사라졌던"(백사근) 상황이었다. 그런데도 공의 후인들이 2, 3년도 아니고 60여 년 가까이 정성껏 공의 시문을 수습하고 편찬하여 기어코 『기봉집』을 간행해낸 것이니, 어찌 기적이라 하지 않겠는가.

무엇보다 필자는 기봉 공을 만날 수 있는 그 절묘한 시운(時運)에 감사했다. 더구나 『기봉집』은 그 어디서든 손쉽게 접할 수 있는 시문도 아니고, 그 지난한 세월 동안 깊이 잠들어 있다가 가까스로 많은 후인들의 노력과 정성으로 빚어진 산물이었고, 그러한 『기봉집』을 필자가 만날 수 있었기 때문이다. 그래서 더욱 『기봉집』 간행을 위해 애쓰고 헌신해 온 기봉 공의 후인들에게 존경의 마음을 담아 깊이 감사를 드린다.

이 책은 '제1장 기봉의 위대한 정신과 사상'이 핵심이다. 제2장 · 제3장은 기봉 공의 흔적과 편린들을 모은 과정에서 부차적으로 얻은 내용이다. 제1장에서 여러 작품을 고찰한 바, 뒤늦게라도 기봉 시인의 문학 업적이 재평가 받아야 한다는 생각이 절실하였다. 이를 전제로, 그동안 기봉 시인이 길고 긴 어둠에 묻혀 있을 수밖에 없었던 상황을 더듬다 보니 엮어진 게 제2장과 제3장이었을 뿐이다.

제1장을 중심으로 기봉 시인의 정신을 간략히 정리해 본다.

처음으로 필자가 기봉의 시문 중 만났던 것은 신독(愼獨)의 의미를 파헤친 장시 '옥루(屋漏)'였다. '옥루'에서 감동 받은 이후 내친김에 부장편의 여러 작품을 만나며 공의 작품에 담긴 정신과 사상에 매료되기 시작했고 그러한 일련의 작업으로 엮어진 게 이번에 상재하게 된『천재 시인, 기봉 백광홍을 다시 읽는다』이다.

기봉이 활동하던 당대의 가장 중요한 가치관은 유학(儒學)이었다. 유학의 최고 덕목은 인(仁)이었으며 모든 유학도의 최선은 구인(求仁)이었다. 부(賦) '오곡종지미(五穀種之美)'는 오곡의 곡식 농사를 구인(求仁)에 대치시켜 구인의 방법론을 제시하고, 구인(求仁)의 의미를 고찰한 작품이다. 이 작품을 통해 우리는 기봉 시인이 유학도로서 그 정수(精髓)인 구인에 대해 얼마나 치열하게 궁리, 궁행했을 지를 유추하게 된다. 기봉 시인은 이 작품에서 구인의 경지와 구인에 이르는 길을 오곡 농사로 비유하여 참으로 현실적으로, 참으로 적절하게 표현함으로써 진한 감동을 주고 있다.

역대 그 수많은 유학자 중에, 과연 구인에 이르는 길을 어느 누가 이처럼 실재적이고 실천적인 방법론으로 표현하였던가. 부(賦) '오곡종지미(五穀種之美)'에서 기봉 시인의 그 뛰어난 독창성에 거듭 감탄하지 않을 수 없었다.

부(賦) '효도와 공경 孝悌'은 한 마디로 최고 전문 유학자에게 유가(儒家)의 핵심인 효제의 정수(精髓)에 대한 명쾌한 강론을 청취한 느낌이 드는 작품이다. 기봉 공은 이 작품에서 유학도로서 최고 수준의 '효제 강론'을 거침없이 펼치고 있다. 특히 이 부에서 기봉 시인은, "시냇가에서 선영 제사에 쓰일 쑥을 즐거운 마음으로 노래 부르며 캐겠다. [시냇가서 쑥을 뜯는데 노래 부르면서]", "(벼슬을 하지 못한 서생이지만, 그럼에도 불구하고 비록) 산과 바다에서 노닐거나 시문을 읽거나 하더라도 늘 삼가 몸을 닦고 효제의 궁행에 정성을 다하겠다. [서생으로 산해 간에 베옷을 입고서도, 삼가 몸 닦기를 아침저녁 노력하리.]", "어디로 가야할지 모르는 막막한 모든 일상이나 대사회적이고 대정치적인 만사(萬事)에서 더 양보하고 배려하며 나가겠다. [사방의 들판 길에서 길을 양보하리라.]", "(이 구인求仁과 효제孝悌, 의행義行의 마음) 붙들고 깊이 있게 나아가고 잠시라도 게으르지 않기를 기약하리라. [이 마음을 붙들고 깊이 있게 나아가서, 잠시라도 게으르지 않기를 기약하리.]" 등의 표현을 통해 기봉 시인 스스로 효제의 윤리 궁행에서 스스로를 매질하며 더욱 굳게 지켜 나갈 결의를 표출함으로써 이 '부 효제'에 담긴 의미를 극대화하였다.

부(賦) '부귀재천(富貴在天)'은 기봉 시인의 현실적인 고민을 여실히 들여다볼 수 있는 작품이다. 당대는 엄연히 왕정시대요, '부귀(富貴)도 하늘에 달려 있다'는 운명론이 지배하던, 과시(科試)를 거치지 못하면 관리도 하기도 어려운 시대였다. 이처럼 비정(非情)하고 비운(否運)이던 시대에 기봉 시인이 선택하고 지향할 수 있는 있는 꿈은 과연 무엇이었을까. 기봉 시인이 선택한 꿈은 관리로 출세하여 명예와 부귀에 안착하는 고급 관리로서 입지하는 것이 아니었다. 안빈낙도(安貧樂道)의 삶이었다. 즉 부귀에 초연하며 청빈한 군자도(君子道)를 실천 궁행하며 청빈과 안빈낙도를 꿈꾸고 추구하겠다는 것이 기봉 시인의 꿈이었다. 당대 기봉 시인은 대한반도의 외진 시골의 가난한 선비였다. 그는 과시에 계속 도전하여, 1549년 28세 때 사마양시(司馬兩試)에 합격하였다. 이어 3년만인 1552년 31세 때 식년문과에 을과로 급제했고, 32세 때인 1553년 영호남 문사들이 총동원된 시부회(詩賦會)에서 당당히 장원하고, 호당(湖堂)에 뽑혔다는 그 자체만으로 공은 대문장가로서 명예와 고급 관료로서 출세의 길은 훤히 열렸다고 할 수 있었다. 그럼에도 그는 아마 과시 합격 전후 즈음에 작부(作賦)했을 것으로 추정되는 이 부(賦)를 통해, 자신의 생의 활로가 무엇인지, 자기의 꿈이 무엇인지를 명약관화(明若觀火)하게 천명하였다. 기봉 시인의 꿈은 내적(內的)으로는 천명(天命, 天道)을 좇는 것이요, 외적으로는 안빈낙도(安貧樂道)와 풍광제월(風光霽月)의 삶을 영위하는 것이었다. 이러한 그의 꿈을 표현한 것이 부(賦) '부귀재천(富貴在天)'이었다. 그래서 그의 '부귀재천'은 다시없는 명작이요, 여기에 표명한 그의 꿈은 참으로 위대하고 참으로 아름답다고 평가할 수 있을 것이다.

신독(愼獨)을 주제로 한 시 '옥루(屋漏)'는 가사 '관서별곡', 부 '동지(冬至)'와 함께 공의 '3대 작품'으로 평가받을 수 있는 명작으로 파악된다. 무엇보다 수많은 역대 문인 중 기봉의 '옥루'만큼 '옥루' 곧 신독의 의미를 확대, 확충한 작품이 없었다는 점에서 작품성으로도 위대하다고 평가될 만한 작품임에는 이론의 여지가 없다고 하겠다.

시 '옥루'에서 기봉 시인은 '옥루=신독'의 의미를 확대 · 확충으로 구성했다는 점에서 높이 평가된다. 그러하기에 이 '옥루'에서는 인귀관두(人鬼關頭)와 성광(聖狂)을 시작으로, 무자기(毋自

欺), 부끄럽지 않는 군자[君子道], 보이지 않는 곳에서도 부끄러움이 없다는 불괴옥루(不愧屋漏), 자기 위한 공부(爲己之功=爲己之學), 망지생야(罔之生也), 요순의 도리(堯舜之道), 은미(隱微), 무성취[無聲臭=무성무취(無聲無臭)] 등 옥루+신독과 연관된 의미이면서 유가에서 가장 중요시되는 실천 덕목들을 거의 다 끌어냈다. 그리고 이를 통해 시 '옥루(屋漏)'의 완성도, 옥루가 지향한 신독의 다양한 의미 구현과 함께 작문(作文)의 경지를 드높이고 주제 '옥루=신독'의 새로운 의미의 확충을 표현하였다. 이로써 우리는 기봉 시인이 신독에 얼마나 철두철미하게 궁구(窮究) · 궁리했는가를 알 수 있다. 따라서 '옥루'는 그의 천재 문인으로서 능력을 한껏 펼쳐 보인 작품이라고 할 수 있다.

기봉 시인의 부(賦) '천행건(天行健)'은 『주역』의 기본 원리를 차용하여 쓴 작품이다. 부(賦) 제목 '천행건' 자체가 『주역』(건괘)에서 차용한 것이다.

공자는 모든 인간은 도(道)와 인(仁)을 회복함으로써, 즉 도행과 구인을 이룸으로써 인생의 목적을 달성할 수 있다고 보았으며, 이것이 모든 유자(儒子)들의 공통되는 진정한 삶의 철학이었다. 기봉 시인 역시 이 유자(儒者)의 범주에 속하는 구도자로서 삶을 추구했다. 이러한 자기 삶의 철학을 여실히 펼쳐 보인 작품이 바로 이 부(賦) '천행건'이다.

도(道)나 인(仁)은 하나의 이상이며 궁극이다. 이의 현현체(顯現體)로서 실천이요, 작용으로서 나타나는 것이 구인이요 구도이다. 크게는 다른 사람들에게 기쁨과 도움을 가져다주는 실천행이요, 작게는 인륜(人倫)의 실천이며 부도(不道) · 사도(私道) · 불륜(不倫)을 극복하는 행위로서 구인행이요 구도행인 것이다. 기봉의 삶에서 이러한 기본 철학은 한마디로 자연 섭리와 천도에 따르는 무위자연적(無爲自然的)인 삶이다. 그런 연유로 이 '천행건'에서도 그와 같은 삶의 여로를 통한 진리 증득(證得), 곧 구인 · 구도야말로 최선 · 최상이고 보다 값진 일이라고 천명하면서 그 구도와 구인에 이르는 자기의 처신과 노력을 읊었다. 그러한 점에서 기봉 시인은 '천행건'을 통해 이러한 궁극으로서 도(道)의 경지, 인(仁)의 경지, 성(誠)의 경지에 도달하려는 자신의 부단한 성찰과 도전, 실천 궁행의 의지를 보여주었다. 이는 참으로 유효적절한 메시지가 아니었던가 여겨진다. 그렇기에 기봉 시인은 이 부의 결부를 '천행건(天行健)'의 의미가 아닌 인간(군자)으로서 참된 도리의 길을 제시한 '지세곤(地勢坤)'의 의미로 맺고 있다. 이는 기봉 시인다운 독특한 유가 철학의 의미가 담긴 것으로 평가할 수 있을 것이다.

부 '동지'는 '관서별곡'과 함께 기봉 문학에서 양대 산맥을 이루는 최고의 작품이다. 이 작품은 이미 영호남 시인들의 시부대회에서 장원을 차지, 그 작품성에서도 당대 최고의 작품으로 공히 평가받은 작품이다. 그것도 현장의 즉석에서 자신의 문학적인 천재성을 유감없이 발휘하여, 두고두고 최고의 명문으로 회자될 최고의 명작을 창작해 낸 것이다.

기봉 시인은 이 작품에서 천도(天道)와 음양의 원리에 의하여 빚어진 동지(冬至)의 의의, 동지 전후로 빚어지는 자연 현상이 시사해 주는 의미를 밝히고 있다. 나아가 그러한 동지의 의의와 의미 그리고 현상을 인륜(人倫)에 비유하여 자아는 물론 소인과 군자, 제왕 시대의 지배자인 임금에 이르기까지 그 모두가 '동지'에 담긴 참된 천도(天道)를 궁구, 궁행해야 한다고 역설하고 있다.

기봉 시인은 전개부 첫 단락 2연 대구에서 "군도(君道)가 더욱 유장해짐을 하례하누나. 賀君道之益長"에서 『주역』 익괘의 '익장(益長)'을 인용하여, "자연스럽게 이익(혜택)이 확장되고 풍요롭게 되지만, (결코) 강제로 강요하거나 조장하지 않는다"는 의미를 강조한다. 즉 임금과 만백성이 고루 부유해지고 넉넉해지는 평천하(平天下), 즉 홍익인간의 이념이 구현된 국토가 실현되기를 염원한 것이다.

또 넷째 단락 1연에서 "이것이 마음의 동지(冬至)이거니 玆心上之至日 / 어찌 몸을 돌이켜 삼가지 않으랴. 盍反身而省飭"라고 설하면서, 소인배며 군자며 제왕이건 간에 인간 모두가 새로운 세상의 부활을 위해 몸을 삼가고 자기를 수양하는 등 이른바 '동지의 마음'을 회복하여 새로운 세상을 맞을 수 있도록 동지의 뜻을 궁구하고 궁행해야 한다고 역설하고 있다.

기봉 시인은 또 부 '동지' 결말인 마지막 연에서, "좋구나! 이 좋은 날 경사 올리며 嘉履長而納慶 / 강구(康衢)의 상서로운 바람을 송축하노라. 頌康衢之祥風"라고 표현하였다. 이 "강구(康衢 : 태평성대의 의미)의 상서로운 바람"의 주체는 군왕이라고 정의하고 익괘의 익장(益長)의 정신으로 실현되는 평천하(平天下)와 홍익인간의 정신 구현, '동지의 마음'이 의도하는 '천도(天道)의 회복'에 대한 최종의 책임은 결국 군왕에 있음을 천명한다. 결국 기봉 시인은 임금 앞에서 지은 부(賦) '동지'를 통해 요 임금의 태평성대가 조선국에서도 이루어지길 간절히 희구하며, 요 임금의 강구 설화로 이 부 '동지'를 마무리한 것이다. 참으로 놀라운 천재적

문법으로 임금을 향해 포효하듯 당당하게 작품을 마무리한 '동지'는 한 마디로 가슴을 울리는 경이로운 작품이 아닐 수 없었다.

이처럼 그동안 필자는 시 '옥루'와 '오곡종지미' '효제' '부귀재천' '천건행' '동지' 등 부 6편 등 총 7편의 작품을 통해 기봉 시인의 품성과 정신세계 및 공의 사상을 두루 고찰하였다. 참으로 놀라운 경험이었다. 다시 한번, 거듭해서 기봉 시인의 정신과 사상을 고찰할 수 있어 큰 행운이었고, 그 시운에 감사드린다.

기봉 시인의 편린을 더듬으면서 지금도 안타까운 것은 공의 작품이 당대나 당후대에도 간행되지 못한 일이다. 공의 작품은 3세기 반을 어둠 속에 묻혀 있었고, 그로 인해 제대로 된 평가를 받기는 커녕 곡해로 인해 부정시 되거나 평가 절하된 상황들을 더듬을 수밖에 없었기 때문이다. 그래서 더욱 뒤늦게나마 『기봉집』 간행에 정성을 들이고 헌신해 온 공의 후인 모두에게 거듭 감사드린다. 특히 100여 편의 기봉 시문을 전수해 준 송산 백광훈 가의 후손들을 비롯하여 그동안 『기봉집』 간행을 위하여 묻혀졌던 기봉 시문을 수습하고 발굴하며 추가로 편집해내는데 헌신적인 노고와 정성을 아끼지 않았던 백진항(白鎭恒), 백만영(白萬榮), 백사근(白師謹), 백형훈(白亨纁), 백후진(白垕鎭), 백채인(白采寅), 백희인(白羲寅) 등 기봉의 방손 및 모든 후손들에게 진심으로 감사드린다. 자칫 영원히 묻혀 사장될 수밖에 없었을 '그 위대한 기봉 공의 시문'이 그분들의 노고와 정성으로 기어이 1899년 초간본 『기봉집』이 간행되기에 이른다. 그것이 토대가 되어 2004년에 이르러 『국역 기봉집』이 간행까지 이어졌다. 그 『기봉집』을 필자가 만나 기봉 공의 문학에 매료되며 큰 감복으로 공부를 할 수 있었기